बुद्धत्व के अग्रदूत डॉ. आंबेडकर

बुद्धत्व के अग्रदूत डॉ. आंबेडकर

सी. डी. नाईक

KALPAZ

भारत में सन् 2024 में प्रकाशित

कल्पाज पब्लिकेशन

सी-30, सत्यवती नगर,
दिल्ली-110052

वेब साइट: www.kalpazpublications.com
ई-मेल: kalpaz@hotmail.com

Distribution Network
gyanbooks.com
India, USA, Canada, UK, Australia, France

बुद्धत्व के अग्रदूत डॉ. आंबेडकर

ISBN: 978-93-5722-625-7 (PB)

मुद्रित: ज्ञान प्रेस, दिल्ली

समर्पण

माताश्री सुगंधा और पिताश्री दाजीबा के समान बाबासाहेब डॉ. आंबेडकर के अनेकों निरक्षर श्रमिकों की महान स्मृति को मेरी यह अल्प शब्द-सुमनाजंली समर्पित है।

अनुक्रमणिका

प्रवेश 9

1. बौद्ध धर्म का सार 13
2. भदन्त आनन्द कौसल्यायन 37
3. आकाश मेरी मुठ्ठी में है 44
4. गौतम 78
5. बुद्ध 100
6. बोधिसत्व 111
7. डाकिनी जाल संवर रहस्यम् अनंग योगी द्वारा प्रणीत 119
8. सामाजिक न्याय का लक्ष्य एवं भारतीय संविधानः उपलब्धि एवं सभावनायें 128
9. लैंगिक असमानता 134
10. अत्याचार का प्रतिकार 137
11. बोधिसत्व पारमिता तथा महात्मा गांधी 151
12. दलित साहित्य का समाज पर प्रभाव 155
13. बंधुत्व के पैगम्बर डॉ. बाबासाहब आम्बेडकर 176
14. प्रेरक प्रार्थनायें 184
15. डॉ. आंबेडकरः जीवन तथा कार्य महू के संदर्भ में 189
16. तुलनात्मक पूजा 192
17. बौद्ध चर्या 234
18. सती से बेहतर सावित्री 260
19. बिहार निर्माण क्यों? 274
20. शिक्षा संगोष्ठी 283

21. आवाम के हितैषी: डॉ. आम्बेडकर.. 302
22. मुम्बई विद्यापीठ.. 345
23. हिन्दी राष्ट्र की प्राण प्रतिष्ठा.. 350
24. दलित उपनिषद 354
25. डॉ. आम्बेडकर महू के संदर्भ में.. 364

प्रवेश

सी. डी. नाईक

मैंने पूज्य भन्ते की 'बुद्धिज्म् एंड ऑदर रिलिजन' पुस्तिका पढ़ी । पढ़कर मुझे भी ऐसा ही लगा जैसा श्री श्रीनिवासनजी ने उक्त पुस्तिका की भूमिका में लिखा है, 'उन लोगों के लिए जिनके पास फालतू समय नहीं है और जो संक्षेप में बौद्ध धर्म को समझना चाहते हैं, यह एक अत्यन्त उपयोगी कृति है ।'

बौद्ध-धर्म-दर्शन की शब्दावली अपने सयुक्तिक, सार्थक और पूर्ण स्वरूप पालि-भाषा किसी भी भारतीय भाषा की अपेक्षा अभारतीय भाषाओं के लिये ज्यादा निकट नहीं। शायद इसी वजह से लेखक ने अपनी मूल अंग्रेजी पुस्तिका में लिखा है 'क्योंकि ऐसी संज्ञाओं को अभारतीय भाषा में लाना आसान नहीं होता, इसीलिये हम उन्हें वैसे ही ग्रहण करें और उनके स्पष्टीकरण में संतोष मानें।'

मुझे इस पुस्तिका को समझने के लिये लेखक के साथ बैठकर इसे हृदयंगम करना पड़ा और तब से इसका हिन्दी अनुवाद पाठकों तक पहुंचाने के लिये मन बार-बार उत्सुक हुआ, किन्तु साथ ही हिम्मत नहीं होती थी। अन्त में लेखक के पुनः उत्साहित करने से जैसे तैसे आज यह हिन्दी-संस्करण पाठकों के सामने उपस्थित करने में सफल हुआ हूं।

यूं तो इस पुस्तिका को सुगम बनाने के लिये शायद पाद-टिप्पणियों आदि की कुछ जरूरत हो सकती थी लेकिन यूं यह सारी पुस्तिका सुसंगत क्रम से लिखी गई है और वह अपने प्रतिपाद्य विषय को लेकर अपने आरम्भ और अन्त में एक ही है। इसका अंग्रेजी नाम 'बुद्धिज्म एंड अदर रिलिजन' है, तथापि हमें इस हिन्दी अनुवाद का 'बौद्ध-धर्म ही क्यों?' नाम अधिक जंचा। वह नाम इस के प्रतिपाद्य विषय के अनुरूप है। यहां वह 'प्रवेश' के नाम से प्रस्तुत है।

किसी भी कल्याणकारी धर्म का अपना उत्थान और पतन का इतिहास होना ही चाहिये, ताकि इस धर्म विशेष का सही रूप समाज उसके ऐतिहासिक आइने में देख सके और परख सके। प्रस्तुत पुस्तिका में वही इसका आरम्भिक हिस्सा है।

विकासशील समाज में कोई भी धर्म दर्शन एक ही सांचे में ढला नहीं रह सकता। उसमें परिवर्तन होना विकास के लिये आवश्यक होता है। चौथी शताब्दी के उत्तरार्ध में बौद्ध-धर्म अपने विकास के शिखर पर था और उसी समय उसमें भी

परिवर्तन होकर स्पष्ट रूप से चार प्रधान बौद्ध-दर्शन संप्रदायों का उदय हुआ। इन चारों निकायों के वादों और भेदों की स्पष्ट और व्यापक ऊहापोह इस पुस्तिका में है।

रसायन-शास्त्र में अपने रासायनिक सूत्र होते हैं, जिससे बड़े-बड़े समीकरणों को समझने और स्मरण रखने में सुविधा होती है। बौद्ध-धर्म को समझने और स्मरण में रखने के लिये उसके भी अपने सूत्र हैं, वह हैं (1) अनित्य (2) दु:ख और (3) अनात्म। इन सभी की चर्चा इस पुस्तिका में आई है और उन्हें विशद रूप से समझाया गया है। आगे संसार के सभी पदार्थ और मनुष्यों का अभिधर्म के अनुसार विश्लेषण और पृथक्करण किया गया है और बौद्ध-धर्म के स्कंध, आयतन और धातुओं की भी चर्चा की गई है।

यहीं आत्मा जैसी तथाकथित कूटस्थ और शाश्वत सत्ता का बुद्ध द्वारा स्पष्ट शब्दों में निषेध और खण्डन कैसे और क्यों किया गया है, यह बताया गया है।

आगे 'प्रतीत्य-समुत्पाद' का सोदाहरण स्पष्टीकरण किया गया है। उसके संबंध में लेखक का कहना है कि यह अनित्यतावाद और अनात्मवाद को अभिन्न सिद्ध करने वाला सिद्धांत है।

बाद में चित्त या मन का बौद्ध-दर्शन के अनुसार जो विश्लेषण और पृथक्करण किया गया है उसको स्पष्ट किया गया है। नवासी तरह के भिन्न-भिन्न चित्तों का बावन चैतसिकों के साथ जो योग-संयोग रहता है, उसे स्पष्ट किया गया है।

इसके पश्चात् चार निकायों से ज्ञापित सत्य जैसे कि वैभाषिकों के अनुसार सभी स्कंध, आयतन और धातु द्रव्य सत्य हैं और अट्ठारह धातु छोड़कर सभी स्कंध और आयतन सौत्रान्तिकों के अनुसार प्रज्ञप्ति-सत्य हैं, इसका उल्लेख है। इसके बाद बौद्ध-धर्म धर्म है या नहीं, इसकी बड़ी रोचक ऊहापोह है। वे कहते हैं, 'विज्ञान का कोई भी मान्य ग्रंथ चाहे वह राज्यशास्त्र का हो, चाहे अर्थशास्त्र का, बिना अपवाद के आरम्भ में कुछ अनुच्छेदों में वह शास्त्र-विशेष कला है या विज्ञान है, इस विषय की चर्चा करता है। उसी तरह बौद्ध-धर्म के अनेक ग्रंथ भी बौद्ध-धर्म, एक धर्म है या नहीं है, इस विषय की उहापोह करते हैं।'

यहां पर बौद्ध-धर्म अपनी विशेषता के कारण अन्य धर्मों से कैसे अद्वितीय हैं इसे बताया गया है।

अन्त में आर्य अष्टांगिक मार्ग की चर्चा की गई और बौद्ध-धर्म में नैतिकता का स्थान कितना ऊंचा है, इसे बताकर आज समाज को इसकी कितनी आवश्यकता है, इसे स्पष्ट किया गया है।

आज बौद्धों में जो जागृति और पुनर्जागरण हो रहा है उसमें और आधुनिक सभ्यता के साधनों में कैसा सहयोग है-- स्पष्ट शब्दों में इसका वर्णन किया गया है।

निस्संदेह पुस्तिका लेखक के अनुभव, ज्ञान, विनोदप्रियता, तिलमिलानेवाले तीखे व्यंग और सरस स्पष्ट व सुरूचिपूर्ण भाषा-शैली का प्रतिनिधित्व करती है। ऐसी कृति के हिन्दी अनुवाद में लाख सावधानी के बावजूद कमियां रहें तो आश्चर्य का विषय नहीं। जो भी न्यूनता रही है वह अनुवादक की है और उसके लिये अनुवादक क्षमा प्रार्थी है।

अनुवादक अपने काम में कहां तक सफल हुआ इसका निर्णय पाठक ही करेंगे।

इस अनुवाद को करने में मुझे जिनसे प्रेरणा मिली है ऐसी प्रेरक शक्ति श्रद्धेय भन्तेजी के प्रति मैं किन शब्दों में अपना आभार प्रदर्शित करुं?

1
बौद्ध धर्म का सार

डॉ. भ. आ. कौसल्यायन

डॉ. सी. डी. नाईक (अनु.)

संसार के धार्मिक इतिहास पर अपनी छाप छोड़नेवाली अनेक विशिष्ट घटनाओं में बौद्ध धर्म के अपनी जन्मभूमि से ही लुप्त हो जाने की घटना के समान असामान्य शायद ही कोई दूसरी घटना हो। इससे बढ़कर विपन्न घटना तो निश्चयात्मक रूप से दूसरी है ही नहीं।

भारत, तथागत की जन्मभूमि होने के साथ-साथ ऐसा विद्युत-केन्द्र रहा है, कि जिसने ऐसे अगणित धर्म दूतों को जन्म दिया जिन्होंने सत्य की दीप्ति से हिमाच्छादित साइबेरिया से जावा द्वीप-पूंज के अति वर्धनशील द्वीपों तक, सारे एशिया को दैदिप्यमान कर दिया।

ई. स. पूर्व दूसरी शताब्धी के लगभग बौद्ध-धर्म चीन में प्रविष्ट हुआ। ई. स. 372 और 400 में, वह कोरिया तथा जापान जा पहुंचा और सप्तम शाताब्धी के आसपास थाईलैण्ड ने उसे अपनाया। निस्सन्देह लंका द्वीप इस आर्य धर्म का पूर्ववर्ती शिशु सिद्ध हुआ और समय आने पर धर्म के प्रति विशेष लगाव रखने और उसी भांति उसका संरक्षक होने के कारण धर्मद्वीप कहलाया।

बौद्ध-धर्म से देर-सवेर प्रभावित हुए ऐसे इन तथा दूसरे देशों ने भारत से अविछिन्न सम्बन्ध बनाये रखा। नालन्दा, विक्रमशिला और औदन्तपुरी जैसे बौद्ध-शिक्षण के विद्या-केन्द्रों में इन धर्म-पिपासु देशों ने अपने मनीषियों को भेजा ताकि वे आर्य-विद्या के सरोवर से यथेष्ट ज्ञानामृत का पान कर सकें।

भारत माता उन दिनों प्रज्ञा की भूमि कहलाती थी। तब वह विशुद्ध, विमल तथा निर्विकार रूप से मुक्त कल्याणकारी संस्कृति की वीर जननी थी। उस समय के लोकोत्तर अध्यात्म ने सुंदर कलाकृतियों तथा गृह-निर्माण शिल्प में अभिव्यक्ति पाई थी। उनके अवशेष आज अपनी खण्डितावस्था में भी आधुनिक जगत के प्रशंसा-भाजन बने हुए हैं। सारांश यह कि बुद्धत्व के तेज ने माँ-भारती को सुवर्ण-युग का दर्शन कराया था।

भगवान बुद्ध ई. स. पूर्व 483 में परिनिर्वाण को प्राप्त हुए। परिस्थिति को समझ दूर-दृष्टिसंपन्न महास्थविरों ने भगवान बुद्ध के परिनिर्वाण के ठीक बाद राजगृह पहुंच बुद्ध-वचन का संपादन करने के लिए सप्तपर्णी गुफा में प्रथम संगति की।

भगवान बुद्ध के प्रधान शिष्यों में प्रमुख महाकाश्यप ने इस संगति की अध्यक्षता की। आनंद-महास्थविर शास्ता के चचेरे भाई और छाया की तरह भगवान बुद्ध के पीछे-पीछे चलने वाले थे। उनसे सूत्र (धर्म) के सम्बन्ध में प्रश्न पूछे गये। संघानुशासन के प्रमुख जानकार महास्थविर उपालिने विनय के विषय में समाधान किया। इन्हीं दो स्थविरों ने धर्म तथा विनय को सुसंपादित किया-कराया। उसके बाद भिक्षुओं के पूरे संघ ने अपनी स्वीकृति प्रदान करने के लिये तथा उसके प्रति अपना गौरव प्रदर्शित करने के लिए सारे धर्म-विनय का अनुसंगायन किया।

बुद्ध-वचन के पिटकों में संग्रहित हो जाने के बाद उसके भिन्न-भिन्न भागों का अध्ययन, मनन करने की अपनी-अपनी क्षमता के अनुरूप वे भिक्षु स्वयं विभक्त हुए। विनय के विषेषज्ञ विनयधर कहलाये। वे जिनका सूत्र (धर्म) पर प्रभुत्व था, सुत्तन्तिक कहलाये। मातृकाधर अभिधर्म के अर्थात् धर्मदर्शन के आचार्य थे। ऐसे असाधारण विशेषीकरण के साथ प्रथम सम्मेलन समाप्त हुआ। और उसका नाम हुआ प्रथम संगति या राजगृह की संगति।

धर्म विनय की बहुत-सी बातों को लेकर एक शताब्दी के बाद भिक्षुओं में मत भेद पैदा हुये और एक बार पुनः उन मत भेदों को मिटाने के लिये संगति हुई। वह संगति वैशाली में हुई। किन्तु वह सभी मतभेदों का सन्तोषजनक समाधान उपस्थित न कर सकी। एक बड़ी संख्या में भिक्षुओं ने उस संगति का बहिष्कार किया और उन्होंने कोशाम्बी में अपनी अलग संगति की। बहिष्कार करनेवाले महासांघिक कहलाये और जो परंपरावादी थे, वे कहलाए स्थविरवादी। वैशाली की दूसरी संगति में विभक्त हुए इन दो वर्गों में से अगली शताब्दी में सोलह और निकाय विभक्त हुए। इस प्रकार कुल अठारह निकाय हो गये।

थेरवाद या स्थविरवाद ने वत्सिपुत्रियों, महिशासकों, धर्म गुप्तिकों, सौत्रान्तिकों, सर्वास्तिवादियों, कश्यपियों, सन्क्रान्तिवादिनों, सम्मतियों, शन्नागरिकों, भद्रयानिकों तथा धर्मोत्तरियों को जन्म दिया। एवं महासांघिकों ने एकव्यावहारिकों, गोकुलिकों, बहुश्रुतियों, चित्तियकों तथा प्रज्ञप्तिवादियों को जन्म दिया।

जिन बातों पर इन निकाय-उपनिकायों में भेद पैदा हुआ, उनमें से एक बात थी स्वयं शास्ता का व्यक्तित्व। उनमें से कोई तथागत को अपौरूषेय मानने तक के भुलावे में पड़ गये थे। वे कहते थे कि भगवान बुद्ध हर बात में लोकोत्तर थे और वास्तव में वे जन्मे ही न थे। उन्होंने बुद्धत्व प्राप्ति का प्रयास भी नहीं किया था और उनका परिनिर्वाण भी नहीं हुआ। उनके जीवन-चरित्र सम्बन्धी सभी लौकिक घटनाएं अवास्तविक थी। वे माया का प्रदर्शन-मात्र थी। सत्य बुद्धी से अगोचर था। इन दृष्टियों

तथा मतों का समर्थन करने के लिये उन्होंने नये-नये सूत्र रचे, जिनमें पराप्राकृतिक प्रवृत्ति खुल खेली। उन्होंने भगवान बुद्ध द्वारा दिखाई गई प्रातिहारियों को बहुत महत्व दिये और भगवान बुद्ध को एक प्रकार का देवत्व ही प्रदान कर दिया।

भगवान बुद्ध के महापरिनिर्वाण की दो शताब्दियों से अधिक समय के अनन्तर मौर्य सम्राट अशोक बौद्ध बने। उनके गुरु महा-स्थविर मोग्गलिपुत्ततिस्स को अनेक ऐसे प्रश्नों को सुलझाने के लिये विज्ञों को एकत्र करने की आवश्यकता अनुभव हुई जिन्हें सुलझाना अनिवार्य था। सम्राट अशोक की ही छत्रछाया में भिक्षुओं की एक तृतीय संगति राजधानी पाटलीपुत्र के अशोकाराम में हुई। एक सहस्त्र से अधिक स्थविरों ने इसमें भाग लिया। ग्यारह निकायों को इस संगति में प्रवेश नहीं मिला। जिन्हें इस संगति में प्रवेश नहीं मिला, उन्होंने नालन्दा में एक पृथक सम्मेलन किया। यही नालन्दा आगे चलकर, सर्वास्तिवाद का गढ़ बना और बाद में महायान का भी।

तृतीय संगति के प्रमुख तथा सभापति मोग्गलिपुत्ततिस्स वीर प्रकृति के थे। भव्य था उनका व्यक्तित्व और भव्यतर था उनका जीवन कार्य। उनकी दूरदृष्टि तथा प्रज्ञा, उनका अनाहत धैर्य, उनकी शक्ति और क्षमता (जिससे बौद्ध साम्राज्य की नींव पड़ी) की यदि किसी से तुलना की जा सकती थी, तो केवल शास्ता के गुणों से, क्योंकि उनके वे गुण केवल शास्ता के गुणों के मुकाबले में न ठहर सकते थे। न केवल अशोक बल्कि दूसरे मौर्य राजा भी बौद्ध-धर्म की प्रगति में सहायक होते थे। उन्होंने स्तूप और विहार बनवाये, और भिक्षु संघ का पोषण किया। अन्तिम मौर्य राजा, जैसा कि ज्ञात ही है, बृहद्रथ था। पुश्यमित्र ने उसकी हत्या की और एक नये वंश अर्थात् शुंगवंश की स्थापना की। राजनैतिक स्वार्थ ने उसे ब्राह्मणवाद का कट्टर अनुयायी बनाया, उसी मात्रा में बौद्धों का शत्रु। उसी के राज्यकाल में चिरकाल से उपेक्षित बलियज्ञों का चलन हुआ, ब्राह्मणों के देवत्व को प्रतिष्ठित करने वाली स्मृतियां लिखी गईं और महाभारत नाम से जन कथाओं और इतिहास का एक संकलन तैयार हुआ। संस्कृत वाड.मय को एक नया जीवन प्रदान करने का सुदृढ़ प्रयास हुआ। कई प्रकार से परिस्थिति बौद्धों के प्रतिकूल हो गई, जिसने उन्हें अपने धर्म केन्द्र को मगध-बाह्य स्थानों में हटा लेने पर मजबूर किया। आर्य सर्वास्तिवाद सांची विदिशागिरी जा पहुंचा और सर्वास्तिवाद मथुरा में उरुमंड, और अन्य निकाय दूसरे-दूसरे स्थानों पर स्थानांतरित हो गये।

आर्य स्थविरवाद को हम आसानी से प्राचीनतम निकाय ही नहीं सर्वाधिक परंपरावादी निकाय भी मान सकते हैं। अन्य निकायों के अनुयायियों ने धर्मग्रंथों में ऐसे अनेक परिवर्तन कर लिये जो उनके लिये बदली हुई परिस्थितियों के अनुकूल थे। सर्वास्तिवादियों ने मथुरा पहुंचने पर अपने त्रिपिटक को मागधी से ब्राह्मणों की प्रिय भाषा संस्कृत मे अनुवाद कर लिया। अनेक अन्य निकायों ने भी वही किया। लेकिन आर्य स्थविरवाद मूल मागधी या पालि से ही चिपटा रहा।

मौर्य साम्राज्य का पतन हो जाने पर यूनानी राजा मिलिन्द उत्तर-पश्चिम प्रदेश को जीतने में तथा सागल (आधुनिक सियाल कोट, अब पाकिस्तान में) को अपनी राजधानी बनाने में सफल हुआ। उसके क्षत्रप या वाइसराय तथा उसके उत्तराधिकारी उज्जैन तथा मथुरा पर राज कर रहे थे। क्योंकि अधिकांश भारतीय यवन राजा-गण बौद्ध रहे, इसलिये उनके क्षत्रप मथुरा के सर्वास्तिवादियों तथा सांची के स्थविरवादियों के प्रति आस्था रखते थे। उन दिनों मथुरा वाइसराय-सरकार का शासन-स्थल होने के अतिरिक्त दक्षिण तथा पूर्व से उत्तर तक्षशिला तक जाने वाले महाव्यापार-पथ पर एक बड़ी मण्डी थी। बड़े तथा छोटे काफिले इस वाणिज्य केन्द्र से गुजरते थे। सर्वास्तिवाद के व्यापक प्रसरण का सहज कारण बाह्य-संसार से इसके वे व्यापक सम्बन्ध ही थे, जो कि इसे एक व्यापार मार्ग पर केंद्रित होने के कारण प्राप्त थे।

धीरे-धीरे मथुरा के सर्वास्तिवादी मगध के मूल सर्वास्तिवादियों से विभक्त होने लगे। उन दोनों में भेद करने के लिये इस निकाय को आर्य सर्वास्तिवाद कहा जाने लगा।

यूचियों ने यवनों का स्थान लिया और एक नया राजवंश स्थापित किया। कुशान-राजा कनिष्क इस नये राजवंश का था। उसकी राजधानी भी पेशावर थी। वह श्रद्धासंपन्न सर्वास्तिवादी था। वसुमित्र और अश्वघोष उसके समकालीन थे। उसकी छत्रछाया में दोनों विद्वानों ने एक संगति बुलाई, जिसका उद्देश्य गन्धार और कश्मीर के मनीषियों के भेदों को मिटाना था। इस संगति में विभाषा नाम के कुछ भाष्य-ग्रन्थ रचे गये। सर्वास्तिवाद के अनुयायियों को कभी-कभी इन ग्रन्थों को मानने वाले होने के कारण वैभाषिक कहा जाने लगा।

प्रथम शताब्दी में जब उत्तर में वैभाषिक प्रगति पर थे, दक्षिण में, विदर्भ प्रान्त (बेरार) में नागार्जुन का जन्म हुआ। उन्होंने शून्यवाद (सापेक्षता) पर एक ग्रन्थ लिखा जो महायान के विकास में सहायक हुआ। प्रज्ञा-पारमिता जैसे ग्रन्थ महायानियों के अपने त्रिपिटक बन गये।

चौथी शताब्दी में वसुबन्धु ने अपना अभिधर्म-कोश लिखा जो मुख्यत: सर्वास्तिवाद का प्रतिपादक ग्रन्थ था। उनका कोशभाष्य सौत्रान्तिक-निकाय का समर्थक था और वसुबन्धु के भाई असंग ने योगाचार-दर्शन परम्परा की नींव डाली।

चौथी शताब्दी के अन्तिम भाग में चार बौद्ध-दर्शन परम्पराएं स्पष्ट रूप से अस्तित्व में आ गई थीं। ये परम्पराएं थीं सौत्रान्तिक, वैभाषिक, माध्यमिक और योगाचार। ये अपने-अपने विशेष ग्रन्थों, पद्धतियों, शब्दावलियों और मोक्ष-प्राप्ति के साधनों को लेकर परम्परागत शिक्षाओं से दूर हट गये। इन्होंने शिक्षाओं के प्रतिपादन में क्रान्ति कर दी और अनेक बातों में तो धर्म-शिक्षाओं का नवीनीकरण उपस्थित कर दिया।

बौद्ध-दर्शन के विभिन्न निकायों की चर्चा करते समय एक बात ध्यान में रखनी चाहिये। वह यह कि बौद्ध-दर्शन के विभिन्न निकाय मात्र दर्शन पर ही जोर डालने वाले निकाय न है और न रहे हैं। दर्शन अपने सीमित अर्थ में बुद्ध-वचन का केवल एक आंशिक प्रतिपादन मात्र रहा है, नहीं तो हर निकाय ने प्रायः सभी मानवीय मूलभूत समस्याओं की चर्चा की है, उन मानवीय समस्याओं की, जो न केवल पूर्व या पश्चिम के मानव की हैं, न केवल भूत या वर्तमान काल के मानव की हैं, बल्कि सम्पूर्ण मानव की है जैसा कि वह रहा है और सम्भवतः जैसा वह सदा रहेगा; कम से कम तब तक जब तक वह संसार के झंझावातों से शासित है, चालित है। यह कहना कि बौद्ध धर्म में 'दर्शन' नहीं है या वह मात्र नैतिक-शिक्षाओं का समूह है अपने अज्ञान को प्रदर्शित करना है।

यह सत्य है कि सम्यक् सम्बुद्ध व्यर्थ की कल्पनाओं में रमण नहीं करते थे और दर्शन को कुछ बहुत ऊंचा पद प्रदान नहीं करते थे, तो भी जहां तक अपने जीवन को शुद्ध और मन को विशुद्ध करने में दर्शन सहायक होता है उस सीमा तक उन्होंने अपने धर्म विनय में दर्शन को स्थान दिया है। वे दर्शन के ऐसे दुरुपयोग को बरदाश्त नहीं करते थे जैसा कि जीवन के सही लक्ष्य अर्थात् दुःख मुक्ति के मार्ग से उसे परे हटाने के लिये उसका प्रयोग किया जाता है।

निस्संदेह ऐसे कुछ विषय हैं जिनके बारे में भगवान बुद्ध ने अपना मत व्यक्त नहीं किया। लेकिन वे विषय केवल दस हैं, और निम्नलिखित रूप से उनकी गिनती की जाती है:-

1. क्या जगत नित्य है?
2. क्या जगत नित्य नहीं है?
3. क्या जगत सान्त है?
4. क्या जगत अनन्त है?
5. क्या आत्मा और शरीर एक है?
6. क्या आत्मा और शरीर दो हैं?
7. क्या तथागत मरने के बाद रहते हैं?
8. क्या तथागत मरने के बाद नहीं रहते हैं?
9. क्या तथागत मरने के बाद रहते भी हैं और नहीं भी रहते हैं?
10. क्या तथागत मरने के बाद नहीं भी रहते हैं और न नहीं भी रहते हैं?

जब मालुंक्य पुत्र ने पूछा कि ऊपर निर्दिष्ट प्रश्नों को अव्यक्त रखने या उन पर अपना मत प्रकट न करने का क्या कारण है, तब शास्ता बोले-

''मैंने ऊपर निर्दिष्ट विषयों पर अपनी राय नहीं दी क्योंकि उनकी चर्चा करना बेकार है, विफल है, वैसा करना किसी को संसार से अनासक्त रहने में सहायक नहीं होता, न वह बुद्धत्व प्राप्ति का मार्ग है और नहीं निर्वाण-गामिणी-प्रतिपदा। इसी एक विषेश कारण से इन विषयों को मैंने अव्यक्त रखा है।''

यह केवल ध्यान देने की ही बात नहीं बल्कि जोर देकर कहने की बात है कि ''अव्याकृत'' की उस सूचि में 'आत्मा' या 'परमात्मा' का कहीं पता तक नहीं। इसलिये यह कहना कि आत्मा परमात्मा के सम्बन्ध में पूछे जाने पर भगवान बुद्ध मौन रहे, न केवल गलत ही है, बल्कि यदि जान बुझकर कहा जाय तो शरारतपूर्ण भी है।

सब्बे संखारा अनिच्चा	सभी संस्कार अनित्य हैं।
सब्बे संखारा दुक्खा	सभी संस्कार असंतोषजनक हैं।
सब्बे धम्मा अनत्ता	सभी धर्म अनात्म हैं।

इन तीनों सुसंगत सूत्रों से संक्षेप में बौद्ध दर्शन सूत्रित होता है।

इस अनोखे संसार में हम ऐसे लोगों से घिरे हुए हैं, जो बड़ी या छोटी आत्मा में तथा परमात्मा में विश्वास रखते हैं। लेकिन जब आप उनसे बात करते हैं तो ऐसा लगता है, कि उनका आत्मा तथा ईश्वर बीजगणित के 'क्ष' संकेत के समान ही है, जिसका कुछ भी और सब कुछ अर्थ हो सकता है।

अभिधर्म के अनुसार जो बौद्ध मनोविज्ञान की ही व्यापक अभिव्यक्ति नहीं है जैसा कि गलती से समझा जाता है, बल्कि जो नीतिशास्त्र, भौतिकशास्त्र तथा पराभौतिकशास्त्र का भी कथन है, मनुष्य या तो पंचस्कंधात्मक है या बारह आयतनों का समूह है या अट्ठारह धातुओं का।

5 स्कंध, पांच स्थिति–समूह हैं–रूप, वेदना, संज्ञा, संस्कार (पचास चैतसिक) तथा विज्ञान (चित्त या मन)।

12 आयतन, छः ज्ञानेन्द्रिय (मन भी छठी इन्द्रिय है) तथा उनके छः इन्द्रिय-विषय।

18 धातु, छः इंद्रिय + छः इंद्रिय-विषय + छः चक्षुर्विज्ञान आदि विज्ञान। विश्व की हर वस्तु तथा हर प्राणी ऊपर निर्दिष्ट त्रिविध वर्गीकरण के अनुसार वर्गीकृत की जा सकती है। हर चीज एक या दूसरे शीर्षक के अन्तर्गत आनी ही चाहिये।

सभी कुछ अनित्य है, जो अनित्य नहीं, उसका अस्तित्व ही नहीं, यही बौद्ध धर्म की प्रथम स्थापना है।

यह कथन कितना सही है कि शाश्वत अनित्यता ही प्रकृति का नियम है। बौद्ध-धर्म इस कथन का पूर्ण रूप से समर्थन करता है। वास्तव में यह कथन ही उस घोषणा की प्रतिध्वनि है जिसे भगवान बुद्ध ने शताब्दियों पहले घोषित किया था।

किसी भी हालत में इस परिवर्तनशीलता के बारे में भ्रम नहीं रहना चाहिये, यह परिवर्तन किसी नित्य-तत्व का बाह्य परिवर्तन मात्र नहीं है।

यह है एक स्थिति का न रहना और उससे सर्वथा भिन्न स्थिति का अस्तित्व में आना।

भगवान बुद्ध ने स्पष्ट किया है, ''वह जो अभाव को प्राप्त होता है, वह दूसरा है और वह जो भाव को प्राप्त होता है, एकदम दूसरा''

यह सचमुच आश्चर्य की बात है कि इस अनित्यता के सिद्धान्त को ऐसा समझ लिया गया है मानों यह एकदम कृष्णपक्ष ही हो। जब कोई मरता है, तो थेरवाद बौद्ध देशों में हमेशा ''अनिच्चा वत सड.खारा, सभी संस्कार अनित्य हैं कहा जाता है। जब बच्चा जन्म लेता है, तब भी हम अनिच्चा वत सड.खारा ही क्यों नहीं कह सकते यह बात मेरी समझ के परे हैं।''

अनित्यता का सिद्धान्त पक्षपातपूर्ण नहीं हैं। वह पक्षपात रहित है, अनित्यता पूर्णत: तटस्थ है और है सम्पूर्ण रूप से निष्पक्ष।

वह न निराशावाद है न आशावाद। वह मात्र सत्य सिध्दान्त है। परंतु क्योंकि तराजू का पलड़ा दूसरी तरफ झुका हुआ है, इसलिए यही समय है कि हम इस अनित्यता में आशावाद तथा आत्मोद्वार का संदेश पढ़ना शुरु करें तथा स्वयं को कहें कि हमारा कितना बड़ा सौभाग्य है कि यह जगत अनित्य है। हम अपना कल्याण कर सकते हैं। हम दूसरों का कल्याण कर सकते हैं। हम अपने अध्यात्मिक जीवन को बदल सकते हैं। हम अपनी भौतिक परिस्थिति में परिवर्तन ला सकते हैं। हमें और चाहिए क्या?

संसार 'दु:ख' या 'पीड़ा' नहीं है, जैसा उस गलत धारणा से समझ लिया जाता हैं। वह दु:ख है, सचमुच पीड़ा है, लेकिन खाली अज्ञों के लिये, पृथग्जनों के लिए। यदि यह सचमुच 'पीड़ा' ही है तो वह किसी अन्य कारण से नहीं इसके कारण हम स्वयं अपने आप है। हम अपने अतिरिक्त किसी दूसरे को दोष नहीं दे सकते। हम स्वयं अपने नरकों का निर्माण करते हैं और स्वयं उन्हें स्वर्गों में बदल सकते हैं; लेकिन तभी जब हम ऐसा चाहें और उसके लिये प्रयत्नशील हों।

हम बड़ी आसानी से सभी नरकों और स्वर्गों से छुटकारा पा सकते हैं; हम सभी दु:खों का अंत जो कि निर्वाण है, उसका भी साक्षात्कार कर सकते हैं।

विश्व तो अनित्य है ही, लेकिन यदि कोई उसे अपने विचारों, अपनी भावनाओं, अपनी प्रवृत्ति, अपने व्यवहार में नित्य मानकर चलता है, तो वह दु:ख भोगेगा ही; कोई भी उसे उससे बचा नहीं सकता।

बिना किसी नित्य शाश्वत तत्त्व के इस जगत का अस्तित्व है; लेकिन यदि कोई उसे पृथक (नित्य) आत्माओं से निर्मित मानता है, तो वह अनन्त दु:ख भोगेगा ही, चाहें वह कोई भी हो।

इस प्रकार संसार दुःख है–पीड़ा है–लेकिन वह केवल मूर्खों के लिए, विज्ञों के लिये नहीं है। भगवान बुद्ध ने कहा है कि सभी उपादान-स्कंध दुःख है; उन्होंने स्कंधों को दुःख नहीं कहा है, इससे इतना अर्थ स्पष्ट होता है कि सभी आसक्तिजन्य स्कंध ही दुःख हैं।

भगवान बुद्ध की शिक्षा इसी दुःख का मूलोच्छेद करने वाली शिक्षा है, इसी दुःख का जो विज्ञों को नहीं, बल्कि पृथग्जनों अथवा अज्ञों को ही होता है।

जो पथ इस दुःख का अन्त करने की ओर ले जाने वाला है, वह सामान्यत: 'आर्य अष्टांगिक मार्ग' के नाम से जाना जाता है। उसका आरम्भ सम्यक्-दृष्टि से होता है और अन्त होता है सम्यक् समाधि से।

निस्संदेह बड़े महत्व का है यह अनित्यता का सिद्धान्त; लेकिन बौद्ध-धर्म का अनात्मवाद भी महत्व में कुछ कम नहीं है। भगवान बुद्ध ने स्पष्ट शब्दों में 'आत्मा' का पूर्ण रूप से खण्डन किया है।

"उसके इस प्रकार अनुचित ढंग से विचार करने से उसके मन में इन छः दृष्टियों '(मतों)' में से एक दृष्टि घर कर लेती है। या तो वह इस बात को सच समझता है कि (1) मेरी आत्मा है; या वह इस बात को सच समझता है कि (2) "मेरी आत्मा नहीं है;" या तो वह इस बात को सच समझता है कि (3) "मैं आत्मा से आत्मा को पहचानता हूं," या तो वह इस बात को सच समझता है कि (4) "मैं अनात्मा से आत्मा को पहचानता हूं" अथवा उसकी ऐसी दृष्टि होती है (5) जो "आत्मा" कहलाता है वही अच्छे बुरे कर्मों के फल का भोगनेवाला है तथा (6) यह आत्मा नित्य है, ध्रुव है, शाश्वत है, अपरिवर्तनशील है, जैसा है वैसा ही (सदैव) रहेगा–भिक्षुओं, यह सब केवल मूर्खता ही मूर्खता है।

"भिक्षुओ, इसे कहते हैं मतों में जा पड़ना, मतों की गहनता, मतों का कान्तार, मतों का दिखावा, मतों का फन्दा, तथा मतों का बन्धन। इन मतों के बन्धन में बंधा हुआ आदमी, जिसने (सद्धर्म) को नहीं सुना वह जन्म, बुढ़ापे, तथा मृत्यु से मुक्त नहीं होता और मुक्त नहीं होता शोक से, रोने-पीटने से, पीड़ित होने से, चिन्तित होने से, परेशान होने से। मैं कहता हूं कि वह दुःख से मुक्त नहीं होता।

"भिक्षुओ, जिस पंडित-जन ने आर्यों की संगति की है, आर्य-धर्म का ज्ञान प्राप्त किया है, आर्य-धर्म का अच्छी तरह अभ्यास किया है; सत्पुरुषों की संगति की है, सद्धर्म का ज्ञान प्राप्त किया है, सद्धर्म का अभ्यास किया है–वह यह जानता है कि उसे किन बातों को मन में स्थान देना चाहिये और किन बातों को मन में स्थान नहीं देना चाहिए। यह जानते हुए वह जिन बातों को मन में स्थान नहीं देना चाहिए, उन्हें मन में स्थान नहीं देता है, जिन्हें मन में स्थान देना चाहिये, उन्हें मन में स्थान देता है। वह "यह दुःख है," इसे भली प्रकार हृदयंगम करता है, "यह दुःख का समुदय है" इसे भली प्रकार हृदयंगम करता है "यह दुःख का निरोध है," इसे भली

प्रकार हृदयंगम करता है, और ''यह दुःख के निरोध की ओर ले जाने वाला मार्ग है-'' इसे भली प्रकार हृदयंगम करता है।

''इन्हें इस तरह हृदयंगम करने वाले के तीनों बन्धन कट जाते हैं- (1) सत्काय-दृष्टि, (2) विचिकित्सा, (3) शीलव्रत परामाश। जिनके भिक्षुओं, यह तीनों बन्धन कट गये हैं, वे सभी स्त्रोतापन्न हैं, उनका पतन असम्भव है, उनकी सम्बोधि-प्राप्ति निश्चित है।

''पृथ्वी के एक छत्र राज्य से, स्वर्ग लोक को जाने से, समस्त विश्व के आधिपत्य से भी बढ़कर है- स्त्रोतापति-फल।''

मुझ को लगता है कि प्रतीत्य-समुत्पाद अनित्यवाद तथा अनात्मवाद की स्वीकारात्मक अभिव्यक्ति से न कुछ अधिक है; और न कम। यह कार्य कारण-सिद्धान्त का ही दूसरा नाम नहीं है, जैसा कि गलती से समझ लिया जाता है। बौद्धधर्म एक सूक्ष्म तथा स्पष्ट विभाजर्क-रेखा, कार्य कारण और प्रतीत्य-समुत्पाद के सिद्धान्तों में खींचता है। प्रतीत्य-समुत्पाद के अनुसार, जो पिछला अस्तित्व है, वह बाद में आने वाले अस्तित्व का अनिवार्य हेतु है। बाद में आनेवाला अस्तित्व अपने पूर्व अस्तित्व के बिना अस्तित्व में आ ही नहीं सकता। और जो बाद का अस्तित्व है, वह एकदम न अपने पहले अस्तित्व जैसा ही होता है और न उससे बिल्कुल भिन्न। इसलिए हम कहते हैं, अविज्जा पच्चया सङखारा अविद्या से संस्कार पैदा होते हैं, संखार पंच्चया विञ्ञाणं संस्कारों से विज्ञान।

कतिपय प्रश्न उपस्थित होते हैं ज्यों ही हम ''विज्ञान'' शब्द का प्रयोग करते हैं। प्रायः पूछे जाने वाले प्रश्नों में एक प्रश्न है, क्या ''विज्ञान'' एक इकाई अथवा एक-सूचक संज्ञा है या बहुसूचक?

बौद्ध धर्म के अनुसार सभी कुछ संस्कृत है। यह असम्भव नहीं है कि इस विश्व का विश्लेषण हमें एक ऐसी स्थिति में लाकर खड़ा कर दे जिसमें आगे विश्लेषण असम्भव हो जाये। बौद्ध धर्म का कहना है, कि यह जगत ऐसे ही अन्तिम तत्वों से बना हुआ है, जिन का यद्यपि आगे विश्लेषण नहीं हो सकता तो भी वे संस्कृत ही है। न तो बाह्य जगत में और न आन्तरिक जगत में, कहीं कुछ भी तो निरपेक्ष नित्य तत्व नहीं है।

हमारा विज्ञान अपने अन्तिम विश्लेषण के अनुसार नवासी तरह के भिन्न-भिन्न चित्तों को दिया गया एक नाम मात्र है। और उनमें से प्रत्येक चित्त बावन चैतसिकों में से किन्हीं कुछ चैतसिकों से ही निर्मित है। इन चेतसिकों में से किन्हीं न किन्हीं चेतसिकों के सम्मिश्रण के बिना किसी भी चित्त की कल्पना की ही नहीं जा सकती।

सभी चित्त-चैतसिक आन्तरिक जगत है। बाह्यजगत से इनका कैसा सम्बन्ध है? सरल बौद्ध शब्दावली में कहें तो यूं कह सकते हैं कि 'विज्ञान' का 'रूप' से क्या सम्बन्ध है? आधुनिक लोग मन और भौतिक पदार्थ की संज्ञा में विचार करने लगे

हैं। मन और भौतिक पदार्थ उनकी कल्पना के अनुसार दो ध्रुवों की भांति एक दूसरे से सर्वथा विलग दो पदार्थ है। यह सही है कि ऐसी मान्यता में अब परिवर्तन हो रहा है। बौद्ध धर्म की शिक्षा है कि न मन ही पूर्णतः भौतिक पदार्थ से निरपेक्ष है और न भौतिक-पदार्थ ही मन से पूर्णतः निरपेक्ष है। दोनों परिवर्तनशील हैं। दोनों की उत्पत्ति और निरोध प्रक्रिया चलती रहती है। लगता है कि दोनों अपनी समानान्तर स्थिति में गतिमान हैं।

ऐसा तर्क दिया जाता है कि यदि दोनों मन और भौतिक पदार्थ अनित्य हों और दोनों में से एक भी नित्य न हो, और आत्मा जैसी कोई भी एक सत्ता न हो तब उस अनित्यता की अनुभूति ही कैसे की जा सकती है? इसका उत्तर यही है कि मात्र पूर्ण अनित्यता के ही आधार पर अनित्यता की अनुभूति की जा सकती है। कोई भी आत्मा, कोई भी ऐसा तत्व हो जो नित्य और शाश्वत माना जाता हो, किसी भी प्रकार की अनुभूति का अनुभव-कर्ता होने का मतलब ही है उस अनुभव-कर्ता का अनित्य होना। जो अनित्य नहीं, वह अनुभव कर्ता हो ही नहीं सकता।

समान अन्तर पर समान वेग से दौड़ने-वाली दो गाड़ियां एक-दूसरे की गति को कभी न जान पायेंगी; इसका कारण यह है कि न केवल सभी गतियां बल्कि उन गतियों की अनुभूति भी सापेक्ष ही है। बौद्ध मानसशास्त्र और भौतिक शास्त्र यहां ठीक बैठते हैं; क्योंकि उनके अनुसार यद्यपि विज्ञान (मन) और (पदार्थ) दोनों अनित्य हैं, यद्यपि दोनों समान गति से दौड़ रहे प्रतीत होते हैं, तो भी विज्ञान और रूप अथवा मन तथा भौतिक तत्वों की अनित्यता, परिवर्तन शीलता की गति में कुछ अन्तर है।

इसीलिये सभी नित्य पदार्थों की अनित्यता का अवलोकन संभव है।

सारा धर्म विनय, जो बौद्ध धर्म कहलाता है, किन्हीं दार्शनिक सिद्धान्तों का ही संग्रह मात्र नहीं है। यह एक मार्ग है, जो हर चलने वाले को सारे दुःखों के अन्त की ओर ले जाता है, यह जो निर्वाण है यह इसी छः फुट के शरीर में ही अनुभव करने की चीज है।

''दो बातें, भिक्षुओ मैं सिखाता हूं-एक दुःख और दूसरी दुःख का निरोध''। यह भगवान बुद्ध ने जोर देकर कहा है।''

दुःख तीन प्रकार का हो सकता है भूतकाल का, वर्तमान तथा भविष्य काल का। क्या हम उस दुःख का निरोध, कर सकते हैं, जो हम भोग चुके हैं, जो एक बीती घटना है? कभी नहीं।

क्या हम उस दुःख का निरोध कर सकते हैं, जिसकी वर्तमान काल में ही हमें अनुभूति हो रही है? कभी नहीं।

क्या हम उस दुःख को भोगने से बच सकते हैं, जिसे हमने अभी भोगा नहीं? निस्संदेह हम उसी दुःख से मुक्त हो सकते हैं। इसलिए निर्वाण को पाने का मतलब

किसी भी विद्यमान वस्तु का निर्मुलन करना नहीं है। यह केवल किसी ऐसी प्रतिकूल अनुभूति को अस्तित्व में आने से रोकना भर है, जो अन्यथा अस्तित्व में आ सकती है। दुक्खं हेय्यं अनागतं, केवल भावी दु:ख, भावी दर्द, भावी पीड़ा, भावी दुर्भाग्य को ही अस्तित्व में आने से रोकना है। केवल उसी का निरोध करना है।

हमने जानबूझ कर आरम्भ में विश्व के अनित्य स्वभाव की चर्चा की है। हमने अन्तत: विश्व के असन्तोषजनक स्वभाव का उल्लेख किया है। हमने सोद्देश्य विश्व के अनात्मवादी होने का संकेत दिया है।

हम प्रतीत्य समुत्पाद की चर्चा करने से भी विरत नहीं रहे हैं और अन्त में हमने बौद्ध धर्म के परमार्थ निर्वाण की चर्चा की है।

यह सर्वथा अनिवार्य है कि आदमी को बौद्ध धर्म के मुख्य लक्षणों की जानकारी हो, ताकि वह बौद्ध दार्शनिक मान्यताओं के भिन्न-भिन्न निकायों के बीच जो सूक्ष्म बारीकियां हैं उन्हें समझ सकें।

ऐसे भेदों को दूर रख कर जो बौद्ध धर्म के कम महत्वपूर्ण उपनिकायों में कभी थे, या अभी भी मौजूद हैं, हम केवल उन्हीं बारीकियों की चर्चा करेंगे, जो बौद्ध मत के प्रसिद्ध चार निकायों में विद्यमान है।

वे चार निकाय जिनका पहले भी उल्लेख हो चुका है है: सर्वास्तिवादी (वैभाषिक), सौत्रान्तिक; विज्ञानवादी (योगाचार) और माध्यमिक (शून्यतावादी)।

भारतीय तर्क शास्त्र के अनुसार मुख्य प्रमाण तीन हैं, जिन्हें प्रमाणित होने की स्वीकृति प्राप्त है–

1. प्रत्यक्ष प्रमाण।
2. अनुमान प्रमाण।
3. शब्द-प्रमाण जो कि तथा कथित इल्हामी माने जाने वाले ग्रंथों के शब्द है।

हम अपनी आँखों से आग देखते हैं और देखकर कहते हैं कि यह आग है। यह प्रत्यक्ष प्रमाण हुआ।

हम अपनी आँखों से आग नहीं बल्कि धुआं ही देखते हैं। तब हम अनुमान लगाते हैं कि आग है, क्योंकि हम धुआं देखते हैं, यह अनुमान प्रमाण है।

हम किसी ईश्वर या आत्मा को न देखते हैं, न अनुभव करते हैं, न बुद्धि से जानते हैं: तो भी हम कहते हैं कि उनका अस्तित्व है, ऐसा क्यों? क्योंकि जिन ग्रंथों के बारे में हमें बचपन से सिखाया जाता है कि वे ईश्वरकृत हैं वे ऐसा कहते हैं। यही लिखित या कथित शब्द-प्रमाण है, जिसके बारे में विश्वास किया जाता है कि यह ईश्वरकृत अथवा इल्हामी ग्रंथों में विद्यमान है।

बौद्ध तर्कशास्त्र का यह विशेष लक्षण है कि वह केवल दो प्रमाणों की प्रमाणिकता मानता है।

1. प्रत्यक्ष प्रमाण
2. अनुमान प्रमाण

अब सर्वास्तिवाद (वैभाषिक) के अनुसार दृष्टिगोचर संसार का अस्तित्व इसीलिए मान्य है, क्योंकि यह प्रत्यक्ष इन्द्रियगम्य है। उसकी स्थापना है कि मन या चित्त या मानसिक-जगत का स्वतंत्र अस्तित्व है और इसी प्रकार भौतिक जगत का भी। मन, चित्त या विज्ञान भौतिक जगत के अस्तित्व का अनुभव करता है।

सौत्रांतिकों की क्या मान्यता हैं? वे भी सर्वास्तिवादीयों की तरह भौतिक जगत के अस्तित्व को मानते हैं लेकिन उनका कहना है कि भौतिक जगत का अस्तित्व प्रत्यक्ष प्रमाण का विषय नहीं। हमें बाह्य-जगत के अस्तित्व को अनुमान प्रमाण से मानना पड़ता है।

विज्ञानवाद या योगाचार के अनुसार एकमात्र विज्ञान या मन का ही अस्तित्व है और यह जो कुछ भी इन्द्रियों की अनुभूति मानी जाती है, जितना भी भौतिक जगत है वह मन की सृष्टि के अतिरिक्त और कुछ नहीं है। विज्ञान वाद भौतिक जगत का स्वतंत्र अस्तित्व नहीं मानता। एक विज्ञानवादी के लिये; मात्र चित्त की ही सत्ता माननेवाले के लिए सारा का सारा भौतिक-जगत असत्य है, उसका अस्तित्व है ही नहीं।

यह आसानी से देखा जा सकता है कि किस प्रकार बौद्ध योगाचार शंकराचार्य के वेदान्त का पुरोगामी है। बहुत विज्ञापित शंकराचार्य ही नहीं उस के गुरु गौड़पादाचार्य भी बौद्ध धर्म के योगाचार सम्प्रदाय के बहुत ऋणी हैं।

चौथा बौद्ध-निकाय माध्यमिक निकाय है। उनका दार्शनिक सिद्धान्त शून्यवाद कहलाता है। वे न विज्ञान (चित्त) का स्वतंत्र अस्तित्व मानते हैं न भौतिक जगत का। वे कहते हैं कि न विज्ञान (चित्त) ही वास्तव में है और न यह भौतिक जगत जिसके सम्बन्ध में कहा जाय कि यह इन्द्रियगम्य है। दोनों व्यवहार-सत्य मात्र है। निरपेक्ष सत्ता किसी की भी नहीं।

हमने वैभाषिकों को सर्वास्तिवादी कहा है। इसका मतलब यह नहीं कि सभी वैभाषिकों का यदि कोई दार्शनिक मत रहा हो, तो वह सर्वास्तिवादी ही हो सकता है। वैभाषिकों को किसी दर्शन दृष्टि-विशेष के होने के कारण वैभाषिक नहीं कहा गया।

ज्ञान-प्रस्थान नाम का जो विख्यात ग्रंथ था, उस पर टीका लिखी गयी, जो विभाषा कहलाई। वे सब जो उस विभाषा को मानते थे, वैभाषिक कहलाए।

जिस ग्रंथ से हम काश्मीर के वैभाषिकों के सम्बन्ध में कुछ भी जानकारी प्राप्त कर सकते हैं वह वसुबन्धु का अभिधर्म-कोश है। स्वयं वसुबन्धु शायद न वैभाषिक थे और न सर्वास्तिवादी ही। वे शायद सौत्रान्तिक थे। सोत्रान्तिक का मतलब है, वे लोग जो सूत्रों को प्रमाण मानते थे।

ऊपर निर्दिष्ट चारों बौद्ध-चिंतन परंपराएं अपनी-अपनी विशेषता रखती हैं और लगभग सभी विषयों में उनका अपना-अपना निजी मत है।

हमने ऊपर कहा है कि-

1. रूप, वेदना, संज्ञा (Perception), संस्कार (Karmic formation) और विज्ञान (Consciousness) ये पांच स्कन्ध हैं।
2. छः इद्रियां + उनके छः आलम्बन ये 12 आयतन हैं।
3. छः इद्रियां + छः आलम्बन (विषय) + छः विज्ञान ये 18 धातु हैं।

वैभाषिकों का कहना है कि पांच स्कन्ध, 12 आयतन और अट्ठारह धातुयें सब द्रव्य-सत्य हैं।

सौत्रान्तिकों का मत है कि केवल 18 धातु ही द्रव्य सत्य हैं, और जो स्कंध और 12 आयतन हैं वे प्रज्ञप्ति-सत्य मात्र है।

आकाश, प्रतिसंख्या-निरोध तथा अप्रतिसंख्या-निरोध ये तीन असंस्कृत-धर्म है।

जो अपरिछिन्न है वह आकाश है। सौत्रान्तिकों का कहना है कि आकाश द्रव्य सत्य नहीं है। उनके लिये आकाश रूप के अभाव को दी गयी एक संज्ञा मात्र है।

वैभाषिकों का विश्वास है कि जगत स्वाभाविक रूप से उत्पन्न हुआ है। उनकी चिंतनप्रणाली से संस्कृत धर्मों के अनेकत्व का सिद्धान्त प्रतिपादित होता है। आखिर वैभाषिक बौद्ध थे। इसलिए वे किसी भी एक शाश्वत तत्व के अस्तित्व में विश्वास नहीं कर सकते थे। ईश्वर-कर्तृत्व के सिद्धान्त का खंडन करते हुए वैभाषिकों का कहना है कि यदि सृष्टि किसी एक ही हेतु से अस्तित्व में आई होती तो उसकी रचना युगपद् हुई होती। लेकिन हम देखते हैं कि सारी सृष्टी एक ही समय में अस्तित्व में नहीं आई।

हो सकता है कि कोई कहे कि सभी वस्तुओं, नदियों, पर्वतों, जंगलों, रेगिस्तानों के अस्तित्व में आने का जो क्रम है वह क्रम किसी एक सर्व शक्तिमान ईश्वर की इच्छा पर आधारित है। उस हालत में भी, वैभाषिकों के मतानुसार, अनेकत्व का सिद्धान्त ही सही ठहरता है। क्योंकि तब उस सर्व शक्तिमान की अनेक इच्छाएं सृष्टी का कारण ठहरती हैं। इससे किसी की भी एक इच्छा का अस्तित्व सिद्ध नहीं होता।

हमारे रोज के व्यवहार में, हम कहते हैं कि आँखें देखती हैं, परंतु वैभाषिक मानते है कि हां, आँखें देखने की क्रिया करती हैं। लेकिन विज्ञानवादी कहते हैं कि आँखें देखने की क्रिया नहीं करतीं क्योंकि यदि वे वास्तव में करतीं होती तो वे बिना चक्षुविज्ञान के भी देखने में समर्थ होतीं। वैभाषिकों का कहना है कि हम भी कहां कहते हैं कि अकेली आँखें ही देखने की क्रिया सम्पन्न करती हैं। हमारा कथन है कि चक्षुविज्ञान के सहयोग से आँखें देखने की क्रिया करती हैं।

सौत्रान्तिकों का दृष्टिकोण दोनों से भिन्न है। उनका कहना है कि कहीं कोई देखने वाली चक्षु नहीं है। कहीं कोई देखे जानेवाला रूप नहीं है, बल्कि जहां कहीं चक्षु और उसके आलम्बन का सम्पर्क होता है वहां चक्षुविज्ञान अस्तित्व में आ जाता है। उस समय संस्कृत अथवा अन्य किसी भी भाषा में कोई ऐसा ग्रंथ नहीं था जो सौत्रान्तिकों के मत का प्रतिपादक ग्रन्थ माना जा सके। यह केवल उन संदर्भों के आधार पर कहा गया है जो अन्य निकायों के ग्रंथों से प्राप्त है और जिन से सौत्रान्तिकों के चिंतनप्रणाली का आंशिक रूप से अध्ययन किया जा सकता है।

वैभाषिकों की तरह सौत्रान्तिक भी विश्व के स्वाभाविक रूप से अस्तित्व में आने पर विश्वास करते हैं। सौत्रान्तिक की गिनती सामान्यत: महायान के अन्तर्गत नहीं की जाती, उन्हें महायान के प्राथमिक पुरोगामी माना जाना चाहिए, क्योंकि वे महायान के 'धर्मकाय' में विश्वास रखते हैं। उनकी विशेषता जो उन्हें वैभाषिक-निकाय से पृथक करती है वह यह है कि वे भी उस भौतिक जगत को (द्रव्य) सत्य पदार्थ मानते हैं, लेकिन वे साथ ही कहते हैं कि उस जगत का अस्तित्व अनुमान-सिद्ध है।

जाति, स्थिति, जरा और अनित्यता ये चारों सभी संस्कृत धर्मों या पांचों स्कंधों के लक्षण माने जाते हैं।

सर्वास्तिवादियों का कहना है कि जाति (जन्म) किन्हीं द्रव्य पदार्थों को अस्तित्व में लाती है, स्थिति उन्हें बनाये रखती है, जरा उन्हें विकृत करती है और अनित्यता उन्हें नष्ट कर डालती है।

सौत्रान्तिक यह स्वीकार नहीं करते कि पंचस्कंधों के चारों लक्षण वास्तव में वास्तविक है। उनके अनुसार जाति का अर्थ नैरंतर्य का आरम्भ मात्र है।

पांचों स्कंधो की परिवर्तनशीलता उसका रूपान्तरित होना मात्र है। उत्पत्ति इत्यादि वास्तविक-वास्तविकताएं नहीं हैं।

भूत, भविष्य और वर्तमान कालों में से कौन-सा काल सचमुच है और कौन-सा नहीं है, यह भी एक ऐसा प्रश्न है जिसके बारे में गम्भीर विचार करने की आवश्यकता है। वैभाषिकों का कहना है कि वर्तमान जितना वास्तविक है, भूत और भविष्य उतने ही वास्तविक है। सौत्रान्तिकों का मत है कि भूत और भविष्य का अस्तित्व वैसा वास्तविक नहीं है जैसा कि वर्तमान का।

अनित्यता के सिद्धान्त को मानने वाला सामान्यत: 'क्षणिकवादी' माना जाता है। सर्वास्तिवादी और सौत्रान्तिक दोनों क्षणिकता के सिद्धान्त को मानते हैं, दोनों क्षणिक-वादी है। लेकिन उनके क्षणिकता के सिद्धान्त में एक बारीक भेद है। सर्वास्तिवाद के मुताबिक, क्षण, समय का सब से छोटा भाग है। वह स्वीकार करता है कि प्रत्येक चीज की स्थिति होती है, चाहे वह क्षण भर की ही क्यों न हो। लेकिन सौत्रान्तिकों की दृष्टि में सभी रूप, वेदनाएं, संज्ञाएं, संस्कार और विज्ञान ज्यों ही उत्पन्न होते हैं त्यों ही उनका निरोध हो जाता है। उसमें एक भी क्षण ऐसा नहीं होता है जिसमें किसी भी पदार्थ की स्थिति को स्थिर माना जाय।

इसलिए सौत्रान्तिक एक ओर क्षणिक-वादी है तथा दूसरी ओर निरन्तर परिवर्तन शीलता के सिद्धान्त को मानने वाला। लेकिन क्षणिकता के बारे में उसकी जो मान्यता है उसके अनुसार कोई भी पदार्थ एक क्षण के लिये भी स्थिर नहीं रहता। वह अपने समुदाय के साथ ही निरोध को प्राप्त होता है।

अब यहां एक महत्वपूर्ण सवाल पूछा जा सकता है। क्या यह निरोध सहेतुक है? या अहेतुक? उत्तर है कि निरूद्ध होना स्वाभाविक है। केवल कार्यों के ही कारण हो सकते हैं। निरूद्ध होना किसी भी पदार्थ के अभाव की स्थिति को प्राप्त होना मात्र है। यदि हम इस मत का प्रतिपादन करें कि अभाव का भी हेतु होना चाहिए तो हमारी स्थिति बहुत ही हास्यास्पद हो जायेगी और हमें इस बात को भी मान्य करना होगा कि किसी भी पदार्थ के अभाव का कोई न कोई हेतु होना चाहिए।

बौद्ध चिंतन-परंपरा की दो विचार धाराओं में से वैभाषिक तथा सौत्रान्तिक ही है, जो किसी हद तक महायान की और झुके हुये हैं।

जहां तक तीसरी विचार-सारणी (विज्ञानवाद योगाचार) का प्रश्न है, यह न केवल महायानी ही है, बल्कि यह थेरवाद की अथवा जिसे इसने हीनयान का नाम दिया है, प्रखर आलोचक हैं।

महायान सूत्रालंकार जो असंग और आचार्य मैत्रेय की सम्मिलित रचना है, निश्चित रूप से महायान का एक प्रामाणिक ग्रन्थ माना जा सकता है।

सभी बौद्ध दार्शनिक बिना किसी अपवाद के अनात्मवाद के सिद्धान्त के पक्षपाती हैं। किंतु विज्ञानवाद के महान संस्थापक आचार्य असंग तो काफी तीखे भी हैं। वे पूछते हैं, कि यह कैसा भयानक अंधापन है कि जिसके कारण लोग प्रतीत्य-समुत्पन्न जैसा सारवान सिद्धान्त तो देख नहीं पाते किन्तु जिस आत्मा का अस्तित्व ही नहीं वह आत्मा उन्हें दिखाई देती है। यह संभव है कि इस या उस मिथ्याभास के कारण कोई आदमी किसी भी विद्यमान पदार्थ को न देख सकता हो, लेकिन यह कैसे सम्भव है कि कोई भी आदमी अविद्यमान पदार्थ को देख सकता हो।

आचार्य वसुबन्धु भी आगे चलकर विज्ञानवाद के समर्थक बन गये। विज्ञानवाद की प्रमुख विशेषता है कि यह मात्र विज्ञान (चित्त) के अस्तित्व को मानता है। विज्ञानवाद के अनुसार बाह्य जगत का अस्तित्व है ही नहीं। विज्ञानवाद की स्थापना है कि यह जो हमें भौतिक जगत सरीखा लगता है, यह अपने चित्त की कल्पना मात्र है। हमें मात्र अपने विज्ञान या चित्त की ही अनुभूति होती है। भौतिक पदार्थों का अस्तित्व है ही नहीं, वे है ही नहीं, वे मूलतः है ही नहीं।

इस प्रकार के प्रश्न पुछे गये हैं कि यदि भौतिक तत्व का आभास होता है और वास्तविक भौतिक जगत के अस्तित्व के बिना मात्र ही उसका आभास होता है, तो

यह समय और स्थान की मर्यादा क्यों है? आदमी को किसी भी पदार्थ के अस्तित्व की अनुभूति कहीं भी और सर्वत्र होनी चाहिए।

विज्ञानवाद को इस और ऐसे सभी दूसरी आलोचनाओं के रहते अपना मत प्रतिपादन करना पड़ा था।

एक सबल तर्क जिस का विज्ञानवाद को मुकाबला करना पड़ा वह यह था—आप लोग कहते हैं कि चित्त क्षणिक है, हर क्षण पैदा होता है, नष्ट होता है। एक बार जब वह नष्ट हो गया तो अपने से ही स्वयं कैसे उत्पन्न हो सकता है? इस आपत्ति का उत्तर देने के लिये विज्ञानवाद को कुछ नया चिंतन करना पड़ा और आलय-विज्ञान या (Residual Consnciousness) की कल्पना करनी पड़ी। इस आलय-विज्ञान को कोई उपनिषद का आत्मा या पुरुष समझ बैठने की गलती न करे। उपनिषद का आत्मा या पुरुष दोनों कूटस्थ नित्य पदार्थ माने गये हैं, किन्तु विज्ञानवाद का आलय-विज्ञान अनादि अनन्त चित्त-सन्तति मात्र है।

यदि उपनिषद के आत्मा या पुरुष की तुलना किसी अचल परिवर्तन हीन चट्टान से की जा सकती हो, तो विज्ञानवाद का आलय-विज्ञान चिरन्तन अनादि अनन्त प्रवाह मात्र है।

बौद्ध चिन्तन परंपराओं में सर्वाधिक क्रांतिकारी और शायद सर्वाधिक कट्टर विचार-सरणी माध्यमिकों की है। यह तर्क के परे की कोटी है। अद्‌भुत है वह ढंग, जिस तरह इसकी कल्पना की गई। शानदार है वह पद्धति जिस तरह आचार्य नागार्जुन द्वारा इस का प्रतिपादन किया गया है।

माध्यमिक दर्शन की खास विशेषता यह है कि वह किसी भी स्थापना का समर्थन नहीं करता। उसका एक मात्र धंधा है सभी स्थापनाओं का खण्डन करना। यदि किसी भी मान्यता को स्थापित करने की चिन्ता है, तो वह इसी मान्यता को, कि किसी भी मान्यता की स्थापना हो ही नहीं सकती।

जितने भी कथन हैं, जितने भी मत हैं, चाहे वे कितने भी स्वयंपूर्ण क्यों न प्रतीत होते हों, वे चारों खाने चित्त पड़ते हैं, जब वे नागार्जुन की तीक्ष्ण बुद्धि से टकराते हैं।

यदि कोई चाहे तो कह ही सकता है कि कोई भी कथन प्रमाणित नहीं हो सकता, यह भी एक कथन ही है और क्योंकि किसी कथन को सिद्ध किया ही नहीं जा सकता, और यह कथन भी एक कथन ही है, तो यह कथन भी असिद्ध ही ठहरता है। नागार्जुन मुझे लगता है कि इस मत की सत्यता को प्रतिपादित करने में अग्रणी रहेंगे।

नागार्जुन को अजातिवाद अर्थात उत्पत्ति के न होने के सिद्धान्त का महान प्रतिपादक कहा जाता है। वे किसी अस्तित्व के स्वयं अस्तित्व में आने की सम्भावना को नहीं स्वीकारते। वे किसी किसी कारण से किसी अस्तित्व में आने को भी नहीं स्वीकारते वे किसी भी अस्तित्व के स्वयं अस्तित्व में आने की सम्भावना को भी

नहीं स्वीकारते और किसी कारण से अस्तित्व में आने की सम्भावना को भी नहीं स्वीकारते।

नागार्जुन ने अपनी तीक्ष्ण आक्रामक बुद्धि से चार आर्य सत्यों, आर्य-अष्टांगिक मार्ग और प्रतीत्य-समुत्पाद जैसे पवित्र सत्यों की भी शून्यता प्रतिपादित करने की चेष्टा की है। लेकिन यह बात हमेशा याद रखने की है कि नागार्जुन का 'शून्यता' का सिद्धान्त किसी के 'कुछ नहीं' सिद्धान्त का पर्याय नहीं। नागार्जुन के लिये हर अस्तित्व शून्य था। लेकिन किस से शून्य? आत्मतत्व से शून्य, किसी शाश्वत-तत्व से शून्य।

पाली पिटकों में प्रतिपादित तथा उत्तर-काल में वसुबन्धु, असंग और नागार्जुन आदि आचार्यों द्वारा समर्थित सम्यक सम्बुद्ध द्वारा देशित धर्मदेशना का यह संक्षिप्त सारांश है। यह सब अपनी पूर्णता तथा व्यापकता में बौद्ध धर्म कहा जा सकता है।

विज्ञान का कोई भी मान्य ग्रन्थ, चाहे वह राज्यशास्त्र का हो, चाहे अर्थशास्त्र का, बिना अपवाद के आरम्भ में कुछ अनुच्छेदों में वह शास्त्र विशेष कला है या विज्ञान है इस विषय की चर्चा करता है। उसी तरह बौद्ध-धर्म के अनेक ग्रन्थ भी बौद्ध-धर्म, एक धर्म है या नहीं है, इस विषय की उहापोह करते हैं।

'धर्म' इस संज्ञा के सही अर्थ के बारे में आगे बढ़ने के पूर्व हम स्पष्ट रहें तो यह हमारे लिये अच्छा होगा। अब इस 'धर्म' शब्द के साथ खास कठिनाई यह है कि यह एक अकेली संज्ञा होने पर भी या तो इसके अनेक अर्थ हैं या कोई निश्चित अर्थ नहीं।

इस अस्पष्टता का मुख्य कारण यह है कि धर्म की जो कल्पना है वह कई दौरों में से गुजरी है। किसी समय धर्म शब्द का एक एक अर्थ रहा है, दूसरे समय दूसरा ही अर्थ। इस तरह उसका अर्थ समय-समय पर बदलता रहा है।

अपने आरम्भिक दौर में यह शब्द 'जादू' का पर्याय जैसा था। तब दूसरा दौर आया, जब 'धर्म' शब्द, विश्वास, संस्कार (धार्मिक), प्रार्थना और बलि आदि के लिये प्रयुक्त होने लगा।

धर्म का मध्यबिन्दु इस विश्वास के साथ शुरु हुआ कि कोई शक्ति है जो बिजली, वर्षा, बाढ़ आदि का मूल कारण है जिसे आदिमानव नहीं जानता था और न समझ ही सकता था। कुछ समय बाद उसी कल्पित शक्ति को ईश्वर या सृष्टिकर्ता कहा जाने लगा।

तब तीसरा दौर आया जब इस ईश्वर के बारे में कहा जाने लगा कि उसने न केवल इस जगत की ही रचना की बल्कि मानव को भी पैदा किया।

उसके बाद इस सृष्टी और मानव का जनक होने के विश्वास के साथ-साथ एक और विश्वास जुड़ गया, आत्मा के अस्तित्व में विश्वास। यह माना जाने लगा

कि एक तो यह आत्मा नित्य है, दूसरे शाश्वत है और तीसरे यह आदमी के द्वारा किये गये कृत्यों के बारे में ईश्वर के प्रति उत्तरदायी है।

इन विभिन्न दौरों को पार करके, अब 'धर्म' शब्द का लगभग निम्न प्रकार के अर्थों में प्रयोग होने लगा है–

ईश्वर में विश्वास

आत्मा में विश्वास

ईश्वर की पूजाओं, प्रार्थनाओं, रीति रिवाजों तथा दी जाने वाली बलियों द्वारा उसे प्रसन्न बनाये रखना।

ईश्वर और आत्मा में विश्वास के अतिरिक्त और भी दो विश्वासों का इन पहले के दो विश्वासों के साथ समावेश हो गया। वे दोनों विश्वास आज के हिन्दू, ईसाई· तथा इस्लाम तीनों प्रधान मजहबों की सांझी सम्पत्ति है।

वे दो विश्वास हैं–

तथाकथित ईश्वर कृत ग्रन्थों में विश्वास।

किसी न किसी मुक्तिदाता में विश्वास।

अपने युग के तीनों बड़े मजहबों, हिन्दू, ईसाई तथा इस्लाम में कुछ बारीक भेद हो सकता है और है, लेकिन ये तीनों मजहब एक ऐसे व्यक्ति के लिये जो तीनों में से किसी एक का भी अनुयायी नहीं, एक प्रकार से एक ही थैली के चट्टे-बट्टे हैं।

क्या यह ऐसा नहीं है कि वे सब एक कर्ता में विश्वास रखते हैं, जिसको वे भिन्न-भिन्न नामें से पुकारते हैं–जैसे ईश्वर, अल्लाह और गॉड? क्या यह ऐसा नहीं है कि वे सब जीवन के अनन्तर भी बने रहने वाले शाश्वत तत्व में विश्वास करते हैं, जिसे कोई 'आत्मा' कहता है, कोई रूह कहता है तथा तीसरा 'सोल' कहता है? क्या यह ऐसा नहीं है कि वे सब किसी न किसी मोक्षदाता पर ईमान लाते हैं? एक सामान्य हिन्दू के लिये वह राम और कृष्ण है अथवा कोई दूसरा अवतार। ईसाइयों के लिये उसका ईसा मसीह 'ईश्वरपुत्र' और मुसलमानों के लिये है उनके ईश्वरदूत हजरत मुहम्मद साहब।

यदि हम उपरोक्त चारों विश्वासों को सभी बड़े धर्मों के अथवा किसी अ, ब, क, ड धर्म के गुण-धर्म स्वीकार करते हैं तो प्रश्न पैदा होता है कि क्या बौद्ध धर्म या गौतम बुद्ध की शिक्षाओं को भी 'धर्म' शब्द के अन्तर्गत गिना जा सकता है? उत्तर है नहीं, बिल्कुल नहीं।

तथागत ने यह कभी नहीं सिखाया कि कोई ईश्वर है जिसने सृष्टि की रचना की। वे किसी रचयिता की रचना में विश्वास नहीं रखते थे। वे विकास (किसी अन्य

अच्छे शब्द के अभाव में हम 'विकास' ही कह सकते हैं) में विश्वास रखते थे। उनकी शिक्षा थी कि इस विश्व की सारी घटनायें प्रतित्य-समुत्पन्न हैं।

कोई यह कहने का दुस्साहस कर सकता है कि भगवान बुद्ध ने ईश्वर के अस्तित्व से इन्कार नहीं किया है। जितनी ही भिन्न-भिन्न कल्पनाएं 'ईश्वर' शब्द से अभिप्रेत है, भगवान बुद्ध ने उन्हें एक-एक करके उन सबका खंडन किया। दर्शन की भाषा में कहें तो भगवान बुद्ध ने तथाकथित ईश्वर को असिद्ध ठहराया है। नैतिक दृष्टी से उन्हें ईश्वर की कल्पना, न केवल घाटे की बात बल्कि निश्चयात्मक रूप से हानिप्रद लगती थी।

भगवान बुद्ध ने अपने धर्म में आत्मा जैसी किसी कल्पना को भी जगह नहीं दी। वे आत्मा में विश्वास रखने कौ नैतिक दृष्टि से ईश्वर-विश्वास की अपेक्षा भी अधिक हानिकारक मानते थे। यह अकारण ही नहीं है कि संसार भर में भगवान बुद्ध का धर्म अनात्मवाद के नाम से प्रसिद्ध है।

एक ईश्वर में विश्वास रखना तथा एक नित्य आत्मा को स्वीकार करना और आधुनिक वैज्ञानिक युग में रहना क्या ये ऐसी दो असम्भव बातें नहीं हैं, जिनकी संगति बिठाई ही नहीं जा सकती? यह सचमुच समझ से परे की बात है कि कुछ विचारक और बुद्धिमान लोग भी कैसे इन दोनों का मेल बिठाने का प्रयास करते हैं।

यदि आप ईश्वरवादी हैं तो यह हर तरह से तर्क संगत है कि आप किन्हीं धर्म ग्रन्थों को इल्हामी भी स्वीकार करें, क्योंकि एक करूणामय भगवान से यह आशा की जा सकती है कि वह अपनी सन्तान को कुछ बुद्धि दे, ज्ञान दे, भले ही वह संसार के आदि में हो जैसे कुछ लोग मानते हैं, या बाद में हो जैसे कुछ दूसरे लोग समझते हैं।

और यदि कोई किसी न किसी ग्रन्थ को इल्हामी स्वीकार करता है तो उसका उस ग्रंथ में कही गई बातों को स्वीकार करना पूर्णतः तर्कसंगत होगा; क्योंकि वह ग्रन्थ ईश्वरकृत है इससे कम कुछ भी नहीं।

कुछ लोगों को चाहे यह हास्यापद लगे, किन्तु मुझे लगता है कि आप कम से कम इस से सहमत होंगे कि यह अन्योन्याश्रय का एक अच्छा उदाहरण है। ईश्वर का आश्रय-स्थान इल्हामी धर्मग्रन्थ और इल्हामी धर्म-ग्रन्थों का आश्रय-स्थान ईश्वर।

भगवान बुद्ध चाहते थे कि आदमी इन दोनों से स्वतंत्र रहे। उनका तत्व ज्ञान उचित तौर पर ही सम्यक् सम्बुद्ध का तत्व ज्ञान कहला सकता है, विज्ञों द्वारा ही स्वीकृत किया जा सकने वाला। उनकी देशना 'आत्म-निर्भरता' की देशना कहला सकती है, और वह उन्हीं लोगों के द्वारा अपनाई जा सकती है, जिन्हें किसी वैशाखी की जरुरत नहीं हो।

विचारवान आदमियों के लिये चाहे वे किसी भी धर्म के मानने वाले हों तथा कथित इल्हामी धर्म ग्रन्थ प्रमाण ही नहीं है बल्कि ऐसे प्रमाण है जिन पर प्रश्न-चिन्ह लग ही नहीं सकता।

सचमुच ऐसे काल बाह्य विश्वासों के रहते किसी भी प्रकार की प्रगति की बात सोची भी नहीं जा सकती।

यह कहना अनावश्यक है कि आधुनिक ईसाई वैज्ञानिक जगत का जितना भी विकास संभव हुआ है, वह केवल इसीलिए कि उसने....या उस धर्म ग्रन्थ को शब्द प्रमाण मानने के विश्वास को बहुत पहले तिलाञ्जली दे दी है।

भगवान बुद्ध के अनुयायी कितने सौभाग्यशाली हैं कि वे कभी ऐसे विश्वासों के चक्कर में पड़े ही नहीं। इस समय महान बौद्ध तार्किक धर्मकिर्ती के इस श्लोक की याद आ रही है। मैं इस श्लोक के लिये महापण्डित राहुल सांकृत्यायन की स्मृति का ऋणी हूं।

चाहे कोई मुझ पर अशिष्ट होने का आरोप ही लगाये तब भी मैं इस श्लोक को केवल इसलिये उद्धृत कर रहा हूं ताकि आप देख सकें कि मैंने अभी तक जो कुछ कहा है, वह बौद्ध परंपरा के अनुरूप कहा है और यह किसी आधुनिक अज्ञेयवादी या बुद्धिवादी का दृष्टीकोण नहीं है–

वेदप्रामाण्यं कस्यचित् कर्तृवाद:

स्नाने धर्मेच्छा जातिवादावलेप:

सन्तापारम्भ: पापहानायचेति,

ध्वस्तप्रज्ञानाम, पञ्चलिंगानि: जाडये।

"वेद (धर्मशास्त्रों) को प्रमाण मानना, किसी सृष्टीकर्ता को मानना, अमुक-अमुक पवित्र सरिता में नहाने से पाप-क्षय होता है, मानना, जातिभेद मानना, आत्मपीड़न से पाप का क्षय होता है, यह मानना, बुद्धिहीन लोगों की जड़ता के लक्षण हैं।

धर्म ग्रन्थों की स्थिति से कुछ बहुत भिन्न स्थिति सृष्टी कर्ता की नहीं है, यह कहने की जरुरत नहीं।

कोई उसे अवतार माने तो क्यों? अथवा कोई उसे ईश्वर का पैगंबर कहे तो क्यों? अथवा कोई उसे ईश्वर का दूत कहे तो क्यों? इससे उसमें कोई फर्क नहीं पड़ता।

इल्हामी ग्रन्थों की मान्यता के ही साथ यह बात जुड़ी हुई है कि कोई न कोई ऐसा रहा होगा, जिस पर इल्हाम हुआ। हिन्दुओं के लिये ईश्वर ने प्राचीन संस्कृत में वैदिक-मंत्रों का उच्चारण किया होगा। ईसाइयों के लिए उसने बाईबल की शिक्षाएं हिब्रू में दीं। और मुसलमानों का कुरान अरब की भाषा में। तीन इल्हाम, अलग-अलग तीन समयों पर, तीन प्रकार के भिन्न-भिन्न लोगों को और तीन भिन्न-भिन्न भाषाओं

में! तो भी माना जाता है कि उन सबका उद्गम स्थान एक ही ईश्वर है। यदि ऐसा ही हो तो प्रश्न पैदा होता है कि उनमें जो लिखा है, वह एक जैसा ही क्यों नहीं है? उन में इतनी विभिन्नता क्यों है?

बिना इल्हामी ग्रन्थों के ईश्वर की कल्पना नहीं की जा सकती। बिना ईश्वर के इल्हामी ग्रन्थों की नहीं। इसीलिए बौद्ध-धर्म में दोनों के लिए जगह नहीं। इनके स्थान पर बौद्ध-धर्म में भगवान गौतम बुद्ध की शिक्षाएं हैं, जो हर आदमी के लिये अध्ययन करके मनन करने लायक हैं, और निरन्तर जीवन में उतारने लायक।

पालि-पिटकों में यह शिक्षा अंकित है जिन्हें त्रिपिटक अर्थात सूत्र, विनय, अभिधर्म-पिटक कहते हैं और यह शिक्षा विद्यमान है—संस्कृत बौद्ध ग्रन्थों में भी और बाद के समय के अन्य बौद्ध शास्त्रों में भी।

इस तरह बौद्ध-धर्म में किसी अवतार, किसी मोक्षदाता के लिये कोई स्थान नहीं। भगवान गौतम बुद्ध किसी विष्णु के अवतार नहीं थे और न ये किसी के मोक्षदाता। वे महामाया तथा शुद्धोदन के स्वाभाविक पुत्र थे, लेकिन निस्संदेह सम्यक् सम्बुद्ध।

हम इस बात को स्पष्ट समझ लें कि 'बुद्ध' यह कोई व्यक्तिवाचक संज्ञा नहीं है। शाक्य मुनि का व्यक्तिगत नाम था सिद्धार्थ। 'बुद्ध' यह एक पद है, या यूं कहें कि वह एक प्राप्ति है, जो दूसरों ने भी प्राप्त की है, और अन्यों द्वारा भी प्राप्य है। सम्भवत: इसी कारण कुछ युरोपियन मनीषि बौद्ध-धर्म को धर्म या मजहब मानने में हिचकिचाते हैं। हमें इसकी परवाह नहीं। हानि उन्हीं की है। हम 'बौद्ध-धर्म' को मजहब की अपेक्षा धर्म कहना पसंद करते हैं।

लेकिन अब तक जो कुछ कहा गया है उससे एक बात स्पष्ट हो जानी चाहिए। यदि हम बौद्ध-धर्म को भी मजहब कहना चाहें, तो हमें यह मानना होगा कि सभी मजहबों या धर्मों में बौद्ध-धर्म अपना एक विशेष स्थान रखता है।

सभी धर्मों में बौद्ध-धर्म एक अनोखा धर्म है।

यदि बौद्ध-धर्म को हम उसके पूरे स्वरूप में ग्रहण करना चाहते हैं, तो हमें इस बात को समझना चाहिए कि जो आर्य सत्य हैं, यद्यपि गिनती में चार हैं, तो भी उन्हें एक-एक करके नहीं लेना चाहिये। चारों आर्य सत्यों को मिलाकर एक पूरा सत्य है। उनमें से हर एक सत्य को अलग-अलग किया जाय तो वह पूरे सत्य का एक हिस्सा ही माना जायेगा और वह पूरा सत्य इस प्रकार है:-

"दु:ख है और दु:ख से मुक्त होने का उपाय भी है। भगवान बुद्ध ने केवल एक ही बात सिखाने का दावा किया है—

"दु:ख और दु:ख से मुक्ति"

उन्होंने ईश्वर के अस्तित्व की बात नहीं की। उन्होंने आत्मा के अस्तित्व की बात नहीं की। उन्होंने ईश्वर तथा आत्मा को जोड़ने की बात भी नहीं की। तब उनका

दु:ख के मूलोच्छेद का या निर्वाण-प्राप्ति का मार्ग कौन-सा था? संक्षेप में उनकी शिक्षा क्या थी?

उन्होंने सम्यक् दृष्टि दिखाई जो वस्तु, जैसी है, उसे वैसा ही देखना। किसी अन्धविश्वास के चक्कर में फंसकर पथ-भ्रष्ट न होना।

उन्होंने सम्यक् संकल्प सिखाया। ऊंचे विचारों तथा उत्तम आदर्शों से युक्त होना।

उन्होंने सम्यक् भाषा (वचन) सिखाई। मिथ्या, कठोर, तथा फालतू बातचीत से विरत रहना और सदा सत्य बोलना, मीठा बोलना सिखाया।

उन्होंने सम्यक् कर्मान्त सिखाया, सभी बुरे क्रिया कलापों से विरत रहना, इतना ही नहीं कि हम जाने कि ये कर्म बुरे हैं, बल्कि हमें व्यवहार में उनसे दूर-दूर रहना है।

उन्होंने सम्यक् आजीविका सिखाई, जीविका के अयोग्य साधनों से विरत रहना, दासों का व्यापार, नशीली चीजों का व्यापार, अस्त्र-शस्त्रों के व्यापार जैसे ही दूसरे व्यापार एक बौद्ध उपासक के लिए वर्जित हैं।

उन्होंने सम्यक् व्यायाम सिखाया, अपने चारित्र्य के कलंकों को मिटाना और अपने व्यक्तित्व की सभी अच्छाइयों को बनाये रखना।

उन्होंने सम्यक् स्मृति सिखाई, हर क्षण जागरूक बने रहना, छोटे-से छोटे कार्य करते समय भी अपनी स्मृती बनाये रखना।

उन्होंने सम्यक् समाधि सिखाई, मन की एकाग्रता को बढ़ाना, जो बुद्धिरूप होने पर ऐसी तीक्ष्ण हो जाती है कि उसके लिये कोई भी विषय अगम्य नहीं रहता।

जब हम बुद्ध के दु:ख और दु:ख के मुक्ति के सिद्धान्त की चर्चा करते हैं, तो कुछ लोग उसके पहले हिस्से पर अधिक जोर डालने की गलती करते हैं। ''सभी कुछ दु:ख है'', यह अर्ध सत्य है उनका ऐसा कहना बिल्कुल ठीक है क्योंकि दूसरा आधा सत्य है ''उस दु:ख से मुक्ति पाने का पथ भी है।''

कुछ प्रतिकूल आलोचक इससे एक कदम और भी आगे जाना पसंद करते हैं। वे ''बौद्ध-धर्म'' को निराशावाद मात्र कहकर उसे गाड़ देना चाहते हैं। शायद वे यह भी नहीं जानते कि निराशावाद किसे कहते हैं! निराशावाद का कहना है, ''संसार में दु:ख है और दु:ख से मुक्ति का पथ नहीं है''। लेकिन भगवान बुद्ध का तो कहना है ''संसार में दु:ख है, और दु:ख निरोध-गामिनी-प्रतिपदा भी है।''

कहने वाले कह सकते हैं कि 'अष्टांग-मार्ग' में जैसी नैतिक शिक्षा दी गई है, उससे मिलती जुलती शिक्षा तो दूसरे धर्मों के द्वारा भी आए दिन दी जाती है। ठीक है हर धर्म सदाचार की शिक्षा देता है किन्तु उन धर्मों में सदाचार मूल बात नहीं है जैसा कि बौद्ध धर्म में है। दूसरे धर्मों में नैतिकता जैसे डॉ. बाबासाहेब आंबेडकर का कहना है, रेल की उस बोगी के समान है, जो जब चाहे जोड़ दी जाय और जब चाहे हटा ली जाय। जहां तक बौद्ध धर्म का सम्बन्ध है, नैतिकता उसका मूलाधार है।

बहुत से लोग इन दिनों कहने लगे हैं, कि धर्म आदमी की अपनी व्यक्तिगत बात है। उसे सार्वजनिक जीवन में दखल नहीं देना चाहिये। यह बात दूसरे धर्मों के सम्बन्ध में ठीक हो सकती है, और नहीं भी हो सकती किन्तु इसके ठीक होने की ही अधिक संभावना है। लेकिन बौद्ध धर्म पर यह बात एकदम लागू नहीं होती। क्योंकि बौद्ध धर्म मूलतः या अनिवार्य रूप से एक सामाजिक धर्म है। भगवान बुद्ध का धर्म यदि शील का साकार रूप नहीं, तो कुछ भी नहीं है। भगवान बुद्ध के धर्म का मतलब है मनुष्य जीवन के सभी क्षेत्रों में आदमी-आदमी के बीच योग्य सम्बन्ध स्थापित करना।

आदमी यदि स्थायी रूप से अकेला ही हो, तो उसे धर्म की बिल्कुल आवश्यकता नहीं। लेकिन यदि एक से अधिक मनुष्य कहीं एक साथ बसे हों तो उनका आपसी सम्बन्ध स्थापित करने के लिए धर्म अनिवार्य है। वे इससे भाग नहीं सकते।

धर्म एक सामाजिक आवश्यकता ही नहीं, सभ्य समाज की अनिवार्य जिम्मेदारी भी है। इसलिए इस बात से कोई फर्क नहीं पड़ता कि कोई बौद्ध धर्म को धर्म कहता है या नहीं कहता। महत्व की बात यह समझना है कि किसी भी सभ्य समाज का काम बिना धर्म के चल ही नहीं सकता।

जिस समय भगवान बुद्ध अपने समय के ग्रामों में निगमों में विचरते थे तो भगवान बुद्ध की सर्वाधिक भयानक टीका जो कुछ ब्राह्मण करते थे वह यही थी कि यह श्रमण गौतम गांव-गांव विचर-विचर कर यही कहता फिरता है कि सभी वर्ण समान रूप से शुद्ध है अथवा उनमें शुद्ध होने की समान क्षमता है। इससे सिद्ध होता है कि ब्राह्मण विषमता के पक्षपाती रहे हैं और हैं तथा तथागत रहे हैं समता के समर्थक।

हिन्दु समाज का चातुवार्य न केवल विषमता पर आधारित रहा है, और है, बल्कि उसका आधार क्रमिक विषमता है। क्रमिक विषमता का मतलब है; कि हिन्दू अपने में समान रूप से असमान भी नहीं हैं। ब्राह्मण का स्थान सर्वोपरि रहा है और है। क्षत्रिय का स्थान ब्राह्मण के नीचे किन्तु वैश्य और शुद्रों से उपर, वैश्य शुद्र से ऊंचा लेकिन क्षत्रिय और ब्राह्मण दोनों से नीचा। शुद्र बिचारा सदा इस सामाजिक सीढ़ी के सबसे नीचे की पायदान पर स्थित रहा है।

इस चातुर्वर्णी समाज का एक भयानक दुष्टतापूर्ण तत्व रहा शुद्रों को शिक्षा से वंचित रखना। कोई भी ब्राह्मण सभी प्रकार की शिक्षा ले सकता था। क्षत्रिय प्रधान रूप से युद्ध-शास्त्र के सम्बन्ध में शिक्षा ग्रहण कर सकता था। वैश्य व्यापारिक शिक्षा ले सकता था। जहां तक गरीब शूद्र का प्रश्न था, वह किसी भी प्रकार की शिक्षा नहीं ग्रहण कर सकता था।

क्योंकि न क्षत्रिय और न वैश्य ही धर्माचार्य बनकर धार्मिक संस्कारों को करवा सकता था, इसीलिए सभी संस्कारों का कराना ब्राह्मणों का काम था और आज भी है।

न केवल शूद्रों को ही शिक्षा से वंचित रखा गया था, जाति निरपेक्ष सभी नारियों को भी विद्यार्जन से वंचित रखा गया था। यही कारण है कि हिन्दू समाज के चातुर्वर्ण के आदर्श के अनुसार भारतीय जनता का अधिकांश हिस्सा शिक्षा से बिल्कुल वंचित रहा।

हिन्दू समाज के इस चातुर्वर्ण विभाजन की सबसे अधिक भयावह बात यह है कि यह जन्म से मृत्यु तक चालू रहने वाला एक नित्य विभाजन है। एक बार ब्राह्मण हमेशा के लिए ब्राह्मण। वह चाहे कितना भी भयानक पाप करे तो भी वह अब्राम्हण नहीं बन सकता। एक बार शूद्र, सदा के लिये शूद्र। चाहे वह कितना ही महान पुण्य कार्य क्यों न करे, शूद्र-शूद्र ही रहेगा।

इसीलिए भारत में बौद्ध धर्म का जो पुनर्जागरण हो रहा है मेरे विश्लेषण के अनुसार वह इस हिन्दू समाज की सड़ी हुई चातुर्वर्णी व्यवस्था या अव्यवस्था के खिलाफ विद्रोह है।

आधुनिक शिक्षा, यातायात के आधुनिक साधन, अन्योन्य प्रकार के आधुनिक धंधे सभी मिलकर चातुर्वर्णी व्यवस्था की जड़ में मट्ठा सींच रहें है।

भारतीय समाज की ऐसी विषम परिस्थिति में भगवान बुद्ध का धर्म महान सेवा कर सकता है।

लोग इन दिनों बिना सोचे समझे जीवन-मान को ऊंचा करने की बातें करते रहते हैं, जिसका आशय अधिक से अधिक ऐशो-आराम, ज्यादा से ज्यादा सिनेमा, अधिक रेडियो, मोटरें और कारें, और टेलीफोन और अधिकाधिक शीघ्रगामी वाहनों के अतिरिक्त और कुछ नहीं।

लेकिन ऊंचा जीवनमान मनुष्य के जीवन को सुखमय नहीं बनाता है, बल्कि मनुष्य की ऊंची संस्कृति ही है जो उसके सुख में वृद्धि करती है।

बौद्ध धर्म व्यक्ति के आत्म-विकास के लिये मानव द्वारा निर्धारित किया गया सर्वश्रेष्ठ कार्यक्रम है। वह आदमी को चाहे जितना ऊंचा उठा सकता है और चाहे जितनी श्रेष्ठता प्रदान कर सकता है। यदि आदमी इतना कर सके, तो उसे और किसी भी चीज के पीछे भागने की क्या आवश्यकता है?

2
भदन्त आनन्द कौसल्यायन

–महापण्डित राहुल सांकृत्यायन

श्री हरिनाम दास से मेरी मुलाकात सबसे पहले 1926 ई. की जनवरी में मेरठ में हुई। मेरे मित्र श्री बलदेव चौबे लोक-सेवक समाज की ओर से मेरठ में कुमार आश्रम स्थापित कर अछूत उद्धार का काम कर रहे थे। कानपुर कांग्रेस से मैं उनके साथ यहां चला गया और कुछ दिनों तक वहीं ठहरा हुआ था। वहीं तरुण हरिनाम दास मिले। हरिनाम दास ने अम्बाला में मैट्रिक पास कर कॉलेज में नाम लिखवाया था। इसी समय असहयोग का बिगुल बजा और वह कॉलेज छोड़कर चले आये। कुछ दिनों तक कांग्रेस की स्वयंसेवकी करते रहे, उमर बहुत थोड़ी थी। फिर लाला लाजपतराय द्वारा स्थापित लाहौर के कौमी महाविद्यालय में दाखिल हो वहां के ग्रेजुएट बने। इसी समय बलदेव चौबे उनके सहपाठी थे। उस दिन भी मैंने उनको दुबला-पतला ही देखा था। पर, स्वच्छन्दता का आभास उस समय भी मिलता था। उन्होंने कोई आदर्श वाक्य लिखने के लिए कहा। मैंने लिख दिया– 'असिना गीतया चैव जयिष्ये भुवनत्रयम्।' (तलवार और गीता से मैं तीनों लोकों को जीतूंगा।) गांधी जी के अहिंसात्मक असहयोग और कांग्रेस आन्दोलन में पांच वर्ष बिताने के बाद भी असि (तलवार) पर से मेरा विश्वास नहीं उठा था।

उस समय क्या पता था कि नदी-नाव में संयोग से मेरठ में हुई वह मुलाकात आजीवन के सम्बंध में परिणत हो जाएगी। उसी साल के अन्त में कौंसिलों का चुनाव हो रहा था। कांग्रेस सीधे भाग ले रही थी। स्वामी सत्यदेव परिब्राजक के विचार हमेशा ही उग्र रहे। वह कांग्रेस के पक्ष में प्रचार करने के लिए निकले। आंखों से मजबूर थे, किसी की सहायता की आवश्यकता थी। तरुण हरिनाम दास अन्धे की लकड़ी बनकर उनके साथ हुए। एक बार फिर छपरा में भी स्वामी जी के व्याख्यान के समय मुलाकात हो चुकी थी। अब उनका नाम ब्रह्मचारी विश्वनाथ था। इसके बाद दिसम्बर में गौहाटी कांग्रेस में मिले।

हरेक आदमी चाहता है, दूसरे भी अपने ही तरह बन जायें। मैं राजनीतिक फकीर था, चाहता था कि और भी सहायक मिलें। छपरा जिले में कांग्रेस का मैं सबसे बड़ा

नेता था, इसलिए सारे जिले की जिम्मेवारी भी अपने उपर मानता था। कटया थाना में राजपुर मठ के महन्त ने कई बार कहा था कि कोई चेला दीजिए, जो स्थान का काम संभाले, मैंने सोचा, ब्रह्मचारी विश्वनाथ उसके लिए बहुत उपयुक्त होंगे। उनसे बात-चीत की, कहा– 'देख लेने में क्या हर्ज है।' उन्होंने भी स्वीकार किया। लेकिन राजापुर में वह तीन-चार महीने से अधिक नहीं रह सके। महन्त जी बहुत मानते थे, किन्तु उस अटूट देहात में बौद्धिक और सांस्कृतिक जीवन का अत्यन्त अभाव था। ब्रह्मचारी के लिए दिन काटना मुश्किल हो गया। 6-8 फरवरी (1927) को हम दोनों महंत के हाथी पर चढ़कर बुद्ध-निर्वाण स्थान कसैया के दर्शन करने के लिए गए। कुछ ही दूर जाने पर हमें हाथी की करामात मालूम हुई और उसका नाम समय-संहारक यंत्र रख दिया। ब्रह्मचारी विश्वनाथ ने बहुत कोशिश की कि मन को स्थान के अनुकूल बनायें, लेकिन वह नहीं हो सका। 2 मार्च को मैं उन्हें साथ लिये एकमा आया। घुम्क्कड़ी का आचार्य नहीं, अध्यापक होने तो लायक हो ही चुका था। मैंने भविष्य का प्रोग्राम बनाते हुए परामर्श दिया– 'कपड़ों को पीले रंग से रंगकर कमंडलु ले कुछ दिन घुमक्कड़ी का जीवन बिताओ।' एकमा में ही उन्होंने कपड़े रंग लिये। मैंने उन्हें बौद्ध धर्म और इतिहास के महत्वपूर्ण स्थानों की एक तालिका बना दी, जिसके अनुसार उन्होंने अपनी यात्रा आरम्भ की।

मेरा भी मन अब विद्या के काम की ओर आकृष्ट हुआ और मैं 16 मई 1927 को लंका पहुंच गया। विद्यानुसार बिहार में रहने का प्रबन्ध हो गया था। वहां भिक्षुओं को संस्कृत पढ़ाने और स्वयं पालि पढ़ने में व्यस्त हो गया। पहला लंका-प्रवास अठारह महीने का रहा। विद्यालंकार परिवेण लंका के दो सबसे बड़े विहारों में था। वहां के प्रधानाचार्य श्री धम्मानन्द नायक महास्थविर बड़े कोमल स्वभाव के गम्भीर विद्वान् थे। पालि व्याकरण के वह श्रेष्ठ पंडित माने जाते थे।

उन्होंने यात्रा में बोधगया, नालन्दा, राजगिर, वैशाली, कुसिनारा, लुम्बिनी, जेतवन, कौशाम्बी, संकाश्य, मथुरा, ग्वालियर, साँची, अजन्ता, एलोरा, पूना, बंगलौर आदि देखे थे। यदि पैसे के बल पर यात्रा करनी होती, तो उनके बस की बात नहीं थी, लेकिन दो पैसे के पीले रंग ने सारा काम पूरा करा दिया और बराबर पत्र लिखते रहे। वह 1927 ई. में मद्रास-कांग्रेस में पहुंचे। मैंने लिख दिया था, वहां से सीधे लंका चले आयें। 7 जनवरी को आखिर लंका पहुंच गये। मंडपम् में लंका सरकार देखभाल ज्यादा करती थी, उसके लिए मैंने म्युनिसिपैलिटी का पर्मिट भिजवा दिया था। मेरी वजह से उन्हें लंका और विद्यालंकार पिरिवेण अजनबी नहीं मालूम हुए। उनके पठन-पाठन के बारे में भी मैंने काफी सोच लिया था। मैं स्वयं पालि, संस्कृत पढ़ाने लगा। रोज शाम को घंटे डेढ़ घंटे टहलने के लिए हम बाहर जाया करते। इसके लिए अनुकूल रेल की पटरी थी, यद्यपि उसमें डर था, कहीं आगे से ट्रेन न आ जाय।

हमारा यह टहलना केवल पैरों से होता था। मन और वाणी से मानसिक समस्याओं को सुलझाने में लगे रहते थे। मैं भी पहले सोचता था, आर्यसमाज के निराकार ईश्वर और बुद्ध को साथ रखूं। पर, मेरा मन भक्तिव्यता के लिए अपने दर्शन के अध्ययन के कारण पहले ही से कुछ तैयार था। यहां आने पर बहुत देर नहीं लगी, ईश्वर से मेरा पिंड छूट गया। इस समय ब्रह्मचारी विश्वनाथ को ईश्वर बहुत परेशान कर रहा था। पर, मेरे तजुर्बे के कारण उन्हें ज्यादा दिन भटकने की जरूरत नहीं पड़ी। कुछ दिनों बाद पीला चीवर पहन वह नायक महास्थविर श्री धम्मानन्द के श्रामणेर शिष्य हो गये। नाम पड़ा आनन्द, गोत्र कौसल होने से कौसल्यायन भी जुड़ गया। मेरे सांस्कृत्यायन नाम पड़ने से दो वर्ष पहले ही उन्होंने यह उपाधि धारण की थी। मैं भी भिक्षु बनने की इच्छा रखता था, पर मुझे तिब्बत जाना था, जिसके लिये भेष भी बदलना पड़ता, इसलिए मैंने उस समय दीक्षा नहीं ली।

आनन्द और मैं दोनों एक साथ विद्यालंकार विहार में रहने लगे, लेकिन एक साल से कम ही तक, जिसका उपयोग उन्होंने भी अच्छी तरह किया। मैं तो हमेशा संस्कृत में ही पढ़ाता, बातचीत करता था। बिहार से बाहर जाने का अवसर कम मिलता था, इसलिए सिंहल भाषा का उपयोग मेरे लिये आवश्यक नहीं था। सिंहली भाषा हिन्दी की भगिनी है, बीच की द्रविड़ भाषाओं की नहीं। उसे मैं आसानी से सीख सकता था, लेकिन जब आवश्यकता नहीं, तो कौन उसे सीखे। आनन्द जी ने बड़ी जल्दी प्रगति की। वह उसमें भाषण देने लगे। 1 दिसम्बर 1928 को भारत के लिए प्रस्थान करने से पहले ही मेरा परिचय कर्नाटक के एक ब्राह्मण तरुण अनन्तराम भट्ट से हो गया था। मैंने उन्हें विहार में अपने स्थान पर रखने का इंतजाम कर दिया। इस प्रकार आनन्द जी का आगे संस्कृत की पढ़ाई का प्रबन्ध हो गया।

भारत होकर मैं तिब्बत पहुंचा। सवा वर्ष तक हमारी मुलाकात पत्रों द्वारा होती रही। आनन्द जी हर तरह से मेरी सहायता के लिए तैयार थे। उनकी अपनी प्रगति जारी रही।

डेढ़ वर्ष बाद 20 जून (1930 ई.) को मैं लंका लौटा। मेरे रहते समय ही वह श्रामणेर से भिक्षु हो चुके थे। इसी साल मै भिक्षु बनकर राहुल सांस्कृत्यायन हो गया। 1930 ई. में भारत में सत्याग्रह शुरु हुआ। हम दोनों के दिलों में खलबली मच गयी। इस युद्ध से अलग रहना हमारे लिए मुश्किल हो गया। आनन्द जी पहले भारत गये और मैं 15 दिसम्बर (1930 ई.) को भारत के लिए रवाना हुआ। आनन्द जी ने बिहार में काम किया, जेल भी गये लेकिन हवालाती के तौर पर ही। 1931 ई. की कराची-कांग्रेस में हम दोनों पहुंचे थे, जहां से आनन्द जी लंका की तरफ रवाना हुए और मैं फिर बनारस की तरफ लौटा। गांधी-इर्विन-समझौते के कारण आन्दोलन ने साधारण रूप ले लिया और मुझे अब उसमें समय देने की जरूरत नहीं रही। लंका

में रहकर लिखी हुई अपनी पुस्तकों–'बुद्धचर्या' 'अभिधर्मकोश-टीका' को छपवाने लगा। काम समाप्त होने के बाद सारनाथ में मूलगंध-कुटी-विहार के निर्माण की समाप्ति पर नवम्बर में उद्घाटन-महोत्सव बड़े धूमधाम से हुआ। हमारे गुरु श्रीधम्मानन्द महास्थविर भी आये थे। उन्हीं के साथ मैं भी लंका चला गया। लंका रहते आनन्द जी को पांच वर्ष हो गये थे। उनके उपदेशों और व्याख्यानों की बड़ी मांग थी। सिंहल और अंग्रेजी दोनों में बोल लेते थे।

महाबोधि सभा ने लन्दन में विहार स्थापित किया था और वहां धर्म-प्रचार के लिये भिक्षु भेजे थे। पहली टोली के लौट आने पर दूसरों को भेजना था। ट्रस्ट प्रधान श्री डी. बी. जयतिलक हमारे विहार के शिष्य और अनुरक्त भक्त थे। उनकी दृष्टि आनन्द जी के ऊपर गई; लेकिन आनन्द जी ने कहा–'यदि राहुल जी भी चलें, तो मैं जाऊंगा।' मैं अंग्रेजों की दृष्टि में अधिक अपराधी था, इसलिए मेरी स्वीकृति देने पर भी पासपोर्ट का मिलना आसान नहीं हुआ। पर डी. बी. श्री जयतिलक सरकार के मुख्य-मंत्री, और साथ ही अंग्रेजों के भक्त भी थे। उनके बीच में पड़ने पर पासपोर्ट मिल गया।

5 जुलाई को हम कोलम्बों बंदरगाह में फ्रेंच जहाज 'दार्तेना' पर सवार हुए। यूरोप जाने वाले लोग कोट-पैंट पहने थे और हम दोनों का पीला चीवर वहां सभी की दृष्टि आकृष्ट करता था। जहाज रात को किसी समय चला। मैं सर्वभक्षी था आनन्दजी निरामिषाहारी थे और हमेशा रहे। पर, भोजन के बारे में अगले दिन कोई समस्या नहीं खड़ी हुई, क्योंकि रात के वक्त समुद्र की उत्तुंग लहरों के कारण जहाज झूला बन गया। आनन्द जी सामुद्रिक बीमारी से पीड़ित थे। वह खाने का नाम भी नहीं ले सकते थे। मुझे यह विचित्रता कुछ घड़ियों तक ही परेशान करती रही। सवेरे 8 बजे मक्खन-पावरोटी के साथ मैंने चाय पी, 11 बजे चावल, मांस, पाव रोटी, मक्खन और आम पर हाथ साफ किया। आनन्द जी का बुरा हाल था। छः दिन तक अरब सागर वैसे ही क्षुब्ध रहा। धीरे-धीरे आनन्द जी की परेशानी दूर हो पाई। फलाहारी भोजन के लिए कोई दिक्कत नहीं थी। रोटी-मक्खन, उबले साग, तले आलू, फल, चाय जितना चाहें उतना मिल सकता था। तले आलू को आनन्द जी बड़े चाव से खाते थे। मैं जानता था कि वह किसमें तला हुआ था। मैने आनन्द.के फलाहार की प्रशंसा करने एक दिन कहा–'जानते हैं, आलू किसमें तला गया है।' उन्होंने कहा–'क्या इसे भी छुड़वाना चाहते हैं? सचमुच ही बुरा होता। मक्खन में तला हुआ है, यही समझ लेना अच्छा था। खैर, खाने की कोई दिक्कत नहीं हुई। लाल सागर, स्वेज नहर और भूमध्य सागर में होते हम मारसेई के बन्दरगाह पर उतरे। पेरिस में कुछ दिन ठहर कर इंग्लिश चैनल पार कर 27 जुलाई (1932 ई.) को लंदन पहुंच गये। तब से 14 नवम्बर तक हम एक ही साथ इंग्लैंड में रहे। प्रचार काम आनन्द जी के जिम्मे था। मैं तो उनका

साथ देने के लिए आया था। इस समय का उपयोग मैंने वहां की शिक्षण संस्थाओं को देखने में किया। ब्रिटिश म्यूजियम के पुस्तकालय में भी जाता रहा।

इंग्लैंड में मैं विद्यार्थी ही बनने के लिए नहीं गया था। मैंने जो लंका में तैयारी की थी, उसके उपयोग का अब समय आया था; इसलिए मुझे भारत लौटना था। आनन्द जी को वहां दो वर्ष या ऊपर रहना था। वहां रहते समय दूसरी तरह की पुस्तकों के पढ़ने के अतिरिक्त मैंने रूस और साम्यवाद पर काफी पढ़ा। इच्छा थी, कुछ दिनों के लिए रूस हो आऊं। पर बर्लिन में जब मैंने इसकी कोशिश की, तो जाड़ों के कारण यात्री मण्डल का भेजना बन्द हो गया था। आनन्द जी के सीधे-सादे जीवन में अंग्रेज भक्त प्रसन्न थे। हर सप्ताह उनका उपदेश होता। पीछे वह इंग्लैंड, आयरलैंड, फ्रांस और जर्मनी के भिन्न-भिन्न भागों में भी गये।

16 जनवरी (1933 ई.) को मैं कोलम्बो लौटा। 30 जनवरी को वहां से भारत के लिए रवाना हुआ। अब मेरे जाड़े भारत में बीतते और गर्मी तथा बरसात तिब्बत या किसी और देश में। आनन्द जी से पत्रों द्वारा ही मुलाकात होती। अपनी यात्राओं के भिन्न-भिन्न स्थानों से मैं बार-बार उनके पास लम्बे-लम्बे पत्र लिखता था, जिनमें से कितने ही पुस्तकाकार भी छपे। इसके बाद मैं फिर लंका नहीं गया। आनन्द जी यूरोप से लौट कर लंका आये। उनका भारत और लंका के बीच आना-जाना बराबर जारी रहा। लंका के भिक्षुओं और गृहस्थों से उनका बहुत सन्निकट का सम्बन्ध स्थापित हुआ, जिसके कारण हमारे दोनों देशों का प्राचीन मधुर सम्पर्क फिर से जागृत हुआ। भारत और लंका के बीच कशमकश उस वक्त भी थी। लंका के व्यापारी भारतीय सेठियों का मुकाबला नहीं कर सकते थे, इसलिए वह उनको फूटी आंखों नहीं देखते थे। जीवन-स्तर ऊंचा होने के कारण लंका के मजदूर-मजदूरी अधिक मांगते थे और भारतीय मजदूर आधी तनख्वाह पर भी रात-दिन एक पैर पर खड़े रहने के लिए तैयार थे। इसके कारण भारतीयों के खिलाफ जहर उगलने वाले भी अपने घरों में भारतीय नौकर रखते। एक और भी विचित्र बात थी। लंका के लोग भारत को दो भागों में विभक्त करते हैं। तमिल भाषा-भाषी प्रदेश उनके लिए इंडिया, और उत्तरी भारत 'दम्बदिव' (जम्बूद्वीप) है। जम्बू द्वीप बुद्ध की जन्मभूमि है अतः उनके निवासी उनके श्रद्धा और सम्मान के भाजन थे। पर, 'इडियाकार' (तमिल) लोगों से उनको चिढ़ थी। उनके मारे चाय और रबड़ के बगीचों में सिंहल मजदूर पहुंच नहीं सकते थे। छोटी-बड़ी दुकानों तक इंडियाकार की प्रतिस्पर्धा से उनका बुरा हाल था। सारे झगड़े का कारण आर्थिक विकास में भारतीय श्रम और पूंजी ने-श्रम ने विशेष तौर से-जरूर बड़ा काम किया, पर स्थानीय सन्तानों को वंचित करके। आज भारत भी स्वतन्त्र है और लंका भी। दोनों देशों का धर्म, संस्कृति और रक्त का घनिष्ठ संबंध हैं। यदि भारत का जीवन-स्तर ऊंचा होता, तो यह समस्या ही उठने नहीं पाती। फिर

प्रवासियों की धारणा का रूख श्री लंका की ओर नहीं भारत की ओर मुड़ जाता। खैर, इसका समाधान तो होना ही है। और वह स्नेह तथा सद्भाव पूर्वक जल्दी हो जायेगा, इसमें सन्देह नहीं। आनन्द जी ने दोनों के सम्बंध को अपने-अपने सीमित क्षेत्र में मधुर बनाने का प्रयत्न किया है। वह हाल के युग में पहले भारतीय थे, जो लंका के भिक्षु थे। उसके बाद भारत और नेपाल के कितने ही तरुण वहां बौद्ध पंडित और भिक्षु बने।

आनन्द जी अब अधिकतर भारत में रहने लगे थे। मेरा एक पैर बाहर रहता था। यात्रा के समय भी मैंने अपनी लेखनी को जारी रखा और पाली के कई ग्रन्थों को हिन्दी में अनुवाद किया। उसी समय मैंने आनन्द जी से वचन लिया कि आप सिर्फ एक पुस्तक के अनुवाद का भार ले लीजिये–जातक का। यह एक पुस्तक नहीं, सात मोटे-मोटे जिल्दों वाला पोथा था। आनन्द जी ने उसे स्वीकार किया। उसके कुछ फार्म पहले बड़ी श्रद्धा के साथ डा. लक्ष्मण स्वरूप ने लाहौर में छापे, पर नैया आगे नहीं चली। फिर साहित्य सम्मेलन ने भार उठाया और कितने वर्षों की लगन के बाद आनन्द जी इस महान् ग्रंथ को हिन्दी में लाने में सफल हुए। इससे पहले ही पालि के बहुमूल्य इतिहास ग्रंथ, 'महावंस' का उन्होंने हिन्दी में अनुवाद किया। मेरी तरह न राजनीति में वह उग्र विचार में बहते, और न काम में सरपट दौड़ते; पर उनके कदम नपे-तुले और लगातार चलते रहते हैं। इसलिए वह बड़े-बड़े कामों को करने में सफल हुए। वर्धा की राष्ट्रभाषा प्रचार समिति को गांधीवादी अपने हाथ की कठपुतली बना उसे हिन्दी विरोध का अड्डा बनाना चाहते थे। वर्धा में आनन्द जी बिल्कुल 'दसानन में जीभ बिचारी' की तरह थे। आठ-सात रुपये की कोठरी में समिति का दफ्तर था। उन्होंने वर्षों के अपने संगठन के कौशल और एकान्त निष्ठा से समिति को एक विशाल संस्था के रूप में परिणत कर दिया। उसकी परीक्षाओं में लाखों बैठने लगे। लाखों की इमारत खड़ी हो गई। आज अहिन्दी भाषी भारत के बहुत भागों में हिन्दी-प्रचार का बहुत बड़ा काम समिति की ओर से हो रहा है।

संस्थाओं में वैमनस्य होना दूसरे देशों में भी देखा जाता है। किन्तु जहां की संस्कृति परम्परा सुदृढ़ और सुस्पष्ट है, वहां आपस के झगड़े से संस्था का अनिष्ट नहीं किया जाता। हमारे यहां पहले संस्था पर ही प्रहार होने लगता है। आनन्द जी के पूछने पर मैंने कहा था–'अब वहां आपके रहने की आवश्यकता नहीं है।' वह समिति से अलग हो गये। उनका जीवन अब विशाल क्षेत्र का हो गया। उनकी लेखनी में कुछ अपनी विशेषताएं हैं। और लिखने का ढंग उनका बहुत सरल होता है। किसी वाक्य का वह अपने बड़प्पन या पांडित्य को प्रदर्शन करने के लिए नहीं लिखते। वही लिखते हैं, जो उनके पसन्द है, और वह भी लिखते हैं, जिनके समझने में पाठक को कोई दिक्कत न हो। उन्होंने छोटे-छोटे कई ग्रंथ लिखे हैं, और भी लिखने की आशा है। वर्धा से छूटने के बाद देश में ही नहीं देश के बाहर तक उनकी दौड़ रहती

है। जापान दो बार हो आये। जावा के बारोबुदूर और कम्बोज के अंकोरवाट को देखने की मेरी लालसा पूरी नहीं हुई, वह उन्हें भी देख आये। अभी-अभी चीन गये। भिक्षु होने का फल उनका पूरा हो रहा है। नाम के लिए वह कलिम्पोंग के भिक्षु हो गये हैं, पर उनके पैरों में हर वक्त चक्कर बंधा रहता है।

भदन्त आनन्द कौसल्यायन कितने बुद्धिमान और दूरदर्शी थे, इसका वर्णन डॉ. तुलसीराम ने अपनी पुस्तक 'चिन्तन की परम्परा और दलित साहित्य' में कुछ इस तरह किया है—यह उन दिनों की बात है जब महापंडित राहुल सांकृत्यायन जी अपनी प्रसिद्ध पुस्तक 'वोल्गा से गंगा तक' लिख रहे थे। तब इस पुस्तक में एक 'सुमेर' नामक कहानी एक दलित पात्र को केन्द्रित करके लिखी गई। कहा जाता है कि इस कहानी में राहुल जी ने डॉ. आंबेडकर के प्रति बहुत तीखी टिप्पणियां की थीं। जब भदन्त आनन्द जी ने यह अंश देखा तो उन्होंने राहुल जी से कहा कि आपकी यह (डॉ. आंबेडकर पर की गई) टिप्पणी दलितों में भविष्य में आपके बारे में अच्छा दृष्टिकोण स्थापित नहीं करेगी और आपको एक ब्राह्मणवादी लेखक की संज्ञा भी दे जाए तो कोई आश्चर्य नहीं होगा। जबकि आप हमेशा ब्राह्मणवाद के खिलाफ रहे हैं। कहा जाता है कि उन्हीं के कहने पर राहुल जी ने इस टिप्पणी को पुस्तक से निकाल दिया। ज्ञातव्य है कि अभी भी इस पुस्तक में डॉ. आंबेडकर के बारे कुछ टिप्पणियां मौजूद हैं लेकिन उनमें तीखापन बहुत ज्यादा नहीं। कहा जाता है कि यदि वह टिप्पणी उस पुस्तक से नहीं हटाई गई होती तो आज महापंडित राहुल सांकृत्यायन के प्रति दलितों के मनों में वो स्थान न होता जो आज देखा जाता है।

3
आकाश मेरी मुठ्ठी में है।

विजय पांढरी पांडे
डॉ. सी. डी. नाईक (अनु)

एक

'मेनी हैपी रिटर्न्स ऑफ द डे...विद् बेस्ट विशेष एण्ड लव्ह...उषा। हाथ की अभिनंदन की तार विश्वास कई बार देखता रहा। गौर से। उसके भविष्य और वाचनालय के उत्कर्ष के लिए हार्दिक शुभेच्छा व्यक्त करने वाले चंद शब्द। नीचे उसका नाम उषा. ...। उस से निर्धारित 'विथ लव्ह' शब्द प्रयोग के साथ। बारबार वे ही शब्द पढ़ने से उसमे भिन्न-भिन्न सुख-संवेदनायें साकार हो रही थी। प्रत्येक शब्द का अर्थ उसके प्रति प्रेम का स्वतंत्र स्रोत था। वे सात-आठ शब्द केवल अक्षरों का सूखा संग्रह नहीं था। धीमी भावना और उत्कट ममता की आर्द्रता उनसे झर रही थी।

अभावित होकर विश्वास ने उषा के नाम के ऊपर अपने होंठ लगा दिये। उसकी बोझिल ढलती आयु में ठीक समय पर सहारा देने वाले उसके हृदय की भावना की मानो वह धन्यवाद की रसीद हो।

पिछले कई दिनों से उनमें उत्पन्न अलगाव, उससे उत्पन्न गलतफहमी वह एकदम भूल गया। उसकी चिट्ठी में पड़ा खण्ड, उसकी शादी के बाद दोनों में बड़ा स्वाभाविक अंतर, और उसके मन के किसी कोने में दबी पीड़ा उस क्षण में एकदम भुलाये गये। उसके जन्म दिन व वाचनालय के वार्षिकोत्सव तिथि की ठीक याद रखकर उसने अभिनन्दन के लिये तार भेजा, जिस का उसे आनंद हुआ। भले ही उसे गलतफहमी थी। परंतु अपनी जिंदगी में मग्न होकर भी उसकी भावनाओं के संसार से उसका स्थान मिट नहीं गया था की अनुभूति उसकी दृष्टि में सुखदायी थी...।

संतोष की एक उंची लहर विश्वास के सर्वांगों को छू गई।

वाचनालय की आज की वृद्धि, और उसके पहले आरम्भ में उषा से प्राप्त सहारा...इसकी अनुभूति विश्वास के लिये गर्व करने लायक थी। उसने चारों ओर नजर दौड़ाई...देखते-देखते ग्रंथालय आंखों में भरने लायक था। किसी समय आठ-दस

मासिको के भरोसे मुठ्ठीभर सभासदों के चंदे से चलाया जानेवाला वह छोटा-सा ग्रंथालय आज उस गांव में चर्चा और कौतूहल का विषय बना। विश्वास की जिद्द, परिश्रम और लगन की प्रशंसा हो रही थी। स्वेच्छा से उसकी सहायता मे हाथ बटाये गये हाथ बटाए जा रहे थे।

आज वाचनालय का दसवां वार्षिकोत्सव दिन विश्वास ने मनाया था। कार्यक्रम छोटा होने पर भी गांव की प्रतिष्ठित मंडली विशेष रूप से सहभागी हुई।

...स्वेच्छा से कुछ आजीव सभासद बने। कुछ बड़े लोगों ने अपनी-अपनी शक्ति के अनुसार छोटी-बड़ी रकमों के चेक दान दिये। अपनी गरीब दशा में से जिस उम्मीद से विश्वास ने किताबों का यह विश्व खड़ा किया, व बढ़ाया उसकी मुक्त कंठ से स्तुति हो रही थी। उसकी महत्वाकांक्षा और प्रयत्न की पराकाष्ठा अभिनंदन के पात्र थी।

शब्द सुमनो की भाषाओं और गुच्छों से विश्वास का रोम-रोम पुलकित हो रहा था...

...परंतु यह यश, उत्साह और प्रयासों का उत्कर्ष क्या सिर्फ मेरे ही पुरुषार्थ का परिणाम है? विश्वास ने स्वयं से ही पूछा।

उस प्रश्न का हल ढूंढने के लिये उसे पिछले कई वर्षों की अनेक घटनाओं को याद करना आवश्यक था। अनेक हिसाब जोड़ करने थे। बहुत सी उधारी थी। अनेकों का ऋण अदेय था। वह नाता भी इतने निकट का था कि ऋण का विचार मात्र भी उस स्नेह का अपमान करने वाला प्रतीत हो रहा था। वह दस पंद्रह वर्षों का प्रवास चढ़ाव-उतार, नागमोडी घुमावदार रास्ते का था। वह निरूत्साहित हुआ...। पैर थक कर चूर हुये। आशा ढलने लगी। महत्वाकांक्षा की ज्वाला बुझने को आई...।

ठीक उसी समय उसे किसी ने उठा कर पकड़ लिया...। सहारे के लिये हाथ दिया...। आधे मार्ग के बीच साथ दी...। नई दिशा का पथ दिया....। उसके मुरझाए, पतित मन को आशा की संजीवनी दी। प्रवास आरम्भ हुआ तो सामने मात्र शून्य था, दुर्घटना के कारण निक्कमे हुये हाथ-पैरों ने उसके जीवन को अर्थहीन बना दिया। जीवित रहना बेकार लगने लगा इतनी घोर निराशा से जीवन ग्रसित हुआ था। दांया हाथ निकम्मा हुआ। पैर की हड्डी टूटने से लंगड़ाने का दुर्भाग्य आया। प्राण के समान प्रिय प्रेमिका स्वप्न पंखुडियों के खुल जाने के पहले ही अधूरे खेल को छोड़ चली गई। दुर्भाग्य की चपटें एक पर एक कितनी लगी? खेल में रमना तो दूर, बारी शुरू होते ही खत्म हुई। पुष्पित होकर सौरभ से मस्त होना तो दूर, अंकुर ही मुरझा गया ..।

जवानी के ठीक शीर्ष पर विश्वास अकेला पड़ गया...। उस समय की स्थिति से प्रभावित तस्वीरें उसकी आंखों से कई दिन हटाये न हटी।

चारों ओर धुन्ध छायी हुई-सी लगने लगी। कुछ सूझे ही न। कुछ दिखाई न दे। कोई साथ नहीं....। साथ था केवल काला कलुटा अंधेरा...। और सुदूर ले जाने वाले दिग्भ्रमित मार्ग पर पड़ा एकाकी विश्वास...। ग्रीष्म की अग्नि ताप से प्रताड़ित कोमल अंकुरों की भांति उसकी अवस्था हुई...। और ठीक तभी किसी ने उन अंकुरों को अमृत से सींचा। उनकी प्रताड़ित पातो को नवीन आकाश दिखाया। वह उसके जीवन की नई भोर थी। एक दृष्टि से वह उसका पुनर्जन्म ही था....।

उसके जीवन के अंधेरे में प्रकाश कर गई उषा...। उसने उसके अपाहिज आयुष्य को नया अर्थ दिया। मनुष्य का मन जब हतोत्साहित होता है, अपाहिज होता है, तो उसे किसी विशेष ढंग से ट्रीट करना पड़ता है। दिल के जख्म केवल सहानुभूति के शब्दों से नहीं भरते। उस हतोत्साहित व्यक्ति के भाव विश्व में पूर्णत: समरस होकर, गिरावट झेलकर नवीन सशक्त व्यक्तित्व निर्माण करना पड़ता है। उषा इस से अनभिज्ञ थी। उस के व्यक्तित्व में यह बल था।

उषा की याद में विश्वास बार-बार उलझन में पड़ता रहा।

हजारों मील दूर रहने वाली उषा भी उस समय ऐसी ही मेरी याद कर रही होगी क्या? अपने बेहुदा प्रश्न से वह स्वयं ही लज्जित हुआ....। वह समझ गया....। उसकी दुनिया अलग है...। शायद वह अपने पति के साथ विक एंड बिताने गई होगी...। जीवन के नये-नये आनंद को भोग रही होगी। कदाचित वह अपने नये बालक की कल्पनाओं में..।

उसके विवाह को दो वर्ष हुये...। शायद वहां माँ भी बन गई होगी....।

उषा का कुछ देर तक उसके सारे आयुष्य में व्याप्त हो जाना, और तत्पश्चात उससे अलग हो जाना ये सब विश्वास को अन्दर ही अन्दर तड़पा रहा था। आज वह एकदम बेचैन हुआ। जरा सी अस्वस्थ अवस्था में ही उसने सारे प्रश्न हटा दिये और वाचनालय को बंद करके वह घर की तरफ मुड़ा-बीते समय के बारे में एकदम अलिप्त होकर।

'कैसी हो माँ अब? घर आते ही विश्वास ने पहले मां के सेहत की चौकसी की।

'ठीक हूं, अरे, सुबह से मैं ठीक हूं, ढलती उम्र में ऐसा ही चलेगा अब तू बेकार आवश्यकता से अधिक चिंता करता रहता है। वाचनालय का कार्यक्रम कैसे रहा?'

'बहुत खूब। बहुत चंदा मिला वाचनालय के लिए...। पांच हजार तो पक्या के पिता ने ही दिए...?

'भगवान की कृपा समझो...। नहीं तो प्रकाश जैसे ढूंढे नहीं मिलते आज के युग में। धनवानों के धन के और रास्ते होते हैं। प्रकाश को घर नहीं ले आये हो?'

'खास काम के कारण वह जल्दी ही चला गया...। लेकिन आज के कार्यक्रम में उसी ने अपने पिता की ओर से चंदे का आरम्भ किया...। फिर क्या था...। देखते ही सब के हाथ आगे बढ़े....। अब नई पुस्तकें खरीद सकेंगे...। वाचनालय को बड़ा बना सकेंगे...।

'वैसे ही सफल रहो, ऐसे ही यशवंत बेटे बनो....। तेरी जिद्द देखकर मेरा भी हृदय संतोष से भर जाता है। नहीं तो एक बार सिर सफेद होने पर स्त्री के जीवन में क्या रखा है?'

'माँ...फिर वह याद मत दिला...।

'अरे, इस प्रकार मुंह मोड़ने से यादें दूर होतीं हैं क्या?... एक चीज बताना भूल गई...। प्रभू से पैसे मिले। लगता था–कम-से-कम इस बार ज्यादा पैसे भेजूंगी दवा-दारू के लिये...लेकिन...?

'ज्यादा पैसे किस लिए? क्या वाचनालय के माध्यम से कम मिलता है अब? तुझे कुछ कम पड़ता है क्या?'

'कम नहीं पड़ता रे...। परंतु बड़े भैया को अपना कर्तव्य करना चाहिए न? ये बात विश्वास को सदा तापदायक लगती थी...। उसका परेशान हो जाना स्वाभाविक था। ज्योंहि प्रभू का विवाह हुआ तो इधर का ख्याल रखना उसने छोड़ दिया। शुरू में काफी कठिनाई थी उसे। यूं भी आशा टूट गई थी जीवन की। उस पर और पेट का प्रश्न। अपाहिज होने पर खून के रिश्ते भी उसे नहीं चाहते। पैसा पैसे के पास जाता है...। दो जीवों का पेट पालना कोई छोटी बात नहीं थी। माँ विश्वास को छोड़ने के लिये तैयार नहीं थी...। उसके अपाहिज होते वह उसे छोड़ नहीं जा सकती थी। प्रभू माँ को पास रखने के लिये तैयार था। परंतु सिर्फ माँ को ही, अपाहिज विश्वास को पास रखने के उसने और उसकी पत्नि ने अप्रत्यक्ष इन्कार कर दिया। प्रभू के इस व्यवहार से विश्वास के स्वाभिमान को बहुत ठेस लगी...। उसे दुःख हुआ। इस यातना के कारण ही उसकी अस्मिता का स्फुल्लिंग चेत रहा था।

विश्वास की यातना माँ को चुभती थी...। वह स्वयं अन्दर ही अन्दर रो पड़ती थी। परन्तु मजबूरी से सब चुपचाप सहन करती थी। दिलासा देने के लहजे में उसने उसका ढाढस बांधा–

'अरे, तू बेकार की चिंता ढोता न फिर...। तेरे पास मुझे किसी बात की कमी नहीं पड़ती। कम ज्यादा का हिसाब करने के लिये दिन कितने बाकी हैं अब मेरे? तेरे लिये ही मैं कहती हूं। एकाध महीने थोड़े अधिक पैसे भिजवा दे तो क्या बिगड़ेगा उसका? कुछ कमी नहीं उसे। दोनों पति-पत्नि अच्छे कमाते हैं?'

'कमाते होंगे...। जो वह अपने भर देखता है। जाने दो...। किसी का ये दिलासा जन्म भर नहीं पुरता बल्कि इसके विरूद्ध बेकार कृतज्ञता का भार सिर पर चढ़ा रहता

है। अब ये इतने भी पैसे भिजवाने की जरूरत नहीं यही कहना चाहिए। अब देख, दो बार पेट भर मिलता है...। वाचनालय इतना बढेगा अब कि बस...।'

'लेकिन अपने आपको ज्यादा तंग न कर। कोई सहायक क्यों नहीं रख लेता? किसी जरूरतमंद को रखना चाहिए...। कुछ न कुछ आराम मिलेगा तुझे। अकेला सब तरफ देखभाल करेगा तो नहीं कहें तो भी कष्ट होता ही है। एक बात रह गई...। तू ठीक समझ तो उसे कर। दामले मास्टर अपनी भांजी के साथ आये थे...।'

'किसलिए?'

'पहिले से ही माथे पर जोर न डाल...। सुन तो ले जो कहती हूं...। दामले मास्टर की एक भांजी उनके पास रहने के लिये आई। उसे माँ-बाप कोई भी नहीं...। अनाथ है बेचारी...। मैट्रिक तक पढ़ी है...। एक या दो साल कॉलेज में भी जाती रही। दामले की स्थिति भी यूं ही नहीं है क्या?... वह तेरी और अपने वाचनालय की बड़ी तारीफ कर रहे थे। कहते थे जरूरत हो तो उस लड़की की मदद लो...। ठीक लगे तो बीस-पच्चीस रूपये उसे भी दे दिए जायें। क्योंकि किसे संकोच न रहे। वैसे लड़की सरल स्वभाव की लगी...। इज्जतदार है। किसी पर बोझ बनकर रहना उसके स्वभाव में नहीं। मास्टर को मैंने हां कह दी...। तुझे भी मदद होगी। और उनका भी काम होगा. ..। उसे पच्चीस तीस देना अब मुश्किल नहीं न?'

'पैसे का सवाल नहीं है माँ...। लेकिन...।

'यह 'लेकिन' काहे को लाया बीच में? कल उससे मिल आ...। दामले मास्टर उसे वाचनालय में लेकर आनेवाले हैं...। जंचता हो तो हां कह, नहीं तो...।'

'जो करना होगा सो देखूंगा...। तू व्यर्थ ही कुछ उठा पटक करती है...।'

'तेरे ही भले के लिये कहती हूं बेटा, उसमें उठा पटक काहे की...?

'अब हाथ पैर धो...। तेरे पसंद की खीर बनाई...।'

'लेकिन सेहत ठीक न रहते भी बेकार परेशानी क्यों उठाती है? कुछ कम ज्यादा हुआ तो?'

'कुछ होनेवाला नहीं । बेटे के लिये कुछ करने में कैसी परेशानी, पागल? अब आगे न बोल। चुपचाप खाने को बैठ जा।'

भोजन विश्वास की पसंद का था। स्वाद का एक-एक निवाला खाते वह सब विरक्ति भूल गया। पिता के न रहने पर, और अपने अपाहिज हो जाने के बाद जो कष्ट माँ को झेलना पड़ रहा था, उससे वह सदा बेचैन हो जाता था...। आर्थिक कठिनाई आरम्भ में कई अर्से तक उसके पीछे लगी रही। स्वयं अकेले

ही उसने जारी परिस्थिति का सामना किया। उषा के तेज व्यक्तित्व से जागृत प्रेरणा उसने सदा जीवित रखी। स्त्री का सामर्थ्य उसे उषा के व्यक्तित्व से मालूम पड़ा। उसी के प्रेरक शब्दों से उसे अपनी आरम्भिक शक्ति का एहसास हुआ...। नहीं तो उस के जीवन में बचा ही क्या था? पिता की छाया न रही...। एक हाथ टूटा एक पैर लंगड़ा...। प्रीति का पौधा अवसर की बहार आने के पहले ही मुरझाया...। जीना नहीं के बराबर हो गया। किन्तु उस विराम को उषा ने अर्थ दिया। उसने उसमें नई उमंगें पैदा की...।

विश्वास को नया क्षितिज मिला। नई राह सुखद थी। यद्यपि वह ऐषो आराम की न हो तथापि वह गिरते पड़ते भी संघर्षमय जीवन की फलश्रुति और समाधान देने वाली जरूर थी।

उस पुरानी कड़वी मीठी याद में विश्वास इतना मग्न हो गया कि वह सदा की अपेक्षा ज्यादा देर तक भोजन के आसन पर बैठा रहा का ध्यान भी उसे नहीं हुआ।

'आज जरा सा मन लगाकर खाया। नहीं तो हमेशा जैसे-तैसे निगल कर उठने को बेसब्र रहते हो...।'

माँ के इस समाधान के समर्थन में उसने तृप्ति की लंबी डकार दी। बहुत दिनों के पश्चात्, अकस्मात ही सही स्वाद का भोजन किया, यह उसे भी महसूस हुआ।

कोशिश करने के बाद भी नींद नहीं आती थी। आकाश के तारों को विश्वास गिन रहा था। बीच-बीच में उसकी नजर पड़ोस के मैदान में आम के पेड़ पर टिकी रहती थी। कितनी ही देर तक अंधेरे की पृष्ठभूमि में उस पेड़ के चित्र के साथ विश्वास खेलता रहा।

कितना बड़ा परिवर्तन लाया था उस पेड़ ने विश्वास की जिंदगी में! जीवन को एक अलग ही दिशा मिली...। और ही मोड़ मिल जाती जीवन को। जवानी का सारा सुख स्वप्न इच्छानुसार साकार किया जा सकता था। लेकिन उस पेड़ ने उसे अपाहिज ही बना डाला। पंख ही टूट गये।

सच...। गलती किसकी? पेड़ की या...।

निर्जीव पेड़ को सदोष करार देने वाली अपनी कल्पना पर उसे हंसी आई। नसीब में जो होनेवाला होता वह टलता नहीं। हम कोई कारण परंपरा ढूंढने की व्यर्थ ही कोशिश करते हैं। 'अगर चे' की कल्पना-विलास में हम अपना जैसे-जैसे समाधान मनाने की चेष्टा करते हैं। विश्वास विचारों के फंदे में उलझता जा रहा था।

जीवन को मोड़ देनेवाली वह दुर्घटना, वह प्रसंग, पुन: जीवित होकर उसके सामने आई...। वह उबलता आवेग, भावना के साथ लगी उसकी शर्त और उस शर्त में से ज्वलित जिद्द उसे प्रेमिका ने मर्द को दी हुई चुनौती ही ली। शर्त लगाते और

भावनाओं के चैलेंज को स्वीकार करते समय वह सब कुछ भूल चुका था। उस समय उसके हाथ में दिया हुआ उस के हाथ का मजबूत स्पर्श...। उस स्पर्श की याद जागते ही स्वभाव से उसका ध्यान अपने हाथ की तरफ गया...। परंतु वह सुख की अनुभूति अब केवल कल्पना चक्षुओं को ही हो सकती थी। क्योंकि उसका वही दाया हाथ बिल्कुल ठूठा हो चुका था।

तारों से जगमगाते आकाश की प्राश्र्वभूमि पर भावनाओं के बड़े नेत्र जलसिक्त हुये होने का विश्वास को भास हुआ। उस नेत्रों में उसने प्रेम का चांद शोभित किया था। उफनते सागर में लहरों का नृत्य देखा था। विश्वास के साथ शर्त लगाते समय उसकी आंखों में रुकी उसकी आखें...। उन आंखों ने ही उसे जीत लिया। उन आंखों में वह धुल गया। स्वयं और इर्द-गिर्द विश्व को भुलाया। बिल्कुल सरलता और स्नेहभाव से पेड़ की चोटी का आम खाने की इच्छा प्रकट की थी उसने परंतु विश्वास ने उसकी इच्छा गंभीरता से ली। उसकी चाह का पहुंच की बाहर की शाखा की चोटी पर लटका ठीक वही आम तोड़ने के लिए वह उपर चढ़ा। चढ़ते ही भावना को अपनी भूल समझ आई। कई बार पुकारा उसने...।

'विश्वास, उतर नीचे। मैंने मजाक किया तेरा। मुझे नहीं चाहिए वह आम। कितनी गंभीरता से लेता है तूं कोई भी बात? उतर रे विश्वास...। मुश्किल है उतनी उंचाई चढ़ना। मत जा ऊपर...। उतर प्लीज...। कसम है तुझे मेरी...।'

किन्तु भावना की चिल्लाहट उसके ध्यान में नहीं रही...। उसने अपना काबू खो दिया था। उसकी आंखों का दिया हुआ आवाहन एक बार स्वीकार करने के पश्चात् आधे रास्ते से वापिस आना उसका स्वभाव न था। एक अजीब मस्ती छाई हुई थी उसके शरीर में...। उसके मन में...। वह सरसर ऊपर चढ़ता गया। वह चोटी की डाली बहुत छोटी थी। और आम था शाखा के सिरे पर। तोल संभालते संभालते वह उसी दिशा की ओर जैसे-तैसे बढ़ रहा था। और अकस्मात पेड़ के कीड़े ने उसका पांव काट खाया। उस पीड़ा के कारण उसे तोल न संभला गया और दूसरे ही क्षण...।

'भावनाऽऽ...।'

'विश्वाऽऽ स।'

दो पुकारों की भीषण चित्कार एक दूसरे में मिल गई। परंतु उसे सुनने के लिये दोनों में से किसी को भी सुध न थी।

उसकी स्मृतिमात्र से विश्वास के रोंगटे खड़े हुये। बाद का कुछ भी उसे याद न आता था। जिन आंखों का आवाहन उसे स्वीकार था, उन आंखों के मिटाये जाते ही उसने भावना को देखा था। बस...। उतना भर। उसके बाद भावना उसे दिखाई भी नहीं दी, क्योंकि कई दिनों तक उसे कैदी की भांति अस्पताल में रहना पड़ा।

...कैद नहीं तो क्या? घूमना-फिरना तो दूर ही रहा। कई दिनों करवट भी बदली नहीं जा सकती थी। इसका पहाड़ टूटा था। दाया हाथ सदा के लिए निकम्मा बना। केवल जानमात्र बच गई–अपाहिज के बोझ के साथ। शरीर के साथ-साथ मन भी क्षीण हुआ। नाटक में जैसे कोई दृश्य अनपेक्षित दिखाया जाय वैसे ही हुआ। सोने जैसे लड़के का जीवन अपाहिज हुआ देख माँ का प्राण इतना सा हुआ। उसे कुछ सुध न रही। मन विचारों की आंधी में जिधर चाहे उधर भटक रहा था...। आंखों से नींद उड़ी। रात में वह डर कर जाग जाती, अंधेरी कालिख में वह पागल जैसी छत की ओर देखती...। अस्पताल में भरती हुये विश्वास को देखने का साहस उसे नहीं होता था। उसका हाथ निकाला हुआ, पांव लंगड़ा हुआ यह जानते ही वह और दु:खी हुई। अपने प्रति उसका अति मोह यही उसके जीवन को घातक सिद्ध हो यह अनुभूति उस के मन को खाए जा रही थी।

भावना की पीड़ा विश्वास कल्पना से ही जान सकता था। अस्पताल में विश्वास की व्यर्थ छटपटाहट भावना के कानों तक पहुंचती थी।

वह उस तक पहुंचने में असमर्थ था। शारीरिक अपाहिजता के कारण...। और उसमें उससे मिलने जाने की हिम्मत न थी मानसिक दुर्बलता के कारण।

एक दूसरे से मिलने की तीव्र इच्छा होते हुये कोई किसी से मिला न था–कितने ही दिन विश्वास को अस्पताल के वे जानलेवा दिन याद आये। जिस आत्मियता से वह भावना में उलझ गया था, उस असीम प्रेम के ही कारण यह अलगाव असहाय मात्र था। भावना के ही आंखों में उसने पहली बार तरुणाई का इंद्रधनुष स्वप्न देखा था। उसके होठों के धनुष का स्मित ही उसके अंकुरित प्रेम की सुरम्य उषा थी। उसके जरा से चोरी चोरी किये स्पर्शों से उसके हृदय में पूणम का शीतल चांद बरसता। सर्वोगों में रोमांस के मधुफुल उगलते थे। लेकिन उषा का भाग मिटने के पहले भोर ही को ग्रहण लग गया...। चांद तारों के पुष्पित हो जाने के बजाय आकाश ही को आग लग गई।

उगलते प्रेम की कली को बिजली का प्रचंड आघात छू गया था। वह दाह सभी आशा आकांक्षाओं की राख करने में पर्याप्त था।

...विश्वास आकाश के तारों में ढूंढने लगा भावना की विशाल आंखें...। किन्तु एक भी तारे में उसकी आंखों से स्पर्श करने का तेज उसे नहीं दिखाई दिया, निराश होकर उसने आंखें बंद की।

रंगारंग फुलों से शोभित लताकुंज, झर-झर करता जल का एक प्रवाह...। उस झरते प्रवाह के पास गुलमोहर का एक पेड़। और उस गुलमोहर के रंग की प्राश्र्वभूमियों में एक अस्पष्ट–सा चेहरा। विश्वास बारीकी से देखने लगा। परंतु चारों ओर धुंध का परदा छाया हुआ था...। ओस के बादलों में विश्वास लटकता रहा।

उस गुलमोहर के ऊपर के स्वप्न शिल्प की ओर...। धीरे-धीरे आकृति स्पष्ट होने लगी। गालों पर लटकती घुंगराले बालों की महिरप...चांद को सिमेटी जिंदा आंखें, होठों की धनुष्कलि में प्राजक्त की उमलण...।

'विश्वास...। तू ही मेरी सांस है...।'

चिरपरिचित शब्दों की ध्वनी...प्रतिध्वनी...यह तो भावना...। वह दौड़ने लगा...। त्यों-त्यों वह गुलमोहर का पेड़ और, दूर-दूर भागे जा रहा था...।

उस पेड़ के ऊपर से चेहरा अदृश्य होता गया...। केवल गुलमोहर के पेड़ के नीचे टप-टप गिरने वाले फुलमात्र शेष थे।

'भावनाऽऽ।'

विश्वास नींद में ही चिल्लाया...। और एकदम जाग उठा...। पसीने से उसका चेहरा गीला हो गया था, उसने खिडकी से बाहर झांका...। मैदान में आम के पेड़ पर छायी हुई रात्री की अंधेरी अब भी वैसे ही थी।

बदन से चादर दूर करके वह उठा। उसने टेबललॅम्प ऑन किया। कुछ याद कर टेबल के खाने में से उसने डायरी निकाली...। बहुत पुरानी डायरी...। उस की ओर से भावना को प्रजेंट दी हुई। भावना की यह कैफियत कई बार पढ़ने पर भी उसका मन भरता न था...। बीता सब भूलने में वह कितने ही सफल क्यों न हुआ हो तो भी बीच-बीच में वह डायरी पढ़ने, और भूतकाल के टूटे स्वप्न-टुकड़ों से खेलते रहने का मोह वह अब भी टाल नहीं सकता था।

अस्पताल में रहते समय उसने भावना के बारे में कई बार पूछताछ की। किन्तु किसी के द्वारा उसे सही उत्तर नहीं मिला। माँ ने एक दिन बताया उसके पिता दूसरे गांव बदल गये...। पड़ोस का घर खाली है अब,... माँ कुछ न कुछ छुपाती है यह वह झट से जान गया। परंतु खोल कर पूछने पर भी उसे कुछ अंश मात्र भी पता नहीं लगा। इतने दिन हम अपाहिज हो अस्पताल में पड़े रहने पर भावना का एक दिन भी मिलने को न आना उसी में सब कुछ समाया था। नहीं तो विश्वास के प्रति भावना की प्रीति और आत्मीयता की कल्पना करे तो उसका उससे मिलना, और उसके अपाहिज शरीर को, तथा मन को आधार देने की उससे अपेक्षा की जाती थी...। सब ओर के रिश्तों के सम्बन्ध में आदमी कुछ न कुछ अपेक्षायें संजोये रखता है। और वह व्यक्ति उस कसौटी पर नहीं उतरे तो परिणामतः अपेक्षाओं के टूट जाने का दुःख बहुत होता है...। विश्वास भी ऐसे ही हतोत्साहित हुआ। उसे लगा कि अपना जीवन अब उसके किसी काम का नहीं रहा। स्त्री मर्द से संलग्न होती है जीवन की सुरक्षा की उससे अपेक्षा कर, जिन बाजुओं के बंधन में चितांरहित जीवन जिया जाये उन को सशक्त आधार मान कर।

परंतु अपनी टूटी गाड़ी उसे क्या आधार देगी? क्या सुख मिलेगा उसे एक हाथ से ठूठे और पांव से लंगड़े विश्वास से विवाह कर? उसकी यह अलिप्तता और अलगाव ठीक ही समझना चाहिए किन्तु...।

...लेकिन एक दो बार उसने मिलने के लिये आना चाहिए था। उसके रास्ते से अपनी स्वेच्छा से हट जाने के बारे में हम स्वयं उसे बता देते...भावना को इतना कठोर नहीं होना चाहिए था।

अस्पताल के एकान्त में इस प्रकार चित्र-विचित्र विचारों से वह अस्वस्थ होने लगा। कब एक बार घर जाऊं और भावना को देखूं ऐसे उसे लगने लगा। लेकिन उसके पिता घर छोड़ गये यह माँ से बतलाये जाने पर विश्वास को बड़ा आघात पहुंचा। इस बात पर उसका किसी भी प्रकार विश्वास न होता था।

अस्पताल से घर लौट आने पर सबसे पहले उसकी नजर पड़ोस के भावना के घर पर गई। और उस घर को लगा हुआ बहुत बड़ा ताला, और वह सुनसान आवार देखते ही वह सुन्न हो गया...। उसका दिल भर आया...। हमारा एक ही पैर नहीं बल्कि सारा जीवन ही लंगड़ा हो गया उसे लगा।

उसी दिन अपना टेबल खींचते उसे भावना की डायरी मिली। भावना की डायरी...? अपने घर? वह भ्रमित हुआ...। उसने माँ से पूछताछ की। उसकी दुर्घटना के पश्चात् एक दो बार ही वह घर आई यह माँ ने बताया...। विश्वास का उत्साह बहुत ही बढ़ा...। जल्दी-जल्दी उसने डायरी के पन्ने पलटे...। जरा से ही पन्ने लिखे हुये थे...। उस दुर्घटना के पहले के कुछ सफे...। और दुर्घटना के बाद के पच्चीस तीस...। टूटे फूटे...। अर्थ भाव होने पर भी समझ में न आये ऐसे वाक्य...।

उस डायरी से विश्वास की आंखें खुली...। कई बार उसने उस डायरी का पठन किया...। अभी भी वह बार-बार वही पन्ने पढ़ने लगा...।

...प्यार में कभी नफरत और पाप नहीं होते यह कहते हैं। फिर मेरा प्यार ही विश्वास के दुर्घटना का कारण क्यों बना? उसकी जान से खेलने की दुर्बुद्धि मुझे क्यों सूझी? मन की इच्छाओं को वास्तव में किस का आधार है? पेड़ के उसी सिरे का आम खाने की उस समय मुझे इच्छा क्यों हुई? उस के लिये मैं उसे क्यों चेताती रही?

सीता को मृग की छाल का मोह हुआ...। और उस मोह के कारण ही आगे की सारी 'रामायण' बनी।

जो मुझे प्राण से अधिक सुरक्षित रखता है, मुझे फूलों की अंजली पर झेलने के स्वप्न दिखाता है, मेरे सुख के लिये तड़फड़ाता है, उसकी दुर्घटना और अपाहिज आयुष्य की कारण मैं बनी। उसने मेरी मुट्ठी में तारों से भरे आकाश का दान दिया. ..। मैंने उसे सर्वनाश की गर्त में धकेल दिया। उस के जीवन में छा गया निराशा का

अंधेरा...। जन्मांत तक सतानेवाली अपाहिजता...। जीवन का अर्थ छिननेवाली अपाहिजता. ..। महत्वाकांक्षा का पंख तोड़ने वाली, उत्साह, जवानी के बल पर उभरने वाले विश्व को तमाम करने वाली अपाहिजता...। यही उसके उदार प्रेम का मुआवजा है क्या?

मेरा मोही मन पापी है...।

किसी मृग के मोहवश सीता को रावण के कारागार में विरह सहना पड़ा।

मुझे भी प्रायश्चित करना जरूरी है। दण्ड भुगतान जरूरी है। मैं अकृतज्ञ हूं...। मैं उसके प्यार के काबिल ही नहीं...। मुझे उसके मार्ग से हटना चाहिए...।

विश्वास अस्पताल में मुझे याद करता है, कहते हैं कि वह मुझ से मिलने के लिये बेसब्र है।

उसकी खींच मैं समझती हूं।

परन्तु...किस मुंह से मैं मिलूं उसे? इन पापी आंखों से किस तरह देखूं मैं उसका अपाहिज शरीर? प्लॅस्टर में बांधे उसके हाथ पांव...। कैसे देख सकूंगी मैं उसे?...।

मुझमें ताकत नहीं। मैं दुर्बल हूं।

विश्वास मुझमें किसी सशक्त व्यक्ति का निर्माण करने की जिद संजोये रखता था। सदा कहता था–'भावना, ऊपर बढने का अर्थ जीना नहीं होता...।

उसी प्रकार किसी के भी जीवन का कुछ अर्थ नहीं होता। हमें अपनी कृति से यह अर्थ देना होता है। यह ताकत कमाधिक मात्रा में हरेक की मुट्ठी में होती है। परन्तु हम इस ताकत को विकसित नहीं करते...। इस अन्दर की शक्ति का उपयोग नहीं कर लेते...। भावना, तू मुझे साथ दे...। प्रेम का हाथ दे। हम अपने जीवन को सचमुच स्वर्णीम बना डालेंगे। इट्स नॉट इनफ टु लव लाईफ (जीवन से प्यार करना पर्याप्त नहीं)...। वुई शुड मेक अदर्स टु लव इट (हमें दूसरों को इससे प्रेम करने के योग्य बनाना चाहिए)।

सांस, तूने मेरी आंखों में कितना बढ़ा आकाश देख लिया था? तू मुझ से हिमालय की उंचाई की अपेक्षा रखता था...। और मैं बालू की जरासी पहाड़ी सिद्ध हुई...। जिसे थोड़ा धक्का भी बर्दाश्त नहीं होता...। मैं किसी बारिश के बादल का टुकड़ा हूं...। जिसे उंचाई बर्दाश्त नहीं होती। जो झट से टूटकर पानी पानी हो कर गिरता है।

मैं दुर्बल हूं रे सांस...प्रमादी हूं...कैसे मिलूं मैं तुझे?

विश्वास मेरी एक न सुनता। उसे समझी हूं मैं। मुझे ईमान और कसमें दिलाकर दूसरे के गले में माला पहनाने को कहेगा वह। स्वयं अकेला अपाहिजता का बोझ गले

में लटका कर बैठेगा जन्मांत तक...। और मुझ से कहेगा–'सुखी हो तू। किसी सशक्त कंधे के बल जी...। मेरे अपाहिज जीवन का तेरे लिये कुछ भी उपयोग न होगा...।'

किन्तु यह कैसे संभव है? किसी दूसरे की अर्धांगिनी होऊं, और मन मार कर कैसी सुखी होऊंगी मैं ? मन में किसी की पूजा कर दूसरे को कैसे सब बहाल करूं? किस-किस को फंसाऊं?

...मैं पापिन हूं। मैं हत्यारिन हूं। मुझे 'प्रेमिका' कहलाने और प्रेम करने का अधिकार हीं नहीं। किसी उभरते स्वप्न शिल्प को तोड़ा मैंने...। जिस विश्वास को मैं अपाहिज बना गई, और जिस का जीवन मैंने निकम्मा बना दिया उसके प्यार पर मेरा अधिकार नहीं।

मुझे फांसी पर टंगना चाहिए। इस दुष्ट मन को...। मुझे जीने का ही अधिकार नहीं।

घर मे कानाफूंसी होती है। मैं पागलपन की भांति व्यवहार करती हूं। मुझे सब पागलों में गिनते हैं। क्या? मेरा मन ऐसे घूमता क्यों है? मुझे कुछ भी क्यों नहीं सूझता। जीवन के रंग ठीक क्यों नहीं दिखाई देते? संवेदना ही मरने को है क्या? संवेदनशीलता बहिरी हुई है क्या? घर मेरी चिन्ता में बेचैन है। मैं भंवरे की भांति खर्रखर्र घूमती हूं। अपने ही इर्द-गिर्द...। सब आधार टूट चुके हैं...। मार्ग दिखाई नहीं देता। दिशा नहीं सूझती...। मन और शरीर सब दुर्बल हुये हैं। जीने की शक्ति ही समाप्त होने को है। क्यों जीएं? किस के लिये जीएं? मुझे जीने का अधिकार तक है क्या?

विश्वास, तेरी भावना मरने को है...। खत्म होने को है। तेरे काबिल नहीं रही हूं मैं।

सब असह्य हो रहा अब...। मन कांप रहा है--हवा से कांपती ज्योति की भांति। मेरी नजर में से मैदान का वह आम-वृक्ष हटाये न हटे...। राक्षस की भांति वह मुझे सताये जा रहा है। उस पेड़ के पत्ते-पत्ते मुझे चिड़ाये जा रहे हैं और खिज़ाये जा रहे हैं। 'विश्वास की दुर्घटना और उसके निराधार जीवन की जवाबदेह तू हैं, इस प्रकार चुभन चुभी जा रही है। यह चुभन असह्य हुये जा रही है।

इस प्रकार तड़फड़ाने से समाप्त हो जाना ही ठीक है। विश्वास का जीवन निकम्मा करने वाली भावना उसे देखे न। उसके जीवन से गुजरना मुझे आवश्यक है. ..। मानो इस जगत से सदा के लिये विदा होना जरूरी है।

...विश्वास माफ कर मुझे...।

सच में माफ कराने का मुझे अधिकार नहीं। और माफी मांगने की क्षमता भी अब मुझमें नहीं रही...। मैं गिरी जा रही हूं...। टूटे जा रही हूं।

चली मैं अब...। शायद कहा होता–'इस भावना को समझ ले...। उसकी सूध ले...। संभाल ले। लेकिन अब मेरा स्वयं पर भी यकीन नहीं रहा। टूटी पतंग की भांति हुआ जीवन...। मैं क्या साथ दूंगी तुझे?'

तेरी पसंद का गीत गाने तू हमेशा मुझ पर जोर डालता रहता।

ये जिंदगी उसी की है जो किसी का हो गया। प्यार ही में खो गया।

श्वास, मेरे प्यार में इतनी पिघल जाने की ताकत नहीं थी रे...। मैं हासिल न कर सकी चाही गई वह ऊंचाई...।

यह सब असत्य हो रहा है। यह अन्दर का तूफान मेरे बस का नहीं है...। मैं हारी थकी। इसलिए चली मैं...।

मौत छाती से लगाने....।

ये जिंदगी चली गई प्यार में तो क्या हुआ?

अलविदा...अ. ल. वि. दा. अ... ल... वि... दा...।

विश्वास पढ़ते-पढ़ते लड़खडाया। अपने पसंदीदा गीत की वे पंक्तियां पढ़ते बीती मधुस्मरण की पखुंड़ियां उसकी पलकों में उमड़ आई।

भावना अच्छी गाती 'अनार कली' के उस गीत को। उस गीत का भाव उसकी कंठ से जीवित हो जाता। विश्वास उसे कहता–

'भावना, विवाह के पश्चात हर दिन-रात में मुझे गोद पर लिटा थपथपाकर यह गीत गाना चाहिए तूझे। उसके बिना सोऊंगा नहीं मैं...।

भावना उसके इस अजीब आग्रह पर हंसती और शर्मा कर कहती–

'क्या रे...गोद में सोनेवाला नया कोई आये तो फिर कैसे करेंगे यार?

'बहुत धुर्त है तू। वैसे नया कोई आ जाने के बाद पहले उस बेटे को सुलायेंगे और बाद में...।'

'...इस कुक्कुल बालक को...ऐसा ही न?'

विश्वास ऐसे समय भावना का नाक चिमटे मे जोर से खींचता...फिर वह चिल्लाती।

ऐसे थे वे दिन। तितलियों के रंगदार पंखों से उड़ने वाले...। पंखुड़ियों और फुलों के सुगंध से मस्त...।

भावना की डायरी के पन्ने-पन्ने में उसके सहवास के चित्रों को रंगाता रहा विश्वास। उन चिरपरिचित हस्ताक्षरों के ऊपर से उंगलियां घुमाघुमा कर उसके मखमली स्पर्श को याद करता रहा।

उस आधे अपूर्ण वाक्यों से निकलने वाली उस के उस समय के अस्वस्थ मनः स्थिति की प्रतिमायें ढूंढने की चेष्टा में विश्वास अन्दर ही अन्दर टूटे जा रहा था। वह डायरी यानी एक फूटा हुआ शीशा था। उसके टूटे प्यार और विभिन्न स्वप्नों के विकृत प्रतिबिंब को दिखानेवाला।

...उस डायरी का कई बार पारायण किया था विश्वास ने। उस डायरी को पढ़ते उसे भावना के अन्तर्मन का सही दर्शन हुआ था...। किन्तु उसके साथ बचे थे केवल निर्जीव शब्द। उसे आवश्यक और अपनी सांस समझने वाली भावना कई दूर गई थी।

भावना ने नींद की गोलियां खाकर खुदखुशी की। यह कठोर सत्य पचाने और उस पर यकीन करने के लिए उसके कई दिन रात खर्च हुये।

...इधर उधर से उसे इतना ही पता चला कि उसकी दुर्घटना का उसके मन पर विलक्षण परिणाम हुआ था। ऑपरेशन के पश्चात् उसका दायां हाथ कटने और एक पैर लंगड़ा होने की खबर मिली तो वह पागल सी हुई। सिर्फ अपने आग्रह और पागलपन से हमने जिस पर प्रेम की बरसात की उसका जीवन निकम्मा हुआ यह टीस उसे अन्दर ही अन्दर कुरेदती रही...। उसे सुध भी न रही। मन की यह बेचैनी उसने एक रात में ही खत्म की हमेशा के लिये...।

भावना के मन में उभरे तूफान के प्रतिबिंब दर्शाने वाले उन वाक्यों के आधे अपूर्ण टुकड़ों की ओर विश्वास कई बार देखता रहा। आंसुओं से डायरी के शब्द भीगते रहे। नीले निशान कागज पर फैलते रहे।

'दामले मास्टर अपनी भांजी को लेकर आयेंगे शायद वाचनालय में। लड़की को रख ले मदद के लिये। मैंने वचन दिया। वह कठिनाई में है। अड़चन में एक निवाले से आधा बाट लेना चाहिए इन्सान से। किसी पर कैसा वक्त गुजरेगा यह बता नहीं सकते...।' विश्वास वाचनालय जाने लगा तो माँ ने उसे याद दिला दिया।

'देखता हूं जो भी करना हो'... यह कहकर वह निकल पड़ा।

वाचनालय के वार्षिकोत्सव के दिन पर अनेकों द्वारा कराये गये कौतुक व उत्साह से प्राप्त चंदे के कारण विश्वास का ढाढस बढ़ा, कभी-कभी बीच में ही पुरानी स्मृतियां उसे अस्वस्थ कर डालती। परंतु उस बहाव में उसने अपने आपको बहने नहीं दिया। वाचनालय के कार्य में उसने अपने आपको ज्यादा से ज्यादा व्यस्त रखा था। उषा से प्राप्त प्रेरणा से उभरे उस ध्येय स्वप्न को उसने जिद्द के साथ पोसा था। पुस्तकों का यह विश्व आकर्षक था। सब कुछ भुलाने योग्य था। वाचनालय दिनों दिन बढ़ता ही जा रहा था। एक अपाहिज से चलाया गया वाचनालय समझकर सहानुभूति से अनेक चंदेदार आते। थोड़े ही समय में एक उत्तम खाजगी वाचनालय तौर पर उसकी प्रसिद्धि गांव में फैली। मासिकों की और दर्जेदार पढ़ने योग्य किताबों

की गिनती बढ़ने लगी। समय की निश्चितता, वक्त का ध्यान और मीठे बोल के विश्वास के इन विशेष गुणों की बदौलत सदस्य वाचनालय पर खुश थे। नई-नई कल्पनायें विश्वास के मन में साकार हो रही थी। ललित साहित्य के साथ-साथ अधिकाधिक विषयों के शैक्षणिक अभ्यासक्रम की किताबें खरीद कर विद्यार्थिओं के लिये स्वतंत्र रीडिंग रूम खोलने का उसका विचार था। आर्थिक अड़चन के कारण जिन्हें महंगी किताबें खरीदना कठिन है उन मध्यवर्गीय विद्यार्थियों को इस योजना से मदद मिल सकती थी। हाल में ही हुये वाचनालय के समारोह में उसने इस योजना का जिक्र किया था। और सबने ही उसका समर्थन किया। इतना ही नहीं, अनेकों से उत्साहपूर्ण सहयोग देने का आश्वासन भी उसे मिला था।

वाचनालय का दिनों दिन बढ़ता व्यापार अब उस अकेले को संभालना मुमकिन न था। किसी न किसी सहायता की आवश्यकता थी। नई-नई कल्पनाओं को साकार रूप देने की दृष्टि से तो किसी न किसी को पास रखना अपरिहार्य था। दामले मास्टर की भांजी को रखने के सम्बन्ध में उसका मन वाचनालय पहुंचने तक काफी मात्रा में अनुकूल हो चुका था। बढ़ती हुई आमदनी में से उसे कुछ पैसा देना बहुत कठिन नहीं था।

...वाचनालय खुलते ही आना जाना शुरु हुआ, देखते ही विश्वास किताबों की दुनिया में मग्न हुआ। कईओं की पसंद व चाह उसे मालुम हो चुकी थी, उसी के हिसाब से वह हरेक के लिये किताबों का वर्गीकरण करता। कदाचित् कुछ अच्छी पुस्तकें पढ़ने का सुझाव देता। उसकी पसंद प्रायः हरेक की पसंद में आती थी। बैठे-बैठे कौन-सी पुस्तक कहां मिलेगी यह वह बराबर बताता था। जल्दी किसी को शिकायत का मौका नहीं मिलता था। खाली समय उसके हाथ में कोई न कोई खुली किताब रहती ही थी...। लेकिन इस प्रकार रिक्त समय वाचनालय में उसे कभी कभार ही मिलता। प्रायः कोई न कोई आता जाता रहता...।

वाचनालय के कार्य में उसे मुख्यतः सहायता मिलती प्रकाश से। एम. एस. सी. पढ़नेवाला यह अमीर परिवार का अकेला बेटा विश्वास का नजदीकी मित्र था। आपस में उनके बहुत आत्मीयता के संबंध थे। शाम के समय प्रकाश दो तीन घंटे तक वाचनालय के कार्य में विश्वास को मदद करता। दोस्ती के खातिर। इस सहयोग के बदले में प्रकाश अपनी पढ़ाई के शौक को चाहे जितनी मात्रा में पूरा कर सकता था। अमीरी का जरा भी गर्व न कर प्रकाश ने विश्वास की दोस्ती का सही अर्थ में ईमान रखा था। अपने पिता की ओर से उसने कई बार वाचनालय को आर्थिक सहायता दी थी। हाल ही हुये वाचनालय के वार्षिकोत्सव दिवस पर, विश्वास की नई योजना को उत्साह से मदद करनेवालों में प्रकाश के पिता का ही नाम अग्रतम था...।

...वाचनालय के कार्य में व्यस्त विश्वास अब दोनों का ही इन्तजार कर रहा था। एक प्रकाश और दूसरे दामले मास्टर।

सब से पहले प्रकाश ही आया।

प्रकाश आया कि ग्रंथालय में एक अनोखा चैतन्य खिल जाता। बहुत बोलने वाले स्वभाव का था वह। विश्वास और प्रकाश के इन विशेष मनुष्य प्रधान आदतों के कारण हरेक को ही ग्रंथालय का वातावरण एक प्रकार से घरेलू महसूस होता।

सॉरी यार... आज विलंब हुआ जरा सा...। घर अकस्मात मेहमान आये। इसलिये फंस गया था...' प्रकाश दरवाजे से ही चिल्लाया। उसकी भारी आवाज से ग्रंथालय हिल गया।

अरे पक्या, यह ग्रंथालय है– कितनी बार बताया तुझे?

'रास्ते से ही क्यों नहीं चीखा मेरे नाम से? मेरे हाथ-पैर निकम्मे तो हुये फिर भी कान बहरे नहीं अभी... वह किताबों का ढेर सॉर्ट आऊट कर...। कितनी जमा हुई देख टेबल पर...।'

'जस्ट ए मिनिट सब ठीक करता हूं अभी'। ज्यों ही प्रकाश ने ग्रंथालय काबू में लिया त्यों ही विश्वास को जरा विश्राम मिला। प्रकाश स्वयं खूब पढ़ता था। इसलिये कुछ नवयुवक व युवतियां उस से पढ़ने का परामर्श लेते। अब भी उसके इर्द-गिर्द चार पांच लोगों का झुंड घिरा हुआ था।

विश्वास नई किताबों की सूची बनाने में व्यस्त हुआ। ग्रंथालय की आर्थिक स्थिति संतोषजनक होने के कारण नयी-नयी दर्जेदार किताबें खरीदना अब सम्भव था।

'नमस्कार।'

विश्वास ने सामने देखा। दामले मास्टर आये थे– अपनी भांजी के साथ।

दामले मास्टर ने विश्वास को पढ़ाया था। एक श्रेष्ठ शिक्षक की हैसियत से विश्वास के मन में उसके प्रति श्रद्धा थी। दामले मास्टर को देखते ही वह उठ खड़ा हुआ।

'आईए सर... मैं आपका ही इंतजार कर रहा था...।

'अपनी भांजी ले आया हूं... तुम्हारा वाचनालय दिखाने...। नई-नई आई हमारे पास रहने... कल आपके घर गये थे।

'माँ ने बताया मुझे।'

'इसे कुछ काम चाहिए मिले तो...। निठल्ले बैठना आता नहीं कहती है...। अब जवान लड़की को कहां भेजें नौकरी के लिये?

मुझे तुम्हारे ग्रंथालय की याद आई। लगा तुम्हें भी सहायता होगी...। और उसका भी जी रमेगा। किताबों की खूब शौकीन है वह...।

विश्वास का ध्यान यूं ही दामले मास्टर की भांजी की ओर गया...। अब तक वह शर्म से खड़ी थी...। इधर-उधर उत्सुकता के साथ देख रही थी...।

कुआंरी उमर...। किन्तु उमर को बढ़ानेवाला थोड़ा गंभीर चेहरा...। कहीं भुली हुई आंखें। अपरं नाक। रूप छायावर्ण किन्तु आंखों में भरने योग्य आकृति...। विश्वास और उसकी नजर मिलते ही वह बावली हो गई...। अपने अपाहिज हाथ पर उसकी नजर देर तक रुकी होने का एहसास विश्वास को हुआ।

'उसका नाम आशा... बी.ए. कर रही थी। लेकिन, बीच में ही पढ़ाई छोड़नी पड़ी, और जिसके बारे में मैं हमेशा बोलता रहता हूं वह मेरा प्यारा विद्यार्थी-विश्वास।'

'नमस्कार' उसने जरा-सी हास्य मुद्रा बना के हाथ जोड़े। किन्तु उसका स्मित सहज न होकर उधार है ऐसा विश्वास को व्यर्थ ही लगा।

'माफ कीजिए.. मुझे हाथ ठीक जोड़ने नहीं आते।' नमस्कार की दाद देने के लिए विश्वास ने गर्दन झुकायी। उसके इस वाक्य से उसके चेहरे की पहली गंभीरता और जम गई।

'जा.. देख यदि तू किताबें देखना चाहती हो...। दामले मास्टर ने आशा से कहा। वैसे उसने विश्वास की ओर प्रश्नार्थक नजर से देखा।

'वाचनालय अपना ही है ऐसा समझिए... उसकी नजर का भाव पहचान कर वह बोला। आशा उठ कर इधर-उधर किताबें पलटने लगी..।

'इसके माँ-बाप कोई नहीं। चाचा के पास थी..। किन्तु जमा नहीं...। वह गुर गुर करने लगा। जवान लड़की किसी को भी बोझ ही लगती है। इसलिये ले आया हूं मैं अपने पास...। चालाक है बुद्धि से। और साथ ही स्वाभिमानी भी। कहीं भी नौकरी करुंगी कहती थी...। अब इसके लिये नोकरी कहां ढूंढे? मैंने सोचा, यहां रम जायेगी तो तुम्हें भी सहायता होगी... और उसका भी जी लगा रहेगा। माँ-बाप के बिना पलने के कारण उसका मन उदास है। मैंने तुम्हारी माँ को भी समझा कर बताया...। उन्हें जचां...। इसलिये तुम्हारी तरफ ले आया...।'

'मुझे कोई गिला नहीं सर...। आप देख ही रहे...। ग्रंथालय दिनों दिन बढ़ता जा रहा है। मुझ अकेले को यह भार कब तक संभलेगा? प्रकाश मदद करता है...। लेकिन उसे भी अध्ययन और पिता के व्यवसाय का काम कुछ कम नहीं है. ..। आजकल काम के योग्य व्यक्ति मिलना कठिन है। अपना समझ, आत्मीयता से और स्वयं को मालिक मान ग्रंथालय का कार्य संभालने वाला कोई मिले तो आवश्यकता है मुझे भी। लेकिन फिलहाल में अधिक पैसा देना मुझसे नहीं जमेगा।'

'पैसे की कुछ भी चिंता न करो। तुमसे जितने बनेंगे उतने ही दिया करो। उसका अपना कमाधिक खर्च निपट जाए उतना ही पर्याप्त है। चार-चौकों के परिवार में पका अन्न एक व्यक्ति के लिये कम नहीं पड़ता।'

'ठीक है। कल से भेजिए उन्हें...। मैं धीरे से काम समझा कर बताऊंगा।'

'बहुत बड़े दबाव को हल्का किया तुमने विश्वास...।'

दामले मास्टर जाने के लिये खड़े हुये। आशा अब भी पुस्तकें पलटने में ही मग्न थी...।

'कौन-सी किताब चाहिए आपको? आप सिर्फ अपने चहेते लेखक का नाम बताईए...। पुस्तक पसंद करने का कार्य मेरी तरफ सौंप दीजिए।' प्रकाश के इस वक्तव्य से आशा बड़े ही भ्रम में पड़ गई।

'अरे पक्या, वह चंदेदार नहीं...। यूं ही देख रही है किताबें। कल से यहां काम करने आयेंगे हमारी मदद के लिये....। यानी तू और विलंब से आया, अथवा आया नहीं तो भी चलेगा। विश्वास हंस के बोला। 'ओ...आय एम सॉरी... दॅटस् गुड...मेरा नाम प्रकाश अभ्यंकर...। जो आप कल से करती जाएंगी वह मैं यहां आजतक करता रहा हूं....।

आपका नाम?

'आशा....।'

'फिर अपना जम गया।'

'क्या? आशा थोड़ी सी हिचकिचाई...।'

'जी मैं आशावादी हूं इसलिये कहा...।'

'चल... चलें हम। कल कब भेजूं इसे? दामले मास्टर ने विश्वास को पूछा।

'ग्रंथालय सभासदों के लिये चार बजे खुलता है। परंतु यह जरा पहले आयें तो मैं काम समझा दूंगा...। दोपहर तीन से छः का समय निश्चित करेंगे...।

मतलब कि शाम अंधेरा पड़ने के पहले यह घर लौट सकेगी।'

'बहुत अच्छा...। अच्छा चलें हम...। नमस्कार...।'

आशा और दामले मास्टर ज्योंही निकल गये तो प्रकाश ने एकदम विश्वास से बोला--

'विशा वाचनालय के प्रति अब बहुत आशा करने में हरकत नहीं है।'

प्रकाश की इस व्यंग (विनोद) पर विश्वास केवल हंसा।

दामले मास्टर से कराई गई आशा की तारीफ एकदम अवास्तव नहीं थी।

पुस्तकों पर सही में उसका मोह या। देखते-देखते उसने उत्साह से विश्वास से अल्पावधि में ग्रंथालय का कारोबार समझ लिया। पुस्तक कॅटलॉग कर उसे वर्ग भेद से निर्धारित जगह में रखना, सदस्यों की शुल्क का हिसाब और नये प्रकाशन की ओर हमेशा ध्यान रखकर किताबों को चुनना आदि बहुविध कार्यों में वह कार्यक्षम हुई। विश्वास को जितना हो सके, कम से कम काम करना पड़े इस का वह ध्यान रखने लगी। हाथ पैर से अपाहिज होने के बावजूद भी जिस आत्म-विश्वास, जिद और श्रद्धा से ग्रंथालय का विस्तार किया, उससे उसके मन में विश्वास के बारे में आदर की भावना उत्पन्न हुई। इस श्रद्धा भाव को कुछ सहानुभूति का किनारा मिल चुका था। जगत में केवल हम ही दु:खी नहीं। प्रत्येक के जीवन में छोटे मोटे दु:ख रहतें हैं। हालांकि हम जिसे महसूस करते और भोगते हैं उससे कहीं गुणा अधिक दुख चारों तरफ छाया हुआ है।' इस अनुभूति से आशा का मन खासा संतुलित हुआ। विश्वास और आशा के संबंध केवल वाचनालय के काम तक ही सीमित न रहे। एक दूसरे के भावात्मक विश्व में वे दोनों जाने अनजाने विचरने लगे।

एकदम पहली ही मुलाकात में आशा के कोमल चेहरे पर दिखाई देने वाले प्रौढत्व के गांभीर्य से विश्वास का मन खींच लिया गया था। जैसे-जैसे उसका सहवास बढ़ा, वैसे वैसे उसकी वाणी और व्यवहार से उसके द्वारा बहुत कुछ सहे और अनेक जख्म ढोये जाने की अनुभूति विश्वास को हुई। एक दूसरे की समदुखी होने की भावना अनजाने से दोनों को निकट लाती रही। ग्रंथालय के कार्य से परे एक दूसरे के संबंध में सन्निकटता सधने वाली बोल चाल होने लगी। एक दूसरे के अन्तरंग छू जाने की चेष्टा शुरु हुई। ग्रंथालय के कार्य से अतिरिक्त समय में आशा विश्वास के घर जाने लगी। उस घर में आत्मीयता से मेल मिलाप होने लगा।

अपने बारे में बहुत कुछ पूछताछ करना आशा के मन में है को विश्वास आजकल तीव्रता से जानने लग गया था। निकटता बढ़ाने की चेष्टा में हरेक जन एक दूसरे के व्यक्तिगत जीवन में दृष्टि डालने की कोशिश करता है। कुछ व्यक्ति भावना के बहाव में स्वयं को झट से 'ओपन' कर सकते हैं, तो कुछ अपने अन्तरंग का जरा-सा भी भेद लगने नहीं देते।

विश्वास जान बूझकर अपने व्यक्तिगत सुख दु:खों को आशा से अलिप्त रखता रहा। जीवन में जिन्होंने दुर्भाग्य के अनेक आघात सहे, उन्हें सहानुभूति, और दया की स्वाभाविक अपेक्षा तो रहती ही है, परंतु शब्दों का मलहम न केवल मूल जख्म को भरता है बल्कि मनुष्य के मन को दुर्बल भी करता है की विश्वास की धारणा थी। दुर्घटना के पश्चात, भावना की अकाल मृत्यु के बाद अनेक नजदीकीयों ने उस पर सहानुभूति की बौछार की थी। किन्तु विश्वास के लिये वे शब्द खोखली तसल्ली थे। वे व्यक्तित्व उभारने के बजाय-कुबडों के अल्पकालीन जैसा आधार देते हैं व उसके

पश्चात ढह जाते हैं। किताबी ज्ञान और उपदेशों का खोखलापन उसे उस समय तीव्रता से महसूस हुआ। यह सच है कि जिस के ऊपर यथार्थत: आपत्ति आती है उस पर कभी कभार ही इन मुलम्मी शब्दों का परिणाम होता है। दु:ख और दुर्भाग्य के आंचल में गिरने वाले फल भोगने से छुटकारा नहीं है।

जीवन की सच्चाई को सही अर्थ में जानने और उसके कठोर और कड़वे सत्यों का एहसास करने वाली एक ही शख्सियत उसे दिखाई दी... उषा। उसने उसकी भावनाओं को धीरे-धीरे भ्रमित करने के बजाय साहस के साथ परिस्थिति का मुकाबला करने और भावना में न बहकर विचार की भूमिका से जीवन को कुछ तटस्थ होकर देखने वाले व्यक्तित्व की उससे अपेक्षा की गई थी। विश्वास के संबंध में उषा की भावना उसके जख्मों और आघातों का लाड करने वाली अंधी माया न थी। उस में थी इन जख्मों पर शास्त्रोक्त पद्धति से शस्त्रक्रिया करने वाली वैचारिक भूमिका। उषा के माध्यम से किसी ज्वलंत चैतन्य का साक्षात्कार विश्वास को हुआ था। भावना ने उसकी तरुणाई के नीलाकाश में प्रेम का रम्य इंद्रधनुष्य पुष्पित किया था जो कुछ समय के लिये नयन सुख देने वाला था। किन्तु उषा के चंद अर्सों की मैत्री ने उसे जीवन में अविराम संघर्ष और शीतल प्रकाश का दर्शन दिलाया जो जीवन की पगडण्डी पर चिरकाल साथ देने वाला था। किसी भी आंधी तूफान का मुकाबला करते-करते भस्म होने की निरन्तर चेष्टा करने के लिये उसकी जीवन ज्योति अब सिद्ध थी। और इसीलिए उस ज्योति को सहानुभूति के आंचल में सुरक्षित रखने का आशा का प्रयास निष्फल हुआ।

विश्वास की यह अलिप्त वृत्ति आशा को महसूस हुई तो वह जरा-सी दुखी हुई। उसे लगा क्या हम उसके व्यक्तिगत जीवन झांकने उसके भूत और भविष्य में हस्तक्षेप करने के योग्य नहीं हैं। क्या अपना इतना भी अधिकार नहीं? इस प्रकार साशंक प्रश्न वह स्वयं को ही पूछने लगी। कभी-कभी विश्वास की यह अलिप्तता उसे अजीब लगती थी...। तो कभी-कभी उसकी तटस्थ वृत्ति और निर्विकारता का उसे क्रोध आता...। मन के अन्दर की यह खिन्नता किसी न किसी प्रकार से विश्वास के सामने व्यक्त किये बिना उससे रहा नहीं गया। एक दिन भावशून्यता से वह उसे बोली गई।

वह महीने का अन्तिम दिन था। नये महीने के मासिकों पर कव्हर चढ़ाना, पुराने हिसाब जांचने जैसे बहुत से काम रहने के कारण वे दोनों अपरान्ह बारह एक बजे से ही कार्य में व्यस्त थे। प्रकाश की एम.एस.सी. की इम्तहान जारी रहने के कारण वह अध्ययन में व्यस्त रहा। सारा बोझ उन दोनों पर, मुख्यत: आशा पर ही था।

आशा मासिकों पर कव्हर चढ़ा रही थी। विश्वास हिसाब जांच रहा था।

'आशा, तेरे आने के समय से छ: महीने के अन्दर ही ग्रंथालय के चंदेदार बढ़ गये, देख। तेरे पैर का शकुन अच्छा रहा...। विश्वास ने अचरज से कहा।

'अच्छा कहिए, बुरा कहिए। जो होना होता है वह होता ही है। कोई व्यक्ति निमित्त मात्र होता है, बस।'

'सरल किन्तु अच्छा वाक्य बोली। अच्छी बुरी घटनाओं के लिये कोई दूसरा ही निमित्त ढूंढने की आदत ही होती है, मनुष्य की प्रवृत्ति ही है कि वह अच्छी घटना के लिए किसी की आंचल में प्रशंसा के तोहफें बख्शते हैं और बुरी घटना के कारण किसी के सिर पर दोषारोपण मढ़ा जाता है। उषा सदा से कहती आई कि मनुष्य को किसी भी बात के लिये बहाने बाजी की डरपोक आदत छोड़ देनी चाहिए।' जीवन के भले बुरे घटनाओं के कारण प्रचलित परंपरा का वाणी-विलास त्याग देना चाहिए। मुझे भी यह जचा...। उषा के सम्बन्ध में एक बात मुझे हमेशा श्लाघ्य लगी। कभी-कभी वह सीधे-साधे वाक्य से बहुत कुछ कह जाती।

'एक बात पूछू? यह उषा बहन आपके जीवन में कैसे आई?'

आशा, सभी व्यक्तिओं के आने जाने के हिसाब बराबर नहीं होते। कुछ हिसाब तो अपने बस के बाहर होते हैं। इतना सच है कि मैं किसी बहुत बड़ी आंधी तूफान में धक्के खा रहा था तो उषा मेरे जीवन में आई। बिल्कुल डूबती नैया को सहारा देने, उठा कर तारण करने और समुद्री तटों पर साहस के साथ तैरने की शक्ति देने वाली मानो जलदेवी ही थी वह। लड़की होकर भी उस उभरती आयु में उसके व्यक्तित्व और चरित्र से हासिल की गई उसकी ऊंचाई यानी चमत्कारिक घटना मात्र थी। लड़की के बौद्धिक स्तर अवमूल्यन करना आम कुप्रथा है। परंतु उषा निश्चय से उसकी अपवाद थी...।' विश्वास बोझ से लदे व्यक्ति की भांति बोल रहा था...। बोलते-बोलते अकस्मात रुका...। अन्जाने अनचाहे विषय में हस्तक्षेप करने का एहसास उसने महसूस किया जैस तैसे अपने आप को बस में करते हुये वह बोला– 'एनी वे फरगेट इट...।' 'विश्वास, आप हमेशा हर वक्त 'फरगेट इट' कहते हो... मूल विषय टालते हो... मैं इतनी पराई हूं क्या? आपके जीवन में मनुष्यता के नाते दृष्टीक्षेप करने का मुझे जरा भी अधिकार नहीं है क्या? सहानुभूति का मुलम्मी भाव, खोखलेपन आपको पसंद नहीं यह मैं जानती हूं, परंतु किसी के जीवन से सरलता से परिचित होने और उसके सुख-दु:खों को महसूस करना क्या गैर है? प्रत्येक जन के सुख-दु:ख की श्रेणियां अलग अलग होती हैं...। हरेक व्यक्ति के जीवन के अनुभव भिन्न भिन्न होते है। जीवन के इस बहुविध रंग संगति से परिचित होना भविष्य और स्वयं को बनाने की दृष्टि से आवश्यक नहीं है?'

'आशा...' विश्वास एकदम से चौकन्ना हुआ। आशा की आवाज बोलते-बोलते कांप रही थी यह उसे महसूस हुआ। पहली ही बार वह इतने आन्तरिक गांभीर्यता से बोल रही थी। उस की पलकें आर्द्र देख वह बेचैन हुआ... उसे सद्मा पहुंचा। आशा को हमने अन्जाने में दुख तो नहीं दिया इस अनुभूति से वह लज्जित हुआ।

आशा, मुझे गलत न समझना। परंतु किसी को निकट करने पर घटित भावनात्मक आदान-प्रदान में जो जटिलता पैदा होती है उसका कटु अनुभव है मुझे। सन्निकटता बढ़ाते वक्त और संबंध जुड़ते समय अनुभूतियां सुखद होती हैं। परंतु इन संबंधों को कायम रखना, और उनकी जटिलता से मुकाबला करना कभी-कभी आग से खेलने के समान होता है। इसीलिए मैं कहता हूं–फरगेट इट...।

'फरगेट इट... इन दो शब्दों से मुंह की भाप उड़ाना सरल है। किंतु वास्तव में कुछ बातों को भूलना क्या सम्भव है? क्या कुछ स्मृतियां इतनी अलिप्तता से भुलाई जा सकती है। वर्तमान और भविष्य में आने वाले क्षण कितने भी सुखद और मन को तृप्ती से मस्त करनेवाले क्यों न हों पर कुछ पुराने क्षणों के जख्म अनायास नहीं मिटते। 'फरगेट इट' कहना जितना आसान है, उतना ही कठिन प्रत्यक्षत: भुलाना है। अब मैं आपके जीवन में झांकने के लिए अधिकृत नहीं हूं तो वह बात दूसरी है...।'

'वैसा नहीं, आशा... मुझे समझने की कोशिश करो। किसी से भी निकटता बनाये रखने में अधिकार का सवाल नहीं होता। तुम्हारी भावनायें मैं समझता हूं...। मैं निश्चित रूप से तुम्हें सब कुछ बताऊंगा... किन्तु आगे कभी न कभी...।'

विश्वास ने विषय को वहीं मोड़ दिया। क्योंकि चार बज चुके थे और ग्रंथालय में आना जाना शुरू हो गया था।

'प्रकाश ही आ गया अभी...' वाचनालय में आते ही विश्वास को आशा ने खबर दी। ज्योंहि वाक्य उसके मुंह से निकला त्योंही उसकी जीभ दांतों तले आ गई। क्योंकि असावधानी से उसने प्रकाश का जिक्र अनौपचारिकता से किया था।

प्रकाश ने अत्यावधि में ही जी अजी की औपचारिकता खत्म कर दी थी। उसने उसे भी आग्रह से अनौपचारिकता से संबोधित करने को कहा था। परंतु विश्वास की उपस्थिति में वह प्रकाश का उल्लेख अनौपचारिकता से नहीं करती थी। उसे संकोच सा होता था। इसलिये असावधानी से प्रकाश को अनौपचारिकता से पुकार बैठने के एहसास से वह बावली हुई। उसकी यह बेचैनी विश्वास की नजर से छुप न सकी। परंतु उसके बावलेपन को पकड़ न पाने के भाव को न दर्शा कर उसने पूछा–

'इस अपरान्ह में कैसी तशरीफ लाई?'

'पेठे लेकर आ गये थे...।'

'आय सी... एम. एस. सी. का परिणाम निकला या कुछ उसका?

'हूं...।'

'गुड्... मतलब निश्चित ही वह घर गया होगा। फिर एक चूक भूल। मैं जरा कॉलेज के प्रिन्सिपाल की तरफ गई थी। लाइब्रेरी में अभ्यास क्रम की किन-किन किताबों को रखना चाहिए के बारे में परामर्श लेने। कितनी देर इन्तजार करता रहा वह?'

'बहुत देर तक... मैंने कहा भी अब आयेंगे... परंतु सवारी बड़ी जल्दबाजी में थी। आपके बारे में आज खूब बोल रहे थे। पास होने का आधे से अधिक श्रेय...।' 'ओ., नो... बड़ी बुरी आदत है इस आदमी की। श्रेय की लेन देन करने की अतिविनम्रता आदमी में नहीं होनी चाहिए। अब तू ही बता... अभ्यास किया उसने, पेपर उसने लिखे। फिर..., मैं वहां बीच में कहां से आया?'

बी.एस.सी. और बाद में फिर एम.एस.सी. फर्स्ट इयर अनुतीर्ण हुये तो उनका साहस किसने बांधा? उसके हतोत्साहित मन को उम्मीद का मंत्र किसने दिया? निराशा से घबराये हुये मन को चेताने की प्रेरणा का मूल्य अनायास भूलाया नहीं जा सकता।'

आशा ने विश्वास को निरूत्तर कर दिया। उससे सहमत होकर वह बोला– सच है आशा, चारों ओर जब गर्दिश का अंधेरा छा जाता है तो टिमटिमाते दीये से भी चारों दिशायें जगमगा जाती हैं। मुझ पर भी वही बीती थी। स्वानुभाव से मैंने प्रकाश के मन को जीता। मूलतः वह बुद्धिमान है। उसकी आकलन शक्ति तेज है। मेहनत में कभी वह हार मानने वाला नहीं। अमीर का बेटा पढ़ाई के मामले में बेकार होता है की धारणा उसके बारे में सही नहीं है। किन्तु पास होने पर कुछ लोगों से उसे इसी प्रकार के उलाहने सहने पड़े। उसके पिता एक बड़े निश्चल सद्गृहस्थ है। इस ग्रंथालय के उत्कर्ष में उनका ही बड़ा योगदान है– आर्थिक सहायता का। विद्यार्थियों के लिए अध्ययन कक्ष खोलने की योजना को उन्होंने ही आर्थिक मदद दी। प्रकाश भी मुझ में घुल कर ग्रंथालय में उलझ गया मेरे और स्वयं में उसने कभी भेद नहीं किया। अपनी अमीरी का गर्व उसे कभी छू तक नहीं। मैत्री के खातिर उसने अपनी आर्थिक बड़प्पन को कभी आडे न आने दिया...। उसके जैसा मित्र पाने को भी भाग्य चाहिए। परंतु जीवन की राह में कभी ऐसी भी मोड़ आती है– जब मेहनत पर बसा भरोसा उठ जाता है। जब आत्मविश्वास ही टूट जाता है। तो भविष्य में कुछ भी दिखाई नहीं देता। प्रकाश जब बी.एस.सी. में अनपेक्षित रूप से अनुत्तीर्ण हुआ तो उसका भी वैसा ही हाल हुआ।'

'अनेपक्षित मतलब...।'

'वह अक्लमंद विद्यार्थी था। किन्तु उतना ही स्वाभिमानी भी। मैं समझता हूं कि किसी तात्विक बात पर उसका अपने सर से मतभेद। परिणामतः जो होना था वह हुआ। पास ही नहीं अपितु उच्च श्रेणी में पास होने का उसे आत्मविश्वास था। लेकिन एकदम विरूद्ध हो गया। जिस गणित में वह हमेशा प्राविण्य हासिल करता था उसी में वह अनुत्तीर्ण हुआ...।'

'किन्तु यह हुआ ही कैसे?'

'इस प्रश्न का उत्तर किसी के भी पास नहीं। युनिवर्सिटी में पैसे भर कर पेपर की दुबारा टोटलिंग कराई गई लेकिन उसके परिणाम में परिवर्तन नहीं हुआ। यह सब अपेक्षित न था। प्रकाश इस आघात के कारण एकदम घबराया। नापास होने की उसकी पहली घटना थी। वो भी उस विषय में ज़िसमें उसका प्रभुत्व पूरे कॉलेज में प्रसिद्ध था गणित जैसे विषय में! उस समय उसने पढ़ाई छोड़ने की बातें करनी शुरु की थी। किसी में भी उसे सार महसूस नहीं होता था। तब मैंने उसे वही कहा– जो उषा ने मुझे बताया था।–'

'क्या?'

'आकाश मेरी मुट्ठी में है– यह उसका ब्रीद वाक्य था। जब दुर्घटना में मेरा शरीर अपाहिज हो गया, दुर्भाग्य ने मेरी उभरती स्वप्न कलि भावना को-मुझसे छीन लिया । उस समय मैं भी ऐसी अर्थहीन खोखलेपन में खो चुका था। सब तरफ शून्यता की गर्द धुंध छा गई थी। कुछ न दिखाई देता, न सूझता। भयानक कालिख... उस अंधेरे में एक तारा चमका... तेजस्वी... उसने मुझे संकेत दिया, चेताया... उसने कहा– हतोत्साहित मत हो... हारो नहीं... पीछे पलटकर मत देख। आगे देख... ऊपर देख... कितना बड़ा विस्तार है आकाश का... असीम... आदमी को इस अनन्त का ध्यान करना चाहिए... एक ही हाथ गया न? पैर लंगड़ा हुआ न? प्यार का अंकुर मुरझाया न? कुछ नहीं बिगड़ा... अभी भी आंख में प्राण है। पांव में ताकत है। एक हाथ की मुट्ठी में भी बहुत बड़ी ताकत होती है। वह ही मूठ उठाके कह– 'आकाश मेरी मुट्ठी में है। खाली में नहीं हूं...। यह जीवन अर्थरहित नहीं है...' आशा, देख वह पेंटिंग... मैं जहां बैठता हूं उसके सामने की दीवार पर ही... ठीक बारीकी से देख... उषा का ही बनाया पेंटिंग है वह... जिन रंगों ने मुझे राह दिखाई, वही यह उषा का पेंटिंग–'

आशा ने दीवार को देखा। यूं तो ग्रंथालय की दीवार पर दो तीन पेंटिंग टंगाई हुई थी। उस तरफ उसने अबतक इतनी बारीकी से देखा न था। विश्वास के द्वारा दिखाये गये पेंटिंग की ओर वह देखती ही रही... नजर अटका कर रखने योग्य गूढ़ अर्थ उसे उसमें महसूस होने लगे...।

नीले आकाश की विशाल पार्श्वभूमि...। सारा आकाश समाने की तैयारी में फैले हुये दो बड़े पंख...। क्षितिज की ओर डग भरने वाले...। और आकाश के अनन्त नीले रंग से ऊपर उठी हुईं एक सशक्त फौलादी मुट्ठी। आकाश की विशालता अपने में समा लेने वाली मुट्ठी। नीचे पेंटिंग का शीर्षक था–

'आकाश मेरी मुट्ठी में है।'

'कितना शानदार और अर्थपूर्ण पेंटिंग है यह...। मेरा ध्यान इतनी गहराई तक गया ही नहीं था आजतक।'

आशा की नजर अब भी पेंटिंग पर गड़ गई थी... कीले की भांति।

'ऐसा ही होता है। छोटी मोटी चीजों का महत्व गहराई में घुसे बगैर महसूस नहीं होता।'

'उषा बहन को, लगता है, पेंटिंग का शौक था।'

'हां... लेकिन शौक के लिये नहीं बल्कि सही में साधना कर उसने इस कला में प्राविण्य हासिल किया था। हमारा परिचय बढ़ा तो इस रसिकता के हम रस होने के कारण ही।'

आशा उत्सुकता से सुन रही थी। बिल्कुल अनायास ही विश्वास के बोलने में खुल्लाहट आ गई थी। आशा का मन प्रसन्न हुआ। उसकी आतुरता कान-आंखों में भर आई।

किन्तु उतने में ही प्रकाश आ गया। और विषय में खण्ड पड़ गया।

'यार, कहां-कहां ढूंढते फिरें तुझे? ग्रंथालय में आया तो कहा घर में होंगे। घर गया तो कहा ग्रंथालय में गया...। तेरा पांव किसी एक जगह टिकेगा, विशा?... मैंने सोचा सबसे पहले यह खबर तुझे ही बताऊंगा। परंतु वह मान आशा ने हासिल किया।'

'कुछ नहीं बिगड़ा। कौन कब कौन-सा मान हासिल करेगा बता नहीं सकते। अब बक-बक जरा कम कर। और पहले मुंह मीठा कर, देखें।'

प्रकाश ने विश्वास के हाथ पर दो पेठे थमा दिए। और वह उसके पैर छूने ही वाला था कि विश्वास ने उसे बीच में ही रोक दिया-

'ऐ बेवकूफ, दोस्ती के रिस्ते में इस प्रकार झुकना नहीं होता है। प्यार की जबर्दस्त गांठ में घुल जाना होता है। गले से गला लगाकर।' यह कह कर विश्वास ने उसे बायें हाथ से सीने के साथ लगा रखा।

'विशा, तूने कहा वह सच है। अपनी उषा बहन महान थी। अरे, मैं युनिवर्सिटी में फर्स्ट आया... टॉपमोस्ट... आज मुझे भी लगता है... हम भी कुछ कम नहीं... आकाश मेरी मुट्ठी में है।'

विश्वास के पास में होते ही प्रकाश ने अपनी मूठ खींच कर पकड़ी। उसके कंधे पर रखी गर्दन उठते ही उसकी नजर आशा की नजर से उलझ गई। मैत्री का वह सुख क्षण देख, उसकी बोझिल आंखों में उलझ प्रकाश फिर होठों में फुसफुसाया-

'आकाश मेरी मुट्ठी में है।'

हाथ में किताब थी सही, किन्तु किसी प्रकार से भी पढ़ने में उसका ध्यान न लग रहा था। तभी से वे ही पन्ने आंखों के सामने थे। बीच में ही छोड़ने वाली यह बेचैनी सदा के लिये कब पल्ला छोड़ेगी की आतुरता आशा को लग रही थी।

मामा के घर आने से वह पुराने दिन भुलाने की कोशिश कर रही थी। उसमें उसे कमाधिक यश भी मिला। ग्रंथालय में वह व्यस्त रही। अपना कमाधिक खर्च निभा कर मामा को सत्तर अस्सी रुपये भेजना उसे मुमकिन हो गया था। इसलिये किसी पर निर्भर होने का कुछ दबाव अब उसके मन में नहीं था। किताबों के बहुरंगी विश्व में स्वयं को व्यस्त कर अपनी पुरानी स्मृतियों को उसने दूर भगाया था। जिन स्मृतियों से उसकी उमलती कोमल भावनाओं का गृह कुल नष्ट हुआ, जिन प्रसंगों से उसके स्त्रीत्व की उमंगों का विश्व विछिन्न हो गया उन कटु संस्मरणों से उसे दूर जाना था। पिता का चेहरा भी उसे याद नहीं था। पिता की मृत्यु के पश्चात् अपने ही घर में पराई हुई माँ की मुक्त हस्त ममता की वर्षा करनेवाली आत्मियता कभी कभार ही उसे मिली थी। उसके चाचा ने सभी इस्टेट कब्जे में कर ली थी और माँ-बेटी अपने ही घर में चोरों की तरह रहती थीं।

...आशा की आंखों के सामने चाचा का वह लाल स्निग्ध (डरावना) चेहरा मुखातिब हुआ। और भय से उसके अंग अंग कांपने लगे। वह पसीने से तर था। उस घर के अवांछित यादों के भयावह चेहरे चारों ओर घूमने लगे। उसे मूर्छा सी आने लगी। टेबल पर सिर रख कर उसने आंखें बंद कर लीं। कितनी ही बार वह सुन्न होकर वैसी ही पड़ी रही।

'आशा... आशा... ठीक नहीं लगता क्या?' प्रकाश की आवाज से वह एकदम हड़बड़ाकर उठी। उसने अपने फिसले आंचल और स्वयं को जैसे तैसे संवारा।

'कुछ नहीं... थोड़ा सिर दर्द-सा लग रहा था... बस।'

'फिर इतने जल्दी क्यों आई ग्रंथालय में? घर में ही पड़ी रहती।'

'मुझे अपरान्ह में लेटना अच्छा नहीं लगता। घर बैठकर भी क्या करती? इसलिये भोजन और कामधाम समाप्त कर मैं ग्रंथालय में आकर बैठ जाती हूं। दोपहर के इस शांत समय में पढ़ना मुझे अच्छा लगता है।'

'क्या पढ़ रही हो अब?'

प्रकाश के इस प्रश्न से आशा बावली सी हुई। क्या पढ़ रही थी मैं? उसे उसका भी भान न था।

'कुछ नहीं... यूं ही अपना...।'

'यूं ही अपना' यह किस लेखक की रचना है?'

प्रकाश के प्रश्न पर आशा हंसी...। किन्तु उस हास्य में कुछ न कुछ दबाव और द्रोह होने की अनुभूति प्रकाश को हुई।

'देख आशा, टालमटोल की बातें ज्यादा देर तक समाधान कारक नहीं होती। तुम्हें कुछ न कुछ जरूर हुआ...। तेरा मूड़ ठीक नहीं'

'सच... कुछ नहीं हुआ। व्यक्ति का कभी सिर भी न दर्द करेगा?'

आशा के इस प्रश्न से प्रकाश जोर से हंसने लगा।

'गुड जोक्। बोलने में तुम लड़कियों को कोई न जीते...। बाय द वे... मैं आज शाम ग्रंथालय में आ नहीं सकूंगा। इतना ही संदेश देने आया था।

'कुछ खास काम?'

'पार्टी की तैयारी करना है...। उस गड़बड़ी में एक दो जगह जाना भी है। ओ नो... तुझे औपचारिक निमंत्रण देने के बजाय एकदम अन्त में सर्प्राईज दे कर बताना निर्धारित किया था मैंने।'

'पार्टी कैसी! और उसमें मैं किसलिये?'

'पार्टी में किसलिए जाते हैं?'

'किस को पता! मैं तो आजतक किसी पार्टी में गई नहीं। फिर मुझे क्या मालूम होगा?'

आशा का भोलेपन प्रकाश को विनोद सा लगा।

'दॅट्स फाईन... फिर पार्टी में किसलिये जाते हैं यह देखने को ही आ जाना... ओ के? आगामी गुरुवार जान बूझकर ग्रंथालय की छुट्टी का दिन ही तय किया गया है।'

'लेकिन पार्टी है भी किस उपलक्ष्य में?'

'तुम इतनी बुदू होगी यह नहीं लगता था मुझे।'

'मेरे प्रति बहुत गलतफहमियां हैं ऐसा दिखाई पड़ता है तेरे मन में!'

'गॉड् नोज्... एक दूसरे के बारे में समझ अच्छी हो या बुरी, उस के कारण कितने सगे संबंधी लोग निकट आते हैं यह महत्वपूर्ण है। अेनी वे... मैं चलता हूं... विश्वास को उतनी खबर कर देना... जमा तो थोड़ी देर आ जाऊंगा... लेकिन...।'

'आयेगा नहीं तो भी चलेगा। मैं हूं न... संभालूंगी मैं...।'

'गुड गर्ल... थैंक यू सो मच... सी यू...।'

आते ही प्रकाश हवा की भांति निकल गया। उसकी तड़फदार पृष्ठ आकृति को वह देखती ही रह गई। कुछ विस्मय से और कुछ...।

पार्टी के निमित्त से पहली ही बार आशा विश्वास के साथ प्रकाश के घर गई थी। विश्वास के बताने से उस के घर की दौलत की कमाधिक कल्पना उसे थी ही। परंतु वास्तव में जो ठाट उसकी नजर में आया वह कुछ और ही था। प्रकाश के स्वभाव, व्यवहार और वाणी में घर की इस अमर्याद दौलत की जरा भी गंध नहीं थी।

किसी के बगैर बताये उसके ऐश्वर्य की कल्पना करने जैसी ही उसकी चर्या थी। प्रकाश के इस स्वभाव विशेषता के कारण अनायास ही आशा के मन में उसके प्रति प्रशंसा की भावना घर कर गई थी।

प्रकाश विश्वास को कितना सम्मान देता है यह उस दिन तीव्रता से महसूस हुआ। यूं देखा जाय तो उस पार्टी में कई बड़ी-बड़ी प्रतिष्ठित मंडली आई थी। प्रकाश के पिता के कुछ मित्र थे। उस प्रतिष्ठित सर्कल में विश्वास को विशेष मान दिया जा रहा था। केवल प्रकाश ही नहीं बल्कि उसके पिता भी विश्वास का व्यक्तिश: विशेष ख्याल किये जा रहे थे। प्रत्येक आंगतुक से उसका परिचय करा दे रहे थे। उसकी मेहनत और ग्रंथालय के बारे में मुक्त कंठ से स्तुति कर रहे थे।

आशा को तो उस पार्टी में एकदम संकोच सा हुआ। इस प्रकार पार्टी में जाने, और लोगों से मिलने जुलने का उसका पहला ही अवसर था। ऐसी भीड़, समारोह और प्रासंगिक शिष्टाचार से निपटने की उसे आदत नहीं थी। विश्वास के पार्टी की भीड़ में खो जाने के बाद स्वाभाविकत: वह अकेली हो गई।

किस से बोलना और क्या बोलना यह उसे सूझता न था। किसी कोने में खड़ी हो अलिप्तता से वह उस भीड़ की ओर भिरभिरती नजर से देखती रही।

प्रकाश मित्रों का स्वागत (receive) करने और पार्टी का प्रबंध करने में व्यस्त था, किंतु फिर भी आशा का यह बावलापन उसकी नजर से छुपा न रहा। और उसकी तरफ लौटकर थोड़े अफसोस के स्वर में बोला–

'आय एम सॉरी आशा... चारों तरफ संभालनेवाला मैं अकेला ही होने के कारण जरा सी कठिनाई आई थी। चल... तेरा परिचय करा देता हूं। एक कोने में ऐसी क्यों खड़ी है?'

'रहने दे... मुझे इस भीड़ में शामिल होना मुमकीन नहीं लगता। पार्टी के शिष्टाचारों की आदत नहीं है मुझे।'

'अरे तो क्या हुआ? पार्टी के शिष्टाचारों की सूची थोड़ी ही बनाई किसी ने। रूढ़ी-परंपरा का कृत्रिमता से अनुकरण करने की अपेक्षा एकदम अनायास जैसा हो वैसा व्यक्तित्व अपने आप को जाहीर (present) करना चाहिए। अनायास व स्वाभाविक ढंग से व्यवहार करने में जो सुंदरता की विशेषता है वह जानबूझकर कृत्रिम शिष्टाचार के अनुकरन में निश्चित रूप से नहीं होती। पार्टी होने के कारण परस्पर बोलने और हंसने के नियम थोड़े ही बदलते हैं? कम ऑन...।'

प्रकाश ने आशा को भीड़ में खींच कर लाया। और अपने पिताजी और अपने मित्रों के साथ उसने उसका परिचय करा दिया।

प्रकाश की इस आत्मीयता से उसका संकोच थोड़ा कम हो गया। तथापि अंदर ही अंदर अपने मानसिक दबाव में थी। वह मन में ही प्रकाश की इस निकटता का

अर्थ लगाने लगी। उसका सामान्य व्यवहार इतना खुला था कि आशा के संबंध में उस में कुछ खास अनोखापन है का एकदम निष्कर्ष निकालना गलत होता। तो भी प्रकाश के करीब आते ही आशा की अवस्था लाजवंती के पत्तों के समान हो रही थी। प्रकाश के खुलमखुल्ला बोलने और व्यवहार करने में कभी-कभी वह अनोखे विश्व में तैरती सी नजर आती। उसके बोलने में कभीकभार कुछ सूचकता आ जाने से वह घबराती।

प्रकाश के संबंध के विचारों में घुली हुई आशा उस पार्टी में शामिल होने पर भी तटस्थ सी रही। इंद्रधनुष्य के रंगों का स्वतंत्र अस्तित्व तो महसूस होता है... परंतु एक रंग से दूसरे रंग को अलग करना जैसे कठिन है वैसा ही कुछ आशा के साथ में हुआ था।

दावत का मजा आ रहा था... बीच में ही प्रकाश के एक मित्र ने पूछा–नौकरी की दावत हुई। अब छोकरी की दावत कब देगा पक्या?' इस मुश्किल प्रश्न से दिलों में खुश हास्य-स्फोट हो गया। प्रकाश ने इस प्रश्न का क्या उत्तर दिया को सुनने का ध्यान आशा को नहीं रहा...। एक तरफ दावत का मजा था... और दूसरी तरफ आशा अलग ही भाव विश्व में विहार कर रही थी।

ग्रंथालय में अध्ययन कक्ष शुरु हुआ। किसी खाजगी ग्रंथालय से विद्यार्थिओं के लिये शुरु की गई यह योजना नाविन्यपूर्ण थी। पुस्तकों की महंगाई के कारण बहुत जनों को सभी पुस्तकें खरीदना नामुमकिन था। पाठशाला और महाविद्यालय के ग्रंथालय में पुस्तकों की प्रतियां मर्यादित होने के कारण सभी विद्यार्थिओं को उसका उपयोग करना कठिन होता था। शैक्षणिक क्षेत्र में बढ़े खर्च से परेशान पाठकों ने अपने बच्चों को ग्रंथालय के अध्ययन कक्ष के सदस्य बनाकर अच्छी दाद दी। अल्प समय में पाठय पुस्तकें उपलब्ध कर देने की यह योजना खास मध्यम श्रेणीओं के लिये विशेष स्वागताई लगी।

...वाचनालय का व्याप बढ़ा। अब दोपहर ग्यारह बजे से ही ग्रंथालय विद्यार्थिओं के लिये खोला जाने लगा। प्रकाश नौकरी में व्यस्त होने से शाम एक दो घंटे के लिए ही वहां होता था। सब बोझ आशा और विश्वास के ऊपर ही पड़ा। इस में और गरीब और जरुरतमंद विद्यार्थिओं के लिये पुस्तकों की सहायता निशुल्क उपलब्ध करा कर उसने बदले में ग्रंथालय के कार्य में उनकी सहायता लेने की योजना थी। अनेक जवान लड़के-लड़कियाँ इससे फायदा उठा सकें। आशा और विश्वास का बोझ भी इससे काफी मात्रा में कम हुआ।

...आशा का बहुतांश समय ग्रंथालय के कार्य में खर्च होने लगा। दिनों दिन उसके काम में उत्साह बढ़ता रहा। यह मानसिक व्यस्तता आशा को लाभदायक सिद्ध हुई। मामा के पास रहने आई तब से उस में काफी परिवर्तन हुआ। चाचा के घर वह

जीवन से अक्षरतः हताश हो चुकी थी। वहां उसे दिखाई देने वाली दुनिया फंसाने वाली थी। घिनौनी थी। अमानवीय थी। जब से उसे सूझ आई तब से जो मनुष्य का व्यक्तित्व उसने नजदीक से देखा था वह अपने चाचा का ही। उसकी उभरती भावना का कोमल अंकुर उस कृष्ण छाया में जड़ से उखड़ गया। अन्जाने में उसके मन में पुरुष जाति के प्रति द्वेष और घृणा मजबूती से बैठ गई। होने लगी। अपनी आंखों से देखा और महसूस किया हुआ मर्द का स्वरूप इतना घिनौना था कि सहज सुलभ जवानी के कदम प्रतिबिंबित हो जाने के समय उसका मन पुष्पित हो जाने की बजाय उसकी सारी कोमल कलियां पीसी जा रही थी। सुर्योदय में सूरज की प्रतिभा ग्रस गई हो वैसी ही स्थिति उसकी हुई।

जीवन का वह दाग स्मृतियों से मिट न जाने पर भी काफी हद तक पोछा जा चुका था। सूखे और झुके हुए पौधे पुनः सीधे हो वैसे ही ग्रंथालय के उत्साही वातावरण में उसका मन धीरे-धीरे अंकुरित हो रहा था। बीच में खंडित शिक्षा को पुनः आरम्भ करने के लक्ष्य से उसने बी.ए. की पढ़ाई शुरु की। ग्रंथालय की आय में से थोड़ी बहुत रकम जमा करना भी अब मुमकिन हो चुका था। आगे पीछे मामा को कष्ट न हो इसकी भी उसे चिंता थी। वह एक लड़की पैदा हुई थी। स्वाभाविक रुप से विवाह का एक अपरिहार्य सवाल सामने था। आजकल उसके मामा भी इस चिंता से चिंतित थे को वह महसूस कर रही थी। और भूतकाल के अप्रिय कटु स्मृतियों की प्रार्श्वभूमि मे विवाह का विचार करते ही उसका मन कांप उठता था। दिल धड़क जाता था।

विवाह यानी पुरुष के साथ संयोग। और पुरुष यानी पशुवासनाओं से पागल हुआ एक जानवर-यह कल्पनारूढ पुरुष का विकृत चित्र उसने देखा था। ये शर्मनाक कटुस्मृतियां अब भी उसके मन को बेचैन कर रही थी। कल किसी ने अपने को पसंद किया और विवाह के बाद एकरूप होने का योग आ गया तो अपना क्या होगा? पत्नी की जिंदगी में समरसता और पति के प्रति वफादारी सधेगी क्या अपने से?... किसी को सबकुछ समझाने का मौका मिला तो किन शब्दों में समझाये? क्या समझाये?

अनेक प्रश्नों का जंजाल उसके मन में उठने लगा... विचारों की आंधी बढ़ते बढ़ते उत्कर्ष तक पहुंची। और कैसा होता और क्या होता को समझने के पहले ही सदा के लिये वह स्थिर हुई...। शांत हुई...।

बिल्कुल गांव के बाहर वटवृक्ष की छाया में एक छोटा सा मंदिर था। शाम के समय कुछ सेवानिवृत्त लोग उस तरफ घूमने जाते। नहीं तो वह परिसर वैसे जंगल का ही था। मंदिर थोड़ा-सा गिरा व छोटा-सा होने पंर भी उससे घिरा हुआ परिसर रमणीय था। दूर तक फैला हुआ समतल मैदान... और निर्धारित अंतर से लगे वट के विस्तीर्ण पेड़...। दायीं ओर खेत का व्याप था...। गेहूं की बालियां हवा से डोल रही थी। चाबी

देने पर डोलते खिलौने की भांति...। बायीं तरफ तीन चार उबड़ खाबड़ पहाड़ियां थीं। दो पहाड़ियों में से गुजरने वाला मार्ग दूसरे गांव की तरफ जाता था। बिल्कुल आंख में बसने लायक सौंदर्य उस परिसर को भले ही प्राप्त न हुआ हो फिर भी वहां की निस्तब्ध शांति और वट वृक्ष की छाया में कुछ न कुछ जरूर आकर्षक रहा।

प्रकाश ने वटवृक्ष के नीचे स्कूटर रोका। रास्ते में वे दोनों आपस में बोल नहीं रहे थे। आशा के मन पर आरम्भ से ही दबाव था। 'मुझे तुझ से महत्वपूर्ण बात करनी है'– इस प्रकाश के वाक्य से वह सम्भ्रान्त हुई थी। यह एकदम अनपेक्षित न था। कभी न कभी यह आमना-सामना होगा इसकी उसे शंका थी। प्रकाश की बोलचाल से इसका संकेत उसे महसूस हो रहा था। तब भी कल जब अकस्मात उसने उससे बोलने और एकान्त में कुछ चर्चा करने की इच्छा प्रकट की तो वह स्त्रीसुलभ संकोच से सम्भ्रान्त हुई। और कुछ घबराई भी।

आशा के मन में द्वंद जारी रहा परंतु प्रकाश निश्चिंत था। अपनी इच्छा को इंकार नहीं मिलेगी की उसे उम्मीद थी। हर तरुण के मन में अपनी भावी पत्नी का एक मानस चित्र होता है। अपनी-अपनी पसंद के अनुरूप और व्यक्तित्व के अनुकूल चित्र ऐसे ही बनाया जाता है। उस मानस चित्र के साथ जुड़नेवाला कोई मिला कि मन उस दिशा की ओर एकाग्र होता है। अपेक्षापूर्ति का आनंद आन्तरिक भावना को बल देता है। आशा के साधे, सुंदर रूप, समझदारी और सहनशील विचारप्रवृति से प्रकाश इसी तरह आकर्षित हुआ। परंतु उसके व्यक्तित्व में जवानी की उभरती भावना के विपरीत विद्यमान गांभीर्य तो उसके लिये रहस्य ही था। उस के जीवन में गांभीर्य की छाया किसी न किसी प्रकार से हटा देने और जीवन के हंसी खेल वाले आनंद और सुख से उसे नहला देने की प्रेरणा से प्रकाश का मन मग्न था।

आशा के संबंध में यह भावना उसके सामने प्रकट करने से पहले विश्वास का परामर्श लेना उसने आवश्यक समझा। इन दोनों के बीच मैत्री का रिस्ता बराबरी के दर्जे का था। हलांकि प्रकाश के मन में विश्वास के बारे में एक प्रकार से आदरभाव था। स्वाभाविक तौर पर विश्वास की प्रतिक्रिया प्रकाश की नजर में महत्वपूर्ण थी। उसने विश्वास को अपने मन की बात बता दी।

विश्वास को प्रकाश के इस भावना का कमाधिक अंदाजा था ही। आशा जैसी अनाथ लड़की को प्रकाश का सुखसंपन्न परिवार मिले तो उसका भाग्य खुलता। परिस्थिति की प्रतिकूलता के कारण उसके कौशल और गुणों को मौका उपलब्ध न होने पर भी मूलतः उसका व्यक्तित्व प्रभावशाली था। ग्रंथालय का बढ़ता व्याप उसने जिस कौशल से संभाला उससे उसके काम का ढंग, प्रयत्नों का समर्पण और दूरदृष्टि से गहराई तक विचार करने की प्रवृत्ति का एहसास होता था। प्रकाश को वह सभी दृष्टीओं से अनुरूप थी। उसके साथ खुलकर चर्चा कर उसका विचार जान लेने का

परामर्श विश्वास ने ही प्रकाश को दिया। इस सम्बन्ध में उसकी भूमिका जान लेना उतना ही महत्वपूर्ण था।

'इस जगह हम क्यों आये यह मालूम है तुझे?' प्रकाश ने आशा को बुलवाने के प्रयोजन से पूछा।

'हां... आशा की हां से वह एकदम चमक गया। वह शर्मायेगी, 'मुझे नहीं मालूम' कहेगी यह उसकी कल्पना थी...। किन्तु उसके स्पष्टोक्ति से उसे अचरज हुआ।

'मनपढाकू है... कबसे तुझे पूछने का मन में है। किन्तु मन ही न ढाढ़स करता। लगा... तुझे पसंद है... नहीं पसंद तो...।'

'लेकिन अब भी वह मुझे पसंद होगा यह लगा था क्या तुझे?' प्रकाश ने चौंक कर उसकी ओर देखा । उसने यह मजाक में तो नहीं कहा न? इसका वह अंदाज करने लगा। परंतु उसके चेहरे की गंभीरता उसे अचरज में डालने वाली थी।

'यानी? मैं तुझे काबिल नहीं लगता?'

तू मुझे काबिल लगने के पहले मैं तेरे काबिल हूं या नहीं यह विचार मुझे अधिक महत्वपूर्ण लगता है। मेरे बारे में कुछ भी जानने के पहले तूने यह निर्णय लिया है। परंतु सब कुछ मालूम होने के बाद शायद तू अपना ही फैसला बदल देगा...।'

'वैसा नहीं होगा आशा... मेरी दौलत और उस तुलना में तेरे घर की सर्वसाधारण परिस्थिति का फरक तुझे अभिप्रेत होगा तो उसका विचार मैंने पहले ही कर रखा. ..।'

'गलत... मैं तुझे जानती हूं। इस फरक का विचार तेरे मन को छूयेगा नहीं का आत्मविश्वास है मुझे...। एक दृष्टि से अच्छा ही हुआ। इस खुली जगह में खुल्लमखुल्ला बातचीत करने की बात तूने निर्धारित की...। यह देख...। जिस लड़की से तू आधे से-अधिक जीवन के लिये संलग्न होगा उसकी भूमिका और भूतकालीन जीवन जान लेना आवश्यक नहीं लगता तूझे?'

'इसमें क्या जान लेने का है? पेड़ पर उमलने वाली पंखुड़ियां और फूलों के नियमों में परिवर्तन नहीं होता है।'

'एक ही आकाश की छाया में विकसित पखुंड़ियों और फूलों के निसर्ग नियम में फरक न चहारदीवारों हो तो भी प्रत्येक के अन्दर पत्नी तरुण लड़की की कहानी में फरक हो सकता है। प्रकाश, पहले सब ठीक से ध्यान देकर सुन। और फिर विचार कर। मेरा भूतकाल जितना चाहिए उतना अच्छा नहीं। मैं मामा के पास क्यों आई पता? मेरे चाचा के छल से परेशान होकर! पिता की जगह लेने वाले इस आदमी ने रिस्ता, उम्र और किसी की परवाह नहीं की। मेरी माँ चल बसी वक्त के तकाजे से नहीं।

वह चल बसी चाचा के कर्मों से परेशान होकर! होश आया तब कहीं माँ की आंखों से निर्जर बहती अश्रुओं का रहस्य मेरी समझ में आया। चाचा को पीने की लत थी। जनानी की लत थी। घर की पत्नी से उसका समाधान नहीं होता था। उसे भिन्न-भिन्न स्वाद लेने की लत पड़ी थी। एक बार नशे में माँ के आंचल में हाथ डालते हुए मैंने उसे देखा था। उस क्षण जीवन में विद्यमान अच्छाई पर से मेरी श्रद्धा खत्म हुई। माँ ने उसके पश्चात जो अनशन शुरु किया तो प्राण त्याग ने बाद ही अन्त हुआ। माँ का एकमेव सहारा टूट जाने के अनन्तर उस घर में मैं निराश्रित हुई। चाचा का ऐसा बर्ताव रोज झगड़े और नये तमाशे को निमंत्रण था। मनुष्य का एक बार पांव फिसला तो संभालना मुश्किल होता है। नीति-अनीति, अच्छा-बुरा और किसी का भी विचार करने की सुध नहीं रहती। कामान्ध चाचा ने एक दिन मुझे माँ का शिकार बनाया। रात का समय...। मैं नींद में थी तो मेरे बदन पर बोझ महसूस हुआ...। चौंक कर मैं जग गई। चाचा का वह उत्तेजित चेहरा...। कामुकता से भड़की विकृत नजर...। डर से शरीर सुन्न पड़ गया...। चिल्लाने को भी प्राण बाकी न था...। शरीर सिकुड़ जाता था। उतावले भालू की भांति वह शैतान मुझ अकेली को कैसे बस में होता?... परंतु अकस्मात् कहां से शक्ति मिली भगवान जाने। मेरी साड़ी फट जाने की परवाह न कर एक धक्का देकर ब्लाऊज (जनानी कुरती) के साथ ही बाहर आई...। बाथरूम (स्नानघर) में भागी..., अब भी वह प्रसंग याद आये कि रात में मैं हड़बड़ा कर उठती हूं। अकेली ही रोती रहती हूं। सौभाग्य से मेरा कौमार्य अक्षय रहा। परंतु वह घिनौना स्पर्श, वह उत्तेजित नजर। वह शैतानी दृश्य याद आया कि रोंगटे खड़े होते हैं...। दूसरे ही दिन मैंने मामा को तार भेज बुला लिया और वह घर छोड़ दिया...। मैंने सहे, देखे पहले ही आदमी का यह विकृत स्वरूप मन में घर कर गया है। पारिवारिक सुख की इच्छा ही मरी मेरी उसी क्षण। कली उमलने के पहले ही पंखुड़ी पंखुड़ी में जा चुकी ऐसी...।'

आशा का जार-जार रोना बस में न आ रहा था...। वह एकदम व्याकुल हुई। प्रकाश ने उसके कंधे पर थपथपाये सा किया।

'यह क्या, पगली जैसी...। देखो पहले आंखें पोछ। मेरा सुनती है क्या?..

'क्या सुनने के लिये बचा अब! आशा कैसी है तू फिर से सोच तू...।

'सारा विचार एक बार ही किया मैंने। सबकुछ भूल जा, देखो...।'

कैसी भूलू तू ही बता? बहुत कोशिश की मैंने...। यहां आने पर कितनी उलझ गई हूं मैं...। विचारों को उस कटु स्मृतियों के मार्ग की ओर जाने का मौका ही नहीं देती मैं। तो भी कभी लहर उफन आती है...। उस उफनती हुई लहर के साथ-साथ दूर फेंका हुआ अफसोस नजदीक आता है...।'

'अब इस के आगे आना नहीं... प्रकाश ने एकदम आशा का हाथ, हाथ में लिया।

'आशू, मैं वचन देता हूं तुझे...। मेरे इस स्पर्श में तेरा कटु भूतकाल भूला देने का सामर्थ्य है...। तू सिर्फ 'हां' कह...। तेरे सुख की तारिकाओं का आकाश मेरी मुट्ठी में है...। कृपया हां कह आशू...। प्लीज (कृपा कर के)...। आय लव यू (मैं तुझ से प्यार करता हूं)...। प्रकाश ने उसकी ठुड्डी ऊपर को की। उससे हां की उम्मीद कर अपनी नजर उसकी नजर में डूबा रखी। और आंसुओं से डबडबाई उसकी नजर में प्रीति का इन्द्रधनुष्य साकार होता देख उसने उसे सीने से लगाया। ढलते सूरज के प्रतिबिंब की साक्षी में उस का दीर्घ चुम्बन लेते समय उसके मन ने उसे साथ दी–

–आकाश मेरी बाजुओं के घेरे में है!

4
गौतम

मललसेकर/चंद्रशेखर

गौतम बुद्ध के बारे में कोई विस्तृत वर्णन अभी भी संभव नहीं है।

इस निबंध में दिया हुआ ब्योरा वह है जिसका सामान्यत: परम्परागत स्थविरवादियों ने स्वीकार किया और जो उनके ग्रंथों मुख्यत: पाली भाष्य, विशेषतर जातक निदानकथा और बुद्धवंश के भाष्य में भरा हुआ है।

चरित्र-विवरण विनयपिटक के महावग्ग और चुल्लवग्ग, बुद्धवंस और सुत्तपिटक के निकायों के विविध असम्बद्ध उद्धरणों में भी मिलते हैं।

इनके संदर्भ जहां-जहां उपयुक्त समझे गये, दिये गये हैं। उक्त अनेक बातों पर जब विवाद चलता है तो इनके सम्बन्ध में विविध दृष्टियों की ऊहापोह के लिये ओल्डन बर्ग, रिस डेविड्स (दोनों प्राध्यापक और) श्रीमती रिस डेविड्स, कर्न, इ. जे. टामस और अन्य पंडितों की कृतियों का संदर्भ दिया जाना चाहिये।

उसमें उल्लेखित व्यक्ति और स्थानों का अतिरिक्त ब्योरा क्रम के लिहाज से दर्ज किये गये निबंधों के संदर्भ के साथ प्राप्त हो सकता है।

गौतम पच्चीस बुद्धों में अन्तिम बुद्ध थे। वह शाक्य थे। (शाक्य कोशल नरेश के प्रत्यक्ष प्रजागण थे; बुद्ध अपने को कोशल कहते थे। (M ii, 124.)। वह कपिलवस्तु के मुख्य शासक शुद्धोदन और उसकी प्रधान रानी महामाया का बेटा था और गौतम गोत्र का था।

गर्भधारण करने के पहले वह (चेतना के रूप में) तुषित देवलोक में था। अपने अन्तिम भव में जन्म लेने के लिये अनुकूल समय की प्रतीक्षा कर रहा था। तब पांच अवलोकन करके उन्होंने अपने साथियों से विदा ली और पृथ्वी पर पधारे। अनेक आश्चर्यजनक और चमत्कारिक घटनायें उसके गर्भधारण करने और जन्म लेने के साथ घटी। आषाढ़ की पूर्णमासी में गर्भधारणा हुई। चंद्र अन्तराषाढ़ में था और महा माया का अपने पति के साथ कुछ सम्पर्क नहीं था। तथापि महामाया ने चमत्कारिक स्वप्न देखा कि शुभ्र हाथी के रूप में बोधिसत्व उसकी कुक्षि से कोख में प्रवेश करते हैं।

जब यह स्वप्न स्वप्न वेत्ता ब्राह्मणों को बताया जाता है तो वे भविष्यवाणी करते हैं कि उसे ऐसा पुत्र होगा जो चक्रवर्ति राजा बनेगा अथवा बुद्ध बनेगा।

महान सत्व के (शारीरिक) जन्म के पूर्वाभास में भूकंप आता है और बत्तीस लक्षणों का प्रादुर्भाव होता है। इनमें पहला लक्षण असीम, महान प्रकाश है जो दस सहस्त्र लोकों के हरेक कोने में फैलता है। हर व्यक्ति इसकी महिमा देखता है। इससे सारे नरकों (मानसिक दुखों) की आग भी शांत हो चुकी है। गर्भधारणा के दस मास के अनन्तर, वैशाख महीने मे माया देवदह में अपने माता-पिता को मिलना चाहती है। कपिलवस्तु से उधर जाते समय मार्ग में वह मनोरम लुम्बिनि वन को पार करती है, वहां टहलने का मना करती है; बड़े शालवृक्ष के पास जाती है और अपने हाथ में उसकी शाखा पकड़ती है; प्रसव पीड़ा शीघ्र आरंभ होती है, और जब दरबारी जन अलग हो जाते हैं, तो वह पर्दा अपने को चारों ओर लपेट कर खड़े-खड़े ही शीशु को जन्म देती है।

यह वैशाख पूर्णमासी का दिन था; चार महाब्रह्मा बालक का सुवर्णजाल में स्वागत करते हैं, और उसे धुलाने के लिए पानी के स्त्रोत आकाश से नीचे प्रवाहित होते हैं। बालक धरती के ऊपर खड़ा होता है, उत्तर दिशा की तरफ सात कदम, बढ़ाता है, और अपने सिंहनाद में गरजता है, "मैं संसार में प्रधान हूं।" उसी दिन अन्य सात रत्नों का जन्म हुआ था: बोधिवृक्ष, राहुलमाता, चार कोषागार, उसका हाथी, उसका अश्व कन्थक, उसका सारथी छन्न, और पुरोहित कालुदायी। बालक को उस के जन्म के दिन ही सुरक्षा से कपिलवस्तु में लौटाया गया है और सात दिन के अनन्तर उसकी माता का देहान्त होता है।

असित या कालदेवल ऋषि, हिमालय में साधना करते हुए तावतिंस देवों से बुद्ध के जन्म के बारे मे जानता है, उसी दिन शुद्धोधन से मिलता है और बालक का दर्शन करता है, जिसकी वे दोनों वंदना करते हैं। असित इस दुख से रोता है कि वह बालक जब बुद्ध बनेगा तब वह उसे देखने के लिए जीवित नहीं रहेगा, परंतु अपने भान्जे नाबालक (नारदत्त) को उस महान दिवस की तैयारी करने का आदेश देता है।

जन्म के बाद पांचवे दिन नामकरण संस्कार होता है। उत्सव के लिये राजभवन में एक सौ आठ ब्राह्मणों को निमंत्रित कराया है। उनमें से आठ-राम, ध्वज, लक्ष्मण, मन्त्री, कोण्डञ्ञ, भोज, सुयाम और सुदत्त शारीरिक लक्षणों के व्याख्याता हैं और कोण्डञ्ञ को छोड़ शेष सभी बालक के बारे में दो संभावनाओं की भविष्यवाणी करते हैं; परन्तु सब से अल्पवयस्क कोण्डञ्ञ निशंक होकर निर्णयात्मक रूप से कहता है कि वह बुद्ध बनेगा। इस संस्कार के समय बालक को दिये गये नाम का असल मे उल्लेख नहीं हुआ है, परन्तु अन्य उद्धरणों से यह अनुमान लगाया गया है कि वह "सिद्धार्थ" था।

बुद्ध के बालपन के बारे में बतलाई हुई अन्य घटनाओं में एक घटना यह भी है कि वह जामुन के वृक्ष के नीचे बैठकर प्रथम ध्यान को प्राप्त करता है। एक दिन वह हल चलाने के राजोत्सव में ले जाया जाता है, जहां स्वयं राजा शुद्धोधन अपने स्वर्णहल से किसानों के साथ हल चलाते हैं। सेविकायें उत्सव की खुशियों के आकर्षण में बालक को जामुन के वृक्ष के नीचे ही छोड़ जाती हैं। वे लौटती हैं तो वह ध्यान में पालथी मारकर बैठा हुआ मिलता है, वृक्ष की छाया स्थिर रहती है, मानो उसकी रक्षा करती हो। राजा को सूचित किया जाता है और वह अपने पुत्र की दूसरी बार वंदना करते हैं।

बोधिसत्व के बारे में विवरण है कि वह गृहस्थी में उनत्तीस वर्ष तक अत्यधिक अमन और विलासिता का जीवन सारे कल्पनीय आरामों से घिरे रहकर जीते रहे हैं। वे तीन महलों के स्वामी है–रम्म, सुरम्म, और सुम–जो तीन ऋतुओं के लिये होते हैं। बोधिसत्व जब सोलह वर्ष के होते हैं तब शुद्धोदन शाक्यों तक संदेशवाहक भेजते हैं, पूछते हैं कि उनके कन्याओं में से एक उस के पुत्र की पत्नी अनुमति हो; किन्तु शाक्य अपनी बेटियां भेजने के लिये अनिच्छुक होते हैं, क्योंकि, वे कहते हैं यद्यपि युवक सुंदर है, तथापि वह किसी भी कला को नहीं जानता कैसे फिर वह पत्नी का पालन पोषण कर सकेगा? जब यह समाचार राजकुमार को दिया जाता है, तो वे शाक्यों की परिषद बुलाते हैं और उसमें अपने विविध कमाल दिखाते हैं, उनमें प्रधान है वेध कौशल के कमाल जो बाण से प्रदर्शित किये जाते हैं, जिस के लिये एक सहस्त्र पुरुष बल की आवश्यकता होती है। शाक्य इतने प्रभावित हो जाते हैं कि प्रत्येक जन उनको कन्या भेजता है, ऐसी भेजी गई कन्याओं की कुल संख्या चालीस हजार हो जाती है। बोधिसत्व अपनी पट्टरानी के रूप में सुप्रबुद्ध की कन्या को निश्चित करते हैं, जो बाद में राहुल माता के नाम से जानी जाती है।

सामान्यत: स्वीकृत ब्योरे के अनुसार गौतम तब उनत्तीस वर्ष के होते हैं जब वे घटनायें घटती हैं जो अन्त में अभिनिष्क्रमन को ले जाती हैं। आठ ब्राह्मणों के भविष्यवाणी के परिणाम स्वरूप उनके पिता ने हर एक सावधानी बरती थी कि उनका बेटा बुढ़ापा, रोग या मृत्यु के किसी भी लक्षण को न देख पाये। परंतु देवता सोचते हैं कि बोधि का समय आया हुआ है, और वे गौतम के हृदय में उद्यान में जाने की कामना उत्पन्न करते हैं। मार्ग में देवता अन्तकाल के लक्षण वाले (बूढ़े) मनुष्य को उनके सामने प्रदर्शित करते हैं, और बोधिसत्व जब वापिस आ जाते हैं, तो उनमें अभिनिष्क्रमन की अभिलाषा भरी हुई होती है। राजा यह जानकर उन्हें और अधिक आकर्षणों से घेरते हैं। लेकिन अन्य दो दिन गौतम उद्यान में जाते हैं और देवता उसके सामने एक रोगी और मृतक व्यक्ति को दिखाते हैं। आषाढ़ के पूर्णिमा के दिन, जो दिवस महाअभिनिष्क्रमन के लिये नियुक्त होता है, गौतम भिक्षु को देखते हैं और अपने

सारथी से संन्यासी के जीवन की श्लाघा सुनते हैं। बहुत खुश होकर वे उद्यान में आनंद मनाने के लिये जाते हैं। शक्र उन्हें नहलाने और अलंकृत करने के लिये स्वयं विश्वकर्मा को भेजते हैं और गौतम जब अपनी सारी तेजस्वीता से शहर में लौटते हैं, तब वह अपने पुत्र के जन्म की खबर प्राप्त करते हैं। इस समाचार में दूरदर्शिता से बंधन को देख वे शीशु को राहुल कहलाने का निश्चय करते हैं। कृषा गौतमी गौतम को महल की ओर आते हुये देखती है और उनसे आसक्ति से भर जाती है, उनके लिये ऐसा गीत गाती है जिसमें निब्बुत शब्द विद्यमान होता है। इस शब्द का अर्थ (बुझ जाना, शांतस्थिति) उन में रोमांच लाता है और वे कृषा के लिये अपनी अमूल्य सुवर्ण कंठहार भेज देते हैं जो वह, प्रेम के प्रतीक के रूप में ग्रहण करती है। गौतम महल में प्रवेश करते हैं और सोते हैं। वे रात्रि के मध्य में उठते हैं तो अपने संगीतज्ञ स्त्रीयों को ऐसी भाव-भंगिमा में सोयी हुई पाते हैं कि जो उन्हें विरक्ति और सांसारिक जीवन की घृणा से भर देती है, और वह उन्हें छोड़ने का निश्चय करते हैं। वे छन्न को घोड़े की तमाम बांधने का आदेश देते हैं, और अपनी पत्नी के कमरे में माला और पुत्र के अन्तिम दर्शन के लिये प्रवेश करते हैं।

वे कन्थक घोड़े पर शहर से विदा होते हैं, छन्न उसकी पूछ से चिपक कर उनके साथ चला जाता है। देवता उस अश्व के खुरों और हिनहिनाने की ध्वनि को दबाते हैं और गौतम के जाने के लिये शहर का द्वार खोल देते हैं। मार नामक खलनायक गौतम के सामने प्रकट होता है और उसे रोकने की चेष्टा करता है। और सौगन्ध खाता है कि सात दिन के अन्दर वे चक्रवर्ति सम्राट होंगे। उसका प्रस्ताव ठुकराये जाने पर मार उनको सदा परछाई से चुनौती देता रहता है। शहर के बाहर (जहां बाद में कन्थक निवत्तन चेतीय खडा किया गया।), गौतम अपने अश्व को कपिलवस्तु का अन्तिम दर्शन कराने के लिये गोल-गोल पलटाते हैं। यह कहा जाता है कि पृथ्वी ही वस्तुतः घूम गई ताकि उनके लिये वैसा करना सरल हो। फिर देवताओं की संगति में, वह तीन जनपदों–शाक्य, कोलीय और मल्ल जनपदों में तीस लीग (360 कि०मी०) की यात्रा करते हैं, और उनका अश्व अनोमा नदी को एक छंलाग में पार करता है। दूसरे किनारे पर, गौतम अपने सारे अलंकार छन्न को देते हैं, और अपनी तलवार से केस और दाढ़ी बनाते हैं, और उन्हें हवा में फेंक देते हैं जहां, उन्हें शक्र ग्रहण करता है और तावतिंस में चूव्हामणिचेतिय में उन्हें प्रतिष्ठित करता है। घटिकार ब्रह्मा गौतम को भिक्षु की आठ आवश्यक चीजें प्रदान करता है, जो वे कर ग्रहण धारण करते हैं। तब वे छन्न और कन्थक को अपने पिता के पास लौटने को कहते हैं, किन्तु, कन्थक, हृदय के टूट जाने से उसी जगह शांत होता है और कन्थक शरीर त्याग कर देव पुत्र के रूप में फिर से जन्मता है।

अनोमा से बोधिसत्व अनुपिय के आम्रवन में जाते हैं, और वहां सात दिन बिताकर राजगृह की तीस लीग (360 कि०मी०) दूरी एक दिन में पैदल चलते

है और वहां अपने भिक्षाटन को आरंभ करते हैं। बिंबिसार नरेश के आदमी उन्हें देखकर, अपने राजा को यह खबर करते हैं, तो वे यह तपस्वी कौन है की पूछताछ करने के लिये गुप्तचर भिजवाते हैं। वे लोग गौतम का पाण्डव पर्वत के बाद तक पीछा करते हैं, जहां वे अपना आहार ग्रहण करते हैं, और जाकर राजा को समाचार देते हैं। बिम्बिसार राजा गौतम से मिलते हैं, और, उनके चाल-ढाल से प्रसन्न हो कर, अपनी सार्वभौमिकता में भागीदार होने का प्रस्ताव उनके सम्मुख रखते हैं। गौतम की गवेषणा के मकसद को मालूम कर उनसे बुद्धत्व के बाद सबसे पहले राजगृह में दर्शन देने के वचन को प्राप्त करते हैं। राजगृह की यात्रा कर, गौतम उचित अवसर पर आलार-कालाम के शिष्य बनते हैं। जो आलार कालाम को सिखाना था वह सब जानने और अमल में लाने के बाद वे उसे असन्तोषजनक पाते हैं और उद्दक-रामपुत्त के पास जाते हैं, परन्तु उद्दक की शिक्षा भी उन्हें विश्वास के योग्य नहीं लगती और वे उसे छोड़ देते हैं। तब वे उरूवेला के सेनानिगम में जाते हैं और वहां छः वर्षों में, सभी प्रकार के कठोर तपों का ऐसा अभ्यास करते हैं जैसा किसी मनुष्य ने उन्हें पहले कभी नहीं किया था। एक बार वे मूर्च्छित होकर गिरते हैं और देवता शुद्धोदन को संदेश देता है कि गौतम मर गये हैं। लेकिन शुद्धोदन कालदेवल की भविष्यवाणी पर निर्भर होकर, इस समाचार पर भरोसा करने से इंकार करते हैं। गौतम की माता, देवपुत्र के रूप में तांवसिस लोक में अब पैदा हुई होती हैं, जो उनके पास हिम्मत बढ़ाने के लिए आती है। उरूवेला में, पन्चवर्गीय भिक्षु उनके सहायक होते हैं, किन्तु अब चरम तप की निरर्थकता को जानकर वे उन्हें छोड़ने का निश्चय करते हैं, और फिर नियमित रूप से आहार को ग्रहण करना शुरू करते हैं; उस पर पंचवर्गीय भिक्षु, नाखुश होकर, उन्हें छोड़कर ऋषिपतन चले जाते हैं।

अजपाल के तले बैठे गौतम की सामान्य आहार की इच्छा सुजाता द्वारा उस वृक्ष को भेंट के लिये लाये गये दान से तृप्त होती है उस देवी ने उस वृक्ष से मन्नत मांगी थी, और उसकी इच्छा मंजूर हो जाने के बाद, वह अपनी सेविका, पूर्णा, को साथ लेकर अपने वचन को पूर्ण कराने हेतु वृक्ष के पास जाती है। वहां बैठे गौतम को वह वृक्ष देवता समझती हैं, मानो उसके क्षीर दान को ग्रहण करने के लिये वे वहां प्रत्यक्ष आये हुये हो; सुवर्णपात्र में प्रदान किया गया वे आनंदपूर्वक ग्रहण करते हैं। जो पिछली रात पांच स्वप्न उन्हें आये और गौतम को मनवाये कि वे उस दिन बुद्ध बनेंगे। वह वैशाख की पूर्णिमा का दिन है; वे नेरञ्जरा में सुपविट्ठ घाट पर नहाते हैं, आहार ग्रहण करते है और पात्र को जल स्रोत के ऊपर फेंकते हैं, जहां वह नागराज काल (महाकाल) के निवास स्थान में डूब जाता है।

शेष दिन गौतम शालवन में बिताते हैं और शाम को बोधिवृक्ष के पाद में जाते हैं, विविध दिव्यज्ञान उनके साथ होते हैं, वहां सोत्थीय नामक घास काटनेवाला उन्हें

आठ मुट्ठी घास देता है; जांच पड़ताल के बाद, गौतम उस पेड़ की पूर्वी दिशा की ओर बिछाते हैं, तो वहां वह चौदह हाथ लम्बा आसन बनता है, जिस पर वे पालथी मारकर बैठते हैं और दृढसंकल्प करते हैं कि बुद्धत्व को प्राप्त करने से पहले आसन से नहीं उठूंगा।

मार, कामलोकराज इस पूर्णता के निषेध का प्रण करता है और अपने अधीन की सारी शक्तियों के साथ गौतम पर आक्रमण करता है। उसकी फौज सामने, दाहिने और बांयें और पीछे चक्रवाल तक बारह लीग विस्तृत है, और उपर आकाश के अन्दर नौ लीग है। मार स्वयं बहुत से शस्त्रों को धारण करता है और ऐसे गिरिमेखल हाथी पर सवार होता है, जिसकी ऊंचाई एक सौ पचास लीग है। सारी दिव्यशक्तियां गौतम का स्वागत करने के लिये बोधिवृक्ष के पास इकट्ठा हुई। महाब्रह्मा, शक्र महाकाल नागराज पल भर में अदृश्य होकर गौतम को अकेले दस पारमिताओं के साथ छोड़ चले जाते हैं। पारमिताओं का अभ्यास गौतम ने दीर्घकाल तक किया हुआ होता है। यह उनकी एकमात्र ढाल होती है। भयंकर भूतप्रेत और आंधियों के माध्यम से उन्हें डराने के मार के सभी प्रयास विफल होते हैं, और अन्त में, मार उन पर जोर से चक्रायुध को फेंकता है। परंतु वह गौतम के ऊपर छत की भांति बना रहता है। साक्षात् पृथ्वी गौतम के बुद्ध हो जाने की योग्यता की गवाही धारण करती है, और गिरिमेखल उनके सामने झुक जाता है। मार पराजित बिना सोचे-विचारे व हड़बड़ी में अपनी विशाल सेना के साथ भाग जाता है। विविध दिव्य शक्तियां जो मार के आते ही भाग गईं थीं अब गौतम के पास वापस आईं और उस की विजय में उल्लसित हो गईं

गौतम वह रात गहरे ध्यान में बिताते हैं। प्रथम प्रहर में वह अपनी विमल स्मृति का अनुभव करते हैं; मध्य प्रहर में दिव्यचक्षु को प्राप्त करते हैं; अन्तिम प्रहर में वह प्रतीत्यसमुत्पाद के हेतुओं की श्रृंखला को मन में दोहराते हैं। जैसे ही वे इस पर प्रभुत्व प्राप्त करते हैं, वैसे ही पृथ्वी कांपती है और भोर के साथ बोधि जागती है। अब वे सम्बुद्ध बने हैं, और आनन्दोल्लास में (उदान) फुट पड़ते हैं।

प्रथम एक सप्ताह तक बुद्ध बोधिवृक्ष के नीचे रहकर प्रतीत्य समुत्पाद का ध्यान करते हैं। दूसरा हफ्ता वे अजपाल निग्रोध में बिताते हैं, वहां उन्हें हुहुण्क ब्राह्मण सम्बोधित करता है और मार की कन्यायें तण्हा, अरती और रागा, उनके सामने प्रकट होकर और उनकी दृढ़ता को झंझोड़ने का अन्तिम प्रयास करती हैं; तीसरा हफ्ता वे नागराज मुचलिन्द के फनों के तले बिताते हैं; चौथा हफ्ता राजायतन वृक्ष के नीचे ध्यान में बिताया जाता है; इस समय के अन्त में तपस्सु और भल्लिक के मतपरिवर्तन का किस्सा घटता है। वे बुद्ध और धर्म की शरण ग्रहण करते हैं, तथापि बुद्ध उन्हें कोई उपदेश नहीं देते हैं।

बुद्ध के मन में अब संशय है कि क्या वे अपने धर्म की संसार में घोषणा करेंगे या नहीं। क्योंकि धर्म समझने में बड़ा गहन है, ठोस है। ब्रह्म सहम्पति उनके सामने प्रकट होकर आश्वासन देता है कि उन्हें बहुत से लोग सुनने के लिये तैयार हैं और उनकी शिक्षा से लाभ लेने वाले हैं, और इस प्रकार वह उन्हें धर्म देशना की घोषणा करने हेतु प्रेरित करता है। बुद्ध उसकी प्रार्थना को स्वीकार कर और अपने निर्णय के अनन्तर धर्म को सारनाथ में सबसे पहले पंचवर्गीय संन्यासियों को सिखाने के दौरे पर निकल पड़ते हैं। बनारस जाने के मार्ग पर वे आजीवक उपक को मिलते हैं और उसे कहते हैं कि वे (बुद्ध) जीन है। उनके ऋषि पतन में आने पर, पंचवर्गीय संन्यासी पहले उनके तथागत होने के दावे को स्वीकार करने के अनिच्छुक होते हैं, लेकिन बाद में कायल बन जाते हैं और आषाढ़ की पूर्णिमा पर बुद्ध उन्हें धर्म चक्र प्रवर्तन सूत्र का उपदेश देते हैं। उपदेश के अन्त में कोण्डञ्ञ श्रोतापन्न होते हैं और वे सब भिक्षु शिष्य बनते हैं।

इस उपदेश के बाद अगले पांच दिनों में अनात्मलक्षण सूत्र का उपदेश दिया जाता है। उसे सुनकर सभी पांचों शिष्य अर्हन्त बनते हैं। अगले दिन बुद्ध यश से मिलते हैं व उसे बदलते हैं। यश के पिता जब उसे ढूंढने के लिये आते हैं, तो वह भी उनके शिष्य बन जाते हैं तथा त्रीशरणागमन ग्रहण करनेवालों में वह सबसे प्रथम है। यश भी अर्हन्त बनते हैं और दीक्षित होते हैं। बुद्ध उसके घर में भोजन ग्रहण करते हैं, और यश की माता और उनकी पूर्व पत्नीयों में से एक यानी कुल दो साधारण स्त्रियां बुद्ध की प्रथम शिष्यायें बनती हैं। फिर यश के चार मित्र और, उसके बाद और पचास जनसंघ में प्रवेश करते हैं और अर्हन्त बनते हैं। अब बुद्ध को मिलाकर कर साठ अर्हन्त होते हैं, जो धर्म प्रचार के लिये भिन्न-भिन्न दिशाओं में भेजे जाते हैं। वे संघ में प्रवेश पाने के इच्छुक अनेक उम्मिदवारों के साथ लौटते हैं, और "एहि भिक्खू" के सूत्र से दीक्षित करने वाले बुद्ध अब स्वयं भिक्षुओं को भी उपसम्पदा का संस्कार करने की अनुमति देते हैं।

बनारस में वर्षावास बिताने के अनन्तर, बुद्ध उरूवेला में सेनानिगम को लौटते हैं, रास्ते में तीस भद्रवर्गीयों का मतपरिवर्तन उन्हें दीक्षित करते हैं। उरूवेला में तीन हज़ार पांच सौ चमत्कार के प्रदर्शन के बाद, बुद्ध तीन कस्सप भाईयों को (तेभातिक जटिला) उनके सहस्त्र अनुयायियों के साथ जीतते हैं और उन्हें दीक्षित करते हैं।

गयाशीर्ष में देशित आदित्य-परियाय सूत्र को सुनकर वे अर्हन्त बनते हैं; इन अनुयायियों के साथ वे राजगृह जाते हैं, वहां राजा श्रेणीय बिंबिसार उन्हें देखने लठ्टीवनुय्यान में आते हैं। अगले दिन बुद्ध और भिक्षु महल में जाते हैं। शक्र एक युवक के रूप में छद्म-वेश में बुद्ध की स्तुति करते हुये आगे चलता है। भोजन के बाद, राजा बुद्ध और संघ को वेलुवन भेंट करते हैं। बुद्ध राजगृह में दो माह तक ठहरते

हैं, और यही सारिपुत्र और मौदगल्यायन अश्वजित के माध्यम से संघ में मिलते हैं। धर्म बदलने वालों की संख्या अब तेजी से बढ़ती है, और मगध के लोग, पुत्रविहीन और विधवा आदि हो जाने के संत्रास से बुद्ध और भिक्षुओं की गर्हा करते हैं। बुद्ध, तथापि, आरोपों का खंडन करते हैं।

फाल्गुण (फरवरी, मार्च) की पूर्णिमा के दिन बुद्ध, बीस हजार भिक्षुओं के साथ, अपने पिता की इंगित प्रार्थना पर, जो कालुदायी के माध्यम से पहुंचती है, कपिलवस्तु को रवाना होते हैं। धीमे-धीमे बढ़ते चरणों से वह शहर में पहुंचते है, वहां के निग्रोधाराम में ठहरते हैं, और अपने गर्वीले सम्बन्धियों को अपने बल से कायल करने के अभिप्राय से यमक प्रातिहार्य का प्रदर्शन करते हैं और फिर वेस्सन्तर जातक का विवरण कर देते हैं। अगले दिन, भोजन के लिये निमंत्रण न पाकर, बुद्ध शहर की सड़कों पर भिक्षा मांगते हैं; यह शुद्धोदन को व्यथित करता है, परंतु बाद में वह जानता है कि यह सारे बुद्धों की प्रथा है, वह श्रोतापन्न होते हैं और बुद्ध और भिक्षुओं का भोजन महल में करने का प्रबंध करते हैं। वहां महल की सारी देवियां, केवल राहुलमाता के अपवाद स्वरूप, आती हैं, और बुद्ध का आदर करती हैं। महाप्रजापति श्रोतापन्न बनती है और शुद्धोदन सकदागामी बनते हैं। बुद्ध राहुलमाता को उसके अपने कमरे में मिलते हैं और चन्दकिन्नर जातक में उसकी प्रशंसा करते हैं। अगले दिन बुद्ध अपने अर्धभ्राता नन्द को विहार में आने के लिये राजी करते हैं। वहां वे उसे दीक्षा देते हैं और, सातवें दिन, वे राहुल के साथ वही करते हैं। यह शुद्धोदन के लिए अपेक्षा से अधिक प्रहार होता है, और उनकी प्रार्थना पर नियम बनाते हैं कि माता-पिता की अनुमति के शिवाय कोई व्यक्ति उपसम्पदित नहीं बनाया जायेगा। अगले दिन बुद्ध शुद्धोदन को उपदेश देते हैं, वह अनागामी बनते हैं। बुद्ध के कपिलवस्तु के दर्शन के समय अस्सी हजार शाक्य संघ में शामिल होते हैं, प्रत्येक परिवार से एक युवक दीक्षित होता है। इनके साथ वे राजगृह में वापिस आते हैं, मार्ग में अनुपिय में रुकते हैं, वहां अनुरूद्ध, भद्दिय, आनन्द, भृगु, किम्बिल और देवदत्त, अपने भाई उपालि के साथ उन्हें मिलते हैं और उपसम्पदा प्राप्त करते हैं।

राजगृह लौटने पर बुद्ध सीतवन में रहते हैं। वहां सुदत्त, जो बाद में अनाथपिण्डक के रूप में जाने जाते हैं, उन्हें मिलते हैं, अपना मतपरिवर्तन करते है, और बुद्ध को वह श्रावस्ती में बुलाते हैं। बुद्ध निमंत्रण को स्वीकार करते हैं और वैशाली से श्रावस्ती तक यात्रा करते हैं, वहां वर्षावास करते हैं। अनाथपिण्डिक जेतवन का दान देते हैं, जिसमें हर जरूरत का इंतजाम होता है, जो बुद्ध, और भिक्षुओं के निवास स्थान के लिए होता है। सम्भवत: इस समयावधि में मिगार का मतपरिवर्तन होता है, वह विशाखा का श्वशुर है, और विशाखा द्वारा इसी समय श्रावस्ती में पूर्वाराम

की रचना होती है। चौथे वर्ष का वर्षावास बुद्ध वेलुवन में बिताते हैं, वहां वे उग्रसेन का मतपरिवर्तन करते हैं। पांचवें साल में शुद्धोदन का देहान्त होता है, तब वे अर्हन्त पद को प्राप्त हुये होते हैं, और बुद्ध वैशाली के कूटागारशाला से, जहां वे ठहरे थे, अपने पिता की मृत्युशय्या में उन्हें उपदेश देने के लिए वायु से उड़ते हैं। एक विवरण के अनुसार इसी समय यह होता है कि शाक्यों और कोलियों में रोहिणी नदी के जल के सिंचन के सम्बन्ध में संघर्ष छिड़ता है। बुद्ध उन्हें शांति बनाने के लिये कायल बनाते हैं और निग्रोधाराम में अपना निवास करते हैं। महाप्रजापति गौतमी, अन्य शाक्य देवियों के साथ उन्हें वहां मिलती हैं और पूछती हैं कि संघ में शामिल होने की अनुमति हो। तीन बार प्रार्थना की जाती है, तीन बार वह अस्वीकृत की जाती है, बुद्ध तब वैशाली लौटते हैं। देवियां अपने केस कटाती हैं, पीत वस्त्र परिधान करती हैं और उनका अनुसरण करती हैं। आनंद उनकी ओर से अनुनय करते हैं और उनकी प्रार्थना कबूल की जाती है।

छठवें वर्ष में बुद्ध फिर यमकप्रातिहार्य का प्रदर्शन करते हैं, यह प्रदर्शन श्रावस्ती में गण्डम्ब वृक्ष के नीचे होता है। इससे पहले, बुद्ध ने चमत्कारिक शक्तियों के किसी प्रदर्शन का निषेध किया था, परन्तु स्वयं अपने विषय में वे अपवाद थे।

वे मण्कुलपर्वत में वर्षावास करते हैं। चमत्कार का प्रदर्शन करने के बाद वे सारे बुद्धों की प्रथा का अनुगमन करते हैं और तीन लम्बे डग में तावतिंस का आरोहण करते हैं, वहां अपनी माँ को (जो वहां देवता के रूप में पैदा हुई थी), अभिधर्म का उपदेश देते हैं। और वहां वे सात वर्षावास बिताते हैं। श्रावस्ती के यमकप्रातिहार्य पर जमी हुई भीड़ उनके दिखाई देने तक जाने को इंकार करते हैं। तीन महीनों तक, इसलिये मोगल्लान उन्हें धर्म को समझाते हैं, तब चुल्ल अनाथ पिण्डिक उनके आहार का इन्तजाम करते हैं। अभिधर्म के उपदेश के समय, सारिपुत्र बुद्ध से रोज मिलते हैं और पूर्ववर्ती दिन में वर्णित सभी बातों को सीखते हैं। वर्षावास के अन्त में, बुद्ध रत्नजडित जीने से उतरते हैं और सण्कस्स में पृथ्वीतल पर आते हैं, वह श्रावस्ती से तीस लीग है। लगभग इसी समय, जब बुद्ध की प्रसिद्धि अपने उच्चतम बिंदु पर थी, कि कुचरित्रा चिन्चा माणविका को विरोधी मत के लोग बुद्ध के विरुद्ध अनैतिक दोषारोपण लगाने के लिये भेजते हैं। एक उसी प्रकार की कहानी सुन्दरी नामक परिव्राजिका के बारे में भी बताई जाती है, वह शायद बाद के समय का जिक्र करती है।

आठवां वर्ष बुद्ध भग्गियों के देश में बिताते है और वहां, सुंसुमारगिरि के समीप भेसकलावन में ठहरते समय, वे नकुलपिता और उसकी पत्नी से मिलते हैं, जो उनके पिछले पांच सौ जन्मों में माता पिता रहे थे।

नौवें वर्ष में बुद्ध कोसम्बी में होते हैं। जब वे कुरू देश की यात्रा पर होते हैं, तब उन्हें विवाह के लिये मागन्दिय ब्राह्मण की सुंदर मागन्दिय कन्या भेंट की जाती

है। इस भेंट की अस्वीकृति, जिसके साथ शारीरिक सौंदर्य के बारे में अपमानजनक टिप्पणी होती है, मागन्दिया के अन्दर वैर भावना जगाती है, वह उस समय के बाद से बुद्ध के प्रति दिल में वैर संजोये रखती है।

दसवें वर्ष में कोसम्बी के भिक्षुओं में विवाद उत्पन्न होता है, जो भिक्षुसंघ के अस्तित्व के लिये चेतावनी होता है। बुद्ध भी चुनौती देने वालों में मेलमिलाप करने के प्रयास में विफल होते हैं, और जुगुप्सा में पारिलेय्यक वन में लौटते हैं। वे रास्ते में बालकलोणकारगाम और पाचीनवंसदाय से गुजरते हैं। वन में वे झुंड को छोड़े हुए एक मित्रवत हाथी से, संरक्षित और अनुचरित होते हैं। बुद्ध वहां वर्षावास बिताते हैं और श्रावस्ती में लौटते हैं। इस समय कोसम्बी के भिक्षु अपने विवेक संभल गये होते हैं और बुद्ध से क्षमा मांगते हैं। क्षमा मंजूर होने के बाद विवाद मिट जाता है।

ग्यारहवें वर्ष में बुद्ध एकनाला ब्राह्मण गांव में रहते हैं और काशि-भारद्वाज का मतपरिवर्तन करते हैं। बारहवां वर्ष वे वेरञ्जा में बिताते हैं, वहां ब्राह्मण वेरञ्ज के अनुरोध पर वर्षावास रखते हैं। परंतु वेरञ्जा अपना दायित्व, भूल जाता है; अकाल पड़ता है, और पांच सौ अश्व-व्यापारी भिक्षुओं के आहार का संभरण करते हैं। मोग्गल्लान का चमत्कारिक शक्ति से आहार प्राप्त करने का प्रस्ताव हतोत्साहित किया जाता है। तेरहवां वर्षावास चालिकपर्वत पर रखा जाता है, वहां मेघिय बुद्ध का व्यक्तिगत अनुचर होता है। चौदहवां साल श्रावस्ती में बिताया जाता है, और वहां राहुल को उपसम्पदा की दीक्षा प्राप्त होती है।

पन्द्रहवें वर्ष में बुद्ध फिर कपिलवस्तु में जाते हैं, और वहां उनका श्वशुर सुप्रबुद्ध नशे के दौर में बुद्ध को रास्ते से गुजरने नहीं देता। सात दिन के अनन्तर पृथ्वी उसके महल के पाद में उसे निगल जाती है।

सोलहवें वर्ष की प्रमुख घटना, बुद्ध द्वारा आलवी में व्यतीत करने और आलवक यक्ष का मतपरिवर्तन करने की है। सत्रहवें वर्ष में बुद्ध श्रावस्ती में लौटते हैं, लेकिन एक गरीब किसान की अनुकम्पा में, जो उनका प्रवचन सुनकर श्रोतापन्न होता है, बुद्ध आलवी की ओर जाते हैं। और राजगृह में वर्षावास बिताते है। अगले वर्ष वे फिर गरीब बुनकर की कन्या के लिये जेतवन से आलवी में जाते हैं। उसने तीन साल पहले मरणानुस्मृति की वांछनीयता पर प्रवचन देते हुये बुद्ध को सुना था। अकेले उसने उनकी चेतावनी पर ध्यान दिया था। और बुद्ध जब उसके निकट भविष्य के मरण के बारे में जानते हैं, तो उसे उपदेश देने और श्रोतापत्तिफल में स्थापना करने के लिये तीस लीग की पैदल यात्रा करते हैं।

इस वर्ष का वर्षावास और उन्नीसवें वर्ष का वर्षावास भी चालिक पर्वत में बिताया गया। बीसवें वर्ष में डाकू अंगुलीमाल का चमत्कारिक मत परिवर्तन होता है। वह अर्हन्त बनता है और उसके बाद तुरंत ही मर जाता है। उसी वर्ष में आनंद बुद्ध

का स्थायी अनुचर नियुक्त होते हैं, यह प्रतिष्ठा पद वे बुद्ध के आयुष्य के अन्त तक यानी बाद के 25 वर्ष तक धारण करते हैं। बीसवां वर्षावास राजगृह में बिताया जाता है।

हमारे वर्तमान ज्ञान से बुद्ध जीवन के शेष पच्चीस वर्ष का किसी प्रकार से तिथिनिर्धारण करना असंभव है। अट्ठकथायें स्पष्ट कहती हैं कि वे श्रावस्ती के जेतवन और पूर्वाराम विहारों में बिताये गये थे। यह, सम्भवतः इतना ही संकेत देता है कि वर्षावास वहां बिताये गये थे और वे बुद्ध के प्रधान कार्यक्षेत्र बन गये थे। वहां से वे विविध क्षेत्रों में हर साल शुष्क ऋतु में जाते थे। इन यात्राओं में उन्होंने जिन स्थानों की भेट दी, वे निम्नप्रकार हैं; अग्गालवचेतिय, अनोतत्त, अन्धकविन्द, अम्बपालिवन, अम्बलट्ठिका, अम्बसण्डा, अस्सपुर, आपण, इच्छा नणगल, उक्कट्ठा (सुभगवन), उक्काचेला, उग्गनगर, उजुञ्त्रा (कण्णकत्थक मृगदाय वन), कोलिय की उत्तर, उत्तरका, उत्तरकुरू, उरूवेलकप्प, उलुम्प, एकनाला, ओपसाद, कक्करपत्त, कजणगला (मुखेलुवन), कम्मास्सधम्म, कलन्दकनिवाप (बनारस के पास), किम्बिला, कीटागिरि, कुण्डधानवन (कुण्डकोलि के पास), केसपुन्त, कोटिगाम, कोसम्बी (घोसिताराम और बदरिकाराम), खानुमत, खोमदुस्स, गोसिंगसालवन, चण्डलकप्प, चम्पा (गग्गरा), चातुम, चेतियगिरि- (वैशालि में), जीवकम्बवन (राजगृह में), तपोदाराम, निन्दुक्खानु (परिब्बाजकाराम), तोदेय्य, थुल्लकोट्ठित, दक्खिणा गिरि, दण्डकप्प, देवदह, देसक- (सुम्भ देश में), नगरक, नगरविन्द, नादिका (गिञ्जकावसथ), नालन्दा (पावारिक आम्रवन), नाव्ठकपान (पलासवन), पङ्कधा, पञ्चसाला, पाटिकाराम, बेलुव, ब्रह्मलोक, भद्दवती, भद्दिय (जातियावन), भगनगर (आनन्द चेतिय), मणिनालक चेतिय, मनसाकट, मातुला, मिथिला (मरवादेव आम्र वन), मेदतलुम्प, मोरणिवाप, रम्मक का आश्रम, लट्ठिवन, विदेह, वेधञ्ञ-अम्बवन, वेनागपुर, वेरन्जा, वेकुन्दार, वेसालि (वहां के विविध तीर्थ भी, उदेन चेतिय, गोतम चेतिय, चापल चेतिय, बहुपुत्तक चेतिय, सत्तम्बचेतिय, सारन्दद चेतिय), सक्कर, सज्जनेल, सललागारक- (श्रावस्ती में), साकेत (अन्जनवन), सामगाम, सालवतिका, साला, सिंसपावन, सिलावती, सीतवन, सुकरखतलेन, सेतव्या, हत्थिगाम, हलिदवस्सन और हिमालय के क्षेत्र।

बुद्ध के आयुष्य के अन्तिम वर्ष का कमाधिक निरंतर ब्योरा है। यह तीन सुत्रों में भरा हुआ है; महापरिनिब्बाण, महासुदस्सन और जनवसभ सूत्र। ये अलग-अलग भाषण नहीं है बल्कि एक-दूसरे के साथ घनिष्ठ रूप से जुड़े हुए हैं। इन सुत्रों में वर्णित घटनाओं के पहले की एकमात्र घटना जो किसी असंदिग्धता के साथ निर्धारित की जा सकती है बुद्ध के श्रद्धावान संरक्षक और समर्थक बिंबिसार की मृत्यु है, जो बुद्ध के परिनिर्वाण के आठ वर्ष पहले हुई थी। यही समय था कि

देवदत्त अपने लिये संघ के अन्दर प्रधानता का पद प्राप्त करने का प्रयास कर रहा था, और इस प्रयास में विफल होकर बुद्ध का जीवनभर का शत्रु बना था। अजात शत्रु का सहयोग प्राप्त करके, वह कई प्रकार से बुद्ध की हत्या करने की कोशिश करता रहा। बुद्ध की हत्या करने के लिये राजा के तीरन्दाजों को घूस दी गई थी, लेकिन बुद्ध के व्यक्तित्व से वे जीत लिये गये और उन्होंने अपने इरादे कबूल किये थे। तब देवदत्त ने गृध्रकूट पहाड़ी की छत में टहल रहे में बुद्ध के ऊपर बड़े पत्थर की चट्टान को जोर से फेंक दिया था। चट्टान दो चोटियों में रुक गई थी, परन्तु उसके टुकड़े बुद्ध के चरण को लगे और उस से खून बहने लगा; उन्हें इतनी पीड़ा हुई कि वहोसे उन्हें मद्‌दकुच्छि उद्यान ले जाना पड़ा, वहां उनके घावों की मलहम पट्टी जीवक ने की। रक्षा का इन्तजाम करने की भिक्षुओं की इच्छा थी, लेकिन बुद्ध ने उनको याद दिलाया कि किसी भी आदमी में तथागत का जीवन छीन लेने की शक्ति नहीं है।

देवदत्त अगली बार राजा के महावतों को उग्र अम्बिलसुरा से उन्मत्त व हाथी नालागिरी को बुद्ध के भिक्षाटन के मार्गपर स्वच्छंद छोड़ने के लिये घूस देता है। बुद्ध को इसकी चेतावनी दी गई थी किन्तु उन्होंने उसकी उपेक्षा की, और जब हाथी प्रकट हुआ, तब आनंद ने बुद्ध के सख्त आदेश के विरूद्ध, अपने को उसके मार्ग में फेंक दिया था, और जमीन को मोड़ना केएकमात्र ऋद्धिबल के प्रयोग से था, बुद्ध ने स्वयं को और अनंद को भी बचाया था। ज्योंहि हाथी पहुंचा, बुद्ध ने उसे सम्बोधित किया, उसे अपनी असीम मैत्री से पूर्णतया व्याप्त शांत होने दिया।

बुद्ध को मारने के ये प्रयास विफल हो जाने पर, देवदत्त अन्य तीन जनों के साथ संघ में फुट निर्माण करने का निश्चय करता है और बुद्ध से पूछता है कि पांच नियमों की स्थापना की जानी चाहिए, जिन से भिक्षु अभी तक और अधिक कठोर जीवन व्यतीत करने के लिये मजबूर होंगे। जब इस निवेदन का इंकार किया जाता है, तब देवदत्त अभी अभी उपसम्पदित हुये पांच सौ भिक्षुओं को वैशाली छोड़ने और गयाशीर्ष में, जहां वह बुद्ध के संघ के समान एक संगठन बनाना चाहता था, रहने के लिये कायल करता है। परन्तु बुद्ध के अनुरोध पर सारिपुत्र और मौदगल्यायन उन भिक्षुओं से मिलते हैं; सारिपुत्र उन्हें उपदेश करते हैं और वे वापिस आने के लिये राजी कर लिये जाते हैं। जब देवदत्त को इसका पता लगता है, तब वह गरम खून वमित करता है और नौ महीने तक अस्वस्थ रहता है। जब उसका अन्तकाल समीप आता है, तब वह बुद्ध का दर्शन करना चाहता है, परन्तु जेतवन आते समय मार्ग में उसका देहान्त होता है—जहां वह कूड़े करकट में गिर कर अवीचि में उत्पन्न होता है।

राजगृह के समीप, गृध्रकूट से बुद्ध अपनी अन्तिम यात्रा का प्रारंभ करते हैं। उनके विदा होने के ठीक पहले उन्हें वर्षाकार मिलता है, और वज्जियों के बारे

में चर्चा होती है; और बुद्ध वर्षाकार और भिक्षुओं को समृद्धि की ओर ले जाने वाली स्थितियों के बारे में उपदेश देते हैं। बुद्ध भिक्षुओं के बड़े जमघट के साथ अम्बलट्ठिक जाते हैं और वहां से नालन्दा को। वहां सारिपुत्र अपनी बुद्ध श्रद्धा का सीहनाद में उच्चारण करते हैं। बुद्ध फिर पाटलीग्राम जाते हैं, वहां वे ग्रामवासियों से दु:शीलता के दुर्विपाक और सुशीलता के लाभों पर बोलते हैं। वे पाटलीपुत्र के भावी महत्ता के बारे में भविष्यवाणी करते हैं और तब, गौतमद्वार से निकल कर गौतमतिर्थ से गंगा नदी को पार करते हुए वे कोटिग्राम जाते हैं और वहां से ञाटिका। वहां वे आनन्द को धम्मादाय का सूत्र प्रदान करते हैं, जिसके द्वारा शिष्यों के पुनर्जन्म जाने जा सकते थे। ञातिका से वे वैशाली जाते हैं, वहां अम्बपालि कंचनी के सार्वजनकि उद्यान में ठहरते हैं। दूसरे दिन वे अम्रपालि से आहार ग्रहण करते हैं और लिच्छावियों से इंकार करते हैं; आम्रपालि बुद्ध और भिक्षुओं के लिए अपने सार्वजनिक उद्यान की भेंट प्रदान करती है। बुद्ध बेलुवा तक पर्यटन करते हैं, वहां वर्षावास बिताते हैं, तथापि भिक्षु वैशाली में रहते हैं। बेलुवा में वे गम्भीर रूप से बिमार पड़ते हैं किन्तु बड़ी दृढ़ता के साथ वे अपनी बिमारी से लड़ते हैं। वे आनंद को कहते हैं कि उनका जीवन मार्ग समाप्त हुआ है, जब उनका देहान्त हो जाय तो संघ को स्वयं अपने आप को संभालना होगा, एकमात्र धर्म ही उनका शरणग्रहण का आश्रय होगा, और समाधीभावना के चार विषयों का स्पष्टिकरण कर के अपनी बात समाप्त करते हैं। अगले दिन वे वैशाली में भिक्षाटन करते हैं और, आनंद के साथ चापाल-चेतिय को जाते हैं। वहां वे आनंद को कल्प के अन्त तक जीवित रहने के बारे में पूछने का मौका प्रदान करते हैं, परंतु यह इशारा समझने में आनन्द को अपयश मिलता है। उसके तुरंत बाद मार बुद्ध से मिलता है और आश्वासन प्राप्त करता है कि बुद्ध का निर्वाण तीन महीने के भीतर होगा। भूकंप आता है, और आनंद के प्रश्नों के उत्तर में बुद्ध उन्हें भूकंप के सात कारणों का स्पष्टिकरण करते हैं। इसके बाद आठ परिषदों की तालिकाओं, व पूर्ण नियंत्रण की आठ सीढियों का उल्लेख करते हैं। फिर आनंद के लिये मार के साथ हुआ अपना संभाषण दोहराते हैं, और आनंद अब बुद्ध से उनकी आयुष्य अवधि बढाने के लिये अनुरोध करते हैं, परंतु उनको कहा जाता है कि यह अब अपेक्षा से अधिक देर बाद है, क्योंकि जो तीन चार मौके उन्हें दिये जा चुके थे, उनका लाभ उठाने में वे अपयशी हुये थे। भिक्षु वैशाली में पूजाभवन में एकत्र हो जाते हैं और बुद्ध उन्हें अपने सिखाये

हुये

धर्म के अभ्यास के लिये प्रोत्साहित करते हैं, इस का अभिप्राय धार्मिक जीवन लम्बे अर्से तक बनाये रखना होता है। वे फिर अपने आसन्न मृत्यु की घोषणा करते हैं।

अगले दिन, वैशाली से लौटकर, वे अन्तिम दर्शन के लिये शहर का अवलोकन करते हैं और भण्डग्राम में जाते हैं; (अट्ठकथाओं के अनुसार, बेलुवा में बिताये वर्षावास के बाद बुद्ध वापिस जेतवन जाते हैं, वहां वे सारिपुत्र को दर्शन देकर वे नालकगांव में अपने परिनिर्वाण की तैयारी करते हैं। जेतवन से बुद्ध राजगृह गये थे, वहां मोदगल्यायन की मृत्यु हुई थी। वहां से वे उक्काचेला गये थे, वहां अपने दो प्रधान शिष्यों की स्तुति की। उक्काचेला से वे वैशाली आये और वहां से भण्डग्राम गये। राहुल का भी परिनिर्वाण बुद्ध के पहले हुआ था। वहां वे चार बातों पर प्रवचन देते हैं जिनको समझने से पुनर्जन्म का उच्छेद होता है–सदाचार, भावनानिष्ठता, प्रज्ञा और मोक्ष ही वे चार बाते हैं।

वे फिर हत्थिग्राम, अम्बग्राम और जम्बग्राम के गांवों से गुजरते हैं, और भोगनगर में आनंदचेतिय में ठहरते हैं। वहां वे भिक्षुओं को चार महा प्रदेशों के बारे में सम्बोधित करते हैं, उनके संदर्भ के द्वारा सही धर्म का निर्धारण किया जा सकता है। भोगनगर से बुद्ध पावा जाते हैं, और चुन्द सोनार के आम्रवन में ठहरते हैं। चुन्द उन्हें सूकरमद्दव का भोजन खिलाते हैं। अकेले बुद्ध ही सूकरमद्दव का थोड़ा अंश ग्रहण करते हैं, अवशेष दफनाया जाता है। यह बुद्ध का अन्तिम भोजन होता है; उन्हें तेज बुखार चढ़ता है, खून बहता है और अत्यधिक घातक तकलीफ होती हैं, परंतु बुद्ध उनको नियंत्रित करते हैं और कुसीनारा की यात्रा आरंभ करते हैं। मार्ग में उन्हें पेड़ के नीचे बैठना पड़ता है। आनंद उन्हें ककुट्ठा श्रोत से पीने के लिये पानी ले आते हैं, हालांकि उस में से फिलाल ही पांच सौ गाड़ियां गुजरी हुई थीं। लेकिन बुद्ध के बल से जल पूर्णतया निर्मल होता है। यहां बुद्ध को पुक्कुस मल्ल मिलता है, वह मतान्तरित हो जाता है और बुद्ध के लिये सुवर्ण के रंग के चीवर की एक जोड़ी प्रदान करता है। बुद्ध उसे पहनते हैं और आनंद बुद्ध के शरीर की आश्चर्यकारक उज्वलता और चमक ध्यान से देखते हैं। बुद्ध उनको कहते हैं कि बुद्ध की काया बोधि प्राप्ति के पहली रात्रि में और परिनिर्वाण की रात में इस रंग को प्राप्त करती है, और वे उस रात कुसीनारा में परिनिर्वाण को प्राप्त होंगे। वे ककुट्ठा में जाते है, वहां नहाते हैं और पानी पीते हैं और आम्रवन में विश्राम करते हैं। वहां वे आनन्द को आदेश देते हैं कि उसने बुद्ध को प्रदान किये गये चुन्द को किसी प्रकार का पश्चाताप होगा तो उसे हटाने के लिये कदम उठाने पड़ेंगे।

ककुट्ठा से बुद्ध हिरण्यवती को पार कर कुसिनारा के उपवत्तनशालवन में आते हैं। वहां आनन्द उनके लिए बिछाना बनाते हैं, सिर उत्तर की तरफ होता है। सारे वृक्ष पुलकित हो जाते हैं और पुष्पों से बुद्ध का शरीर आच्छादित हो जाता है। दिव्य मन्दारव पुष्प और चन्दनचूर्ण आकाश से गिरते हैं और दिव्य संगीत और गायन वायु में बजते हैं। परन्तु बुद्ध कहते हैं कि उनका महत्तर आदर उनकी शिक्षा के पालन करने से ही होगा।

दस सहस्त्र लोक धातु के देवता बुद्ध को अपना अन्तिम नमस्कार करने के लिये एकत्रित हो जाते हैं, और उनकी दृष्टियों में बाधक पंखा झलने वाले उपवन को हटने के लिए कहा जाता है।

आनंद कुछ मुद्दों पर अपना संदेह मिटाने हेतु आदेश चाहते हैं, उसमें एक मुद्दा है कि बुद्ध का अन्तिम संस्कार कैसे किया जाना चाहिए? वे फिर बाहर चले जाते हैं, और आंसुओं में डूब जाते हैं; बुद्ध उनको बुलावा भेजते हैं, और सांत्वना देते हैं और उनकी प्रशंसा करते हैं। आनंद बुद्ध को कीचड़ और बाधाओं वाले कुसिनारा ग्राम में परिनिर्वाण न पाने के लिये राजी कराने की कोशिश करते हैं, परन्तु बुद्ध उन्हें बताते हैं कि कैसे वह गांव एक समय शक्तिशाली कुसावती थी और महासुदर्शन की राजधानी थी।

कुसिनारा के मल्लों को सूचना दी जाती है कि बुद्ध रात्रि के तीसरे प्रहर में अन्तिम सांस लेंगे, और वे अपने परिवार के साथ अपनी आदरांजलि भेंट करने के लिये आते हैं। सुभद्र परिव्राजक बुद्ध के दर्शन के लिये आता है, और उसे अन्दर आने से रोकने वाले आनन्द की बातें बुद्ध, संयोग से सुन लेने पर, उसे अन्दर बुलाते हैं और उसका मतान्तर करते हैं। विनय के थोड़े गौण नियमों पर आदेश दिया जाता है, उसमें छन्न को संघ से बहिष्कृत करने का आदेश समाविष्ट है। बुद्ध अन्ततः एकत्रित हुये भिक्षुओं से संदेह हो तो पूछने के लिए कहते हैं। सभी शांत होते हैं और आनन्द अपने विस्मय को व्यक्त करते हैं, लेकिन बुद्ध उनको बताते हैं कि यह स्वाभाविक है कि भिक्षुओं में कोई भी संदेह न हो। फिर भिक्षुओं को अन्तिम बार सम्बोधित करते हुए वे उन्हें इन शब्दों में चेतावनी देते हैं; सर्व संस्कृत वस्तुओं में क्षय निहित है; अपने लक्ष्य को मेहनत से साधो, ये बुद्ध के अंतिम शब्द थे। समाधि के अगली और पिछली विविध अवस्थाओं में से गुजर कर, वे परिनिर्वाण को प्राप्त होते हैं। वहां महान भूकंप होता है और डरावनी गर्जना होती है, और ब्रह्मा सहम्पति, देवराज शक्र, अनुरूद्ध और आनंद गाथाओं का उच्चारण करते हैं, हर एक जन अपने मन की उच्चतम भावना को घोषित करता है। यह वैशाख माह की पूर्णिमा का दिन होता है और बुद्ध अपने अस्सीवें वर्ष में होते हैं।

अगले दिन आनंद कुसिनारा के मल्लों को बुद्ध के परिनिर्वाण की सूचना देते हैं, और सात दिन तक वे महान समारोह मनाते हैं। सातवें दिन, आनंद के आदेश का पालन कर वे उस काया के अग्निसंस्कार की तैयारी करते हैं, उसे जूलुस में पूर्वद्धार से मकुटबन्धन के मकबरे तक ले आते हैं, इस प्रकार मार्ग बदल कर देवताओं की कामनाओं की पूर्ति करते हैं, अनुरूद्ध द्वारा उन तक ये समाचार प्रेषित किया जाता है। संपूर्ण नगर मन्दारव पुष्पों से घुटने तक ढक जाता है, पुष्प आकाश से गिरते हैं। तथापि जब प्रधान मल्लों में से चार मल्ल चिता को अग्नि प्रदान करने

का प्रयास करते हैं, तो उनका प्रयत्न विफल होता है और महाकस्सप के अभिवादन किये जाने तक, प्रतीक्षा की जाती है, महाकस्सप पांच सौ भिक्षुओं के संघ के साथ आ रहे होते है। अट्ठकथायें कहती हैं कि महाकस्सप की यह बड़ी महत्वाकांक्षा थी कि जब वे चिता की पूजा करते हो तो बुद्ध के चरण उनके माथे पर हो उनकी वह लालसा तृप्त हुई; चरण चिता में से प्रकट हुये, और जब कस्सप ने उनकी पूजा की, तब वे चिता में साथ-साथ लगकर बंद हो गये। चिता पूरी तरह से जलकर खत्म होती है, न कोयला बचता है, न कालिख। उसे शांत करने आकाश से जलस्त्रोत्र बरसते हैं और मल्ल उस पर गंधयुक्त जल छिड़कते हैं। वे फिर उसके चारों ओर बरछों का बाड़ा बनाकर रखते हैं, व अपना उत्सव सात दिन तक जारी रखते है। उस अवधि की समाप्ति के बाद कुछ आठ हकदार बुद्ध की अस्थियों के लिए वहां आते हैं; अजातशत्रु, वैशाली के लिच्छवि, कपिलवस्तु के शाक्य, अल्लकप्प के बुलि, रामग्राम के कोलिय, बेठदीप का ब्राह्मण और पावा के मल्ल ये आठ हकदार थे। परंतु कुसिनारा के मल्ल औरों के साथ अस्थियों का बटवारा करने के लिए इन्कार करते हैं, तो वहां युद्ध का खतरा होता है। तब ब्राह्मण द्रोण सामन्जस्य की सलाह देता है और अस्थियों को आठ हकदारों के लिये आठ समान भागों में बांट देता है। द्रोण अपने लिये गणनपात्र ग्रहण करता है और पिप्फलवन के मौर्य, जो विलम्ब से आते हैं, राख ले जाते हैं। इन अस्थियों के अवशेषों पर स्तूप बनवाये गये थे और बुद्ध के आदर में प्रीतिभोज दिये गये थे। यह कहा जाता है कि संसार से बुद्ध शासन सम्पूर्णतः लुप्त हो जाने के ठीक पहले सभी अस्थियां महाचेतिय में एकत्र हो जायेगी और वहां से नागदीप और रतनचेतिय तक पर्यटन कर, महाबोधि में अन्य प्रदेशों की अस्थियों के साथ-साथ संचित होगी। वहां वे बुद्ध के सुर्वणमय शरीर की पुनर्रचना करेगी, जो षड़रश्मियों का तेजोमण्डल निस्सारित करता है। शरीर फिर अग्नि दाह में मिलेगा और पूरी तरह से अदृश्य हो जाएगा, दस सहस्त्र लोक धातु विलाप करते रहेंगे।

महापरिनिब्बाण सूत्र का अन्तिम हिस्सा यह स्पष्ट करता है कि बुद्ध की अस्थियां आठ माप थीं, उनमें से सात माप जम्बूदीप में पूजित थी और शेष माप रामगाम के नागद्वीप (लोक) में पूजित थी। एक दांत स्वर्ग में था, एक गन्धार में, तीसरा कलिंग में था (बाद में वह सिलोन ले जाया गया था) और चौथा नागलोक में था। अजातशत्रु का हिस्सा किसी स्तूप में संचित किया गया था और वह विस्मृत कराया गया। वह बाद में अशोक द्वारा की गई खोज में प्राप्त हुआ (वह शक्र की मदद से मिला) और उसे उनके द्वारा बनाये चौरासी हजार विहारों में वितरित किया गया। अशोक ने अन्य सभी अस्थियों की खोजों को दर्ज भी कराया। रामग्राम में संचित की हुई अस्थियां इसका अपवाद हैं। ये बाद में अनुराधपुर में महाचेतिय में संचित कराई

गई थी। अन्य अस्थियों का भी उल्लेख होता है, जैसे, बुद्ध का अक्षक, उनका भिक्षापात्र आदि।

श्रीलंका के घटनावृत्त में विवरण है कि बुद्ध इस द्वीप को तीन भिन्न मौकों पर गये थे। पहली बार जब गये थे तब वे उरूवेला में ठहरे थे, तेभातिक जटिलों का मत परिवर्तन करने के लिये क्षण ताक रहे थे, बुद्धत्व प्राप्ती के बाद तब नौवां महीना था, पुष पूर्णिमा (दिसंबर-जनवरी) का दिन था। वे महानाग के उद्यान में आये थे, और उस समय जो यक्षों की परिषद होने जा रही थी, उस के ऊपर वायु में खड़े थे। उन्होंने उनके हृदयों को आतंक से प्रभावित किया था और उनके संकेत पर उन्होंने सिलोन छोड़ दिया था और समीप के गिरिदीप में सशरीर गये थे। बुद्ध ने सुमनकूट पर्वत के महासुमन देवता को अपने मुट्ठी भर केस दिये थे। उसने स्तूप बनवाया था जो बाद में महियडगन स्तूप के रूप में विस्तृत किया गया था। बुद्ध पांचवे वर्ष में, चैत्र (मार्च-अप्रैल) के अमावस्या के दिन नागदीप के दो प्रधान नागों के बीच होनेवाली लड़ाई की रोकथाम करने के लिए और एक बार सिलोन गये थे। युद्धरत होनेवाले थे महोदर और चूलोदर चाचा और भतीजा, और झगड़े का कारण था रत्नजड़ित सिंहासन। बुद्ध उनके सामने प्रकट हुये, उनके साथ समिद्धिसुमन आये हुये थे, जेतवन से राजायतन का वृक्ष लाया था। बुद्ध ने उनके झगड़े को निपटाया था और धन की भेंट में झगड़े की जड़ उस सिंहासन को प्राप्त किया था। उन्होंने नागों के पूजा करने के लिये राजायतन वृक्ष और सिंहासन इन दोनों को वहां ही छोड़ दिया था और कल्याणि के मणिअक्खिक नागराज से सिलोन को उसी प्रकार अन्य दौरा देने का निमंत्रण स्वीकृत किया था। तीन वर्ष बाद मणिअक्खिक ने उस निमंत्रण को दोहराया और बुद्ध वैशाख के दूसरे दिन पांच सौ भिक्षुओं के साथ कल्याणि में पधारे थे। नागों को उपदेश देकर वे सुमन कूट में गये थे, उस पर्वत की चोटी पर उन्होंने अपने चरण चिन्ह छोड़े थे। (आख्यान है कि बुद्ध ने अन्य चरण चिन्ह नर्मदा नदी के किनारे पर सच्चबद्ध पर्वत पर और योणक पुर में छोड़े थे)। बर्मी कहते हैं कि बुद्ध ने उनकी भूमि को भेंट दी थी और वे लोहितचन्दन विहार में गये थे। यह वानिजग्राम के दो भाईयों, महापुण्ण और चूलपुण्ण, से प्रस्तुत हुआ था। वे फिर दीघव्यापी में ठहरे थे और वहां से महामेघ वन में गये थे, वहां उन्होंने अपनी उपस्थिति के कारण विविध जगहों को पवित्र बनाया था, और बाद के सिलाचेतिय के प्रतिष्ठा स्थान में चले आये थे। वहां से वे जेतवन लौटे थे।

बुद्ध के व्यक्तिव के बारे में बहुत थोड़ी सी मात्रा में जानकारी उपलब्ध है। हमें बताया जाता है कि वे सुवर्ण रंग के थे, उनके ध्वनि में ब्रह्मसार के आठ लक्षण

होते थे (यह कहा जाता है कि जब साधारण व्यक्ति एक शब्द बोलता था, तब आनन्द आठ शब्द बोल सकते थे; किन्तु बुद्ध आनन्द के आठ शब्दों की जगह सोलह शब्द बोल सकते थे।)–वाकपटुता, बोधगम्यता, मधुरता, श्रव्यता, अविच्छेद, विशिष्टता, गम्भीरता और अनुनाद–उनका व्यक्तित्व मनमोहक था, उनके प्रतिद्वन्दि उनका वर्णन विमोहक किया करते थे–वे अभिरूप थे, रूपरंग और कद में समान रूप से परिपूर्ण थे और सम्मुखिभाव में उत्तम थे। मानवहृदय के शिक्षक और सारथी के रूप में उनकी श्रेष्ठतम ख्याती थी। वे महापुरूष के बत्तीस लक्षणों से युक्त थे। परम्परागत कथा है कि महाकस्सप यद्यपि थोड़े छोटे कद के थे, तथापि वे दर्शन में बुद्ध के सादृश लगते थे। (बुद्ध को तथापि नापने के किये हुये प्रयास सदा विफल होते थे; ऐसे दो प्रयासों को सामान्यतः उल्लेखित किया जाता है–एक प्रयास राजगृह के ब्राह्मण द्वारा और दूसरा असुर प्रमुख राहु द्वारा। बुद्ध का शरीरिक बल कई करोड़ हाथियों का था, परन्तु अन्तिम भोजन के बाद उनका बल एकदम गिर गया था और उन्हें पावा से कुसिनारा के तीन गावुत (6 मील) तक चलने के लिये पच्चीस स्थानों में रुकना पड़ा था।

बुद्ध की प्रश्रब्धि, शांति, और प्रेम का अक्सर उल्लेख किया जाता है और अन्य मत वाले भी इस बात में उनके ख्यालों का आदर करते थे, तथा उनके नजदीक आने पर अपनी चर्चाएं थाम लेते थे (उनके शिष्यों की भी वैसी ही ख्याती थी।) उदाहरणार्थ बुद्ध ऊंचा बोलने वाले भिक्षुओं को पास आकर रहने की अनुमति नहीं देते थे। (एक बार एक भिक्षु को उसके पड़ोसी भिक्षु ने धक्का देकर निकाला था क्योंकि जब बुद्ध बोल रहे थे तब वह खांस रहा था।) वे एकान्तवास को पंसद करते थे और मनुष्यों के आवागमन से दूर स्थानों में लम्बी अवधियां व्यतीत करते थे, तब केवल एक ही भिक्षु को उनके पास भोजन लाकर देने की अनुमति थी। (परन्तु यही एकान्तवास का प्रेम कभी-कभी उनके विरुद्ध भी प्रयुक्त किया था। किसके साथ समागम करने से प्रज्ञा में सुबोधता प्राप्त की जाती है, वे पूछते थे। उनकी प्रज्ञा, वे कहते थे, उनकी एकान्तप्रियता की आदत से रूग्ण हो चुकी थी।) एक ब्योरे के अनुसार एकान्तवास में दिन का कुछ भाग गुजारना उनकी चर्चा का एक अंग होता था, किन्तु जिनको उनके धार्मिक परामर्श की तीव्र लालसा होती थी, उन्हें मिलने के लिये वे सदा तैयार रहते थे।

महागोविन्द सुत्र में बुद्ध के "आठ यथार्थ प्रसंशाओं का" जिक्र शक्र ने प्रस्तुत किया है। बुद्ध की सबसे बड़ी विशेषतायें सम्भवतः ये थीं–उनकी असीम मैत्री और जो उन्हें पाना चाहते थे उनकी सहायता करने की उनकी तत्परता। उनकी बच्चों के प्रति स्नेहशीलता दो सोपाकों, कुमार-कस्सप, चूकपन्थक और दब्ब-मल्लपुत्त, पण्डित और सुख श्रामणेरों की कहानियों में दिख पड़ती है। प्राणियों के प्रति उनकी दयाशीलता के उदाहरण मच्छ जातक की प्रास्ताविक कहानी और उदेन के वृद्ध

हाथी, भद्दवतिका के लिये किये गये उनके हस्तक्षेप में है। बुद्ध अपने शिष्यों के प्रति चरम निष्ठावान थे और उनके कठिन जीवन में हर तरीके से उनकी हिम्मत बढ़ाते थे। थेरगाथा और थेरी गाथा ऐसी ही कहानियों से भरी है, उनका संकेत है कि वे बड़े ध्यान से आध्यात्मिक वृद्धि और अपने शिष्यों के विकास की निगरानी रखते थे, उनकी समस्यायें समझते थे और उनके लक्ष्य की प्राप्ती तक उचित समय पर हस्तक्षेप करने के साथ उनकी सहायता करने के लिये वे हमेशा तैयार रहते थे। ऐसे प्रसंग भद्दाति सूत्र, तिथ्य जातक की प्रस्तावना और कञ्चक्खन्ध जातक में उल्लेखित हैं। वे उन सब में जो उनके अधीन होते थे, वैयक्तिक और चिरस्थायी कुतूहलता रखते थे। जो उनके दर्शन के लिये आते थे उनका मुस्कराकर स्वागत करना, उनके कुशलक्षेम की पूछताछ करना और इस प्रकार उन्हें क्षेम में रखना उनका नित्यक्रम का रिवाज था। जब कोई उन से पूछने की अनुमति प्राप्त करता था, तो वे चर्चा के विषय की कोई शर्त नहीं रखते थे। यह गुण सब्बञ्ञुपवारण कहलाता है।

जब वे विहार में ठहरते थे तब वे रूग्णालय के संवासीयों से बोलने और उन्हें संतोष देने के लिये वहां रोज जाते थे। पुलिगल तिस्स की आकर्षक कहानी में वे कभी-कभी स्वयं ही रूग्ण की परिचारना करते थे, इस प्रकार अपने शिष्यों के लिये वे नमूना स्थापित करते थे, उनकी निष्ठा के कारण उनके शिष्य उन्हें श्रद्धा-भक्ति से देखते थे, परंतु उनमें कुछ ऐसे भी शिष्य थे जो उनके कहे के अनुसार चलने से निर्विवाद रूप से इंकार करते थे–उदाहरणार्थ लालुदायी, अश्वजित और पुनर्वसु के साथी, षडवर्गीय, सत्तरसवग्गिय और अन्य, देवदत्त और उसके साथीदारों का कहना ही नहीं।

भिक्षुओं में बुद्ध ने सारिपुत्र, आनंद और महाकस्सप और उपासकों में अनाथपिण्डिक, मल्लिका, विसाखा, बिंबिसार और प्रसेनजित का खास ध्यान देकर सन्मान किया था। वे प्रसेनजित के मानवीय गुणों से उनकी रानी मल्लिका की वास्तविक श्रेष्ठता का मूल्यांकन बेहतर दिखाने की उनकी असफलता से वे चुपचाप अपना जी बहला लेते थे।

बुद्ध ने हमेशा ऐलान किया था कि वे पृथ्वी के प्रसन्न वासियों में से एक थे, बिंबिसार की अपेक्षा कई गुणा प्रसन्न थे, और वे विरोध या अपशब्द से निश्चल होकर रहते थे।

मिलिन्द पञ्ञ बुद्ध के कुछ अस्वस्थताओं का उल्लेख करता है; उनके पाद की चोट का संदर्भ इसके पहले ही दिया गया है; एक बार जब उनके शरीर का पित्त असंतुलित हो गया था तब जीवक ने जुलाब दिलाया था; अन्य अवसर पर वे पेट की गडबड़ी भुगत रहे थे, वह गरम पानी से, अथवा गरम दलिया से ठीक

हो गया था। धम्मपद की अट्ठकथा में एक और पित्त खराबी का उल्लेख है जो उपवान के माध्यम से देवहित ब्राह्मण के द्वारा प्राप्त गरम जल से ठीक होती है। अट्ठकथाओं का उल्लेख है कि वे अपनी वृद्धावस्था में, स्थायी पीठदर्द से भुगत रहे थे, उसका कारण उनके द्वारा बुद्धत्व प्राप्ति के पहले छः साल तक कठोर तपस्यायें करना था, और उस अवधि में ग्रहण किये हुये प्रतिकूल भोजन उनकी बदहजमी के लिये उत्तरदायी थे, ये प्रकोप उनके शेष जीवन भर निरंतर बने रहें उसका चरम उनके अन्तिम संजीदा पेचिस की बिमारी में होता है।

अपदान मे पुब्बकम्मपिलोति नामक पद्यों का समूह समाविष्ट है; ये गाथायें बुद्ध के द्वारा पूर्व में कृत कुछ विशेष कृत्यों का उल्लेख करती हैं, जिनके कारण वे अपने अन्तिम जन्म में विविध प्रकार के कष्ट भुगतते रहे, जो उन पूर्व कृत्यों के परिणाम थे। वे एक समय मुनालि नामक शराबी थे और उन्होंने प्रत्येक बुद्ध सुरभि को अपशब्द बोले थें। दूसरे मौके पर वे विद्‌वान ब्राह्मण थे, वे पांच सौ शिष्यों के अध्यापक थे। एक दिन प्रत्येक बुद्ध इसी गण को देखकर उन्होंने अपने शिष्यों में उनको अपशब्द बोला था, उन्हें भोगविलासी कहा था। इस कृत्य का परिणाम उनके खिलाफ इस जीवन में सुन्दरिका से कराया हुआ परिवाद था।

अन्य जन्म में बुद्ध के एक शिष्य, नन्द की निन्दा की थी, इसके लिये वे नरक में बारह हजार वर्ष तक तकलीफ उठाते रहे और उनके अन्तिम जीवन में, चिञ्चा से सार्वजनिक निन्दा से नजरों से गिराये गये थे। एकबार धन की लालच में, उन्होंने अपने सौतेले भाइयों की खड़ी चट्टान के नीचे जोर से फेंककर सौ हत्यायें की थी; परिणामस्वरूप देवदत्त ने बड़े पत्थर को जोर से फेंककर उनकी हत्या करने की कोशिश की थी। एक समय किशोर के रूप में जब वह मुख्यमार्ग पर खेल रहा था, तब उसने प्रत्येक बुद्ध को देखा और उनके ऊपर पत्थर फेंक कर मारा था और परिणामस्वरूप देवदत्त के भाड़े के तीरंदाजों द्वारा उनपर धनुष्य बाण चलाया गया था। उसी प्रकार के अन्य जीवन में वे हस्तारोह थे, और प्रत्येक बुद्ध रास्ते में देखकर उनके विपरीत अपना हाथी हांका था; इस कारण से उन पर नालागिरि द्वारा आक्रमन हुआ था। एक बार राजा के रूप में, उन्होंने सत्तर व्यक्तियों को मौत की सजा का आदेश दिया था, उसका पुरस्कार उन्होंने तब हासिल किया जब उनके पांव में पत्थर का टुकड़ा भेदा था। क्योंकि एक समय, ढीमर के पुत्र के रूप में, उन्होंने मछलियों के पकड़े जाते समय आनंद मनाया था, अतः जब विडुड़भ ने शाक्यों का कत्लेआम किया था तो वे व्यथा और सिरदर्द से भुगतते रहे। फुस्स बुद्ध के समय में उन्होंने भिक्षुओं को जौ के बजाय चावल खाने के लिये निवेदन किया था और परिणामस्वरूप उन्हें वेरञ्जा में तीन माह तक जौ खानी पड़ी थी। (धम्मपद की अट्ठकथा के अनुसार बुद्ध को वास्तव में, एक दिन

पंचशाला में भूखा रहना पड़ा था क्योंकि कोई भी निवासी उनको भोजन देने की इच्छा नहीं कर रहा था।) क्योंकि उन्होंने एक बार मल्ल को जान से मार डाला था, वे पीठ की ऐंठन से कष्ट उठाते रहे। एक समय जब वे वैद्य थे, उन्होंने एक वाणिज को जुलाब खिलाकर तकलीफ दी थी, इसके कारण उनकी पेचिस की अन्तिम बिमारी हुई। जोतिपाल के रूप में, वे कस्सप बुद्ध के बुद्धत्व के बारे में तुच्छता से बोले थे, और उसके परिणामस्वरूप उन्हें बुद्ध बनने के पहले छः साल तक विविध मार्गों का अवलम्बन करते हुये गुजारने पड़े थे। वे सबसे अल्पजीवी बुद्धों में एक थे परन्तु उन छः साल की उनकी तपस्या के कारण उनका शासन दीर्घकाल तक रहेगा।

बुद्ध अपने शिष्यों द्वारा सामान्यत: "भगवान" से संबोधित किये जाते थे। वे अपने को "तथागत" कहते थे जबकि अबौद्ध उन्हें गौतम अथवा महाश्रमण कहकर पुकारते थे। अन्य प्रयुक्त नाम है, महामुनि, शाक्यमुनि, जिन, शक्र, ब्रह्म और यक्ष भी।

अंगुत्तर निकाय बुद्ध द्वारा सर्वाधिक उल्लेखनीय शिष्यों की सूची प्रदान करता है, वह सूची भिक्षुओं और उपासकों इन दोनों की है। उसमें प्रत्येक शिष्य किसी विशेष बात में सर्वश्रेष्ठ होने का उल्लेख है।

जिन्होंने बुद्ध से चर्चा की बुद्ध के दर्शन किये अथवा उनके साथ संलाप किया अथवा प्रत्यक्ष उनसे आदेश और मार्गदर्शन ग्रहण किया का समावेश निम्न सूचि में है। इसमें कुछ नाम इस निबंध में विविध सम्बधों में पहले से उल्लेखित हैं।

अंकुर, अग्गिदत्त, अचेल-कस्सप, अजातसत्तु, अजित (परिब्बाजक), अजित (लिच्छवीयों का सेनापति), अत्तदत्थ, अनित्थिगन्ध, कुमार, अनुराध, अनुरूद्ध अन्नभार, अभय राजकुमार, अभया, अभिञ्जक, अभिभूत, अभिरूप, नन्दा, अम्बट्ठ, भिक्षु अरिट्ठ, अरिय कछुवा (ढीमर) असम, असिबन्धपुत्त, अस्सजि, अस्सलायन, आकोतक, आमगन्ध, आलवक और इन्दक यक्ष, वेसालि के उग्ग, उग्गमंत्रि, उग्गत-सरीर, उग्गह, उज्जय, उण्णाभ, उत्तर-देवपुत्त, नागराज उत्तर, उत्तर-पारासरीय का शिष्य, उत्तिय, उदय और उदायि-ब्राह्मण, उत्तर, ब्रह्मायु का शिष्य, उत्तरा, पुण्ण की कन्या, उत्तरा-वृद्ध भिक्षुणी, उपवान, उपसाळ्ह, उपसेन, उपालिगहपति, उब्बिरी, एरक, एसकारी, ककुध, कन्दरक, कपिल कछुवा, कप्प, कप्पटकुर, कलारक्खत्तिय, कस्सप देवता, काण, काणमाता, कातियान, कापठिक, कामद, कारणपालि, कालाम, कालिगोधा, किम्बिल, किसागोतमी, कुक्कुटमित्त (शिकारी), कुण्डधान, कुण्डलिय, कुल्ल, कूटदन्त, केणिय जटिल, केवद्ध, केसि अश्वसारथी, कोकनदा, पज्जुन की दो कन्यायें, कोकालिक, खदिरवनिय-खेत, खानु-कोण्डञ्ञ, खेम देवता, खेमा, गणक-मोग्गल्लान, गवम्पति, गुत्ता, गोतम थेर, चण्कि, चन्दन, चन्दाभ, चन्दिमा (चन्दिमस), चित्त-हत्थसारीपुत्त, चुन्द, चुन्द-समणुद्देस, चुन्दी, चुल्ल-धनुग्गह,

चुल्ल सुभद्धा, छत्तपाणी, जनपद-कल्यानी-नन्दा, जनवसभ, जन्तु, जम्बुक, जम्बुखादक, जाणुस्सोणी, जालिय, जीवक-कोमारभच्च, जेन्त, जोतिकगहपति, तायन, तालपुट, तिकण्ण, तिम्बरूक, तिस्स, बुद्ध का भतीजा, तिस्स, मेत्तेय्य का मित्र, तिस्स रोरूव का, तुदु-ब्रह्मा, भुल्लतिस्स, दण्डपाणी, दामली, दासक, दीघ-देवता, दीघजानु, दीघतपस्सी, दीघनख, दीघलट्ठी, दीघावु, दुम्मुख, दोण, धम्मदिन्न, धम्माराम, धम्मिक उपासक, धम्मिक ब्राह्मन, नन्द थेर, नन्द चरवाहा, नन्दन, नन्दियपरिब्बाजक, साकियन नन्दिय, नन्दिविसाल, नागित, नालकतापस, नालिजंघ, निगमवासि-तिस्स, निग्रोध, निण्क, नीत, न्हात्तकमुनि, पच्चनीकसात, पञ्चसिख, पंचालचण्ड, पटाचारा, पसेनदि, कोशलनरेश, पहाराद असुर, पाटलिय, पारापरिय, पिड़गल-कच्छ, पिङ्गियानी, पिलिन्द-वच्छ, पिलोतिक, पुण्ण, पुण्ण-कोलियपुत्त, पुण्ण-मन्तानीपुत्त, पुण्णा, पुण्णिय, पेस्स हस्तीसारथी, पोक्खरसालि, पोट्ठपाद, पोठिल, पोत्तलिय, फग्गुन, बकब्रह्मा, बहुपुत्तिका, बावरी और उसके सोलह शिष्य, बाहिय-दारुचीरिय, बाहुन, बिव्ठालपादक, बेलट्ठकानि, बोज्झा, ब्रह्मायु, भगु, भग्गव, भद्द, भद्दा-कुण्डलकेसी, भद्दालि, भद्दियलिच्छवि, कुछ भारद्वाज (अक्कोसक, अग्गिक, असुरिन्द, अहिंसक, कासि, जटा, नवकम्मिक, बिलङ्गिक, सुद्धिक, सुन्दरिक), भारद्वाज-धनञ्जानि का पति, भारद्वाज-वासेटठ का मित्र, भुञ्जति, भुमिय, भेसिक नाई, मच्छरि-कोसिय, मणिभद्द, मण्डिस्स, महाकप्पिन, महाकस्सप, महा-कोट्ठित, महा-चुन्द, महाधन, महा-नाम, महा-मोग्गल्लान, महालि (ओट्ठद्ध), दो मागन्दियें-एक ब्राह्मण और एक परिब्बाजक, माघ, मानव-गामिय, मानत्थद्ध, मातुपोसक, मालुण्कपुत्त, मिगजाल, मिगसिर, मेण्डक भद्दिय का, मोलिय-फग्गुन, मोलिय-सीवक, यसोज, रट्टपाल, राध, राहुल, रासिय, रूपानन्दा, रोज-मल्ल, रोहिणी, रोहितस्स, लकुण्टक-भद्दिय, लाजा देवी, लोमसकण्गिय, लोहिच्च, वक्कलि, वङगीस, वज्जियमाहित, वडढलिच्छवी, वड्ढमान, वप्प, वरधर, वस्सकार, वारण, वासेट्ठउपासक, वासेटठ-भारद्वाज का मित्र, विसाख पञ्चलपुत्त, विसाखा, वीरा, वेखनस, वेण्डु, वतम्बरि, सकुलुदायि, सक्क, सण्किच्च, दो सङगारव, सङघरक्खित (भागिनेय्य सङघरक्खित), सच्चक, सज्झ, सतुल्लप-देवता सनङकुमार, सन्तति, सन्ध, सन्धान, समिद्धि, सरभ, सरभङग, सातागिर, सातालि, साति, सानु, सिखा-मोग्गल्लान, सिगाल, सिरिमा, सिव, सीवलि, सीह सेनापति, सुखा, सुचिलोम, सुजाता-अनाथपिण्डिक की बहू, सुदत्त, सुनक्खत्त, सुनीत, सुन्दर-समुद्द, सुन्दरी-नन्दा, सुप्पबुद्ध कोढी, सुप्पवासा, सुभ तोदेय्यपुत्त, दो सुभा, सुभूति नामक भिक्षुणियां, श्रामणेर सुमन, सुमना, प्रसेनजित की बहन, सुबह्मा, सुराध, सुरिय, सुसीम, सेनिय, सेरि, सेल, सोण-कुटिकण्ण, सोण-कोलिविस, सोणदण्ड, सोणा, दो सोपाक, हत्थक आलवक, हत्थक देवपुत्त और हेमवत।

संदर्भ : मललसेकरे संपादित डिक्शनरी ऑफ पालि प्रापर नेम्स वाल्युम, A-DH, पृ. 788-810

5
बुद्ध

डॉ. मललसेकरे,
डॉ. चंद्रशेखर (अनुवादक)

'बुद्ध' एक उत्पत्तिगत, संज्ञात्मक नाम है–लेकिन यह विशेष नाम नहीं है–वह ऐसे व्यक्ति को प्रदान किया जाता है जिसने बोधि प्राप्त की है; (न मातरा कतं, न पितरा कतं–विमोक्खन्तिकं एतं बुद्धानं भगवन्तानं बोधिया मूले...पञ्ञति।)

वह पुरुष सभी अन्य प्राणियों से अपने धर्मज्ञान के कारण ऊपर होता है। मूलग्रन्थों में दो प्रकार के बुद्धों का वर्णन है; अर्थात् प्रत्येक बुद्ध यानी वे बुद्ध जो संपूर्ण ज्ञान को भी प्राप्त करते हैं परन्तु जो संसार की मुक्ति पथ का प्रदर्शन नहीं करते हैं; और सम्यक सम्बुद्ध सर्वज्ञ होते हैं और शास्ता यानी निर्वाण के गुरू हैं। (अट्टकथायें तथापि, चार बुद्ध वर्ग का उल्लेख करते हैं; सर्वज्ञ बुद्ध, प्रत्येक बुद्ध, चातुर्सत्य बुद्ध और श्रोत बुद्ध।) सभी अर्हत (श्रीणास्त्रव) चातुर्सत्य बुद्ध कहलाते हैं और सभी विज्ञ पुरुष बहुश्रुत बुद्ध। प्रत्येक बुद्ध दस पारमिताओं का दो असंखेय्य और एक लाख कल्पों तक अभ्यास करता है, सर्वज्ञ बुद्ध, जैसे वह अवस्था होगी, एक लाख कल्प और चार या आठ अथवा सोलह असंखेय्यतक वह अभ्यास करते हैं।

आरंभिक ग्रन्थों में सात सर्वज्ञ बुद्धों का उल्लेख है। वे है, विपस्सी, सिखी, वेस्सभू, ककुसन्ध, कोणागमन, कस्सप और गौतम। यह संख्या बाद के ग्रन्थों में बढ़ गई है। बुद्धवंस में पच्चीस बुद्धों का विवरण विस्तार से समाविष्ट है, उसमें अन्तिम गौतम (जिनके जगत में प्रादुर्भाव की भविष्यवाणी पहले के चौबीस जनों ने की थी), अंतर्गत है। वे विपस्सी इत्यादियों के पूर्वाधिकारी हैं, और निम्नलिखित है; दीपङकर, कोण्डञ्ञ, मंगल, सुमन, खेल, सोभित, अनोमदस्सी, पदुम, नारद, पदुमुत्तर, सुमेध, सुजात, पियदस्सी, अत्थदस्सी, धम्मदस्सी, सिद्धत्थ, तिस्स और फुस्स। उसी पद्य में, उसके सत्ताइसवें अध्याय में तीन और बुद्धों की चर्चा है– तण्हङकर, मेधङकर और सरणङकर–जो जगत में दीपङ्कर बुद्ध के पहले प्रादुर्भूत हुये थे। ललित विस्तार की चौपन बुद्धों की सूची है और महावस्तु की सौ से अधिक बुद्धों की। चक्रवर्ती सींहनाद सूत्र मैत्रेय बुद्ध का विवरण देता है, जो जगत में वर्तमान कल्प में उत्पन्न होने वाले

होंगे। अनागत वंश उसका विस्तृत विवरण देता है। उस पद्य की कुछ हस्तलिखितों में दस भावी बुद्धों के नामों का उल्लेख है, वे सभी गौतम को मिले थे, उन्होंने उनके बारे में भविष्यवाणी की थी। वे है–मैत्रेय, उत्तम, राम, प्रसेनजित कोशल, अभिभू, दीघसोणी, सण्कच्च, शुभ, तोडेय्य, नाकागिरिपललेय्य।

महापदान सुत्त जो सात बुद्धों का उल्लेख करता है, हर बुद्ध का ग्यारह परिच्छेदों में विवरण देता है–वह कल्प जिसमें वह पैदा होते हैं, उनकी सामाजिक श्रेणी (जाति), उस का गोत्र, उस आयु में आयुष्य की लम्बाई, वह पेड़ जिसके पाद के तले वे बोधि प्राप्त करते हैं, उनके दो प्रधान शिष्यों के नाम, उनके अधीन में होनेवाली अर्हन्तो की सभाओं में उपस्थित संख्या, उनका निजी सेवक, उनके पिता, माता और उनके जन्मस्थान के नाम, इनका विवरण है। इनमें अट्ठकथा और ब्योरा जोड़ती है–उनके महाभिनिष्क्रमन के पहले उनके पुत्र और पत्नि का नाम, वह यान जिसमें बैठकर वह संसार का त्याग करते हैं, वह विहार जिसमें उनकी गन्धकुटी स्थानापन्न रहती थी; उसका अर्जन करने के लिये दी जानेवाली पैसों की रकम, विहार का प्रतिष्ठास्थान, उनके प्रधान उपासक अनुग्राहक का नाम। गौतम के विषय में और दूर तक तथ्य कथित है कि उनके जन्म के दिन संसार में राहुलमाता, आनंद, कन्थक, निधिकुम्भि, महाबोधि और कालुदायी का भी प्रादुर्भाव हुआ था। गौतम की गर्भधारणा उत्तराषाढ़ा के नक्षत्र में हुई, जिस नक्षत्र में उन्होंने महाभिनिष्क्रमन, धम्मचक्कपवत्तन और दो चमत्कार भी किये। वैशाख नक्षत्र में वह उत्पन्न हुये थे, बोधि प्राप्त हुये थे और उनका महापरिनिर्वाण हुआ था। माघ के नक्षत्र में उन्होंने अपनी अर्हतों की प्रथम संगीति की धारणा की और परिनिर्वाण का निश्चय किया। आश्विन में वे तावतिंश से अवतीर्ण हुये।

बुद्धवंश की अट्ठकथा का कथन है कि बुद्धवंश में प्रत्येक बुद्ध का बाईस शीर्षकों के भीतर विवरण दिया गया है, अतिरिक्त शीर्षक प्रथम धर्म देशना, प्रत्येक सभा में अभिसमय को प्राप्त करनेवालों की संख्या, दो प्रधान स्त्री शिष्यों के नाम, बुद्ध के शरीर की रश्मि, उनके शरीर की ऊंचाई, बोधिसत्व का नाम (जो गौतम बुद्ध बनने वाले थे), उनके सम्बन्ध की भविष्यवाणी, उनका प्रधान और प्रत्येक बुद्ध के परिनिर्वाण के विवरण का है। अट्ठकथा में यह भी स्पष्ट हैं कि प्रत्येक बुद्ध गृहस्थ के रूप में रहे। वह काल, जिन महलों में वे निवास करते थे उनके नाम, उनकी नर्तकियों की संख्या, उनकी पटरानी का नाम, और उनका पुत्र, उनका यान, उनका अभिनिष्क्रमन, उनके आत्मक्लेष के प्रयोग, उनके अनुग्राहक और उनका महाविहार के उल्लेख भी उसमें है।

आठ असाधारण बाते हैं जिनसे बुद्धों में एक दूसरे से प्रभेद किया जाता है। वे हैं जिस युग में प्रत्येक बुद्ध होते है, उसमें उनके आयु की दीर्घता, उनके शरीर की

ऊंचाई, उनकी समाज में श्रेणी (कोई क्षत्रिय पैदा होता है, दूसरे ब्राह्मण), उनके तपों की लम्बाई, उनके शरीर की रश्मि (इस प्रकार, मंगल के विषय में उनकी रश्मि दस सहस्त्र लोकधातु तक फैलती थी, जब कि गौतम की रश्मि छह फुट तक ही पसरती थी-हालांकि जब वे चाहते हैं तब बुद्ध अपनी रश्मि इच्छानुसार फैला सकते थे), वह यान जिस में बैठकर वह अभिनिष्क्रमन करते हैं; वह दरख्त जिसके नीचे बैठकर वे बोधि प्राप्त करते हैं, और बोधिवृक्ष के नीचे के आसन का आकार (पल्लङ्क)।

बुद्धों के विषय में चार निर्धारित स्थान हैं (अविजहित-ट्ठानानि)। वे हैं: बोधिवृक्ष के नीचे के आसन का प्रतिष्ठा स्थान, (बोधिपल्लङ्क), ऋषिपतन मृगदाय जहां प्रथम धर्मदेशना हुई; वह स्थान विशेष जहां बुद्ध उनके तुषित (तावतिंस) से अवतीर्ण होने पर संकस्स की भूमि में पहले कदम रखते हैं। और वे स्थानविशेष जो जेतवन में बुद्ध के मुलगन्ध कुटि की चारपाई के चार पादों से चिन्हांकित है। महाविहार आकार से परिवर्तनीय हो सकता है, वह नगर का प्रतिष्ठा स्थान जिस में महाविहार की अवस्था है, भी परिवर्तनीय हो सकता है परंतु चारपाई का वह प्रतिष्ठास्थान परिवर्तनीय नहीं। कभी-कभी वह विहार के पूर्व की ओर होता है, कभी-कभी उत्तर दिशा की ओर। (पहले के केवल पांच ही दीघनिकाय अट्ठकथा, 2, 424 में उल्लेखित हैं; बुद्धवंश अट्ठकथा 105 में भी; सभी आठ बुद्धवंश अट्ठकथा के पृ. 246 में दिये गये हैं, जिसमें सारे पच्चीस बुद्धों के संबंध में आठों शीर्षकों में प्रत्येक के नीचे ब्योरा भी दिया हुआ है।)

तीस तथ्यों का सभी बुद्ध के बारे में यथार्थ होने का उल्लेख हैं (समतिंसविधा धम्मता)। अपने अन्तिम जन्म में हर एक बोधिसत्व गर्भधारण करने के क्षण सतर्क होता है; अपने माँ की कोख में वे अपना मुख बाहरी ओर घुमा के पालथी मारे हुये रहते हैं; उनकी माँ उनको खड़ी मुद्रा में प्रसुत करती हैं। जन्म अरण्य में होता है; जन्म के बाद तुरंत वे उत्तर की ओर सात कदम चलते है और सिंहगर्जना में गरजते हैं; वे अपना अभिनिष्क्रमन चार सगुन के दर्शन के बाद और उनको पुत्र पैदा हो जाने के बाद करते हैं, उन्हें चीवर धारण करने के बाद कम से कम सात दिन तक तपस्या करनी पड़ती है; वे अपने बोधि प्राप्त करने के दिन खीर का भोजन ग्रहण करते है; वें तृण के बिछोने पर बैठकर सर्वज्ञ बनते हैं; वे आनापान स्मृति का अभ्यास करते हैं; वे मारसेना को परास्त करते हैं; वे बोधिवृक्ष के तने के नीचे सर्व ज्ञान और गुण में सर्वोच्च पूर्णता को प्राप्त करते हैं; महाब्रह्मा उन्हें धर्म देशना के लिये प्रार्थना कराते हैं; वे ऋषि पतन मृगदाय वन में प्रथम प्रवचन का उपदेश देते हैं; वे माघ की पूर्णिमा के दिन चतुर्विध परिषद को प्रातिमोक्ष का स्वाध्याय कराते हैं; वे मुख्यतः जेतवन में निवास करते हैं; वे श्रावस्ती में यमक प्रातिहार्य को दिखाते हैं, वे तावतिंस में अभिधर्म का उपदेश करते हैं; वे वहां से संकस्स के प्रवेश द्वार में अवतीर्ण होते हैं; वे निरंतर

फलसमापत्ति के परमानंद में रहते हैं; वे दो ध्यानों के दौरान दूसरों को धम्म में रूपान्तरित किये जाने की संभावना की खोज करते हैं, वे उनके लिये जब सुअवसर उठता है, तब ही विनयाचार को निक्षेपित करते हैं; अनुकूल अवसर होने पर वे जातक का आख्यान करते है; वें अपनी नातियों की परिषद में बुद्धवंश को सुनाते हैं; वे उनके दर्शन के लिये आने वाले भिक्षुओं का सदा सानुनय से अभिनंदन करते हैं; वे अपने मेहमानदारों की विदाई लिये बिना उस स्थान को जहां उन्होंने वर्षावास बिताया होता है, छोडकर कदापि नहीं जाते हैं; प्रत्येक दिन अपने भोजन के पूर्व और उपरान्त और रात्रि के तीन प्रहर के समय उनके कर्त्तव्य निर्धारित किये होते हैं; वे अपने परिनिर्वाण के तुरंत पहले मांसयुक्त भोजन (मंसरजभोजन) ग्रहण करते हैं; और मृत्यु के ठीक पहले वे चौबीस करोड़ और एक लाख समापत्तियों में प्रवेश करते हैं। चार खतरों का भी उल्लेख किया गया है, जिनसे सभी बुद्ध मुक्त होते हैं; बुद्ध के लिये अभिप्रेत चार आवश्यकताओं के ऊपर कोई विपत्ति नहीं गिर सकती है; उनकी मृत्यु को कोई भी नहीं घेर सकता है; उनके बत्तीस महापुरुष लक्षणों अथवा अस्सी अनुव्यञ्जनों में से किसी भी एक पर चोट नहीं आ सकती है; उनकी रश्मि में बाधक कुछ नहीं हो सकता है।

जातिक्षेत्र की रचना बनाने वाले एक लक्ष चक्रवालों में से केवल इसी चक्रवाल में बुद्ध का जन्म होता है। एक समय में जगत में केवल एक ही बुद्ध का प्रादुर्भाव हो सकता है। जब तक पूर्ववर्ती बुद्ध का शासन जगत में पूर्णतः लुप्त नहीं हो जाता तब तक कोई बुद्ध अस्तित्व में नहीं आ सकते हैं; यह केवल धातुपरिनिष्बाण के साथ होता है। तुषित से अवतीर्ण होने के बाद अपने अन्तिम जीवन में बोधिसत्व जब अपनी माँ की कोख में गर्भ धारण करते हैं, तब संसार में सर्वत्र अद्‌भूतजनक प्रभा, और दस सहस्त्र लोकधातु का प्रकम्पन आविर्भूत हो जाता है। सादृश भूकंपन होते हैं जब वह पैदा होते हैं; जब वे बुद्ध बनते हैं, जब वे प्रथम धर्म देशना करते है, जब वे मृत्यु निर्धारण करते हैं और जब वे परिनिर्वाण को प्राप्त होते हैं।

महापदान सूत्र और अच्छरियभुतधम्मसूत्र में उन दूसरे चमत्कारों के जो बुद्ध के गर्भधारण करने और जन्म ग्रहण करने के समय उपस्थित होते हैं, स्पष्टीकरण का भी समावेश है। बाद के ग्रन्थों में इन वृतान्तों को बहुत बढ़ाया गया हैं। वे शब्द चित्रण करते है कि कैसे बोधिसत्व, तीस पारमिताओं की भावना कर और पांच महापरित्याग कर, और इस प्रकार त्रीविध चर्या-आतत्थचरिया- लोकत्थचरिया, बुद्धिचरिया के प्रासाद शिखर पर पहुंच कर सात महादान को प्रदान करते हैं, जैसे कि वेस्सन्तर के विषय में, पृथ्वी को सात बार प्रकम्पित करा के, और तुषित में आयुक्षय हो जाने के अनन्तर जन्म ग्रहण करते हैं। बोधिसत्व जो बाद में विपस्सी बुद्ध बने, अखिल अनुज्ञायोग्य समय की अवधि में-सत्तावन करोड़ और सड़सठ सहस्त्र वर्ष तुषित में

शेष थे। लेकिन अधिकतम बोधिसत्व तुषित में आयुष्य की पूर्ण अवधि समाप्त करने के पहले वहां से चले जाते हैं। देवपुत्र को चेतावनी देने के लिये कि उनका अन्त समीप हैं, पांच इंगितों का प्रादुर्भाव होता हैं, दशसहस्त्र लोकधातु के देव अभियाचना करते हुये कि पृथ्वी पर जन्म ग्रहण करें ताकि वे बुद्ध बन सके, उनके इर्द-गिर्द इकट्ठा होते हैं। बोधिसत्व तब पांच महा अवलोकन करते हैं।

कभी-कभी कल्प में केवल एक ही बुद्ध का जन्म हो जाता है, ऐसा कल्प सार कल्प कहलाता है; कभी-कभी दो भण्डकप्प; कभी-कभी तीन, वरकप्प; कभी-कभी चार, सारमण्ड कप्प; बिरले ही पांच भद्दकप्प। कल्प के आरम्भिक अवधि में जब मनुष्य एक लाख वर्ष से दीर्घतर जीते हैं और इस प्रकार जन्म मरण की प्रकृति को पहचानने के लिए कुशल नहीं रहते हैं और इसलिए उनकी धर्मदेशना से लाभ उठाने के योग्य नहीं रहते हैं, कोई बुद्ध पैदा नहीं होते हैं। जब मनुष्य-जीवन अपेक्षा से अधिक छोटा होता है तब वहां अनुशासन के लिए समय नहीं होता है और मनुष्य क्लेष से भरे हुए होते हैं। अत: बुद्ध के अनुकूल काल वह है जब मनुष्य सौ साल से कम और दस हजार से अधिक जीवित नहीं रहते हैं। बोधिसत्व को पहले जन्म के लिये देश और महाद्वीप के बारे में सोचना पड़ता है। बुद्ध केवल जम्बुद्वीप में ही पैदा होते हैं, और वहां भी केवल मध्यम देश में। तब उन्हें कुल के बारे में सोचना चाहिये। बुद्ध केवल ब्राह्मण या क्षत्रिय कुल में ही पैदा होते हैं, जो भी कुल उस समय विशेष में अधिक गौरवान्वित होता है, उस कुल में पैदा होते हैं। तब उनको माता के बारे में सोचना पड़ता है; वह बुद्धिमान और सुशील होनी चाहिए और बुद्ध के जन्म से सात दिनों में उसके आयुष्य का अन्त नियत होना चाहिये।

यह संकल्प करके बोधिसत्व तुषित के नन्दनवन में जाते हैं, और उसमें संसरण करते हुये, तुषित से च्युत होते हैं, और गर्भधारण करते हैं। वे अपनी मृत्यु के प्रति सचेत होते हैं लेकिन च्युतिचित्त के प्रति अचेत होते हैं। ऐसा प्रतीत होता है कि अट्ठकथायें गर्भधारण में चेतना होती है या नहीं होती है इसके प्रति मतभिन्नता रखी हुई हैं। जब बोधिसत्व की गर्भधारणा हो जाती है, तब उनकी माता को और आगे मैथुन रति में अभिरमन करने की चाह नहीं होती है, किन्तु यहां 'कन्या जनन' का कुछ भी उल्लेख नहीं है; ऐसे जन्म को संवासरहित उत्पत्ति कहा जा सकेगा। असली गर्भधारणा के दिन, माता आषाढ़ोत्सव का समारोह मनाने के बाद सुगंधित जल से स्नान करके, और उत्कृष्ट आहार को ग्रहण कर, उपोसथ को धारण करती हैं और अपने अलंकृत राजशय्या पर सोने जाती हैं। जब वह सोती है, तब वह स्वप्न देखती है कि चातुर्महाराजिक देवता शय्या के साथ उसे उठाते हैं, और, हिमालय में, ले जाकर, उसे अनोतत्त सरोवर में नहलाते हैं, अति सुंदर वस्त्र पहनाते हैं, सुगंध लगाते हैं और स्वर्गिक पुष्पों से भूषित करते हैं। यह कहा जाता है कि बोधिसत्व का जन्म

तब होता है जब उनकी माँ अपनी मध्यावस्था के अन्तिम तिहाई भाग में होती है। यह इस अभिप्राय से कि दोनों माँ और शिशु के लिये जन्म आसान हो सके। बोधिसत्व के जन्म के उपरांत कई चमत्कार उपस्थित होते हैं। अट्ठकथाएं उदाहरण आदि देकर सूत्रों में दिये गये इन चमत्कारों के वृतान्त की बहुत लम्बाई से व्याख्या करती है। जन्म हो जाने के तुरंत बाद बोधिसत्व अपने पांव पर दृढ़ता से खड़े हो जाते हैं, और उत्तर दिशा की ओर सात लम्बे डग भरकर, जबकि शुभ्र छत उनके शीष के ऊपर धरा हुआ होता है, मुआयना करते हैं और निर्भय ध्वनि में सिंहनाद करते हैं; ''अग्गो हं अस्मि लोकस्स, जेट्ठों हं अस्मि लोकस्स, सेट्ठों हं अस्मि लोकस्स, अयं अन्तिमा जाति, नत्थि दानि पुनब्भवों''। (बाद के बोद्धों के लिये, भूमि पर खड़े रहने का अर्थ चार ऋद्धिपादों को प्राप्त करना है; उत्तर की ओर सन्मुख होने का संकेत निकलता है समुदाय की आध्यात्मिक विजय; सात लम्बे डग सात बोध्यांग हैं; छत विमुक्ति का छत्र है; मुआयना करने का मतलब है विवर्त ज्ञान; निर्भयता अपरिवर्तिय धर्मचक्र प्रवर्तन का द्योतक है; अन्तिम जन्म का उल्लेख, अर्हत्व से है, जो वह इस जीवन में प्राप्त करेंगे, इत्यादि)। बोधिसत्व के, केवल इन्हीं कुलों का नहीं, बल्कि उनके जन्म के साथ जुड़े हुए प्रत्येक मद के अपने विशेष-विज्ञापक अर्थ हैं। यह प्रतीत होता है कि जब बोधिसत्व ने उत्तर की ओर सात लम्बे डग भरे तब उसके बाद क्या हुआ इसको लेकर संघस्थविरों में मतभेद हुआ है। क्या वे जमीन पर से चले थे अथवा वायु से। क्या लोगों ने उन्हें जाते समय देखा था? क्या वे सवस्त्र थे? क्या वे शैशव प्रतीत होते थे या वयस्क? त्रीपिटक चूकाभय ने, लोह प्रासाद के पहले मंजिल पर बैठे हुए, उपदेश देते समय इस सवाल को एक समझौते, एक सुझाव से निपटाया था: बोधिसत्व जमीन पर चले थे लेकिन प्रेक्षकों को लगा कि वह वायु के माध्यम से चले जा रहे थे। वह निर्वस्त्र थे, किन्तु दर्शकों को लगा कि वह चमकदार अलंकारों से सजाये हुए थे; वे शैशव थे, परन्तु सोलह साल के दिखाई पडते थे; और सिंहनाद के अनन्तर वे शैशवावस्था में लौट आए।

जन्म के बाद बोधिसत्व को नैमित्तियों के सामने पेश किया जाता है और वे पुनर्निश्चय से कथन करते हैं कि दो ही उनकी अनावृत्त गतियां हैं–चक्रवर्ति या बुद्ध इन दोनों में से वह कोई एक होगा। उन्होंने यह भी खोज की कि उनका शरीर महापुरूष के बत्तीस लक्षणों से युक्त है। बोधिसत्व में भी अस्सी अनुव्यंजन होते हैं जैसे कि ताम्रवर्णित चमकदार और सुस्पष्ट नाखुन, नहारू जो छिपे हुये और गांठ से रहित होते हैं, आदि। ब्रह्मायु सूत्र गौतम के बारे में अन्य विवरण देता है जो प्रत्यक्षत: सभी बुद्धों के लक्षण है। इस प्रकार वे हमेशा दाहिना कदम पहले उठाकर चलते हैं, उनके डग न अपेक्षा से अधिक लम्बे और न अपेक्षा से अधिक कम ही भरे जाते हैं, केवल उनके नीचे के अवयव हिलते हैं। जब वह किसी चीज को टकटकी लगाकर देखते हैं, तब वे वैसा देखने के लिए दाहिने घूमकर विलोकन करते हैं। गृह

में प्रवेश करते समय वे अपना शरीर कभी नहीं झुकाते हैं; बैठते समय, पात्र को साफ करने के लिए जल को ग्रहण कर, आहार ग्रहण कर, आहार ग्रहण करने के बाद हाथ साफ करके, अथवा पुण्यानुमोदन करके, वे महान परम मर्यादा परम प्रतिष्ठा और परम पूर्णता के साथ बैठते हैं। जब देशना करते है, तब वे न खुशामद करते हैं और न सार्वजनिक रूप से अपने श्रोताओं का विरोध करते हैं बल्कि उन्हें मात्र सिखाते हैं, प्रेरित करते हैं, प्रबुद्ध करते हैं और उत्साहित करते हैं। उनकी ध्वनि में आठ विशेषताएं होती हैं: वह स्पष्ट होती है; सरल होती है, मधुर होती है, प्रिय होती है, पूर्ण होती है, वाहक होती है, भारी होती है। और अनुनाद करनेवाली होती है; वह उनके श्रोताओं के परे भ्रमण नहीं करती है। अंगुत्तर निकाय के उद्धरण का कथन है कि बुद्ध आठ परिषदों में देशना करते हैं–आर्य परिषद, ब्राह्मण परिषद, गृहस्थ परिषद, श्रमण परिषद, चातुर्महाराजिक देवताओं की परिषद, तावतिंस की परिषद, मारों की परिषद और ब्रह्माओं की परिषद। उन परिषदों में वे उनमें से एक बन जाते हैं और उनकी भाषा इनकी अपनी भाषा बन जाती है।

नमूने के लिये बुद्ध का जीवन वृत्तान्त गौतम चरित्र में चित्रांकित किया हुआ है। वे पुत्र के जन्म हो जाने के बाद ही घर छोड़कर चले जाते हैं। यह, अट्ठकथाएं व्याख्या करती हैं, उनको मनुष्य प्राणी से भिन्न ग्रहण किये जाने से रोकने के लिये होता है। अपने गृहत्याग के पहले वे चार शकुण देखते हैं; वृद्ध, रोगी, मृतक और गृहत्यागी। कोई बुद्ध एक दिन में सभी चार देखते हैं; दूसरे जैसे विपस्सी, दीर्घ अन्तराल में दर्शन करते हैं। बुद्धत्व प्राप्त करने के बाद बुद्ध तब तक नहीं देशना करते हैं जब तक वैसी प्रार्थना महाब्रह्मा से न की जाती है। इसका अभिप्राय यह है कि संसार बुद्ध और उनकी शिक्षा की ओर अधिकतर ध्यान दे सके। बुद्ध सामान्यत: प्रथम देशना के लिये बोधिवृक्ष से ऋषिपतन तक वायु से भ्रमण करते हैं, लेकिन गौतम पैदल गये थे क्योंकि मार्ग में उन्हें उपक से मिलना था।

बुद्ध का दिन मियादों में विभक्त रहता है, प्रत्येक मियाद की अपनी पृथक चर्या होती है। वे प्रात: जल्दी उठते हैं, और शारीरिक क्रियाओं का ध्यान कर के भिक्षाटन का समय हो जाने तक एकांत में बैठे रहते हैं। तब वे उत्तरीय चीवर को परिधान करते हैं और भिक्षा के लिये चलते हैं, कभी-कभी अकेले, कभी-कभी भिक्षुओं के विशाल अनुगमन के साथ। जब वे अकेले जाना चाहते हैं तब वे अपनी कुटी का दरवाजा बंद करके रखते हैं, उसका संकेत भिक्षु समझ जाते हैं। कभी-कभी भिक्षा के लिये वे दूर तक जाते हैं, वायु से जाते हैं, और तब खीणास्त्रवों को उनके साथ जाने की अनुमति होती है। कभी-कभी वे साधारण मार्ग से जाते हैं (पकतिया), कभी-कभी चमत्कार उनके साथ होते हैं। भोजनोपरान्त वे अपनी कुटी में लौट आते हैं, यह पूर्वभात कृत्य है।

अपने पांव धोकर, वह अपनी कुटि से निकलते हैं, भिक्षुओं से बात करते हैं, और उन्हें सलाह देते रहते हैं। जो उन्हें ध्यान भावना के विषयों के बारे में पूछते हैं, उनके लिए वे उनके स्वभाव के अनुसार विषयों को प्रदान करते हैं। फिर वे अपनी कुटि मे लौटे हुये होते हैं, और यदि वे चाहे, तो कुछ समय के लिए लेट लेते हैं। उसके बाद वे संसार का अपने दिव्यचक्षु से निरिक्षण करते हैं, खोजते हैं कि वे किसके लिए सेवा कार्य को करें और तब वे जो उनसे सीखने के लिये आते हैं उनको उपदेश देते हैं। शाम को वे स्नान करते हैं, और तब प्रथम प्रहर के समय जो उनसे परामर्श लेना चाहते हैं इन भिक्षुओं का ध्यान रखते हैं, मध्यम प्रहर देवताओं और जो प्रश्न लेकर उन्हें मिलने आते हैं, उनके संगत में बिताया जाता है। अन्तिम प्रहर तीन हिस्सों में विभक्त होता है; प्रथम भाग व्यायाम और भावना के अभ्यास के लिए बिताया जाता है; द्वितीय भाग निद्रा के लिए प्रदान किया जाता है; और तीसरा हिस्सा समाधि के लिये, इस दौरान क्योंकि उनका जो अपने पूर्व पुण्य कृत्यों बुद्ध की शिक्षा से लाभान्वित होने की क्षमता रखते हैं वे उनकी दृष्टि में आते हैं। केवल वे ही प्राणी जो बुद्ध की शिक्षा से लाभान्वित होने के पात्र होते हैं और जो उपनिश्रय से युक्त है, बुद्ध की दिव्य चक्षु के सामने दिखाई देते हैं। बुद्ध अपने दर्शनार्थियों को जो पूछना चाहें वह पूछने की अनुमति देते हैं। उसे सब्बञ्ञुपवारण कहते हैं, और केवल बुद्ध ही किसी भी प्रश्न का उत्तर देने की प्रतिज्ञा को धारण करने में समर्थ हैं।

वर्षावास के सिवाय बुद्ध अपना समय जगह-जगह चारिका करने के लिए बिताते हैं, मनुष्यों को प्रसन्न करते रहते हैं, धार्मिक जीवन जीने लिए उत्साहित करते रहते हैं। इस पर्यटन को चारिका कहते हैं और वह दो प्रकार की होती है—तुरित और अतुरित। पहले प्रकार की चारिका लम्बे प्रयास के लिए प्रयुक्त होती है, जो बहुत संक्षिप्त समय में उनसे सम्पादित होती है, जो महत्वपूर्ण व्यक्ति विशेष के हित के लिये होती है। इस प्रकार गौतम कमाधिक छह मील महाकस्सप को मिलने के लिए चले थे, दो सौ चालीस मील आव्ठवक और अंगुलीमाल से मिलने के लिए, और तीन सौ आठ मील पुक्कुसाति, इत्यादि को मिलने के लिए चले गये थे। अतुरित चारिका के विषय में विकास पहले से कम होता है। बुद्ध की चारिका का भ्रमण मान साल-साल में बदलता रहता है। कभी-कभी वे महामण्डल में सात हजार दो सौ मील भ्रमण किये होते हैं, कभी-कभी मध्य मण्डल में सात हजार सौ मील भ्रमण किये होते हैं, कभी-कभी चार हजार आठ सौ मील का अन्तर्मण्डल घूमा हुआ होता है। महामण्डल के भ्रमण में नौ महीने लगते हैं, मध्यमण्डल के पर्यटन के लिए आठ महीने और अर्न्तमण्डल के लिए एक से चार महीने तक का समय लगता है। जब बुद्ध स्वयं पर्यटन के लिए नहीं जा सकते, तब वे अपने प्रधान शिष्यों को भेज देते हैं। बुद्ध अपने पर्यटन का ऐलान दो हफ्ते पहले ही, कर देते हैं, ताकि भिक्षु तैयारी कर सकें।

बुद्ध सर्वज्ञ होते हैं, इस अर्थ में नहीं कि वह सब कुछ जानते हैं, लेकिन क्योंकि वह कुछ भी वैसा चाहने पर जान सकते हैं। उनका ज्ञान चार अप्रमेय में एक है। बुद्ध का शरीर भी इतर शरीरों के साथ तुलना करने के लिये नापा नहीं जा सकता वे लोगों को तीन प्रकारों में से किसी एक तरीके से परिवर्तित करते हैं–ऋद्धि बल के माध्यम से (ऋद्धिप्रातिहार्य), उनके चित्त के स्वाध्याय के माध्यम से (आदेसनाप्रातिहार्य), अथवा उनके चरित्र और स्वभाव के अनुसार जो लाभदायक होता हो के माध्यम से (अनुशासनप्रातिहार्य)। यह अन्तिम माध्यम ही बुद्ध अकसर अधिकतम प्रयुक्त करते हैं। (बुद्ध के प्रतिद्वन्दि कहते हैं कि उनको आवर्तनी माया का बल प्राप्त है; लेकिन यह असत्य है, जैसे–कभी-कभी (उदाहरणार्थ, कोसम्बी के भिक्षुओं के विषय में) वे स्वयं अपने शिष्यों को अपने कहे के अनुसार नहीं चला सकते हैं। खास प्राणी विशेष, केवल बुद्ध के माध्यम से ही परिवर्तित किये जा सकते हैं। उन्हें "बुद्ध-वे-नेय्या" कहते हैं। कोई बुद्ध के दर्शन से प्रसन्न होते हैं, कोई उनके ध्वनि और शब्दों से, और कोई उनकी सरलता से प्रसन्न होते हैं, जैसे कि साधा चीवर को पहनना, आदि, और अन्त में वे, जिन के विवेक का मापदण्ड साधुता है, विचारते हैं कि वे बेजोड़ है। यद्यपि बुद्ध की शिक्षा श्रोताओं के ऊपर कदापि नहीं खो जाती, तथापि वे कभी-कभी उपदेश देते समय इसका बोध करते हैं, कि यह तत्काल फल के लिये नहीं होगी। यह कहा जाता है कि बुद्ध के समय में बुद्ध के समीप जहां कहीं भिक्षु रहता है, वह हमेशा बुद्ध के लिए आसन तैयार रखता है क्योंकि संभव है कि बुद्ध उसे विशेष दर्शन प्रदान करेंगे। कभी-कभी बुद्ध समाधि में वयस्क भिक्षु को प्रोत्साहित करने के लिए अपनी गंधकुटी से प्रकाश की किरण भेज देते और उसके सामने इस प्रकाश किरण से प्रकट होकर उपदेश देते। ऐसे उपदेशों की गाथाओं को ओभासगाथा कहते हैं।

हर एक बुद्ध संघ की नींव डालते हैं; हर एक बुद्ध की प्रातिमोक्ष उपेदश गाथा वही होती है। बुद्ध के उपदेश का लक्ष्य हमेशा अर्हत्व प्राप्त करना होता है। बुद्ध के जीवनकाल के दौरान ही प्राणी अभिज्ञा को प्राप्त कर सकते हैं। बुद्ध में दस बल होते हैं, जो ज्ञान के दश क्षेत्रों में उनकी सर्वांगपूर्ण बोधशक्ति से बनते हैं, और शारीरिक बल एक लाख करोड़ हाथियों के बल का होता है। वे अकेले देवताओं के आहार को अथवा उनके द्वारा डाले गये ओज के आहार को पचा सकते हैं। कोई भी दूसरा उनके लिये अलग करके रखे हुए आहार को निर्व्दंदता से ग्रहण नहीं कर सकता है। इन उत्कृष्ठताओं के अतिरिक्त बुद्ध चार वैशारदों, अठारह आवेनिक धर्मों, और सोलह अनुत्तरियों से युक्त होते हैं। पूर्व जन्मों के स्मरण में बुद्ध समान गुण वाले छः वर्गों के विशोधित प्राणियों के साथ सहभागी होते हैं, वह केवल उच्चतर अवस्था में होता है। यह सामर्थ्यता चढ़ते पैमाने पर तिस्थियां, पकतिसावका, महासावका, अगगसावका, प्रत्येक बुद्ध और बुद्धों में होती है।

हर एक बुद्ध महासमय धारण करते हैं, और वहां एकत्रित हुये महाबलि परिषद को भिन्न-भिन्न स्वभाव के अनुकूल उपदेश देने के योग्य होते हैं।

बुद्ध रोग से पूर्णतः मुक्त नहीं होते है (उदाहरणार्थ गौतम)। हर बुद्ध में एक संपूर्ण कल्पतक जीने के लिये बल होता है। अट्ठकथा सफाई देती है कि यहां कल्प यानी आयुकल्प, उस युग विशेष में मनुष्य जीवन की पूर्ण अवधि होती है। कोई-कोई जैसे महासिव थेरा मानते हैं कि यदि बुद्ध मृत्यु कष्ट को जीतकर दस माह तक जी सके तो वे वैसे ही इस भद्रकल्प के अन्त तक भी जी सकते है। (लेकिन बुद्ध जरता की दुर्बलता से उनका शरीर कमजोर हो जाने के पहले ही मरना चाहते हैं।) किसी भी बुद्ध का जीवनकाल जल, वायु और आहार से जो वे ग्रहण करते हैं कम हुआ होता है। तथापि कोई भी बुद्ध शासन दृढ़ता से प्रतिष्ठित होने तक निवृत्त नहीं होते हैं। बुद्ध के विषय में तीन परिनिर्वाण होते हैं; क्लेष परिनिर्वाण, खन्धपरिनिर्वाण और धातु परिनिर्वाण। पहला बोधिवृक्ष के नीचे होता है, दूसरा बुद्ध के अन्तकाल के क्षणों में; तीसरा उसके बहुत बाद होता है। कोई बुद्ध दूसरे बुद्धों की अपेक्षा अधिक जीते हैं; दीर्घायुक बुद्धों के सन्मुख श्रावक होते हैं जो स्वयं बुद्ध से ही धर्मश्रवण करते हैं, और उनके संसार से चले जाने पर उनकी अस्थियां इधर-उधर नहीं बिखेरी जाती हैं, मात्र स्तूप का उस पर निर्माण किया जाता है। अल्पायु बुद्ध पाक्षिक उपोसथ धारण करते हैं, दूसरे (उदाहरणार्थ कस्सप बुद्ध) छह माह में एक बार धारण करते हैं; और (उदाहरणार्थ विपस्सी) छह साल में केवल एक समय।

बुद्ध के मृत्यु के अनन्तर, उनका धर्म धीरे-धीरे भुला दिया जाता है। पहला पिटक जो भुला दिया जाता है अभिधर्म है, जो पट्ठान से आरंभ और धम्मसंङगणी से समाप्त होता है। फिर सुत्रपिटक का अंगुतर निकाय ग्यारहवें से प्रथम निपात तक, बाद में संयुक्त निकाय, चक्कपेय्याल से ओघतरण तक; बाद में मध्यम, इन्द्रिय भावना सूत्र से मूलपर्याय सूत्र तक, और फिर बाद में दीघ, दस उत्तर से ब्रह्मजाल तक। सभियपुच्छा जैसी प्रकीर्ण गाथा और आव्ठवक, पृच्छा, बहुत अधिक काल तक रहेगी, परंतु वे शासन का पोषण नहीं कर सकती है। लुप्त होनेवाला अन्तिम पिटक विनय है, आखरी हिस्सा उभतो विभङ्ग की मातृका होती है।

जब बुद्ध का देहान्त होता है, तब उनका शरीर राजा के अनुकूल प्रतिष्ठा को प्राप्त करता है। यह कहा जाता है कि जिस रात को बुद्ध बोधि प्राप्त करते हैं, और जिस रात को वे निवृत्त होते हैं, तब उनकी त्वचा का रंग, अत्यधिक चमकीला होता है। सर्वदा, जहां बुद्ध उपस्थित होते हैं, वहां दूसरा कोई भी प्रकाश नहीं चमकता है।

सम्वर्तमान कल्प के समय में कोई भी बुद्ध पैदा नहीं होते हैं, किन्तु केवल विवर्तमान कल्प के समय बुद्ध पैदा होते हैं। बोधिसत्व जो प्रज्ञा में अत्यधिक विकसित हुये होते हैं, बुद्धत्व को चार असंखेय्यों में प्राप्त कर सकते हैं; जो श्रद्धा में विकसित

हुये होते हैं, वे आठ, और जिसका वीर्य प्रधान घटक है, वह सोलह असंखेय्यों में बुद्धत्व को प्राप्त कर सकते हैं। जब एक बार प्राणी बोधिसत्व बन गया हो, तब अठारह दशायें ऐसी होती हैं जिससे वे मुक्त रहते हैं। बुद्ध का उल्लेख विविध विशेषताओं से किया जाता है। ऐसी एक सूची अंगुत्तर निकाय प्रदान करती है। वहां उनको श्रमण, ब्राह्मण, वेदगू, भैषक, निर्मल, विमल, ज्ञानी और विमुक्त इन नामों से पुकारा जाता है। बुद्ध स्वयं अपने बारे में ''तथागत'' नाम से जिक्र करते हैं। उनके अनुयायी उनको केवल ''भगवान'' कहके सम्बोधित करते हैं। दूसरे लोग इनको ''गौतम'' नाम से पुकारते हैं। गौतम बुद्ध के विषय में ऐसा भी जिक्र मिलता है कि उनको शक्र (शाक्य), ब्रह्म, महामुनि और यक्ख से भी सम्बोधित किया गया। विशेषत: बाद के ग्रन्थों में अगण्य विशेषण मिलते हैं। एक बहुत प्रसिद्ध फार्मुला जो बौद्धों के अनुष्ठान में प्रयुक्त किया जाता हैं, जिसमें, नौ विशेषण समाये हुये हैं, यह हैं: भगवान अर्हत, सम्यकसम्बुद्ध, विद्याचरण सम्पन्न, सुगत, लोकबिंदू, अनुत्तर, पुरिसद्म्मसारथी, देवमनुष्य के शास्ता, बुद्ध भगवान। यह माना जाता है कि बुद्ध-स्तुति अपरिमाण होती है। उनका सबसे बड़ा एक लक्षण जिसको बार-बार दोहराकर जिक्र किया जाता है, यह है कि वे शांती के प्रेमी हैं। वे एकांतवास को भी पसंद करने वाले होते है (पटिसल्लान)। जब वे अवकाश ग्रहण करते हैं तब उनसे मिलने जाना सामान्यत: अकाल होता है। उनके इस एकांतवास को बहुत चाहने के कारण प्रतिद्वन्दियों से उनके खिलाफ लाये गये कुछ दोषारोपण भी होते हैं। ''यह कहा जाता है कि उनकी प्रज्ञा इस एकान्तवास की आदत के कारण क्षीण हो जाती है। किसके साथ व्यवहार करने से उन्हें सुबोधता प्राप्त होती है? परिषद को संचालित करते हुए चैन नहीं नजर आते हैं, संभाषण के लिये तैयार नहीं होते हैं, वे वस्तुओं के झब्बों में ही व्यस्त रहते हैं। वे एक आंख वाली गौ के समान है जो गोल-गोल चलती है।'' इसका उनके शिष्यगण अनुकरण करते हैं। बुद्ध के निवास स्थान को गंधकुटि कहा जाता है। उनके चरण-चिन्ह पाद चेतिय कहलाते हैं, और वे जब उसे चाहते हैं, तब ही देखे जा सकते हैं। जब कभी वे उसे दृश्य रखना चाहते हैं, तो कोई उसे मिटा नहीं सकता। वे यह भी चाह सकते हैं कि उसे केवल कोई विशेष व्यक्ति ही देखेगा। यह भी कहा जाता है कि उनके मैत्री का बल इतना होता है कि उनकी उपस्थिति में कोई दुष्ट शक्ति अपना फल नहीं दिखा सकती है। बुद्ध सराहना के लिये नहीं निवेदन करते हैं, लेकिन कभी यदि उनकी सराहना उनकी हाजरी में की जाती हो तो वे कोई तिरस्कार नहीं करते हैं। जब बुद्ध किसी स्थल में बैठे हुए होते हैं, तब कोई वायु से उड़कर उनके ऊप0र से जा सकने के काबिल नहीं होता है। वे भोजन के लिए किसी गरीब आदमी का निमंत्रण स्वीकार करना अधिक पसंद करते हैं।

संदर्भ: मललसेकरे संपा-डिक्शनरी ऑफ पालि प्रापर नेम्स, वाल्युम-2 N-H, पृ. 294-305-।

6
बोधिसत्व

डॉ. मललसेकरे,
डॉ. चंद्रशेखर (अनु.)

''बोधिसत्व'' नाम उस प्राणी को दिया जाता है जो बोधि की अभिलाषा करता है। अट्ठकथायें इस शब्द की व्याख्या इस प्रकार करती है: बोधिसत्तोति पण्डित सत्तो बुज्झनक सत्तो; ''बोधिसङ्खा-तेसु वा चतुसु मग्गेसु आसत्तो लग्गमानसोति बोधिसत्तो।'' इसलिए यह शब्द उन सभी संदर्भ के लिये प्रयुक्त हो सकता है, जिसमें बुद्ध, और बुद्ध श्रावक का समावेश है। किन्तु वह सामान्यत: उन्हीं प्राणियों के लिए प्रयुक्त किया जाता है जिन्होंने बुद्ध बनने के मार्ग को ग्रहण किया है। यह शब्द मूलत: बुद्ध के अन्तिम जीवन के सम्बन्ध में प्रयुक्त किया हुआ होगा, ऐसे संदर्भ में जैसे ''मेरे बोधिप्राप्त करने के पूर्व दिनों में, जब मैं अभी केवल बोधिसत्व ही था,'' महापदान सुत्त और अच्छारिय अब्भुत धम्मसुत्त में इसका संदर्भ है। लेकिन तब तक कपिलवस्तु में गौतम बुद्ध और दूसरे अर्हतों के पूर्व जीवन के बारे में कुतूहलता और अटकले लगाई जाना शुरु हो गई थी।

बोधिसत्व के सम्बन्ध में विकसित हुये विचारों के रूप में बोधिसत्व का जीवन वृत्त (पहले अभिनिहारकरण अथवा मूलप्रणिधान) सभी प्राणियों के हित के लिए, मुक्ति के लिए बुद्ध बनने का संकल्प करने के साथ आरम्भ हुआ था। बाद के साहित्य में, अभिनिहार उस अवधि से पूर्ववर्ती है जिस समय में बोधिसत्व मनोप्रणिधि का अभ्यास करते हैं, जब वह अपने मन में बिना घोषित अभिप्राय के बुद्ध बनने की उत्कट इच्छा का संकल्प करते हैं।

अभिनिहार कारगर बनाने के लिए आठ शर्तों की पूर्ति की जानी चाहिए; आकांक्षी होना चाहिए; (1) मनुष्य, (2) पुरुष, (3) उसी जन्म में अर्हत् बनने के लिये पर्याप्त विकसित होना, (4) घोषणा के समय श्रमण रहा हो, (5) अपना संकल्प बुद्ध के सामने घोषित कर देना, (6) ध्यान जैसे प्राप्तियों को प्राप्त होना, (7) सर्वस्व समर्पित करने के लिए तत्पर होना और, (8) संकल्प पूर्णतया दृढ़ और अचल होना। गौतम बुद्ध का अभिनिहार अमरावती में

दीपङ्कर बुद्ध के सामने किया गया था। उस समय उनका नाम सुमेध था। जिनके सामने अभिनिहार किया जाता है वह बुद्ध भविष्य की परीक्षा करते हैं, और, यदि आशानुकूल हो, तो उसकी पूर्ति की घोषणा करते हैं। इस घोषणा को व्याकरण कहते हैं, और यह सारे परवर्ती बुद्धों के द्वारा की जाती है, जिनको बोधिसत्व अपने जीवनवृत्त के दौरान मिल सकते हैं। अपना पहला व्याकरण प्राप्त करने के अनन्तर, बोधिसत्व उन योग्यताओं की खोज में लगे रहते हैं जो बुद्धत्व की प्राप्ति के लिये उनसे अर्जित की हुई होनी चाहिए। बुद्ध कारक धर्म, जो पूर्ववर्ती बोधिसत्वों की प्रथा के युक्तिसंगत है या तत्सम योग्यतायें दस है; ये वे खोज निकालते हैं। दस पारमितायें ये हैं : दान, शील, नैष्क्रम्य, प्रज्ञा, वीर्य, क्षांति, सत्य, अधिष्ठान, मैत्री और उपेक्षा। तीस पारमिताओं होती है, दस में से प्रत्येक को तीन से गुणा कर, जो प्रकार और मात्रा में भिन्न-भिन्न होती हैं। दान के विषय में इस प्रकार, जब कोई अपने अवयव प्रदान करता हैं, तो दानपारमिता होती है, दान उपपारमी यानी अपने ब्राह्म मल्कियतों को त्याग देना और दान परमत्थ पारमी अपना जीवन दान करने से होती है, इनमें अन्तिम पारमी सबसे उत्तम है। गौतम बुद्ध के विषय में, दस पारमिताओं का उच्चतम मात्रा में जिन-जिन जन्मों में अभ्यास किया गया था उन-उन जन्मों का ब्योरा इस प्रकार है : एकराज, खन्तिवादि, चूलसंखपाल, महाजनक, महासुतोसम, मूगपक्ख, लोमहंस, सत्तुभत्तक, सस, और सुतोसम जातक।)

वे चार बुद्धभूमियों में भी विकसित होते हैं–उत्साह, उम्मग्ग, अवत्थान और हित चरिया जो क्रम से इस प्रकार स्पष्ट की जाती है: वीर्य, प्रज्ञा, अधिष्ठान और मैत्रीभावना। वे छः अज्झासयों को भी ध्यान से बढ़ाते हैं, वह बोधि को पूर्ण विकसित करने में सहायक होते हैं, वे छः ये है:

नेक्खम्मज्झासय, पविवेकज्झासय, अलोभज्झासय, अदोसज्झासय अमोहज्झासय और निस्सरणज्झासय।

बोधिसत्व अपने जीवन वष्टत्त के समय अठारह अशुभ अवस्थाओं में जन्म ग्रहण करने से मुक्त होते हैं (अट्ठारस अभब्बटठानानि)। वे चक्षुहीन, बधीर, भ्रांतचित्त, एकमूग अथवा पंगु, अथवा जंगली, दासी की कोख में से अथवा विधर्मी कभी पैदा नहीं होते हैं। उनका लिंग कभी परिवर्तित नहीं होता है, वे पांच आनन्तरिक कर्मों से किसी का भी दोज़ी कभी नहीं होते और वे कभी कोढ़ी नहीं होते हैं। यदि पशु पैदा हो, तो वे बटेर से कम और हाथी से अधिक और कुछ कभी नहीं बनते हैं। नौ प्रेतों के विविध वर्गों अर्थात कालकञ्जकों, अविचि में, लोकन्तर नरक, मार के रूप में और ऐसे लोक में, जहां असंज्ञीभव हो, सुधावास, अरुप लोक अथवा किसी अन्य चक्रवाल में कभी पैदा नहीं होते हैं।

तीस पारमिताओं का अभ्यास करने के अतिरिक्त सारे बोधिसत्वों को चाहिये कि वे पांच बड़े त्याग करें (महापरित्याग–पत्नित्याग, संतानत्याग, राजत्याग, जीवन

और अवयव त्याग—आतत्थ चरिया, लोकत्थ चरिया और बुद्धि अत्थ चरिया इन तीनों की और सात महादानों की जैसे कि वेस्सन्तर ने भावना की थी, जिससे पृथ्वी सात बार हिलने को कायल हुई थी—पूर्ति करनी चाहिये।

बोधिसत्व के जीवन वृत्त का आयाम भिन्न-भिन्न है; कोई पारमी का कम से कम चार असङ्खेय्यों और एक लाख कल्पों तक भावना करता है। अन्य कम से कम आठ असंखेय्यों और एक लाख कल्पों तक, और दूसरे सोलह असंङ्खेय्यों और एक लाख कल्पों तक अभ्यास करते हैं। इन अवधियों में पहली अवधि बहुत न्यूनतम है जो आवश्यक है और जो उन्हीं के लिये नियत है जो प्रज्ञा में अधिक उन्नत हैं। मध्यम अवधि उनके लिए है जो अधिक श्रद्धोन्नत हैं; और अन्तिम और उच्चतम अवधि उनके लिए हैं जिनका प्रधान लक्षण वीर्य होता है।

अपने उपान्त्य जन्म में बोधिसत्व तुषित में जन्म लेते हैं, जहां जीवन सत्तावन करोड़ और साठ लाख वर्षों तक टिकता है, लेकिन अधिकतम बोधिसत्व अपना जीवनकाल पूर्ण किये बिना ही तुषित से चले आते हैं।

जब उनके अन्तिम जन्मकाल का संकेत पहुंचता है, तो सर्वत्र उत्तेजना पैदा होती है क्योंकि दस सहस्त्र लोक धातु में विविध लक्षण दिखाई देने लगते हैं। सर्व लोकों के देवता तुषित में एकत्र होते हैं और बोधिसत्व से निवेदन करते हैं कि मनुष्य रूप में जन्म ग्रहण करो, ताकि बुद्ध बन सको। बोधिसत्व इसका उत्तर जब तक काल द्विप, जन्मस्थान, अपनी जननी और उसके शेष जीवन काल के सम्बन्ध में पांच महाविलोकन नहीं करते, तब तक रोके रखते हैं। बुद्ध उस लोक में नहीं उत्पन्न होते जिसमें मनुष्य एक लाख वर्षों से ऊपर तक जीता है अथवा जहां वे एक सौ वर्षों से कम जीते हैं। वे केवल जम्बुद्वीप में ही पैदा होते हैं और उसमें भी मध्यम देश में ही पैदा होते हैं, और केवल क्षत्रिय अथवा ब्राह्मण कुल में पैदा होते हैं।

बोधिसत्व की माँ उनके अन्तिम जन्म के समय कामुक या मद्यपान की कायल नहीं होनी चाहिए। उसने एक लाख कल्पों तक पारमीओं का पालन किया हुआ होना चाहिए; जन्म से अनुल्लंघित शील को रखा हुआ हो, और बोधिसत्व के गर्भधारण करने के अनन्तर दस महीनों और सात दिनों से अधिक देर तक जीनेवाली नहीं होनी चाहिए।

इन तत्थों के बारे में स्वयं को संतुष्ट कर के बोधिसत्व अन्य देवताओं के साथ तुषित नन्दनवन में जाते हैं, वहां वे अपने विदाई का उनके बीच में ऐलान करते हैं और उनसे खेलते हुए अन्तर्धान हो जाते हैं। उनके गर्भधारण होने के दिन, बोधिसत्व की माता उपोसथ व्रत और ब्रह्मचर्य को एक महाउत्सव के समाप्त होने पर धारण करती है, और जब वह सोने के लिए चली जाती है, तब उसे स्वप्न आता है कि चातुर्महाराजिक देवता उसकी शय्या के साथ उसे धारण करते हैं, अनोतत्त सरोवर में

उसे नहलाते हैं, दिव्य वस्त्रों से सज्जित करते हैं और सर्वप्रकार के चैन से घिरे हुए एक स्वर्ण महल में रखते हैं। जब वह वहां लेटी रहती है, तो बोधिसत्व सफेद हाथी के रूप में उसकी दाहिनी तरफ से कोख में प्रवेश करते हैं। पृथ्वी कांपती है और सारा दस सहस्त्र लोक धातु प्रभा से भर जाता है। तुरंत ही चातुर्महाराजिक देवता माँ और शिशु की पहरेदारी करते हैं। गर्भधारणा के शुरू से अन्त तक, जो पूरी तरह से दस मास तक रहती है, उसकी माता व्याधिहीन रहती है और शिशु को कोख में पालथी मार कर बैठा हुआ अनुभव करती है। दस महीने के अन्त में वह वन में खड़े ही खड़े शिशु को जन्म देती है, कभी घर के भीतर जन्म नहीं देती है, सुद्धावास ब्राह्मण, जो कामुकता से मुक्त होते हैं, सबसे पहले शिशु को स्वर्ण के पात्र में ग्रहण करते हैं, और उनसे चातुर्महाराजिक देवता उसे कुरंग के चर्म पर ग्रहण कर उसकी माँ को पेश करते हैं। यद्यपि बोधिसत्व का जन्म लुबाब से रहित ही होता है, अन्यथा जो जन्म के समय विद्यमान रहता है, जल के दो शावर, एक गरम, दूसरा शीतल आकाश से बरसते हैं और मां और शिशु को नहलाते हैं। शिशु तब उत्तर की दिशा में सात डग भरता है, कदमों पर दृढ़ता से खड़ा रहता है; सभी ओर दृष्टि डालता है, और कहीं भी कोई उनके समान दिखाई न देने पर, सारे संसार में अपने प्रभुत्व का और यह कि यह उनका अन्तिम जन्म है का ऐलान करता है। (गौतम बुद्ध बोधिसत्व के रूप में, तीन भिन्न जन्मों पर, जैसे महोषध, वेस्सन्तर, और उनके अन्तिम जन्म के समय जन्म लेते ही बोले थे।) जन्म के 7 दिन अनन्तर उसकी माँ का देहान्त होता है। वह इसलिये शरीर से अन्त हो जाती है क्योंकि उसे दूसरे किसी को जन्म देना नहीं होता है। बोधिसत्व के गर्भधारणा के समय का ऐसा हिसाब लगाया जाता है कि माँ का नियत जीवन काल उसके जन्म के सात दिन अनन्तर स्वयं ही समाप्त हो जाता है। अट्ठकथाओं के स्पष्टिकरणों से यह प्रतीत होगा कि बोधिसत्व के जन्म के समय उसके माँ की आयु पचास और साठ के दरम्यान होती है (मज्झिमवयस्स पन द्वे कोट्ठासा अतिक्कम्म तलिये कोट्ठासे)।

बोधिसत्व के अन्तिम जन्म पर विविध चमत्कार उपस्थित होते हैं। नैमित्तिक, बुला भेजने पर, शिशु के शरीर पर महापुरुष के बत्तीस लक्षणों को देखते हैं, और कहते हैं कि शिशु चक्रवर्ती बनेगा या बुद्ध बनेगा। उनका पिता, यह चाहते हुए कि उसका बेटा बुद्ध बनने की अपेक्षा चक्रवर्ती बन जाये, उसका बहुत आराम-चैन के साथ पालनपोषन करता है, उनसे संसार की बुराई और अनिष्टता को छुपाते हैं। लेकिन बोधिसत्व की मंजिल स्वयं दावा करती है, और वे संसार में विद्यमान बुढ़ापा, रोग, मृत्यु और गृहत्यागी के जीवन में विद्यमान (वर्तमान) चित्त मुक्ति के प्रति सावधान बनते हैं। संसार के दुःख का कारण और उससे मुक्ति के मार्ग का पता लगाने की लालसा से प्रेरित होकर, बोधिसत्व अपने पुत्र के पैदा होने के दिन ही संसार को

छोड़कर चले जाते हैं। कोई बोधिसत्व हाथी पर सवार होकर संसार छोड़ते हैं (उदाहरणार्थ, दीपङ्कर, सुमन, सुमेध, फुस्स, सिखी और कोणागमन), और कोई रथ पर (जैसे, कोण्डञ्ञ, रेवत, पदुम, पियदस्सी और ककुसन्ध), कोई घोड़े पर (अर्थात, मंगल, सुजात, अत्थदस्सी, तिस्स, गौतम), और कोई पालकी में बैठकर संसार त्याग करते हैं, जैसे (अनोमदस्सी, सिद्धत्थ और वेस्सभू)। कोई, जैसे, नारद, पैदल चले जाते हैं, जबकि सोभित, धम्मदस्सी, और कस्सप उनके गृहस्थी जीवन के महलों में सैर करते हैं।

संसार को छोड़कर बोधिसत्व तपों का अभ्यास करते हैं, इन अभ्यासों का कालावधि भिन्न-भिन्न होता है। दीपङ्कर, कोण्डञ्ञ, सुमन, अनोमदस्सी, सुजात, सिद्धत्थ और कुकुसन्ध के विषय में वह कालावधि दस माह की थी; मंगल, सुमेध, तिस्स और सिखी की आठ माह की थी; रेवत की सात, पियदस्सी, फुस्स, वेस्सभू और कोणागमन की छः, सोभित की चार; पदुम, अत्थदस्सी और विपस्सी की दो सप्ताह; नारद, पदुमुत्तर, धम्मदस्सी और कस्सप की एक सप्ताह; और गौतम की छः साल की कालावधि थी। जिस दिन बोधिसत्व बुद्धत्व प्राप्त करते हैं, उस दिन स्त्री से दत्त पायास का आहार, और कुसघास का उपहार, जो सामान्य तौर से आजीवक से मिलता हैं, जो वे अपना आसन बनाने के लिए बोधिवृक्ष के नीचे बिछाते है, वे स्वीकार करते हैं। इस आसन का आकार भिन्न-भिन्न होता है; दीपड़कर, रेवत, पियदस्सी, अत्थदस्सी, धम्मदस्सी और विपस्सी के आसन लम्बाई में तिरपन हाथ थे; कोण्डञ्ञ, मंगल, नारद, और सुमेध के सत्तावन हाथ, सुमन का साठ हाथ, सोभित, अनोमदस्सी, पदुम, पदुमुत्तर और फुस्स के अड़तीस; सुजात का बत्तीस; कुकुसन्ध का छब्बीस; कोणागमन का बीस; कस्सप का पन्द्रह; गौतम का चौदह हाथ लम्बा था। बुद्धत्व प्राप्ति के पहले बोधिसत्व को पांच महास्वप्न आते हैं; (1) कि पृथ्वी उनका मंचक है और हिमालय उनका सिरहाना, उनका बाया हाथ पूर्व सागर के ऊपर स्थित रहता है, उनका दाहिना हाथ पश्चिम सागर के ऊपर और उनके चरण दक्षिण सागर के ऊपर स्थित रहते हैं; (2) तिरिया घास की महीन पतली पत्ती उनकी नाभी से निकलकर बादलों को छूती है; (3) काले सिर वाले सफेद जंतु उनके चरणों पर चढ़कर उनके घुटनों को ढक लेते हैं; (4) संसार के चार दिशाओं के विविध रंग के चार पक्षी उनके चरणों में गिरते हैं और सफेद बन जाते हैं; (5) वे गोबर में इधर-उधर चलते हैं, फिर भी मैल रहित रहते हैं।

अगले दिन बोधिसत्व आसन में पालथी मारकर पूर्व की ओर सन्मुख होकर बैठते हैं, यह दृढ़ संकल्प करते हैं कि जब तक वे अपना लक्ष्य प्राप्त नहीं कर लेते हैं तब तक आसन से नहीं उठेंगे। सारे लोकों के देवता उनके सम्मान के लिए एकत्रित

हो जाते हैं। किन्तु जब मार अपनी महाबलशाली सेनाओं के साथ आता है तब देवता भाग उठते हैं। सारा दिन मार और बोधिसत्व के दरम्यान युद्ध जारी रहता है; केवल पारमी ही बोधिसत्व को सहायता देने के लिये वहां विद्यमान होती है, और जब क्षण आता है, तब पृथ्वी देवता उनके महान समर्पण के लिये गवाही धारण करती है, जबकि मार और उसकी सेना सूर्यास्त के घंटे में पराजित होकर चले जाते हैं, तभी देवता लोग वापिस चले आते हैं और विजय के जयगीत गाते हैं। इसी बीच बोधिसत्व रात्रि को गहरी एकाग्रता में बिताते हैं, प्रथम प्रहर में उनको पूर्व जन्मों के अवलोकन की आवश्यकता होती है।

दूसरे प्रहर में वे दिव्यचक्षु को बढ़ाते हैं, जबकि अन्तिम प्रहर में वे गंभीर चिंतन करते हैं और प्रतीत्य समुत्पाद के सिद्धान्त को पूरी तरह से समझते हैं। उनका चित्त हेतुओं की श्रृंखला से आगे और पीछे पर्यटन करता है और बारह बार पृथ्वी कांपती है। सुर्योदय के साथ, सर्वज्ञता उनमें दृष्टिगोचर होती है, और वह सम्यकसम्बुद्ध बनते हैं, विजय में उदान का उच्चारण करते हैं, जबकि संपूर्ण संसार उनके साथ उल्लास मनाता है।

उपरोक्त विवरण जैसे कि ग्रंथों में दिया गया है, सभी बोधिसत्वों के साधारण और विशेष लक्षणों का संक्षिप्त विवरण है। इसके अतिरिक्त बोधिसत्व के व्यक्तिगत जीवन वृत्त के बारे में विवरण, जो गौतम के रूप में हैं, मुख्यत: बुद्धवंस और जातक अट्ठकथा में मिलते हैं। यह अबतक स्पष्ट शब्दों में कहा जा चुका है कि प्रत्येक बोधिसत्व हर एक बुद्ध से जिन्हें वे मिलते हैं, व्याकरण ग्रहण करते हैं और गौतम कोई अपवाद नहीं थे। वह अपना पहला व्याकरण सुमेध तपस्वी के रूप में, दीपंकर से पा गये थे; और तब चक्रवर्ती के रूप में, कोण्डञ्ञ से; सुरूचि ब्राह्मण के रूप में मङ्गल से; अतुल नागराज के रूप में, सुमन से; अतिदेव ब्राह्मण के रूप में, रेवत से; अजित ब्राह्मण के रूप में, सोभित से, यक्ष प्रमुख के रूप में अनोमदस्सी से; सिंह के रूप में पदुम से; ऋषि के रूप में नारद से; राज्यपाल जटिल के रूप में पदुमुत्तर से; उत्तर युवक के रूप में सुमेध से; चक्रवर्ती के रूप में, सुजात से; कस्सप युवक के रूप में पियदस्सी से; सुसीम तपस्वी के रूप में, अत्थदस्सी से; शक्र के रूप में, धम्मदस्सी से; मङ्गल तपस्वी के रूप में, सिद्धार्थ से; सुजात के रूप में तिस्स से, विजितावी राजा के रूप में, फुस्स से; अतुल नागराज के रूप में, विपस्सी से; अरिन्दम राजा के रूप में, सिखी से; सुदर्शन राजा के रूप में, वेस्सभू से; क्षेमराज के रूप में, ककुसंधा से; पर्वतराज के रूप में, कोणागमन से; और जोतिपाल युवक के रूप में, कस्सप से उन्होंने व्याकरण प्राप्त किया था।

जातकट्ठकथा में बोधिसत्व के अन्य जन्मों के बारे में ब्योरा है–उदाहरणार्थ जैसे अकित्ति, अज्जुन, अट्ठिसेन, अनिट्ठिगन्ध, अयोघर, अरक, अरिन्दम, अलीन,

चित्त, अलीन सत्तु, असदिस, आदासमुख, उदय, उदय भद्द, कट्ठवाहन, कण्हदीपायन, कण्हपण्डित, कपिल, कप्प, कस्सप, कारन्डिय, कालिंगभारद्वाज, कुणाल, कुण्डकुमार, कुद्दालक, कुस कोमायपुत्त, खदिरवनिय, गुत्तिल, घट, चन्द, चन्दकुमार, चम्पेय्य, चित्तपण्डित, कपिल, कप्प, कस्सप, कारण्डिय, कालिंगभारद्वाज, कुणाल, कुण्डकुमार, कुद्दालक, कुस, चुल्लक-सेट्ठी, चुल्ल धनुग्गह, छद्दन्त, छळंग कुमार, जनसंध, जुण्ह, जोतिपाल (सरभण्ग), तक्क पण्डित, तक्कारिय, तिरीटवच्छ, तेमिय (मूगपक्ख), दीघावु, दुय्योधन, धनञ्जय, धम्म, धम्मद्धज, धम्मपाल (राजकुमार और ब्राह्मण), नारद, निग्रोध, निमि, पञ्चालचण्ड, पञ्चावुध, पण्डित, पदुमकुमार, बक, बोधिकुमार, बह्मदत्त (कुछ जन्मों में), भद्दसाल, भरत, भल्लाटिय, भूरिदत्त, भोजनसुद्धिक, मखादेव, मघ, मन्धाता, महाकञ्चन, महाजनक, महाधन, महाबोधि (बोधि), महासीलव, महासुदस्सन, महिंसास, महोसध, मातंग, मूगपक्ख, (तेमिय), युवञ्जय, रक्खित, राम, लोमसकस्सप, वच्छनख, विधुर, विसह्य, वेस्सन्तर, संकिच्च, संख, सन्तुसित, सम्भव, सरभङग, साधीन, सिरि, सुचि परिवार, सुजात, सुतन, सुतसोक, सुप्पारक, सुवण्णसाम, सुसीम, सेनक, सेरूव, सोन, सोम, सोमदत्त, सोमनस्स, हत्थिपाल और हारित।

इनमें और अन्यजनों में बोधिसत्व ने जीवन में विविध उद्देश्य स्थानों को बिताया है, जैसे कि कलाबाज का उद्देश्य स्थान (दुब्बच जातक) था; आजीवक का (लोमहस जातक); तपस्वी (बहुत से जन्म); नाई (इल्लीस जातक); काफिले का लीडर (किंपक्क और महावाणिज जातक); बढ़ई (समुद्द वाणिज जातक); पुरोहित (बहुत से जन्म); शंखवादक (संखधम्मनजातक); अमात्य (कच्छप, कलायमुट्ठी, कुककु, गिरिदन्त, धूमकारि, पब्बतूपत्थर, पादञ्जलि, पुटभत्त, वालोदक जातक); राजपरिषद (बाहयि, सालित्तक इत्यादि जातक); पांसे का खिलाड़ी (लित्त जातक); मृदंगवादक (भेरिवाद जातक); हत्थी शिल्पी (सङगामावचर जातक); किसान (कंचनक्खन्ध; कुम्मासपिण्ड, सीहचम्म, सुवण्णक्कट जातक); वनवासी (खुरप्प जातक); उद्यानपाल (कुद्दालक जातक); सोनार (कुणाल जातक); फेरीवाला (सेरिव जातक); अश्ववाणिज (कुण्डक कुच्छिसिन्धव जातक); गृहपति (गहपति और जागर जातक, कुण्डक जैसे ही, सुतन और हारित); न्यायाधिश (कूटवाणिज, रथलत्थि जातक); नरेश (बहुत से जन्म, उदाहरणार्थ, पण्डिल इत्यादि के रूप में); राजअमात्य (कई जन्म, उदाहरणार्थ, सेनक, विधुर के रूप में); संगीतकार (गुत्तिल); भैषक (काम, और विसवन्त जातक); कुम्हार (कच्छप, कुम्भकार जातक); डाकू (न्यास कार सफाई देते हैं कि जब बोधि सत्व दुष्ट मनुष्य के रूप में पैदा होता है तो वह वैसे जन्म कुंडली की गलती के कारण होता है) (कण वेर, सत पत्त जातक); धातुकार (सूचि जातक); भूमिस्वामी (उदाहरणार्थ, नन्द जातक); पाषाण दारक (बब्बु जातक); आचार्य (कई जन्म, उदाहरणार्थ, अनभिरति, दुरा जान, लोसक

जातक); कोषरक्षक (उदा० चुल्लक, विसह्य, सङ्ख और सुचिपरिवार के रूप में); पवट्ठक (उच्छिट्ठभत्त जातक); मूल्यनिरूपक (तण्डुलनालि जातक) में बिताया है। बोधिसत्व चण्डाल के रूप में कुछ जन्मों में पैदा हुए थे (उदाहरणार्थ, चित्त और मातङ्ग के रूप में); थोड़े समय शक्र के रूप में, (उदा० कामनीत, केव्हिसील, महापनाद और वक जातक में)। कुछ देर वह देवलोक मे पैदा हुये थे (उदा० धम्म और भद्दसाल के रूप में, कक्कारू, कामविलास और मित्तविन्द जातकों में भी) बिताया है।

वे आभास्सरलोक में ब्रह्मा थे (चन्दाभ और जनसोधन जातक); और महाब्रह्मा (परोसहस्स और महानारद कस्सप); परवर्ती में उनका नाम नारद था। वे वायुपिशाच थे (पुप्फ रत्त जातक); और पर्वत पिशाच (उदा० काक और समुद्द जातक); वृक्षपिशाच कई जन्मों में (उदा० आयाचितभत्त, बक, मतकभत्त, रूक्ख धम्म जातक) और वनपिशाच (कण्डिन और गुथपाण जातक)। अनेक जातक बोधिसत्व का जन्म पशुओं में बताते हैं–उदा० भैंस के रूप में (महिस जातक); वृषभ (जैसे, अय्यकाष्ठक, नन्दिविसाल, महालोहित, सारम्भ); मूर्गा (दो कुक्कुट जातकों में; न. 383, 448); कौवा (वीरक और सुपत्त के रूप में और काक जातक में); कुत्ता (कुक्कुर जातक); हाथी (उदा० छड्डन्त और सीलव जातक); मछली (मितचिन्ती); मेंढक (हरितमात जातक); गरूड़ (उदा० सुस्सोण्डि जातक); अश्व (आजञ्ञ, भोगाजानीय जातक और वातग्ग सिन्धव के रूप में); गोधा (गोधजातक); सियार (सिगाल जातक); किन्नर (चन्द के रूप में); सिंह (उदा० गुण सिगाल जातक, (न. 152); सूकर जातक); वनहंस (नच्च जातक); वानर (कपि, नलपान, महाकपि, संसुमार जातक और नन्दिय के रूप में); तोता (उदा० जम्बुक, पुप्फक, पोटठपाद, और राध के रूप में); मोर (न. 42, 395, मोर, बावेरू, और महामोर जातक); सूअर (महातुण्डिल जातक); कबूतर (कपोत, काक न. 395) रोमक, लोल जातक); बटेर (तीन वट्टक और सम्मोदमान जातक); चूहा (अग्गिक और बिव्ठार जातक); सांप-नाग-(चाम्पेय्य भूरिदत्त, महादद्दर, सङखपाल के रूप में); गीध (अपरण्ण के रूप में और तीन गिज्झ जातकों, न. 164, 399, 427 में), और सारस (खादिरवनिय के रूप में और जवसकुन जातक में)।

बोधिसत्व थोड़े समय के लिए पापशोधक नरक में पैदा हुये थे। बोधिसत्व के कामनाओं की सामान्यतः पूर्ति होती है, मुख्यतः क्योंकि उनमें प्रज्ञा और उत्साह बहुत होता है। बोधिसत्व की प्रज्ञा प्रत्येक बुद्ध की प्रज्ञा की अपेक्षा अधिक होती है।

संदर्भः मललसेकरे संपा- डिक्शनरी ऑफ पालि प्रापर नेम्स, वाल्युम 2 N-H पृ. 322-329

7

डाकिनी जाल संवर रहस्यम्

अनंग योगी द्वारा प्रणीत

सी॰ डी॰ नाईक
सुरेन्द्र द्विवेदी

ॐ श्री वज्रयोगीनी को नमन

जगन्नाथ को प्रणाम करते हुए अनंग योगी ने यह ग्रंथ लिखा है। यह ग्रंथ परम गोपनीय है। सांसारिक सिद्धियों में क्षर सुख देने वाली तीन प्रकार की सिद्धियों का उपदेश दिया गया है। चौथी सिद्धि अक्षरा सिद्धि है। अक्षरा सिद्धि की आकांक्षा करने वाले साधकों को उसे तत्व से जानना चाहिए।

समयाचार के माध्यम से तत्व को जानने की इच्छा रखना उत्तम है। समयाचार के अनुसार लौकिक और लोकोत्तर सिद्धियों की साधना करने वाले साधकों के लिए चार अभिषेकों को क्रमशः सिद्ध करने का उपदेश दिया गया है। पहले तीन अभिषेकों के नाम–1. कुम्भाभिषेक, 2. गुहयाभिषेक, 3. प्रज्ञाज्ञानाभिषेक हैं। चौथे अक्षर अभिषेक को महाप्रज्ञाज्ञान कहा गया है। कुंभ शब्द का अर्थ स्त्री के दोनों स्तन। उनके स्पर्श से जो ज्ञान प्राप्त होता है वह "क्षर" होता है उसे कलशाभिषेक भी कहते हैं। गुहय में वज्र प्रवेश से जो सुख प्राप्त होता है उसे गुहयाभिषेक कहते हैं। यह भी क्षर सुख होता है। पद्म को वज्र से स्फारित कर जो क्षर सुख प्राप्त होता है उसे प्रज्ञा ज्ञानाभिषेक कहते हैं। महामुद्रा "वज्रयोनी" की अनुरागमय अनुकंपा से जो अक्षर सुख प्राप्त होता है वह महाप्रज्ञाज्ञानाभिषेक है। महामुद्रा के द्वारा संवरण करने से ही अक्षर सिद्धि प्राप्त हो सकती है। इस प्रकार चारों सिद्धियों का वर्णन भगवान अनंग ने संध्या भाषा में किया है।

चौथी लोकोत्तर सिद्धि में साधक को ब्रह्मचर्य (ब्रह्मविहार– ब्रह्म में विचरण करने को ब्रह्मचर्यण कहते हैं) पूर्वक चलना चाहिए। साधक को चाहिए कि वह मैत्री आदि क्रम से ब्रह्मचर्यण करें। इसी ब्रह्मचर्यण से तीनों सिद्धियां प्राप्त करने की देशना भगवान अनंग ने दी है। ब्रह्मचर्यण करते हुए कुंभ के स्पर्श से अत्यंत प्रेम उत्पन्न होता

है। उस प्रेम से ही मैत्री स्थापित हो जाती है। सर्वप्रथम गुह्य में वज्र के भीतर प्रवेश करने से अत्यधिक करुणा उत्पन्न हो जाती है। पद्म को स्फारित कर प्रसन्न चित्त के द्वारा वज्र प्रवेश में मुदिता प्रकट होती है। इसी क्रम को बार-बार दोहराने से आगे कोई कल्पना शेष नहीं रह जाती। इस कारण योगिनी और योगी कलंकित हो जाते हैं। इससे परस्पर उपेक्षा प्रकट होती है।

इतना शुद्ध लौकिक क्रिया कलाप संसार में होता ही रहता है। चौथी लोकोत्तर सिद्धि के द्वारा "निस्पंद अक्षर सुख" प्राप्त करने के लिए अनंग भगवान ने कुछ नियमों की देशना दी है। उत्तम सिद्धि प्राप्त करने के लिए "परम अक्षर योग" की साधना करना चाहिए। यह साधना **वज्र** चित्त साधक के द्वारा ही की जा सकती है। वज्र चित्त के बिना यह साधना असंभव है।

वज्र चित्त दो प्रकार के कहे गये हैं। पिंड चित्त और प्रकाश चित्त। आरम्भ में पिंड चित्त के द्वारा कर्म मुद्रा और ध्यान किया जाता है। इसके बाद महामुद्रा की साधना से प्रकाश चित्त तक पहुंचने पर "बोध" होता है। सतगुरु के प्राप्त होने के बाद ही गुरु के आदेश के अनुसार शिष्य को साधना करना चाहिए। इस साधना में हर समय गुरु का निर्देश प्राप्त करते रहना अनिवार्य है। यही समयाचार की शिक्षा का क्रम है।

कुंडलिनी के महायोग से **मूलाधार कमल** तक पहुंच कर चित्त विचित्रता को प्राप्त हो जाता है। इस स्थिति को गुरु ही संतुलित कर सकते हैं। इस स्थिति तक पहुंचना भी गुरु प्रसाद से ही संभव है।

लौकिक सिद्धियों की साधना से तीन प्रकार की लौकिक संवृत्ति प्राप्त होती है। भगवान अनंग ने एक ही वज्र देह में एक ही समय खंड में तीनों क्षर सुख प्राप्त करने का निर्देश दिया। **वज्र देह** से ही तीन क्षर आनंद प्राप्त होते हैं। चौथा अक्षरानंद **वज्र चित्त** से ही प्राप्त हो सकता है। इन चारों आनंदों को संध्या भाषा में कायानंद, वागानंद, चित्तानंद और ज्ञानानंद कहा है। इन चारों को समय के भेदन से जानना चाहिए।

यहां तीन क्षर सुखों का वर्णन किया गया है। अमृत का स्वाद लेते समय समयाचार की शिक्षा के माध्यम से सेवा आदि करते हुए लौकिक सिद्धि की साधना में अग्रसर होना चाहिए। इसमें समय की क्रमबद्धता अनिवार्य है। यही भगवान अनंग का नियम है। काय, वाक और चित्त के संशोधन के बाद ही ज्ञान से शुद्धि प्राप्त होती है।

दर्शन, स्पर्श, श्रवण और स्मरण इन चार स्थितियों को पार करने के बाद सब पापों से मुक्त हो जाता है। इसमें कोई संशय नहीं करना चाहिए कि गुह्य संवर के उद्घाटन के समय गुरू द्वारा सिखाई गई समयाचार की संध्या भाषा का प्रयोग करना

चाहिए। क्षर सुखों को समय क्रम से प्राप्त करने का यही उपदेश है। सर्वप्रथम दर्शन, फिर चुंबन, फिर आलिंगन, फिर कमल का स्पर्श और अंत में कमल में वज्र को सुन कर – (सीत्कार सुन कर) जो सुख प्राप्त होता है वह अतिरिक्त सुख है। यह सुख प्राप्त करते समय गुरु के वचन स्मरण करते हुए सम्मोहन करना भी चाहिए और उससे उबरना भी चाहिए। इस समय क्रम से साधना करने से सब पापों से मुक्त हो जाता है। समयाचार में समय का खंडन करने से अक्षर सुख की साधना भी होती है। यही भगवान का नियम है। गुरु के निर्देश के अनुसार अभिधान के आगे समाहित करने के बाद समयाचाररत "तत् प्रसादक" को मंत्र जाप करना चाहिए। काया में प्राणों का स्फारण और चित्त में बुद्ध बिंब का स्फारण करना चाहिए। इस साधना का दृढ़ अभ्यास होने के बाद साधन अक्षरण और स्पंदन गुणों से निवृत्त हो जाता है। बुद्ध बिंब का स्फारण करने से अन्य क्रियायें सहज ही होती रहती हैं। इन लौकिकी सिद्धि के द्वारा पाताल में जाना, सारी पृथ्वी पर चलना, कहीं भी चले जाना, आकाश में चले जाना आदि लौकिक सिद्धियां सहज प्राप्त हो जाती हैं।

लौकिक सिद्धियां अधम्, मध्यम और उत्तम श्रेणी में रखी जाती है। इन सब सिद्धियों का अंततोगत्वा "क्षर" हो जाता है। जिनका क्षरण हो जाता है, उन सिद्धियों का क्या उपयोग? साधकों को इन सिद्धियों से बुद्धत्व प्राप्त नहीं होता। यह सब काया की सिद्धियां हैं। यह संसार में तो प्रसिद्धि प्राप्त कर सकती हैं परंतु चित्त को प्रकाशित नहीं कर सकतीं।

अपने अंतर्गत इस प्रकार के **वज्र प्रकाश** पद को प्राप्त करने की **पांच विधायें** हैं जिन्हें "श्री समाज" के तीन सहस्त्र सदस्यों के सामने भगवान बुद्ध ने कहे हैं। वज्र पर्यक चित्त है जिस में **मणि** जड़े हुए हैं। उस पर्यक तक साधक तब तक नहीं पहुंच सकता जब तक वह क्षरण और स्पंदन आदि सुखों के मल से अपने चित्त को विमल नहीं बना लेता। इस कारण भगवान ने संध्या भाषा को छोड़कर स्पष्ट ही कह दिया है–"भग में लिंग को प्रतिष्ठित करने के बाद साधक को बोधि चित्त कभी नही त्यागना चाहिए। बुद्ध बिंब में बुद्धत्व की भावना करते हुए त्रिधातु (वीर्य) का रक्षण करना चाहिए।"

उपरोक्त दोनों श्लोकों से वज्र पद का पिंडार्थ ही ग्रहण करना चाहिए। वज्रपर्यक शब्द संध्या भाषा में **पद्म (योनी)** को ही कहा गया है। पहले श्लोक में **मणि** अंतर्गत कहा गया है। मणियों के बीच में जब वज्र चौकोर बिंबात्मक हो जाता है तब **चित्त वज्र** के समान दृढ़ हो जाता है। स्पंदन, क्षरण आदि शब्दों के द्वारा अपनी आभा को प्रज्ञा के माध्यम से अमृत कुंडलिनी तक पहुंचाया जाता है। इस समय चित्त के द्वारा अपने आनंद का सूक्ष्म विश्लेषण किया जाता है। इससे सोलह प्रकार की आनंदात्मक अनुभूतियां होती हैं। इसीलिए कुंडलिनी को अवधूति कहा गया है।

अवधूति के संधारण से नाभि, हृदय, कंठ, ललाट और सहस्रार जब तक विमल नहीं हो जाते तब तक साधना अपूर्ण रह जाती है।

आत्म पीठ के ऊपर तत्व पीठ है। तत्व पीठ तक अवधूति को पद संचार क्रम से उठाया जाता है। इसे ही "संवर" कहते हैं। इस भाव को आगे दो गाथाओं के माध्यम से और अधिक समझाया गया है।

मणि अंतर्गत को पूर्व में कहा गया अर्थ (योनी) को छोड़ कर बोधि चित्त के अंतर्गत **मन** को समझना चाहिए। बोधि चित्त के अंतर्गत अच्युत मन में स्थित होकर कर्म मुद्रा और ज्ञान मुद्रा दोनों के प्रसंग से स्थिर और चर स्वभाव में स्थित होकर सब आकारों से सुसज्जित हो गया हूं। परिपक्वता से ऐसी धारणा लेकर क्षणों में जीने वाला साधक योगी होता है।

सब आकारों से सुसज्जित चित्त की शुन्यता "प्रज्ञा पारमिता" कहलाती है। श्री के संवरण करने के उपरांत भगवान ने काम सिद्धि प्राप्त की। इसी को प्रज्ञातंत्र में निम्नानुसार वर्णन किया गया है–

प्रज्ञा तंत्र के इस भाव को भगवान अनंग ने एक सूत्र में लिख दिया है– परम अक्षर योग के द्वारा महामुद्रा की कल्पना करना चाहिये। इसे दूसरी तरह से भी कहा गया है। महामुद्रा की भावना करने वाले साधक को ही काम सिद्ध योगी कहा जाता है।

काम महाराग है। यही वज्र सत्व या महासत्व या परम अक्षर कहा जाता है। भगवान वज्रपाणी ने कहा है– "च्युति (क्षरण) का निरोध करने से सब शरीर धारीयों को बुद्धत्व प्राप्त हो जाता है। इसी पद्धति से जरा मरण के मार्ग का भी निरोध हो जाता है।

भगवान वज्र गर्भ ने कहा है– इस प्रकार तंत्रों, पूजा विधि के मूल को समझ कर प्रज्ञोपाय विधान के योग को जान कर पूजा करने वाला योगी सदा पूजा जाता है।

योग का अर्थ है चांडाली और शुक्ल की एकता योग को जानने वाला जो साधक चांडाली शुक्ल योग से निवृत्त हो जाता है, वह बुद्धत्व को प्राप्त हो जाता है। वही अक्षर सुख को प्राप्त करता है। वही प्रज्ञोपाय विधान से पूजा करता है। वही वास्तविक योग को जानता है व सदा ही काल को जीतता है और अक्षर सुख प्राप्त करता रहता है। इस प्रकार की पूजा पद्धति में सभी प्रकार के योगियों के विचारों में कोई भेद नहीं है। भेद में ले जाने वालों का लक्ष्य केवल शुक्र का च्यवन और उसमें समय का भेद है। निरय गमन यह नाम स्वयं भगवान आदि बुद्ध ने श्री चक्र संवर में कहा है। स्खलन से वैराग्य का विरोधी राग उत्पन्न हो जाता है। राग से दुःख उत्पन्न होता है। दुःख से धातु का क्षय हो जाता है। और धातु के क्षय से मृत्यु हो जाती है।

यही जन्म से मरण तक का क्रम है। अतः मरण के आगे नर्क में जाना भी होता है। भगवान ने चक्र संवर में कहा है– संवृत्ति से सत्वशील योगी अधोरेतस् हो जाता है और विवृत्ति से उर्ध्वरेतस् हो जाता है। ब्रह्मा से निवृत्त होकर ही बुद्ध बनता है। धातु को अपने शरीर से बाहर निकाल कर क्षय करने के कारण **बाहर** निकालने के कारण **ब्रह्मा** वैरोचन बुद्ध कहलाते हैं। विनाश करने के कारण **विष्णु** कहलाता है। मूत्र मार्ग से अपने शरीर की धातु बाहर निकालने के कारण **विष्णुबुद्ध** कहलाता है। शिव सदा कल्याण करने वाला कहलाता है। कल्याण मंडल में रत शुक्र के च्यवन भाव वाला बुद्ध शिव कहलाता है। ये तीनों सर्वत्र स्थित रहते हैं। इस संसार में सब कुछ रत्न संभव है। रक्त धातु ही रत्न कही जाती है। उसके क्षरण के ये तीन प्रकार है। क्षरण का भाव सर्वत्र है। यही दु:ख का स्वभाव है। इसीलिए संसार दु:खमय है। सुख और दु:ख का अंत करने की निष्ठा वैराग्य है। ये तीनों वैराग्य का क्षय करने के कारण है।

सब आत्माओं में स्थित दिव्य चक्षु वाला ज्ञान की व्यापकता से परिचित सभी बुद्ध कहलाते हैं। यह सब गुरू के चरणों की उपासना से जानना चाहिए। यही भगवान का नियम है। सदा ही पांडित्य का अभिमान त्याग कर सद्गुरु के संप्रदाय में दीक्षित हो कर संध्या भाषा का ज्ञान प्राप्त करना यही भगवान का नियम है। हेवज्र ने षडंग भावना के योग को काली, लाल, पीली, हरी, नीली और श्वेत भावना कहा गया है।" षडंग भावना के योग से योगी विराम को प्राप्त हो जाता है। इसीलिए षडंग भावना के माध्यम से वज्रधर बुद्ध सिद्ध हो जाता हैं। इस षडंग योग को श्री समाज में उत्तर योग कहा गया है। भगवान वज्रधर ने कहा है–

प्रत्याहार, ध्यान, प्राणायाम, धारणा, अनुस्मृति और समाधि अनुत्तर योग का षडंग योग है।

यहां प्रत्याहार शब्द का अर्थ है धातु में बिंब का दर्शन करना है। यह कुंडली के योग से होता है। यहां अमृत कुंडली संज्ञा संध्या भाषा में स्व के लिए ही भगवान ने उपयोग किया है। इसका पिंडार्थ सदगुरू के उपदेश से ही समझा जा सकता है। और धारणा आदी के द्वारा ही समझा जाता है। चित्त वृत्ति में सब भावों की शून्यता का नाम ध्यान है। चित्त के द्वारा भावों को ग्रहण करने को वितर्क कहते हैं। भावों के प्रकाशित हो जाने को विचार कहते है। सब भावों का चित्त में आरोपण प्रीति कहलाता है। सब भावों में सदा सुख संपत्ति का रहना अचल सुख कहलाता है। यह ध्यान के पांच अंग है।

वितर्क, विचार, प्रीति, सुख और चित्त की एकाग्रता ये पांच ध्यान के संग्रह है।

इसके बाद प्राणायाम ललना के वाम दक्षिण मार्ग का निरोध है। यही साधना का वसंत काल है। अवधूति के मध्यम अंग में प्राणवायु की संप्रवृत्ति कर उसे कुंडलीनी में प्रवेश करना और उसे अवधूति में संचार करना ही प्राणायाम की गति है। ओंकार से उच्छवास आः से निस्वास ओम **हुंकार से निरोध**– इस प्रकार चंद्र और सूर्य नाडी का योग सहज ही योगी कर लेता है। यह तीन प्राणायाम के अंग कहे गए हैं।

इसके बाद धारणा प्राण का आकाश, जल, वायु, अग्नि और पृथ्वी इन पाँच तत्वों को साथ लेकर नाभी से आरम्भ कर हृदय, कंठ, ललाट तक प्रवेश करना, प्राणों को बाहर नहीं निकलने देना, बिंदु में प्राण का प्रवेश ही धारणा है।

इसके पश्चात् अनुस्मृति अपने इष्ट देवता का दर्शन विकल्प रहित होकर प्रतिबिंबाकार में करना अनुस्मृति है। इस अनुस्मृति से बिंबाकार में प्रकाश प्रकट होता है। उस प्रकाश में तद्रूप हो जाने पर प्रभा मंडल प्रकट होता है। उस **असकार** में तद्रूप होने पर त्रय धातु का स्फुरण होना ही अनुस्मृति का अंग कहलाता है।

इसके बाद समाधि अपनी इष्ट देवता के अनुराग से जिस अक्षर सुख को प्राप्त होती है उस अक्षर सुख में चित्त की गति ग्राह्य अग्राह्य भाव से रहित हो जाने को ही तथागत ने समाधि कहा है। इस प्रकार षडंग भावना का संक्षेप में वर्णन किया गया है। विस्तार से जानने के लिए अभिधानपरमाद्यतंत्र को देखते हुए सद्गुरु के उपदेश का अनुसरण करे। यही योगीनीमहामुद्रा की सिद्धि है।

अपने स्वाधिष्ठान चक्र में इस षडंग भाव की भावना करने से योगी को शीघ्र सिद्धि प्राप्त हो जाती है। ऐसा स्वयं वज्रधर ने कहा है।

भगवान ने प्रतिज्ञा की है–

सभी चिंताओं को छोड़कर केवल एक दिन परीक्षा करें। यदि इस योग का प्रत्यय न हो तो मेरा वचन मिथ्या है।

यह प्रत्यय धूमादि निमित्य से अनुभूत होता है। तो प्रथम धूमादि दिखाई देता है, दूसरा मरीचिका के रूप में भासित होता है, तीसरा जुगनु के आकार में दिखाई देता है, चौथा दिये की लौ जैसा दिखाई देता है और पांचवा निर्भर गगन के जैसा अनुभूत होता है।

मायाजाल समाधि पटल में भगवान ने कहा है–

महान प्रज्ञाज्ञान की अग्नि से स्वयंभू प्रकट हो जाता है। महादीप्ति ज्योति से जन्मे प्रकाश के अनुभव को वैरोचन कहते हैं। ज्ञान उल्का से प्रज्वलित जगत प्रदीप से जन्मा "महातेज" के रुप में प्रभासित होता है। विद्याराज उग्र मंत्रेश–मंत्रराज–महा अर्थ प्रकट करता है।

उपरोक्त दो गाथाओं में भगवान ने संध्या भाषा में कुछ और ही निमित्य कहा है। जो निर्भर गगन का प्रतिभाष होता है वही गगनोद्‌भव है। संपूर्ण विकल्पों से रहित चित्त ही स्वयंभू है। प्रज्ञाज्ञानाग्नि ही ज्ञान का प्रतिभाष है, महादीप्ति में चंद्र के प्रकाश का आभास ही वैरोचन है। ज्ञानोल्का ही ज्ञान ज्योति स्वरूप विरोचन हैं। जगत प्रदीप ही सूर्य का प्रतिभास है। ज्ञानोल्का राहू का प्रतिभाष है। महातेज का प्रखर आभास ही विद्युत प्रतिभास है। विद्याराज उग्र राजमंत्र चित्त का प्रतिभास है जो नील वर्ण चंद्रमंडलाकार में अनुभूत होता है। मंत्रराज द्वारा महार्थ की अभिव्यक्ति सर्वाकार त्रयधातुक रूप में प्रतिभास होता है। यह योगीनी से प्रत्याहार करने पर माया स्वप्न प्रतिभास के समान अनुभूत होता है। आठ महा निमित्त होते हैं यह भगवान का नियम है। यह नियम भगवान ने डाकिनीजालसंवर में कहे हैं। त्रैधातु में स्थित योगी जिसने अशेष और निशेष दोनों की सिद्धि प्राप्त कर ली है उसे देव, दैत्य, मनुष्य आदि सब सिद्ध मान लेते हैं। इसलिए योगी षडंग की साधना करे यह भगवान का नियम है।

वज्रपंजर में पुन: कहा गया है–

सर्वागसुंदर रम्य, सर्वागतिवर्जित होकर समत्व भाव से षडंग की भावना करें। डाकिनी चक्र में स्थित स्वाधिष्ठान चक्र महा अद्‌भूत हैं जो गुरु प्रसाद से क्षण मात्र में जागृत हो जाता है।

सर्वबुध्दसमायोग डाकिनीजालसंवर में श्रीवज्रसत्व ने और भी कहा है:–

"स्वाधिष्ठान चक्र में सभी बुद्धों का समागम होता है।"

दु:ख निवृत्ति का हेतु बोधिचित्त सदा ही रक्त वर्ण का होता है। इसके जाने बिना असंख्य कोटि कल्पों तक बुद्धत्व प्राप्त नहीं हो सकता।

इस लोक में तात्विक दुर्लभ है। हमारे जैसे आवरण में योग साधना करने वाले भी दुर्लभ हैं। लेकिन आवरण को हटाकर साधना करने वाले योगी संसार में अति दुर्लभ हैं।

आर्यवसुबंधुपाद ने कहा है:– आवरण हटाना ही बोधिसत्व है। आवरण के तीन अंग है। कुशलानुत्पाद, अपरीपूर्णसंभारता और अमनसिकारिता। सत्‌धर्म अगोचर है। लाभ, सत्कार, पूजा, में गौरव अनुभव करना है। किसी पर भी करूणा न करना।

और भी कहा गया है– बोधिसत्व गोत्र में सम्मिलित व्यक्तियों के लिए अप्रतिष्ठित निर्वाण भी आवरण है। मोक्ष अभिलाषा भी बोधिसत्वों के लिए आवरण है। जिसका आगे सविस्तार वर्णन है।

रत्नचूडादि महायान सूत्र में भगवान ने कहा है:– योगी द्वारा सब आकारों से पूरित शून्य की भावना करना चाहिए। सर्वाकार उपेत शून्यता में भी यदि अभिनिवेश हो तो वह भी आवरण है। यही तत्व का सार है। इस कारण इस प्रकार की शून्यता भी नरक गमन का कारण होती है।

और भी कहा है:– जो शांत चित्त वाला सर्व धर्म समता को जानता है वह धर्म और अधर्म में भी अभिनिवेश को नहीं देख पाता। अभिनिवेश ही सभी धर्मों का अर्थ है। जो इस अर्थ को नहीं समझता है वही इस का महा अनर्थ करता है और मोक्ष की अभिलाषा करता है। इसीलिए मोक्ष का आरम्भ ही अनर्थ हो जाता है। यह भगवान के हृदय में अभिज्ञा का वचन है। बुद्ध और मोक्ष की उद्‌भावना ही संवृत्ति है। संवृत्ति ही तत्व है, लेकिन यह मोक्ष नहीं है। इसीलिए कहा गया है:–

"बद्ध मुक्त नहीं होता और अबद्ध भी मुक्त नहीं होता। बद्ध और अबद्ध से मुक्ति को तत्व से जाननेवाला ही मुक्त होता है।" और भी कहा गया है:–

"इसलिए भाव से अलग स्वभाव नहीं होता। और अभाव भी नहीं होता क्योंकि भाव भी नहीं होता।"

अपने पराक्रम से जीनेवाले लोगों से पूछे जाने पर कहा गया है– "जो पराक्रमी गण बोधिसत्व और महासत्व की कल्पना नहीं कर सकते उनके लिए बोधि नामक पद-अर्थ का यथार्थ स्वरूप उनकी समझ से बहुत दूर रहता है। वे बोधिसत्व नामक पद को देव, मनुष्य और असुर के परिप्रेक्ष में देखते हैं कि वे बोधिसत्व नहीं है। इसलिए ऐसे पराक्रमी गणों का आदर नहीं करना चाहिए।" आस्ति नास्ति का भेद भगवान ने प्रतिसिद्ध कर दिया है। भाव अभाव और विभाव को भी ठीक से समझा दिया हैं इसीलिए कहा है–

जो शून्यता को नहीं जानते हैं वे निर्वृत्ति को भी नहीं जानते। इसीलिए भाव, अभाव और विभाव से रहित शून्यता को जानना चाहिए। और भी कहा है– शुभ और अशुभ की कल्पना से रहित होना भेद का लक्षण है शून्यता का नहीं। शून्यता केवल बुद्धों ने ही कही हैं बुद्धों के अलावा किसी ने शुन्यता का वर्णन नहीं किया।

और कहा गया है– शून्यता को जिन्होंने ने सर्व दृष्टि से निःशरण कहा है। इसलिए शून्यता की दृष्टि की साधना करने के लिए कहा गया है। जो इस प्रकार है– इसलिए नित्य ही गुरु भक्ति में रत रहना चाहिए। नित्य ही करूणा से परिपूर्ण रहना चाहिए। मंत्र पूजा में रत रहना चाहिए। ऐसे आचरण से सिद्धि प्राप्त हो जाती है इस में कोई संशय नहीं। समयाचार की साधना करने वाले पराशक्ति से बोधि को प्राप्त कर लेते हैं। यह गुरु के द्वारा सूक्ष्म परिवेक्षण से कुशलता पूर्वक प्राप्त कराया जाता है।

और भी कहा गया है– वज्र सत्व ने ही शून्यता का स्पष्ट वर्णन किया है। इस विषय में समन्तभद्र की देशना है– राजा वज्रधर आकाश अवयव के योग से ज्ञान सागर ग्रहण करते हैं। ज्ञान सागर महा सुख का वर्धन करने वाला है। सुख, स्वास्थ्य, नृत्य, गीत, वाद्य से प्राप्त होने वाली प्रसन्नता ही बुद्धत्व का फल देने वाली है। यह तभी संभव है, जब समयाचार की देशना का ध्यान रखा जाए।

वज्रधर विद्याराज गंध, माला, विलेपन, वाद्यादि का सुख भोगते हुए अपनी रुचि के अनुसार कार्य करते हुए भी प्रसिद्ध हो जाता है। इच्छानुसार आहार विहार करने पर भी अलंकार आभूषण धारण करने पर भी वज्रधर को अक्षर सिद्धि प्राप्त हो जाती है। एक दिन में ही परम तत्व की सिद्धि हो जाती है। लेकिन नित्य ही स्व समयाचार की साधना करते हुए तथागत की पूजा करते रहना चाहिए। नित्य ही गुरु को बुद्ध के समान सम्मान देना चाहिए। जैसे वैरोचन नाथ–स्वामी–है वैसे ही गुरू भी स्वामी है। जिस प्रकार वज्रधर महामुनि आकाश जैसे महाराग को अपने भीतर धारण करते हैं जैसे समंतभद्र ने महाराग को अपने भीतर धारण कर लिया है उसी रूप में आचार्य के प्रति धारणा रखना चाहिए।

सर्व प्रयत्न से महागुरु के हृदय में वज्राचार्य रूप में न्यास करें। कभी भी उनकी अवमानना न करें। पुनः वज्रपंजर में कहा है– कभी भी गुरू की छाया का गुरू पत्नी की पादुका का उलंघन न करें। जो मोह वश ऐसा करते हैं वे नर खुर धारण करने वाले हैं। जो शिष्य गुरू की आज्ञा का उल्लंघन करता है वह इस लोक में कोढ़ी होता है। और परलोक में नरक को प्राप्त होता है। असत्य और श्रेष्ठता का प्रयोग करते हुए गुरू के सामने झूठी भक्ति प्रकाशित करता है। उसे इस जन्म में क्षय और कुष्ठ जैसे महारोग हो जाते हैं और मृत्यु के बाद नरक को प्राप्त होता है।

ऐसा जान कर जो शिष्य सदा गुरू भक्ति परायण रहता है वह गुरू की आज्ञा पालन करने के कारण अनेक प्रकार की सिद्धियां प्राप्त कर लेता है।

॥ इति डाकिनीजालसंवररहस्यम् समाप्तम् ॥

8

सामाजिक न्याय का लक्ष्य एवं भारतीय संविधान उपलब्धि एवं संभावनायें

सामाजिक न्याय के लक्ष्य

भारतीय समाज में कुछ महापुरुषों ने देश को आजादी प्राप्त कराने का लक्ष्य रखा था। ऐसे महापुरुषों का नाम हम आजादी के बाद भी याद करते हैं। इसे सामाजिक न्याय का राजनैतिक लक्ष्य कह सकते है। कुछ क्रांतिकारी पुरुषों ने सामाजिक जीवन में आर्थिक क्रांति का बिगुल बजाया था। और मेहनतकश लोगों में आर्थिक अधिकार की चेतना उसी का प्रतिफल है। इसे हम सामाजिक न्याय का आर्थिक लक्ष्य कह सकते है। कुछ महापुरुषों ने समाज जीवन में व्याप्त भेदाभेद पर कुठाराघात कर सामाजिक न्याय की स्थापना के लिए अविरत संघर्ष किया। उनके लक्ष्य को हम सामाजिक न्याय का सामाजिक लक्ष्य कहेंगे। परंतु बहुत ही थोड़े व दुर्मिल मनस्वियों ने समाज का सर्वागीन अवलोकन किया और समाजिक न्याय के लक्ष्य में उक्त तीनों पहलुओं अर्थात् सामाजिक, आर्थिक व राजनैतिक लक्ष्यों को रखा और उसकी प्राप्ति के लिए सामाजिक, राष्ट्रीय पुनर्निर्माण, विधि, न्याय व कार्यपालिकाओं के मार्गदर्शन व दुनिया में सबसे बड़ा लिखित संविधान समाज को "अत्त दीपो भव" के आदर्श से बहाल किया, जिसके आमुख में "हम भारत के लोग" लिखकर अपनत्व की नींव रखी व राष्ट्र को अखंड बनाये रखने के लिए भातृत्व का संदेश दिया जैसा कि डॉ. बाबासाहेब आंबेडकर ने किया है, इसे ही हमें सामाजिक न्याय का असली लक्ष्य मानना चाहिए।

भारतीय संविधान

इसी मनीषी ने उक्त संविधान के निर्माण में 2 वर्ष 11 महीने और 17 दिन लगाकर 22 भाग, 395 अनुच्छेद व आठ परिशिष्टों की ऐसी राष्ट्रीय कानून संहिता बनाई कि जिसने अब तक दुनिया का सबसे बड़ा लोकतंत्र कहलाने लायक यश व कीर्ति का तिलक हमारे माथे पर लगाया। इसे 26 नवंबर 1949 में संविधान सभा में प्रस्तुत कर 26 जनवरी 1950 के दिन लागू किया गया।

कमजोर वर्ग

1. समाज के कमजोर वर्गों में भारतीय नागरिकों का एक बड़ा बहुजन समाज शामिल है।
2. उनकी कमजोरी ऐसी है कि उसमें विद्यमान व भूतपूर्व समाज व शासन की सीनाजोरी निहित है।
3. शासन व समाज जब कल्याणकारी रहे तब कमजोर वर्ग राहत की सांस लेता रहा, पर ऐसे अवसर उनके लिए बहुत अल्प और मर्यादित रहे।
4. शासन व समाज अपनी मनमानी न करें और कमजोर वर्ग को राहत मिले इस हेतु से उनके एक प्रतिनिधि और महापुरुष डॉ. आंबेडकर ने संविधान की रचना की।
5. संविधान के आमुख में भारतीय जनता का संकल्प इस प्रकार अंकित है कि हम, भारत के लोग इस दिन यह संकल्प करते हैं कि भारत को हम सार्वभौम लोकसत्ताक समाजवादी धर्मनिरपेक्ष गणतंत्र बनायेंगे व उसके सभी नागरिकों के लिए सामाजिक, आर्थिक, राजनैतिक न्याय, और विचार, अभिव्यक्ति, श्रद्धा व आराधना की स्वतंत्रता, और प्रतिष्ठा व अवसर की समानता और भातृत्व से राष्ट्रीय अखंडता को बनाये रखने तथा उक्त संकल्पों की प्राप्ति करने के लिए हम आज यह संविधान स्वीकृत और अंगिकार कर अपने आप को बहाल करते हैं।
6. इस आमुख में सन् 1976 में 42वें संशोधन के अनुसार समाजवादी व धर्मनिरेपक्ष ये शब्द साथ जोड़ दिए गए। मूल संविधान में कुल आठ परिशिष्ट थे। सन् 1984 में 47वें संशोधन के अनुसार उसमें नौवां परिशिष्ट जोड़ा गया और सन् 1985 में दसवां परिशिष्ट भी उसमें जोड़ने के लिए 52वां संशोधन हुआ। सन् 1990 तक 76 संशोधन हुए थे। संविधान में कुल 395 अनुच्छेद हैं जो 22 भागों में वर्गीकृत हैं।
7. संविधान के 16वें भाग में अनुच्छेद 330 से 342 तक के 13 अनुच्छेद कमजोर वर्ग के राजनैतिक, नौकरी, सेवा व शिक्षा से संबंधित हितों की सुरक्षा के लिए हैं, जिसमें अ. जा., अ. ज. जा., व एंग्लो-इंडियन लोगों के लिए लोकसभा व विधान मंडलों में स्थान व प्रतिनिधित्व का आरक्षण व विशेष अमल अधिकारी का प्रावधान बहाल किया गया है। भाग 15 के अनुच्छेद 325 में धर्म, वंश, जाति, लिंग, व जन्म स्थानादि भेद के आधार को मतसूची में किसी भी व्यक्ति को अपना नाम दर्ज करने के लिए नहीं माना गया।
8. भाग 10 में अनुच्छेद 244 अनुसूचित क्षेत्रों के प्रशासन के संबंध में है। भाग 4 में अनुच्छेद 38, 41, 42, 43, 54, 46, 47, 49 कमजोर वर्गों, विशेषत:

अ. जा., अ. ज. जा., महिला बालकादी के पोषण, शिक्षा, सेवा व काम के संबंध में नीति निर्देशक तत्व शासन को बहाल करते हैं। भाग 3 में मूलभूत अधिकार हैं, उसमें अनुच्छेद 14, 15, 16, 17 समानता के अधिकार बहाल करते हैं, अनुच्छेद 19 अभिव्यक्ति, 20, 221 व 22 सुरक्षा, 23, 24 शोषण मुक्ति, 25, 26, 27, 28 धर्म से संबंधित है और, 29, 30 अल्पसंख्यक संस्कृति-शिक्षाधिकार व 31 संपत्ति अधिकार बहाल करते हैं।

9. उक्त प्रावधनों की प्रभावशिलता के लिए भाग 3 में अनुच्छेद 32 व 35 हैं। अनुच्छेद 32 इस भाग के अधिकारों को प्रभावशील बनाने के लिए अदालत का उपाय बताता है तथा अनुच्छेद 35 इन प्रावधानों की प्रभावशीलता के लिए विधिपालिका का उत्तरदायित्व बताता है।

   प्रश्न है कि जब न्यायपालिका व विधिपालिका असफल हो तो प्रावधानों की प्रभावशीलता कैसी होगी? क्या वह कार्यपालिका पर निर्भर होगी? लेकिन कार्यपालिका में तो अंदर-बाहर से दोषपूर्ण लोग भारतीय प्रशासन सेवा में अन्याय व अंधेरे का साम्राज्य फैला रहे हैं। तो इसका क्या उपाय होगा?

10. उपाय केवल स्त्रोत में ही होता हैं। शासन का स्त्रोत नागरीक होते हैं। नागरीक जाग जाए तो प्रशासन शोषण मुक्त होता है व शासन जनता का, जनता द्वारा व जनता के लिए होता है। यही गणतंत्र है, यही लोकसत्ता, यही प्रजातंत्र है।

यह बात सही नहीं है कि विविधता भारत में ही है, दूसरें राष्ट्रों में नही है। दूसरे देशों में तो प्रधानमंत्री तथा लोकप्रतिनिधि भी भिन्न-भिन्न वर्गो, धर्मो तथा रंगों में से वहां के संसद में कार्यरत दिखाई देते हैं। इसके विपरीत देखिए कि आज तक भारत देश का प्रधानमंत्री कोई दलित नहीं बना है। एक दलित रक्षामंत्री बाबू जगजीवन राम ने काशी में जब सम्पूर्णानंदजी के पुतले का अनावरण किया था तो सामारोह के बाद ब्राह्मणों ने उसे अपवित्र हुआ मानकर पंचामृत से धुलाया। वर्तमान भारत के राष्ट्रपति वह महीम के. आर नारायणन सन् 2000 में फ्रांस गये थे तो वहां के अखबारों ने उनको भारत के अस्पृश्य राष्ट्रपति के शीर्षक से संबोधित किया था। दिल्ली में एक दलित न्यायाधीश को पद से बर्खास्त कर उसके स्थान पर एक ब्राह्मण न्यायाधिश नियुक्त किया गया और पदभार ग्रहण करने के पहले उसने भी जज के आसन को पंचामृत से शुद्ध किया।

सर्वोच्च न्यायालय के न्यायाधिश ने सन् 1999 में अपने निर्णय में कहा था कि चिकित्सा व इंजिनियरिंग के उच्च स्तरीय पाठयक्रम में प्रवेश के लिए दलितों को आरक्षण नहीं दिया जाना चाहिए हालांकि उन्हें उत्तरप्रदेश व मध्यप्रदेश के उक्त अतिविशेष स्तर के पाठयक्रम में प्रवेश के लिए अंकों की जो भिन्नता रखी गई है वह अंतर उचित है या नहीं इस बिंदू पर निर्णय देना था। सन् 1949 में डॉ. आंबेडकर

ने संवैधानिक सभा में संविधान मसौदा प्रस्तुत करते समय "हम भारत राष्ट्र" कहने की अपेक्षा "हम भारत के लोग" कहकर आमुख का पठन किया था तो यहां के लोकप्रतिनिधिओं ने उस पर अपनी तीखी प्रतिक्रिया व्यक्त की थी। इससे पूर्व जब अमेरिका में संवैधानिक मामले में "अमेरिकन संघ" कहकर पुकारा गया था तो वहां के प्रतिनिधियों ने "अमेरिकन लोग" कहो का नारा लगाया था। जब डॉ. आंबेडकर ने भारतीय प्रतिनिधियों को यह बात समझाई कि फिलाल भारत देश एक राष्ट्र नहीं है, उसे एक राष्ट्र बनना है तब कहीं जाकर संविधान के आमुख में उनका उक्त उद्‌बोधन अंकित किया गया।

उपलब्यिां–

भारतीय संविधान की उपलब्धियां अनेक हैं। उनमें से निम्न योगदानों का जिक्र करना लाजमी होगा।

1. भारतीय समाज में अपनत्व की भावना जगाना।
2. जनता के प्रत्यक्ष्ज्ञ निर्वाचन से प्रतिनिधियों का चुनाव कर उन्हें केंद्र की संसद तथा राज्यों के विधान मंडलों में सत्तासीन करना।
3. कमजोर वर्गों को सामाजिक, आर्थिक बराबरी तथा राजनैतिक हिस्सेदारी बहाल करना।
4. संयुक्त राष्ट्र के मानवाधिकार घोषणा पत्र के कन्वेंशनों को भारतीय संवैधानिक प्रावधानों से अमल में लाना।
5. बहुसंख्यक जमात को अल्पसंख्यक जमातों के हितों की रक्षा करने के दायित्व से सचेत करना।

दुनिया में भारतीय संविधान सबसे बड़ा हैं, तो दुनिया में अमेरिका का संविधान सबसे पुराना हैं। भारतीय संविधान के शिल्पकार व संविधान मसौदा समिति के अध्यक्ष डॉ. आंबेडकर को हम संविधान के भीष्म पितामह कहते है तो अमेरिकन संविधान के निर्मातृ अलेक्झांडर हेमिल्टन और जार्ज वाशिंटन थे जिन्होंने 17 नवंबर 1787 में सर्वागीन लक्ष्य से अभिभूत कानून संहिता अपने देशवासियों को बहाल की। अमेरिकन समाज में व्याप्त रंग भेद, विसंगतियां व विविधता को देखकर ऐसा लगता था कि उनका संविधान थोड़े ही समय में चरमरा जाएगा। लंदन स्थित सेंट पार्क के कार्यालय में सेवारत अमेरिकन राजदूत को एक संपादक ने पूछा भी था कि अमेरिकन संहिता कितने दिन चलेगी? राजदूत ने उत्तद दिया– जब तक जनता और जनप्रतिनिधियों में संविधान के शिल्पकारों के आदर्श में आस्था रहेगी तब तक वह अमर रहेगा। यही बात तथागत बुद्ध ने कोशल नरेश अजातशत्रू के सलाहकार मंत्री वर्षकार को ढाई

हजार वर्ष पहले कही थी कि जब तक वज्जि गणतंत्र एक मत होकर निर्णय के लिए अपने गणतंत्र के संघाराम में एक साथ, एक मुख, एक स्वर, एक लक्ष्य से कार्यपालन करेगा तब तक उसे कोई हरा नहीं सकता। डॉ. आंबेडकर ने इसी बात को संविधान सभा के सदस्यों के सम्मुख दोहराते हुए कहा था कि संविधान की अच्छाई और बुराई उसके अमल में लाने वाले वर्ग पर निर्भर होती है। यदि वह वर्ग अच्छा है तो मनुस्मृति जैसे बुरे से बुरा संविधान अच्छा लगता है और यदि यह वर्ग बुरा है तो बुद्ध वचन जैसा विधान भी बुरा लगेगा। गत 26 जनवरी को भारतीय गणतंत्र के स्वर्णोत्सव के अवसर पर हमारे राष्ट्रपति श्री के. आर. नारायण ने इसी की पुनरूक्ति की हैं। यह हमारे संविधान की कम उपलब्धि नही है जिसका एहसास हम सब को होना चाहिए।

संभावनायें–

क्या संविधान किसी भी धर्म ग्रंथ से ऊपर माना जाता है, क्या जातिवाद और पक्षवाद राष्ट्रवाद से कम आंका जाता है, क्या देश के नागरीक न्याय के स्थापनार्थ अपने खून के आखरी बूंद तक देने को तैयार है जैसे प्रश्नों के समाधान में ही संभावनायें भी उसके कुछ बिंदू निम्नांकित है:

1. (Founding father's spirit) संस्थापक निर्माता की मंशा संविधान के आमुख में निर्मातृ सभा का संकल्प अंकित है। उसी को ध्येय मानकर सामाजिक धार्मिक संगठन अपने सार्वजनिक जीवन को संचालित करे तो देश के समग्र उन्नति की संभावनायें अधिक प्रबलता से अभिव्यक्त हो जाती हैं।
2. जनमत-संभावनाओं का दूसरा महत्वपूर्ण आधार जनमत है। इस संबंध में अमरीका के संविधान शिल्पकार जार्ज वाशिंगटन और अलेक्जोंड़र हेमिल्टन ने जब उसे 17 सितंबर 1787 को प्रस्तुत किया तो कहा था कि "जब तक संस्थापक निर्माता के विवेक का आदर्श जनमन में बसा रहेगा तब तक अमरीकी संविधान कायम रहेगा"। (हिंदुस्तान टाईम्स, 28 जनवरी 2001, पृ. 11)
3. बंबई उच्च न्यायलय के भूतपूर्व मुख्य न्यायाधिश जस्टीस चंद्रशेखर धर्मधिकारी "आजादी के 53 वर्ष बाद देश की प्राथमिकतायें" विषय पर विगन व ले कॉलेज द्वारा आयोजित परिसंवाद के पर संतोष आडिटोरियम में शुक्रवार के दिन (HT, Indore live, sat. Jan. 27, 2001) बोलते हुए कहा था कि नागरीकों की प्राथमिकतायें निम्न होनी चाहिए: 1. विश्वस्तर का मंथन हो, 2. ऐसा राष्ट्र बनाये जहां लोग देश सेवा से ओतप्रोत हो, और शक्तिमद के लिए सर्वाजानिक जीवन में प्रवेश न करें; 3. भावी पीढ़ी पर अपने विचार थोपे नहीं जाने चाहिए; 4 अगली क्रांति के अग्रदूत महिलायें होंगी क्योंकि उन्हें आजादी की सबसे प्रबल आवश्यकता है।

समाजवादी विचारक डॉ. महीप सिंह ने कहा कि राम जन्मभूमि व काश्मिर समस्यायें भारत में द्वि-राष्ट्रवाद के सिंद्धान्त को उजागर करती हैं।

नई दुनिया के मुख्य संपादक अभय छजलानी ने कहा कि मुख्य प्राथमिकता अपने अधिकार के लिए सजग व लड़ने का साहस रखने वाले लोगों को राष्ट्र में होना जरूरी हैं।

द हिंदुस्तान टाईम्स, भोपाल के संपादक श्री अस्करी झैदी ने कहा कि लोग राजनीतिज्ञों को इस बात के लिए मजबूर करें कि वे अपनी कार्यसूची में उनके विकास का बिंदू सर्वोपरी रखे।

क्या केन्द्र व राज्यों में स्थिरता के लिए संविधान की समीक्षा वाजबी है? संविधान हमें विगाड़ता है या हम संविधान को बिगाड़ते हैं?

राष्ट्रपति ने गतवर्ष के गणतंत्र दिवस के अभिभाषण में कहा था कि सहनशील व दीर्घ-पीड़ित जनता की क्रोधाग्नि का विस्फोट होगा यदि उदारीकरण, निजीकरण व भूमण्डलीकरण की तीन मार्गी जलद राजपथ अशक्त भारतीय के लिए अपने साथ सुरक्षित पैदल पार का प्रावधान करना भूल जायेगा। गणतंत्र के स्वर्ण महोत्सव पर उन्होंने कहा कि लोकसभा व विधानसभाओं के कार्यकाल को निश्चित करना व अप्रत्यक्ष निर्वाचन भारतीय लोकतंत्र व संविधान के लिए प्रतिकूल है।

डॉ. आंबेडकर को भारतरत्न उपाधि का बहुमान मरणोपरांत 34 वर्ष के बाद मिला। स्वर सम्राज्ञी लता मंगशेकर व शहनाई सम्राट बिसमिल्लाह खां को ऐसा ही बहुमान मिलना भारत की सदियों पुरानी रीति-अपनत्व व सहिष्णुता के अनुरूप है। पर बंगाल और महाराष्ट्र राज्यों में से केवल मुखर्जी व सावरकरों को ही इस मान के लिए चुनना केवल बेमानी हैं।

जब भारत का बहुसंख्यक समाज या नब्बे प्रतिशत समाज संविधान द्वारा उनके लिए प्रायोजित अपने अधिकार मांगता है तो भारत का विद्यमान सामाजिक, आर्थिक व राजनैतिक ढांचा उस पर अमानुष अन्याय, अत्याचार व सीनाजोरी करता है। क्योंकि जिस जाति से अपराधी आता है वह जिन जातियों से न्यायपालक, विधिपालक व कार्यपालक आता है उसके वर्ग-वर्ण हित का सम्बन्धि होता है। शिक्षा जल की तरह अभिजात व्यक्ति से उतर कर निम्न जातियों में प्रवाहित होती है इस सिद्धांत से बहुजन की जितनी हानि होनी थी उतनी हो चुकी है। अब शासन को तृणमूल के लोगों के प्रति अपना योगदान दिखाने की कसरत करनी पड़ रही है। काश हम यह सत्य समझ पाते कि जो श्रोत किसी को न्यायपालक, विधिपालक व कार्यपालक बना सकता है वह उन्हें खेंच कर जमीन पर लाकर उनकी असली औकात भी बता दे सकता है। ''लोग'' वही श्रोत है, जो जाग गये, सीख गये तो अप्रत्यक्ष लोकतंत्र के बदले प्रत्यक्ष लोकशाही की व्यवस्था अपने आप के लिए बहाल भी कर सकते हैं। इसी आशा के साथ उनसठवां गणतंत्र दिवस सभी भारतीयों को मुबारक हो!

9

लैंगिक असमानता

नैसर्गिक रूप से देखा जाए तो स्त्री व पुरुष के मेल से मनुष्य (स्त्री या पुरुष) पैदा होता है। परन्तु हिंदू धर्म शास्त्र के नियम इन्सान के स्थान पर जाति उपजाति-निम्न जातियां पैदा करने के लिए बनाये गये लगते हैं। उन नियमों के अनुसार हिंदू लोग आदमी नहीं बल्की जातियां है। जाति से और ऊंची या और नीची जाति पैदा की जाती है। उदाहारणार्थ ब्राह्मण जाति का पुरुष ब्राह्मण स्त्री के मेल से ब्राह्मण जाति का बालक पैदा करता है, क्षत्रिय स्त्री से मुर्धवसिक्त, वैश्य स्त्री से अम्बष्ठ, अम्बष्ठ स्त्री से आभिर, शूद्र स्त्री से निशाद (परासव), अयोगव स्त्री से दीघवन और उग्र स्त्री से अव्रित इत्यादि कम से कम सात जातियों की सताने पैदा करता है। जब क्षत्रिय जाति का पुरूष क्षत्रिय स्त्री से मेल करता है तो वह क्षत्रिय, ब्राह्मण स्त्री से सूत, वैश्य स्त्री से महिष्य व शूद्र स्त्री से उग्रादि कम से कम पांच चरण जातियों की संताने पैदा करता है। उसी प्रकार वैश्य जाति का पुरुष वैश्य, स्त्री से वैश्य ब्राह्मणी से वैदेह वैदेही से वेन क्षत्राणी से मगध, शूद्राणी से करणादि, पांच जातियां पैदा करता है। और शूद्र पिता शूद्राणी से शूद्र, ब्राह्मणी से चंडाल, क्षत्राणी से क्षन्त्तर, वैश्य स्त्री से अयोगवाद और निषाद स्त्री से कुक्कुटादि पांच जातियों की निर्मिती करता है। उसी प्रकार निशाद पुरुष सूद्र स्त्री के मेल से पुक्कुस, शूद्र पुरुष निशाद स्त्री से क्कुट, वैदेह पुरुष आभिर स्त्री से वेन, क्षन्त्तर पुरुष उग्र स्त्री से स्वपाक, व वैदेह पुरुष अम्बष्ठ स्त्री से वेन को पैदा करते हैं।

उक्त जातियों को इन्सानियत में बदलने के लिए ही डॉ. बाबासाहेब आंबेडकर ने भारतीय समाज को समानता का संविधान और राष्ट्रीय शिक्षा का संदेश दिया है। उसके लिए उन्होंने विषमता मूलक धर्म को भी तिलांजली दी और मानवता की विश्व दृष्टि बहाल की। वैदेह पुरुष आभिर व अम्बष्ठ स्त्री से भी वेन जाति पैदा करता है और वैश्य पुरुष वैदेही से भी वेन जाति पैदा करता है। इसमें वैदेह व वैश्य पुरुष कोई नई जाति अपने से बाहर जाति के स्त्री के मेल से पैदा नही कर सकता। हालांकि आभिर अम्बष्ठ स्त्री व वैदेही स्त्री दो अलग अलग जाति की हैं। तथापि क्या वैदेह वैदह व वैश्य पुरुष दर्जे में समान आंके गये है? नहीं। क्यों ? क्या वैदेह व वैश्य जाति

एक पुरुष से ही पैदा हुई है? वैदेह कैसी जाति है। वैश्य-ब्राहमणी से वैदेह जाति है। वैश्य वैश्यणी से वैश्य जाती है। परंतु वैश्य क्षत्रिय से निम्नतर है। अत: क्षत्रिय और वैश्य का ऊंच-नीच का सम्बन्ध होना चाहिए। वह क्या संबंध है? क्षत्रिय पुरुष वैश्य स्त्री के मेल से महिष्य पैदा करता है तो वैश्य पुरुष क्षत्राणी से मगध पैदा करता है। इसमें मगध वैश्य से छोटे दर्जे का है क्योंकि उसका बाप उसकी मां से छोटे दर्जे का है। महिष्य वैश्य से बड़े दर्जे का होना चाहिए क्योंकि वह क्षत्रिय का बेटा होता है और उसकी मां भले ही वैश्य जाति की है परंतु मां की जाति से संतान को जाति का दर्जा नही मिलता है। तथापि भार्या भिन्नता से बड़े बाप की संताने भी पिता की समकक्ष जाति से छोटी मानी गई है। परंतु यहां प्रश्न यह है कि सबसे उच्चतम जाति ब्रह्ममण प्रथम जाति है। वह सभी निम्नतर जातियों से सम्बद्ध है। वह सबसे अधिक जाति उत्पादक है। अत: सभी जातियों की जनक ब्राह्मण है। ब्राह्मण जाति मिटने से ही जाति के अत्यधिक मिट जायेगी। ब्राह्मण से क्षत्रिय ब्राह्मण से वैश्य ब्राह्मण से शूद्र आदि जातियों का घटते दर्जे में उदभव हुआ। ब्राह्मण से क्षत्रिय कैसे हुआ ब्राह्मण वैश्य व शूद्र कैसे हुए? एक सीढ़ी नीचे की जात पैदा करने के लिए ब्राह्मण को अपने से एक सीढी नीचे की जाति के स्त्री से मेल करना पड़ेगा। उसी प्रकार जितनी सीढीपाद नीचे की है उतनी ही नीची जाति को पैदा करने की व्यवस्था करना पड़ेगी। परंतु निम्नतर जातियां पहले से उपलब्ध तो नहीं थी। उपलब्ध मानवों को पहले नामानिधान से पहचान दी गई। और बाद में उसी नाम का जाति विशेष के लिए प्रचलन हुआ। इस तर्क के आधार पर हम कह सकते है कि जाति की उत्पत्ति के पहले मानव ही थे। एक मनुष्य दूसरे मनुष्य के संपर्क संबंध में आने के बाद उसने क्षेत्र समय परिस्थिति के अनुरूप बड़े छोटे व बराबर की श्रेणी के परस्पर रिश्ते पैदा किए। मनुष्य अपने को ब्राह्मण यानी बड़ा कहने लगा व अपना अग्रक्रम कायम रखने के लिए दूसरे मनुष्य के साथ भागीदारी न कर उसे अपने से छोटा मानने लगा और होने से उसे समान बलाबल बराबर भी मानने लगा। भौतिक अभौतिक शक्ति संपन्नता से ही कोई मनुष्य किसी दूसरे मनुष्य पर आधिपत्य रख सकता है। इस अधिपत्य को स्थायी व कायम रखने के लिए सब पर लागू किया जाने वाला अटल नियम होना चाहिए। यह अटल नियम नैसर्गिक होगा। जन्म एक ऐसा ही अटल नैसर्गिक नियम है। इस नियम पर अधारित संस्कृति ही अभिजात संस्कृति है। इसे मिटाने के लिए ऐसा एक अटल नैसर्गिक नियम चाहिए। उस की नींव पर पहले को मिटाया जा सकता है और नया नियम लागू किया जा सकता है। जन्म के नियम को मिटाने वाला दूसरा शक्तिशाली नियम है मृत्यु-मृत्यु नियम जन्म नियम के विपरीत नही है। वे दोनों समतुल्य है। अनन्तकाल की दोनों संताने हैं। दोनों बराबर है। क्रम नियम के लागू करने पर पहला व दूसरा ऐसा भेद किया जाता है। पसंद अपनी अपनी है।

मिले नियम विकास उद्‌दिष्टों में एक उद्‌दिष्ट लैंगिक समानता को बढ़ावा देना भी है। प्राथमिक व दुय्यम शिक्षा में लैंगिक असमानता सन 2005 में ही समाप्त हो जाना थी। सभी क्षेत्रों में लैगिक विषमता का खात्मा 2015 तक होना भी एक लक्ष्य है।

अबला वह बेलो है जिसने पुरुष को जीवन प्रत्याशा में पहले से ही पीछे छोड़ दिया और अब वह विकास युग की अगुआ नायिका है।

10

अत्याचार का प्रतिकार

अत्याचार

अनुसूचित जातियों, जनजातियों के लिए आरक्षण तथा एंग्लो इंडियन समुदाय के प्रतिनिधियों को मनोनीत करने के प्रावधान को और दस साल के लिए बढ़ाने संबंधी संविधान संशोधन विधेयक को लोकसभा में निर्विरोध पारित किये जाने के अवसर पर विधि एवं न्यायमंत्री राम जेठमलानी ने कहा था कि "हम सभी को यह संकल्प लेना चाहिए कि हम भ्रष्टाचार के जरिए कोई भी लाभ नहीं उठायेंगे।"[1]

वास्तव में लाभ तो भ्रष्टाचार से ही कमाया जाता है बेदाग चरित्र तो हमेशा कंगाल ही नजर आते हैं। विद्यमान तीसरी सहस्त्राब्दि के आगमन पर भ्रष्टचार और अत्याचार ने मिलकर जन-जन को पागल कर दिया है।

कानपुर जिले के सतपुरा में पति की चिता पर जल मरी दलित महिला चरण शाह को अंधविश्वासी भोली भाली जनता ने सती मान लिया था।[2] फतेहाबाद जिले के बीवाड़ गांव की दलित मौसेरी बहनों पर सामूहिक बलात्कार हुआ।[3] मेरठ के देदुवा गांव में एक दलित की हत्या हुई पर अभियुक्तों को गिरफ्तार नही किया गया।[4] अनुसूचित जातियों व जनजातियों के लिए गठित राष्ट्रीय आयोग ने जब सिफारिश की कि अनुसूचित जातियों और जनजातियों को रक्षा सेवाओं, वैज्ञानिक प्रतिष्ठानों और न्यायिक सेवा में आरक्षण दिया जाये तो स्वयं सरकार ने उसे ठुकरा दिया।[5] टीकमगढ़ जिले के बल्देवगढ़ की ग्राम पंचायत पिपरा की दलित महिला सरपंच श्रीमती गुन्दिया बाई को पिछले 15 अगस्त को ग्राम पंचायत उप-सरपंच और गांव के ही कुछ उच्च वर्ण के लोगों ने स्कूल भवन पर राष्ट्र ध्वज फहराने से रोका और उनसे अपशब्द कहे।[6] ऐसे भ्रष्टाचार और अत्याचारों से झुलस रही आरक्षित वर्ग के उम्मीदवारों का अहित

समय-समय पर कभी शासनादेश द्वारा भी हो जाता है और उसे समयानुसार न्यायपालिका असंवैधानिक घोषित कर निरस्त कर देती है।[7] देश में करीब ढ़ाई करोड़ आदिवासियों को सरकारी और गैरसरकारी लोगों द्वारा अपराधी घोषित किया जा रहा है, हालांकि वे अपराधी जाति होने के कलंक से सन् 1952 से मुक्त कर दिये गये थे।[8] आंध्र प्रदेश के कतिपय राजनेता व प्रशासनिक लोगों पर भ्रष्टाचार के लगे दाग उस राज्य के चारित्रिक पतन की ओर संकेत दे रहे हैं। भूतपूर्व प्रधानमंत्री श्री नरसिंहराव, भाजपा के राष्ट्रीय अध्यक्ष श्री बंगारू लक्ष्मण, डॉ. बाबासाहेब आंबेडकर राष्ट्रीय सामाजिक विज्ञान शोध संस्थान के पूर्व महानिदेशक श्री आई. एस. राव यह त्रिमूर्ति उसी प्रदेश के ग्रह है।[9] भयमुक्त समाज का दावा करने वाले उत्तरप्रदेश में तत्कालीन भाजपा के मुख्यमंत्री कल्याण सिंह के गृह क्षेत्र में ही लगातार 8 हत्याएं हुई और पुलिस हिरासत में दो मौते हुई।[10] जो अधिकारी दलितों के प्रति सम्मानजनक व्यवहार नहीं करते वे महात्मा गांधी द्वारा 1932 में डॉ. आंबेडकर प्रमुख दलितों के साथ किए गये पूणे समझौते का अपमान कर रहे है।[11]

एक तरफ स्याशी पार्टिया हत्या, गंभीर चोटें, बलात्कार जैसे अत्याचारों में गिरावट दर्शा रही है तो दूसरी तरफ अत्याचार पीड़ित लोग दलित उत्पीड़न के खिलाफ चीखती चिल्लाती दिखाई पड़ रही है।[12] सरकारों की उपेक्षापूर्ण नीति के कारण आज भी अनुसूचित जाति के लोग पिछड़े हुए है।[13] प्रशासन शांतिपूर्ण मतदान का दावा करता है जबकि पुनर्मतदान के बाद भी गांव के दलितों व पिछड़ों को कई स्थानों पर वोट डालने से रोका जाता है।[14] असामाजिक तत्वों द्वारा डॉ. आंबेडकर की प्रतिमा को विकृत, विद्रूप, तोड़-फोड़ कर अपमानित किया जाता है।[15] डॉ. आंबेडकर जयंति के अवसर पर सार्वजनिक अवकाश की अवहेलना करने में अपने देश के अग्रणी विश्वविद्यालय के कुलपति जैसे मान्यवर भी पीछे नहीं रहते।[16] अत्याचारदक्ष ब्राह्मण वर्ग जाति (Caste) और जाति (race) के दोनों आधार पर लोगों का उत्पीड़न करता है। देश में सैर-सपाटे को आए नीदरलैंड निवासी बैरोन डे इन्सिटिक्टर के साथ असुरों जैसा बर्ताव किया गया और नस्ली दुर्भावना के चलते उन्हें चलती ट्रेन से उसी तरह धकेल दिया, जैसे कि दक्षिण अफ्रीका में महात्मा गांधी के साथ हुआ था। बैरोन का कसूर इतना ही था कि उसके मन में भारत के दलितों और शोषितों के लिए हमदर्दी थी।[17] वर्तमान जनगणना से यह निश्चित रूप से पता चल जाएगा कि देश में जातियां कितनी है, महिलाओं का प्रजनन-दर क्या है, विकलांग कितने है,

हिजड़ों की सही संख्या कितनी है और उनके हिमायती सत्पुरुषों पर ढाये जाने वाले अत्याचार के बारे में भी इस जनगणना में पूछे जाने की व्यवस्था होनी चाहिए थी।[18] मुजफ्फरनगर में सहारनपुर रोड पर बसे गांव रोहाना कला में एक दलित महिला मुकेश की बलात्कार के बाद हत्या कर दी गई थी।[19] खंडवा जिले में पुलिस के अमानवीय प्रताड़ना से एक आदिवासी युवक को नपुंसक बनने तक करंट लगाया गया।[20] लखनऊ के मोहम्मदखेड़ा गांव में चंदन पासी की बुढ़िया मां दयावती का हाथ तोड़ा गया। मां की चीख सुनकर दौड़े चंदन पर दो राउंड फायर किया गया। खेत में घास काट रही चंदन की पत्नी सावित्री की हमलावरों ने कट्टे के मूठे और डंडे से पिटाई की। उसके कपड़े खींच लिए गए। एक हमलावर ने उसे दबोच रखा और दूसरे ने उसके गुप्तांग में डंडा घुसेड दिया। बर्बरतापूर्वक उसे झंझोडा गया। लहू लुहान सावित्री बेहोश हो गई। पुलिस ने चंदन पासी, सावित्री और दयावती को एक हत्या के मामले में अभियुक्त बनाया।[21] सहारनपुर जिले में जनपद के थाना गंगोह के अंतर्गत मोहड़ा में बुद्धू की 14 वर्षीय पुत्री गीता की बलात्कार के बाद गला घोंटकर हत्या की गई।[22] फुगाना थाना क्षेत्र के गांव बड़ौत के जंगल में तीन लोगों ने एक दलित 14 वर्षीय लड़की के साथ सामूहिक बलात्कार किया।[23] एक दलित बालिका के साथ देवबंद कोतवाली में बलात्कार हुआ।[24] बिजनौर में एक दलित महिला को अन्य महिलाओं और अनेक व्यक्तियों द्वारा निर्वस्त्र घुमाया गया।[25] खानपुर थाने के ग्राम मथुरा नागल स्थित एक भट्टे पर ईंट पाथने वाली दो जाटव युवतियों के साथ 8 लोगों द्वारा सामूहिक बलात्कार किया गया।[26] ऋषिकेश में एक हरिजन अबोध लड़की पर पुलिस के जवान ने बलात्कार किया।[27] हाथरस में एक दलित विधवा पर थाने के दो दरोगाओं ने बलात्कार किया।[28] बुलंदशहर में दलित महिला के साथ मारपीट कर चार लोगों ने सामूहिक बलात्कार किया।[29] इस प्रकार बलात्कार, हत्या, अपहरण, फसल के विवाद में घायल, करंट लगाकर हत्या, लूट व डकैती, दीवार के विवाद को लेकर गर्दन रेत कर हत्या, वेश्यावृति अपनाना, निर्वस्त्र करना इत्यादि घटनाओं से कई महाकाव्य लिखे जा सकते हैं। इलाहाबाद के एक न्यायाधिश द्वारा अपना कमरा गंगा जल से शुद्ध कराया गया क्योंकि उनसे पहले दलित जाति का एक जज उसमें बैठा करता था।[30] यह दलित जाति के लोगों का अदम्य धैर्य ही कहा जाएगा कि सवर्णो, जाटों, ठाकुरों द्वारा किए गए अनेक अत्याचारों, सामाजिक कुरीतियों तथा बंधनों को सहते हुए भी इसी हिन्दू समाज में ही सब देवी-देवताओं को मानते हुए भी वे बने रहने पर हिन्दू वह गर्व करते हैं।[31]

शिवपुरी जिले में होली में सवर्णो द्वारा दलित महिलाओं को जबरदस्ती निर्वस्त्र करके अपने साथ में नचाया गया। सागर जिले में अछूत जाति के सरपंच द्वारा होली में गुलाल लगाने पर उसकी सवर्णो द्वारा पिटाई की गई। छतरपुर जिले के बड़ा मलहरा जनपद पंचायत के उपाध्यक्ष दलित व्यक्ति गनपत अहिरवार की जघन्य हत्या की गई। गुना की आदिवासी युवती से 20 दिनों तक बलात्कार हुआ। बायंगा के सरपंच द्वारा दलित मजदूरों की पिटाई की गई। राजगढ़ जिले के पीपरहेरा में दलित छात्र से जबरन शौचालय साफ कराने के लिए उसके मूंह में मैला डाला गया। छतरपुर जिले में ही गुलामी से मुक्ति के लिये दलितों को सामूहिक आत्मदाह के लिये बाध्य होना पड़ रहा है। बारीगढ़ में दूल्हे को घोड़े से उतारकर बारातियों से मारपीट की गई। मुरैना में खेत से चार महिलाओं को उठाकर बलात्कार किया गया। भोपाल जेल में आदिवासी महिला कर्मचारी पर वरिष्ठ अधिकारी द्वारा मारपीठ की गई और बारानंदा गांव में अकाल से भूखे मरते दलितों ने पेड़ की छाल खाकर अपनी जिंदगी बचाई।[32] ऐसे अत्याचारों के रहते किस प्रदेश के प्रशासनिक और न्यायिक व्यवस्थापन चौकन्ने नही होंगे। शुक्र है कि मध्यप्रदेश के मुख्यमंत्री ने पदोन्नति में आरक्षण के प्रवाधान को समाप्त कर मनुवादी मानसिकता दर्शाने वाले प्रशासनिक अधिकरण के दिनांक 17.7.2000 के फैसले से नाराज होकर ऐसे प्रशासनिक अधिकरण को मंत्रीमंडल का अनुमोदन लेकर गत 8 मार्च 2001 को समाप्त करने का निर्णय ले लिया।[33]

कानूनी प्रावधान–

हम ने ऊपर जिन अत्याचारों की घटनाओं का जिक्र किया है उन पर काबू पाने के लिए शासन के द्वारा कुछ कानूनी प्रावधान भारतीय संविधान के अनुच्छेदों के आदेशानुसार किये गये हैं। इसके अलावा और इसके पूर्व में अंतर्राष्ट्रीय कानूनी प्रावधान भी हैं जिसको प्रत्येक राष्ट्र सदस्य द्वारा व्यवहार में लाना अपेक्षित है। वे प्रावधान निम्न वर्गो में विभक्त किये जा सकते हैं।

1. संविधान और अनुसूचित जातियां
2. अनुसूचित जाति और अनुसूचित जनजातियों के लिए राष्ट्रीय आयोग
3. नागरिक अधिकार सुरक्षा अधिनियम, 1995
4. अनुसूचित जाति और अनुसूचित जनजातियां (अत्याचार प्रतिबंधन) अधिनियम, 1989

5. नस्लभेद के सभी प्रकारों के निर्मूलन का अंतर्राष्ट्रीय कन्वेन्शन, 1965
6. नागरिक और राजनैतिक अधिकारों का अंतर्राष्ट्रीय कानून (Covenant). 1965
7. आर्थिक, सामाजिक और सांस्कृतिक अधिकारों का अंतर्राष्ट्रीय कानून (Covenant). 1966
8. यातना और अन्य क्रूर, अमानवी, अथवा निकृष्ट सलूक या दण्ड के विरुद्ध कन्वेन्शन, 1984
9. बालाधिकार का कन्वेन्शन, 1989 और
10. बंधक मजदूर कन्वेन्शन, 1930

उक्त प्रावधानों के होते हुए आत्याचारों का सारे देश में हो रहा तांडव शासन के अपयश को उजागर करता है। शासन अनुसूचित जाति और जनजातियां (अत्याचार प्रतिबंधन) अधिनियम, 1989 को अमल में लाने में निम्न बिंदूओं के संबंध में सक्षम नहीं रहा। (1) अत्याचारों के मामले नामांकित नहीं किये गये। (2) इन घटनाओं में पुलिस अन्वेषण और साक्षी के प्रयोग के संबंध में खामियां रही हैं। (3) अत्याचारों के मामले में विशेष अदालतों और विशेष प्रासिक्यूटरों का अभाव रहा। (4) अत्याचार अधिनियम के अधीन घटनाओं की खबरों को प्रकाशित न कराकर उन्हें कम बताना और (5) अत्याचार प्रतिबंधक अधिनियम को खत्म करने के प्रयत्न करना इत्यादि बातों में शासन की ओर से ढील दिखाई दी। उसमें सख्ति बरतना आज और भी ज्यादा लाजमी हो गया है। इसीलिए गैरसरकारी संगठन इसमें शासन और समाज की सहायता कर सकते हैं।

गैरसरकारी संगठन–

समाज में अत्याचारों के प्रति जागरुकता लाने और अपराधियों को कानून के गिरफ्त में लाने के लिए हमारे यहां कुछ खास दलित संगठन सक्रिय हैं और उनकी भूमिका इस हेतु बहुत महत्वपूर्ण हैं। इन संगठनों को अधिक से अधिक मजबूत बनाना समय की पुकार है। इन के अलावा हमारे यहां कुछ उग्र संगठन है, उनकी कार्य शैली संदेहास्पद मानी जाती रही है। उनमें कुछ का परिचय निम्न प्रकार है। दलितों के विरुद्ध जाति व्यवस्था, अस्पृश्यता, भूमि सम्बन्धित अन्याय, सामाजिक बहिष्कार और महिला उत्पीड़न और पुलिस पक्षपात के मद्देनजर कुछ दलित राजनैतिक आंदोलन सन् 1990 के आरम्भिक काल में प्रादुर्भत हुये हैं। उनके नेतृत्व में उंची ओर अन्य पिछड़ी जातियां भय खा रही हैं।

1. **दलित पैंथरः** भारत में दलित पैंथर साठ व सत्तर के दशक में उभरा। उनमें मार्क्स/लेनिन/माओ अभिमुख समूह भी रहा। सन् 1970 में महाराष्ट्र राज्य में जो दलित पैंथर संगठन उभरा था वह वैचारिक रूप से अमेरिका के ब्लैक पैंथर आंदोलन के वैचारिकी से मेल रखता है। दलित पैंथर ने दलित युवक और छात्रों को संगठति किया है। उनका विरोध हिन्दू धर्म और हिन्दू शासन से रहा है। गैर-दलितों के पैंथर में प्रवेश पा जाने से संगठन से मतभेद और टूट पैदा हुई है। तमिलनाडू में सन् 1980 से दलित पैंथर निकला जिसने महिला प्रताड़ना और भूमि के मामलों के विरुद्ध संघर्ष किया। दलित पैथर को पोलिस की प्रताड़ना का प्रतिदिन सामना करना पड़ रहा है।
2. **नक्सलवादीः** नक्सलवादी आंदोलन का आंरभ पश्चिम बंगाल के माओवादी समूह के फुट से हुआ है। सन् 1967 में उसका वैचारिक मतभेद भारतीय साम्यवादी दल (CPI-M) से हुआ और उसने सशस्त्र पथ को अपनाकर अपनी पहचान बनाई। ग्रामों में किसानों के आंदोलन का उसने नेतृत्व कर भूमिपतियों को अपना दुश्मन बनाया। सन् 1970 के लगभग उसने पश्चिम बंगाल से केरला तक अपना फैलाव किया। आज भी यह संगठन ओरिसा, आन्ध्रप्रदेश व बिहार में सक्रिय है। नक्सलवादी और पुलिस परस्पर जानी दुश्मन है। नक्सलवादियों के मारने पर पुलिस को पदोन्नति भी मिली है।
3. **अन्य पिछड़ा वर्ग संगठनः** यह भी एक राजनैतिक संगठन बन गया है। सन् 1950 के भूमि सुधार ने जमीन के पट्टेदारों को स्वामित्व बहाल कर दिया था। और जमीनदारों के बड़े हिस्से को बेदखल कर माध्यम वर्ग के भूस्वामी-काश्तकारों का सृजन हुआ जिसमें अन्य पिछड़ा वर्ग के बहुत वर्ग के बहुत लोग शामिल है। इस वर्ग ने भूमि सुधार के पिछले सभी प्रावधानों को आत्मकेन्द्रित किया जो सीमान्त और भूमिहीन दलितों के लिए थे। आर्थिक लाभ के कारण अन्य पिछड़ा वर्ग राजनैतिक लाभ तक पहुंचा और आरक्षण नीति के दरवाजे से उन्होंने अपनी उपस्थिति राज्यतंत्र में भी दर्ज की। सन् 1978 में प्रधानमंत्री मोरारजी भाई देसाई द्वारा मंडल आयोग की नियुक्ति की गई। सन् 1980 में आयोग की रपट में देशभर में 3, 743 उपजातियों को शासन में नौकरी में आरक्षण देने और प्रत्येक राज्य में शासकीय सेवाओं में 27 प्रतिशत आरक्षण की सिफारिश की गई। सन् 1990 में व्ही. पी. सिंह, जो उस समय प्रधानमंत्री थे, ने ऐलान किया था

कि उनकी सरकार आरक्षण की योजना की सिफारिशों को कार्यान्वित करेगी। निम्न-मध्यम वर्गों के छात्रों ने इस पर हंगामा खड़ा कर दिया। इससे सिंह सरकार के विरुद्व भारतीय जनता पार्टी ने मोर्चा बनाया। सन् 1991 में प्रधानमंत्री पी. व्ही. नरसिंह राव की सरकार बनी तो उसने घोषणा की कि वह मंडल आयोग प्रतिवेदन की आरक्षण योजना को लागू करेगी तथा उच्च जातियों व गैर-हिन्दू अल्पसंख्यक के गरीबों को अतिरिक्त 10 प्रतिशत आरक्षण बहाल करेगी। सन् 1993 में इन्द्रा सानी बनाम भारत संघ मामले में उच्च्तम न्यायालय ने निर्णय दिया कि मंडल योजना संवैधानिक है।[34]

कानूनी प्रावधानों की पृष्ठभूमि-

सन् 1950 में भारत का संविधान लागू हुआ। उसी घड़ी गणराज्य बना और ब्रिटिश राज से मुक्त होने को 3 साल हुये। संविधान ने बराबरी, स्वतंत्रता, न्याय, मानवी प्रतिष्ठा के तत्वों को जनता के लिए बहाल कर राज्य व केन्द्रीय शासन को अनुसूचित जातियों के सदस्यों को विशेष सुरक्षा बहाल करने, उनका जीवन स्तर बढ़ाने और अन्य नागरिकों के बराबर उन्हें समानता देने का आदेश दिया। संविधान ने महिलाओं को समान अधिकार, स्वतंत्रता, न्याय और प्रतिष्ठा से रहने का वचन दिया। धर्म और लिंग के आधार पर भेद का प्रतिषेद कर गत भेद के लिए मुआवजा को बढ़ावा दिया। परंतु व्यवहार में महिला व पुरुष व्यक्तिगत कानून अर्थात विवाह, तलाक, दत्तक व उत्तराधिकार के मामलों में असमान ही दिखाई पड़ते हैं।

संवैधानिक आधार पर भारतीय शासन सामाजिक-आर्थिक दर्जे में राष्ट्रीय औसत व अनुसूचित जाति के लोगों में विद्यमान अंतर को घटाने की दोहरी नीति पर चल रहा है। एक कानूनी प्रावधानों को पर्याप्त रूप में सख्ती से लागू कर उस पर पहरा देना तथा दो, आर्थिक, शैक्षिक व रोजगारों के अवसरों को अनुसूचित जातियों में बढ़ाकर उन्हें स्वयं निर्भर बनाना।

उक्त दोहरी नीति के अंतर्गत नागरिक अधिनियम 1955 तथा अ. जा. व अ. ज. जा. (अत्याचार प्रतिबंधक) अधिनियम 1989, अन्य राज्य व केन्द्र सरकार के कानून, सरकारी नौकरियों और उच्च शिक्षा में आरक्षण का कड़ाई से पालन भी शासकीय कर्तव्य है। कुछ राज्यों तथा संघीय संस्थानों में जनसंख्या के अनुपात से अ. ज. जा. को प्रतिनिधित्व देने के लिए संविधान ने 22.5

प्रतिशत सीटों का संघीय शासक के नौकरियों में राज्य विधान सभाओं, लोकसभा व शैक्षणिक संस्थाओं में प्रावधान किया है। अ. जा. के उक्त सुरक्षात्मक उपायों पर पहरा देने का कार्य अ. जा. व अ. ज. जा. के राष्ट्रीय आयोग का है। शैक्षणिक, समाजिक व आर्थिक उत्थान के लिए कल्याण मंत्रालय अपने राज्य शासन के मार्फत अनुसूचित जातियों की सेवा की व्यवस्था करता है।

वर्ष 1996-97 तथा 1997-98 के अ. जा. व अ. ज. जा. के राष्ट्रीय आयोग के प्रतिवेदन के अनुसार आरक्षण केवल सरकारी सेवाओं में ही दिया गया है तथापि रक्षा सेवाओं व न्यायलयों में भी आरक्षण प्रावधान देने की जरूरत है। निजी क्षेत्र में भी आरक्षण होना चाहिए क्योंकि उसमें शासन की छत्रछाया, जमीन, वित्त, करआदी रियासतों का उपभोग होता है।

उक्त वैधानिक व प्रशासकीय एजेंसी द्वारा अ. जा. के लिए मात्र व्यवस्था करने के प्रावधानों के बावजूद जातिगत भेदभाव का रोड़ा जमीन, शिक्षा व राजनैतिक शक्ति के पास पहुंचने में दलितों के सम्मुख है। सन् 1994 तक दलित जमातों पर अत्याचार का पारा चढ़ रहा था। इनमें दलित विरोधी अत्याचार असहिष्णुता का सबसे बड़ा संकेत हैं।

सन् 1994 से 1996 तक अ. जा. पर राष्ट्र व्यापी अपराधों व अत्याचारों के 98,349 मामलें दर्ज हो चुके है। उनमें से 38, 483 अपराध अत्याचार प्रबंधक अधिनियम के अधीन दर्ज हैं। 1,600 हत्यायें 2,814 बलात्कार तथा 13,671 जख्म के अपराध हैं। सन् 2001 के जनगणधना से साक्षरता में बढ़ोतरी होने का दावा करने के बावजूद आज दलित अत्याचार व जुल्मों के शिकार नहीं हैं कहना बड़े साहस का दावा होगा।35

अत्याचार अभिमुख समाज की दशा-

उपरोक्त अत्याचार जिस समाज में परिलक्षित होते हैं वह समाज जाति व्यवस्था से जखड़ा हुआ है। यहां अस्पृश्यता और दुराव का बोल बाला है। यहां कर्मठ काश्तकार को जीविकापार्जन के लिए जमीन के जरा से टुकड़े के लिए लहुलहान होना पड़ता है। यहां दलितों को सामाजिक बाहिष्कार और प्रतिक्रियात्मक हिंसा की आग में झुलसना पड़ता है। इस समाज में दलित महिलाओं पर कहर ढाया जाता है। इस में कानून रक्षक पुलिस की भूमिका पक्षपाती हैं। इस समाज ने दलित पैंथर, नक्सलवादी, अन्य पिछड़ा वर्ग, जातीय संगठन, रनवीर सेना जैसे उग्र संगठनों को जन्म दिया। इस देश में रनवीर सेना ने सामूहिक कत्लेआम किया

पर बिहार की राज्य व्यवस्था खामोश रही। शंकरविधा और नारायनपुर, लक्ष्मनपुर-बाथे, एकवारी, हैबासपुर, बनी तोला में नृशंस हत्यायें होती रही तथा सरकार मुआवजा पैकेज दिखाती रही, पुलिस धाड डालती रही व डकैती व लूटमार के तूफान दलितों पर बरसते ही रहे।

इस समाज के दक्षिण भाग विशेषत: तमिलनाडू में मेलवलवुकी हत्यायें, दलित ग्रामिणों का बेघर होना, दलित महिलाओं पर अत्याचार के होते तमिलनाडू सरकार आयोग की नियुक्ति मात्र करती रही।

इस समाज में महाराष्ट्र की राजधानी मुंबई के रमाबाई नगर में डॉ. आंबेडकर के पुतले को अपमानित करने की घटना पर दलितों की हत्यायें हुई और उन हत्याओं में विस्फोटक शस्त्रों का प्रयोग ऐसा हुआ मानो वह राष्ट्रीय व अंतर्राष्ट्रीय मापदण्डों की अवहेलना कर रहा हो।

इस समाज में बंधक मजदूरों की बड़ी तादाद है। यहां सफाई करने वालों को गंदगी करने वालों से अधिक दर्जेदार व प्रतिष्ठित माना जाता है। सफाई कामगारों की पीढ़ीयां ऋण में ही अपना जीवन बिताती हैं। यहां सुरक्षात्मक प्रावधानों को लागू करने में राजनैतिक यंत्रणा हमेशा फेल मारती हैं। यहां देवदासी व्यवस्था को पवित्रता का धार्मिक चोला पहनाया जाता है। यहां अभियुक्त के अधिकार का हनन करना सामाजिक सुधार समझा जाता है। झूठे आरोपों से हिरासत में लेना यहां की प्रशासनिक दक्षता है। यहां बलात्कार के अपराधी को अवार्ड मिलता है। यहां की अदालत में जाति व लिंग के आधार पर निपक्षता को दरकिनार किया जाता है। यहां भांवरी देवी व सुमन रानी के किस्से मिडिया के पन्ने सजाते हैं।

इस समाज में राष्ट्रीय सरकार अपने घरेलू और अंतर्राष्ट्रीय कानून के अधीन अपनी बाध्यता को होशो-हवास में भूल जाती हैं और नये सहस्त्राब्दि में यहां पुरानी परंपरा स्थायी रूप से संचालित की जाती है।[36]

इतिहास और भविष्य

भारतीय समाज का इतिहास नये सिरे से लिखा जाना जरूरी है। यहां ऐतिहासिक आरंभ से अद्यतन विकास की प्रक्रिया में दो ही शक्तियां परस्पर संघर्ष में एक दूसरे को ऊंच और नीच, अमीर व गरीब तथा शासक व शासित बनाती चली जा रही है। इन शाक्तियों को हम क्रांतिकारी शक्तियां कह सकते हैं। इनके अपने नायक व जमात हैं, अपना साहित्य, धर्म, संस्कार व आदर्श है।

भारत का उपलब्ध साहित्य इन दो शक्तियों के निरंतर संघर्ष की कहानी को उजागर करता है।

बहुजन हिताय बहुजन सुखाय का ऐलान करने वाला मानवतावादी विचार हमेशा मानवीय और क्रांतिकारी रहा है। उसके विरुद्ध मानव को मुलभूत आवश्यकताओं के साधनों से वंचित कर उसे दलित बनाकर मानवता के साथ विद्रोह करना प्रतिक्रांति का विचार है।

हमारे समाज में गत यौवन जाति आज भी अपनी वृद्धावस्था में श्रृंगार करती नजर आ रही है। वह विदेश के नस्लवाद से भी बूढ़ी और घातक है। इसके मूल धर्म में गड़े है। क्रांतिकारी और प्रतिक्रांतिकारी विचारधाराओं के समकालीन नायक गांधी और आंबेडकर हुये हैं। क्रांतिकारी इतिहास हमेशा ताजातरीन होता है। इसके रचियता सामाजिक संरचना का निर्माण इस कदर करते हैं कि उपेक्षित मानवों को सेवाओं के अवसर उपलब्ध हो, उन्हें स्थानीय निर्णय व्यवस्था में स्थान मिलें, सबके बराबर खाने व सोने का अवसर हो; रहने को मकान व बढ़ने को शिक्षा के द्वार खुले हो। उनका मरण अन्य नागरिकों के समान ही हो जहां श्मशान में जलाने या गाडने का भेद न किया जाए। उसके विरुद्ध प्रतिक्रांति के नेतृत्व में समानता की लड़ाई में उतरे वीरों को प्रताड़ित किया जाता हैं, उनकी हत्यायें की जाती है।

आर्थिक क्षेत्र में क्रांतिकारी इतिहास की विचारधारा जमीनहिनों को जमीन दिलाने, नौकरियों में बेकारों को भरने, कर्जदारों को मुक्ति दिलाने और पानी का उपयोग समान तरीके से मानवों को करने का प्रावधान करती है। प्रतिक्रांति की वैचारिकी इसके विरुद्ध चलती है।

राजनैतिक विचार से राजनीति का आधार जाति को बनाना, राज्य शासन की नागरिकों को अधिकार दिलाने में हार होना, पुलिस तंत्र की भूमिका भययुक्त रहना तथा बांटो व राज करो की चाल से प्रशासन चलाना इत्यादि प्रकार क्रांतिकारी कदमों के बिल्कुल विपरीत समझना चाहिए। धार्मिक और सांस्कृतिक परिपेक्ष से दलितों की मानवीय पहचान को अस्वीकार करना, धर्म को शोषक के लाभ में इस्तेमाल करना तथा शासितों को गाने, नचाने-बजाने व पैदल प्रदक्षिणा-यात्रा के सेवक कार्य में लगाना और पुरोहितों को स्वच्छंदता से आम व्यक्ति के नसीब से खेलने की छूट देना भी प्रतिक्रांतिकारी तत्व हैं।

लैंगिक दृष्टि से महिला को पितृप्रधान समाज की दासी बनाना, उस पर धार्मिक दबाव बनाये रखना, उसका आर्थिक दमन करना उस पर प्रताडना और

अत्याचार का जुल्म ढाना इत्यादि व्यवहार क्रांतिकारी इतिहास के अंग कभी नहीं बन सकते है।

वर्तमान परिस्थिति में भारतीय समाज में राज्य की भूमिका, धर्मस्थलों का योगदान भूमण्डलीकरण की प्रक्रिया, प्रतिकारी आंदोलन एवं हिन्दूत्व का प्रतिसाद क्या है इस बात पर इसके भावी इतिहास की दिशा का निर्णय निर्भर है। इस ऐतिहासिक निर्णय में संघर्ष और आशा की आवश्यकता से इंकार नहीं किया जा सकता।

भारतीयों के लिए मनौवैज्ञानिक–सांस्कृति तथा धार्मिक व राजनैतिक आशा के किरणों का इंतजार करना पड़ेगा तथा स्वयंसेवी संगठनों व महिला मंच पर आस्था रखनी होगी। साथ-साथ धार्मिक संगठनों का भविष्य उनके द्वारा दलितों के लिए किये गये कार्यो पर अधिक निर्भर रहेगा।

अभारतीय राष्ट्रों से यही अपेक्षा की जा सकती है कि भारत में विद्यमान विषमता के निर्मूलन के लिए अपने भूमंडलीकरण के एजेंडा की समीक्षा करे, उत्तरदायित्वान होकर अपनी सहायता राशि का वितरण करें।

क्रांति व प्रतिक्रांति की प्रक्रिया से सम्यक क्रांति का उदय होने से बेहतर इतिहास और दूसरा कुछ नहीं होगा।[37]

बाबासाहेब आंबेडकर का संघर्ष व दिशा-दर्शन

डॉ. बाबासाहेब आंबेडकर ने भारतीय समाज को अन्य विकसित के बराबर लाने के लिए अपने जीवनपर्यरंत कई संघर्ष किए और राष्ट्रीय और अंतर्राष्ट्रीय मौलिकता का आदेश दिया।

सन् 1891 से सन् 1956 तक के 65 वर्षो के कार्यकाल में डॉ. आंबेडकर ने व्यक्तिगत, शैक्षण्कि, सामाजिक, आर्थिक, राजनैतिक, संवैधानिक, साहित्यिक, सांस्कृतिक, धार्मिक, प्रशासनिक और अनुसूचित जाति, जनजाति, अल्पसंख्यक तथा महिलाओं के संदर्भ में 'न भूतो न भविष्यति' कार्य किया और भावी पीढ़ी के लिए प्रेरणा दी।

उनका विद्यार्थी जीवन छात्रों के लिए प्रेरणादायी रहेगा क्योंकि उन्होंने एक छात्र होकर अपने गुरुजी को जातीय संदर्भ के मामले में टोककर निरूत्तर कर दिया था।

उनका बालपण नवजात शिशुओं को मार्गदर्शक रहेगा क्योंकि बालक भीम ने बचपन में अस्पृश्यता की जो यातनायें सही उससे उनका दिव्यत्व और अधिक तेजस्वी होता गया।

उनका तारूण्य युवाओं के लिए प्रेरक रहेगा क्योंकि युवक भीमराव ने अपने तारूण्य का उपयोग अपना भविष्य संवारने के लिए किया था।

भीमराव आंबेडकर की शैक्षणिक उपाधियां और उपलब्धियां आज भी विद्यार्थियों के लिए प्रेरणा स्त्रोत हैं क्योंकि उन्होंने देश विदेश के प्रख्यात विश्वविद्यालयों से एम.एस.सी, पी.एच.डी. डी.एस.सी., लिट. बार-एट-ला, व एल.एल.डी. भारतरत्न बोधितत्व आदी की उपाधियों को मान प्रदान किया था।

उनका सार्वजनिक जीवन मूक जनता की वाणी (मूकनायक), उपेक्षितों का सहारा (बहिष्कृत भारत), बिखरे हुओं का एकीकरण (जनता), भेदभाव से विभक्तों का संगठन (समता) और आम नागरिकों से विशेषज्ञ व वैज्ञानिक बनने (प्रबुद्ध भारत) का साधन रहा।

उनका लेखन जाति व्यवस्था पर प्रहार, वर्ण व्यवस्था का खात्मा, मनुस्मृति का दहन, दोगली राजनीति का भंड़ाफोड़ जीर्ण धर्म का त्याग, राष्ट्र की अखंडता, समाज का नवीनीकरण, दलितों का उत्थान, महिलाओं का मसीहा, अल्पसंख्यकों का हितैषी. लोकतंत्र का रहबर, संसद का पैरोकार, हिंदुओं का परोपकारी, गुलामों का रहनुमा, इतिहास का विधाता और जुल्मीओं का कर्दनकाल रहा है।

उनका सामाजिक संघर्ष मानवाधिकार के मूलभूत जरूरतों को वंचितों के लिये उपलब्ध कराने हेतु रहा है। महाड का चवदार तालाब सत्याग्रह ने प्यासों को पीना पिलाया। नासिक के कालदास मंदीरा सत्याग्रह ने दलितों में धार्मिक चेतना जगाई। चेवला के आंदोलन ने सम्यक धर्म ग्रहन करने की नींव डाली। नागपूर के धर्मसंगर से तृणमूल के जन जन को सर्वश्रेष्ठ जीवन पद्धति का विश्व व्याप्त बौद्ध धर्म मिला। गोलमेज परिषद लंदन के अभियान से सर्वहारा लोगों को राजनैतिक प्रतिनिधित्व प्राप्त हुआ। पूना के पैक्ट से गांधी जी के प्राण बचे और दलित हिंदू एक समाज में रहने के लिए सहमत हुए।

डॉ. आंबेडकर के राजनैतिक नेतृत्व से दलितों का सत्ता के लिए संगठन बना। स्वंतत्र मजदूर पक्ष ने सदियों की वतनदारी, जमीदारी और वर्गवर्चस्व के खिलाफ संघर्ष किया। अनुसूचित जाति परिषद ने दलितों को एक झंडे तले केन्द्रीत कर भूमि सुधार व राजनीति में दलित भागीदारी को कार्यान्वित किया।

रिपब्लिकन पार्टी ऑफ इंडिया ने दलितों को राष्ट्रीय नेतृत्व दिलाने पार्टी का सर्वसमावेशक प्रोग्राम व जनहित कल्याणकारी नीति का प्रशिक्षण दिया।

डॉ. आबेडकर ने बहिष्कृत हित कारिणी सभा तथा शैक्षणिक संस्थाओं के माध्यम से अनुसूचित जातियों के छात्रों के लिए छात्रालय व शिक्षा का व्यवस्थापन किया।

बाबासाहेब ने राष्ट्र व समाजहित में भारतीय संविधान को लिखकर इतना बड़ा योगदान दिया कि संसार के सीने पर सन् 1956 की केवल दो ही घटनायें सर्वमान्य रही - (1) नागपूर के दीक्षा भूमि पर लाखों अनुयायी द्वारा बौद्ध धर्म को स्वीकार (2) भारतीय संविधान जिसके मुख्य शिल्पकार डॉ. बाबासाहेब आंबेडकर थे।

डॉ. आंबेडकर ने संसार को त्रीवचनीय अनेक संदेश दिए हैं, उनमें से दो नीचे उद्धृत है–

1. सुशिक्षित बनो, संघर्ष करो, संगठित रहो।
2. बुद्धं सरणं गच्छामि, धम्मं सरणं गच्छामि, संघ सरणं गच्छामि। अत्याचार का प्रतिकार बोधिसत्व पारमिता से करने हेतु उस जैसे चित्त का निर्माण करना समय की मांग है। इसे संक्षिप्त में बोधिसत्व पारमिता में दर्शाया गया है।

संदर्भ–

1. दैनिक जागरण, 28 अक्तूबर 1999. पृ. 1 (दलित उत्पीड़न, वर्ष 5 अंक 6-7 दलित मानवीय अधिकार विशेषांक 6 दिसंबर 1999 एवं अप्रैल 2000. लालबहादुर शास्त्री राष्ट्रीय प्रशासन अकादमी, मसूरी)
2. हिन्दुस्तान, 17 नवम्बर 1999. पृ. 5
3. हिन्दुस्तान, 24.12.1999, पृ. 7
4. हिन्दुस्तान, 16.12.1999, पृ. 2
5. दैनिक जागरण. 15.3.2000, पृ. 1
6. हिन्दुस्तान, 24.6.1998. पृ, 1
7. अमर उजाला, देहरादून, 16.4.1998, पृ. 2
8. अमर उजाला, 5 मई, 1998, पृ. 3
9. हिन्दुस्तान टाइम्स, इन्दौर लाइव, 21.3.2001, पृ. 1

10. हिन्दुस्तान, 11.6.1998, पृ. 3
11. हिन्दुस्तान, 13.4.1998 पृ. 7
12. हिन्दुस्तान, 28.5.1998, पृ. 2 अमर उजाला, 7.4.1998. पृ. 11
13. अमर उजाला, 7.4.1998. पृ. 11
14. हिन्दुस्तान, 2.3.1998. पृ. 7
15. हिन्दुस्तान, 23.3.1998. पृ. 5
16. अमर उजाला, अलीगढ़, 17.4.1998 पृ. 2
17. अमर उजाला, 7.4.1998, पृ. 4
18. हिन्दुस्तान, 26.4.1998, पृ. 1-11
19. हिन्दुस्तान, 30.3.1998. पृ. 3
20. हिन्दुस्तान, 27.03.1998, पृ. 1
21. हिन्दुस्तान, 2.4.1998, पृ. 1
22. हिन्दुस्तान, 21.3.1998, पृ. 3
23. हिन्दुस्तान, 23.3.1998, पृ. 3
24. हिन्दुस्तान, 27.3.1998, पृ. 3
25. हिन्दुस्तान, 20.7.1998, पृ. 5
26. हिन्दुस्तान, 23.4.1998, पृ. 3
27. हिन्दुस्तान, 17.5.1998, पृ. 5
28. हिन्दुस्तान, 9.6.1998, पृ. 5
29. हिन्दुस्तान, 4.7.1998, पृ. 5
30. हिन्दुस्तान, 27.7.1998, पृ. 1
31. हिन्दुस्तान, 17.6.1998, पृ. 6
32. नई चर्चा अम्बेडकर युग, 10 मार्च 2001, पृ. 4
33. नई चर्चा अम्बेडकर युग, 10 मार्च 2001, पृ. 24
34. Human Rights Watch, Broken People, USA 1999, p. 38
35. Human Rights Watch, Broken People, USA 1999, p. 41
36. प्रो. सी. डी. नाईक, विचार मंथन
37. प्रो. सी. डी. नाईक, विचार मंथन

11

बोधिसत्व पारमिता तथा महात्मा गांधी

मोहन दासकरमचंद गांधी और भीमराव राम जी आंबेडकर में बोधिसत्व चर्चा का अंश कितनी मात्रा में विद्यमान था उतनी मात्रा में व एक दूसरे समान दृष्टा और समान समाज सुधारक हो सकते थे। इसे का भेद निहित है।

बोधिसत्व

बोधिसत्व[1] यानी ज्ञान की अभिलाषा रखने वाला प्राणी। यह संज्ञा बुद्ध, प्रत्येक बुद्धत्व प्राप्त करने का मार्ग उन्हीं का हैं भगवान गौतम बुद्ध के बोधि प्राप्त करने के पहले उन्हें बोधिसत्व कहा जा सकता था। गौतम बुद्ध और दूसरे अर्हतों के जीवन के बारे में बहुत सी कुतुहलता और अटकलें भी लगाई हुई है।

बोधिसत्व का जीवन वृत्त सभी प्राणियों के हित और सुख के लिए बुद्ध बनने के संकल्प[2] के साथ आरम्भ होता है। बोधिसत्व जब अपने बुद्ध बनने के अभिप्राय को दूसरे के सामने घोषित किए बिना ही संकल्प करते हैं तो उसे 'मनोप्रणिधि' कहते है। और जब वह अपनाबुद्ध बनने का संकल्प दूसरे बुद्ध के सामने घोषित करते हैं तो उसे 'अभिनिहार' कहते हैं।

बोधिसत्व को अपना संकल्प व्यक्त करने के पहले इन आठ शर्तों की पूर्ति करनी होती है। ये शर्तें निम्न प्रकार हैं।

1. उसे मनुष्य (a human being) होना चाहिए। 2. उसे पुरुष (a male) होना चाहिए। 3. उसी जीवन में अर्हत बनने योग्य पर्याप्त विकसित हुआ होना चाहिए। 4. श्रमण होना चाहिए। 5. उसे अपना संकल्प बुद्ध के सामने घोषित करना चाहिए। 6. ध्यानों की प्राप्तिवाला होना चाहिए। 7. उसे अपना सर्वस्व त्याग करने के लिए तत्पर होना चाहिए। और 8. उसे संकल्प पूर्णतः दृढ और अचल होना चाहिए।

गौतम बुद्ध ने अपना अभिनिहार अमरावती में दीपङ्कर बुद्ध के सामने किया था। उस समय उनका नाम सुमेध था। बोधिसत्व के भविष्य और संकल्प की पूर्ति होने की घोषणा बुद्ध द्वारा की जाती है। इस घोषणा को 'व्याकरण' कहते है। ऐसी घोषणायें परवर्ती बुद्धों के द्वारा की जाती थी, जिन्हें बोधिसत्व अपने जीवन में मिल

सकते थे। अपना व्याकरण प्राप्त कर बोधिसत्व बुद्ध-कारक धर्मों को-बुद्धत्व को अपने में ग्रहण करते है। वे दस पारमितायें धारण करते हैं, जो पहले छह थी, बाद में उनकी संख्या निम्न प्रकार दस तक बढ़ गई।

1. दान (giving), 2. शील, 3. नैष्कम्य, 4. प्रज्ञा, 5. वीर्य, 6. क्षांति, 7. सत्य, 8. अधिष्ठान, 9. मैत्री, और 10. उपेक्षा। बुद्धघोष (5th century A.D.) ने अपने विसुद्धिमग्ग में इन स पारमिताओं का संक्षिप्त विवरण इस प्रकार किया है।

बुद्धवंश के अनुसार इन्हीं दस पारमिताओं को तीस प्रकार से बताया गया है। एक पारमिता के तीन प्रकार किये गये। उदाहरणार्थ दान पारमिता अपने शरीर के अंग दान करने से होती है, दान उपपारमिता अपनी बाह्य मल्कियत के देने से पूर्णहोती है, तथा दान परमार्थपारमिता अपना अपना पूर्ण आयुष्य दान करने से होती है।

बोधिसत्व चार बुद्धभूमियों में भी विकसित होते हैं, यथा 1. उस्साह अथवा वीर्य, 2. उम्मग्ग या प्रज्ञा, 3. अवत्थान अथवा अधिष्ठान और 4. हितचरिया या मैत्रीभावना। वे बोधि को पूर्ण विकसित करने में सहायक छह अज्झासयों को भी बढ़ाते हैं यथा 1. नेक्खम्मज्झासय (renunciation), 2. पविवेकज्झासय (a melesolitude or seclusion), 3. अलोभज्झासय (free from greed), 4. अदोसज्झासय (free from anger), 5. अमोहज्झासय (free form ignorance) और 6. निस्सरणज्झासय (salvation)।

संदर्भ:

1. दीघनिकाय अट्ठकथा, ii 427, अंगुत्तर निकाय अट्ठकथा, i, 453, Hardayal, The Bodhisattva Doctrine, p. 4ff.
2. अभिनिहारकरण, मूलपनिधान
3. धम्मपद 205

महात्मा गांधी

कबीर, फूले, और आंबेडकर जिस भारतीय बोद्धिक विरासत का प्रतिनिधित्व करते रहे उसका प्रमुख पुरुष श्रोत थे तथागत गौतम बुद्ध। महात्मा गांधी जिस भारतीय विरासत के लोकप्रिय अग्रदूत रहे उसका भी मुख्य श्रोत बुद्ध ही थे। उक्त दो विरासत के प्रतिनिधियों में यदि कोई भेद या अंतर रहा तो वह सिर्फ इतना ही था कि आंबेडकर अभिमुख संस्कार प्रवाह का उगम् बुद्ध का मस्तिष्क स्थान है तो महात्मा गांधी प्रमुख विचार धारा बुद्ध के हृदय स्थान से उद्भूत होती है।

सन् 1920 में लोकमान्य बाल गंगाधर तिलक ने जो धरोधर छोड़ी थी उसे महात्मा जी ने लोक जीवन में पदार्पण कर 30 जनवरी 1947 में अपनी अंतिम सांस

तक संभाला, संजोया, साथ लाया। उनके सार्वजनिक जीवन की सारी प्रमुख घटनायें, उपवास, आंदोलन, सत्याग्रह, संघर्ष और प्रार्थनायें सब भावना प्रधान व्यक्तित्व की झलक प्रतिबिंबित करती हैं। इसीलिए हमने कहा कि महात्मा गांधी महामानव बुद्ध के जिगर का प्रतिनिधित्व करते हैं। दूसरी तरफ डॉ. आंबेडकर भी सन् 1920 में ही अपने सार्वजनिक जीवन का आरंभ करते है और ज्योति राव फूले की शेष धरोहर को अपने कंधे पर लद कर संघर्ष यात्रा की ज्योति 6 दिंसबर 1956 तक जगमगाते रहते है। उनके जीवन संघर्ष की सारी ऐतिहासिक घटनायें, संघर्ष, धर्मसंगर सभी प्रज्ञा तत्व से अभिभूत प्रसंग लगते है।

एक अमेरिकन विदूषी प्रो. डॉ. एलिनर झेलियट ने गांधी और आंबेडकर के नेतृत्व की तुलनात्मक बातों पर शोध आलेख लिखा। उन्होंने कहा कि गांधी विश्व में जितने लोकप्रिय हुये उतने लोकप्रिय आंबेडकर कभी नही बने भले ही आज उनका नाम विश्व में फैल रहा है। इसकी वजह थी। गांधी जी ने जो राजनैतिक या सामाजिक लड़ाई लड़ी थी वहएक खास विधि से लड़ी थी। विधि हस्तांतरणीय, स्थानांतरणीय व व्यक्ति निरपेक्ष होने के कारण उसे भारत और अफ्रिका और कई अन्य राष्ट्रों में लागू करने में कोई दिक्कत नहीं होती। अत: जहां-जहां गांधीजी की विधि गई वहां-वहां उनका नाम मशहूर हुआ और वे विश्व विख्यात हुये। मतलब यह कि गांधीजी की कल्पना या विचार को दूसरे लोग पकड़कर हिमायती बनते थे और उनके आंदोलन के लिए जन सागर स्वयं स्फूर्ति से उमड़ पड़ता था। जाहिर है कि लोगों को आकर्षित करने का उनके अंदर बुद्ध के जिगर का भाव अधिक रहा।

गांधीजी के तत्वों में प्रमुख अहिंसा तत्व उन्होंने टालस्टाय से सुना पर बुद्ध से ही उसे ग्रहण किया। पंचशील में पहला स्थान इसी का है। पालि में कहा गया है। पाणातिपाता वेरमणी सिक्खापदं समादियामि अर्थात मैं प्राणि की हिंसा करने से विरत रहने की शिक्षा ग्रहण करता हूं। गांधीजी के सत्य तत्व का पालि वचन है मुसावादा वेरमणी सिक्खापदं समादियामि अर्थात मैं झूठ, कठोर, व्यर्थ व निंद्य वचन से विरत रहने की शिक्षा ग्रहण करता हूं। और गांधी का तिसरा तत्व अपरिग्रह की झलक पालि वचन में इस प्रकार है: अदिन्नादाना, कामेसुमिच्छचारा, सूरामेरयमज्जपमादठाना वेरमणी सिक्खापदं समादियामि। अर्थात मैं चोरी, व्यभिचार और दिलों दिमाग को बेहोश करने वाली चिजों से विरत रहने की शिक्षा ग्रहण करता हूं। इस प्रकार बौद्धं पंचशील गांधीजी के आदर्शों में त्रीशील बन जाते है। अर्थात अहिंसा, सत्य, अपरिग्रह।

मुझे उम्मीद है कि गांधीजी का चैतन्य अपने भीतर लाने के लिए यही एक मंत्र है जिसको आप सब अपने जीवन में उतारकर अपनी सच्ची श्रद्धांजली बापू को भंट कर सकते हैं।

स्वयं गांधीजी का चैतन्य अपने भीतर लाने के लिए यही मंत्र है जिसको आप सब अपने जीवन में उतारकर अपनी सच्ची श्रद्धांजलि बापू को भेंट कर सकते हैं।

स्वयं गांधीजी के जीवन में तीन संख्या का बड़ा महत्व रहा है। आपने गांधी के तीन बंदरों की कहानी सुनी ही होगी। ये बंदर असल में वे नही है जो श्री हनुमान जी के सोने की लंका जलाने के अभियान में शामिल थे। असल में गांधीजी के बंदर किसी बाबरी मस्जिद से, किसी राम जन्मभूमि से या किसी हरमंदर से कम पवित्र नहीं थे। वे येही तीन तत्व थे। जिसे सर्वधर्म की शब्दावली में कहते हैं: (1) बुरामत सुनो, (2) बुरामत कहो, (3) बुरामत देखो। ये पवित्र बंदर आध्यामिक और मानसिक मंत्र है, कोई चंचल वानर नहीं। और चंचल वानर भले ही भौतिक रूप से सहायक हो परंतु वे मानव को दिशा देने में कभी मददगार तो कभी विनाशकारी भी हो सकते है। माली और वानर की कहानी इस बात को स्पष्ट करती है।

इसके विपरीत और हृदय विधि के आस-पास डॉ. आंबेडकर की बुद्धि-प्रवण व्यक्ति-सापेक्ष स्वयं-शोधक कार्य प्रविधि रही। वे अपने असहाय उपेक्षित दलित मानवता की पीड़ा का एहसास तो करते रहे परंतु उस पीड़ा को दूर करने के लिए जो संघर्ष चाहिए था, उसके योग्य बनने की क्षमता वे स्वयं में आत्मसात कर अणु से सुमेरू बनकर दुनिया के साथ अकेले जूझकर राहत देने के लिए वे अपना दिमाग का हथियार प्रयुक्त करते थे। आज के शहीद दिन पर हम पूज्य महात्मा जी को याद कर रहे है। महापुरुष जब हमें छोड़ जाते हैं तो वे हमारे लिए अपनी यादगार भी छोड़ जाते है। आज के दिन महात्माजी की बेहतर यादगार उनके प्रिय तत्वों को अपने जीवन में उताकर ही कर सकेंगे। उनके प्रिय तत्वों में से तीन को मैं यहां दोहरना चाहूंगा। तीन इसलिए क्योंकि भारतीय धार्मिक परंपरा में तीन का सर्वधर्मीय महत्व है। ब्रह्मा, विष्णु, महेश कहिए या पिता, पुत्र व पवित्र आत्मा कहिए, ईश्वर, गॉड, अल्ला कहिए या जीसस, मोहम्मद, नानक कहिए, या तिलक, गांधी, ग्रामस्वराज कहिए या अहिंसा, सत्य, अपरिग्रह कहिए या कबीर, फूले, आंबेडकर कहिए बात एक ही है। हिंदू, मुस्लिम, सिक्ख, ईसाई / ज्यू, पारसी, जैन भाई / ये सब है बुद्धं सरणं गच्छामि। धम्मं सरणं गच्छामि। संघं सरणं गच्छामि। सत्यं शिवं सुंदरं। जय मोहन, जय मोहन, जय मोहन।

धन्यावाद!

12

दलित साहित्य का समाज पर प्रभाव

प्रो. सी. डी. नाईक, बानी, महू, म.प्र.

दलित साहित्य का समाज पर प्रभाव पड़ना स्वाभाविक हैं। तथाकथित गैर–दलित साहित्य में जिन मानवीय मूल्यों का उद्घोष और आंदोलन का अभाव सदियों से खटक रहा था, उस की तृप्ति दलित साहित्य ने की या उसे कर पा रहा है, तो यह आश्चर्य नही कि दलित साहित्य एक सर्वानुकरणीय बने। प्रस्तुत शोध आलेख में उन्हीं मूल्यों और आंदोलन की चर्चा प्रस्तुत की जा रही हैं।

दलित साहित्य का प्रेरणा स्रोतः

सर्वप्रथम दलित साहित्य का प्रेरणा स्रोत ही लें तो पता चलेगा कि वह स्रोत डॉ. बाबासाहेब आंबेडकर है। दूसरी बात यह है कि दलित साहित्य किसी एक राज्य या देश तक सीमित नही रहा बल्कि उस का मुल्यांकन विदेशों में भी हो रहा हैं। तीसरी बात यह है कि वह भारत और उस के बाहर के प्रान्तों की कई भाषाओं में लिखा जा रहा हैं। चौथी बात यह है कि दलित साहित्य की अपनी अलग पहचान, अपनी अलग सोच, अपनी अलग वैचारिकी भी है। इतना ही नहीं बल्कि अपने मानवीय मूल्यों को व्यवहार में अपनाने के लिये उस का एक आंदोलन है, जो अपनी नीति, प्रोग्राम, तथा कृतित्व से समकालीन साहित्य को प्रभावित कर रहा है।

डॉ. आंबेडकर ने जन्म, पुनर्जन्म और भक्ति के आधार पर प्रचारित वैचारिकी को नरक का मार्ग कहा तथा नैतिक कर्म, वर्तमान जीवन तथा बुद्धि के आधार पर प्रतिष्ठित विचारधारा को उत्थान का पथ बोला।

दलित साहित्य की विधायेंः

दलित साहित्य की कई विधायें है। और उन में समय के साथ साथ बढ़ोत्तरी ही हो रही है। दलित साहित्य और दलित साहित्य आंदोलन दो भिन्न बातें है। साहित्य में सामाजिक समस्या की चर्चा करना एक नई दिशा थी, जिसे इस साहित्य ने दी है। परंपरा से हटकर नवीन मूल्यों से तोलकर कथन करने का सर्व प्रथम प्रयास करना इसी की देन है।

दलित साहित्य की विभिन्न भाषायें:

मारठी से उद्‌भूत होकर गुजराती, कन्नड, पंजाबी, तेलगू, मल्यालम, हिंदी, अंग्रेजी, फ्रेंच आदि भाषाओं में दलित साहित्य का प्रतिबिंब झलकना इस की बड़ी महत्ता है।

दलित साहित्य की पहचान:

जिस प्रकार राहुल को अपने पिता से परिचित कराने के लिये यशोधरा ने कहा था "यस ही तुय्ह पिता नरसीहो" अर्थात नरों में जो सींह के समान बुद्ध है वही तेरे पिता है, उसी प्रकार दलित साहित्य की अपनी पहचान है। परंपरागत साहित्य में जो मानवीय, नवीन, नैतिक, सामाजिक तत्वों का जिक्र और दलित मुक्ति के कथन का अभाव है, उस का भाव निर्देश और शब्दांकण ही दलित साहित्य है।

दलित साहित्य की वैचारिकी:

इस प्रकार दलित साहित्य की वैचारिकी सृजनात्मक तथा क्रांतिकारी है। यह एक वैश्विक विचाराधारा है। विश्व के अन्य क्रांतिकारी संगठनों से वैचारिक रूप से जुड़ी हुई विचारशैली है।

आरंभ में दलित साहित्य महाराष्ट्र के दलितों की भाषा, मराठी की बोली में लिखा जाने लगा था। इस से बुद्ध वचन का स्मरण हो रहा है। बुद्ध ने अपने शिष्यों को अपनी अपनी बोली में धम्म सुनाने को कहते हुये बोला, 'सक्काय निरुत्तिया आरोपेथ न छन्दसो। अर्थात् बुद्ध वचन को वैदिक भाषा में मत करो। कोई ऐसा करें तो वह दोष का भागी होगा। भिक्षुओं मैं तुम्हें बुद्ध वचन अपनी अपनी बोली में सीखने के लिये अधिकृत करता हूं।[1]

दलित साहित्य भारतीय संस्कृति का शूद्र, अतिशूद्र और महिलाओं द्वारा प्रदर्शित नया सम्यक क्रियाशील विचार, शब्द और कृतित्व का चित्र है। देबीप्रसाद चट्टोपाद्याय का मत है कि यदि मनुष्य मुक्ति अथवा स्वावलंबन यथार्थ में हासिल कर सकेगा, तो इन मेहनतकश लोगों अथवा शूद्रों को इस के निर्णायक शिल्पकार के रूप में कृति करना पड़ेगी।[2] यह मुक्ति की सकारात्मक संकल्पना है, जो दुनिया को बदलने के रूप में ग्राह्य है।

साहित्यिक बौद्धों की निम्नांकित बारह विधायें 1. सूत्र (गद्य और गाथा में उद्‌बोधन), 2. गेय (मिश्र गद्य और गाथा), 3. व्याकरण (विश्लेषण, प्रतिप्रश्न के पश्चात् प्रश्न और सकारात्मक उत्तर), 4. गाथा (कविता), 5. उदान (परिमाणात्मक उल्लास), 6. इत्युक्तक (उक्तियां), 7. जातक (पूर्व के ज्ञानी पुरुषों की कहानियां), 8. अब्भूतधम्म (चरित), और 9. वेदल्ल (संकीर्ण), तथा 10. निदान (ग्रंथ का

सारांश), 11. अवदान (भूत और वर्तमान की कीर्तिमान उपलब्धियां), और 12. उपदेश (संबोधन), हैं, जो वर्तमान दलित साहित्य का 1. कविता 2. लघुकथा, 3. आत्मचरित, 4. नाटक, 5. नियतकालिक, 6. लावनी, 7. पवाड़ा, 8. तमाशा, 9. समीक्षा, 10. संक्षेपिका, 11. इतिहास और 12. निबंध नामक विधाओं से तुल्य हैं और दोनों के क्रमशः शैली (1792-1822), इमरसन (1803-1882), यीट्स (1865-1939), इलियट (1888-1965), और फोस्टर (1879-1963) भी समान रूप से स्थापित है।

भारतीय इतिहास औरा साहित्य दोनों तथाकथित उच्च जाति के सुसंस्कृत पुरुष की नजरिये से लिखे गये, जिस में कभी भी दलित व्यक्ति का दृष्टिकोण न प्रतिबिंबित हुआ, न ही उसको लिपिबद्ध किया गया। ऐसा कर अज्ञान की लापरवाही से यह माना गया कि दलित मनुष्य का कोई दृष्टिकोण नही, और यदि उसका कोई दृष्टिकोण था भी, तो वह गैर-दलित पुरुष के कथन में ही छिपा हुआ था। इस शून्य और पुनर्भिमुखता की पूर्ति दलित साहित्य और उसके क्रियात्मक प्रत्यक्ष से की जा सकेगी जो अन्य सभी से भिन्न है।

अपने दमनकारी स्वामियों के विरुद्ध विद्रोह का बिंदू दलित और ब्लैक साहित्य में सामान्य है।

जिस प्रकार अमरिका में ब्लैक पेंथर और ब्लैक साहित्य ब्लैक आंदोलन के सुविख्यात अंग रहे, उसी प्रकार भारत में सत्तर के प्रथम भाग में दलित पेंथर, और दलित साहित्य दलित आंदोलन के सुप्रसिद्ध हिस्से बने।

न केवल दलित कविता, कहानियां और निबंधों को अंग्रेजी में अनूदित किया गया, बल्कि महत्वपूर्ण बात यह है कि इन अप्रस्थापितों-नान-इलाइटों-ने जो लिखा, उसे तीन शताब्दियों के पश्चात् प्रथम बार मराठी प्रस्थापितों ने स्वीकारा।

संक्षिप्त में दलित कहानियों का सार मात्र व्यक्तिगत कटिबद्धता नही, बल्कि सामाजिक कटिबद्धता है।

हमें ऐसा साहित्य चाहिये जो नवीन समाज के निर्माण के लिये प्राण से भरा हो।

दलित साहित्य का समकालीन साहित्य पर प्रभाव

दलित साहित्य का मापदण्ड वही है, जो अन्य साहित्य का है। साहित्य यदि जीवन का आईना है तो उसमें जीवन प्रतिबिंबित होना चाहिये। दलित जीवन को प्रतिबिंबित करने के लिये ही इस साहित्य का सृजन हुआ हैं। इस की नई दृष्टि, लेखन और आंदोलन तमाम विद्यमान साहित्य को प्रभावित कर रहे हैं।

दलित साहित्य की आलोचनाः

डॉ. आनंद तेलतुंबडे के अनुसार दलित साहित्य सामाजिक-आर्थिक प्लेटफार्म पर पराजित हुआ है। डॉ. आंबेडकर की वैचारिकी को आज भी क्रांतिकारी बनाये रखने और उसके सत्ताधारी दलों द्वारा विकृत किये जाने के लिये सचेत होने की जरूरत है। आंबेडकरवाद दलित मुक्ति का विज्ञान है।

दलित साहित्य का भविष्यः

मनुष्य की रोजमर्रा जिंदगी की समस्या से उन्मुख होकर अपनी वैचारिकी को भोथर होने से रोक कर चलनेवाली प्रगत कलम ही उस के भविष्य के बारे में निर्णय कर सकती है। तथापि आगामी समय में इस साहित्य की प्रखरता और उपयुक्तता पर संदेह नही किया जा सकता हैं। प्रो. दत्ता भगत[4] ने कहा ही है कि "दलितों के जीवन में राजनीतिक आंदोलन, भौतिक समृद्धि तथा बौद्ध आंदोलन नैतिक वृद्धि करेगा तो दलित लेखकों में आत्मविश्वास का संचारण होगा और उस से उनकी साहित्यिक सृजनता पर अनोखी छाप पड़ेगी। भिन्न-भिन्न साहित्य प्रवाह के युवा लेखक सुविधा और भोग की चर्या से आहत हुये है। यदि वे समस्या-ग्रस्त मनुष्य पर अपना ध्यान केंद्रित करेंगे तो वर्तमान शताब्दि में स्वस्थ और प्रभावी साहित्य के सृजन में वे समर्थ हो जायेंगे।"

"दलित साहित्य का भविष्य क्या है? दलित साहित्य का भविष्य वर्तमान दलित लेखक आज के बदलते जीवन समस्याओं को कैसे प्रस्तुत करता है इस बात पर निर्भर है। पिछले 40 वर्षों के आंदोलन ने ब्राह्ममणों को अपने पारंपरिक सहानुभूति, स्थिति और प्रतिष्ठा से विभिन्न कर दिया। परिणामस्वरूप वे राजनीतिक आंदोलन को मध्यम वर्ग के सदस्यों का उसके प्रति झुकाव के विपरीत हेय दृष्टि से देखते है। परन्तु दलितों के लिए राजनीतिक आंदोलन भौतिक प्रगति ला सकता है और धम्म आंदोलन उनके जीवन को दृढ नैतिक आधार दे सकता है। यदि ये दोनों आंदोलन दलित लेखकों में आस्था भरने की आशावान कडी को स्थपित कर सकें तो दलित साहित्यिक क्रियाशीलता पर अलग असर पड़ेगा। भिन्न-भिन्न छटा के साहित्यिक प्रवाह के अधीनस्थ युवा लेखक सुविधा के आंदोलनों से आहत हैं। यदि वे समस्याग्रस्त मनुष्यों पर केंद्रित हो जाये तो वे वर्तमान शताब्दि में स्वस्थ और प्रभावी साहित्य का निर्माण करने की स्थिति में होंगे।

कवि चंदाना की अभिव्यक्ति वर्तमान में विद्यमान अस्पृश्यता की स्थिति का निम्न प्रकार चित्रण करती है। छूते नहीं हैं मुझे भले ही विद्यमान हूँ, जल, वायु, पृथ्वी, आग का अंतिम जीवाश्म हूँ। मैं रोम के गुलाम से भी निम्नतर रहा वतन में अपने अपनों के दगा में दबा रहा। मैं अमरिका के अश्वेतों से भी बदतर था, श्वेतों व सवर्णों के बीच फासला जो था। मैं मध्यकालीन यहूदी की भांति जीवित हू, पर उसकी तरह

मैं अमिलनसार नहीं हूँ। मैं अल्प नहीं क्योंकि नियत साफ मेरी है, भले ही मेरे जन्मदाता अमानवीय है गर मिट भी गया तो मैं वर्ण तोड़ जाऊंगा, अवर्ण हूँ बेहतर भारत को छोड़ जाऊंगा।

दलित अभिव्यक्ति 1950 से अभी तक का विकास क्रम

1950 में संविधान का 17 वां अनुच्छेद अमल में आया। समाज ने उस पर ध्यान नही दिया, अतः अछुतपण चल रहा है। 1955 में लागु हुये पी. सी. आर एक्ट ने सख्ति भी बरती, अब दोषी पर सजा बहुत कड़क हो गई है, उस से उम्मीद बंध गई थी कि बाबासाहेब के सपनों का नया राष्ट्र बनाने समानता का संघर्ष खरा उतर रहा हैं सन 1989 में एक नया अधिनियम भी अत्याचारों को प्रतिबंधित करने आया। पर अफसोस! जाति और रूढ़ि ग्रस्त मानसिकता ने दलितों पर और अधिक बलात्कारी कृत्य किये। डॉ. आंबेडकर के सपने, उनकी पवित्र जन्मस्थलि और शोध संस्थान की स्मरणीय कीर्ति बगल के गवली पलासिया में रौंद दी गई, जहां पाटीदारों ने एक चमार वृद्ध महिला के शव का दाह संस्कार अपने शमशान में नही करने दिया और चमारों को जख्मि कर, उन्हें समाज से बहिष्कृत कर दिया। समाज ने ध्यान नही दिया, अतः असपृश्यता चल रही है।[5]

यद्यपि प्रजातंत्र को शासन तंत्र के ऊपर रखा गया, यद्यपि मनु को विस्मृत किया गया, तथापि वह मरा नही है। वह आज पुस्तकों, धर्मग्रंथों और मंदीर-मंदीर में जी रहा है। मन-मन में वह जीवित है। उसने जिस समाज की रचना की वही आज हमारे पास हैं वह इतना महान है कि भारत में इस समय दो जगत, दो जगत, दो सत्तायें, दो जीवन परंपरायें, दो धर्मग्रंथ हैं। जिसे जय चाहिये, प्रभाव चाहिये, उसे भविष्य को निश्चित कराने वाली भूमिका ग्रहण करनी चाहिये। हमें साहित्य और कला से अपनी भूमिका पूर्णत्व तक ले जानी होगी।[6]

झेलियट ने सही निर्देश दिया कि दलित कविता को दलित बनानेवाली उस की अशिष्ट रचना नही, बल्कि उसका विषय, उसका सीधापण, उसका रूझान, उसकी शब्दावली और सब से ऊपर उसका इतिहास और आख्यान हैं, जिन्हें दलित दृष्टिकोण से संदर्भित किया जाना है।

पानतावने जैसे दलित लेखकों के लिये लेखन की प्रेरणा किसी मराठी ब्राह्मण से नही, बल्कि अंग्रेजी बाल्डवीन से मिली, जिस ने बताया कि जीवन को यथावत् स्वीकार करना चाहिये।

ब्लैक व दलित

दलित और काले व्यक्ति में विभेदक बात बताते हुये जनार्दन वाघमारे ने इंगित किया कि काले लोग आफ्रिका से अमेरिका में लाये गये थे, परंतु दलित स्वयं अपने

देश में जन्मे थे और उस के बावजूद वे अपनी विरासत के वैध उत्तराधिकारी के रूप में दावेदार नही हो सके।

बागुल ने बताया कि इस देश में जन्म लेना गलत हुआ और उस को सुधारने का एकमात्र तरीका होगा– भारत से चले जाना अथवा भारत से युद्ध करना। काले और दलितों दोनों लोगों के स्वामियों ने क्रमश: बायबल तथा श्रृति-स्मृति और प्रतीकों के आधिपत्य के आधार पर उन्हें स्व-प्रतिष्ठा और स्वाभिमान का दुश्मन बना दिया।

तथापि ब्लैक और दलित साहित्य में समानता इस बात में है कि दोनों ने यह तथ्य उजागर किया कि अधीनस्थ लोग प्रतिकारी समाज में शूर, क्रियात्मक और प्रगतिशील बन सकते हैं।

दलित लेखक कर्म को सामाजिक असमान व्यवस्था के शिकार के रूप में देखते है।

दलित कवियों ने बौद्ध इतिहास को अपनाया और निम्न बातों को अपनी विरासत माना है।

सन् 1973 में अरुण कांबले ने एक ब्राह्मण को संबोधित करते हुए कहा–यदि तुम ऐसे जीओ जैसे हम जी रहे है तो तुम्हारे अंदर से कवितायें प्रस्फुटित होंगी।

प्रल्हाद चेंदवनकर ने मराठा ग्राम प्रमुख को इन शब्दों में चित्रित किया था–जब पाटील ने मुझे बुलाया तो मैं गया। उस ने गीली जमीन पर बैठने को कहते हुये मेरी तरफ फटी बोरी फेंकी। तब भी मैं वही मूक खड़ा रहा। पाटील सुपारी फोडते हुये चिल्लाया 'अशिष्ट, खूनी, नीच! अपने मैले से गंदा करने के लिये तख्त पर नाच क्यों नही रहा है? उस ने तोंद को खुजलाते हुये गंदी गाली थूक दी। मैं मूक अपने जूतों में स्थित खड़ा ही रहा। अब आश्चर्य हो रहा है कि मैं क्यों खड़ा था, क्या उस के बाप के हाथों मैंने घासरहित खाना नही खाया था?

1950 से अब तक

बागुल ने कहा कि दलित साहित्य बौद्ध धर्मांतर से आरंभ हुआ। दया पवार ने अपनी कविता 'झाड' में लिखा कि बोधि वृक्ष पुष्पित हुआ। उन्हों ने सन 1974 के वरली दंगे के अवसर पर, जिस में बौद्ध, दलित और मराठा भी संलग्न थे, महार सैनिक की प्रतिमा को इन पंक्तियों में चित्रित किया: सैनिक सेवा में महार बटालियन के कांबले के पैर नष्ट हुये थे, उस ने स्वयं को ही प्रश्न किया कि वह सीमा पर किस के लिये लड़ा? वह उस देश के लिये क्यों विकलांग बना? और अब उस का हाथ लंबे अर्से से गैर-मौजूद बंदूक को तकिया के पास टटोल रहा था।

मीना गजभीये ने नागपूर दलित साहित्य सम्मेलन में गरज कर बोला कि 'श्याम की उम्मीद से भरपूर गीत में कोई अर्थ नही है। यह समय संग्राम की सांस लेने का है।

सन 1980 में भगवान दास ने 'अछूत सैनिक: महार तथा मजबी नामक पाम्फलेट प्रकाशित किया, जिस में उन्हों ने वीर महार सैनिकों की प्रतिमा को चित्रित किया।

एक क्रियाशील सांस्कृतिक आंदोलन के रूप में दलित साहित्य ने महाराष्ट्र की सीमा को पार किया और वह दक्षिण और उत्तर में फैला, जहां दलित कथा, साहित्य और काव्य कन्नड और गुजराती में लिखा जा रहा है। महाराष्ट्र में पवार की आत्मकथा 'बलुता' ने महार, बौद्ध, चमार, विमुक्त जनजाति और अन्य दलितों से आत्म कथात्मक लेखन को सृजित कराया।

सन् 1993 में बेबी कांबले ने अपने आत्मचरितात्मक विधा को आधा दर्जन महिला दलित कवियत्रियों के काव्य में जोड़ दिया।

प्रथम बार सन 1986 में दलित महिला साहित्य सम्मेलन महाराष्ट्र में आयोजित किया गया।

जब दलित रंगभूमि पूना और दिल्ली के बीच कई शहरों में फैली तो उस ने बौद्ध कथा, ऐतिहासिक घटना और मद्रास के मीनाक्षीपुरम में अछूतों के इस्लाम में जाने की प्रतिक्रिया पर आधारित अभिनय का मंचन कराया।

सन 1976 में एलिनर झेलियट ने दलित साहित्य के आलोचना की संक्षिप्त ऐतिहासिक पृष्ठभूमि लिखी थी और आज दलित साहित्य को अंग्रेजी में रूपांतरित करना उसका अस्पर्शित क्षेत्र है।

सन 1988 में सूरत के समाजिक अध्ययन केंद्र द्वारा मराठी और गुजराती में एक संगोष्ठी आयोजित की गई। सन् 1989 में विनय धारवाडकर ने आधुनिक हिन्दी और मराठी साहित्य के संदर्भ में दलित साहित्य की चर्चा की।

सन 1986 में प्रथम बार बारबरा जोशी ने आंबेडकर आंदोलन के विभिन्न रूचि के संग्रह को संपादित किया। सन 1984 में न्यूयार्क में अल्पसंख्यक अधिकार सम्मेलन द्वारा चयनित दलित काव्य की प्रदर्शनी लगाई गई थी।

सन 1992 में अर्जुन डांगले ने हैदराबाद के ओरियंट लांगमेन द्वारा प्रकाशित चुनिंदा दलित काव्य, लघु-कथा, निबंध और आत्म-चरित का संपादन किया।

सन 1985 में टोरंटो के विश्वविद्यालय में महाराष्ट्र सम्मेलन आयोजित करने के परिणामस्वरूप मराठी दलित लेखन के भारोपीय सहकारी शिष्यवृत्ति के दो खंड निष्पन्न हुये, जिसका संपादन मिल्टन इजराईल, वागले और डी. एटवुड ने किया और जो सन 1987 में टोरंटो के दक्षिण एशिया शिक्षा परिषद केंद्र द्वारा प्रकाशित किया गया। सन 1988 में नियोजित हेडलबर्ग के सम्मेलन से और भी खण्ड निष्पन्न होगा, जिसका संपादन गुन्थेर डी. सोन्थिमर करेंगे। वे हेडलबर्ग में हुये सन 1986 के तीसरे

महाराष्ट्रीय सम्मेलन में चर्चित महाराष्ट्रीयन संस्कृति और उस के लोक-संस्कृति, लोक-धर्म और मौखिक परंपरा, जिस में समकालीन दलित आस्था का भी समावेश है, पर कार्यविवरण को भी संपादित करेंगे। महिला विषय पर तीसरा सम्मेलन एनी फिल्डहाऊस के नेतृत्व में अरिझोना राज्य विश्वविद्यालय में सन् 1991 में आयोजित किया गया और चौथा सम्मेलन मीरा कोसंबी के अधीन बंबई के एस. एन. डी. टी. महिला विश्वविद्यालय में हुआ।

सन 1956 में रेडफोर्ड ने बृहत परंपरा के भीतर लघु परंपरा की जो बात बताई, उस संकल्पना को सन 1958 में सिंगर ने भारत के संदर्भ में व्यावहारिक दर्शाया। तथापि सन 1979 में मोफात ने अपना यह मत बताया कि लघु संस्कृति बृहद संस्कृति का मात्र धुंधला प्रतिबिंब होता है। परंतु डॉ. आंबेडकर ने अखिल भारतीय संस्कृति में महान तथा क्रियाशील संस्कृति की बात की थी जिसे झेलियट ने सन 1996 में दलित संस्कृति को देखने का चौथा दृष्टिकोण कहा।

परंतु सन 1966 में राबर्ट जे, मिलर ने महारो की जनविद्या (Folk Love) पर जो आलेख लिखा था, उसमें उन्हों ने लघु-बृहत परंपरा के सिद्धान्त को चुनौति दी। 1980 में जरगणमेयर ने निम्न स्तरीय समूहों में सांस्कृतिक रूख के विभिन्न वर्तुल की कल्पना का विवरण किया, जिसे सन 1988 के विंसेंटनाथन के प्राचार्य-उपाधि के शोध ग्रंथ से पुष्टी भी मिली। सन 1987 में लोरेंझेन डेविड ने अपने गैर-जाति हिंदुओं में परंपरायें: कबीर पंथ में प्रति-परंपरा सिद्धान्त को प्रस्तुत किया, जिस का विरोध दुमोन के सन् 1972 के ग्रंथ ने किया। परंतु सन 1986 में दलित गीतों व काव्यों की विद्या में इग्नोर द्वारा किये गये अनुसंधान ने सांस्कृतिक क्रियाशीलता के एक अन्य पहलु को उद्घाटित किया। झेलियट ने सन 1996 में कहा था कि दलितों की अपनी संस्कृति है, जो किसी भी तरह से किसी और की संस्कृति से छोटी नही है।

वर्तमान दलितों की सांस्कृतिक अभिव्यक्ति, कलात्मकता और समानतावाद, बौद्धिकता और मानवता के संदर्भ में भूत और वर्तमान की बौद्ध क्रियाशीलता समरूप है, जो अखिल भारतीय धरोहर का भी एक अंग है। यह पहचान अस्पृश्यता के कारण अशुद्धि और कर्म को न माननेवाली दलित आस्था के संगत है।

1894 में वलंगकर ने लिखा था कि अधिकांश भारतीय एक समय कुछ और थे परंतु वे अब अनार्य है, इस बात को प्रत्येक जन की उत्पत्ति के इतिहास ने सिद्ध किया, जिस के अनुसार दक्षिण के उच्च जाति के लोग आस्ट्रेलियन-सेमिटीक अनार्य तथा आफ्रिकन निग्रो थे, चितपावन ब्राह्मण जैसे उच्च जाति के लोग बार्बेरी यहूदी थे, उच्च जाति के मराठों के पूर्वज तुर्क थे। आर्यों से बेहतर अनार्य संस्कृति, धर्म और शासक थे और वंशगत अशुद्धि में अविश्वास था, जैसे कि फुले ने प्रमाणित

किया। सन 1986 में रोजालिंड ओ हेनलन ने इंगित किया।[7] सन 1989 में राज ने भी लिखा कि नाटा वामन दुष्ट आर्य था, जिस ने बली के विरुद्ध कपटपूर्ण षडयंत्र कर अस्पृशों की जमीन को हडप लिया था।[8]

मूल महारों को चिपकी हुई अस्पृश्यता उनके उत्तराधिकारियों को भी आज तक चिपकी हुई है। परंतु सन 1964 के कोलेंडा के उत्तर भारत के ग्रामों के अस्पृश्य भंगी नामक ग्रंथ से पता चलता है कि वंशगत अशुद्धि के प्रति अस्पृश्यों की अनास्था है। सन 1988 में विंसेन्टनाथन ने भी दक्षिण के हरिजनों के अध्ययन में यही तथ्य पाया। महार संत कवि चोखामेला ने भी अपने 11 वे अभंग में अशुद्धि का अस्वीकार 14 वी शताब्दि से प्रचलित होने की अभिव्यक्ति की थी। दलित शुद्ध लोग थे, अत: वे वीर लोग भी थे। उन्होंने ने 17 वी शताब्दी के शिवाजी के दिनों में रक्षात्मक सेवा की थी। वे 19 वी शताब्दी के उत्तर काल तक ब्रिटीश सेना और जलसेना में थे। सन 1942 में महार मशीन गन रेजिमेंट कामठी में बनाई गई और महार द्वितीय विश्व युद्ध में सेना में भी थे। तीन बटालियन बेलगांव, कामठी और नौशेरा में बन जाने बाबत थोरात ने सन 1954 में दर्शाया। सन 1942 में महार रेजिमेंट का उक्त केंद्रों पर बनाये जाने का श्रेय आंबेडकर को जाता है, जिन्हों ने राष्ट्रीय रक्षा परिषद के सलाहकार और वाइसराय की कार्यकारिणी के सदस्य की हैसियत से महारों के सैनिकी भूत काल का गर्व पुनर्जीवित करने की मंशा रखी थी। महार रेजिमेंट की टोपी पर कोरेगांव शब्द अंकित है और उसी स्थान पर वहां स्मृति स्तंभ भी स्थित है क्योंकि वहीं सन् 1818 में ब्रिटीशों का मराठों के विरुद्ध अंतिम युद्ध लडा गया था, जहां कई दलित सैनिकों ने अपने प्राणों की आहुति दी थी और उनकी स्मृति में बनाये गये स्तंभ पर अंकित उनके नामों के साथ 'नाक' अर्थात् नाईक (नेता) अथवा बौद्ध इतिहास के नाग लोग का प्रत्यय संलग्न है।

पंजाब में विकास क्रम

सुरिंदर एस. जोडखा ने समकालीन पंजाब में अनुसूचित जातियों पर जो शोध अध्ययन किया उस में भी अशुद्धि में दलितों की अनास्था को दर्शाया और निम्न अवलोकन प्राप्त हुये।

1. यह कि अध्यायित क्षेत्र में ब्राह्मण लोग न केवल वर्ण सिद्धान्त द्वारा प्रदत्त प्रतिष्ठा के अभोगी है बल्कि उनकी विचारधारा भी काफी कमजोर है।
2. सामाजिक रूप से बात करें तो अस्पृश्य होना निकृष्ठ होना कदापि नहीं है। सन 1983 में अग्रवाल का अवलोकन था कि जब कोई मैं "जाट हूं" कहता है तो उस की छाती फूलती है, परंतु जब हम चमार कहते है तो हम सिकुडते नही हैं।[9]

3. सन 1888 में टन्डन ने दर्शाया कि हमारे साथ ब्राह्मण अविशेषाधिकृत वर्ग है, जिसका समुदाय पर कतई प्रभाव नही है।[10]

4. सन 1931 की जनगणना में आद्धर्मियों ने भी आग्रह किया था कि उन्हें पृथक धार्मिक समुदाय के रूप में सूचीबद्ध किया जाये, न कि हिंदुओ के रूप में। मूंग राम के नेतृत्व में आद् धर्मियों के प्रथम सम्मेलन में 'हम हिंदू नहीं है' और हम सरकार से सशक्त प्रार्थना करते हैं कि "जनगणना में हमें हिंदू में सूचीबद्ध न किया जाये, हमारी आस्था हिंदू नही बल्कि आद् धर्म है, हम हिंदूवाद के अंग नही है और न ही हिंदू हमारे अंग हैं" का घोष हुआ।[11]

5. बाद में वर्ण, जाति, अस्पृश्य और असमानता के विरुद्ध डॉ. आंबेडकर के आंदोलन का प्रभाव आद् धर्म आंदोलन पर पडा। जनगणना के बाद आद् धर्म आंदोलन आंबेडकर के शिडयूल्ड कास्ट फेडरेशन, (पश्चात् रिपब्लिकन पार्टी आफ इंडिया) में विलीन हुआ।[12] तथापि पंजाब में, विशेषत: आद् धर्मियों में से किसी ने भी सामाजिक गतिशीलता के लिये बौद्ध धर्म स्वीकार करने की उनकी कार्यनीति का अनुकरण नही किया।[13]

6. यहां यह बात ध्यान देने की है कि सामाजिक-सांस्कृतिक स्तर पर अखिल भारतीय दलितों को उठाने की कार्य नीति केवल बौद्ध धर्म ही नही है, परंतु वह अनेक अतियों, मिसाल के लिये, आद् धर्म आंदोलन, मार्क्सवाद, साम्यवाद, कबीरपंथ, फुले का सत्य शोधक समाज अथवा वर्तमान में दलित साहित्य की नई विचारधारा में से एक है। परंतु उनका अधोरेखांकित तथ्य है: संस्कृति, साहित्य और धर्म के प्रतिकारी कीले के विरुद्ध दलित विद्रोह।

7. परंतु विद्रोह के राजनीतिक, आर्थिक और सामाजिक परिणाम छद्म रूप से मेज बदलते रहे। जब आद्धर्मियों का विद्रोह स्वतंत्रता के पश्चात् ऊपर उठ चुका था, तो हाल ही के अध्ययन से पता चला कि लगभग 98 प्रति शत पंजाबी आद्धर्मी अपने को जाति समूह के रूप में पहचानते है और उन में से लगभग केवल 2 प्रतिशत ही अपने को एक पृथक धार्मिक समुदाय के रूप में बतलाते है। सन् 1996 में कमलजोत द्वारा पूछे जाने पर कि वे किस जाति से संबद्ध है तो आद्धर्मीयों ने बताया कि वे चमार हैं। इस औंधेपण का एक कारण चमार के नाम पर शैक्षणिक सहूलियत लेने की उन की मजबूरी हो सकता है, क्योंकि उनमें सारक्षरता का प्रतिशत मात्र लगभग 33 है, हालांकि भारत में सारक्षरता का कुल प्रतिशत लगभग 52 है। इसे निम्न सारणी में दर्शाया गया है–

अ. क्र.	संवर्ग	पंजाब में साक्षरता का प्रतिशत	भारत में साक्षरता का प्रतिशत
1	अ. जा.	33.35	37.41
2	अ. जा. महिला	23.11	23.76

3	अ. जा. पुरुष	40.54	49.91
4	कुल	58.12	52.21

स्रोत: यादव और शर्मा द्वारा कृत भारत की जनगणना, 1991 पृ. 51 पंजाब की साख्यिकीय सार 1999 के अनुसार वह साक्षरता प्रतिशत 41 हो गया।

उसी प्रकार पंजाब में दलित और कुछ नगरीकरण को निम्नप्रकार दर्शाया गया है।

अ. क.	संवर्ग	वर्ष 1991 में पंजाब में नागरीकरण का प्रतिशत
1	दलित	20.55
2	कुल	29.55

स्रोत: वही

परंतु यह रूख भले की तरफ हमेशा के लिये बदल रहा है, जिसकी वजह से अनुसूचित जातियों में वार्षिक जनसंख्या वृद्धि दर और सन 1993 में पंजाब राज्य के सरकारी विभाग की उच्च श्रेणी की नोकरियों में उनका प्रतिनिधित्व बढ़ा है, जिसे निम्नानुसार दर्शाया गया है–

अ. क.	संवर्ग जनसंख्या	पंजाब में जनसंख्या के वार्षिक वृद्धि दर का प्रतिशत
1	अ. जा.	4.3
2	गैर–अ. जा.	2.9

कालावधि 1993

अ. क.	पद की श्रेणी	पंजाब में अ.जा.का नोकरियों में प्रतिनिधित्व का प्रतिशत
1	I	15.32
2	IV	41.67

आजादी के पश्चात की कालावधि के दौरान पारंपरिक व्यवसाय में व्यस्त और पंजाब की कुल अनुसूचित जातियों की जनसंख्या में 11 प्रतिशत हिस्सा लगभग 13 आवारा और जरायम पेशा जनजातियों (अनिर्देशित, विमुक्त जनजातियों) का है, जिन में आमूल परिवर्तन आ गया।[14]

8. नवीन खेती की तकनीक अथवा हरित क्रांति ने भी कुछ पुराने व्यवसायों को अनुपयुक्त बनाया। बिहार और उत्तर प्रदेश की अनुसूचित जातियां अपने

पारंपरिक व्यवसाय को छोड़ कर कृषि श्रम में काम कर रही हैं और पंजाब कृषि श्रम की मांग की पूर्ति हेतु संक्रमण कर रही है। अत: पंजाब में कृषि श्रमिकों का प्रतिशत वर्ष 1991 में लगभग 31 तक पहुंचा है।

9. सुधार आंदोलन दलितों के व्यावसायकि केरिअर में बदलाव लाता है। पंजाब में जो आद् धर्मी अथवा मजबी अथवा चूहडा लोग थे वे आंदोलन के अंग रहे और जो सिख धर्म में धर्मातरित हुये, वे अपनी पारंपरिक भूमिका को छोड़कर नये व्यवसाय को स्वीकार करने लगे। 81 प्रतिशत आद्धर्मियों ने अपना चमडा बनाने का काम छोडा और केवल 4 प्रतिशत मजबी अपने सफाई कार्य में है।

इस प्रकार पंजाब में दलितों का दर्जा दर्शाता है कि दुमां के सिद्धान्त के अनुसार शुद्ध और अशुद्ध के बीच संघर्ष के अस्तित्व के साथ एक परिवर्तन यह आया है कि तथाकथित शुद्ध जन, अपने दर्जे जिसका उल्लेख दुमां ने किया को न केवल नहीं भोग पार रहे हैं बल्कि उनकी विचारधारा भी अध्यायित क्षेत्र में काफी कमजोर हो गई है।

बेहतर साहित्य प्रेरणा

दलित साहित्यकारों के विचार महाकाव्य अथवा वैदीक कल्पना से बेहतर ही नही, बल्कि वे बुद्ध, कबीर जैसे संत कवियों, और फुले जैसे सामाजिक क्रांतिकारियों की क्रियाशीलता और अभिव्यक्ति को परिष्कृत करने वाले भी हैं। अर्जुन डांगले का कथन है यह बिलकुल सही है कि गौतम बुद्ध और महात्मा फुले ने असमान सामाजिक स्तरीकरण के विरुद्ध विद्रोह किया; यह भी सही है कि उनकी शिक्षायें और विचार महत्तापूर्ण और आज भी प्रेरणादायी है; परंतु ऐतिहासिक वस्तुनिष्ठ चिकित्सा स्पष्ट रूप से दर्शाती है कि केवल आंबेडकर ही थे, जिनके जीवन के प्रति विचार, दृष्टिकोण और संघर्ष प्रणाली ने दलित साहित्य को किसी मंजिल तक पहुंचाया।

जहांतक समाज पर संत कवियों के प्रभाव की बात है, डॉ. आंबेडकर ने सूक्ष्म चिकित्सा कर बताया कि किसी भी संत ने जाति प्रणाली पर हमला नही किया, इसके विपरीत, वे जाति प्रणाली के कट्टर आस्थावान रहे; उनमें से अधिकांश जिस जिस जाति के थे, उस उस जाति के सदस्य की हैसियत से जीये और मरे। संतो ने कदापि, मेरे अध्ययन के अनुसार, जाति और अस्पृश्यता के विरुद्ध अभियान नही चलाया। वे मनुष्यों के बीच संघर्ष से संलग्न नही थे। वे मनुष्य और भगवान के संबंध से जुडे हुये थे। उन्हों ने यह कदापि नही सिखाया कि सभी मनुष्य बराबर है। उन्हों ने सिखाया कि सभी मनुष्य भगवान की नजर में समान हैं। यह कथन बहुत भिन्न और निरीह है, जिसे कोई भी सिखाने में कठिन और मान लेने में खतरनाक नहीं समझ

सकता। अतः संत अनुकरण की मिसाल बनता है। वह हमेशा आदर का पात्र व पवित्र मनुष्य रहा है। जाति और अस्पृश्यता के कट्टर अनुयायी यह दर्शाते है कि संतों के पवित्र चरितों और सम्यक प्रवचनों का उनके अनुयायियों के जीवन और कृति पर ऐसा कुछ भी प्रभाव नही है जैसा शास्त्रों की शिक्षा का है।

दलित साहित्य क्या है

गैर-दलित साहित्य का केवल सूचना के आधार पर लेखन कर सत्य की सही स्थिति का मुल्यांकन करना ही पर्याप्त नहीं है बल्कि दलित लेखकों के अनुभव यथार्थ के क्षेत्र में उन्हें बहुत कुछ करना वांछित है।

नाइजीरिया के विचारवंत कवी चिनुआ ने कहा, 'हमारी कहानी सबसे पहले अपनी कहानी होनी चाहिये। इसी के अनुसार दलित कहानी की अंतर्वस्तु और सार ऐसा है कि उसी से वह सामान्यतः स्वीकृत साहित्यिक लक्षण की कहानी बनती है।

डॉ. नामवर सिंह ने निर्देशित किया कि' जब कोई दलित लेखक साहित्य में पदार्पण करता है तो उसका संसार उसका पीछा करता है। यह साधारण साहित्य से भिन्न है, और ऐसा ही होना भी चाहिये।

गुरमित कल्लर माजरी ने दलित लेखक क्या करता है और दलित चेतना की पहचान क्या है इसे निम्न शब्दों में अभिव्यक्त किया है– समस्त सामाजिक प्रणाली को ध्यान में रखकर दलित लेखक साहित्य का निर्माण नही करता, अपितु वह दलित जीवन की भूमिका को राष्ट्रीय सलूक में समस्त समाज को केंद्रीभूत रखकर अभिव्यक्त करता है।

दलित चेतना दलित जीवन और साहित्य स्वतंत्रता और समानता के समांतर होने की स्वीकृति का एक नाम है।

बौद्धों की वर्तमान दशा

अधिवक्ता प्रकाश आंबेडकर द्वारा संपादित और मूल प्रवर्तक डॉ. आंबेडकर द्वारा संस्थापित प्रबुद्ध भारत में प्रसिद्ध नाटककार, आलोचक और चिंतक, प्रो. दत्ता भगत, जिनका एकांकी 'आवर्त' को प्रो. आशा थोरात और एलिनर झेलियट ने मराठी से अंग्रेजी में अनूदित किया, और जिनका एक नाट्य ग्रंथ 'वाटा पष्ठवाटा' 'रुटस् एण्ड एस्केप रुटस्' के नाम से माया पंडीत, कोल्हापूर ने अनूदित और हापकिन पब्लिकेशन, न्यूयार्क ने प्रकाशित किया का साक्षात्कार डॉ. गणेश सोनाले, और प्रो. परशुराम गिमेकर के साथ 'समरसता साहित्य निर्माण करणारे च खरे घातक' विषय पर प्रकाशित किया गया, जिस में दलित साहित्य और दलित साहित्य के आंदोलन पर प्रकाश डालनेवाले निम्न बिंदू है: दलित साहित्य और दलित साहित्य आंदोलन दो

भिन्न बातें है। दलित साहित्य का उगम चिटनीस की 'युग यात्रा' अन्नाभाऊ की 'फकिरा', बंधु माधव की कहानियां और किसन फागु की 'कविता' से सन् 1960 से पूर्व में हुआ और 1960 के पश्चात् मराठी साहित्य के वर्तन पर उठे प्रश्न के एहसास से नियोजित प्रयत्न के परिणामस्वरूप और डॉ. आंबेडकर के विचार की नींव पर उभरी वैचारिकी से दलित साहित्य का आंदोलन शुरू हुआ।

2. दलित साहित्य के आंदोलन में पारंपरिक साहित्य के मापदण्डों पर संदेह कर साहित्य के उद्देश और आकार के बारे में उठाये गये मूलभूत प्रश्नों का समाधान लेखन के प्रतिसाद से किया गया।

3. पारंपरिक लेखन के प्रति विद्रोह साक्षात्कार इस संदेह से हुआ कि महाकाव्य के रचनाकारों को महान क्यों कहा जाये, जिन्हों ने अपनी रचना पारधी द्वारा गलती से मारे गये एक मृत पक्षी की दया से द्रवीभूत होकर की परंतु गांव की सरहद पर दुखी मनुष्य के बारे में एक पंक्ति भी नही लिखी। इस बात को अपने अनुभव से दया पवार की कविता ने दर्शाया और वामन होवाल ने अपनी कहानि में वास्तविक अनुभूति से फडके की कहानी में वर्णित रोमांचक प्रेम का उपहास किया।

4. दलित साहित्य के आंदोलन के निम्न कारक है– 1. मध्यम वर्ग की साहित्यिक कला की विरासत से शून्य और मध्यम वर्ग के साहित्य से अपरिचित गरीब वर्ग में शिक्षा का प्रसरण, 2. साहित्य वैश्विक है इस बात का उनके द्वारा अध्ययन, मराठी साहित्य का बौनापण; एक तरफ यह कहना कि साहित्य जीवन का आईना है और दूसरी तरफ उसमें अपना प्रतिबिंब नही देखना, वर्ग के साहित्यिक मापदण्डों को दलित लेखकों द्वारा ध्वस्त किया जाना तथापि मध्यम वर्ग के लोग दलित लेखकों के साथ वैसे ही थे जैसे ब्राह्मण, जिन्हें जब मनुस्मृति गैर-ब्राह्मणों की कीमत पर उनके हित की रक्षक है की बात का यकीन हुआ तो वे मनुस्मृति जलाने में आगे आये और जैसे ही उन्हें यह एहसास हुआ कि परंपरा के नाम पर स्वयं ब्राह्मण ही निरस्त्र हो रहे तो वे राजस्थान के न्याय मंदिर के प्रांगण में मनु की प्रतिमा स्थापित करने में भी अग्रणी हुये। अत: आंदोलन के अनुकूल और प्रतिकूल होने में जन्म और जातीय स्तरिकरण का कोई आधार नही होता। किसी भी आंदोलन का आधार दर्शन होता है और एक बार मनुष्य उस से कायल हो जाये तो वे उसमें संलग्न हो जाते हैं।[17]

प्रश्नोत्तर

क्या मध्यम वर्ग के लेखक दलित साहित्य आंदोलन द्वारा उठाये गये प्रश्नों से संतुष्ट थे? जैसे कि इतिहास दर्शाता है, सन् 1970 से सन् 1990 तक के दो दशको

में मध्यम वर्ग के बहुत से पाठक और लेखक महाराष्ट्र में दलितों की सभा–सम्मेलनों को प्रतिसाद दिया करते थे। अब वह वर्ग अनुकूल नही है। कुसुमाग्रज, जी. बी. सरदार, डी के वेदेकर, नरहर कुरुंदकर, एम. पी. रेगे, आर. बी. जोशी बी. डी. फडके, जैसों को पहले अनुकूल था, क्योंकि दलित साहित्य की भावनायें उनसे संलापक रही और वे भी आत्मसंगत रहे साने गुरुजी, गांधीवादी, मुक्तिबोध और कुसुमाग्रज, मार्क्सवादी, और त्रेंबक सपकाळे, योगीराज वाघमारे, यशवंत मनोहर, और अमिताभ आदी आंबेडकरवादी होने के बावजूद इन सभी लेखकों के पाठक वर्गवाद, जाति और दर्जा के पुर्वाग्रह से मुक्त होकर अपने लेखक की अभिव्यक्ति के प्रति 'अपनेपण' की भावना से जुडे रहे।

परंतु गांधीवादी–मार्क्सवादी चिंतकों का संवेदीकरण दलित साहित्य के स्वाद के अनुरूप कैसे हुआ? वेदना की गहराई विचार की नींव से गर्भित होती है। वेदनायें मूल्यों पर निर्भर है। एकलव्य पर हुये अन्याय का संवेदन आप को होता है परंतु व्यास और परंपरा को नही होता। हम सभी अनुभव करते हैं कि कर्ण भी अन्याय से आहत था, परंतु महाभारत के रचनाकार को ऐसी अनुभूति नही होती, क्योंकि महाकाव्य के निर्माताओं ने वर्ण व्यवस्था को प्रामाणिक और पवित्र माना था। शिवाजी सावंत एक लेखक के नाते विचार जगत में वर्ण व्यवस्था के सचमुच विरोधी थे, तथापि वह अपने व्यावहारिक जीवन में उसका (व्यवस्था का) आचरण कर रहे होंगे। इसी कारण कर्ण के अन्याय के बारे में उन्हें लगा और उसे ही अपने उपन्यास में भी दर्ज किया। इस प्रकार यह बताने के लिये कि एक वर्ग के पाठकों को किसी विशेष लेखक की कृति क्यों पसंद है, हमें दर्शन की तरफ जाना होगा, जो संवेदनाशीलता को जन्म देता है। ब्राह्मण के घर में पले पाठक को "आठवणी चे पक्षी" अथवा "गावकी" बेचैन करें और सीमांत बस्ती का एक लड़का मुक्तिबोध, सुर्वे और कुसुमाग्रज को यह पसंद तो करे दलित साहित्य आंदोलन का लघुत्तम साधारण विभाजक है, जिसे प्राप्त करना महत्वपूर्ण है।

समीक्षा

लेकिन यदि ऐसी संवेदनशीलता आज भी उपलब्ध है तो सुधीर रसाळ, विजय राजाध्यक्ष, बालचंद्र नेमाडे, और सरोजिनी वैद्य आदि दलित साहित्य पर क्यों मौन हैं? आर. जी. जाधव, डॉ. नागनाथ कोट्पल्ले, रविंद्र किंबहुने, भास्कर भोले, भास्कर चंदनशीव, इत्यादि लेखक दलित साहित्य पर हमेशा की तरह आज भी लिखते–बोलते हैं। तथापि विद्रोह, जनाधिकारवाद, दलित, फुले–आंबेडकर आदि पर आज केवल इकठ्ठा होने के लिये विभिन्न सम्मेलन बुलाये जाते है, जो प्रथम पीढ़ी से भिन्न उत्साही सम्मेलन होते है। प्रथम पीढ़ी जैसे साहित्यिकों की समीक्षा करनेवाले ज्यादा

नही है। ढसाल की कविता पर लिखे गये समाचार पत्र के आलेखों के शिवाय समीक्षण अत्यल्प है। प्रेमानन्द गजवी, वामन होवाळ और योगीराज वाघमारे पर भी ज्यादा समीक्षा नही है। अत: प्रथम पीढ़ी के लेखकों को अभ्यासक्रम में दाखिल कर गौरवन्वित किया गया।

तीसरी पीढ़ी के दलित साहित्यिकों को अवसर देने के लिये छोटे-मोटे सम्मेलनों के आयोजन पर आपत्ति नही है। आपत्ति इस बात पर है कि साहित्यिक विधा और स्वाद पर गंभीर चर्चा नही होना। ऐसा इसीलिए हो रहा है क्योंकि तीसरी पीढ़ी के साहित्यिक, अपवाद छोड़कर, चिकित्सा की अपेक्षा पुरस्कार और अपने लेखन को अभ्यासक्रम में शामिल करने में अधिक दिलचस्प है। सम्मेलनों के संयोजक भी उन व्यक्तिओं पर अधिक केंद्रित होते है, जिनके कारण मिडिया में उनको अधिक कवरेज मिल सकता है। सोनकांबळे के लेखन पर टीप के शिवाय और अधिक बयान नही मिलता, बागुल पर मार्क्सिस्ट होने का ठप्पा लगाने के शिवाय भाषण नही मिलता, "किरवन्त मधला प्रश्न दलितां चा" नव्हे पर प्रतिक्रिया के अलावा प्रतिवेदन नही है। विगत 50 वर्षो में फडके और खांडेकर के बीच विवाद की समीक्षा पर गंभीर चर्चा नही हुई। इस के विपरीत हिंदू-आंबेडकर मुददे को लेकर पानतावने और मनोहर के बीच व्याप्त मतभेदों ने एक दूसरे पर धूल ही उड़ाई है। परंतु इसके विपरीत पुणे विश्वविद्यालय द्वारा आयोजित एक चर्चा सत्र ने बागुल के साथ जो न्याय किया, वह समग्र दस सम्मेलन भी नही कर सके।

दलित साहित्य का योगदान–जीवन और साहित्य अटूट रूप से परस्पर संबंद्ध है, इस संवेदना को तीक्ष्ण बनाने; मराठी साहित्य के निर्माण को जीवनोन्मुख मोड देने; साहित्य में सामाजिक चित्रण को प्रतिष्ठा देने, मर्ढेकर द्वारा प्रस्तावित अगतिक समीक्षा की चौकट को पीछे छोड़ने; ग्रामीण, क्रिश्चन-मराठी, और मुस्लिम-मराठी के प्रवाह को आज मुक्त गति देने; उत्तर प्रदेश के मेरठ विश्वविद्यालयों में कुछ दलित साहित्य का स्वतंत्र पेपर प्रस्तावित होना; और विदेश के विद्यालयों में कुछ दलित ग्रंथों का अध्ययन किया जाना; उच्च स्तर की चर्चा करने; और दलित साहित्य को अन्य भाषाओं में भी राष्ट्रीय तथा अंतर्राष्ट्रीय स्तर तक पहुंचाने में दलित साहित्य का महान योगदान रहा है।

दलित साहित्य के मूल्यांकन का मापदण्ड–यदि साहित्य वैश्विक है तो किसी भी साहित्य का मापण दलित साहित्य पर भी लागू होगा। यदि वह वैश्विक है तो अंग्रेजी साहित्य के लिये एक मापण, ब्लैक साहित्य के लिए एक मापन, संत साहित्य के लिए एक और दलित साहित्य के लिए दूसरा मापन क्यों? भरतमुनि से लेकर अभिनवगुप्त तक का दर्शन अवैदिक लेखकों से पृथक और भिन्न रहा है। अत: शरद पाटिल कृत गैर ब्राह्मणों और एम. जी देशमुख कृत संत-काव्य के कलाशास्त्रों

ने यही दर्शाने का प्रयास किया है कि गैर-पारंपरिक और गैर-ब्राह्मणों का कलाशास्त्र भी स्थापित है।

क्या दलित साहित्यक अपनी संस्कृति को हिंदू संस्कृति से भिन्न मानते है? नही, वे भिन्न संस्कृति की कल्पना से प्यार करते हैं। जैसा कि गोविंदग्रज प्यार की वेदना की अपेक्षा प्यार की कल्पना से अधिक प्यार करते थे वैसा वे भी समांतर संस्कृति को अधिक चाहते हैं। परंतु कोई भी उसके लिए आवश्यक प्रणालिबद्धता को प्रस्तुत नही करता। उस के लिए कार्यक्रम की जरूरत है।

वर्तनशून्य शब्दांतर

मोतिराम कांबळे ने दलित कवियों और लेखकों द्वारा प्रयुक्त हिंदू शब्दावलि पर एक पुस्तक लिखी। 'व्यासपीठ', 'बुद्धवासी', 'आत्मकथा', 'दलित' आदि शब्दों का हम धिक्कार करते हैं। परंतु शब्दावली के दांवपेच मलाघात नही करते। भाषा को वर्तन का आधार चाहिये। सामाजिक वर्तन में परिवर्तन के साथ भाषा भी बदलती है। शब्दावली के कुल प्रतिशत का एक अंश मात्र भी प्रयास सामाजिक वर्तन बदलने में खर्च नही होता ताकि शब्द वर्तन का आसरा पा सके। व्यवहार में हम बिना आपत्ति के हिंदू मध्यम वर्ग का अनुकरण करते हैं।

उदाहरणार्थ हम होशो-हवास में बौद्ध प्रतिमान के अनुसार विवाह के कार्ड बनाने की कोशिश करते हैं। परंतु कुछ अपवाद को छोड़कर विवाह का मुहुर्त हिंदू पंचांग के अनुसार निकालते हैं। कुमकुम, जोडवी, नथ, मंगलसूत्र और मुदरी (अंगूठी) को एक विशिष्ट क्षण पर पहनने का क्या अर्थ है।

महिलाओं ने अपने नाक क्यों छेदने चाहिये? पुरुषों द्वारा कान क्यों छेदे जाये? मुंडन संस्कार क्या दर्शाता है? गृह प्रवेश संस्कार क्यों? 15 से 20 रुपये प्रति कार्ड के दर से विवाह पत्रिका मुद्रित कर अमीरी क्यों दिखाई जाये? घर के अंदर बुद्ध की प्रतिमा और बाहर कोई और या अशोक चक्र क्यों टंगाये जाये? क्या यही सही समांतर संस्कृति है? गृह प्रवेश संस्कार किस लिये?

ऐसे बौद्ध अधिकारियों के बारे में क्या कहा जाये, जो औरंगाबाद जैसे शहर में रहते हुए भी ऐसे विवाह के कार्ड भी छापते हैं और घूम-धडाके से कंदूरी (स्थानीय शब्द) भी निकालते हैं। दहेज के प्रति हम कितने जागरुक हैं? केवल त्रुटियुक्त व्यक्ति ही दहेज नही लेते और कन्या की शादी दहेज के अभाव में लंबित होती है, और बौद्धों को इस के लिए कारणीभूत मानकर उन्हें गाली दी जाने का दृष्ट अनुभव हैं। बौद्ध बनने की प्रथम शर्त जाति को छोड़ना है। जाति शब्द में नही, बल्कि आचरण में होती है, उस की यह मिसाल है। कई विचारक अब ब्राह्मण द्वारा प्रयुक्त 'शाखा' का प्रयोग 'उपजाति' के बदले में करते हैं। जब तक अंतर्जातियता के तथ्य को

कार्यक्रम के रूप में स्वीकारा नही जाता तब तक जाति का खात्मा करने का युद्ध आरंभ नही होगा।

नीची जाति के दामाद और ऊंची जाति की बहू पर ऐसा वर्तन, शोर और हंगामा निरर्थकता का द्योतक है। परिवर्तन की दिशा क्या रही? यही कि जीवन के हिंदू प्रतिमान का अनुकरण, मध्यम वर्गीय हिंदू और उनका खान-पान, पेहरावा, त्यौहार, मनोरंजन इत्यादि की आदतें, और उनके द्वारा पाश्चात्य जीवन शैली का अनुशरण करना। दलित लोग गुलाल के बदले नील का इस्तेमाल करते हैं। समांतर जीवन शैली पर चिंतन करने की आवश्यकता है। क्या आपने कभी विवाह संस्कार सफेद कपड़ों में होने के पश्चात्, (अहीर)(कपड़ों का लेनदेन) में दत्त सूट को पहनने के बाद वैवाहिक तोहफे स्वीकार करने की कुप्रथा का विरोध किया है? नहीं, क्योंकि यह अपनी सुविधावाली बात थी। अपने विहार पूजा स्थल नहीं है किन्तु वर्तमान में विहारों ने हिंदू मंदिर का स्थान लिया है। जैसे पहले हम महंतो के चरण छूते थे वैसे आज भंतों के चरण छूते हैं।

बौद्ध संस्कृति में विहार शिक्षा का केंद्र था, चाहे वह विहार तक्षशीला हो या नालंदा, जो प्रसिद्ध विश्वविद्यालय रहे। आज प्रत्येक गांव में हमारे विहार स्कूल और महाविद्यालय के छात्रों के छात्रावास होना चाहिये थे, जिस के माध्यम से व्यावसायिक अभ्यासक्रम आरंभ किया जाता, क्योंकि अपनी पहली आवश्यकता दलितों को अपने चरणों पर स्थित करना है। विहार से संलग्न स्वास्थ्य केंद्र हो सकते थे, जहां हमारे डॉक्टर्स प्रति दिन में कम से कम दो घंटा सेवा प्रदान करते।

उसी प्रकार कानूनी सहायता केंद्र की आवश्यकता है, जहां निपुण अधिवक्ता प्रति दिन एक घंटे की सेवा बहाल करते। इन सहूलियत की बदौलत शिक्षित और अशिक्षित बौद्धों में संलाप होगा। ऐसा जमघट समूहवाद से मुक्त होगा। परंतु विहार मेला का स्थान हो अथवा शिक्षा, स्वास्थ्य, कानूनी सहायता और प्रशिक्षण देने का केंद्र बने इसे कौन तय करेगा? ऐसे भंते जी को जो चीवर धारण करने के कारण प्राप्त आदर से संतुष्ट है और दान या धमार्थ की आकांक्षा रखते हैं, सीमित प्रतिसाद मिलेगा। इस स्थिति के अपवाद स्वरूप जागरूकता से विकास में लगा पुसद जिले का मुळावा विहार है।

तथापि गत 40 वर्षों में डॉ. आंबेडकर के अनुयायिओं ने दो बातों में भव्य प्रगति की हैं। एक वे अपने निजी या व्यक्तिगत आचरण का बौद्धिक स्पष्टीकरण तर्कसंगत आधार पर देना चाहते हैं। और दो, वे इस बात के कायल हो गये है। कि उन्हें कुछ भी पश्रयता से प्राप्त नही हुआ, बल्कि जो भी उन्हें मिला उस के लिये उन्हें कीमत चुकानी पडी। अतः उनके आचरण में कुछ अंतराल और कटुता है। परंतु बहुत कुछ करने की जरूरत है। अधिकतम ऊर्जा भक्षक्क चुनाव की राजनीति हमारी प्रगति के

आडे आ रही है। जैसे धार्मिक क्षेत्र में विहार शैक्षणिक शोध और सेवाओं का केंद्र बने, वैसे ही राजनीति में अंतिम ध्येय अपने सम्मुख रखना चाहिये।

चुनाव की राजनीति का अर्थ है अपनी विभक्तता, जिस के लिये राजनेता नही, बल्कि हम जिम्मेवार हैं। गुटबाजी अनुयायिओं के शूद्र हितों से बनाई और कायम की जाती है।

गान्हाणे (कैफ़ियत) नामक पारंपरिक साहित्य के संबंध में डॉ. आंबेडकर का अभिमत अनुकूल कैसे था? सभी पारंपरिक लोक साहित्य रुढ़िवादी नही होता। संत साहित्य परंपरा की पंक्ति में निर्मित होकर भी वह तत्कालीन परंपरा के विरुद्ध था। दलितों की विरासत पर जमे ऐतिहासिक रज-परतों को वह लोक साहित्य खोलता है और उस विरासत को प्राप्त करने की आवश्यकता है, जिसके तरफ बाबासाहेब ने अंगुलि निर्देश किया।

क्या ग्रामीण महिला और साहित्य का सार्वजनिक जनजातीय प्रवाह साहित्य का भिन्न दल है? अपने जीवन में जाति के भिन्न-भिन्न पाक कक्ष है। साहित्य जीवन का आईना है। अत: भिन्न पाक कक्ष के विपरीत साहित्य के भिन्न भिन्न प्रवाह होने में कुछ भी गलत नही है।

दलित साहित्य में भिन्न-भिन्न अनेकों प्रवाह होना क्या उस का पराभव है? नही, वास्तव में यह दलित साहित्य के आदोलन का प्रभाव है कि समाज के भिन्न-भिन्न समूह लेखन कला की अपनी सक्षमता के बारे में आश्वस्त हो गये और साहित्य में क्या लिखा जा रहा है के बारे में उनकी निश्चितता सकारात्मक हो गई है। यद्यपि ये आंदोलन भिन्न है, तथापि वे परस्पर विरोधी नही हैं, बल्कि वे परस्पर स्पर्श कर रहे हैं। समस्त साहित्य में समानता, न्याय और स्वतंत्रता की स्पष्ट जागरूकता उक्त बात को स्वयं बता रही है कि उन आंदोलनों में आपस में विसंगति नहीं है। इन आंदोलनों में परस्पर आच्छादक वर्तुल बिंदुओं का संशोधन करना और परस्पर छेदक बिंदुओं के परिणामस्वरूप उनका स्वायत्त क्षेत्र निश्चित करना वर्तमान समीक्षकों का काम है।

समरसता साहित्य क्या है? समरसता का मंच मानता है कि संत एकनाथ अस्पृश्यता उन्मूलन के समर्थक थे, और इस आधार पर उसका कथन है कि संत व्यावहारिक जीवन में समानतावादी थे। वह इस बात पर जोर देता है कि पारंपरिक ग्राह्यता के लिये व्यक्ति ने अपनी भूमिका छोड़ देनी चाहिये। यह मत व्यक्ति की अपनी भूमिका के पक्ष में स्थित साहित्यिक आंदोलन प्रकार के विरुद्ध है। केवल भूमिका की दृष्टि से प्रयुक्त साहित्यिक आंदोलन परंपरा के साथ समझौता और उसीका खण्डन ये परस्पर विरोधी बातें हैं। जो लोग अधीनता का साहित्य निर्माण करते है, वे वास्तव में हानिकारक हैं। ऐसे निर्माताओं में उल्लेखनीय लेखक के नाम है,

श्री पतंगे, उत्तम बंधू तुपे, टेक्सास गायकवाड, नामदेव कांबळे इत्यादि। वे घातक इसीलिये है क्योंकि वे कृत्रिमता से और जानबूझकर गलत दिशा दर्शन के लिये जीवन को चित्रित करते हैं।

तो कौन से दलित लेखक जीवन को सत्य और यथार्थ में चित्रित करते हैं? प्रज्ञा लोखंडे और प्रतिभा अहिरे जैसी कवियत्रियां, महेन्द्र भवरे, अरुण काले और राम दोतोंडे जैसे कवि, और आत्माराम गोडबोले, संजय पवार, संजय जीवने और प्रेमानंद जैसे नाटककार उल्लेखनीय हैं।

क्या दलित क्रियाशीलता का पतन हो रहा है? नहीं, परंतु दलित साहित्य आंदोलन कमजोर हो रहा होगा।

दलित साहित्य का भविष्य क्या है? दलित साहित्य का भविष्य आज का लेखक बदलते जीवन समस्याओं को कैसे प्रस्तुत करता है पर निर्भर है। पिछले 40 वर्षों के आंदोलन ने ब्राह्मणों को अपनी पारंपरिक सहानुभूति, स्थिति और प्रतिष्ठा से विभिन्न कर दिया। परिणामस्वरूप वे राजनीतिक आंदोलन को हेय दृष्टि से देखते है, जैसा कि मध्यम वर्ग के सदस्यों का झुकाव हैं। परंतु दलितों के लिए राजनीतिक आंदोलन भौतिक प्रगति ला सकता है और धम्म आंदोलन उनके जीवन को दृढ नैतिक आधार दे सकता है। यदि ये दोनों आंदोलन दलित लेखकों में आस्था भरने की आशावान कडी को स्थापित कर सकें तो दलित साहित्यिक की क्रियाशीलता पर अलग असर पडेगा। भिन्न-भिन्न छटा के साहित्यिक प्रवाह के अधीनस्थ युवा लेखक चैन और सुविधा आंदोलनों से आहत हैं। यदि वे समस्याग्रस्त मनुष्यों पर केंद्रित हो जाये तो वे वर्तमान शताब्दि में स्वस्थ और प्रभावी साहित्य का निर्माण करने की स्थिति में होंगे।[18]

1. संघरक्षित, इटरनल लिगसी, लंदन 1998 पृ. 3 फ्रेंकलिन एडगर्टन, बुद्धिस्ट हायब्रिड संस्कृत, बनारस, 1954 पृ. 5
2. देबी प्रसाद चट्टोपाध्याय, व्हॉट इज लिविंग एण्ड व्हॉट इज डेड इन इंडियन फिलासफी, नई दिल्ली 1976, पृ. 636
3. तेलतुंबडे आनंद डॉ., लेबर समस्या पर डॉ. आंबेडकर का दृष्टिकोण, मुंबई, 19/20 मार्च 1993, पृ. 23-24
4. भगत दत्ता प्रो. समरसता साहित्य के जनक ही यथार्थ में घातक है विषय पर साक्षात्कार प्रबुद्ध भारत, मासिक औरंगाबाद, जून-जुलै 2002 पृ. 4-13
5. चंदाना बानी डॉ. आंबेडकर नगर, 2002
6. एलिनर झोलियट अस्पृश्य से दलित तक कित्ता नई दिल्ली, 1996 पृ. 278

7. रोनालिंड ओ हेनलन, फुले, लंदन 1986 पृ. 136
8. राज, वामन 1989 15, 16, 18
9. अग्रवाल, चमार, पंजाब 1983 पृ. 2-4
10. टण्डन, ब्राह्मण, पंजाब 1988 पृ. 73
11. जर्गनमेअर, सोशल विज़न, यू.एस.ए. 1988 पृ. 74
12. अहीर, आद्धर्म आंदोलन दिल्ली, 1992
13. सबरवाल, 1972 पृ. 145
14. जोधका, दलित साहित्य, पंजाब 2000 पृ. 375
15. अरबी एण्ड सिंह 1977 पृ. 130
16. जोधका वही, पृ. 343
17. प्रकाश अंबेडकर संपा, प्रबुद्ध भारत औरंगाबाद, जुन-जुलै 2002 पृ. 4-13
18. दत्ता भारत, प्रबुध भारत, औरंगाबाद, जून-जुलै 2002 पृ. 4-13

13

बंधुत्व के पैगम्बर-डॉ. बाबासाहेब आम्बेडकर

सी. डी. नाईक

आज का समाज जितना सुसभ्य कहलाता है, उतना ही वह सुसंस्कृत भी बन गया होता तो कदाचित वह आज इतनी भयभीत और असुरक्षित स्थिति में न होता जितनी भयभीत और असुरक्षित स्थिति में वह आज पहुंच गया है। ऐसी ही परिस्थिति में गीता के कृष्ण भगवान कहते हैं– ''सर्व धर्मांपरित्यज्य मामेकं शरणं व्रज। अहं त्वां सर्व पापेभ्यो मोक्षयिष्यामि मा शुचः।'' अर्थात् सब धर्म (कर्त्तव्य) छोड़ मेरी शरण आओ, मैं तुम्हें मुक्ति दिलाऊंगा, चिंता न करो।'' इसी प्रकार ''आनो भद्रा क्रतवो विश्वयन्तु'' अर्थात् ''श्रेष्ठ विचार सभी दिशाओं से आने दो'' इस ऋग्वेद के सुभाषित के अनुसार तथा ''एक मेका साहाय्य करु अवधे धरु सुपंथ'' अर्थात् ''एक दूसरे के साथ सहकारिता कर सब सही राह पर कायम होंगे'' इस उक्ति के अनुसार भी भारतीय विचार विश्व में श्रेष्ठत्व के लिये ख्यातनाम है तथा ''अपने को लगी तो लगी दूसरे को लगी तो दिल्लगी'' जैसे दोषदर्शी विचार यहां हमेशा निंदनीय रहे हैं। यद्यपि यहां अनेक विभिन्नताओं की भरमार है तथापि ये सारे बहुरंग एकत्व के अक्ष पर घूमते प्रतीत होते हैं।

ऐसे विभिन्न धार्मिक जन समुदाय की जननी को ''भारत-माता'' कहते हैं। ऐसे अनेक धर्मसमूहों से मिलकर बने भारत समाज का एक ही राष्ट्रध्वज है जिस की आन और शान की रक्षा करने के लिए हम अपना सर्वस्व न्यौछावर करने को तत्पर रहते हैं। हमारी विभिन्न प्रांतीय भाषाई सरिताओं का संगम एक ही राष्ट्रभाषा हिन्दी के महासागर में होता है। करोड़ों भारतीय हृदयों का ''जन-गण-मन-अधिनायक जय हो'' यह एक ही राष्ट्रगान है। सभी धर्म-संप्रदायों का एक ही संविधान है जिसमें पच्चीसवें अनुच्छेद के अंतर्गत धर्म-निरपेक्ष भारतीय प्रजातंत्र में प्रत्येक नागरिक को धार्मिक स्वतंत्रता का मूलभूत अधिकार प्राप्त है।

मनुष्य के रक्त सम्बन्धों से अधिक अच्छे उसके धार्मिक संबंध होते हैं। धर्म ''बंधुत्व'' को पवित्र बनाता है। बुद्धिमानों का एक ही धर्म होता है जिसे ''मानवता'' कहते हैं। अतः यह ठीक ही कहा कि: ''जो लाग गीता, कुरान, बाईबल, ग्रंथ दी

गल कर देने। वे अपने अंदर लुके होये सैतान दी गल कर देने। इन्हां किताबांच तो हिन्दु, मुसलमान, ईसाई, सिक्ख दी गल हुंदी है। बुद्धिमान तां सिर्फ इन्सान दी गल कर देने।''

इसीलिए ई. पू. छठी शताब्दी में आविर्भूत महाकारुणिक बुद्ध ने असीम मैत्री हृदय वाले ''इंसान'' के निर्माण में अपने समकालीन ब्राह्मण, क्षत्रिय, वैश्य, शूद्र और अस्पृश्यादि वर्गों का विशाल ''श्रावक'' संगठन स्थापित कर तत्कालीन मगधनरेश बिंबिसार तथा कोशलनरेश प्रसेनजित जैसे शासकों को भारत के एक विशाल साम्राज्य की बुनियाद रखने में अनूठी मदद की। धर्म के सम्बन्ध में उन्होंने मात्र यह कहा: ''मैं बेड़े (कुल्ल) की भांति पार जाने के लिए तुम्हें धर्म का उपदेश करता हूं, पकड़ कर रखने के लिए नहीं।'' (म.नि.)। सच की कसौटी बताते हुए बुद्ध ने कहा, ''जब तुम स्वयं ही जानो कि ये धर्म (बातें) अच्छे, अदोष, विज्ञों से अनिन्दित हैं, ये ग्रहण करने पर हित, सुख के लिए होते हैं, तो तुम उन्हें स्वीकार करो।'' (अं. नि.)। तथागत के महापरिनिर्वाण के तीन सौ वर्षों के पश्चात् त्रीरत्नों में शरणागत प्रियदर्शी सम्राट अशोक (इ. पू. 269) ने अपने बारहवें शिलालेख में धार्मिक सहिष्णुता को मर्मस्पर्शी उपेदश अंकित किया। उसमें उन्होंने कहा, ''इदं मूलं वचि गुति'' अर्थात् ''सच्ची धर्मोन्नति का मूलवाक्य संयम है।'' ''मनुष्य अपने धर्म की स्तुति और दूसरे धर्म की निंदा न करे। जो अपने समुदाय की भक्ति के कारण अपने ही धर्मवालों की प्रशंसा करता है और अन्य धर्मानुयायियों की निंदा करता है, वह वास्तव में अपने समुदाय को बहुत हानि पंहुचाता है। प्रियदर्शी राजा चाहता है कि सब धर्मवाले सर्वत्र मेल-मिलाप से रहे। लोग एक दूसरे के धर्म को सुने और उसका सेवन करें। सब धर्मवाले बहुश्रुत हो और उनका ज्ञान कल्याणमय हो। मनुष्यों के ऊंच-नीच विचार और ऊंच-नीच अनुराग होते हैं। कोई अपने धर्म का पूरी तरह और कोई अंशमात्र पालन करेंगे। जिसके यहां देने को बहुत दान नहीं हैं, उसमें भी संयम, भावशुद्धि, कृतज्ञता और दृढ़ भक्ति तो अवश्य हो ही सकती है।''

प्रोफेसर तार्न का कथन है कि ज्ञात स्रोतों में सम्राट सिकंदर (इ. पू. 365-323) ही ऐसा एक क्रांतिकारी शासक रहा, जिसने प्रियदर्शी अशोक के पश्चात् मनुष्यों में बंधुत्व की तथा विश्व में मानवीय एकात्मता की कल्पना की और उसे व्यवहार में लागू किया। बर्बर जातियों के साथ उनके मीठे वचन और मधुर बर्ताव से इसकी कल्पना की जा सकती है। उसके गुरु के गुरु अफलातू (इ. पू. 427-347) ने अपने ''रिपब्लिक'' नामक ग्रंथ में कहा कि बर्बर जातियां स्वभाव से ही शत्रु होती हैं। अरस्तू (इ. पू. 348-322) ने कहा है कि ''दास लोग स्वभाव से ही दास होते हैं। बर्बर जातियों के साथ लड़ना कोई अस्वाभाविक बात नहीं।'' संत अगस्तिन् (इ. पू. 353-430) ने विश्व के बर्बर लोगों को ''शैतान'' कहा। परन्तु सिकंदर ने अपने गुरु

अरस्तू की शिक्षा को यहीं नकारा और वांशिक भेद के बदले नैतिक विभाजन के तत्व को स्वीकार किया।

पूर्वदिशा के राष्ट्रों में एक अनोखे तत्व के आविष्कार के बारे में जर्मन पंडित श्री मॅक्समूलर ने बताया कि ''पहले मनुष्य ने शाश्वत और परिवर्तनशील में विद्यमान भेद को पहचाना। उसके अनंतर उसने अपने ही अंदर स्थित स्थायित्व के बीज का पता लगाया। यह खोज मानवी मस्तिष्क के इतिहास में एक नये युग का प्रारंभ था। इसका प्रथम प्रादुर्भाव पूर्वार्ध में हुआ है।'' (सॅक्रेड बुक्स ऑफ दी इस्ट सिरिज)

भारत में एक शाश्वत तत्व के प्रतिष्ठित हो जाने के बाद ''अद्वैतवाद'' के प्रतिवाद के रूप में ''द्वैतवाद'' भी स्थापित हुआ। दृश्य संसार असार तथा अदृश्य ''ब्रह्म'' सत्य है के घोष होने लगे। ''द्वैत'' का निषेध करते हुए एक नववेदांति हिन्दू अनुयायी श्री चौधरी छत्तर सिंह एक बार अपने वरिष्ठ अद्वैतवादी स्वामी दयानंद के साथ वार्तालाप कर रहे थे। उन्होंने कहा, ''स्वामीजी, आप जो भी कहें, लेकिन यह गोचर जगत भ्रम है, मृगमरीचिका है, स्वप्न व झूठ है जैसे मानो बांझ का पुत्र हो, यथार्थ में यह जगत नहीं है।'' उत्तर में स्वामीजी ने छत्तर सिंह के गाल पर एक चपत जमा दी। अपना गाल सहलाते हुए चौधरी बोले, ''महाराज आपके जैसे प्रतिष्ठित महापुरुष को यह अशोभनीय है कि जरासी बात से सहमत न होने पर आप चपत मार दें।'' स्वामीजी तब स्मित हास्य में बोले ''चौधरी जी जब आप मानते हैं कि ब्रह्म ही सत्य है, दृश्य जगत एक धोखा है तो आपके एकमात्र सत्य के शिवाय दूसरा कौन है जिसने आपको चपत मारी। आपने दूसरो से यथार्थ तथा झूठ का साक्षात्कार कैसे किया?'' इसी अनुभव से चौधरी जी के मन का भ्रम टूट कर चूर हुआ और वह भ्रम से मुक्त हुए।

डॉ. आम्बेडकर ने धर्मों के बारे में ऐसे भ्रमों को तोड़कर सामाजिक बंधुत्व की ओर जनता को अग्रसर किया।

अमेरिका में एक बार एक कुएं की सफाई हो रही थी। लोगों का जमघट उसे देख रहा था। कुएं से कई चीजें निकली। चूड़ियां, सौंदर्य प्रसादन के साहित्य, अलंकार, कंघी, रिबन आदि आदि कई पदार्थ निकलते वक्त तो कई महिलाओं ने उन पर अपना-अपना स्वामित्व जताया। अन्त में वही से जब एक मृत शिशु की लाश भी निकली तो उस भीड़ के किसी भी स्त्री या पुरुष ने किसी भी प्रकार का अपनत्व नहीं दर्शाया।

ऐसे ही उपेक्षित मृतप्राय दलित समाज को जब हिन्दू भारत ने ठुकराया तो डॉ. बाबासाहेब ने उसे अपनाकर उसके लिए मानवीय अधिकारों को स्थापित ही नहीं किया बल्कि अपने जीवन के कुल पैसठ वर्षों को न्यौछावर कर उनको बौद्धधर्म तथा आत्मनिर्भरता की श्रेष्ठतम धरोहर प्रदान की।

मुगल सम्राटों में अकबर एक ऐसा शहंशाह हिन्दुस्तान के इतिहास में हुआ जिसने मध्यकालीन भारतीय समाज में प्रचलित सांप्रदायिक तनाव को शांत करने के लिए अपने दरबार में सर्वधर्मसमभाव को प्रचारित किया। ''अल्लाहु अकबर'' का मंत्र कबीलेशाही के खानाबदोस अरबों को देने वाले मोहम्मद पैगंबर (इ. स. 590-622) ने भी यही सिखाया कि ''अल्लाहु ला मुहिब्बुल फसाद, अल्लाहु ला यहिब्बुलमुस्त्रिफीन, जा अ. ल. हक्क, व जहकल्बातिलु, इन्नल्बातिलु कान जहूक'' अर्थात् ''ईश्वर कलह नहीं पसंद करता, वह फजूल-खर्चो पर खुश नहीं रहता और जैसे ही भ्रम टूटा वैसे ही सत्य आया, झूठ भाग गया, और निस्संदेह झूठ भगोड़ा है, ऐसा समझना चाहिए।''

इस्लाम के उक्त बंधुत्व के पैगाम की भांति और उससे भी आगे जाकर भारतीय मानस में मनुष्य मात्र ही नहीं अपितु प्राणिमात्र से भी प्रेम करने की संस्कृति रही है। इसीलिए यहां अनुपयुक्त प्राणघातक यज्ञ, याग और कर्मकांड का निषेध होता रहा। हिंसा का परित्याग और अहिंसा की प्रतिष्ठा ने यहां प्रेम का शीतल संदेश दिया।

जैन धर्म का अत्यन्त महत्वपूर्ण और आत्यन्तिक तत्व ''अहिंसा परमो धर्म'' अर्थात् ''प्रेम सबसे बड़ा धर्म है। तप सबसे बड़ा कर्म है'' की गूंज महाभारत में इसीलिए प्रतिध्वनित हुई है। इस मंत्र के जनक तीर्थकर महावीर थे। जिस प्रकार फलों से लदा वृक्ष पत्थर मारे जाने पर भी फल ही प्रदान करता है उसी प्रकार उन्होंने अपने उत्पीड़कों के द्वारा सताये जाने पर भी प्रेम की ही वर्षा की। इसे पुन: आधुनिक भारत के राजनैतिक जीवन में राष्ट्रपिता गांधी ने प्रतिष्ठित किया। भारत की विदेश नीति की नींव भी मूलत: बुद्ध-मैत्री तथा जैन-अहिंसा की ही है। डॉ. आम्बेडकर ने जहां एक ओर प्रेम और बंधुत्व को सामान्य जीवन में पुनर्स्थापित किया वही दूसरी ओर जैन-अहिंसा की व्यावहारिता को स्वीकार कर बुद्ध मैत्री को सम्पूर्ण जीवन में प्रतिष्ठित किया।

विश्व में ऐसे कई पैगंबर हुए है।

येशु मसीह ने सहनशीलता का संदेश दिया। ''यदि कोई तुम्हें एक गाल पर चपत मार दे तो तुम अपना दूसरा गाल भी उसके सामने कर दो, कोई एक शर्ट मांगे तो तुम अपना कोट भी दे दो, तथा तुम्हें कोई एक मील चलने को कहे तो तुम दो मिल चलो।'' इसी ईसाई धर्म का उपयोग कर सम्राट कांस्टंटाइन ने अपने साम्राज्य को संगठित किया था।

सद्भाव सत्पुरुषों की जननी है। अमरीका के राष्ट्रपति अब्राहम लिंकन जब अपने सीनेट की सभा के लिए जा रहे थे तो रास्ते में उन्होंने देखा कि एक सूअर नाली में फंसा पड़ा है। उनसे रहा नहीं गया। सूअर को खतरे से निकालकर ही उन्हें चैन मिला परंतु विलंब से सीनेट में जाने के कारण जब उनसे प्रश्न किया गया तो वे बोले

"एक जान खतरे में थी उसे मुक्त करना जरूरी था, अत: मुझे विलंब हुआ"। अंग्रेजी वाक्प्रचार "More tender than petal and more adamert than thunderbalt" यहां चरितार्थ हुआ है।

नानक साहब ने अपने संदेश में गुरुभक्ति की महिमा गायी, "इक ओंकार सतिनाम, करता पुरखु निरभऊ, अकाल मूर्ति, अजूनी सैभं गुरु प्रसादि।" अर्थात् "ओकार नामवाचक एक सत्य है जो कर्तापुरुष है, भयरहित है, वैरहित है, कालातीत मूरत है, अयोनि है, स्वयंभू है और जो गुरुकी कृपा से प्राप्त होता है।

गुरुभक्ति की तरह लेकिन उससे भी बढ़कर राष्ट्र भक्ति की भावना है। इसी भावना से अभिभूत पूर्व एशिया के राष्ट्र हैं-चीन, जापान और कोरिया। जपान की राष्ट्रीय एकता, चीन की कौटुम्बिक व्यवस्था तथा कोरिया का प्रशासन मूलत: बुद्ध, ताओ और कन्फ्यूशियस के संयुक्त संदेश का ही व्यावहारिक रूप है, जो इन देशों के लोगों के जीवन में व्याप्त हो गया है।

कार्लाइल ने अपने प्रसिद्ध ग्रंथ "हिरो ॲण्ड हिरो वर्शिप" में प्राफिट मोहम्मद के चरित्र की सराहना की। भदन्त आनंद कौसम्यायन ने "वसुधैव कुटुंबकम" को साकार करने के लिए कहा कि "यदि सभी धर्म मिलकर इसके लिए आंशिक योगदान भी कर सके तो वे सराहनीय हैं अन्यथा उन्हें एक पत्थर के साथ बांधकर समुद्र में डुबो देना चाहिए"। भारत में साम्प्रदायिकता के बार-बार सिर उठानने से तंग आकर गांधी ने भी कहा कि "अगर नास्तिक बनने से साम्प्रदायिक नफरत और दंगाफसाद रोका जा सके तो मैं चाहूंगा कि सब नास्तिक ही हो जाय।" डॉ. आम्बेडकर ने "भक्ति" से अंधी मानसिकता को सतर्क करने के लिए कहा है "धर्म में भक्ति स्वर्ग का मार्ग हो सकती है लेकिन राजनीति में वह अवश्य नरक में धकेलने वाली है।" शायद इसीलिए महापंडित राहुल सांकृत्यायन कहते थे कि "पूजा में जो स्थान चंदन का होता है वही स्थान रक्त का राजनीति में है।"

काल्पनिक विलासिता का स्थान साहित्य में जो भी हो पर वास्तविक जीवन में ठोस सच्चाईयों से मुंह नहीं मोड़ा जा सकता है। इसके मुखातिब अर्ज है चंद शेरेनुस्खा: फिराक भी फर्माते है कि: "जिन्हें शक हो वह करें और खुदाओं की तलाश हम तो इन्सां को ही दुनिया का खुदा कहते हैं।"

डॉ. आम्बेडकर ने मनुष्य को "अत्त दीपो भव" यानी "स्वयं प्रकाशमान हो" का नारा देकर उसे सर्वोपरी मानकर बंधुत्व का संदेश दिया। आज के भटके मानव को हताश न होकर "समाज को बदल डालेंगे" के वचन से कटिबद्ध होना चाहिए और उसे आम्बेडकर के संदेश में आत्मविभोर होकर यह कहना चाहिए कि "मसरुफ कर लिया मुझे उसके खयाल ने, जा-ए-अजल की मरने की फुर्सत नहीं मुझे।"

(संक्षेप में बंधुत्व का सार संदेश इतना ही है।) बंधुत्व एक तत्व है। डॉ. आम्बेडकर के जीवन में जिस तत्वत्रयी की झलक सबसे अधिक और उपयुक्त है वह है– स्वातंत्र्य-समता-बंधुत्व। ये तीनों तत्व पृथक नहीं बल्कि परस्पर अवलंबित है। जिस प्रकार पाणी बनाने के लिए उदजन की दो मात्राएं तथा प्राणवायु की एक मात्रा युक्त ढंग से मिलानी पड़ती है उसी प्रकार जीवन में बंधुत्व का रिस्ता उतारने के लिए स्वातंत्र्य की मात्रा उतनी ही चाहिए जितनी आत्मविकास के लिए उपयुक्त है, तथा समता की मात्रा स्वातंत्र्य में उतनी ही मिलनी चाहिए जितनी कि समाज के विकास को आगे बढ़ाने में सक्षम होती है परन्तु इन दोनों के साथ बंधुत्व का होना दोनों को स्वाभाविक रूप से ग्रहण करने एवं गतिशील बनाने के लिए अत्यंत आवश्यक है। इसलिए डॉ. आम्बेडकर बंधुत्व के पैरोकार रहे। उन्होंने बंधुत्व को ही नैतिकता और नैतिकता को ही सच्चा धर्म माना है।

डॉ. अम्बेडकर के चिंतन में बधुत्व के तत्व का केन्द्रीय स्थान क्यों रहा इस बिंदू पर विचार करने पर लगता है कि ऐसा होना स्वाभाविक और परिस्थिति जन्य प्रक्रिया थी। उनका बालपण सैनिकी अनुशासन वाले पिता की छत्रछाया में बिता। बचपन के दिनों में भी उन्होंने सामाजिक बुराइयों का जो दु:ख देखा, उसे अपने जीवनभर अनुभव करते रहे। कौसल्यायन जी के इस सिद्धांत के अनुसार कि "सुख में दु:ख की स्मृतियां मधुर होती है और दु:ख में सुख की स्मृतियां कटु" कोई भी पुरुष जब शिक्षित होकर विचार करता है तो वह तटस्थ मन से अपने को भूलकर अपने समाज, देश और काल के उचित अनुचित या भले-बुरे का ख्याल करता है और उसके लिए प्रयत्न शील होता है। डॉ. आम्बेडकर ने प्रतिकूल परिस्थिति में स्वदेश में विद्यार्जन किया और अनुकुल परिस्थिति में अमरिका इंग्लैंड, जर्मनी इत्यादि पाश्चात्य देशों में समाजशास्त्र, अर्थशास्त्र, और कानून में आचार्यत्व हासिल किया। अपनी विद्याशक्ति का भारत में आकर सार्वजनिक क्षेत्र में निवेश किया तो उनकी निजी दृष्टि तपस्वी की भांति तटस्थ रही और समाज पर आंख फेरी तो देखा कि यहां आन्तरिक रूप से एक ही धर्म के भाई एक दूसरे से सामाजिक दूरी रखते है। सवर्ण भाई अवर्ण दलित पर जुल्म ढाता है। यहां हिन्दू और मुसलमान एक ही समाज में रहकर धार्मिक दूरी रखते है। इन दोनों को एक मानवीय रिश्ते के नाते अपनाने के बजाय अंग्रेज कौम उन्हें अपना गुलाम बनाये रखना चाहती थी। सन् 1947 में पन्द्रह अगस्त के दिन ब्रिटिश साम्राज्य का खात्मा तो हुआ पर साम्राज्यवाद खत्म होने के बजाय राजनैतिक दृष्टि से यहां के शासक कौम का वह उत्तराधिकार बन गया। परिणामत: यहां सामाजिक बराबरी स्वातंत्र्यपूर्व काल में भी नहीं थी, अब आर्थिक और राजनैतिक असमानता में भी परिणत हो गई। "एक मत एक मूल्य" का डॉ. अम्बेडकर का सामाजिक सिद्धांत भारतीय परिप्रेक्ष्य में फलिभूत कहां हुआ? जहां एक

तरफ हिन्दू और मुसलमान एक दूसरे के राष्ट्रभाई बनने के बजाय एक दूसरे के विश्वासघाती हो गये। यहां के जातीय, प्रांतीय, सांप्रदायिक, आर्थिक, सामाजिक, राजनैतिक, भाषाई, लैंगिक, क्षेत्रीय, रंग-भेद, प्रशासकीय, थल, जल, वायु एवं पर्यावरण के असंख्य प्रश्न और विवाद हैं। तथापि "एक हृदय हो भारत जननी" का नारा प्रत्येक नागरिक को अपने जीवन, धन, सुरक्षा, स्वास्थ्य, शिक्षा, रोजगार, खाद्यान्न, जल, वायु, बिजली, आवास इत्यादि के मूलभूत अधिकारों को व्यवहार में उजागर करने के मौके प्रदान किए बिना कैसे साकार हो सकता है?

अतः डॉ. आम्बेडकर ने पूना पॅक्ट के अंतर्गत गांधीजी के प्राण बचाने हेतु दलितों के राजनैतिक अधिकारों को भी कुछ मात्रा में गवाया परंतु राष्ट्रीय नीति में अमल में लाने के लिए उन्होंने शिक्षा-संघर्ष-संगठन का मंत्र दिया और सबको एक सूत्र में बांधने के लिए बंधुत्व का संदेश दिया।

जिस प्रकार मोजेस ने यहूदियों को इजिप्तियों के गुलामी से मुक्त करने के लिए अनेक कष्ट झेलकर उन्हें दस आज्ञाओं की "इंजिल" बहाल की उसी प्रकार दलितों के "मोजेस" डॉ. आम्बेडकर ने विषमता के "इजिप्त" को भारतीय जीवन से मिटाने के लिए जहां सब नागरिकों के समान हित में संवैधानिक रूप से प्रजातंत्र की राष्ट्रीय जीवन पद्धति दी वहां धार्मिक भाईचारे की जीवन पद्धति "बौद्ध धर्म" को भी फिर से देशवासियों को बहाल किया।

विश्व के सम्मुख आज दो ही विकल्प शेष है। युद्धविराम या बुद्धविराम। डॉ. आम्बेडकर ने बंधुत्व का संदेश देकर विश्व के वर्तमान परिस्थिति एवं उज्वल भविष्य के हित में प्रथम पर्याय को ही स्वीकार करने की हम सबको उत्तेजना दी है। काश हम उनके नक्शे कदम पर चलते और दूसरों को भी चलाते तो कितना ही भला होता।

संदर्भ ग्रंथ

1. भदन्त आनन्द कौसल्यायन, भगवद् गीता की बुद्धिवादी समीक्षा, नागपुर 1978
2. राहुल सांकृत्यायन, दर्शन दिग्दर्शन, इलाहाबाद 1977
3. चंद्रबोधि, द बुद्ध, वुल्वर-हैम्पटन, इंग्लैंड 1981
4. जगदीश काश्यप तथा राहुल सांकृत्यायन संपादित मज्झिम निकाय, अंगुत्तर निकाय, नवनालंदा महाविहार, नालंदा, बिहार, 1971 पृ. 86-87, 533-34 क्रमशः
5. डॉ. राधाकृष्णन, पाश्चात्य व भारतीय दर्शन, आक्सफोर्ड 1961
6. आचार्य तुलसी, अणुव्रत (त्रैमासिक) कलकता 1976
7. डॉ. आम्बेडकर, द बुद्ध ॲण्ड हिज धम्म, बंबई 1957

8. डॉ. आम्बेडकर, बुद्ध अॅण्ड फ्यूचर ऑफ हिज रिलिजन 1951
9. राहुल सांकृत्यायन, इस्लाम दर्शन, इलाहाबाद 1965
10. डॉ. आम्बेडकर, रानडे, गांधी और जिना, 1982
11. रणबीर, नानक, जालंधर 1981
12. चंद्रबोधि, बौद्धधर्म ही क्यों? नागपुर 1975
13. चंद्रबोधि, डॉ. आम्बेडकरः मुक्तिदाता, बैंकाक 1991
14. बापट (सपा.) 2500 वर्षों में बौद्धधर्म, दिल्ली 1956
15. राहुल सांकृत्यायन, पालि साहित्य का इतिहास, लखनऊ 1992 (तृतीय संस्करण)

14

प्रेरक प्रार्थनायें

अबौद्ध परंपरा में जो और जितनी भी प्रार्थनायें हैं, वे सब याचक और प्राय: सर्वथा अनैतिहासिक काल्पनिक तत्व से संबंधित है। यथा: ओउम् भूर्भुव: स्व: तत्सवितुर्वरेण्यं भर्गो देवस्य धीमहि, धियो योन: प्रचोदयात: – सर्व रक्षक परमात्मा (ओउम्), प्राणों से प्यारा (भू:) दुख विनाशक (भुव:) सुखस्वरूप (स्व:) उस (तत्) उत्पादक, प्रकाशक, प्रेरक (सवितु:) देव के (देवस्य) वरने योग्य (वरेण्य) शुद्ध विज्ञान स्वरुप का (भुर्ग:) हम ध्यान करें (धीमहि), जो (य:) हमारी (न:) बुद्धियों को (धियो) शुभ कार्यो में प्रेरित करें (प्रचोदयात)। यह गायत्री महामंत्र है।

इसी के तर्ज पर साई गायत्री महामंत्र है: ऊँ शिरडीवासाय विद्महे सच्चिदानंदाय धीमहि तन्नो साई प्रचोदयात् - शिरडी निवासी, ज्ञान स्वरूप परमेश्वर को (तत्) हम (न:) अन्तरात्मा में धारण करें (धीमहि), वे हम सबकी बुद्धि को सन्मार्ग की ओर प्रेरित करें।

विभिन्न प्रकार के निराजन या आरती में भी याचनाओं का पुट है, जो कर्णप्रिय तो है पर वास्तविक नहीं। अन्धन को आंख देत कोढ़िन को काया, बांझन को पुत्र देत निर्धन को माया, माता जाकी पार्वती, पिता महादेवा, जय गणेश, जय गणेश जय गणेश देवा।

महालक्ष्मीजी की आरती, जो कोई जन गाता, उर आनन्द समाता, पाप उतर जाता। ओउम जय लक्ष्मी माता।

लक्ष्मीकांतं कमलनयनं योगिभिध्यर्यनगम्यं, वन्दे विष्णु भवभयहरं सर्वलोकैकनाथम्–लक्षीपति, कमलनेत्र, योगियों द्वारा ध्यान करके प्राप्त किया जानेवाले, जन्ममरण रूप भय का नाश करने वाले, संपूर्ण लोकों के स्वामी विष्णु भगवान् को शिर से प्रणाम करता हूं।

श्री विश्वकर्मा जी की आरती, जो कोई नर गावे, कहत शिवानन्द स्वामी, सुख सम्पति पावे विश्वकर्मा जी की आरती जो कोई नर गाता, कहत शिवानन्द स्वामि सुख सम्पति पाता, मैया सब कुछ है पाता।

सन्तोषी माता की आरती जो कोई जनगावे, ऋद्धि सिद्ध सुख सम्पत्ति जी भरके पावे।

मां अम्बे जी की आरती, जो कोई नर गावे, कहत शिवानन्द स्वामी, सुख सम्पति पावे।

त्रिगुण शिव की आरती, जो कोई नर गावे, कहत शिवानन्द स्वामी, मनवांछित फल पावे।

श्री जगदीश जी की आरती जो कोई नर गावे, कहत शिवानन्द स्वामी, सुख सम्पति पावे।

श्री सत्यनारायण जी की आरती जो कोई नर गावे, कहत शिवानन्द स्वामी, मनवांछित फल पावे।

माँ सरस्वति की आरती, जो कोई जन गावे, हितकारी सुखकारी, ज्ञान भक्ति पावे।

णमो अरिहंताणं, णमो सिद्धदाणं, णमो आयरियाणं, उवज्झायाणं, णमो लोए सव्वसाहूणं।

एसो पंच णमोकारो, सव्वपावप्पणासणो। मंगलाणं च सव्वेसिं, पढमं होइ मंगलं। अरिहंतो, सिद्धों, आचार्यों, उपाध्यायों और इस लोक के सभी साधुओं को नमस्कार हो। यह पंच णमोकार मंत्र सब पापों का नाश करनेवाला है। इसके पढ़ने से हर प्रकार का मंगल होता है[1]।

इस से हट कर गीता सार है। परिवर्तन संसार का नियम है। जिसे तुम मृत्यु समझते हो, वही तो जीवन है। परंतु यही तो बौद्ध दर्शन है।

हिंदू आरती के पांच अंग होते हैं। प्रथम बार दीपमाला के द्वारा, दूसरे जलयुक्त शंख से, तीसरे धुले हुए वस्त्र से, चौथे आम और पीपल आदि के पत्तों से और पांचवें साष्टांग दण्डवत् से आरती की जाती है। इसके विपरीत बौद्ध महायान की पूजा है, जो निम्न प्रकार है।

अवतंसक[2] (गोलाकार हार, सूत्र) में अभिव्यक्त त्रिशरणगमन से आरंभ कर संघरक्षित कृत पूजा के विषय है: (1) सप्तांगिक पूजा, (2) शरण और शील, (3) हृदय सूत्र, (4) मन्त्र, (5) त्रिरत्न वंदना, (6) मूलभूत पूजा, (7) समर्पण विधि और (8) जयमंगल गाथा।

(1) सप्तांगिक पूजा: इस में बुद्ध, धम्म, संघ, नाम, ओम, अ: और हुं इन सातों को नमस्कार किया गया है। स्कन्धपुराण में कहा गया कि आरती में पहले मूलमन्त्र (जिस देवता का जिस मन्त्र से पूजन किया गया हो, उस मन्त्र से) के द्वारा तीन बार

पुष्पांजलि देनी चाहिये और ढोल, नगारे, शंख, घड़ियाल आदि महावाद्यों के तथा जय-जयकार के शब्द के साथ शुभ पात्र में घृत से या कपूर से विषय संख्या की अनेक बत्तियां जलाकर आरती करनी चाहिए—ततश्च मूलमन्त्रेण दत्वा पुष्पांजलित्रयम, महानीराजनं कुर्यान्महावाद्यजयरवनैः, प्रज्वालयेत तदार्थ च कपूरेण घृतेन वा, आरार्तिक शुभे पात्रे विष्मानेकवार्तिकम्। इसके विपरीत साप्तांगिक पूजा में मुनिराजकुमारों को धूप, खाद्य, पेय, दीप, कमल, सुगंध और पुष्पों से आदृत किया जाता है।) फिर त्रियुगों के बुद्धों को, सद्धर्म और संघ को, चैत्यों, बोधिसत्वों और आचार्यों या पूजनीयों को अभिवादन व्यक्त किया गया है। और फिर विश्व के रक्षणकार, दुख के विजेताओं और धर्मढाल तथा बोधिसत्वों की शरण ग्रहण की है। इसके बाद नमोतस्स का त्रिवार उच्चारण कर बुद्ध, धम्म, संघ की ततियम्पि शरणागमन, पंचशील और मुसावाद के कठोर वचन, बेकार वचन, निंदा और लोभ, द्वेष, मिथ्या वृत्ति से परहेज रखने के साथ उपासना शील को दर्शाया है। फिर रक्षकों से क्षमायाचना कर जो अच्छा नही उसे फिर न करने का वचन व्यक्त किया है। फिर सभी प्राणियों के पुण्य में मुदिताभाव व्यक्त किया गया है। और इस जगत में अनन्त युगों तक प्रकाश बनाये रखने के लिए रक्षक बुद्धों को इसी संसार में रहने की प्रार्थना की है। फिर हृदय सूत्र या पज्ञापारमिता मन्त्र के शून्यता सार को 'गते गते परगते परसमगते बोधि स्वाहा' कहके बतलाया गया है। फिर स्वयं समर्पण के साथ असंख्य जीवों की शांति प्राप्ति के लिए अपने पुण्यों को न्योछावर कर देने की कामना की गई है। इसी भाग में (2) शरण और शील, (3) हृदय सूत्र, (4) मन्त्र, (5) त्रिरत्नवंदना, (6) मूलभूत पूजा, (7) समर्पण विधि और (8) जयमंगल गाथादि का समावेश है।

ऐसी सप्तांगिक पूजा के पश्चात् मत्रों का जिक्र है। सभी मंत्रों के आरंभ में 'ओम' का पुकार है। जिन मन्त्रों के अन्त में 'स्वाहा' का उच्चारण हैं, वे 'तारा', शाक्यमुनि बुद्ध', और 'प्रज्ञापारमिता' की शक्तियों को अभिप्रेत करते हैं। जिन के अन्त में 'हुं' पुकार हैं वे अवलोकितेश्वर, वज्रपाणि और पद्मासंभव को समर्पित हैं। तथा मंजुश्री, अमिताभ के मन्त्र क्रमशः ये हैं: ओम अ रा पा छा ना धिह और ओम अमिदेव ह्रिह। अन्त में ओम शांति शांति शांति है। यह हिन्दू आरती के शान्ति पाठ के सदृश जान पड़ता है, जिसे यहां उद्धृत किया गया है, यथा ऊँ द्यौः शान्तिरन्तरिक्षं शान्तिः पृथ्वी शान्तिरापः शान्तिोषधयः शान्ति। वनस्पतयः शान्तिर्विश्वे देवाः शान्तिर्ब्रह्मः शान्ति सर्व शान्ति शान्तिरेव शान्तिः सामा शान्तिरोधि। ऊँ शान्तिः शान्तिः ओउम्।

इसके बाद सौ अक्षरखण्डोंवाला वज्रसत्व का मन्त्र सानुवाद निम्न प्रकार है: ओम वज्रसत्व समय (ओम वज्रसत्व के बंधन), मनुपलय (मनुष्य के रक्षक), वज्रसत्व तेनोपतिष्ट (अपने वज्रसत्वत्व के साथ मेरे पास ठहरो), दृधो में भव (मुझ में स्थिर हो जा), सुतोस्यो में भव (मुझ में आनंदित हो जा), सुपोस्यो में भव (मुझ

में प्रसन्न हो जा), अनुरक्तो में भव (मुझ में रमण कर), सर्व सिद्धिं में प्रेयछ (मुझे सभी पूर्णतायें प्रदान कर), सर्व कर्म सुछ मे (मेरे सभी कर्म पवित्र कर), चित्तं श्रेयः कुरु हुम (मुझे सुचित्त बना), हा हा हा हा होह (हंसी)। भगवान सर्व तथागत (ए पावन समस्त बुद्धों), वज्रं में मुंच (ऐ वज्रवानों मुझे मुक्ति दिलाओ), वज्री भव (यथार्थता वज्री बनो) महासमयसत्व (ऐ बंधन के महान योद्धा), अः हुं फट (बुराई भाग जा)।

उक्त मंत्र में याचकता या प्रार्थना परिलक्षित नही होती बल्कि उनमें स्वप्रेरकतायें (Auto Suggestions) हैं। अतः बौद्ध मूलपूजा में व्यक्ति को आम स्तर से ऊंचा उठाकर बुद्ध के समान स्तर पर स्थापित करने की प्रेरणायें निहित हैं, जो निम्न प्रकार हैं:

हम बुद्ध को अभिवादन करते हैं और उनका अनुगमन करने की आकांक्षा रखते हैं। बुद्ध एक मनुष्य थे, जैसे कि हम मनुष्य है। जो बुद्ध ने किया, उसे हम भी कर सकते हैं: जो बुद्ध ने पाया, उसे हम भी पा सकते हैं। हम धर्म को अभिवादन (Salutation) करते हैं और उसका अनुगमन करने की आकांक्षा रखते हैं। संघ ऐसे लोगों का संघ है जो मार्गगामी है। ज्योंहि हम एक एक करके अपने कर्तव्य के प्रति कटिबद्ध होते हैं तो संघ की सदा प्रसरित होनेवाली परिधि और भी फैलती है।

अभिवादन कर बुद्ध को हम दीप अर्पण करते हैं। ऐसे बुद्ध को, जो स्वयं दीप है, हम दीप अर्पित करते हैं। ऐसे विराट दीये से हम अपने भीतर की छोटी लौ प्रज्वलित करते हैं और बोधिरश्मि का दीया हम अपने हृदय में जलाते हैं।

अभिवादन कर बुद्ध को हम धूप अर्पण करते हैं, ऐसी धूप कि जिसकी खुशबू हवा में व्याप्त होती है। इस धूप की खुशबू से भी बेहतर खुशबू परिपूर्ण जीवन की है, जो समस्त संसार में सभी दिशाओं में फैलती है।

गैर बौद्ध परंपरा में जो स्थान आहुति का है वही स्थान बौद्ध परंपरा में समर्पण का है, जो निम्न प्रकार से अदा किया जाता है।

हम इस स्थान को त्रिरत्न के लिए समर्पित करते हैं। इसे बुद्ध के लिए समर्पित करते हैं, जो बोधि प्राप्ति का आदर्श है जिसकी हम आकांक्षा रखते हैं। उसे हम धम्म के लिए समर्पित करते हैं, जो देशना पथ है, जिस का हम अनुकरण करते हैं। उसे हम संघ के लिए समर्पित करते हैं, जो एक दूसरे के बीच का अभौतिक सत्संग है, जिसका हम आस्वाद लेते हैं।

यहां कोई बेकार शब्द न बोले। यहां कोई अशांत विचार हमारे मनों को परेशान न करें। पंचशील के पालन हेतु हम इस स्थान को समर्पित करते हैं। ध्यान के अभ्यास हेतु हम इस स्थान को समर्पित करते है। प्रज्ञा के विकास हेतु हम इस स्थान को समर्पित करते हैं। बोधि की प्राप्ति हेतु हम इस स्थान को समर्पित करते हैं।

यद्यपि बाहरी संसार में झगड़े हैं तथापि यहां शांति रहें। हम इस स्थान को धर्मग्रंथ के पारायण से नहीं, तीर्थजल के छिड़कने से नही, बल्कि सम्बोधि की प्राप्ति हेतु हमारे द्वारा उठाये गये कष्टों से हम इस स्थान को समर्पित करते हैं। इस मण्डल के, इस पवित्र स्थान के सभी ओर परिशुद्धि की पद्मपंकुडियां खिलें। इस मण्डल की, इस पवित्र स्थलि के चारों ओर दृढ़ता की वज्र-कोट घिर जाये। इस मण्डल के, इस पवित्र स्थान के सभी तरफ ऐसी लौ उठें जो संसार को निर्वाण में परिवर्तित करें।

यहीं बैठ कर, यही अभ्यास कर हमारा मन बुद्ध बनें, यहीं बैठ कर, यही अभ्यास कर हमारा विचार धम्म बनें, यहीं बैठ कर, यही अभ्यास कर हमारा परस्पर संबंध संघ बनें।

सभी प्राणियों के सुख के लिए, सभी प्राणियों के लाभ के लिए मन वचन कर्म से हम यह स्थान समर्पित करते हैं।

गैरबौद्ध परंपरा में पूतो फलो दूधो नहाओ का आर्शीवाद सब ने सुना है। बौद्ध परंपरा में आशिर्वरचन निम्न प्रकार व्यक्त किया जाता है:

तुम्हारे मंगल की रक्षा हो। बुद्ध, धम्म और संघ के बल से तुम्हारा सुख कायम रहें।

संदर्भ

1. आरती संग्रह, यश मेडिकोज, महू 2006, पृ. 1–128
2. संघरक्षित, पूजा, द फ्रेन्डस् ऑफ द वेस्टर्न बुद्धिस्ट आर्डर, इंग्लैंड, 1975, पृ. 1–39

15

डॉ. आंबेडकरः जीवन तथा कार्य, महू के संदर्भ में

प्रो. सी. डी. नायक, विभागाध्यक्ष, आंबेडकर विचार एवं दर्शन, बानी, महू

महू नगर महामानव आंबेडकर की जन्मस्थली के रूप में अमर रहेगा। भीमराव आंबेडकर के पिता सूबेदार रामजी छावनी के काली पलटन में फौजी स्कूल के मुख्याध्यापक रहे। भीमबाई आंबेडकर ने कालीपलटन के अपने निवास, जो रामजी को आर्मी अफसर के नाते मिला था, में सन् 1891 के अप्रैल माह की तिथि 14 पुत्र रत्न को जन्म दिया। उसका नाम भीम रखा गया। संयोग से वे अपनी मां-बाप की चौदहवीं संतान थे और इसीसे उन्हे कभी-कभी विनोद से **चौदहवां रत्न** कहकर भी संबोधित किया जाता है।

आज उस पुराने निवास स्थान पर नया भिक्खू निवास स्थित है और शेष भूमि पर स्तूप का निर्माण कार्य दिख रहा है। बाम्बे-आगरा नेशनल हाई वे नं. 3 महापथ से लगकर इन्दौर के निकट महू छावनी स्थित इस भूखण्ड में डॉ. आंबेडकर के प्रताप से महू नगर को विश्वविख्यात बनाया है।

डॉ. आंबेडकर ने महू के माध्यम से मध्य प्रदेश और महाराष्ट्र की सांस्कृतिक बौद्धिक धरोहर को वर्तमान पीढी के लिए छोड दिया। वैसे उनका बालपन महाराष्ट्र के रत्नगिरी जिले में बिता और उनकी स्नातक उपाधि तक की शिक्षा बंबई महानगरी में हुई तथापि उनके कार्यक्षेत्र में इन्दौर जिला भी रहा है। उनके द्वारा चलाये गये मराठी साप्ताहिक "मूक नायक", "बहिष्कृत भारत", "समता", "जनता" और "प्रबुद्ध भारत" (1920-1956) के पाठक इन्दौर-महू में भी विद्यमान थे। डॉ. आंबेडकर अपने समय के सबसे महान शिक्षित दलित थे। उनके पास कोलंबिया विद्यापीठ, अमेरिका; लंदन स्कूल ऑफ एकानामिक्स एण्ड पोलिटिकल साईस और ग्रेज इन, यू. के.; बॉन यूर्निवर्सिटी, जर्मनी और उस्मानिया विश्वविद्यालय आन्ध्र प्रदेश की पीएच. डी., एम.एस.सी., डी.एस.सी., डी.लिट्., बार-एट-लॉ, और एल. डी. की उपाधियां और प्रशासनिक तथा वित्तीय क्षेत्र के अनेक शोध प्रबंधों का खजाना था। वर्ग, जाति,

कुटुंब संस्थाओं की कुरीतियों के विनाश के लिए उनके क्रांतिकारी शोध-आलेख और भारत को राजनैतिक, आर्थिक व सामाजिक स्वतंत्रता बहाल करने वाला उनका संवैधानिक मसौदा तथा विश्व को समानता का संदेश देने वाला उनका अंतिम ग्रंथ ''बुद्ध और उनका धर्म'' डॉ. आंबेडकर की यशोगाथा वर्तमान में भी गूंज रहे है। उनके अथक प्रयासों से उपेक्षित दलितों के मानवीय अधिकारों को साउथबरो कमेटी, सायमन कमिशन, गोलमेज परिषद, इत्यादि में मान्यता मिली। उन्होने शैक्षणिक संस्थाओं को स्थापित कर पद्दलितों को अन्याय के विरुद्ध लडने का आयुध प्रदान किया। महिला वर्ग के हित में हिन्दू कोड बिल संसद में पारित करने की अदम्य कोशिश की और सवर्ण लोगों के अनुदार रवैये के कारण उसे पास होता न देख सन् 1951 में स्वतंत्र भारत के प्रधानमंत्री श्री नेहरू के केबिनेट मंत्री के पद से पद त्याग किया।

वे वाइसराय की एक्जीक्यूटीव कौंसिल में सन् 1942-46 में लेबर मेंबर भी रहे थे और सन् 1927-1939 में वे बबंई लेजिस्लेटीव कौंसिल में सदस्य बनाये गये थे। उस दौरान उन्होंने बंबई हाई कोर्ट में वकालत करना भी शुरू किया था। अपने अष्टपैलू सामर्थ्य से तब उन्होंने सामाजिक उत्थान के लिए माह की 6 तारीख को उनका परिनिर्वाण हुआ। उसके तीन सप्ताह पूर्व उन्होंने बौद्ध जीवन पद्धति को लाखों लोगों के साथ अंगिकार किया था।

पडित जमीन और कटे जंगलों को दलितों में बांटे जाने की योजना डॉ. आंबेडकर ने इन्दौर के महाराजा होलकर को बताई थी। बारामति में डॉ. आंबेडकर ने तुकोजीराव महाराज और मिस मिलर नामक अमेरिकन लेडी के विवाह के बारे उस समय चल रहे विवादास्पद पहलू पर सकारात्मक राय दी थी। स्वयं होलकर माहाराज धनगर जाति के थे और दलितों के उत्थान में रूचि रखते थे। होलकर महाराज के साथ डॉ. आंबेडकर के सौहार्द्रपूर्ण संबंध रहे। उन्होंने महाराजा तुकोजीराव होलकर इन्दौर; साहू छत्रपति, कोन्हापूर; मैसूर के निजाम, तथा बडौदा नरेश संयोजी राव गायकवाड की सहायता से दलित और आदिवासी जनता के कल्याणर्थ भूमि, श्रम, शिक्षा और संस्कृतिक योजनाओं को क्रियान्वित किया था।

आज उनकी यादगार और धरोहर स्वरूप भारत का एकमेव डॉ. बाबा साहेब आंबेडकर राष्ट्रीय सामाजिक विज्ञान संस्थान, पिछले दो दशक से महू में ही कार्यरत है। भविष्य में दिल्ली के उनके सरकारी निवास स्थान, 22 पृथ्वीराज रोड पर डॉ. आंबेडकर की स्मृति में भव्य स्मारक बनाने की योजना साकार होते ही समस्त राष्ट्र गर्व से अपना माथा ऊँचा उठायेगा।

वर्तमान में डॉ. आंबेडकर का संग्रहालय नागपूर से नातिदूर फेटरी की भूमि में बना है, जहां आम लोग उनकी अस्थियां और अवशेष के दर्शन कर सकते है। चैत्य

भूमि, दादर में उनका अंतिम संस्कार संपन्न हुआ था। उनके पार्थिव शरीर को साक्षी मानकार लाखों लोगों ने बौद्ध धर्म स्वीकार किया था। दीक्षा भूमि, नागपूर में इसकी यादगार में एक विशाल स्तूप बना है जो सन् 1956 में 14 अक्टूबर के दिन डॉ. आंबेडकर और उनके लाखों अनुयायी समेत ग्रहण की गई बौद्ध धर्म स्वीकार करने की घटना को उजागर करता है। प्रतिवर्ष 14 अप्रैल को जन्म स्थलि महू में विराट जनसमुदाय अपने मुक्तिदाता बाबा साहेब आंबेडकर की पावन जयंति पर्व पर गौरव से अपनी श्रद्धांजलि भेंट करता है।

आज महू का नवीनीकरण तथा नामकरण ''डॉ. आंबेडकर'' हो गया है। उस समय यहां डॉ. आंबेडकर के श्रध्यालु इतने अनुरक्त थे कि इन्दौर से महू लाने में उन्होंने बाबासाहब को इतना मनाया था कि वे इंकार न कर सके। पुराने लोगों में जिनके नाम लिये जा सकते है उनमें विठ्ठलदासकर्टक (देहांत 1.2.2005), हरिश्चंद्र वाघमारे आदि है। श्री कर्डक के शांत होने पर सभी संगठनों के प्रतिनिधियों ने उन्हें अपनी श्रध्दांजलि भेंट की। स्वयं लेखक ने उनका अंतिम संस्कार बौद्ध पद्धति से सम्पन्न किया था।

अब डॉ. आंबेडकर नगर बाबासाहेब की याद को सदा अक्षुण्ण बनाये रखेगा।

16

तुलनात्मक पूजा

इस आलेख में बौद्ध और अबौद्ध धार्मिक पूजाओं की तुलनात्मक चर्चा करना अभिप्रेत है। उदाहरणार्थ परित्राण धम्मदेशना और सत्यनारायण पूजा-कथा[1] में निम्नांकित भेद दृष्टिगोचर होते हैं।

1. परित्राण धम्मदेशना पालि भाषा में होती है। और सत्यनारायण पूजा-कथा संस्कृत में।

2. सत्यनारायण पूजा-कथा का पारायण करते समय सत्यनारायण को 1001 या 108 बार[2] तुलसी अर्पण करना होती है।

3. सत्यनारायण व्रत कथा के पांच अध्याय है। परित्राण पाठ के चार भाणवार यानी एक हजार गाथायें होती हैं।

4. सत्यानारायण कथा के पांच लाभ बताये जाते हैं, अर्थात् ब्राह्मण पुरोहित का दक्षिणा लाभ और द्विजों के लिए सुख, संतति, संपत्ति और एश्वर्य का लाभ। परित्राण पाठ स्व-संबोधन और परसंबोधन से सामूहिक नैतिक आरोग्य बनाये रखने के लिए बौद्ध शास्त्रोक्त मानसिक चिकित्सा पद्धति है।

5. श्री सत्यनारायण पूजा की रचना औपचारिक व्यवस्था के अनुसार होती है। यथा उसमें पूर्व, पश्चिम, उत्तर, दक्षिण और आग्नेय[3], नेत्रृत्य[4], वायव्य[5], और ईशान्य[6] इन आठ दिशाओं को मौलिकता प्राप्त है वर्तमान में सूर्य, मंगल, पृथ्वी, बुध, वृहस्पति, सेटर्न, यूरेनस, नेप्च्यून व प्लुटो नौ ग्रहों में से अंतिम को उपग्रह की मान्यता है। तथा उन दिशाओं में उपस्थित समझे जानेवाले ग्रहों को महत्व दिया जाता है। पूर्व दिशा के तीन ग्रह–इंद्र, शुक्र, सूर्य; आग्नेय के दो ग्रह चंद्र और अग्नि; दक्षिण के मंगल और यम; नेत्रृत्य के राहु और **निर्ऋति**; पश्चिम के शनि तथा वरुण; वायव्य के केतु तथा वायु; उत्तर के गुरु तथा सोम; और ईशान्य के बुध और ईशान ग्रह हैं। उसी प्रकार की नौवी दिशा में निराकार स्वरुप सत्यनारायण के निर्गुण देवता श्रीविष्णु की कल्पना कर उसकी प्रतिमा पूजार्थ रखी जाती है। उक्त सत्रह ग्रहों को देवता मानकर उसमें अन्य तीन ग्रह देवताओं का भी समावेश हैं। इस प्रकार विष्णु की प्रतिमा के नीचे (1)

क्षेत्रपाल, (2) वास्तोष्पति, (3) दुर्गा, और (4) श्रीगणपति इन ग्रह देवताओं का स्थान है।

इन सभी ग्रह देवताओं के स्थान पर उनकी संख्या के अनुसार इक्कीस सुपारियां रखी जाती हैं। चौरंग पर व्यवस्थित रखी गई पूजा में यजमान बायी ओर, उसकी पत्नी दायी ओर और पूजक उनके सामने आसन ग्रहण करते हैं। उनके पीछे बाकी सब निमंत्रित अनुयायी बैठते हैं। परंतु उनका स्थान अगली पंक्तिवालों से नीचे होता है। ऊपर और नीचे की दो दिशाओं को जोड़कर कुल दिशायें दस होती है। इस पूजा में पूजा करने वाले दांपत्य से उपवास करना, **व्रतस्थ** रहना, सत्य बोलना, मद्य-मांस का भक्षण न करना और स्त्रीसंग न करना आदि व्रतों के पालन की अपेक्षा होती है।

इसके विपरीत परित्राण धर्म देशना में न दिशाओं को महत्व है, न ग्रहों को। न देवताओं में विश्वास है, न किसी औपचारिकता में। उसमें शामिल होनेवाले अनुयायिओं से अहिंसा, दान, संयम, सत्य और कामेच्छा मुक्ति की प्रतिदिन अपेक्षा निहित है। बुद्ध और बाबासाहेब की प्रतिमाओं को ऊंचे आसन पर प्रस्थापित कर उनके सामने उपासक दायी ओर, उपासिकायें बायी ओर, भिक्षु के सामने विराजमान होते हैं। सिगालोवाद सूत्र में दिशाओं के स्थान में मानव रिश्तों को रख उनके कर्तव्यों को महत्व दिया गया है। ग्रह या नक्षत्रों को बेकार माना गया है। पूजा की सजावट किसी लकड़ों के तख्त पर या ऊंचे स्टेज पर की जाती है।

6. सत्यनारायण की पूजा के लिए ये सामग्री होती है: 1. चौरंग, 2. उसकी चारों तरफ बांधे गये केलों के स्तंभ, 3. उसे सुशोभित करने वाले फुलों के हार, 4. चौरंग के सामने रखने की दो बैठने की पट्टियां, 5. उस पर बिछाने हेतु शाल 6. चौरंग और पट्टियों के चारों तरफ सजावट हेतु रंगोली, 7. चौरंग पाठ के सामने स्थित तांबे का कलश, 8. पली बर्तन, 9. दो ताम्हन पात्र, 10 उसके अतिरिक्त चांदी और तांबे के कलश, 11. नवग्रहादि देवताओं को रखे जाने वाले चांदी और तांबे के ताम्हन, 12. ताम्हणें में रखे चावल 13. गेहूं, 14. नवग्रहादि देवताओं के प्रतीक स्वरूप इक्कीस सुपारियां, 15. चौरंग के मध्य भाग में रखे आधा किलो गेहूं, 16. स्नान के बाद वस्त्र पहन कर कपाल पर लगाने हेतु गंध, पिंजर या चंदन, 17. बजाने हेतु घंटा, 18. शंख, 19. हल्दी, 20. कुमकुम, 21. रंगीन चावल या अक्षता, और 22. नीरांजन या दीप, 23. फूल, 24. दूर्वा, 25. अगरबत्ती, 26. गुड़, 27. खोपरा। और यह सूची पूर्ण नही है।

सुपारी देवता की प्रतीक होती है कहा गया है। उन्हें चावल पर ही रखा जाता है। सत्यानारायण के साकार स्वरूप विष्णू बालकृष्ण वा शालीग्राम के प्रतीक भी सुपारियां ही है। चौरंग के सामने रखी पट्टियों पर पति-पत्नी बैठते हैं। पत्नी अपने पति के दायी ओर होती है। पूजक दो बार ओम् केशवाय नमः का उच्चारण करता

है। फिर घर की सुहासीन या विवाहित स्त्री पूजा में बैठे दापंत्य को हल्दी और कुमकुम, अक्षता लगाती है। ताम्हण में नीरांजन रख कर उसे पिंजर और अक्षता लगाकर उस से वहां बैठे दांपत्य को आदृत या ओवालना करती है और दीप, देवता, पुरोहित और दांपत्य को झुककर नमस्कार करती है। दूसरी विवाहिता स्त्री आकर फिर उन्हीं को हल्दी, कुमकुम और अक्षतायें लगाती है। और कुमकुम और पिंजर लगाया हुआ खण या वस्त्र, पान का विड़ा और नारियल प्रदान करती है। फिर नमस्कार कर ओम् केशवाय नमः कह कर आचमन करती है। दो बार ऐसा करने के बाद दाहिने हाथ से ताम्हण में जल छोड़ कर, और हाथ जोड़ कर मातापितृभ्यां, इष्ट-कुल-ग्राम-स्थान-वास्तु देवाताभ्यो, सर्वेभ्यो देवेभ्या नमः कह कर देवी-देवतादिओं को वंदन किया जाता है।

फिर पूजक बायी हाथ में पलीपात्र और दायी हाथ में पान विड़ा और नारियल पकड़कर अपनी पत्नि के साथ गृहदेवता को नमस्कार कर पानविड़ा और नारियल देवता को समर्पित करते हैं। उसके बाद चौरंग के ऊपर स्थित प्रतिकों के सामने भी ओम श्रीमन्महागणपतये नमः अविघ्नमस्तु कहकर अपना माथा नवांते हैं। फिर लक्ष्मीनारायन के ध्यान के श्लोक का उच्चारण किया जाता है। फिर पति अपना दाहिना हाथ पत्नि के दाहिने हाथ में रखकर ताम्हन में जल छोड़ते हुए निम्नांकित संकल्प का संस्कृत में उच्चारण करते है:

अद्य श्री शालिवाहनशके अमुक मासे, अमुक पक्षे, अमुक तिथौ, अमुकवासरे (वार), सर्वेषु ग्रहेषु **यथायथं** राशिस्थितेषु सत्सु एवं गुणविशेष-विशिष्टायां शुभपुण्यतिथौ मम आत्मनः तथाच अस्मांकं सर्वेषां सहकुटुम्बनाम् सहपरिवारानाम् द्विपदचतुष्पदसहितानां त्रैलोक्यनिवासिनाम् सर्वेषां मानवानांच क्षेमस्थैर्य-आयुः-आरोग्य-संतति-समृद्धि-सुख-शान्तर्थ्य सर्वत्र आनंद-उत्साहनिर्माणार्थच कृतज्ञतापूर्वकं विश्वात्मनः शाश्वत सत्यस्वरूपिणः परमानंदमयस्य श्रीसत्य नारायणस्य यथामीलितोपचार द्रव्य संपदितैः षोड़सोपचारैः पूजनं करिष्ये। तथा च कार्यनिविघ्नतासिद्धयर्थ श्रीमहागणपतिपूजनं कलश-शंख-घंटा-दीप पूजनं च करिष्ये।

अब गणपति को पिंजर लगी अक्षता अर्पण कर, गंध लगा, फूल और दूर्वा अर्पण कर, अगरबत्ती जला और निरांजन से ओवालनी कर, गुड़ और खोपरे का नैवद्य चढ़ा नमस्कार किया जाता है।

कलश या जल के तांबे को गंध, अक्षता लगा कर और उसमें फूल डाल कर उसकी पूजा भी की जाती है। उसी प्रकार शंख को धोकर गंधफुल से भी पूजा की जाती है। घंटे की पूजा कर उसे बजाया जाता है और उस से देवताओं को निमंत्रित करने का संकेत माना जाता है।

दीप देवता की पूजा या दीप-पूजन के बाद जल के तांबे का पानी उपस्थित लोगों के ऊपर छिड़काया जाता है। एक दूसरा पूजा का जल-कलश पृथ्वी यानी

देवासन की प्रार्थना करने के बाद धान्य राशि को स्पर्श कर ओम् कलशदेवतायै नमः कह कर चौरंग की धान्य राशि पर स्थापित किया जाता है। उसे गंध लगा कर उसमें गंध और फूल डाल कर रखे जाते हैं। उसका अभिप्राय होता है कि पवित्र नदियों को कलश-कुंभ में लाया गया है। उस में कस्तुरी कुंकुम, कर्पुर और चंदन, जव, गेहूं और चावल छोड़े जाते हैं। साथ ही उस में दुर्वा, अश्वत्थ, उदुम्बर, न्यग्रोध आदि वृक्षों की कोमल पत्तियां तथा हाथी, घोड़ों के अस्तबल और गोशाला की मिट्टी और नदी के संगम के रजत, मुक्ता, राजावर्त और प्रवालक पंचरत्नों के बदले अक्षताओं को डाला जाते हैं। उस में पैसे भी डालते हैं और फिर उसे शुभ कपड़े से ढांक दिया जाता है।

इतना होने के बाद इस कलश पर गणेश, दुर्गा, वास्तोष्पति और नवग्रहादि देवता जिस ताम्हण में रखे हुये होते है, उस ताम्हण की षोडशोपचारिक पूजा की जाती है। अर्थात् उन्हें (1) आसनार्थे अक्षतान्, (2) पाद्यं-पालि द्वारा पानी छिड़कना, (3) अर्ध्य-गंध, अक्षता और फुल डाल कर पानी को छिडकना, (4) शुद्धोदकस्नानं-साधा पानी छिडकना, (5) आचमनं-पानी को फूल से छिडकना, (6) मलापकर्षस्नानं-साधा पानी छिडकना, (7) पयः स्नानं-दूध को फूल से छिडकना, शुद्धोदकस्नानं-साधे पानी को फूल से छिड़काना, (8) दधिस्नानं-दहि को फूल से छिडकाना, (9) घृतस्नानं-घी को फूल से छिडकाना, (9) मधुस्नानं-पानी में चीनी घोल कर उसे फूल से छिडकाना, (10) मधु स्नान-मधु को फूल से छिडकाना, (11) शर्करास्नानं-पानी में चीनी घोल कर उसे फूल से छिडकाना, (12) तैलांभ्यंगं-सुगंधित तेल को फूल से छिडकना, (13) उन्मर्दनं-गुनगुने पानी को फूल से छिडकना, और (14) गंध, पुष्प, धूप-अगरबत्ती, दीप-निरांजन, और गुड़-खापरे का नैवद्य दिखा कर स्वाहा कहा जाता है। और नैवद्यमध्ये पानीयं समर्पयामि कह कर दाहिने हाथ से पानी को ताम्हण में डालते है।

उन देवताओं को उत्तरापोशनं, मुखप्रक्षालनं और हस्तप्रक्षालनं के लिए और जल ताम्हण में छोडकर समर्पण किया जाता है। चंदन-गंधयुक्त फूल, विड़ा, नारियल-तांबुल, नारिकेल, फल, और मंत्रपुष्प का नमस्कार कर उनका ध्यान किया जाता है। उनकी पूजा की जाती है। और अब तुलसी पत्रों को सत्यनारायण की प्रतिमा के सम्मुख समर्पित किये जाते हैं। उस प्रतिमा को तुलसी पत्रों पर रखा जाता है क्योंकि तुलसी पत्र कार्तस्वर सत्यनारायण का आसन माना जाता है। उसे करते समय आसनं समर्पयामि कहते है। उसी प्रकार अन्य समर्पण भी है यथा पाद्य, अर्घ्य, आचमन या तीन बार पानी डालना, मलापकर्षस्नान, पयः स्नान, पलि से शुद्धोदकस्नान, दधिस्नान, तुलसी पत्र से घृतस्नान, तुलसी पत्र से मधु स्नान, शर्करास्नान, तैलाभ्यंग, सुगंघित द्रव्यों से उन्मर्दन, गुनगुने पानी से मांगलिक स्नान करा के उसे गंध, पुष्प, धूप, नैवेद्य, पानी, विड़ा, नारियल, तुलसी और अक्षता समर्पित की जाती है।

यहां आधी पूजा समाप्त होती है। अब श्री सत्यनारायण को स्नान के लिए तैयार किया जाता है। उसके ऊपर की फुलादि सभी चीजें हटाई जाती है और उसके ऊपर अभिषेक पात्र रखकर उस में पानी भर कर महाभिषेक के लिए ओम् नमो भगवते सत्यनारायणाय मंत्र का उच्चारण 11, 108 या 1008 बार करते हुए पूजक पानी को धीरे धीरे संत धार में श्री सत्यनारायण पर छोड़ना जारी रखता है। फिर वही पुनरावृत्ति यथा महाभिषेकस्नानं समर्पयामि, गंध पुष्पानिच, अक्षतांच समर्पयामि कर नमस्करोमि कह श्री सत्यनारायण को नहलाने के अनंतर साफ वस्त्र से पोछा जाता है। फिर उन्हें निर्धारित स्थान पर रख कर वस्त्र पहनाकर वासोऽर्थे तुलसीदलं समर्पयामि कहते है। द्विजों की पहचान जो उपनयन का धगा होता है। उसे पहनाकर यज्ञोपवीतं समर्पयामि कहा जाता है। फिर उसे गंध लगाकर गंधं समर्पयामि कहते है। अष्टगंधादि सुगंधित द्रव्यों को लगाया जाता है—नानापरिमलद्रव्याणि समर्पयामि। नाना प्रकार के फूल और तुलसीदल भेंट करते है--विविधानि पुष्पानि तुलसीदलानि च समर्पयामि।

इस समर्पण के बाद श्री सत्यनारायण पर सहस्त्र या कम से कम इक्कीस तुलसी के दल यजमान दाम्पत्य, जिसमें पत्नी अपने पति का दाहिना हाथ थामे रहती है, द्वारा चढ़ाए जाते हैं। इसे सहस्त्रनाम करना कहते है। फिर उस पर पुष्पमाला, धूप, दीप, नैवद्य, और पानी से कर प्रक्षालन कर गंधपुष्प, आचमन, ताम्बूल, नारिकेलफल, विविध फल, निरांजन विधि, कर्पुरारति समर्पित किए जाते हैं। फिर सब लोग खडे होकर आरती श्लोक अर्थात् ओम् गणपति, शिव, विष्णु, देवी और इष्ट देवताओं का स्मरण किया जाता है। उस में हमारी बुद्धि को प्रेरणा है—आविक्षितस्य कामप्रेरविश्वे देवा: सभासद इति और गायत्री मंत्र धियो यो न: प्रचोदयात् के अनन्तर पृथिव्यै समुद्रपर्यन्ताया एक राल्लिति का उच्चारण होता है। फिर सब मिल कर तुलसी और फूल श्रीसत्यनारायण पर अर्पण कर नमस्कार करते हैं। पूजा स्थान पर दाहिनी ओर से बायी तरफ गोल गोल घूम कर प्रदक्षिणा लगाते हैं। तुलसी, फूल और अक्षता अर्पण करते है और प्रार्थना और आचमन करने के बाद पूजाकर्म समाप्त होता है।

इसके बाद कथा वाचक गुरुजी को गंधक्षता लगाकर और विड़ा नारियल देकर नमस्कार करते हैं। अन्त में जल तीर्थ और प्रसाद का वितरण सब में किया जाता है। और गंध, पुष्प, धूप, दीप, और नैवद्य के मंत्रोपचार से श्रीसत्यनारायण प्रमुख देवताओं पर अक्षता छोड़कर व नमस्कार कर पूजा विसर्जित की जाती है।

इसके बाद समयानुसार पूजापोषक कथाओं का पारायण होता है। पांच कथायें होती हैं। पहली कथा नारदमूनि ऋषियों को सुनाते है। उस कथा में विष्णु द्वारा बताई गई सत्यनारायणव्रत विधि की ऊहापोह करते हैं। उस विधि के अनुसार रंभा (खा) फलं (केले), घृतं (घी), क्षीर (दूध), और गोधूमस्य च चर्णकम् (चीनी), सपादं (सवाई के माप से) सर्वभयाणि च एकीकृत्य (सर्व खाद्य एक में कर) ऐसा नैवद्यं

भक्तितो निवेद्येत (दिखाना चाहिए) यह विधान है। यही भूतल पर मनुष्यों के दु:खनाश को निश्चित कर सुखशान्ति का एकमेव उपाय है, ऐसा बतलाया गया है। इस में विप्राय दक्षिणां दत्वा विप्रांश्च प्रितिभोजयत् यानी ब्राह्ममण को दक्षिणा और भोजन देने का विधान भूलना नही चाहिए।

दूसरी कथा में काशी के जिस भिक्षोपजीवी निर्धन ब्राह्ममण ने सर्वप्रथम यह कथा कराई थी, उसका उल्लेख हैं। उस से एक काष्ठ विक्रेता ने यही व्रत सुन कर उसे सबसे पहले अनुकरण किया था और जिस प्रकार वह ब्राह्मण सुख शांति को प्राप्त हुआ उसी प्रकार यह काष्ठविक्रेता भी इहलोक में सौख्य प्राप्त कर सत्य लोक में गया।

तीसरी कथा में यति गण ऋषियों को बताते है कि सत्यनारायण के व्रत का संकल्प करने पर उसे पूरा न करने से कितनी आर्थिक हानि होती है। यथा साधू नामक वणिक की पत्नी लीलावती सत्यनारायण के व्रतसंकल्प से कलावती नामक पुत्री को जन्म देती है। परंतु उसका व्रत पूरा न कर साधू और उसका दामाद चंद्रकेतु राजा के रत्नसार नगर में व्यापार के लिए निकल पड़ते हैं। और वहां बहुत सा धन एकत्र करते है। परंतु किसी चोर के चुराये हुये माल को सस्ते दाम से खरीदते वक्त वे राजा के सिपाहियों से पकडे जाते है। और वे कैद में बंदी बनाकर रखे जाते हैं। उसी समय इधर उनके घरां में भी चोरी होती है। उनके घर की सारी संपत्ति लूट ली जाने से उनकी पत्नियां भी भिखारण बन जाती है। भाग्य से एक यति उन्हें संकट से मुक्त करता है। उधर दोनों लोग कैद से मुक्त किये जाते हैं। राजा उनका धन वापिस कर उन्हें अपने गांव लौटने की आज्ञा देता है। उसी वृतांत को विस्तार से बताया जाता है।

अब राजा के द्वारा लोटाये गये धन को सुरक्षित अपने घर ले जाने के बजाय साधू उस से व्यापार योग्य वस्तुये सस्ते दामों पर खरीदता है। उस वस्तुओं के विक्रेता ठग होते है। वे अपनी वस्तुओं को पहले नौका में भर उन्हें बाद में निकाल कर उनकी जगह पत्ते और पात्र भर देते है। जो यति इस ठगी के बारे में बताने के लिए उनके पास जाता है, उसे साधू कठोरता से पेश आता है और उसे असत्य बताकर व्यापारिओं पर भरोसा करता है। अत: साधू और उसका दामाद पत्तों और पत्रों के साथ अपनी नगरी में पहुंचते हैं। वहां पहुंचकर दामाद पत्ते-पत्रों को फेंकने लगतें है परंतु साधू उसे वैसा करने से रोकता है। नगरी के पत्तन पर पहुंचने के बाद साधू अपने दूत को छोटी नौका से अपने घर में सूचना देने हेतु भेजता है। इधर कर वसूल करने वाले अधिकारी समझते हैं कि साधू ने मूल्यवान वस्तुयें दूत के माध्यम से घर भेज दी होगी और कर से बचने के लिए जहाज में पत्ते और पात्र छोड़ रखे होंगे। अत: वे उन्हें बंदी बनाते है। परंतु यति के कहने पर उन्हें छोड़ दिया जाता है। नांव के सेवकों द्वारा वहां एकत्र जमे लोगों को मालुम होता है कि साधू और उसका दामाद धंदे में डूब गये। उधर

उसकी पत्नी अपनी पुत्री के साथ वहां आती हैं और उनके आदमियों को वहां न देख समझती हैं कि दोनों सचमुच पानी में डूब कर मर गये और स्वयं पतिव्रता स्त्रियों की भांति पति के मरने पर सति जाने के लिए अग्निकुंड में कूदने को तैयार होती हैं। ऐसे वक्त यति ही उनके घरवालों को छुड़ाकर लाता है और उन्हें उनकी स्त्रियों से मिलाता है। एक दूसरे से मिलकर पति और पत्नी बड़े खुश होते हैं और अपनी अपनी आप बीती सुनाते हैं। और उन्हें विश्वास होता है कि यति महाराज के रूप में श्री सत्यनारायण भगवान उनके रक्षणार्थ हमेशा साथ रहे। तब साधू अपने मोह से मूक्त होकर पूर्णिमा, **संक्रान्त** और प्रति दिन शाम के समय सत्यनारायण की पूजा में रमण करता है। अपने बंधु-बांधव और हितैषीओं को बुलाकर सत्यनारायण का पाठ कराता है। परिणामत: वह इहलोक में सुख प्राप्त करता है। और परलोक में सपत्नि सर्वलाभ करता है। इस प्रकार सत्यनारायण पूजा का फल बताने के प्रयोजन से चौथी कथा संपन्न होती है।

पांचवी कथा में सूत महाराज अंगध्वजराजा की कहानी बताते है। राजा बहुत मद्यप्रिय और कूर होता है। वह एक दिन मृगशिकार को जाता है। वन में एक वटवृक्ष के नीचे अपने सेवकों द्वारा तंबू डलवा कर वहां वह विश्राम करना चाहता है। परंतु वही गोपाल लोग अपनी पूजा कर रहे थे। अत: उनकी पूजा को तहस नहस कर राजाज्ञा के अनुसार वहां तंबू डाला जाता है। दु:खी होकर गोपाल लोग वहां से चले जाते हैं और दूसरी जगह पर वन में अपनी पूजा स्थापित करते हैं। मृगशिकार का भूखा राजा शिकार में व्यस्त रहता है। उधर उसके मंत्री राजा के अनुयायी, उसकी रानियां और बेटों की हत्या कर उसकी गद्दी पर कब्जा कर लेते हैं। यह बात सुनकर राजा भयभीत होकर जान बचाने हेतु और अधकि घने जंगल में प्रविष्ट होकर वहां कंद, मूल और फल से पोषण कर अपने दिन काटता है। एक दिन वह प्रसन्न मुख से सत्यनारायण की पूजा करनेवाले ग्वालों के संपर्क में आता है। उससे उसका दिल बदलता है। और अपने पूर्व के कृत्यों पर पश्चाताप करता है। प्रति मास पूर्णिमा के दिन ग्वाले जो व्रत रखते हैं वैसे ही करने के लिए उनमें राजा भी शामिल होता है। ऐसा करते रहने से ग्वाले उस से स्नेह के बंधन में बंधते हैं। उन्हीं के साथ अपनी भिल्लसेना तैयार कर राजा अपना खोया हुआ राज्य हासिल करता है। उसके बाद से राजा अपने प्रजा का भी अपने जैसा ख्याल रखने लगा। परिणामत: उसे इहलोक में सुख भोगने और मरनोपरांत सत्य लोक में जाने का सौभाग्य प्राप्त हुआ।

इस प्रकार सत्यनारायण की कथा और पूजा के लाभ बतलाये गये। उसी प्रकार विष्णु का नाम 1008 बार स्मरण कर तुलसी पत्रों को समर्पित कर और षोडषोपचार से वनग्रहादि देवताओं की पूजा करने पर जो लाभ प्राप्त होते है उन्हें निम्नांकित श्लोक में बताया गया है:

य इदं कुरुते नित्यं सत्यनारायणव्रतम। श्रद्धया परयोपेत: तस्य चिन्ता विनश्यति। क्लेशमुक्त: स्थिरमति: क्षमतां लभते नर:। प्रज्ञां धान्यं धनं शान्तिं समश्रुते[7]। अर्थात् जो जो मनुष्य इस प्रकार अत्यंत श्रद्धा से इस सत्यनारायण के व्रत को नियमित रूप से करता है, वह सब चिन्ता से मुक्त होकर सुखी होता है। क्लेशों से मुक्त होकर उसकी बुद्धि स्थिर होती है, और उसके कारण वह कार्यक्षम होकर, उसे दीर्घायुष्य, आरोग्य, धनधान्य, प्रज्ञा और शांति की प्राप्ति होती है और भगवान की कृपा से और सहायता से वह स्वयं सुखी होकर अन्य लोगों को भी सुखी करता हुआ चिर काल तक शांति का अनुभव भोगता है।

सिक्खों की अरदास

सुखमनी साहिब में अन्तिम पृष्ठों पर प्राप्त सिक्खों की अरदास एक कृतज्ञता से उपकारिओं के नाम का स्मरण कर बोली जाने वाली भक्ति और श्रद्धा की प्रेरक शब्दावली है, जो निम्न प्रकार है:

एक ओंकार वाहिगुरु जी की फतह। श्री भगैती जी सहाई।। वार श्री भगैती जी की पातिशाही।।

प्रथम भगैती सिमरि कै गुरु नानक लई धिआई। फिर अंगद गुर ते अमरदास रामदासै होई सहाइ। अरजन हरिगोंविद नै सिमरै श्री हरि राइ। श्री हरिकिशन धिआईऐ सा पऊनिधि आवै धाइ। सभ थाई होई सहाइ। दसवें पातशाह श्री गुरु गोविंद सिंघ जी! सब थाई होइ सहाइ। दसां पातशहीआं दी जोतिश्री गुरु ग्रंथ साहिब जी दे पाठ दीदार दा धिआन धर के बोलो जी वाहिगुरु! पंजा पिआरिआं चैहां साहिबजादिआं चालीआं मूकतिआं, हठीआं जपीआं, तपीआं, जिनां नाम जपिआं, वंड छकिआ, देग चलाई, तेग चलाई, तेग वाही, देख के अणडिठ्ठकीता, तिन्नां पिआरिआं, सचिआरिआं दी कमाई दा धिआन धर के, खालसा जी! बोलोजी वाहिगुरु!

जिन्नां सिंघा सिंघणीआं ने धरम हेत सीस दित्ते, बंद बंद कटाये, खोपरीआं लुहाइआ? चरखडीआं ते चड्डे, आरिआं नाल चीरे गये, गुरदुआरिआ दी सेवा लई कुरबानीआं कीतीआं धरम नही हारिआं, सिक्खी केसां सुआसां नाल निबाही, तिन्नां दी कमाई दा धिआन धर के, खालसा जी! बोलो जी वाहिगुरु!

पंजा तखतां, सरब्बत गुरदुआरिआं दा धिआन धर के बोलो जी वाहिगुरु!

प्रिथमे सरब्बत खालसा जी के वाहिगुरु, वाहिगुरु, वाहिगुरु चित्त आवे, चित्त आवन का सदका सरब सख होवे जहां जहां खालसा जी साहिब, तहां तहां रछ्छिआ रिआइत, देग तेग फतह, बिरद की पैज, पंथ की जीत श्री साहिब जी सहाइ, खालसे जी के बोल बाले, बोलो जी वाहिगुरु!

सिख्खां नुं सिख्खी दान, केसा दान, रहित दान, बिबेक दान, इसाह दान, भरोसा दान, दानां सिर दान, नाम दान, श्री अमृतसर जी दे इश्नान, चौकीआं, झंड़े, बुंगे, जुगो जुग अट्टल, धरम का जैकार, बोलो जी वाहिगुरु!

सिखखां दा मन नींवा, मत ऊच्ची, मत दा राखा आप वाहिगुरु!

ळे अकाल पुरख आपणे पंथ दे सदा सहाई दातार जीओ! श्री ननकाणा साहिब ते होर गुरदुआरिआं गुरधामां दे, जिन्नां तों पंथ नूं विदोडिआ गिआहै, खुल्ले दरशन दीदार ते सेवा संभाल दा दान खालसा जी नूं बख्शो।

है निमाणिआं दे माण, निताइआं दे ताण निओटिआं दी ओट, सच्चे पिता वाहिगुरु! टाप दे हजूर (जिस बाणी जां कारज लई अरदास करनी है, इसे उस दा जिकर करो जी) दी अरदास है जी। अख्ख्र वाधा घाटा भूल्ल चूक्क माफ करनी। सरबत्त दे कारज रास करने। सेई पिआरे मेल, जिन्नां मिलिआं तेरा नाम चित्त आवै।

नानक नाम चडदी तेरा नाम चित्त आवै।

नानक नाम चडदी कला, तेरे भाणे सरबत्त दा भला।

इस प्रकार सिक्खों में अरदास करने की परंपरा है। जिस किसी कारण से वह किया जाता है उस कारण का नामोल्लेख ऊपर बताये अनुसार किया जाता है। सिक्खों के अरदास के साथ बौद्धों के अट्ठवीसति परित्तं की तुलना कर आदिबुद्धों और आदि सिक्खों की कुर्बानी की भावना उजागर होती है, जो निम्न प्रकार है:

तण्हंकरो महावीरो, मेधंकरो महायसो, सरणंकरो लोकहितो, दीपंकरो जुतिन्धरो (ज्योतिधर), कोण्डञ्ञो जनपामोक्खो (जनप्रमुख), मंगलो पुरिसासभो (पुरुषोत्तम, पुरुषों के आशास्थान), सुमनो सुमधो धीरो (सुमधुर और धीर), रेवतो रतिवड्ढनो (रतिवर्धक), सोभितो गुणसम्पन्नो, अनोमदस्सी अनुत्तमो (लोकोत्तम), पदुमो लोकपज्जोतो (लोक को प्रज्वलित करनेवाले), नारदो वनसारथी (वन में भटके हुये लोगों के मार्गदर्शक), पदमुत्तरो सत्तसारो (सत्य का सार), सुमेधो अग्गपुग्गलो (अग्रपुरुष), सुजातो सब्बलोकग्गो (सब लोगों में अग्र), पियदस्सी नरासभो (निर्भय व नरों के आकर्षक), अत्थदस्सी कारूणिको, धम्मदस्सी तमोनुदो (अंधेरा दूर करनेवाले), सिद्धत्थे असमो लोके तिस्सो वरदसंवरो (वरदेनेवाले संयमी), फुस्सो वरदसम्बुद्धो, विपस्सी च अनुपमो, सिखी सब्बाहितो सत्था वेस्सभू सुखदायको, ककुसन्धो सत्थवाहो कोणागमनो रणञ्जहो (मार विजेता), कस्सपो सिरिसम्पन्नो, गोतमो सक्यपुंगवो, तेसंसच्चेन सीलेन खन्ति मेत्ता बलेनच, तेपित्वं अनुरक्खन्तु आरोग्येन सुखेन चाति।।

उपरोक्त दोनों अरदासों में वीर आदिसिक्खगुरु और बौद्ध शास्ताओं से सबके रक्षा की आशा की गई है।

मुसलमानों के संस्कार

इस्लामिक समाज में जन्म से लेकर मृत्युतक की जो रश्में प्रचलित हैं, वे इस प्रकार हैं।

जन्म

किसी मुसलमान के घर में जब कोई बच्चा पैदा होता है, तो सर्वप्रथम उसे खानदान के बड़े बूढ़े के पास लाया जाता है, और वह उसके दाहिने कान में अजान (नमाज के पहले दी जानेवाली पूर्व सूचना) तथा बाये कान में अकामत (सामूहिक नमाज का संकेत) कहता है। ये नमाज के अंग है। इसके द्वारा अबोध बालक के कान में अल्लाह के नाम और उपासना (इबादत) की पुकार डाली जाती है। इस प्रकार कान में पुकार और मुंह में खजूर का अंश डालने का भी रिवाज है। इसे सुन्नत भी कहते हैं क्योंकि वह हजरत मुहम्मद के जीवन से सम्बन्धित घटनायें हैं। बच्चे के जन्म पर बधाई देने का भी उनमें दस्तूर हैं।

अकीका (केसकप्पन)

जन्म के सातवें दिन बच्चे का अकीकां यानी मूंडन किया जाता है। चौदहवे दिन या बाद में भी किया जाता है। बच्चे के लिए दो और बच्ची के लिए एक बकरें इस अवसर पर जिबह किये जाते हैं। बच्चे का मूण्डन नाई द्वारा कराया जाता है।

नामकरण

अकीके के वक्त ही नामकरण किया जाता है। मुसलमानी नाम अब्द (बन्दा) इस शब्द से आरंभ होते हैं। यथा अब्दुलर्रहमान, अब्दुलवाहिद, अब्दुस्समद आदि। और ऐसे नामों का दूसरा अंश अल्लाह के गुण का सूचक होता है। यथा अर्रहमान (बड़ा मेहरबान), अलवाहिद (अकेला), अलअहद (एक), और समद यानी किसी का उपकृत नही वरन् उपकारी। मुसलमानी नामों के रिवाज ऐसे भी है कि उसमें पैगंबर साहब और उनके समकालीन सहाबियों तथा उनके परिवार के सदस्यों (अहल–बैत), जिनमें उनकी बीबियां और बेटियों के नाम स्त्रियों के लिए काफी प्रचलित हैं, के नाम पर नामकरण करने की रूढी साफ नजर आती है।

मुहम्मद के नाम की तरह ही पैगंबर इब्राहीम का नाम भी बहुत प्रतिष्ठित है। उनके दो बेटे हजरत इस्माइल और हजरत इसहाक थे। अधिकांश अरबों के नाम इस्माइल वंश से और यहूदियों के इसहाक से सम्बन्धित होते हैं। अतः अरब को बनी (पुत्र) इस्माईल और यहूदी को बनी इसराईल कहलाते है। तथापि कई मुसलमानों और उनकी औरतों के नाम इसराईली शाखा के नामों से भी जुडे हुये प्रतीत होते हैं। यथा इसहाक, याकूब, युसुफ, दाऊद, सुलेमान, मूसा, हारुन, ईसा, इमरान, जकरया, यह्या मर्दो के और मर्यम्, सफूरा तथा आसिया जनानियों के नाम हैं।

कुछ नाम अन्य महापुरुष के गुणविशेष को ध्यानमें रख कर बनाये गये हैं। जैसे कि मदार बख्श (मदार बुजुर्ग द्वारा दिया हुआ), अब्दुल हसन (हसन का बन्दा) इत्यादि।

गैर अरब देशों में मिश्रित नामों का भी प्रचलन है। ऐसे नामों में पहला अंश व्यक्ति विशेष का और दूसरा पिता का नाम या उपनाम होता है। जैसे महमूद हसनन।

नौशा मियां जैसे नाम भी संयुक्त और शिर्क मिले हुये है। और गुलजार अली आदि नाम हिंदुस्तान की उपज हैं।

खतना

यह भी अरब और यहूदियों में पाई जाने वाली रस्म है, जो अकीका के बाद नाई के द्वारा ही कराई जाती है। यह मुहम्मद द्वारा बताई गई सुन्नत भी है।

विद्यारंभ

जब बच्चा चार वर्ष चार मास तथा चार दिन का होता है तो इस अवसर पर बिस्मिल्लाह करने वाला बच्चे द्वारा ''बिस्मिल्लाहिर्रहमा-निर्रहीम'' यानी अल्लाह अत्यंत कृपाशील, दयावान है, इस प्रार्थना के प्रथम वाक्य का उच्चारण करवाता है। कायदा बुगदादी की एक दो पंक्तियां अक्षरों पर उंगली रखवा कर पढ़ाई जाती है। यह रस्म मनानेवाले अभिभावक अपने पुत्र के शिक्षा ग्रहण करने योग्य होने पर प्रसन्नता जाहिर करते है और इसे तसमिया रब्बानी, मकतब नशीनी या बिस्मिल्लाह की संज्ञा से भी जाना जाता है।

बच्चे को कुरआन मजीद की शिक्षा को देना भी आरम्भ किया जाता है। इस अवसर पर उसे सूर-ए-अलक[8] की तीन आयतें भी पढ़ाई जाती हैं, जो इस प्रकार हैं:

अल्लाह के नाम से, जो अत्यंत कृपाशील और दयावन है। ऐ मुहम्मद पढो अपने रब का नाम लेकर जिसने लोथडे से मनुष्य को पैदा कर उदारता से उस चीज का कलम द्वारा ज्ञान दिया जिसे वह नही जानता था[9]।

कुरआन मजीद की पढ़ाई खत्म होने पर भी एक समारोह किया जाता है। इस वक्त गुरु को दक्षिणा के रूप में कुर्ता, पजामा और टोपी दी जाती है। इसे 'नशरह' कहते है।

बच्चा जब कुछ बडा और समझदार हो जाता है तो उसे अपवित्रता से बचने के निर्देश दिये जाते है। इसे तहारत की शिक्ष बोलते है। इस अवस्था में उसे वुजू करने की शिक्षा भी दिलाते है और मस्जिद में ले जाकर उससे नमाज पढवाते है। सात वर्ष के बच्चे के लिए हदीस-शरीफ[10] की शिक्षा दी जाती है और दस वर्ष के बच्चे को नमाज पढ़ना अनिवार्य हैं, नहीं तो उसे तंबीह[11] किया जाने का निर्देश है।

शिष्टाचार

इसी आयु में बच्चों को इस्लामी शिष्टाचार की शिक्षा भी दी जाती है। इनमें तीन सांसों में बैठकर पानी पीना, बड़ों का सलाम करना, छींक आने पर 'अलहम्दु

लिल्लाह' यानी अल्लाह का शुक्र है कहना। भोजन का आरम्भ और अन्त क्रमशः 'बिस्मिल्लाह' और 'हम्दव शुक्र' कहकर करना और अन्य आदर्श बातों की शिक्षा का समावेश है।

उपवास या सोम

यह व्रत ग्यारह-बारह वर्ष के बच्चों से उनके माता-पिता रखवाते हैं।[15] वर्ष की आयु वाले बालिग लडके के लिए यह व्रत फर्ज (अनिवार्य) होता है। इस व्रत में दिनभर रोजा रखा जाता है। इस उम्र में लडका या लडकी पर नमाज रोजा, जकात और हज़ भी फर्ज़ हो जाते है। उसी प्रकार हलाल, हराम, अज़ाब और सवाब के नियम भी उन पर लागू होते हैं।

विवाह

प्रौढावस्था (मरहला) में इस्लामी धर्मशास्त्र (शरीअत) में निकाह और शादी धर्मयुक्त (स्वीकृति) और स्वाभाविक समझी गई है। हिंदु गोत्र एवं वर्ण व्यवस्था की प्रथा की तरह मुसलमानों में भी एक खानदान और बिरादरी में शादी की जाती है। उसमें चाचा-जाद, मामू-जाद, फूफी-जाद, खाला-जाद भाई-बहनों का रिश्ता शामिल है।

इस्लाम में निकाह का फरीजा इस प्रकार है। ईजाब-व-कुबूल[12] और गवाह के साथ शादी का वलीमा[13] और शुहरत के साथ ऐलान किया जाना और पुरुष महर[14] का अदा करना जरुरी है। उसमें तिलक या दहेज निषिद्ध है।

निकाह ख्वानी की रस्म इस तरीके से होती है। लड़की वाले लड़के को नया जोड़ा देते है। उसे पहन दूल्हा शादी के स्थान पर आकर बैठता है। आलम[15] या काजी या, लड़की का बाप या वली[16] निकाह पढ़ाता है। मुहम्मद साहेब ने भी अपनी बेटी फातिमा का अली के साथ निकाह पढ़ाया था। इस समय दो गवाह और एक वकील[17] लड़की के पास जाकर उसको सूचित करते हैं कि उसका निकाह अमुक व्यक्ति के साथ इतने महर पर किया जा रहा है।

इसके बाद निकाह पढ़ाने वाला खुतुबा[19] के शब्द अरबी भाषा में इस अर्थ के होते हैं: ''मैंने अमुक सज्जन की लड़की, जिसका नाम यह है, को उनकी ओर से इतने महर पर दिया, तुमने कबूल किया?'' इस पर दूल्हा कहता है कि ''मैंने कुबुल किया''। फिर सभा में उपस्थित जन उनके लिए खुदा से दुआ करते हैं।

विवाह के बाद वैवाहिक कर्तव्यों की जानकारी दी जाती है। यह खुत्बा खुत्ब-ए-मसनूना[20] के बाद आलिम व्दारा पढ़ा जाता है। इस पर एक अलग ही नियमों का संग्रह है, जिसे फिकह की किताबों में दर्ज किया गया है।

इसके बाद छुवारे बांट दिए जाते है[21]।

बीमार

बीमार के पास जाकर उसका हाल पूछना, उसकी सेवा कर ठीक हो जाने की शुभकामना का प्रदर्शन करना, उसको तयम्मुम का और नमाज का इंतजाम करा देना ये अयादत इस्लाम में बड़े सबाब का काम है।

अंतिम संस्कार

एक मुसलमान की आखरी ख्वाहिश यही होती है कि वह कलमा पढ़ता हुआ और खुदा का नाम लेता हुआ संसार से विदा हो। इस पर वह रश्क[22] करता है। जब मुसलमान का अन्तिम काल[23] आता है, तो उस समय उसके निकट होने वाला उसका ध्यान कस्मा पढने की ओर दिलाते है या अल्लाह के नाम का जप[24] आरम्भ कर देते है। मरने वाले व्यक्ति के हलक में जमजम का जल, अनार का शर्बत या क्योड़ा टपकाया जाता है। और कुरआन मजीद के सूर-ए-यासीन अध्याय का पाठ करते हैं। प्राण समाप्त होने के बाद मृतक का मुंह काबे की ओर कर देते हैं। उसे नहलाकर बिना सीला कुर्ता, तहबन्द, ऊपर की चादर, -स्त्री के लिए सिर बन्द और सीना बन्द कर -कफन के लिए इस्तेमाल किया जाता है। मुर्दे का स्नान (गुस्ल), नहलाना धुलाना (तजहीज) तथा कफन पहनाना फिकह के नियमानुसार होता है। जनाजा तैयार होने पर उसे बाहर लाया जाता है। उसका अन्तिम दर्शन लिया जाता है। नमाज़, जनाज़ा आरम्भ होती है। बिना रुक तथा सजदा किए जमाअत नमाज़ होती है। तब इमाम मृतक के सीने की सीध में खड़ा होकर नमाज़ को शुरु करते हैं। उसमें चार बार 'अल्लाहु अकबर'' कहकर तकबीरे पढी जाती हैं। तीसरी तकबीर के बाद सब दुआ[25] पढते है। चौथी तकबीर के बाद नामाज़ जनाज़ा समाप्त होता है, जिसे सलाम फिर जाना कहते है। और लोग जनाजे को कांधा देते हुए उसे कब्रिस्तान तक पहुंचाते हैं। वे वहां मुर्दे को दफन करने तक ठहरते हैं। कब्र सामान्यत: पहले से तैयार होती हैं। उसमें मय्यत को काबे की दिशा में रख कर उस पर तख्तें डाल कर उपर से मिट्टी डाल देते हैं। इस समय भी कुरआन के शब्द पढे जाते हैं कि'' हमने तुमको इसी भूमि से पैदा किया और इसी में हम तुम को वापस करेंगे और फिर हम इसी से तुम को दुबारा बाहर निकालेंगे''।

मय्यत के गमी के बाद शोकग्रस्त घर के सब लोगों के लिए उनके सम्बन्धियों तथा मित्रों के घरों से तीन वक्त या तीन दिन पका पकाया खाना आता है, जिसे वे सब मिल कर खाते हैं।

हिंदुस्तान के मुसलमान स्थानीय प्रचलित रुढियों के प्रभाव में विशिष्ट निर्धारित तिथियों पर तीजा, चालिसवां, कुल आदि रीति-रिवाज भी अदा करते हैं। महापुरुष

या महानुभाव के स्मृति दिन के स्मरणार्थ उर्स मनाने की भी परिपाठी है। अरब देशों में ये रिवाज नहीं होते।

सलाम करने का रिवाज

मुसलमानों के आपस में मिलने जुलने के अपने खास शिष्टाचार होते हैं। किस मौके पर क्या कह कर मिलना यह व्यवहार की पुनरावृत्ति से ही निर्धारित हो गया है। यथा सलाम करने वाला जब कहता है "अस्सलामु अलैकुम[26]" तो इसका प्रत्युत्तर होगा" व-अलै कुम्मस्सलाम" अर्थात् तुम पर भी सलामती हो। अवध और लखनऊ में पुराने खानदानी मुसलमान सलाम के बजाय "आदाब अर्ज़" कहते हैं। छोटे बड़ों को तसलीमात अर्ज़ करते हैं, और कई बार झुक कर आदाब बजा लाते हैं। यानी वे फर्शी सलाम कहते हैं। इसका रिवाज हैदराबाद में है। इस सलाम का बड़ों द्वारा "जीते रहो" या तसलीम कह कर जवाब मिलता है। सलाम के बाद हाथ मिलाने-मुसाफहा-का भी रिवाज है। ईदादि किसी अवसर पर गले मिलने-मुआनिका-का भी प्रचलन है।

दैनिक जीवन में भी मुसलमानों की जबान पर खुदा की बड़ाई और अद्वैतवाद (वहदानियत) के कुछ शब्द चढे हुए होते हैं। कृतज्ञता और कृपा प्राप्त होने पर कहा जाता है: सब प्रशंसा अल्लाह के लिए है[27]।

प्रसन्नता होने पर कहते है: "अल्लाह की मेहरबानी और इरादे से या माशा अल्लाह"। शिष्टाचार के अन्य बोल निम्न प्रकार हैं।

हिन्दी	**अरबी-फारसी**
वचन देने के लिए, यदि खुदा चाहेगा	इन्शा-अल्लाह
अशुभ घटना पर, हम सब अल्लाह ही के है और अल्लाहि के पास पलट कर जाने वाले हैं।	इन्ना-लिल्लाहि-व-इन्ना-इलैहि राजिऊन
अप्रसन्नता की अभिव्यक्ति," किसी बुरी वस्तु से सुरक्षा और किसी अच्छी वस्तु की शक्ति अल्लाह के आदेश बिना नही"।	ला-हौल-व-ला-कूवता-इल्ला-बिल्लाहि
आश्चर्य होने पर, अल्लाह दोषरहित एवं पवित्र है।	सुबहान-ल्लाह

भोजन को आरम्भ करते वक्त, अल्लाह के नाम से	बिस्मिल्लाह
खा चुकने पर	अल-हम्दु-लिल्लाह
निमंत्रण पर सम्मिलित होना मुमकिन न हो तो अल्लाह बरकत दे	बारक-लिल्लाह
छींक आये तो	अलहम्दु-लिल्लाह
छींक जिसके सामने की जाय वह कहेगा, अल्लाह	यर हमुक-ल्लाह
तुम पर दया करे। इसके उत्तर में छींकनेवाला कहेगा, अल्लाह तुम को सीधे मार्ग पर चलाये और तुम्हारी दशा ठीक रखे।	यहदी-कुमुललाह-व-युसलेबालकुम
तुम्हारा मङ्गल हो	अस्सलामुअलैकुम[28]
तुम पर मृत्यु हो	अस्सामुअलैकुम या अलैकुमुस्सामु[29]

त्यौहार

मुसलमानौं के दो बड़े त्यौहार है। वे ईदुल-फित्र और ईदुल-अज़हा या ईद बकर ईद कहलाते हैं। इस्लामी कलेन्डर का नौवा महिना रमज़ान का अन्त और दसवां महिना शव्वाल का आरंभ चांद के दिखाई देने पर होता है। उसी के साथ रोज़े का महिना समाप्त होकर आनन्द का मास आरंभ होता है।

रोज़े के पूर्ण होने पर दिया जानेवाला दान सदक-ए-फित्र कहा जाता है और उसे गरीबों में बांटा जाता है।

सलात या नमाज

प्रति दिन की तथा जुमा की नमाजों और ईदों की नमाजों में फरक है। प्रतिदिन की नमाज़ के पांच समय निर्धारित होते हैं। फज्र का समय भोर (सुबह-काज़िब, सुबह सादिक) से सुर्योदय तक, जुह्र का समय मध्यान्ह के बाद से दुगनी प्रतिछाया होने तक, अस्र का समय जुह्र के बाद सूर्यास्त तक, मगरिब का समय सूर्यास्त से सान्ध्य लालिमा (शफक) डूबने तक, और इशा का समय संध्या के बाद से अर्ध रात्रि या सुबह तक।

प्रत्येक नमाज़ की तीन क्रियायें होती हैं: 1. खड़ा होना, 2. रुकू या झुकना और 3. सजदा। एक बार उठ कर झुकने और दो सजदों की एक रकअत[30] होती है। एक रकअत में दो बार ''अल्लाहु अकबर'' (तकबीर) कहते है। नमाज आरंभ करने के लिए एक बार अल्लाहु अकबर कहने से एक तकबीर तहरीमा होती है। वैसे ही एक रुकू (दोनों हाथ दोनों घुटनों पर रखकर झुकना) की तकबीर होती है।

अज़ान एक सूचना है जो मिलकर पढ़ी जानेवाली नमाज निश्चित समय (फज्र, जुह्र, अस्र, मगरिब और इशा)[31] पर मस्जिद में पढ़ी जाने के 15 अथवा 30 मिनट पूर्व दी जाती है। सामूहिक नमाज़ (अकामत या जमाअत) होने की सूचना में अज़ान के शब्दों में ''कद का मतिस्सला'' अन्त में जोडकर कहे जाते है।

अज़ान दिन में पांच बार उच्च स्वर में कही जाती है। इसलिए नहीं कि खुदा बहरा (नऊज बिल्लाह मिन्हु) है बल्कि इसीलिए कि नमाजियों को सूचना देनी है। अजान के शब्द होते हैं:

अल्लाहु अकबर अल्लाह–	सबसे बड़ा है, इसे चार बार पुकारते है।
अशहदु अल्ला इलाह इल्लल्लाह–	मैं गवाही देता हूं कि अल्लाह के अतिरिक्त कोई उपास्य नही, इसे दो बार पुकारते है।
हय्या अलस्सलाह–	आओ नमाज को, इसे दो बार पुकारते है।
हय्या अलल फलाह–	आओ कामयाबी को, इसे दो बार पुकारते है।
अल्लाहु अकबर–	इसे दो बार और पुकारते है।
ला इलाह इल्लल्लाह[32]	अल्लाह के अतिरिक्त कोई उपास्य नहीं, इसे एक बार पुकारते है।
कद का मतिस्सला–	नमाज खड़ी होने जा रही है। इसे सामूहिक नमाज के सूचनार्थ एक बार पुकारते है। इसे 'हय्या अलल फलाह' के बाद पुकारते हैं।

वुजू यानी हाथ की पहुंचों तक सफाई, कुल्ली, नाक की सफाई, माथे से ठुड्डी तक सफाई, दोनों कान के लौ की सफाई, दोनों हाथों की कुहनियों समेत सफाई, सिर का मसह करना, दोनों पैर गट्टों समेत धोना इसे वुजू कहते है।

सुन्नत मुहम्मद के जीवन की समस्त क्रियाओं और कथानकों को 'सुन्नत' कहते हैं।

नफ्ल वह नमाज या कर्म जिसके करने पर प्रतिफल मिलने का वादा है तथा न करने पर कोई दण्ड नही।

वुजू करके मुसलमान सुन्नत या नफल में व्यस्त हो जाता है। फिर वह कुरआन मजीद के पाठ (तिलावत) में लग जाता है। जब इकामत कही जाती है तब मस्जिद में बिखरे बैठे हुए लोग पंक्ति में आकर खड़े (सफबन्दी) हो जाते हैं। फिर इमाम (हाफिज कुरआन, जिसे कुरआन कंठस्थ होता है) तकबीर कहता हुआ कानों की लौ तक हाथ उठाकर नाभि पर हाथ बांध लेता है और नमाज आरम्भ करता है। उसके पीछे खड़े नमाजियें (मुकतदी) और आगे खड़े इमाम कुछ क्षण मौन रह कर यह दुआ पढ़ते है:

हे अल्लाह तू गुणोंवाला है, और तेरा नाम शुभ है और तू श्रेष्ठ महिमावाला है, और तेरे अतिरिक्त कोई उपास्य नही।

इस दुआ का पालि गाथा के साथ तुलना करने पर भारी समानता दीख पड़ती है, यथा:

यं किञ्चि रतनं लोके विज्जति विविधा पुथु रतनं बुद्ध समं नत्थि तस्मा सोत्थि भवन्तु ते। नत्थि से सरणं वरं एतेन सच्चवज्जेन होतु ते जयमङगलं।। अर्थात् दुनिया में जितने भी विविध और पृथक पृथक नर रत्न हैं उनमें बुद्धरत्न का सामी कोई नहीं। इसलिए तुम्हारी स्वस्ति और मंगल हो। अन्य कोई भी मेरा शरण स्थान नहीं। केवल बुद्ध ही मेरा सर्वश्रेष्ठ उपास्य है। इस सत्य वचन से तुम्हारा यश और मंङगल हो।

इसके अलावा मुसलमान हजरत मुहम्मद पैगंबर का एक महान विभूति के रूप में इस प्रकार फारसी भाषा के पद में सम्मान करते हैं:

बाद अज़ खुदा बुजुर्ग तुई किस्सा मुखतसर अर्थात् ईश्वर के बाद आप ही सर्व महान हैं–बस।

मुहम्मद साहब स्वयं को सिर्फ 'खुदा का बन्दा और खुदा का रसूल' इतना ही कहना पसंद करते थे। तथापि मोहम्मद साहब के बारे में हिंदुस्तानी लेखकों ने जो प्रशंसा (नअत या नअतिया कविता) व्यक्त की है उसकी कुछ मिसाले इस प्रकार हैं:

कवि आसौ गाजीपूरी इस छन्द में व्यक्त करते है:

सबा (प्रातः पवन) यह जाके तु कहयो मेरे सलाम के बाद कि तेरे नाम की रट है खुदा के नाम के बाद।।

कवि मौ. जफर अली खां लिखते है:

नमाज अच्छी, जकात अच्छी, हज अच्छा, रोजा (दीन के चार अरकान) भी अच्छा। मगर मैं बावजूद इसके मुसलमां हो नही सकता।। न जब तक कट मरुं मैं ख्वाज-ए-यसिब की इज्ज़त पर। खुदा शाहिद है कामिल मेरा ईमां हो नहीं सकता।।[33]

जो सूरा इस्लाम का सार, कुरआन मजीद का आमुख और प्रत्येक नमाज में हर रकअत के साथ पढी जाती है वह सूरा यहां देकर हम इस्लाम के नमाज का अध्याय समाप्त करते है। यह सूर-ए-फातिहा है: In the name of Allah, the most compassionate, the most merciful. Praise be to God. the Lord of the galaxies, the king of the Day of Judgement. Thee only do we worship, and to thee do we cry for help. Guide thou us on the straight path, the path of those to whom thou hast been gracious, not of those with whom thou art angry, nor of those who go astray.

बिस्मिल्लाहिइरहमन इरहिम अल हन्द-अल-इल्लाहि रब्बिल आलमिन अरहमन अरहिम मालिक-ए-योमिद्दिन इयाक नबुदु इयाकनस्तइन एहदिनस सिरातल लदिन सिरातल मुस्तकीम अनअम्त अलैहीम तैरील मकदूबि अलहउ चनउ द्वालिन अर्थात् शुरु करता हूं अल्लाह के नाम से जो दीन है और रहिम भी। आम तारिफें अल्लाह के लिए है, जो सब जानों का परवरदिगार है। वह रहन है और रहीम भी। मालिक है कयामत के दिन का। हम तेरी ही इबादत करते हैं। और तुझ से ही मदद मांगते हैं। ऐ अल्लाह हमे सीधा रास्ता बताओ, वह रास्ता जिस पर तेरा अल्हाम हो। वह रास्ता नहीं जिस पर तेरा नफस नाजल होता है और न वह रास्ता जो भूले हुए लोगों का हो।

इसके बाद इमाम कुर्आन मजीद आयतें पढ़ता है। फिर वह तकबीर कहता है और सब रुकू करते हैं और साथ ही कहते हैं: "पवित्र है मेरा महिमावान पालनहार-सुबहान रब्बियल अज़ीम। उसके बाद इमाम और मुक्तिदी निम्न प्रकार कहते हैं:

इमाम: अल्लाह ने उसको सुना जिसने उसका गुणगान किया-समिअल्लाहु लिमन हमिदा

मुकतदी: ऐ हमारे पालनहार! समस्त स्तुति तेरे लिए है-रब्बना लकल हम्द।

इमाम: अल्लाहु अकबर कहते हुए सजदे में जाता है-सजदे के साथ तीन बार कहते है:

मेरा रब सब से बुलन्द है-सुबहान रब्बियल ऑला।

फिर अल्लाहु अकबर कहते हुए दूसरा सजदा, दूसरी रकअत, कअदा[34], फिर तीसरी रकअत होती है और इसके बाद बैठने के बजाय खड़ा होकर निम्न वाक्यों का उच्चारण होता है:

सब सलाम और रहमते और पाक चीजे खुदा ही के लिए हैं-अत्तहीय्यातु लिल्लाहि वस्सल वातु वत्तयि्यवातं

ऐ अल्लाह के नबी तुम पर खुदा की रहमत और सलाम हो– अस्सलामु अलैकअययुहन्न बीयु व रहमतुल्लाहि।

और उसकी बरकत नाजिल हो–व ब–र का तुह।

और सलाम हम और खुदा के नेक बन्दों पर हो–अस्सलामु अलैना व अला इबादिल्ला।

मैं इकरार करता हूं कि अल्लाह के सिवा कोई माबूद (उपास्य) नही–हिस्सा लिहीन

अशहदुअल–ला–इलाह इल्लल्लाहु।

और मैं इकरार करता हूं कि सल्लल्लाहु अलैहि व सल्लम मुहम्मद उसके बन्दे और रसूल हैं–व अशहदु–अन्ना–मुहम्मदन अब्दुहु व रसूलुह।

फिर अन्तिम कअदा के साथ सलाम फेरकर निम्नांकित दुआ पढ़ी जाती है:

ऐ अल्लाह मुहम्मद तथा उनके परिवार पर कृपा (रहमत) अवतीर्ण कर जैसा कि तुने इब्राहीम तथा उनके परिवार पर अवतीर्ण की, निस्संदेह तू समस्त गुणोंवाला है। ऐ अल्लाह तू बरकत (सम्पन्नता) अवतीर्ण कर मुहम्मद पर तथा उनके परिवार पर जैसी बरकत अवतीर्ण की हजरत इब्राहीम पर और उनके परिवार पर, निश्चय तू समस्त गुणवाला हैं। ऐ अल्लाह! हम को प्रदान कर दुनिया तथा आखिरत में भलाई और जहन्नम के अजाब से बचा। ऐ अल्लाह बचा मुझको जहन्नम के अजाब से तथा कब्र के अजाब से। ऐ अल्लह तेरी शरण लेता हूं। जीवन तथा मृत्यु की आजमाइश और मसीह दज्जाल की दुष्टता तथा आपद से।

अल्लाहुम्म-सल्ले-अलामुहम्मदियुं व अलाआलि मुहम्मदिंन कमा सल्लेत अला इब्राहीम व अला आलि इब्राहीम इन्नक हमीदुम-मजीद। अल्लाहुम्म बारिक अला मुहम्मदियुं व अला आलिमुहम्मदिन कमा बारकत अला इब्राहीम व अला आलि इब्राहीम इन्नक हमीदुम-मजीद।

रब्बना आतिना फिद्दुनिया हस-नतौ व फिल आखिरति हसनतौ व किना अजाबन्नार। अल्लाहुम्म इन्नी अऊजु बिका मिन अजाविल व अऊजुबिकामिन अजाबिल कब्र। व अऊजु बिका मिन फितनतिल महया वल ममात व अऊजु बिका मिन शरि फितनतिल मसीहिद्दज्जाल।

इसके बाद कहते हैं:

इमाम: तुम पर सलामती हो और अल्लाह की रहमत हो। अस्सलामु अलैकुम वरहमतुल्लाह।

नमाज समाप्त

इसाइयों की प्रार्थना

उद्धार का मार्ग

यीशु कहते है: यदि कोई नये सिरे से न जन्मे तो परमेश्वर का राज्य देख नही सकता[35]। इसीलिए शायद जो देख सकता है वह देखता है कि "परमेश्वर ने जगत से ऐसा प्रेम रखा कि उस ने अपना एकलौता पुत्र दे दिया, ताकि जो कोई उस पर विश्वास करे, वह नाश न हो, परन्तु जीवन पाए[36]।

"यीशु और प्रभु", "मोहम्मद और अल्लाह" से ज्यादा समीप है और पहले में दोनों एक हैं और दूसरे में प्रभु पहले और पैगंबर दूसरे स्थान पर होते है। ऐसा भेद यीशु और परमेश्वर में प्रतीत नही होता। यथा निम्नांकित बायबल वचन पढे: "कि यदि तू अपने मुंह से यीशु को प्रभु जानकर अंगीकार करें और अपने मन से विश्वास करें कि परमेश्वर ने उसे मरे हुओं में से जिलाया, तो तू निश्चय उद्धार पायेगा।"[37]।

चिंता के समय शांति

नया कानून किस चिंता और किस शांति की बात करता है। बात परमेश्वर की शान्ति की है, जो समझ से बिल्कुल परे है'[38]। जब बात समझ से परे हो तो स्वभावत: मनुष्य उसकी चिंता करता ही नही। फिर भी आदेश है कि "किसी भी बात की चिंता मत करो"[39]। यीशु कहते है कि तुम्हारा मन व्याकुल न हो, इसलिए तुम परमेश्वर के साथ साथ 'मुझ पर भी विश्वास रखो'[40]।

काहेका भय और कैसा साहस? कहा है 'मनुष्य मेरा क्या कर सकता है'। 'प्रभु मेरा सहायक है'। 'मैं न डरुंगा'। इससे भय मनुष्य से हो ऐसा प्रतीत होता है परंतु वास्तव में भय मृत्यु का होता है। और साहस यह है कि मनुष्य निरुपाय तो है, पर निराश नहीं[41]।

क्लेश के समय सहायता

क्लेश क्या है और सहायता कैसी है? सांसारिक अडचनों को यहां क्लेश कहा गया है। निर्बलता, निन्दा, दरिद्रता, उपद्रव और संकट ये क्लेश हैं। परंतु क्लेश स्वयं ही सहायता भी है। कहा है: 'जब मैं निर्बल होता हूं।, तभी बलवन्त होता हूं'[42]। 'और वर्तमान में हर प्रकार की ताडना सहते सहते जो पक्के हो गए है, पीछे उन्हें चैन के साथ धर्म का प्रतिफल मिलता है'[43]।

निर्णय के समय मार्गदर्शन

निर्णय किस बारे में और उसका क्या मार्गदर्शन है? निर्णय से यहां संशय मतलब है। यानी बेअक्ल को बुद्धि की मांग परमेश्वर को करनी है तो उसे वह बिना किसी

शक के भरोसा रखकर वह मांग करनी चाहिए क्योंकि 'सन्देह करनेवाला समुद्र के लहर के समान है, जो हवा से बहती और उछलती है' (याकूब 1:6 पृ. 329)। इसलिए आदेश है कि "लाओ, हम अनुग्रह के सिंहासन के निकट हियाव (नौका) बांधकर चले" (इब्रानियों 4:16, पृ. 316)।

थकान के समय विश्राम

परिश्रम करनेवाले और बोझ से दबे हुए लोगों को नम्र और दीन होने को कहा गया है ताकि वे विश्राम पायें (मत्ती, 11:28-30, पृ. 16)। और ऐसा विश्वास उनमें जगाया है कि वे परमेश्वर के प्रभु मसीह यीशु में समाये हुये प्रेम से कभी वंचित न होंगे (रोमियों 8:31-39, पृ. 225)।

दुख के समय सान्त्वना

अर्थात् क्लेशों की शांति यीशु मसीह के पिता परमेश्वर द्वारा मिलती है (2 कुरिन्थियों 1:3-5, पृ. 255)। शांति की प्रार्थना कैसे करनी चाहिए यह हम नहीं बल्कि हमारी आत्मा जानती है (रोमियों 8:26-28, पृ. 225)

परीक्षा के समय शक्ति

कहा गया है कि "प्रत्येक व्यक्ति अपनी ही अभिलाषा से खींचकर, और फंसकर परीक्षा में पड़ती है"। लेकिन 'वह मनुष्य जो परीक्षा में स्थिर रहता है, धन्य है'। यहां अभिलाषा का मतलब लालच समझना चाहिए। कहा गया है कि "बुरी वस्तुओं का लालच न करें"। और परीक्षा में स्थिर रहने का अर्थ चौकस रहने से है। साथ में यह विश्वास भी दिलाया जाता है कि परमेश्वर विश्वासयोग्य है। वह परीक्षा में हमें सामर्थ्य देगा। जगत के अंतिम समय के लिए जो चेतावनी दी गई है, उनमें निम्नांकित बातों का निषेध हैं: लालच न करना, मूरत पूजा न करना, व्यभिचार न करना, प्रभु को न परखना वरना सांपों के द्वारा नाश किए जाओगे और न कुड़कुड़ना वरना नाश किए जाओगे।

धन्यवाद के समय स्तुति।

यानी किसी स्तुति शब्द के साथ ही धन्यवाद देना चाहिए। अर्थात् जो होठ परमेश्वर के नाम का अंगिकार करें उन होठों द्वारा स्तुति का बलिदान परमेश्वर के लिए सर्वदा चढ़ाया करें। (इब्रानियों 13:15, पृ. 328) और हर बात में धन्यवाद करे जैसा कि परमेश्वर तुम्हारे लिए मसीह यीशु में चाहते हैं (थिस्सलुनीकियों 5:18, पृ. 297)।

क्षमा प्राप्ति के समय आनन्द

इसका अर्थ इतना ही है कि हम मानें कि हम पापी है ताकि हमारे पापों की क्षमा की जा सके। यदि हम कहें, कि हम में कुछ भी पाप नहीं, तो अपने आप को धोखा देते हैं (यूहन्ना 1:7–10, पृ. 344)

इसाई धर्म की नित्य और संयोग पूजाओं की प्रार्थनायें निम्न प्रकार हैं।

नित्य पूजा

Our Father which art in heven, hallowed be thy name, Thy kingdom come. Thy will be done in earth as it is in heaven. Give us this day our daily bread. And forgive us our debts, as we forgive our debtors. And lead us not into temptation, but deliver us from evil. For thine is the kingdom, and the power, and the glory, for ever. Amen. हे हमारे पिता, तू जो स्वर्ग में है; तेरा नाम पवित्र माना जाए। तेरा राज्य आए; तेरी इच्छा जैसी स्वर्ग में पूरी होती है, वैसे पृथ्वी पर भी हो। हमारी दिन भर की रोटी आज हमें दे। और जिस प्रकार हम अपने अपराधियों (कर्जदार) को क्षमा करते हैं उसी प्रकार तू हमारे अपराध (कर्ज) को क्षमा कर। और हमें परीक्षा में न ला, परंतु बुराई से बचा।

संयोग पूजा

O God, thou art my God; early will I seek thee: my soul thirsteth for thee, my flesh longeth for thee in a dry and thirsty land, where no water is: To see thy power and thy glory, so as I have seen thee in the sanctuary.

My flesh and my heart faileth: but God is the strength of my flesh, and my heart, and my portion for ever[45].

भारतीय बौद्धों का घोषणा-पत्र

उपरोक्त घोषणा-पत्र की रचना पुण्यस्मरणीय डॉ. भदंत आनंद कौसल्यायन जी ने चौदह सूत्री कार्यक्रम के अंतर्गत अपने अन्तिम दिनों में की थी। इस के अनुसार चौदह बौद्ध कर्तव्य निम्न प्रकार हैं।

1. किसी भी जाति, देश, वर्ण या वर्ग का कोई भी व्यक्ति त्रिशरण तथा पंचशील ग्रहण कर तदनुसार आचरण करने का प्रयास करता है, तो वह "बौद्ध" कहला सकता है। इस दृष्टि से समस्त भारत को बौद्ध मय बनाने का प्रयत्न करना।
2. एक व्यक्ति का दूसरे से पृथक रखने वाला न कही कोई "आत्मा" है और न सृष्टि का रचयिता माना जाने वाला कहीं कोई 'परमात्मा' है। ऐसे 'आत्मा'

और 'परमात्मा' संबंधी विश्वासों से समस्त बुद्धिवादी जगत को मुक्त रखने का प्रयास करना।

3. जो कुछ भी दुनिया में घटित होता है, वह न ईश्वर-कृत होता है, और न अहेतुक। जो कुछ भी घटता है, वह किसी दूसरी घटना के घटित होने पर निर्भर करता है, अर्थात् सभी कुछ प्रतीत्य-समुत्पन्न होता है। इस प्रकार सृष्टि की रचना के बारे में जो बहुत सी भ्रांतियां फैली हुई है, उनको दूर करना।

4. प्रत्येक प्राणी, सुख दुख भोगता है, वह न तो ईश्वर-कृत होता है, और न सभी कुछ पूर्व-जन्मों का परिणाम। अपने को तथा दूसरों को शील, समाधि, तथा प्रज्ञा की बुद्धि द्वारा, दुख मुक्त करने का सतत प्रयास करना।

5. बुद्ध के जन्मस्थान लुम्बिनी, बुद्धत्व प्राप्ति के स्थान बुद्धगया, धम्मचक्र प्रवर्तन के स्थान सारनाथ और महापरिनिर्वाण के स्थान कुसीनगर की अवस्था में अपेक्षित सुधार करना और उन्हें अधिक उन्नत बनाना।

6. परम्परागत लुम्बिनी आदि तीर्थ-स्थानों की तरह बोधिसत्व-चरित बाबासाहेब डॉ. आंबेडकर का जन्म स्थान महू (वर्तमान का नामकरण डॉ. आंबेडरकर नगर), धर्मदीक्षा ग्रहण करने का स्थान नागपूर और अंत्येष्टि स्थान चैत्यभूमि (शिवाजी पार्क, मुंबई) पर भी श्रद्धापूर्वक तीर्थयात्रा करना। सभी बौद्ध तीर्थ स्थानों की धम्म-यात्राओं का आयोजन करना और ऐसे तीर्थयात्रिओं का योग्य मार्ग दर्शन और उनकी सहायता करना।

7. जन्मदिन, विद्याग्रहण, विवाह और अंतेष्टि आदि बौद्धों के सभी धार्मिक संस्कार विधियों पर भारतीय संस्कृति के नाम से जो अबौद्ध प्रभाव चला आ रहा है, अपनी सभी धार्मिक संस्कार-विधियों को उस से मुक्त करने और रखने का प्रयास करना तथा शुद्ध बौद्ध विधि से संपन्न कराना।

8. वैशाख पूर्णिमा की भांति बाबासाहब का जन्म दिन (चौदह अप्रैल), धम्म दीक्षा ग्रहण करने का दिन (चौदह अक्टूबर), निर्वाण दिन (छः दिसंबर) इन अविस्मरणीय दिनों पर शानदार कार्यक्रम आयोजित करना और उन्हें संगठित होकर योग्य विधि से मनाना-मनवाना।

9. होली, वसंत पंचमी, दीवाली आदि मुलतः ऋतु-उत्सव और ऐसे त्योहारों पर किए जानेवाले धर्म-निरपेक्ष सांस्कृतिक कार्यक्रम यदि राष्ट्रीय एकात्मता की दृष्टि से सभी हिन्दू, मुसलमान, सिख, पारसी, जैन प्रभृति संप्रदाय मिलकर उन्हें मनाये तो भारतीय बौद्ध भी ऐसे आयोजनों में सम्मिलित होंगे या उनको स्वयं आयोजित करेंगे-करायेंगे।

10. पालि भाषा में लिखा त्रिपिटक और उसकी अठ्ठकथायें, संस्कृत भाषा में लिखे गये बुद्ध-चरित्र और बोधिचर्यावतार प्रभृति ग्रंथ, चीनी, जापानी, थाई, बर्मी,

सिंहली भाषाओं में लिखे गये बौद्ध ग्रंथ; अंग्रेजी, हिन्दी आदि भाषाओं में प्रकाशित 'द बुद्ध एण्ड हिज धम्म' सदृश साहित्य, और इन सभी भाषाओं में लिखित और उनमें प्रकाशित समस्त बौद्ध साहित्य के, और अबौद्ध साहित्य के साथ तुलनात्मक तथा नीरक्षीर-विवेक से, अध्ययन अध्यापन पठन-पाठन की व्यवस्था करना और उसे प्रकाशित करना।

11. श्रीलंका, थाईलैंड, बर्मा आदि स्थविरवादी बौद्ध देशों में तथा चीन, जपान, तिब्बत प्रभृति महायानी बौद्ध देशों में सिद्धांत की दृष्टि से कोई वैमत्य नहीं। सभी बौद्ध त्रिलक्षण (अनित्य, दुःख, अनात्म), चार आर्य सत्य (दुःख, समुदय, निरोध, मार्ग), तथा सम्यक दृष्टि प्रभृति आर्य अष्टांगिक मार्ग को स्वीकार करते हैं। इन सभी सिद्धांतों का प्रचार करना और इन में आस्था रखनेवाले विश्वभर के बौद्धों को परस्पर एक दूसरे के समीप लाने, उन्हें उत्तरोत्तर शिक्षित करने, संगठित करने और सभी बौद्धों के हितों के संरक्षण की दृष्टि से संघर्ष करने के लिए भी तैयार रखने का प्रयास करना।

12. प्रत्येक गांव, कस्बे और नगर में ऐसे विहारों का निर्माण करना-कराना कि जो बौद्ध शिल्प से एकरुपता लिए हो और जहां त्रिरत्न की पूजा हो सके, बौद्ध भिक्षुओं और भिक्षुणियों का भी स्वागत हो सके, और उनके पृथक रहने की व्यवस्था हो सके, जहां बौद्ध धर्म की विधियां विधिवत संपन्न करायी जा सकें, जहां बौद्ध उपासकों तथा उपासिकाओं और बालक बालिकाओं के भी धम्म शिक्षण की व्यवस्था हो और जहां उन में रहनेवाले भिक्षुओं की तथा धम्म शिक्षा ग्रहण करनेवाले बालकों-बालिकाओं की भीं योग्य व्यवस्था की जा सकें।

13. जन्म से किसी को भी अपने से ऊंचा या अपने से नीचा मानना मानवता के विरुद्ध किया जानेवाला सबसे बड़ा अपराध है। और इसलिए, भारत में प्रचलित वर्तमान वर्ण-व्यवस्था उससे, उत्पन्न जांत-पांत और उसी के फल अछुतपन की कुप्रथा भारतीय सामाजिक जीवन के अभिशाप हैं। इनका हर स्तर पर, हर संभव उपाय से विरोध करना और इस प्रकार राष्ट्रीय एकात्मता की भावना को अग्रसर करना। और

14. अन्य सभी भारतीयों के सहयोग से सामान्यतया सभी भारतीयों की चतुर्मुखी उन्नति और विशेष रूप से पिछड़े हुये दलित वर्ग की आर्थिक, औद्योगिक, सामाजिक और राजनैतिक प्रगति करने का प्रयास करना और इस प्रकार न केवल भारत की बल्कि उस के माध्यम से सारे मनुष्य समाज की सेवा करने का प्रयास करना और विश्व भर की सुख-शांति की कामना करना।

इस प्रकार उपरोक्त घोषणायें किसी साम्प्रदायिकता की बात नहीं करते बल्कि वे मानवता की बात करते हैं। उनका निचोड़ जिगर मुरादाबादी के शब्दों में निम्नांकित है:

जो ग्रंथ बाईबिल गीता कुरान दी गल कर देने। अपने दिल विच लुके होये शैतान दी गल कर देने।। इनां किताबां च ते हिंदु मुस्लिम सिख ईसाई दी गल हुंदी है। बुद्धिमान ते सिर्फ इंसान दी गल कर देने।।

पौर्णिमायें

हर मास की पूर्णिमा बुद्ध के जीवन के साथ किसी न किसी घटना से जुड़ी हुई है। इसलिए उनका महत्व बहुत ज्यादा है, जिसे बौद्ध अनुयायी स्मरण कर अपने जीवन में प्रेरणास्पद बनाते हैं। उनका ब्योरा निम्न प्रकार है।

माह (भारतीय)	माह (अंग्रेजी)	पूर्णिमा का महत्व
वैशाख	मे	बुद्ध का जन्म, बुद्धत्व, परिनिर्वाण
जेष्ठ	जून	धम्म का विदेश में प्रचार-अभियान
आषाढ़	जुलै	बुद्ध का गृहत्याग, राजगृह में प्रथम धम्म-संगायन
श्रावण	आगष्ट	उत्तर पवारणा उत्सव (संघ पर्व)
भाद्रपद	सेप्टेंबर	हाथी द्वारा बुद्ध की परिचर्या
आश्विन	अक्टूबर	संघ पवारणा पर्व, डॉ. आंबेडकर का धम्म दीक्षा उत्सव
कार्तिक	नवंबर	भिक्खुओं का धम्म चारिका गमन, सारिपुत्र का परिनिर्वाण
मार्गशीर्ष	दिसंबर	संघमित्रा द्वारा श्रीलंका में भिक्खुनी संघ की स्थापणा, डॉ. आंबेडकर का महाप्रयाण
पौष	जनवरी	बुद्ध का श्रीपाद चिन्ह (श्रीलंका) की जनश्रुति
माघ	फरवरी	सारिपुत्र और मौद्गल्यायन बुद्ध के प्रधान शिष्य बने
फाग	मार्च	बुद्ध की कपिलवस्तु को भेंट
फाल्गुन	अप्रैल	बुद्ध ने शाक्य-कोलिय के जल विवाद का निपटारा किया, डॉ. आंबेडकर की जयंति

थाई बौद्ध पूजा पद्धति[46]

प्रातः उच्चारण

अरहं सम्मासम्बुद्धो भगवा, बुद्धं भगवन्तं अभिवादेमि। स्वाक्खातो भगवता धम्मो, धम्मं नमस्सामि। सुपटिपन्नो सावकसंघो, संघं नमामि।

प्रथम नमस्कार

नमोतस्स भगवतो अरहतोसम्मासम्बुद्धदस्स, नमोतस्स भगवतो अरहतोसम्मासम्बुद्धस्स, नमोतस्स भगवतो अरहतोसम्मासम्बुद्धस्स।

बुद्धस्तुति

यो सो तथागतो अरहं सम्मासम्बुद्धो, विज्जाचरणसम्पन्नो सुगतो लोकविदू, अनुत्तरो पुरिसधम्मसारथी सत्थादेवनुस्सानं बुद्धो भगवा। यो इमं लोकं सदेवकं समारकं सब्रह्मकं सस्समणब्राह्मणिपजं सदेवमनुस्सं सयं अभिञ्ञा सच्चिकत्वा पवेदेसि, यो धम्मं देसेसि आदिकल्याणं मज्झेकल्याणं परियोसानकल्याणं सात्थं सब्यंजनं केवलपरिपुण्णं परिसुद्धं ब्रह्मचरियं पकासेसि, तमहं भगवन्तं अभिपूजयामि तमहं भगवन्तं सिरसा नमामि।

धम्मस्तुति

यो सो स्वाक्खातो भगवता धम्मो, सन्दिट्ठिको, अकालिको एहिपस्सिको, ओपनायिको पच्चत्तं वेदितब्बो विञ्ञूहि तमहं धम्मंअभिपूजयामि तमहं धम्मं सिरसा नमामि।

यो सो सुपटिपन्नो भगवतो सावकसंघो, उजुपटिपन्नो भगवतो सावकसंघो, ञायपटिपन्नो भगवतो सावकसंघो, सामीचि पटिपन्नो भगवतो सावकसंघो। यदिदं चत्तारि पुरिसयुगानि अट्ठपुरिसपुग्गला, एस भगवतो सावकसंघो। आहुणेय्यो पाहुणेय्यो दक्खिणेय्यो अञ्जलिकरणियूयो, अनुत्तरं पुञ्ञंक्खेतं लोकस्स। तमहं संघं अभिपूजयामि तमहं संघं सिरसा नमामि।

रतनत्रयप्रणामगाथा

बुद्धो सुसुद्धो करुणामहण्णवो योचन्तसंद्धाब्बरञाणलोचनो, लोकस्स पापूकिलेसघातको, वंदामि बुद्धं अहमादरेन तं।

धम्मो पदीपो विय तस्स सत्थुनो, यो मग्गपाकामतभेदभिन्नको, लोकुत्तरो यो च तदत्थदीपनो, वंदामि धम्मं अहमादरेन तं।

धम्मो पदीपो विय तस्स सत्थुनो, यो मग्गपाकामतभेदभिन्नको, लोकुत्तरो यो च तदत्थदीपनो, वंदामि धम्मं अहमादरेन तं।

संघोसुखेत्ताब्यतिखेत्तसञ्ञितो, यो दिट्ठसन्तो सुगतानुबोधको, लोलप्पहीनों अरियो सुमेधसो, वंदामि संघं अहमादरेन तं।

इच्चेवमेकन्तभिपूजनेय्यकं, वत्थुत्तयं वन्दयताभिसंङखतं, पुञ्ञं मया यं मम सब्बुपद्दवा, मा होन्तु वे तस्स पभावसिद्धिया।

संवेगपरिकित्तनपाठ

इध तथागतो लोके उप्पन्नो अरहं सम्मासम्बुद्धो, धम्मो च देसितो नियृयानिको उपसमिको परिनिब्बानिको सम्बोधगामी सुगतप्पवेदितो। मयन्तं धम्मं सुत्वा एवं जानाम, जातिपि दुक्खा जरापि दुक्खा मरणम्पि दुक्खं, सोकपरिदेवदुक्खदोमनस्सुपायासापि दुक्खा, अप्पियेहि सम्पयोगो दुक्खो पियेहि विप्पयोगो दुक्खो यम्पिच्छं न लभति तम्पि दुक्खं संडिखत्तेन पञ्चुपादानक्खन्ध दुक्ख। सेय्यथीदं। रुपूपादानक्खन्धो, वेदनूपादानक्खन्धो, सञ्ञूपादानक्खन्धो, संङखारुपादानक्खन्धो, विञ्ञाणूपादानक्खन्धो, येसं परिञाय, धरमानो सो भगवा, एवं बहुलं सावके विनेति, एवं भागा च पनस्स भगवतो सावकेसु अनुसासनी, बहुला पवत्तति, रुपं अनिच्चं, वेदना अनिच्चा, सञ्ञा अनिच्चा, संङखारा अनिचा, विञ्ञाणं अनिच्चं, रूपं अनत्ता, वेदना अनत्ता, सञ्ञा अनत्ता, संङखारा अनत्ता, विञ्ञाणं अनत्ता, सब्बे संङखारा अनिच्चा, सब्बे धम्मा **अनत्तति**। ते मयं, ओतिण्णाम्ह जातिया जरामरणेन, सोकेहि परिदेवेहि दुक्खेहि दोमनस्सेहि उपायासेहि, दुक्खोतिण्हा दुक्खपरेता, अप्पेवनामिसस्स केवलस्स दुक्खखन्धस्स अन्तकिरिया पञ्ञ:य थाति। चिरपरिनिब्बुतम्पि तं भगवंतं उद्दिस्स अरहन्तं सम्मासम्बुद्धं सद्धा अगारस्मा अनगारियं पब्बजिता, तस्मिं भगवति ब्रह्मचरियं चराम, भिक्खूनं सिक्खासाजीवसमापन्ना। तं नो ब्रह्मचरियं इमस्स केवस्स दुक्खखन्धस्स अन्तकिरियायं संवत्ततु।

तङखनिकपच्चवेक्खणपाठ

पटिसंङखायोनिसो पिण्डपातं पटिसेवामि, नेवदवाय न मदाय न विभूसनाय, यावदेव इमस्स कायस्स ठितिया यापनाय, विहिंसूपरतिया ब्रह्मचरियानुग्गहाय, इति पुराणञ्च वेदनं पटिहंखामि नवञ्च वेदनं न उप्पादेस्सामि, यात्रा च मे भविस्सति अनवज्जता च फासुविहारो चाति।

पटिसंङखायोनिसो सेनासनं पटिसेवामि, यावदेव सीतस्स पटिघाताय, उण्हस्स पटिघाताय, डंसमकसवातातपसिरिंसपसपसम्फस्सानं पटिघाताय, यावदेव उत्तुपरिस्सयविनोदनं पटिसल्लानारामत्थं।

पटिसंङखायोनिसो गिलानपच्चयभेसज्जपरिक्खारं पटिसेवामि, यावदेव उप्पन्नानं वेय्याबाधिकानं वेदनानं पटिघाताय, अब्यापज्जपरमातायाति।

पत्तिदानगाथा

या देवता सन्ति विहारवासिना थूपे घरे बोधिघरे तहिं तहिं ता धम्मदानेन भवन्तु पुजिता सोत्थि करोन्तेध विहारमण्डले थेरा च मज्झा नवका च भिक्खवो सारामिका दानपति उपासका गामा च देसा निगमा च इस्सरा सप्पानभूता सुखिता भवन्तु ते। जलाबुजा येपि चअण्डसभ्भवा संसेदजाता अथवोपपातिका नियानिकं धममवरं पटिच्च ते, सब्बेपि दुक्खस्स करोन्तु सङखयं। ठातु चिरंसतं धम्मो धमधरा च पुग्गला संघो होतु समग्गो व अत्थाय च हिताय च। अम्हे रक्खतु सद्धम्मो सब्बेपि धम्मचारिनो वुड्ढिं सम्पापुणेय्याम धम्मे अरियप्पवेदिते पसन्ना होन्तु सब्बेपि पाणिनो बुद्ध सासने सम्मधारं पवेच्छन्तो काले देवो पवस्सतु वुडिढभावाय सत्तानं समिद्धं नेतुमेदनिं मांता पिता च अत्रजं निच्चं रक्खन्ति पुत्तकं एवं धम्मेनराजानो पजं रक्खन्तु सब्बदा।

संध्यापाठ

त्रिरत्न प्रणाम यथा प्रातः पाठ है। पूर्वभागनमस्कार भी यथा प्रातः पाठ है। उपरोक्त प्रातः पाठ में निम्न अभिवृद्धि के साथ संध्यापाठ किया जाता है। यथा:

बुद्धानुस्मृति

तं खो पन भगवन्तं एवं कल्याणोकित्तिसददो अब्भुग्गतो, इतिपि सो भगवा... बुद्धो भगवति।

बुद्धाभिगीति

बुद्धवार हन्तवारतादिगुणाभियुत्तो, सुद्धदाभिञ्ञाणकरुणाहि समागत्तो, बोधेसि यो सुजनतं कमलंव सूरो वन्दामहं तमरणं सिरसा जिनेन्दं।

बुद्धोयो सब्ब पाणीनं सरणं खेममुत्तमं पठमानुस्सतिटठानं, वन्दामि तं सिरेनहं बुद्धदस्साहस्मि दासोव[47] बुद्धो मे सामिकिस्सरो बुद्धो दुक्खस्स घाता च विधाता च हितस्स मे। बुद्धस्साहं नियादेमि सरीरंजीविलंचिदं, वन्दन्तोहं[48] चरिस्सामि बुद्धस्सेव सुबोधितं। नत्थि मे सरणं अञ्ञं बुद्धो मे सरणं वरं एतेन सच्चवज्जेन वड्ढेय्यं सत्थु सासने। बद्धं मे वन्दमानेन[49] यं पुञ्ञं पसुतं इध, सब्बेपि अन्तराया मे महेसुं तस्स तेजसा।

धम्माभिगीति

स्वाक्खाततादिगुणयोगवसेन सेययो, यो मग्गपाकपरियत्ति विमोक्खभेदो। धम्मो कुलोकपतना तदधारिधारी, वन्दामहं तमहरं वरधम्ममेतं।

धम्मो यो सब्बपाणीनं सरणं खेममुत्तमं दुतियानुस्सतिट्ठानं, वन्दामि तं सिरेनहं। धम्मस्साहस्मि दासोव धम्मो मे सामिकिस्सरो, धम्मो दुक्खस्स घाताच विधाता च

हितस्स मे। धममस्साहं नियृयादेमि सरीरञ्जीवितञ्चिदं, वन्दंतोहं चरिस्सामि धम्मस्सेव सुधम्मतं। नत्थि मे सरणं अञ्ञं धम्मो मे सरणं वरं एतेन सच्चवज्जेन वड्ढेय्यं सत्थु सासने। धम्मं मे वन्दमानेन[49] यं पुञ्ञं पसुतं इध, सब्बेपि अन्तराया मे माहेसुं तस्स तेजसा।

संघाभिगीति

सधम्मजोसुपटिपत्तिगुणादियुत्तो, योट्ठब्बिधोअरियपुग्गलसंघसेट्ठो, सीलादिधम्मपवरासयकायचित्तो, वन्दामहं तमरियान गणं सुसुध्दं। संघो यो सब्बपाणीनं सरणं खेममुत्तमं ततियानुस्सतिट्ठानं, वन्दामि तं सिरेनहं। संघस्साहस्मि दासोव संघो मे सामिकिस्सरो, संघो दुक्खस्स घाताच विधाता च हितस्स मे। संघस्साहं नियृयादेमि सरीरञ्जीवितञ्चिदं, वन्दंतो'हं च रिस्सामि संघस्सापटिपन्नतं। नत्थि मे सरणं अञ्ञं संघो मे सरणं वरं एतेन सच्चवज्जेन वड्ढेय्यं सत्थु सासने। संघं मे वन्दमानेन[49] यं पुञ्ञं पसुतं इध, सब्बेपि अन्तराया मे मा'हेसुं तस्स तेजसा।

कायेन वाचाय व चेतसा वा, बुध्दे (धम्मे), (संङघे) कुकम्मं पकतं मया यं बुध्दो (धम्मो), (संङघो) पटिग्गणहतु अच्चयन्तं कालन्तरे संवरितुं व बुध्दे (धम्मे), (संङघे)।

सीलुद्देसपाठ

भासितमिदं तेन भगवता जानता पस्सता अरहता सम्मासम्बुध्देन, सम्पन्नसीला भिक्खवे विहरथ सम्पन्नपाटिमोक्खा, पाटिमोक्खसंवरसुंवता विहरथ आचारगोचरसम्पन्ना, अनुमत्तेसु वज्जेसुभयदस्सावी समादाय सिक्खथ सिक्खापदेसूति। तस्मातिहम्हेहि सिक्खितब्बं, सम्पन्नसीला विहरिस्साम आचारगोचरसम्पन्ना, अनुमत्तेसु वज्जेसु भयदस्सावि समादाय सिक्खिस्साम सिक्खपदेसू'ति, एवञ्हि नो सिक्खितब्बं।

अतीतपच्चवेक्खणपाठ

अज्ज मया अपच्चवेक्खित्वा यं चीवरं परिभुत्तं, तं यावदेव सीतस्स पटिघाताय, उण्हस्स पटिघाताय, उंसमकसवातातपरिरिंसिपसम्फस्सानं पटिघाताय, यावदेव हिरिकोपिन पटिच्छादनत्थं। अज्ज मया अपच्चवेक्खित्वा यो पिण्डपातो परिभुत्तो, सो नेव दवाय न मदाय न मण्डनाय न विभूसनाय, यावदेव इमस्स कायस्स ठितिया यापनाय विहिंसुपरतिया ब्रह्चरियानुग्गहाय, इति पुरानञ्च वेदनं पटिहंखामि नवञ्च वेदनं न उप्पादेस्सामि, यात्रा च मे भविस्सति अनवज्जताच फासुविहारोचा''ति। अज्ज मया अपच्चवेक्खित्वा यं सेनासनं परिभुत्तं, तं यावदेव सीतस्स पटिघाताय, उण्हस्स पटिघाताय, डंसमकसवातातपसिरिंसपसम्फस्सानं पटिघाताय, यावदेव उतुपरिस्सयविनोदनं पटिसल्लानारामत्थं। मया अपच्चवेक्खित्वा यो गिलानपच्चयभेसज्जपरिक्खारो परिभुत्तो, सो यावदेव उपन्नानं वेय्याबधिकानं वेदनानं पटिघाताय, अब्यापज्जपरमताया'ति।

उद्दिसनादिट्ठानगाथा

इमिना पुञ्ञकम्मेनउपज्झाया गुणुत्तरा, आचरियूपकारा च माता पिताच ञातका, सुरियो चन्दिमा राजा, गुणवन्ता नरापि च, ब्रह्ममारा च इन्दा च लोकपाला च देवता, यमो मित्ता मनुस्सा च मज्झत्ता वेरिकापि च, सब्बे सत्ता सुखी होन्तु पुञ्ञानि पकतानि मे, सुखञ्च तिविधं देन्तु खिप्पं पापेशी वो मतं इमिना पुञ्ञकम्मेन इमिना उद्दिसेन च, खिप्पाहं सुलभे चेव तण्हुपादानछेदनं। ये सन्ताने हिनाधम्मा याव निब्बानतो ममं, नस्सन्तु सब्बदायेव यत्थ जातो भवे, भवे, उजुचित्तं सतिपञ्ञा सल्लेखो विरियम्हिना मारा लभन्तु नोकासं कातुञ्च विरियेसु मे, बुध्दाधिपवरो नाथो धम्मो नाथो वरुत्तमो, नाथो पचचेकबुध्दो च संङघो नाथोत्तरो ममंतेसोत्तमानुभावेन मारोकासं लभन्तु मा।

पंचशील याचना

मयं भन्ते विसुं विसुं रक्खणत्थाय, तिसरणेन सह पञ्च सीलानी याचाम। दुतियम्पि....., ततियम्पि.....।

धम्मदेशनार्थ याचना

ब्रह्मा च लोकाधिपति सहम्पति कतञ्जलि अन्धिवरं अयाचथ संतीध सत्ताप्परजक्खजातिका देसेतु धम्मं अनुकम्पिमं पजं।

परित्राण देशनार्थ याचना

विपत्तिपटिवाहाय सब्बसम्पत्तिसिध्दियासब्ब दुक्ख, (भय), (रोग) विनासाय परित्तं तं ब्रूथ मङगलं।

अष्टशील याचना

मयं भन्ते तिसरणेन सह अट्ठाङगसमन्नागतं उपोसथं याचाम तीन बार कहना चाहिए। फिर अष्ठशीलों को ग्रहण कर कहें: इमं अट्ठङगासमन्नागतं बुध्दपञ्ञत्तं उपोसथं, इमञ्च रत्तिं इमञ्च दिवसं, सम्मदेव अट्ठ सिक्खापदानि उपोसथसिलवसेन, साधुकं कत्वा अप्पमादेन रक्खितब्बानि। उपासक कहेंगे: आम भन्ते। भिक्षु कहेंगे: सीलेन सुगतिं यन्ति सीलेन भोगसम्पदा, सीलेन निब्बुत्तिं यन्ति तस्मा सीलं विसोधये।

आशिर्वाद गाथायें

सब्बबुध्दा(धम्मा)(संघा) नुभावेन बुध्द (धम्म)(संघ)रतनं तिण्णं रतनानं आनुभावेन चतुरा सीति सहस्स(84000) धम्मक्खन्धानुभावेन पिटकतयानुभावेन जिनसावकानुभावेन (By the power of the conqueror's disciples) सब्बे ते रोगा, सब्बे ते भया (dangers), सब्बे ते अन्तराया (obstacles), सब्बे ते

उपद्ददवा (distress), सब्बे ते दुन्निमित्ता (unlucky signs), सब्बे ते अवमङ्गला (inauspiciousness), विनस्सन्तु। आयु वड्ढको, धन वड्ढको, सिरि वड्ढको (fortune), यस (fame) वड्ढको, बल (power) वड्ढको, वण्ण (beauty) वड्ढको, सुख वड्ढको होतु सब्बदा।

रतनत्तयानुभावादिगाथा

रतनत्तयानुभावेन रतनत्तयतेजसा दुक्ख रोग भया वेरा सोका सत्तु (perils), चुपद्दवा (distress), अनेका अन्तरायापि (obstacles), विनस्सन्तु असेसतो (without remainder), जय (triumph), सिध्दि (success), धनं लाभं (gain), सोत्थि (safety), भाग्यं (luck), सुखं बलं सिरि (fortune), आयुच वण्णो च भोगं (prosperity), बुड्ढिच (increase), यसवा (fame), सतवस्साच आयुच (a hundred years of age), जीवसिध्दि (successful in livelihood), भवन्तु ते।

नमकारसिध्दिगाथा–सफलता हेतु आदरार्थ कही जाने वाली गाथायें

योचक्खुमा मोहमलापकड्ढो सामं व बुध्दो सुगतो विमुत्तो मारस्स पासा विनिमोचयन्तो पापेसि खेमं जनतं विनेय्यं बुध्दं वरन्तं सिरसा नमामि लोकस्स नाथञ्च विनायकञ्च तं तेजसा ते जय सिद्धि होतु सब्बन्तराया च विनासमेन्तु (अर्थात् चक्षुमान, स्वयं मोह के दाग को दूर करने वाले, बुध्द, सुगत, विमुक्त, मार के पाश से मुक्त, जनता को पाप से सुरक्षित करने वाले सब से श्रेष्ठ बुद्ध को सिर से नमस्कार है। लोक के नाथ और विध्नहर के प्रताप से तुम्हारी यशवृध्दि हो और तुम्हारी सब रुकावटें दूर हो।)

धम्मो धजो योविय तस्स सत्थु दस्सेसि लोकस्स विसुध्दिमग्गं निय्यानिको धम्मधरस्स धारी सातावहो सन्तिकरो सुचिण्णो धम्मं वरन्तं सिरसा नमामि मोहप्पदालं उनसन्तदाहं तं तेजसा ते जयसिध्दि होतु सब्बन्तराया च विनासमेन्तु (अर्थात् शास्ता के ध्वज चिन्ह स्वरूप धम्म लोगों को विशुध्दि का मार्ग दिखाता है, धम्मधरों का नेतृत्व करता है, भली तरह अभ्यास करने पर शांति और सुख देता है। ऐसे सर्वश्रेष्ठ धम्म को सिर से नमस्कार है। मोह को दूर करने और दाह का शमन करनेवाले इस धम्म के प्रताप से तुम्हारी यशवृध्दि हो और सब रुकावटें दूर हो।)

सध्दम्मसेना सुगतानुगोयो लोकस्सपापुककिलेसजेता सन्तोसयंसन्ति नियोजकोच स्वाक्खातधम्मं विदितं करोति संघं वरन्तं सिरसा नमामि बुध्दानुबुध्दं समसील दिटठं तं तेजसा ते जयसिध्दि होतु सब्बन्तराया च विनासमेन्तु (अर्थात् सधम्म की सेना सुगत की अनुयायी और लोकों के पाप और क्लेशों की विजेती, स्वयं ही शान्त होकर

बंधनमुक्त है। सुआख्यात धम्म की जानकार उस सबसे श्रेष्ठ संघ को सिर से वंदन है। उस बुध्दानुगामी बुध्द के समान शील और दृष्टि वाले संघ के प्रताप से तुम्हारी यशवृद्धि हो और तुम्हारी सब रुकावटें दूर हो।)

श्रीलंका की बौध्द पूजा पध्दति[50]

पुष्प पूजा

पुष्प जैसे स्वभाववाला यह शरीर है। जिस प्रकार चमकीले, सुन्दर, सुगन्धि, खूशबूदार, अच्छे रुपवाले पुष्प जल्दी ही बेरंगे, बदबूयुक्त और कुरुप होते हैं, उस प्रकार यह शरीर भी सुंदर, खुशबूदार और रुपवान होकर जल्दी ही बेरंगा, बदबूयुक्त और कुरुप होता है। मेरा शरीर भी इसी स्वभाव का है और ऐसी स्थिति को प्राप्त होगा तथा वह इससे मुक्त नहीं है।

दीप पूजा

सूरज दिन में चमकता है। चन्द्रमा रात में चमकता है। यौध्दा युध्द में चमकता है, ध्यानी ध्यान में चमकता है। परन्तु रात-दिन के सभी समय के दौरान चमकते रहने वाले बुध्द ही है (धम्मपद 387)।

धूप पूजा

तगर और चंदन की खुशबू अच्छे कर्म करनेवाले सत्पुरुषों के सामने तुच्छ है क्योंकि वह देवताओं तक जाती है। पुष्पों की खुशबू हवा के विरुध्द दिशा में नहीं फैलती, न चन्दन, न जास्मिन या तगर की खुशबू हवा के विरुध्द दिशा में भी बहती है। सत्पुरुष सभी दिशाओं में व्याप्त रहता है। चंदन, तगर, पदम् और जास्मिन के उत्तम सुगन्धों में सुशील सुगंध अनुपम होता है।

झुकना या नमस्कार करना

घमण्ड के प्रतीक सिर को जमीन पर तीन बार झुका कर नमन करते हैं।

दैनंदिन ध्यान के पांच विषय

अहं जराधम्मोस्मि, न च विपरिणामधम्मो। अहं व्याधिधम्मोस्मि, न च विपरिणामधम्मो। अहं मरणधम्मोस्मि न च विपरिणामधम्मो। सब्बा ते मया पियेहि मनापेढि अनिच्चति मच्चाति। कम्मस्सका, कम्मदायादो, कम्मयोनि, कम्मबन्धु, कम्मपटिसरणा, यं कम्मं करिस्सामि कल्याणं वा पापकं वा तं कम्मस्स दायादो भविस्सामिति।

मैत्री भावना

अहं अवेरो होमि। अब्यापज्झो होमि। अनिघो होमि सुखी अत्तानं परिहरामि। यं किञ्चि सत्ता सब्ब ते अवेरा होन्ति अब्यापज्झा होन्ति, आनिघा होन्ति, सुखी अत्तानं परिहरन्ति।

पुण्यानुमोदन

यं पुञ्ञं मया कतं इध वा हुरं वा सब्बे भूता अनन्ता अमापा अनुमोदन्ति। इदं पुञ्ञकम्मं सम्मोदमाना पुञ्ञदानं दत्वा सब्बे सत्ता होन्ति सुखी सदा, अनीघा होन्तु[51]।

धम्म स्कंध

दो समाधियां: शमथ और विपश्यना

तीन अकुशल मूल: लोभ, दोस, मोह

तीन कुशल मूल: अलोभ, अदोस, अमोह

चार आर्यसत्य: दु:ख, दु:ख समुदय, दु:ख निरोध, दुक्खनिरोधगामिनिप्रतिपदा

चार ब्रह्मविहार: मैत्री (अदोस), करुणा (अनौदासिन्य), मुदिता (अमत्सर), उपेक्षा (निष्पक्षता),

चार उपासक धर्म: दान, शील, शिक्षा और प्रज्ञा

पांच नीवरण: कामच्छंद, व्यापाद, औध्दत्य–कौकृत्य, थीनमिध्द, विचिकित्सा

आठ लोकधर्म: लाभ-हानि, यश-अपयश, प्रशंसा-निंदा और सुख-दु:ख

अष्टांग मार्ग: सम्मादिट्ठी, सम्मा संकप्पो, सम्मा वाचा, सम्मा कम्मन्तो, सम्मा आजीवो, सम्मा वायामों, सम्मा सति और सम्मा समाधि।

दस पुण्य मार्ग: दान, शील, भावना, पूजा, परोपकार, पुण्यसमर्पण, पुण्यानुमोदन, धम्मश्रवण, धम्मदान और उजुदिट्ठि

तीन लक्षण: अनिच्चा, दुक्ख और अनात्म

एक लक्ष्य: निर्वाण

सही बुध्द वंदना

श्री सत्यनारायण गोयन्का लिखित और श्रामणेर विशुध्दानन्द द्वारा अनूदित बुध्द वर्ष 2529 में प्रकाशित चौदह पृष्ठों की छोटी सी पुस्तिका है।

अपने 'दो शब्द' में अनुवादक ने कहा है कि जैसे बालक को 'क', 'ख' सिखाने के लिए किसी शब्द या चित्र का सहारा लेकर सिखाते हैं परन्तु अक्षर सीखने की अपेक्षा अक्षर सिखाने के आकर्षक माध्यम ही बालक के मन में अधिक बैठ जाते

हैं। उसी प्रकार रुप, शब्द, गंध, स्वाद, स्पर्श और विचार के आकर्षण में पड़ कर हम 'बुध्दत्व' के मूलाक्षर को भूल जाते हैं।

इसलिए सहि बुध्द वंदना क्या है, इसे जानना जरूरी है।

बालक सिध्दार्थ गौतम सात दिन के भी न हुए थे कि वह मातृविहीन हुये। महामाया की बहन और राजा शुध्दोदन द्वारा विवाहित महाप्रजापति ने अपने पुत्र नन्द को दूध पिलाना छोड़कर सिध्दार्थ गौतम की ममतामयी क्षीरदायिनी बनी। 120 वर्ष प्राप्त पूर्ण वृध्दा देह त्याग कर परिनिर्वाण प्राप्ति के लिए तय्यार महाप्रजापति गौतमी बुध्द के प्रति अपनी भक्ति को प्रकट करते समय कहती है: हे सुगतम तिम्री आमा हूँ। हे वीर!तिमी मेरो बाबु हो। अहं सुगत ते माता त्वं च वीर पिता मम।

जैसे हि बुध्द को सध्दर्म प्राप्ति हुई सारे पुरुष उनके औरसपुत्र बनें और सारी स्त्रियां उनकी औरस पुत्री हुई।

परम साध्वी प्रजापति ने अपनी कृतज्ञता बुध्द के प्रति व्यक्त करते हुए कहा था: "हे बुध्दमा! तुमने मेरे अन्दर सध्दर्म को जन्म दिया। हे पुत्र! मैंने तुम्हें अपने स्तन से दूध पिला कर क्षणिक प्यास बुझाई। परंतु हे पिता! तूने मुझे सध्दर्म का परम शांतिदायी अमृत पिला कर जन्मों की तृष्णा बुझाई। हे पुत्र! मैंने तुम्हारे भौतिक शरीर के रक्षणार्थ दूध पिलाई। बदले में तूने मुझे निर्मल धर्मकाय के रक्षार्थ अमृत पिलाया। इस संसार में किसी नारी को राजमहीषि या राजमाता कहलाना सुलभ होता है। परंतु परम बुध्दमाता कहलाना अत्यन्त दुर्लभ है। हे पुत्र! तेरे ही कारण मैंने इस गौरव को प्राप्त किया है।"

अपना दु:ख पूर्ण रुप से कटा कर प्रजापति कृतज्ञता विभोर होकर महामाया और बुध्द को इन शब्दों में स्मरण करती हैं।

"हे माया! तूने बहुजन के हित में लगे ऐसे गौतम को जन्म दिया (बहूनं वत अत्थाय माया जनयि गौतम) और "हे भगवन, मेरे जैसे अनेक दु:खियारों का दु:ख मिटाने के लिए तुम बने हुए हो! प्राणियों में सर्वश्रेष्ठ हे बुध्द! हे वीर! तुम्हें मेरा नमस्कार हैं।"

महावत्सला जैसी भिक्षुणी को परिनिर्वाण की घोषणा पर शोक हुआ तो महाप्रजा पलि ने उसे समझाया कि परिनिर्वाण कैसी घटना होती है और कहा: 'अरे! यह तो आनन्द भेरी बजनेवाला मङगल मुहुर्त है। जन्म मृत्यु के सदा के दु:ख से छुटकारा पाकर उत्सव मनाने लायक घड़ी है। मेरी प्यारी बहनों! ऐसे समय तुम्हारी आंखों में पानी कैसा'?

'यदि मेरे प्रति दया है, मेरे प्रति कृतज्ञता है तो तुम सध्दर्म में प्रतिष्ठित होकर दृढ़तापूर्वक प्रयत्नशील रहो।' सचे मयि दया अत्थि यदिच अत्थि कतञ्ञुता–सध्दम्मतिट्ठाय सब्बा करोथ विरियं दल्हं। यही सच्ची वन्दना है। यही सच्चा सम्मान है।

भिक्षु आनन्द भी जब परिनिर्वाण की घोषणा पर शोक विव्हल हुये थे तो उनको इन शब्दों में समझाया गया था, 'गंभीर ज्ञानसागर भगवान बुध्द की सेवा में निरन्तर तत्पर रहनेवाले आनन्द! इस हर्ष की बेला में तुम्हारा शोक प्रकट करना शोभनीय नहीं है। तुम्हें सतत प्रयत्नशील रहने के लिए प्रव्रज्या तथा कल्याणकारी साधना मिली हैं, उसी के माध्यम से तुम मुक्ति तथा निर्वाण का साक्षात्कार करके जियो।'

हे पुत्र! दु:खी मत हो। मा पुत्त विमनो होहि।

मेरे प्रति स्नेह है तो मुक्ति मार्ग के लिए यदि तू परिश्रम करेगा तो तुम्हारा परिश्रम सफल होगा। सफलो ते परिस्समो।

यही सच्ची वंदना है। यही सच्चा सम्मान है।

पहले की एक घटना है जब साध्वी गौतमी अपने मातृत्व स्वभाव से अपने छोरा के प्रति मंगल कामना कर रही थी, "हे महावीर! तुम चिरंजीवी हो। हे महामुनि! तुम कल्प तक जियो। सकल लोक की भलाई के लिए लगे तुम अजर अमर होवो।

यह सुनकर वहां की भगिनियां ऐसी वन्दना भगवान बुध्द के लिए अनुचित है ऐसा कहने लगी। तब उत्सुकता द्वारा प्रजापतिने बुध्द को पूछा "कृपया आप मुझे समझावें कि किस प्रकार की वन्दना उचित होती है'?

बुध्द ने नजदीक ही सामूहिक साधना में मग्न हुये श्रावक संघ की तरह संकेत कर के कहा: "देखो! यह श्रावक संघ कैसे एकत्र होकर समग्रता के साथ साधना में लीन है। चित्त शुध्दि के लिए नित्य दृढ़ पराक्रम करने की आवश्यकता होती है। वास्तव में यही बुध्द की वन्दना है। आरध्द विरिए पहितत्ते निच्चं दल्हं परक्कमे, समग्गे सावके पस्स एतं बुध्दानं वन्दनं।

सही बुध्द वन्दना के दूसरे नमूने कुछ इस प्रकार हैं।

जब कोई सिपाही अपने कमाण्डर को सलामी देता है अर्थात् वन्दना करता है, तब वह मजबूत हाथों में बन्दूक पकड़कर जितनी चाहिए उतनी छाती तानकर, सिर सीधा कर, कंधासीधा रख सावधान मुद्रा धारण करता है। एक सैनिक की अपने अधिकारी को यही वन्दना होती है, यही सम्मान होता है।

इस प्रकार सम्यक सम्बुध्द के प्रति हमारी सही वन्दना यही है कि हम पालथी मारकर बैठ, कमर, पीठ, गर्दन सीधी रख, अन्तर्मुख हो काय--चित्त प्रपञ्च से अनासक्त हुये विपश्यना करें। एतं बुध्दानं वन्दनं।

भगवान को अस्सी वर्ष हुए थे। वैशाख पूर्णिमा की रात थी। यह घोषणा हुई थी कि आज की रात के अनन्तर भगवान अपना शरीर त्यागने वाले हैं। महापरिनिर्वाण प्राप्त करने वाले हैं। कुशीनगर के एक विहार में दो शाल वृक्ष की छाया में बिछाये संघाटी पर भगवान लेटे हुये है। आनन्द उनकी सेवा में है। अन्तिम दर्शन के लिए भक्त जनों

की भीड़ लगी हुई है। मनुष्यों में श्रेष्ठतम भगवान को सम्मानार्थ पुष्पादि को चढ़ाया जा रहा है। उस समय उन दो शाल वृक्षों का बिना मौसम के पुष्पित होकर भगवान के शरीर पर वर्षाव करना जाना था। भक्ति विव्हल देवगण भगवान के सिर पर वर्षाव कर रहे थे। दिव्य वाद्य और संगीत बज रहे थे। तब भगवान ने आयुष्यमान आनंद को इस सम्बन्ध में बोला: "आनन्द जो पुष्प वर्षा हो रही है, वाद्य और संगीत बज रहे हैं, इस तरह तथागत का मान-सम्मान, आदर-सत्कार, पूजा-अर्चना नहीं होती। तथागत का मान-सम्मान, आदर-सत्कार, पूजा-अर्चना तब होती है, जब कोई भिक्षु या भिक्षुणी, गृहस्थ, उपासक या उपासिका सध्दर्म के मार्ग पर आरुढ़ होते हैं। धर्मानुसार आचरण करते हैं। एवं हि आनन्द! सिक्खितब्बन्ति"।

भक्ति भावावेश में किए गए बाह्य प्रदर्शन मात्र से वह लाभ कैसे पा सकते है जो तथागत के जन प्राप्त कर उसमें विचरण करते हैं अर्थात् समस्त विकार से विमुक्ति या सम्पूर्ण दुख से विमुक्ति प्राप्त करना है।

तथागत के मृत शरीर का गौरव कैसे किया जाता है के आनन्द के प्रश्न पर बुध्द का उत्तर था कि जो लोग तथागत के शरीर को चिता में जलाने के बाद उस शरीर के अवशेष पर स्तूप बनाते हैं और पुष्प, गंध, माला आदि से पूजा-अर्चना और अभिवादन करते हैं, वे किसी समय अपने चित्त को निर्मल बनाने के फलस्वरूप अपना हित-सुख प्राप्त कर, सद्गति के अधिकारी होते हैं। परन्तु तथागत की गंभीर शिक्षा केवल सद्गति को प्राप्त करने मात्र की ही नहीं है। वह परम सत्य प्राप्ति के लिए है। कहा है "सदत्थं अनुमुञ्जथ सदत्थ अप्पमत्ता आतापिनो पहितत्ता विहरथ" अर्थात् सध्दम्म में अपने को जुटाकर सध्दम्म की प्राप्ति में लगकर प्रमाद रहित हो विहार करो और आत्मभाव त्यागकर साधना में लगे रहो।"

साधना ही सही बुध्द वंदना है। भगवान मुमुक्षों को यही शिक्षा देते हैं।

एक प्रसंग है। कोसल देश की राजधानी श्रावस्ती में सेठ अनाथपिण्डक ने करोडों रुपये खर्च कर जेतवन महाविहार बनाये है। भगवान बुध्द वर्षावास काल उस विहार में बिता कर लोगों को धम्म देशना देते थे। वर्षावास के बाद दूसरे प्रदेश में धम्मप्रचारार्थ चारिका करते थे। भगवान की उपस्थिति में विहार में जो चहलपहल होती थी वह उनकी अनुपस्थिति में नहीं होती थी। यह बात श्रेष्ठी अनाथपिण्डिक को खटकी। वह चाहते थे कि भगवान की अनुपस्थिति में भी उत्साह और चहलपहल बनी रहें। उसने अपनी मनोकामना आनन्द को बताई। आनन्द ने वह कुशलतापूर्वक भगवान के सामने पेश करते हुए पूछा: "भन्ते भगवान! चैत्य कितने प्रकार के होते हैं? भगवान ने कहा: "तीन प्रकार के – शारीरिक, उद्देसिक और पारिभोगिक"। आनन्द बोले, "भगवन! क्या बुध्द की जीवितावस्था में भी उनके नाम पर चैत्य बनाया जा सकता है?" भगवन बोले "शारीरिक चैत्य तथागतके शरीर त्यागने के बाद उनकी

अस्थि धातु के ऊपर बनाये जा सकते हैं। उद्‌देसिक चैत्य में मूर्ति, प्रतीक आदि की स्थापना द्वारा मनोकामना की प्रमुखता से बनाये जाते हैं जो अवांछनीय है। और पारिभोगिक चैत्य तथागत की जीवितावस्था में भी बनाये जा सकते हैं।

इस प्रकार अनाथपिण्डक ने जेतवन में ऐसा पारिभोगिक चैत्य बनाया कि जहां भगवान की अनुपस्थिति में भी जेतवन जनशून्य और उत्साह विहीन न हो सके।

लोकोत्तर निर्वाण प्राप्ति के लिए जिस का वृक्ष बुद्ध द्वारा उपभोग हुआ वह बोधिवृक्ष ही था। अत: उस तरफ ध्यान आकर्षित कर आनन्द को बुध्द ने कहा, "तथागत की जीवितावस्था में बोधिवृक्ष भी पारिभोगिक चैत्य हो सकता है। जिसकी छाया में बैठ लोकोत्तर निर्वाण सुख का रसास्वादन कर सकते हैं।"

आनन्द को इस बात का एहसास हुआ। उसने महामोग्गलान से प्रार्थना की कि ये बोधगया के बोधिवृक्ष के बीज मंगा कर महाराज प्रसेनजित, माता विशाखा तथा अन्य भक्तों की उपस्थिति में जेतवन के मुख्य द्वार के पास श्रेष्ठि अनाथपिण्डक द्वारा बिजारोपण करायें। जब वृक्ष बड़ा हुआ तब आनन्द के सत्प्रयत्नों के कारण लगाये गये इस वृक्ष का नाम भी आनन्द बोधि हुआ।

तब आनन्द ने भगवान से प्रार्थना की कि जिस प्रकार इन्हीं से बोधिवृक्ष में रात भर साधना द्वारा बोधगया का वृक्ष परमपावन बना उसी प्रकार वे आनन्दबोधि वृक्ष में एक पूरी रात निरोध समापत्ति की साधना में बितायें और उस स्थान को निर्वाण धातु और धर्म धातु के अंगतरंग से आप्लावित कर चिर काल तक कि लिए उसे परम पावन बनावें। भगवान ने ऐसा किया। आनन्दबोधि आज भी जीवित है। सम्भवत: यह संसार का सब से पुराना बूढ़ा वृक्ष होगा।

साधना के धरोहर पर भगवान बुध्द को अभिप्रेत सही वन्दना गुरु-शिष्य परंपरा से ब्रह्मदेश में प्रवाहित हुई। वहां के परम पूज्य गुरुदेव सयाजी उ बा खिन के जीवनकाल में इस धारा का दर्शन हुआ है। उन्होंने प्रज्ञा पूर्वक नमस्कार करने की विधि सिखाई। यंत्रवत् कर्मकांडवाले नमस्कार को वह "कैसा नमस्कार करते हो" ऐसा कह कर ठीक नमस्कार करना सिखाते हुए बताते हैं कि प्रणाम करने की लिए पहली बार झुकते वक्त अनित्य बोध के उदय व्यय के तरंग को सीस की तालु में जगाते हुए नमस्कार करें। दूसरी बार उस उदय व्यय वाले तरंग के अनुभव के साथ उनका दु:ख बोध करें। और तीसरी बार अनात्मबोध जगाते हुए नमस्कार करना चाहिए। यही सही सम्मान है। एतं बुध्दानं वन्दना।

अन्त में उक्त पुस्तिका निम्न दोहे के साथ पूर्ण की गई है: हिन्दु हो या बौद्ध हो, मुसलमान या जैन जब जब मन मैलयुक्त हो तब तब हराये चैन।

बौद्ध पूजा पाठ नामक 25 पृष्ठोंवाली एक लघु पुस्तिका के रचयिता स्वयं डॉ. भीमराव आंबेडकर हैं। इस की एक प्रति ऑल इंडिया समता सैनिक दल द्वारा

उपलब्ध हुई है, जो 1989 में छपी थी, हालांकि उसका निर्माण बहुत पहले सन् 1950-51 में हुआ था और उसका अंतर्भाव डॉ. आंबेडकर रायटिंग्ज एण्ड स्पीचेज के वाल्युम 16 में भी हैं, जो महाराष्ट्र सरकार द्वारा प्रकाशित है। इसकी प्रस्तावना में बाबासाहेब ने कहा ही है कि प्रस्तुत पुस्तक 1950 में सिलोन में उनके द्वारा संगृहित गाथाओं को प्रस्तुत करती है। वे गाथायें भारत में बढ़ाई गई है ओर उनका मराठी भाषानुवाद इस में दिया गया है। उनके सीलोनी मित्र श्री गुणसेन द्वारा कुछ गाथाओं का साउंड रेकार्डिंग भी बनाया गया था।

डॉ. आंबेडकर ने अपनी मार्मिक प्रस्तावना में आगे कहा है कि उपरोक्त पुस्तक की प्रकाशक और अधिकारी भारतीय बौध्द जन समिति रहेगी। यह हक उनके सुपुर्द करने की जरूरत उन्होंने यह बताई कि "इस देश में ऐसे दुष्ट लोग हैं कि वे काना मात्रा बदलकर दूसरों की पुस्तक अपने ही नाम पर प्रकाशित करते हैं।" इस पुस्तिका के साथ बौध्द संस्कार पाठ नामक दूसरी पुस्तक भी प्रसिध्द होने की उनकी उम्मीद थी परन्तु वह अभी पूर्ण नहीं हुई।

उस पुस्तिका में अनुक्रमणिका के विषय निम्नासुर हैं–1. सरणत्तयं, 2. पञ्चसीलानी, 3. बुध्द वन्दना, 4. धम्म वन्दना, 5. संघ वन्दना, 6. पूजा, 7. सब्ब सुख गाथा, 8. धम्म पालन गाथा, 9. रतन सुत्त और 10. जप और उनके साथी मराठी में अनुवाद भी हैं। इन पाठों का आरम्भ "नमोतस्स भगवतो अरहतो सम्मा सम्बुध्दस्स" से हुआ है।

सरणत्तय में बुध्द, धम्म और संघ की शरण तीन बार अंकित है। पञ्चसीलानी में पाणातिपाता से सूरामेरय तक पांच शीलों का समावेश है। बुध्द वन्दना के अंतर्गत 'इतिपि' से .....'भगवा'ति। बुध्दं याव जीवितं सरणं गच्छामि। ... बुध्दो में सरणं वरं बुध्दे यो खलितो दोसो ..... रतनं बुध्दसमं नत्थि ..... और लोकुत्तरो तं पणमामि बुध्दं " गाथायें हैं। धम्मवन्दना में निहित है–स्वाक्खातो ...विञ्ञूहीति। धम्मं यावजीवितं सरणं गच्छामि। ...धम्मो में सरणं वरं। ...धम्मो खमतु तं ममं। ...रतनं धम्मसमं नत्थि. ..। अट्ठङ्गिको अरियो पथो ... निय्यानिको तं पणमामि धम्मं। संघवन्दना में गाथायें हैं: सुपटिपन्नो ... लोकस्साति। संघं याव जीवितं सरणं गच्छामि। ... संघो मे सरणं वरं. ..। ... संघो खमतु तं ममं। ... रतनं संघसमं नत्थि ...। संघो विसुध्दो वर दक्खिणेय्यो ... अनासवो तं पणमामिसंघं।

पूजा में पुष्प, प्रदीप की गाथाओं का समोवश हैं। उसके बाद बुध्द के सभी अवशेष को पूजने की निम्न गाथा है: बुध्दं धम्मंञ्च संघं सुगत तनुभवा धातवो धातुगब्भे, लंकाय जम्बूदीपे तिदसपुरवरे नागलोके च थूपे। सब्बे बुध्दस्स बिम्बे सकल दस दिसे केसलोमादिधातुं वन्दे, सब्बेपि बुध्दं दस बल तनुजं बोधिचेतियं नमामि। वन्दामि चेतियं सब्बं सब्बठानेसु पतिट्ठितं, सारीरिक धातु महाबोधिंबुध्दरुपं सकलं सदा।

सब्बसुखगाथा में कहा गया है: सब्बे सत्ता सुखी होन्तु, सब्बे होन्तु च खेमिनो। सब्बे भद्राणि पस्सन्तु, मा कञ्चि दुक्खमागमा। यानीध भूतानी समागतानि भुम्मानि वा यानिव अन्तलिक्खे, सब्बेव भूता सुमना भवन्तु अथो'पि सकच्च सुणन्तु भासितं। तस्माहि भूता निसामेथ सब्बे मेत्तं करोथ मानुसिया पजाय। दिवा च रत्तो च हरन्ति ये बलिं, तस्मा हि ने रक्खथ अप्पमत्ता।

धम्मपालन गाथाओं में समावेश है: सब्ब पापस्स अकरणं कुसलस्स उपसम्पदा सचित्त परियोदपनं एतं बुध्दान सासनं। धम्मं चरे सुचरितं न तं दुच्चरितं चरे, धम्मचारी सुखं सेति अस्मिं लोके परम्हि च। न तावता धम्मधरो यावता बहु भासति योच अप्पम्पि सुत्वान धम्मं कायने पस्सति स वे धम्मधरो होति यो धम्मं नप्पमज्जतिका।

रतन सुत्त में सत्रह गाथायें हैं। पहली तीन गाथायें बुध्द, धम्म और संघ को नस्कार करने के लिए हैं। चौथी गाथा में त्रिरत्नों का सुभाषित है। पांचवी गाथा सभी प्राणियों को मनुष्य जाति के प्रति अपना प्रेम दर्शाने की प्रेरक है। छठी, सातवीं और आठवीं गाथाओं में बुध्द और धम्म का स्मरण है। नववी से चौदहवीं गाथायें संघ के स्मरणार्थ अंकित है। पन्द्रहवीं और सोलहवीं गाथायें बुध्द के और सत्रहवीं गाथा संघ के स्मरणार्थ है। सभी गाथाओं में श्रोताओं के कल्याण की कामना निहित है।

जप के अंतर्गत तिब्बति महायान बौध्द परंपरा का मंत्र ओम् मणि पद्मे हूं दर्ज है, जिसका मराठी अनुवाद नहीं दिया गया है, परन्तु वह प्रज्ञा और करुणा के अभ्यास का जाप है।

अंतिम पृष्ठ पर बाबासाहेब ने अपने अनुयायिओं को निम्नांकित संदेश दिया है: "परिस्थिति वश अपने समाज में कुछ अनिष्ट आचार परंपरा स्थापित हुई हो, शराब की आदत लग गई हो, पान, तम्बाकू के सेवन में हम समय, शरीर का दुरुपयोग कर रहे हो तो हम योग्य समय पर सजग होकर निर्व्यसनी बनें। इस प्रकार सभी प्रकार के अनिष्ट प्रसंगों, आचारों पर नियंत्रण रखें तो हम पर कोई भी किसी भी प्रकार का आरोप नहीं लगायेंगे। हमें किसी भी प्रकार की पीड़ा देने का ढाढस कोई भी नहीं करेगा। ऐसे उज्जवल ध्येय से कार्य करने के अनन्तर कोई हम पर बिना कारण आलोचना करें तो "हाथी चलता है, कुत्ता भौंकता है" के समान होगा। प्रामाणिकता से कार्य करते रहने पर जानबूझकर शरारतपूर्ण तरीके से आलोचना करनेवालों की परवाह करने में किचिंत् भी अर्थ नहीं।"

संदर्भ

1. सार्थ श्री सत्यनारायण पूजा कथा, मुंबई 1992, पृ. 1
2. वही, पृ. 21
3. पूर्व और दक्षिण के बीच की दिशा

4. दक्षिण और पश्चिम के बीच की दिशा।
5. पश्चिम और उत्तर के बीच की दिशा।
6. उत्तर और पूर्व के बीच की दिशा
7. सार्थश्री सत्यनारायण पूजा--कथा, सेन्ट्रल प्रकाशन, मुंबई, प्रथम आवृत्ति, 1992, पृष्ठ क्रमांक 66, 67
8. अरबी अक्षरों का बोध कराने वाली पुस्तिका
9. अल-अलक, 1-5
10. रसूल द्वारा स्वयं किये या बोले वाक्य
11. दण्ड
12. स्वीकृति
13. भोज
14. निर्धारित राशि जो स्त्री को देना होती है
15. धार्मिक विद्वान
16. रिश्तेदार
17. दूसरे के अधिकारों का उपाधिकारी
18. विवाह से संबंधित भाषण
19. भाषण
20. भाषण के पूर्व के वाक्य
21. सय्यद अबुल हसन अली नदवी, हिन्दुस्तानी मुसलमान एक दृष्टि में, लखनऊ 1997, पृ. 4
22. गर्व
23. निजा
24. विर्द
25. ऐ अल्लाह! हमारे जिन्दा और मुर्दा, उपस्थित एवं अनुपस्थित, छोटे तथा बड़े और पुरुष तथा स्त्री को क्षमा प्रदान कर। ऐ अल्लाह! हम में से जिसको जीवित रखे उसे इस्लाम पर जीवित रख और जिसको तू दुनिया से उठाय उसको ईमान पर उठा।

    नाबालिग बच्चे या बच्ची के जनाज़े पर जो दुआ पढ़ी जाती है वह इस प्रकार है:

ऐ अल्लाह! इस बच्चे को अगुआ (पेशरौ), हमारे लिए प्रतिदान एवं भण्डार और हमारे लिए क़यामत में सिफारिश करने वाला बना और इसकी सिफ़ारिश स्वीकार कर।

(सय्यद अबुल हसन अली नदवी, हिन्दुस्तानी मुसलमान एक दृष्टि में, लखनऊ 1997, पृ. 48, 49)

26. तुम पर खुदा की ओर से सलामती हो अर्थात् ईश्वर तुम्हें स्वस्थ एवं सकुशल रखे।
27. अल-हम्दु-लिल्लाह
28. मुसलमानों की कुरआन, यहूदियों की तौरात और ईसाइयों की इञ्जील के अनुसार
29. यहूदी परंपरा के अनुसार
30. हाथ बांध कर खड़े होने, झुकने और ललाट भूमि पर दो बार रखने से एक रकअत होती है।
31. सय्यद अबुल हसन अली नदवी, हिन्दुस्तानी मुसलमान एक दृष्टि में, लखनऊ 1977, पृ. 11, 98
32. इस में 'मुहम्मदु रसूलुल्लाह' जोड़कर 'कलिमा तैय्यबा' होता है। और 'अशहदु अल ला इलाह इल्लल्लाहु वहदहु ला शरीक' लहु व अशहदु अन्न मुहम्मदन अब्दुहु व रसूलुह' कहने से कालिका शहादत होता है।
33. सय्यद अबुल हसन अली नदवी, हिन्दुस्तानी मुसलमान एक दृष्टि में, एकडेमि इस्लामिक रिसर्च एण्ड पब्लिकेशन्ज, लखनऊ 1977, पृ. 135, 136
34. हर दो रकअत के बाद बैठना।
35. नया नियम, गिडियन्स इन्टरनेशनल, द बायबल सोसायटी ऑफ इंडिया, 1991, यूहन्न 3:3, पृ. 130
36. वही, यूहन्ना 3:16, पृ. 131
37. वही, 10:9, पृ. 227
38. वही, फिलिप्पियो : 4:7, 6 पृ. 287
39. वही, यूहन्न 14, पृ. 153
40. वही, इब्रानियों 13:6, पृ. 258
41. वही, 2 कुरिन्थियों 4:8, पृ. 258

42. वही, 2 कुरिन्थियों 12:10, पृ. 267
43. वही, इब्रानियों, 12:11, पृ. 326
44. मत्ती St. Matthew 6:9-13
45. PS. 63:1-8, PS. 73:25-26, Luke 6:12, I John 1:3
46. फ्रा देवविसुध्दिमोलि, वाट थाई बुध्दगया, 1965, पृ. 1-17
47. दासी'व, स्त्री के लिए कहना चाहिए।
48. वन्दन्तीहं, स्त्री के लिए कहना चाहिए।
49. वन्दमानाय, स्त्री के लिए कहना चाहिए।
50. भिक्खु खंतिपालो, बुध्दिस्ट टेक्स्ट फॉर रेसिटेशन, बुध्दिस्ट पब्लिकेशन सोसायटी, श्रीलंका 1974, पृ. 1-13
51. पालि कम्पोजिशन, किंग राम चतुर्थ मोंगकूट स्याम के अनुवाद में से
52. गुणाकर मुले, अक्षर कथा, प्रकाशन विभाग, सूचना और प्रसारण मंत्रालय भारत सरकार, नई दिल्ली, 1972

17
बौद्ध चर्या

बौद्धचर्या का आरंभ 'बुद्धं सरणं' से होता है। 'बुद्धपूजा' का मंगलाचरण यानी जगतद्रुपकृतिरेव अर्थात् जगत का उपकार करना है।

बौद्ध होने की शर्तः भिक्षु शासनरश्मि (बौद्ध जीवन पद्धति, मृगदायवन महाविहार समिति, वाराणसी, पृ. 29) के अनुसार बौद्ध होने की पंचशील के रूप में पांच शर्तें हैं, उनमें बोधिसत्व बाबासाहेब द्वारा दी गई बाईस प्रतिज्ञाओं को मानना और आचरण में लाना निहित है।

प्रातःकालीन कृत्यः इसके अंतर्गत निम्न कार्यों का समावेश है: 1. शौचादि क्रिया समाप्त करके स्वच्छ होकर बुद्ध मूर्ति या प्रतिमा के सामने फूलों की तश्तरी, पानी की कटोरी और अगरबत्ती और मोमबत्ती जला कर रखनी चाहिए। फिर पंचाग प्रणाम कर त्रिशरण, पञ्चशील और गुणवन्दना कहनी चाहिए। वैसा ही सायं काल में करें। तब त्रिरत्न वंदना बोले। इसके बाद मंगल सुत्त और मेत्ता भावना, पुण्यानुमोदन और महामंगल गाथायें। इसके अनन्तर संस्कार भाग है।

पूजा

भगवान अर्हत् सम्यक सम्बुद्ध को पुष्पादि की गाथाओं से पूजा और त्रिरत्न की शुद्ध चित्त से पूजा कर सब लोगों को सदा सुखी रहने की कामना करता हूँ। चेतावनी दी है कि यदि तुम दुःख से डरते हो दुःख तुम को अप्रिय है तो तुम बुद्ध, धम्म, संघ की शरण में जाओ– सचे भायसि दुक्खस्स सचे ते दुक्खं अप्पियं। उपेहि सरणं बुद्धं, धम्मं च तादिनं। उत्तिट्ठे नप्पमज्जेय्य (उठो, आलसी न बनो।)

शील

शील विशुद्धि का जल है, जो प्राणियों के मल को धोता है और जिसे कोई भी शारीरिक चर्या नहीं धो सकती। चार कायिक, चार वाचिक और तीन मानसिक सुचरित है।

वंदना

मन का अच्छी बातों की ओर झुकाव होना। इसे सम्यक प्राणिधान भी कहते हैं। यह इतना कल्याणकारी है जितना कल्याकारी न माता-पिता और न दूसरे रिश्तेदार हो सकते हैं। त्रिरत्न, अष्टविंशति बुद्धों, बुद्ध-चैत्य, बुद्ध-धातु, बोधि-द्रुम प्रतिमाओं को वंदन!

भावना

भावना यानी ध्यान, शीलवान जीवन और प्रज्ञायुक्त श्रेष्ठ जीवन की दुआ भावना है। कहा गया है कि प्रज्ञा नहीं तो भावना नहीं और भावना नहीं तो प्रज्ञा नहीं। यद्यपि प्रज्ञायुक्त होकर एक दिन जीने को दुष्प्रज्ञ के सौ वर्ष के जीवन से श्रेष्ठतर कहा गया है, तथापि कम से कम शील के बाद और प्रज्ञा के पहले भावना का जो महत्त्व और योगदान है, उसे नहीं भूलना चाहिए।

भावना यानी ध्यान। ध्यान के चालिस आलंबन होते हैं। सबसे उत्तम ब्रह्विहार भावना है। इस भावना के ध्यानी को ब्रह्मचारी कहते हैं। इस भावना से अपने सामाजिक सम्बन्ध चार प्रकार से बनाये जा सकते हैं, यथा मैत्री, करुणा, मुदिता और उपेक्षा। मैत्री भावना सब प्राणियों के प्रति चार प्रकार के विचार मन में लाने से की जाती है। जैसे सब प्राणी अवेरा (शत्रुरहित) हो, सब प्राणी अब्यापज्जा (विपदरहित) हो, सब प्राणी अनिघा (रोगरहित) हो और सब प्राणी सुखी हो। करुणा भावना एक प्रकार के भाव से होती है। जैसे सब प्राणी दु:ख रहित हो। मुदिता और उपेक्षा भावना भी एक प्रकार के भाव से होती है, यथा सब प्राणी अपने सत्कर्म द्वारा प्राप्त सुख से वंचित न हो और सब प्राणियों का अपना कर्म ही सच्चा साथी है। इसी भावना को स्वयं के प्रति, आचार्य, उपाध्याय, माता-पिता, मित्रगण, मध्यस्थ, शत्रु के प्रति, इस स्थान, बस्ती, नगर, देश, द्वीप, पृथ्वी, सौरजगत के प्रति, दसो दिशाओं में मनुष्य और अमनुष्य के प्रति बढ़ाना चाहिए। इसे बैठ कर शरीर सीधा रख कर सावधान होकर करना चाहिए।

परित्राण

बौद्ध परित्राण पाठ भी हिन्दू सत्यनारायण कथा और मुसलमानों के मौलूद शरीफ की भांति सजधज के साथ किया जाता है। मंडप तैयार कर उसे फूल पत्ते और पताकाओं से सजाया जाता है। मध्य में कलश और उसमें जल रख दिया जाता है। ऊंचे स्थान में फूलमालाओं से सजी बुद्ध मूर्ति रखी होती है। चारों ओर धूप गंध की खुशबू दहकती है। भिक्षुओं को सम्मान के साथ मंडप में विराजमान करते हैं। वे कलश के चारों ओर गोलाकार में बैठने के बाद उपासक-उपासिकायें वेदी के नीचे

यथास्थान बैठ जाते हैं। प्रधान उपासक घुटने टेककर तीन बार प्रणाम करके परित्राण देशना की याचना करता है। तब कलश के कनरवे में तिबराया हुआ धागा भिक्षु-उपासक और उपासिकाओं के दाहिने हाथों में पकड़ा दिया जाता है। परित्राण देशना का आरंभ भिक्षु एक स्वर में करते हैं। आरंभिक गाथाओं के अनन्तर बुद्ध, धम्म, संघ, शील, समाधि, प्रज्ञा का स्मरण कर रतन, मंगल और करणीय इन खास सूत्रों का पाठ होता है। अन्त में आशिर्वाद दिया जाता है। कलश का जल सब लोगों पर छिड़काया जाता है या उसे पीने और माथे थपकाने के लिए प्रयुक्त करते हैं। भिक्षु धागे को समेटकर उसे उपस्थितों की दाहिनी कलाई पर बांधते हैं और उनके विघ्न-बाधायें-रोग निवारण और सुखी दीर्घायु होने की कामना करते हैं। इसके बाद प्रसाद का वितरण कर यह कार्य सम्पूर्ण होता है।

परित्राण सबके लिए यह कामना करता है कि सब बुद्ध शासन में शारीरिक और मानसिक सुख का लाभ करें और उनकी नाना भयों, नाना रोगों और उपद्रवों से रक्षा हों। इसके अंतर्गत करणीय मेत्त सुत्त, महामङ्गल सुत्त, पराभव सुत्त, रतन सुत्त और जयमंङ्ल अट्ठगाथा का पठन किया जाता है।

संस्कार

बौद्ध समाज में प्रचलित संस्कार निम्न प्रकार है: गर्भ-मगङ्ल, नामकरण, अन्नाशन, केस कप्पन, कण्ण-विज्झन, विद्यारंभ, विवाह, प्रव्रज्या और उपसंपदा और मृत्यु।

गर्भ मंगल मांगलिक कर्म संस्कार है। यह गर्भ स्थिति के तीन मास पश्चात् अपनी सुविधानुसार किया जाता है। उस समय विद्वान भिक्षु गर्भवती को त्रिशरण पंचशील देकर बुद्ध-धम्म-संघानुस्मृति का अभ्यास करने और संतान सुंदर, सौम्य, यशस्वी, बलवीर्य सम्पन्न, न्यायानिष्ठ, धार्मिक, विद्वान और प्रज्ञावान होने के प्रति मंगलकामना करते हैं। आचार्य की सेवा-सत्कार, प्रीतिभोज और गायन-वादन के उपरांत यह मांगलिक संस्कार संपन्न होता है।

नामकरण जन्म के पांचवें दिन होता है। इस अवसर पर पूजा-परित्राण कर नाम दिया जाता है। नाम ऊंच-नीच के भेद सूचक शर्मा, वर्मा, गुप्त, दासादि प्रत्ययों और घसीटू, घुरहू, पनारु और घिनहू आदि तुच्छता के नामों से पृथक प्रज्ञा, प्रतिभा, ओज, वीर्य, करुणा, मैत्री, औदार्य आदि सद्गुणों के द्योतक नाम होते हैं। इस समय आचार्य बच्चे के लालन-पालन के बारे में समुचित शिक्षा देते हैं। परिवार, मित्रों के साथ प्रीति-भोजन और आमोद-प्रमोद के साथ यह मांगलिक संस्कार संपन्न किया जाता है।

भिक्षु शासनरश्मि के अनुसार शिशु जन्म के सातवे सप्ताह में घर या विहार में भिक्षु या बौद्धाचार्य द्वारा माता-पिता इसे कराते हैं। जिस स्थान पर यह संस्कार करना

हो उसमें ऊंचाई पर बुद्ध-मूर्ति और बाबासाहेब आंबेडकर का फोटो स्थापित करना चाहिए। शिशु को गोद लेकर माता-पिता मूर्ति के सम्मुख बैठें। बौद्ध भिक्षु कलश के साथ बंधा हुआ सूत उनके हाथों में पकड़ा कर त्रिशरण पंचशील देने के बाद मंगलसूत्रादि का पाठ कर नाम की घोषणा करें। जल से शिशु और उसके माता-पिता और अभिभावकों का अभिषेक कर उन्हें दाहिनी कलाई पर तिहरा धागा बांध कर आशीर्वाद दें।

भिक्षु ग. प्रज्ञानन्द द्वारा संपादित बौद्धों की हस्त पुस्तक (महाबोधि सोसायटी ऑफ इण्डिया, कलकत्ता 1992) में विधान है कि शिशु का नाम बौद्ध नामावलि के अनुसार गुणबोधक और श्रुतिमधुर होना चाहिए।

अन्नाशन बच्चे के जन्म के पांचवें महीने में गुरुजन के हाथों उसे खीर चटवा कर और विहार में उसे बुद्ध की पूजा-अर्चना करवा कर पूर्ण किया जाने वाला संस्कार है।

केस कप्पन किसी भिक्षु द्वारा तीन साल के बच्चे के गर्भ के बालों से तीन-चार बाल कटवा कर और हज्जाम द्वारा उसका सिर मुंडवा कर पूजा, परित्राण और विहार दर्शन से कराये जानेवाला संस्कार है। उपरोल्लेखित बौद्धों की हस्तपुस्तक के अनुसार यह शिशु के जन्म के तीन साल के भीतर कभी भी कराया जाने वाला संस्कार है।

कण्ण-विज्झन बच्चे के कान छेदन से संबंधित संस्कार है। उसे जन्म के पांचवें वर्ष में कराते हैं या उसे केस कप्पन या विद्यारंभ संस्कार के साथ ही निपटाते हैं।

विद्यारंभ बच्चे के जन्म के पांचवें या सातवें वर्ष में बौद्ध भिक्षु द्वारा बच्चे से स्लेट पर बुद्धं सरणं गच्छामि आदि मंत्र लिखवा कर या सामणेर बनाकर विहार में सम्पन्न किया जाता है। भिक्षु शासनरश्मि के अनुसार विद्यारंभ शिशु के जन्म के तीन वर्ष बाद किया जाता है। उस समय उक्त बताई गई (शासनरश्मि, बौद्ध जीवन पद्धति) विधि के अनुसार पूजा कर भिक्षु द्वारा बालक से स्लेट पर कलम से 'अरहं' लिखवायें और तदुपरांत बालक का किसी विद्यालय में नाम लिखवाएं।

भिक्षु ग. प्रज्ञानन्द द्वारा संपादित बौद्धों की हस्त पुस्तक के अनुसार शिशु द्वारा स्लेट पर 'नमोबुद्धाय' लिखवाना चाहिए।

विवाह यह विधिपूर्वक बौद्धाचार्य द्वारा किया जाने वाला गृहस्थ जीवन का एक बहुत बड़ा दायित्वपूर्ण बन्धन संस्कार है। मंगल सुत्त, रतन सुत्त और जयमङ्गल अ्टठगाथा का वाचन कर पति-पत्नि के कर्तव्य समझाये जाते हैं। इस समय पति-पत्नि कर्तव्य ग्रहण करते हैं कि वे एक दूसरे का सम्मान करेंगे, अपमान नहीं

करेंगे; एक दूसरे का विश्वासपात्र बनेंगे और परस्पर हित-सुख-संतोष के लिए आलस्य न कर तत्पर रहेंगे। आशिर्वाद गाथा से विवाह विधि सम्पन्न की जाती है। बौद्ध परंपरा में बाल विवाह, वृद्ध विवाह, अनमेल विवाह और दहेजादि सर्वथा वर्जित और निषिद्ध है।

भिक्षु शासनरश्मि के अनुसार इस संस्कार को मण्डप में स्टेज बना कर और उसे मूर्ति, कलश, पुष्प और पूजा साहित्य से सजा कर उस पर मंगल कलश रख, उसमें पीपलादि की पत्तियां रख कर और उसके मुंह को शुभ्र धागा बांध कर और उसका एक सिरा वधू और वर अपने माता-पिता या अभिभावकों के साथ कलश के दोनों बाजू में विराजमान होते हैं। विवाह विधि करने वाला कन्या के माता-पिता द्वारा वर के माता-पिता के प्रति यह समर्पण घोषणा करवाते हैं कि 'त्रिरत्न' की महिमा से उपस्थित समाज को साक्षी मान वे अपनी प्रिय पुत्री को पुत्रवधू के रूप में उन्हें समर्पित कर रहे हैं। समर्पण स्वीकार करते हुए वर के माता पिता द्वारा यह वचन दिलवाया जाता है कि वे उनके द्वारा दी गई जिम्मेदारी का मन, वाणी और आचरण से निर्वाह करेंगे। पुत्रवधू के सुख-दुख और संरक्षण में उत्तरदायित्व को निभायेंगे और दोनों घरों का सम्बन्ध मधुर बनाये रखेंगे।

समर्पण विधि के अंतर्गत कन्या के पिता-माता अपनी दाहिनी हथेलियां एक दूसरे के ऊपर रख कर उन पर वधू-वर की दाहिनी हथेलियां रखी जाय और उन पर वर के माता-पिता की दाहिनी हथेलियां रख कर कन्या के मामा या भाई द्वारा उन सभी के हाथों पर कलश से धीरे धीरे पानी गिराते हैं और बूंदे नीचे रखी थाली में गिरती है। इस दौरान विधिकर्ता मंगलसुत्त पढ़ता है। इसके बाद कन्या वर के बायीं ओर बैठती है। फिर वर द्वारा ये पांच प्रतिज्ञायें कहलवाते हैं कि वह पश्चिम दिशा स्वरूप पत्नि के प्रति 1. सम्मान देना, 2. अपमान न करना, 3. अनतिचार न करना, 4. अपनी कमाई पत्नी के हाथ में सौंपना और 5. अलंकारादि से उसे संतुष्ट रखना ये प्रतिज्ञायें लेगा।

और वधू अपने पति के प्रति ये प्रतिज्ञायें लेगी कि वह 1. सुशोभित होकर अपने घर का काम करेगी, 2. अपने सभी परिजनों में सुसंगहित होकर रहेगी, 3. अनतिचारी न होगी, 4. अपने घर के सम्पत्ति की रक्षा करेगी, और 5. घर के सभी काम अनालस्य और दक्षता से करेगी। इस प्रकार दोनों वर वधू जीवन भर इन पांच प्रतिज्ञाओं का बिना लापरवाही से पालन करेंगे।

उसके उपरांत में पुष्पमालाओं को वधू वर एक दूसरे के गले में डालते हैं। वधू को वर द्वारा सौभाग्य सूत्र भी पहनाते हैं। वर की माता वधू को और वधू की माता वर को मिठाई से मुंह मीठा करते हैं।

उपस्थित सभी लोग पुष्प या अक्षत का वर-वधू बरसाते हैं। स्त्रियां वर के द्वारा वधू की मांग में सिंदूर भर देते हैं। वर वधू की दाहिनी कलाईयों पर परस्पर सूत बांध

दिया जाता है। और उन्हें बौद्धाचार्य आशिर्वाद प्रदान करता है। इसके बाद वर वधू गुरु और जेष्ठों को प्रणाम करते हैं और लोग उनको सप्रेम भेंट देते हैं। दूसरे दिन वे भिक्षुओं को भोजन दान कराते हैं।

इस विषय पर इस पंक्ति के लेखक की एक "Buddhist Marriage and Method" नामक अलग पुस्तिका अंग्रेजी में है।

बौद्ध दीक्षा किसी भी नागरिक को बौद्ध उपासक की दीक्षा लेने के लिए अपना पूर्वाश्रम का भारतीय जाति-व्यवस्था का द्योतक नाम बदल कर बाबासाहेब आंबेडकर द्वारा घोषित 22 प्रतिज्ञायें ग्रहण करनी चाहिए। सामूहिक दीक्षा से सामाजिक समता के प्रस्थापण में काफी मदद मिलती है।

प्रव्रज्या और उपसम्पदा के अतंर्गत दसशीलधारी प्रव्रजित को श्रामणेर और दो सौ सत्ताईस नियमधारी उपसम्पन्न व्यक्ति को भिक्षु कहते हैं। उनके दीक्षा की विधि विनय पिटक और प्रातिमोक्ष में बताई गई है। भिक्षु शासनरश्मि के अनुसार श्रामणेर दीक्षा भिक्षु से ही ग्रहण की जाती है। सात वर्ष की आयु के बाद बच्चे को यह दीक्षा देनी चाहिए। प्रत्येक व्यक्ति को जीवन में कभी भी कम से कम एक बार प्रव्रज्या लेकर दीक्षित होना चाहिए।

अंत में सबको **अंतिम संस्कार** से गुजरना पड़ता है। मरणासन्न व्यक्ति के पास भिक्षु आकर उसे परित्राण देशना सुनाये। परित्राण सुनते सुनते आई मृत्यु को शुभ समझा जाता है। मृतक को नहलाकर, सुगंधित द्रव्य लगाकर कफन पहना देते हैं। त्रिशरण पंचशील का उच्चारण कर श्वेत मृतक वस्त्र का भिक्षु को दान किया जाता है। उपासक जल से भरे हुए लोटे से नीचे थाली में शनैः शनैः जल गिराता है, जब भिक्षु उच्चारण करते हैं कि "संसार वट्ट दुक्खतो मोचनत्थाय इमानि पंच सीलानि समादित्वा मम परलोक गतं पितुस्स..... उद्देस्से इदं वत्थं भिक्खुस्स देम" अर्थात् संसार रुपी दुक्ख चक्र से छुटने के लिए पंचशील ग्रहण कर अपने परलोक गत पिता .....इत्यादि के उद्देश्य से मृतक वस्त्र भिक्षु को दान करते हैं।

फिर भिक्षु उपस्थित व्यक्तियों को अनित्य भावना का उपदेश कते हैं, "समस्त संस्कार (वस्तु) अनित्य है। उत्पन्न होना और नाश होना उसका स्वभाव है। उत्पाद एवं निरोध निरंतर होता रहता है। इस परिवर्तनशील संस्कार से मुक्त होना ही परम सुख है।"

'इस लोक में चक्षु-स्रोत-घ्राण-जिव्हा-त्वक्-मन और उसके विषय रुप-शब्द-गंध-रस-स्पर्श-धर्म नामक बारह आयतन दुख का कारण या दुःख सत्य है। लाभ-अलाभ, यश-अपयश, निन्दा-प्रशंसा और सुख-दुख नामक अष्ट लोकधर्म अनित्य, अनात्म और विपरिणाम धर्म वाले हैं। इससे प्रिय रुप और सात (सुख) रुप

तृष्णा मन से उत्पन्न (पुनर्जन्म का कारण) होती है। इस तृष्णा का निरोध करने से निर्वाण होता है।

इस देशना के बाद मृतक की अर्थी श्मशान में ले जाते हैं। अर्थी के साथ वाले लोग अनित्य भावना के मंत्रों का गंभीरता से उच्चारण करते करते रास्ता पार करते हैं। श्मशान पहुंच कर वहां चिता लगा उस पर शव रखते हैं। फिर एक बार अनित्य भावना का उपदेश कर अवशिष्ट अस्थियां सुरक्षित रख उस पर स्मारक बनाया जाता है। शव को भूमि में भी दफनाया जाता है। साप्ताहिक, मासिक, अर्धवार्षिक और वार्षिक पुण्य क्रिया करने के लिए उपासक लोग भिक्षुओं को भोजन, चीवरादि का परिष्कार दान करते हैं। अनुमोदन एवं सद्भावना करते वक्त भिक्षु मंत्रोच्चार करते हैं और उपासक लोटे में जल लेकर किसी पात्र में छोड़ते जाते हैं। इस दिन अनाथों को भी दान किया जाता है।

उत्सर्ग मंत्र है: संसार कांतारो दुक्खतो मुंचित्वा निब्बाण सच्छिकरणत्थाय इमानि पंचसीलानी समादियित्वा मम परलोक गतस्स मानुस्स उद्देस्से एतानि दानवत्थूनि सद्धिं पिंडदानं देम अर्थात् संसार रूपी दुर्गम वन के दुखों से मुक्त होकर निर्वाण साक्षात्कार करने के लिए हमने पंचशील आदि ग्रहण कर अपने परलोकगत माता ..... के उद्देश्य से इन दानीय वस्तुओं के साथ भिक्षुओं को हम दान करते हैं। आचार्य द्वारा अनुमोदन और आशिर्वाद गाथा यूं पढ़ी जाती है : सो ञाति धम्मो च अयं निदस्सितो पेतानं पूजा च कता उलारा। बलञ्च भिक्खूनं अनुपदिन्नं तुम्हेहि पुञ्ञं पसुतं अनप्पकं अर्थात् इस पुण्य कार्य द्वारा ज्ञाति धर्म का पालन हुआ। परलोक गत पितरों का खूब पूजा सत्कार हुआ, भिक्षुओं की सहायता करना हुआ और आपने स्वयं भी पुण्य का संचय किया।

इसके अलावा श्रद्धापूर्वक दान पुण्यादि सत्कर्म कर श्राद्ध द्वारा मृतक का सत्कार करना हर देश व समाज में किया जाने वाला कर्तव्य है। हिन्दू संस्कृति में तो बारह तरह के श्राद्ध हैं, जिन्हें भृषि विश्वामित्र ने पितरों के लिए अनुसंशित किया था। वे है: (1) नित्य, (2) नैमित्तिक, (3) काम्य, (4)वृद्धि (5) सपिंडन, (6) पार्वण, (7) गोष्ठीं, (8) शुद्धि, (9) कर्मांग, (10) दैविक, (11) यात्रा और, (12) पुष्टि। (दैनिक भास्कर, 16 सितंबर 2006, पृ. 5)

भिक्षु शासनरश्मि के अनुसार मरणासन्न व्यक्ति को धम्मपद या परित्राण का पाठ सुनायें। मृत्यु के बाद शव का स्नान करायें और सुगन्धित द्रव्य-चंदन आदि लगायें। वस्त्र-कफन ओढ़ायें। उपस्थित सभी लोगों को त्रिशरण पंचशील दें और अनित्यता का उपदेश करें। बुद्ध ने विलाप कर रहे आनन्द को कहा था, "उत्पन्न हुआ है, उसका मरना निश्चित है। प्रज्ञा से दुःख को कटा दें।" फिर मृतक की अर्थी श्मशान में ले जाकर, चिता बना उस पर शव को रख और त्रिशरण पंचशील कह, तीन बार परिक्रमा कर शव को अग्नि देना चाहिए। तीसरे दिन अस्थियां बटोरें और

यथा समय उसे नदी या समुद्र में प्रवाहित करें। फिर 7वें, 10वें या बारहवें दिन मृतक भत्त (पुण्य भोजन) दान करें। भिक्षुओं को कुछ दान करते समय कहें: "कालकतानं अम्हाकं ञातीनं पुञ्ञत्याय इमं भिक्खं भिक्खु संघस्स देम।" पात्र में जल छोड़ते समय कहे: इदं नो ञातीनं होतु सुखिता होन्तु ञातियो।" भिक्षु लोग तब मृतक के घर वालों के लिए सुख कामना करें। फिर परित्राणादि विधि से यह संस्कार पूर्ण करें।

बौद्धों की हस्तपुस्तक के अनुसार मृत्यु पर रोने की परंपरा बौद्ध देशों में नहीं है। जन्म और मृत्यु दोनों एक जैसे ही माने जाते हैं। शव को जलाना या दफनाना इस पर बौद्ध विवाद नहीं करते और यथाशक्ति दोनों का रीवाज करने का आदेश है।

शिष्टाचार

शिष्टाचारों में प्रथम शिष्टाचार अभिवादन है। 'वंदामि भन्ते' कहते वक्त हाथ जोड़ कर मस्तक को नवाना अंजलिबद्ध अभिवादन या वंदन करना होता है। दोनों घुटनों को जमीन पर टेक कर और दोनों हाथों के पंजों को आगे की ओर भूमि पर लगाकर तथा उसी पर मस्तक रख कर आसन किया जाने वाला वंदन पंचांग अभिवादन होता है। जेष्ठ भिक्षु को कनिष्ठ भिक्षु द्वारा और वयोवृद्ध, ज्ञानवृद्ध जनों, माता और पिता आदि को अंजलिबद्ध पंचांग नमस्कार या चरण स्पर्श करना अभिवादन होता है।

भिक्षु ग. प्रज्ञानन्द के अनुसार बौद्ध शिष्टाचार समाज में एक दूसरे के साथ बराबरी और प्यार का व्यवहार करने का संकेत है।

पर्व-त्यौहार

भिक्षु ग. प्रज्ञानन्द के अनुसार पुण्यमय क्षणों का नाम 'त्योहार है (पृ. 24)। पुण्यमय क्षण कौन से हैं? परंपरा के अनुसार प्रत्येक माह की पूर्णिमा या प्रत्येक माह के दो पक्षों की दो अष्टमियां और अमावस्या पुण्यमय क्षण हैं। क्योंकि इस प्रत्येक अवसर पर बौद्ध इतिहास या बुद्ध से संबंधित कुछ न कुछ घटना घटित हुई है। इसके अलावा बाबासाहेब डॉ. भीमराव आंबेडकर के जीवन से संबंधित घटनाओं को त्यौहार के रूप में मनाने की परिपाठी भारत में हर प्रांत में प्रचलित है।

इसका संबंध धर्म और पवित्र समय में बुद्ध जैसे शास्ता का सामाजिक रस्मों के द्वारा स्मरण करने से है। पर्व-त्यौहार में शील प्रधान कार्य है।

ये पवित्र घटना विशेष के स्मरणरीय अवसर होते हैं। यूं तो सभी समय सत्कर्म करने के लिए अच्छा होता है। तथापि अखण्ड सत्कर्म निरन्तर करते रहना मर्यादा के बाहर का काम होगा। इसलिए पूर्वाचार्यों ने निर्धारित करा दिया है कि विशेष घटकों पर कुछ विशिष्ट कार्य सम्पन्न किया जाना चाहिए। जैसे दिन में प्रातः समय, रात में

सायंकाल, महीने में चार दिन अमावस्या, पूर्णिमा और अष्टमियां, साल में चार पूर्णिमायें–वैशाख, आषाढ़, आश्विन और माघ। इन अवसरों पर त्रिशरण, पंचशील, त्रिरत्न वंदना, दान, शील और भावना करनी चाहिए।

भिक्षु शासनरश्मि ने कहा है कि बौद्धों का महान पुण्य पर्व बुद्ध जयंति या वैशाखी पूर्णिमा है। इस दिन बुद्ध का जन्म, बोधिप्राप्ति और महापरिनिर्वाण हुआ था। इसलिए लुंबिनी, कुशीनारा और बोधगया के स्थल पवित्र तीर्थ भी हैं। इस दिन धम्मश्रवण करना चाहिए। विहारों को सजाना और आनंद उल्हास से इसे मनाना चाहिए।

वैशाखी पूर्णिमा : यह अप्रैल–मई माह की पूर्णिमा है। इस दिन संसार के सर्वोपरि शास्ता बुद्ध का जन्म, बुद्धत्व लाभ और परिनिर्वाण भी हुआ था। इन्हीं घटनाओं के कारण यह बौद्धों को सबसे महान पवित्र पर्व बना है।

आषाढ़ी पूर्णिमा : यह दिन जून–जुलाई महिने में पड़ता है। इसी समय सिद्धार्थ का महामाया माता की कुक्षि में अवतरण हुआ था। इसी दिन गौतम ने गृहत्याग किया और इसी दिन बुद्धत्व के दो महीने बाद बुद्ध ने अपना प्रथम धर्मोपदेश पञ्चवर्गीय शिष्यों को सारनाथ (ऋषिपतन मृगदाय) में दिया था। तथा इसी समय से संघ के सदस्य भिक्षु अपना वर्षावास आरंभ करते हैं।

आश्विनी पूर्णिमा : यह सितम्बर–अक्टूबर महीने में पड़ने वाली तिथि है। उस तिथि में दो बौद्ध घटनायें घटित होने का उल्लेख है। एक घटना बुद्ध के संकाश्य नगर में अपनी माता और अन्य देवगणों को त्रयस्त्रिंशत लोक में उपदेश देकर अवतीर्ण होने की है, और दूसरी घटना भिक्षुओं के त्रैमासिक वर्षावास व्रत की समाप्ति या 'पवारणा' पर्व की है। अतः बुद्ध के आदेशानुसार इस मौके पर बौद्ध धर्म प्रचारार्थ योजना बना उसको कार्यान्वित करना चाहिए।

माघी पूर्णिमा : यह पूर्णमासी जनवरी–फरवरी में पड़ती है। इस शुभ दिन पर बुद्ध ने वैशाली के सारंदद चैत्य विहार में अपने परम शिष्य आनंद के सामने संकल्प किया था कि वे आज से तीन महीने के बाद आयु संस्कार का विसर्जन कर महापरिनिर्वाण में जायेंगे। और इसी दिन से उन्होंने अपना अंतिम प्रचार कार्य आरंभ किया था।

उपरोक्त के अलावा भारतीय लोगों में निम्न त्यौहारों का भी प्रचलन है। यथा विजयादशमी, दीपावली, वसंत ऋतु आदि।

विजयादशमी : यह सितम्बर–अक्टूबर के आश्विन महीने के शुक्ल पक्ष के 10वें दिन पड़ती है। इस दिन सम्राट अशोक ने कलिंग विजय के सशस्त्र हिंसा का परित्याग कर अहिंसात्मक विजय का धम्म प्रचार आरंभ किया था।

भन्ते शासनरश्मि के अनुसार आश्विन मास शुक्ल दशमी को 2339 वर्ष पूर्व सम्राट अशोक ने बौद्ध धर्म की दीक्षा ली थी। आधुनिक अशोक डॉ. आंबेडकर ने

लाखों लोगों को अपने साथ सामूहिक दीक्षा ग्रहण करवा कर बौद्ध धर्म स्वीकार किया। इस दिन सभी को एकत्र होकर सार्वजनिक चौक में जात-पात का भूत बना कर उसे जलाना चाहिए और बंधुत्व का प्रचार कराना चाहिए।

आंबेडकर जयंति : 14 अप्रैल हर वर्ष बाबासाहेब का गुणानुस्मरण कर उनकी शिक्षा को अपने जीवन में उतारने का व्रत लेना चाहिए और बौद्धों को इसे एक पर्व की भांति मनाना चाहिए।

आंबेडकर महाप्रयाण : 6 दिसंबर को प्रति वर्ष बाबासाहेब के उपकारों का स्मरण करके उन्हें एक समारोह के माध्यम से अपनी श्रद्धांजलि अर्पित करनी चाहिए।

दीपावली : यह अक्टूबर-नवंबर में कार्तिक कृष्ण अमावस्या पर पड़ने वाला धर्मनिरपेक्ष ऋतु पर्व है। बौद्ध लोग इस दिन धान के अलावा चूड़ा और बताशों से बुद्ध-पूजा करके शील ग्रहण, धम्म श्रवण और दान प्रदान करते हैं।

वसंत ऋतु : यह भी जनवरी-फरवरी के माघ सूदी 5 को आनेवाला ऋतु पर्व है, जब आम्र के बगैर, सरसों के फूल एवं केसर की खीर से बुद्ध पूजन, शील-ग्रहण, धम्म-श्रवण और भोजन-चीवर का दान कर बौद्ध सद्‌गृहस्थ आनंदोत्सव मनाते हैं।

होली : यह मार्च-अप्रैल में फागुन शुक्ल पूर्णिमा के दिन मनाया जाने वाला ऋतु पर्व ही है। इस दिन से शीत काल समाप्त होता है, और नये वसंत और ग्रीष्म का आरंभ होता है। नये वस्त्र और भोजन प्राप्त होते हैं। नवान्न व्यंजनों से ही बुद्ध-पूजन होता है। रंग छिड़काया जाता है। उबटन से नहा कर नवीन वस्त्र पहन कर परस्पर मिलन-मिलाप किया जाता है। तथापि इस समय असभ्यता का बर्ताव और ईंधन का निरर्थक फूंका जाना बौद्धों के लिए निषिद्ध है।

नागपंचमी : यह जुलाई-अगस्त में श्रावण शुक्ल 5 को मनाया जाने वाला भारत का प्राचीन ऐतिहासिक सुसभ्य नाग मानव जाति के स्मरणार्थ मनाया जाने वाला त्यौहार है। नागलोक बुद्ध के बड़े और पहले शिष्य रहे हैं। इस दिन बुद्ध पूजन खीर से किया जाता है।

तीर्थ-स्मारक

भिक्षु ग. प्रज्ञानन्द के अनुसार त्यौहार के समान तीर्थ भी पुण्यमय स्थानों के नाम होते हैं। ऐसे स्थल जो महापुरुष बुद्ध और बाबासाहेब के जीवन-संघर्ष से ऐतिहासिक हुए हैं, को पवित्र मान कर भेंट देने के आचरण को तीर्थ यात्रा कहते हैं।

यह वह पवित्र स्थान है जहां बुद्ध और उनके प्रमुख शिष्यों के स्मृति चिन्ह होते हैं और उनके जीवन की घटनाओं का आंखों देखा स्मरण उन तीर्थों की यात्रा करने पर होता है।

यह पवित्र ऐतिहासिक घटना स्थलों के दर्शन से संबंधित संस्कार कर्म है। लुंबिनी, उरुवेला, वाराणसी और कुशीनगर आदि बुद्ध के जीवन से संबंधित तीर्थों में बुद्धगया (उरुविल्व) का स्थान बौद्ध जगत में सर्वोत्तम है। यही अतीत के सभी बुद्ध हुये व होंगे और इसे ही पृथ्वी का नाभी स्थान कहा गया है। यह गया स्टेशन से 7 मील की दूरी पर है।

राजगृह : यहां बुद्ध ने गृध्रकूट पर्वत पर बहुत उपदेश दिए थे। यह पटना जिले के बख्तियारपुर स्टेशन से 33 मील दूरी पर स्थित है। यहां से आठ मील पर बड़गावां है, जो जरासंध की राजधानी थी और जहां प्राचीन बौद्ध मन्दिर है। इसलिए यह बौद्ध धर्म और संस्कृति से संबंधित होने के कारण स्मारक स्थान है।

वैशाली : इसे आजकल बसाढ़ कहते हैं। पटना से मुजफ्फरपुर तक जाने के बाद बसाढ़ को जाया जा सकता है। इसमें खण्डहर दूर तक फैले हैं। यह लिच्छवी गणतंत्र की राजधानी रही है। यहीं अम्बपालि गणिका को बुद्ध ने धम्म में दीक्षित किया था। यहीं पर बुद्ध ने स्त्रियों को प्रव्रज्या की अनुमति दी थी।

नालंदा : यह बौद्धों के प्राचीन समय के प्रसिद्ध विश्वविद्यालय का स्थान रहा है। आज भी यहां उसके खण्डहर मौजूद है। पटना जिले के बख्तियारपुर स्टेशन से बिहार-बख्तियारपुर जाकर नालंदा स्टेशन तक रेल से यात्रा की जा सकती है।

सारनाथ : यह स्थान बनारस जिले में है। बनारस केन्टान्मेन्ट से 6 मील की दूरी पर अवस्थित इस सारनाथ में स्तूप तथा पुराने खण्डहर आज भी मौजूद है। बुद्ध ने अपना पहला धम्मचक्कपवत्तन यही किया था।

कुशीनगर : यह स्थान देवरिया जिले में है। गोरखपुर स्टेशन से 33 मील और देवरिया से 23 मील तथा पड़रौना से 1 मील दूर इस स्थान के श्मशान में बुद्ध का दाह-कर्म हुआ था। आज भी वहां बैठी हुई और लेटी दो विशाल बुद्ध मूर्तियां, बौद्ध स्तूप और खंडहर मौजूद है।

लुंबिनी : गोरखपुर जिले के नौतनवा स्टेशन से आठ मील की दूरी पर स्थ्ति इस स्थान पर सिद्धार्थ कुमार को गोद लिए खड़ी महामाया माता की पत्थर से बनी मूर्ति है, जिसे गांव के लोग लुंबिनी देवी कह कर पूजते हैं। यहां अशोक द्वारा गड़वाया प्राचीन स्तंभ भी है, जो बुद्ध के जन्म के स्मरणार्थ वहां स्थित किया गया था। यह स्थल जिला बस्ती में पड़ता है।

कपिलवस्तु : यह बस्ती जिले में पड़ता है। यहां पर शोहरतगंज स्टेशन से यात्रा की जा सकती है। यही शुद्धोदन की राजधानी थी। अब भी वहां खंडहर और अशोक स्तंभ मौजूद है।

कौशाम्बि : यह इलाहाबाद जिले के भरवारी स्टेशन से उतर कर कोसम गांव जाने पर आता है। यहां बुद्ध ने धर्म प्रचारार्थ विहार किया था। पुराना खंडहर और अशोक का स्तंभ यहां भी विद्यमान है।

संकास्य : फ़रुखाबाद जिले के परवना स्टेशन से सकास्य 3 मील पड़ता है। यहां जाने के लिए शिकोहाबाद–मैनपुरी का भी मार्ग है। त्रयास्त्रिंशत देवलोक में अपनी माता महामाया और देवताओं को तीन मास उपदेश करने के बाद बुद्ध यहीं अवतीर्ण हुये थे, ऐसी धारणा इस स्थान के संबंध में है।

सांची : यह भोपाल में सांची स्टेशन से लगी पहाड़ी पर बने स्तूप की जगह है। यहां बुद्ध शिष्य सारिपुत्र और मौदगल्यायण रहते थे और बुद्ध भी धर्म प्रचारार्थ आया करते थे।

भेलसा : भोपाल जिले में ही भेलसा स्टेशन से नजदीक बौद्ध गुफाओं का यह स्थान है।

ललितपुर : उक्त जिले के ललितपुर स्टेशन के समीप यह प्राचीन बौद्ध गुफाओं का स्थान है।

एलोरा : यह दौलताबाद स्टेशन से सात मील दूर स्थान लंबी खोह के लिए विख्यात हैं। यहां सबसे अधिक पुरानी बौद्ध की एक विशाल मूर्ति है। यहां दो मंजिली गुफायें हैं और तीन तलवाली गुफायें भी हैं, जो प्रसिद्ध बौद्ध गुफायें हैं। यहां मनमाड–भुसावल जंक्शन से भी जाया जा सकता है।

अजंता : यह पचौरा–जमनेर रेलमार्ग पर स्थित पाहुर स्टेशन से सात मील दूर प्राचीन समय के बौद्धों का एक मुख्य केन्द्र रहा हुआ स्थान है। यहां भारतीय शिला–तक्षण मंदिर है। लगभग 260 फीट ऊंची चट्टान की एक दीवार में आधे गोलाकार की शक्ल में एक नमूनेदार विहार–चैत्य है।

तक्षशिला : यह रावलपिंडी जिले में तक्षशिला स्टेशन के समीप वाला प्राचीन बौद्ध विश्वविद्यालय का प्रसिद्ध स्थान रहा है। इस समय यहां उसके खंडहर, स्तूप और अशोक के स्तंभ विद्यमान हैं।

पेशावर : यह प्राचीन बौद्ध–युग का स्मारक स्थान है, जो बुद्ध के प्राचीन विशाल प्रतिमाओं के लिए प्रसिद्ध रहा है। इनका संग्रह आज भी वहां के सरकारी म्यूजियम में हैं। यहां पेशावर कैंट के स्टेशन से पहुंचा जा सकता है।

भन्ते शासनरश्मि जी के अनुसार महाकारुणिक बुद्ध और बोधिसत्व बाबासाहेब के जीवन की महत्वपूर्ण घटनायें जिन स्थानों पर घटित हुई वे स्थान तीर्थ कहलाते हैं। उनका जिक्र ऊपर किया जा चुका है। यथा बोध गया (जिला गया से छः मील), सारनाथ (वाराणसी से छः मील), कुशीनगर (गोरखपुर से 32 मील), श्रावस्ति (जिला गोंड़ा में, जहां बुद्ध ने 25 वर्षावास बिताये थे), राजगृह (प्रथम धम्मसंगति के लिए प्रसिद्ध), नालंदा (5 से 12वीं शताब्दी तक बौद्ध विद्या केन्द्र के लिए प्रसिद्ध), सांची (जहां सारिपुत्र और मौदगल्याया की अस्थियां पूजित हैं।) और

अजंता-एलोरा (जो प्रसिद्ध गुफा चित्रों और सुंदर विहार के लिए जगप्रसिद्ध हैं) ये सब बुद्ध और बौद्ध धर्म से संबंधित तीर्थ हैं। **महू, नागपुर, दिल्ली, दादर** आदि बाबासाहेब के जीवन से संबंधित तीर्थ स्थान है।

दान

दान का अर्थ है त्याग। अपने सत्व का दूसरे के निमित्त त्याग। परित्याग से परिग्रह का लाभ होता है। कहा गया है कि 'प्रिय से प्रिय वस्तु का दान करने से उतनी ही प्रिय वस्तु का लाभ मिलता है। मनापदायी लभते मनापं। अग्गस्स दाता लभते पुनग्गं।

बौद्ध धम्म प्रशिक्षण दान, शील, भावना के क्रम से दिया जाता है। इस में दान का प्रथम स्थान है। देने को दान कहते हैं। प्रसन्न मन से दिया हुआ दान अप्रसन्न मन से दिए हुए दान से बेहतर होता है। दान के लिए दान की वस्तु, देने वाला और दानग्राही तीनों की आवश्यकता है। तीनों के उत्तम होने से उत्तमदान और तीनों के खराब होने से खराब दान होता है। अत: कहा है कि देने वाला अपने लिए अच्छी वस्तुओं का व्यवहार करे और दूसरों के लिए अपने जैसी वस्तुओं का व्यवहार करें तो उसे दानसहाय कहते हैं और जो अपने लिए चाहे जैसी साधारण चीजों का उपयोग करें किन्तु दूसरों के लिए उत्तम से उत्तम चीजें दें तो उसे दानपति कहते हैं। दाता और दानग्राहक दोनों असच्चरित्र और अयोग्य हों तो दोनों द्वारा दान की अशुद्धि होती है और दाता और ग्राहक दोनों धार्मिक व्यक्ति सुसच्चरित्र और सुपात्र हों तो उनके द्वारा दान की विशुद्धि होती है।

धर्म दान, अभय दान और आमिष दान ये दान के तीन प्रकार है। दु:ख निवृत्ति करने वाले धर्म उपदेश के देने से धर्मदान होता है, भयभीतों, दुखितों को शांति, आश्रय तथा रक्षा देने से अभयदान होता है और अन्न, वस्त्र, औषध, निवारादि वस्तुओं के देने से आमिष दान होता है। बौद्ध भिक्षु को बौद्ध गृहस्थ प्रतिदिन चीवर, शयनासन, पिण्डपात और औषध इन चतु:प्रत्यय का दान करता है, तो उसे नित्य चतु:प्रत्यय दान कहा जाता है। जब अन्तरवासक, उत्तरीय, संघाटी, भिक्षापात्र, छुरा, सुई, कमरबंधनी और जल छाननी का दान किया जाये तो उसे अष्ट परिष्कार दान कहते हैं। बौद्ध भिक्षु के घर आने पर उसके धर्म प्रचारार्थ विदेश गमन के समय, उसके रोगी होने पर, दुर्भिक्ष पड़ने पर और नये फल और फसल के आने पर की गई सेवाएं और सत्कार कालदान कहलाती हैं। यह दान व्यक्ति विशेष के लिए हो तो पुद्गलदान, समूह के लिए हो तो संघदान और किसी अविद्यमान पूज्य व्यक्ति के उद्देश्य से किया गया दान हो तो उसे उद्देशिक दान कहते हैं।

दान के फल तत्काल हो तो उसे दृष्ट धर्म (दिट्ठधम्म) वेदनीय, सात दिन के भीतर हो तो (परिपक्क) वेदनीय और भविष्य में विपाक देने वाला हो तो उसे अपोरपरीय (सम्परायिक) वेदनीय दान कहते हैं।

संसार रुपी दु:ख चक्र से छुटने के लिए भोजन और आठ वस्तुयें, कठिन चीवर और विहार का दान संघ, भिक्षु या श्रामणेर को देते वक्त निम्नांकित मंत्र तीन बार पढ़ते हैं : संसार वट्ट दुक्खतो मोचनोत्थाय इमं भिक्खं सपरिक्खारं भिक्खु संघस्स (भिक्खुस्स/सामणेरस्स दानं) देम। इदं कठिन चीवरं दुस्स भिक्खु संघस्स देम, कठिनं अत्थरितुं इदं में पुञ्ञ आसवक्ख्या वहं होतु। इमं विहारं चातुद्दिसस्स आगतानागतस्स भिक्खू संघस्स देमि, संघो यथासुखं परिभुञ्ञतु। इदं में पुञ्ञं निब्बाण पच्चयो होतु।

इसी प्रकार वर्षावास के लिए निमंत्रण देने और बुद्ध मूर्ति की प्रतिष्ठा करने के ये मंत्र हैं :

इच्छाम मयं भन्ते, संघं ते मासं उपट्ठातुं अधिवासेतु नो भन्ते, संघो इमं ते मासं वस्सा वासन्ति।

इदं बुद्ध-बिम्बं सब्बेहि देव मनुस्सेहि पूजेतुं इमस्मिं विहारे पतिट्ठापेमि इदं मे पुञ्ञं बोधिञाणं पटिलाभाय संवत्ततु।

इस प्रकार दान दस पुण्य कर्मों में अग्रणी है, यथा दानं, सीलं च भावना पत्ति (पुण्यदान) पत्तानुमोदना (पुण्यानुमोदन) वेय्यवच्चा (शारीरिक परिश्रम द्वारा पुण्य कर्म में सहायता) पचायञ्च (पूजनीय व्यक्तियों का सम्मान) देसना सुति (धम्मश्रवण) दिट्ठजु (सम्यकदृष्टि)।

दान ग्राहक को आशीर्वाद देते वक्त कामना की जाती है कि तुम्हारा इच्छित संकल्प पूर्णमासी के चन्द्रमा की तरह पूर्ण हो और तुम्हें आयु, आरोग्य और निर्वाण सुख की प्राप्ति हो।

उपदेश

उपदेश मतलब यहां धम्मपद से है। धम्मपद में 26 वर्ग (अध्याय) और 423 गाथायें (श्लोक) हैं। यह भूमण्डल के समस्त लोगों के लिए परम उपयोगी, पठन-'पाठन' और मनन करने योग्य है। प्रो. अल्बर्ट जे. एडमण्ड इसके बारे में कहते हैं : If ever an immortl classic (ग्रंथ) was produced on the ontinent of Asia it is this"-धम्मपद। डॉ. आनन्द कौसल्यायन लिखते हैं कि धम्मपद एक है और केवल एक ऐसी पुस्तक है जिससे बढ़कर जीवन भर साथी बनाने लायक विश्व के पुस्तकालय में दूसरी पुस्तक मिलनी कठिन है। यह भगवत्गीता की अपेक्षा निश्चिततर और प्राचीनतर है, जिसकी एक गाथा भी पढ़ना सैंकड़ों अनर्थ गाथाओं के पढ़ने से श्रेष्ठतर है।

बुद्ध की घोषणा है कि "घूमो और परिशुद्ध ब्रह्मचर्य का प्रकाश करो।"

तत्वज्ञान

बौद्ध तत्वज्ञान 8 हजार धर्मस्कंधों का उपदेश है। यह त्रिपिटक में संग्रहित हैं। बुद्ध का उपदेश भिन्न भिन्न स्थानों पर भिन्न भिन्न लोगों को दिया हुआ है, जिसे

पांच निकायों और पांचवें निकाय के 15 ग्रंथों में विभक्त किया गया है। बौद्ध भिक्षुओं के नियमों को पांच भागों में दिया गया है और उनके दर्शन को सात ग्रंथों में लिखा गया है। ऐसे त्रिपिटक का तत्वज्ञान निम्नांकित सार में दर्शाया जाता है, यथा[2] (1) एक मध्यम मार्ग, न भोग न त्याग, (2) पञ्च स्कंध[a] – रुप, वेदना, संञ्ञा, संस्कार और विज्ञान, (3) मूल चार तत्व–चित्त, चेतसिक, रूप[b] और निर्वाण, (4) दो संयुक्त–प्रत्येक व्यक्तिका मन और शरीर, (5) न उच्छेदवाद और न शाश्वतवाद बल्कि सन्ततिवाद, (6) स्वयं प्रमाण या बुद्ध परंपरा, ईश्वरीय प्रमाण नहीं, (7) वर्ण या जाति निषेध और सामाजिक समता का समर्थन, (8) प्रतीत्य समुत्पाद का उपदेश और (9) निर्वाण।

इस में बौद्ध तत्वों का ज्ञान है। बौद्धों के चार परमार्थ है : चित्त, चैतसिक-चैतसिक, रुप और निर्वाण। चित्त 121 प्रकार के हैं। चेतसिक 52 हैं। रुप 28 प्रकार के हैं। और निर्वाण के भेद दो हैं। ऊपरोल्लोखित 84000 धर्मस्कंध तो है ही। त्रिलोक अर्थात् काम, रूप और अरूप धातु 31 हैं और लोकोत्तर अर्थात् निर्वाण धातु एक है। इन धातुओं की संख्या को चित्त संख्या 89 में जोड़ कर कुल चित्त संख्या (31+1+89)=121 हो जाती है।

त्रिरत्न की शरण में आने से व्यक्ति बौद्ध कहलाता है। बुद्ध अपनी शरण आप है। बोधिसत्व दान, शील, नैष्क्रम्य, प्रज्ञा, वीर्य, क्षांति, सत्य, अधिष्ठान, मैत्री और उपेक्षा इन दशों पारमिताओं को पूर्ण करते हैं। गौतम ने इन्हें 550 जन्मों तक पूरा किया था और फिर वे गौतम बुद्ध बने थे।

शील से दु:ख का तदंग (संपूर्ण दु:ख का नाश नहीं) प्रहाण, समाधि से विक्खंब (सम्पूर्ण दु:ख का समूल नाश नहीं) प्रहाण और प्रज्ञा से समुच्छेद (सम्पूर्ण दु:ख का समूल नाश) प्रहाण होता है। शील से मनुष्य काम दुर्गति लोकों को अतिक्रमण कर के काम सुगति लोकों को प्राप्त होता है। समाधि से सम्पूर्ण काम लोकों को अतिक्रमण कर के रूप और अरूप ब्रह्मलोकों को प्राप्त होता है और प्रज्ञा से काम, रूप, अरूप इन सम्पूर्ण लोक धातुओं को अतिक्रमण कर के निर्वाण प्राप्त करता है।

राग, द्वेष, मोह, मान, मद मित्यादृष्टि, स्त्यान-मिद्ध, औद्धत्य-कौकृत्य, विचिकित्या और निर्लज्जता इन क्लेशों के छूट जाने को क्लेश निर्वाण (जीवन मुक्ति) और स्कंध के छूट जाने को स्कंध निर्वाण (इस जीवन के बाद मुक्ति या विदेह) कहते हैं।

बौद्ध धर्म में, धर्म इस शब्द का प्रयोग पहली बार बुद्ध ने वैज्ञानिक ढंग से 'घटना' के अर्थ में किया था। मनुष्य जीवन पर कार्यकारण सिद्धान्त लागू कर उसे प्रतीत्यसमुत्पाद नाम दिया है। इसके अनुसार जो कोई भी घटना है, वह अपने पूर्व घटना के कारण है और वह पर घटना का स्वयं भी कारण है।

दान-शील-भावना[3] से आत्मा का अज्ञान रूक कर उसका संपूर्ण नाश तो होता है, परंतु प्रज्ञा से उसका समूल नाश होता है। अत: निर्वाण, अनात्म और विच्छिन्नता इसी लोक में बौद्ध धम्माभ्यासी को शाश्वत दृष्टि, उच्छेद दृष्टि, सन्तति दृष्टि इत्यादि सभी दृष्टियों से मुक्त कर सम्यक दृष्टि प्रदान करते हैं।

अन्तत: यह ध्यान रहे कि बौद्ध धर्म जो होता है वह पूर्व कर्म के फलस्वरूप होता है को नहीं माना जाये क्योंकि तब अपनी इच्छा और प्रयत्न बेकार हो जायेगा। तथापि जो धर्म (घटनायें) हैं वे हेतु से उत्पन्न हैं, न कि ईश्वरेच्छा से, न अराजकता से, न प्रारब्ध से, न नक्षत्र प्रभाव से और न बिना किसी हेतु के। क्योंकि बुद्ध ने कहा है: 'ये धम्मा हेतुप्पभवा' अर्थात् जो धर्म है वह हेतु से उत्पन्न है। इस प्रकार गूढार्थ बोधिनी का सार है।[4]

दिशायें: भौगोलिक दिशाओं के प्रति तत्कालीन पारम्परिक भारतीय वैदिक समाज में जो अंध श्रद्धा थी, उसे सम्यक दृष्टि के साथ आचरण में कैसे उतारना चाहिए का मार्गदर्शन बुद्ध ने अपने सामाजिक संदर्भ के संदेश में निम्न प्रकार दर्शाया है।

माता-पिता को पूर्व दिशा समझ कर पुत्र ने उनका भरण-पोषण, आदर, रक्षण और स्मरण कर अपनी नस्ल को बढ़ाने आदि के पांच कर्तव्य करना चाहिए। आचार्यों को दक्षिण दिशा समझ अन्तेवासी ने उनकी सेवा, सत्संग, उपदेश श्रवण कर आदर और मेहनत से विद्या सीखनी चाहिए। मित्र और सलाहकार को उत्तर दिशा समझ कर कुलपुत्र को चाहिए कि वह अपने समान कुलपुत्र को दान, वचन, सहायता और विश्वास से उनके साथ समानता का व्यवहार करें। नौकर-चाकर को नादिर यानी नीचली दिशा समझ गृहपति पुत्र को चाहिए कि वह उन्हें अनुकूल काम, समय पर मजदूरी, बीमारी में विशेष सेवायें, समय-समय पर बने स्वादिष्ट भोजन का भोग और आवश्यकतानुसार छुट्टियां प्रदान करें। श्रमण और विज्ञों को ऊपरी या झेनिथ दिशा मान कर गृहपति पुत्र उन्हें अपनी सेवा, प्रिय वचन, मैत्री युक्त मन से और आहार से प्रसन्न कर अपने घर का दरवाजा उनके लिए हमेशा खुला रखे।[5]

चतुभाणवार: यह 1000 गाथाओं का संग्रह है। इन्हें पिरित पोत नामक बड़े ग्रंथ में संग्रहित किया गया है। उस का संकलन पियदस्सी स्थविर ने किया था, जिसे श्रीलंका में 1975 में प्रकाशित किया गया। इस ग्रंथ का आरंभ तिबेट के महान योगी मिलारेपा के अपने जन्मभूमि के लिए 'शांति' की कामना व्यक्त करने वाले उनके चिंतन से हुआ है। थेरगाथा क्र. 979 और 980 को उद्धृत कर मृत्युंजय की बोधक अभिव्यक्ति इसमें की हुई है।

इस ग्रंथ में निम्न विषयवस्तु है: अ. परित्राण का महत्व, ब. आराधना, क. सरणागमण, ङ. दस सिक्खापद, इ. सामणेर पञ्ह, फ. द्वतिंसाकर, ग. पच्चवेक्खना।

इसके बाद चौबीस परित्राण धर्मदेशना के सूत्र हैं, यथा (1) दसधम्म सुत्त, (2) मंगाल सुत्त, (3) रतन सुत्त, (4) मेत्त सुत्त, (5) खन्ध परित्त, (6) मेत्तानिसंस सुत्त, (7) मित्तानिसंस, (8) मोर परित्त, (9) चन्द परित्त, (10) सुरिय परित्त, (11) धजग्ग परित्त, (12) महाकस्सप थेर बोज्झंग, (13) महामोग्गल्लान थेर बोज्झंग, (14) महाचुन्द थेर बोज्झंग, (15) गिरिमानन्दसुत्त, (16) इसिगिलि सुत्त, (17) धम्मचक्क पवत्तन सुत्त, (18) महासमयसुत्त, (19)आलवक सुत्त, (20) कसिभारद्वाज सुत्त, (21) पराभव सुत्त, (22) वसल सुत्त, (23) सच्च विभङ्ग सुत्त और (24) आटानाटिय सुत्त।

अ. परित्राण का महत्व : परित्राण में मानसिक विकार दूर हो सकते हैं। और मानसिक विकार दूर होने से शारीरिक बीमारियों पर भी नियंत्रण हो जाता है। श्री जे. ई.आर. मैक्ड़ोनाघ अपने रोग-प्रकृति नामक ग्रंथ में लिखते हैं, "The body becomes ill because the mind controlling it either secretly wants to make it ill, or else because it is in such a state of agitation that it cannot prevent the body frok sickening".

आल्डस हक्सलि कहते हैं, 'Mind not only makes sick, it also curses, the teeth decay because their owner is under mental strain.[6].

यह तो सब के अनुभव की बात है कि मन नहीं लगता है तो मूड नहीं बनता और मूड नहीं रहने से हम न किसी को देखना चाहते हैं, न कुछ करना चाहते हैं। परित्राण से मूड बनाने का जरा सा भी लाभ हो तो उसे कौन नहीं स्वीकारेगा?

डॉ. ग्रैड़ सुझाते है कि 'If a psychic healer held water in a sealed flask and this water was later poured on barley seeds, the plants significcantly outgrew the untreated seeds. But—if depressed psychiatric patients held the flasks of water, the growth of the seeds was retarded. The energy that flouts from the human body affects growth of plants and animals. A person's mood affected this energy. This previously unacknowledged 'enegy' has the widest implications for medical science, from healing to lab tests.'[7]

परित्राण इस संस्कृत शब्द को पालि में परित्त और सिंहल भाषा में पिरित कहा जाता है। परित्राण की यशस्वीता श्रद्धा, शील, मैत्री और स्वर पर निर्भर करती है। इसमें अधिक बल श्रद्धा पर है। श्रद्धा यानी ऐसा विश्वास कि मानसिक क्रियायें मानविक शक्तियां हैं। Thoughts are things यह उसका सूत्र है। तथापि परित्राण के **निर्विवसक** होने के तीन कारण बतायें गए हैं, जैसे श्रद्धा-**अथाव**, विकार और कर्मबंधन[8]।

ब. आराधना: पिरित पोत को चतुभाणवार भी कहते हैं। तेरहवीं शताब्दि में इस पर एक अट्ठकथा सा सारत्थ समुच्चय श्रीलंका में लिखी गई थी। वहीं के पौराणिकाचार्यों ने चतुभाणवार यानी 1000 गाथाओं का संकलन किया था, जिसे पिरितपोत में संग्रहित किया गया है।

परित्राण के आयोजन के लिए एक पिरित मंडप को खड़ा किया जाता है, जिसमें उपासक लोग भिक्षुओं की उपस्थिति में बैठकर तीन गाथाओं में औपाचारिक प्रार्थना करते हैं। ऐसे प्रार्थना को आराधना कहते हैं, जिसमें परित्राण का हेतु जाहिर किया जाता है।

फिर निमंत्रित भिक्षु गण समस्त जीव प्रणाली के निवासियों को निश्चित स्थल पर एकत्रित होकर श्रेष्ठ धम्म को श्रवण करने के लिए आवाहन करते हैं।

क. सरणागमण: सबसे पहले त्रिशरण पंचशील को 'नमोतस्स भगवतो अरहतो सम्मासम्बुद्धस्स' तीन बार कहकर प्रदान किया जाता है। इसका स्रोत है: विनय पिटक सूत्र क्रमांक 22, मज्झिम निकाय सूत्र क्रमांक 24 और खुद्दकपाठ।

ङ. **दस सिक्खापद:** यह दसशील होते हैं, जिसमें पंचशील के चार शील और अन्य छह शील जोड़कर उसे उपासक को प्रदान किये जाते हैं।

इ. **सामणेर पञ्ह:** इसे कुमार प्रश्न भी कहा जाता है। इसमें एक से दस अंकों के सही माने क्या हैं का समाधान किया गया है। ये प्रश्न सात वर्षीय बालक सोपाक को बुद्ध द्वारा पूछे गये थे की धारणा प्रचलित है। एक क्या है या एक नाम किं? तो सब से पहले यह समझने की बात है कि सभी जीव आखिर आहार पर निर्भर होते है। सब्बे सस्था अष्टारदृिका-सब प्राणि आहार पर निर्भर है। विद नाम किं। नामञ्च रूपञ्च अर्थात् प्राणियों को मन और शरीर दोनों प्राप्त हैं। तिनी नाम किं (तीन बातें कौन सी हैं)? उत्तर है: सुख, दुख और असुख-दुःख की तीन वेदनायें। चत्तारि नाम किं (चार क्या हैं)? चत्तारि अरियसच्चानि अर्थात् चार आर्य सत्य। पञ्च नाम किं (पांच क्या हैं)? पञ्च उपादान खंधा (रूप, वेदना, संञा, संखार, विज्ञान)। छह नाम किं? छह इन्द्रियां (चक्षु, श्रोत्र, घ्राण, जिव्हा, काय, मन)। सत्त नाम किं? सात बोज्झंग (सति, धम्मविचय, विचार, प्रीति, सुख, एकाग्रता, उपेक्षा)। अट्ठ नाम किं? आर्य अष्टांगिक मार्ग अर्थात् सम्यक दृष्टि, सम्यक संकल्प, सम्यक वाणी, सम्यक कर्म, सम्यक आजीविका, सम्यक व्यायाम, सम्यक सति और सम्यक समाधि। नव नाम किं? नव सत्तावासा अर्थात् भय, पशु, सुखाधिक्य, मानव, अनन्त, आकाश, अनन्तचेतना, अनन्तशून्यता और अनन्त न – संज्ञा-न-असंज्ञा। दस नाम किं दस अंगेहि समन्नागलेहि अंरहाति वुच्चति (अर्थात् (1) कामछंद (2) व्यापाद (3) बेचैनी (4) आलस्य (5) संशय (6) व्रत-वैकल्य, (7)सल्काय दृष्टि (8) मान-दंभ (9) क्लेष और (10) अज्ञान से विरहित गुणों) से सम्पन्न व्यक्ति अर्हत कहलाता है।

परित्राण पारायण केवल शब्द-पदों का यांत्रिक रेकार्ड बजाना मात्र नहीं है। यंत्र को सूझ नहीं होती। परित्राण पाठक और श्रोता को धम्म की थोड़ी तो भी सूझ होना जरूरी है।

फ. द्वतिंसाकारः केस, लोम, नख, दंत, त्वक, मंस, नहारु (Sinews), आट्ठे (bones), अट्ठिमिज्जा, वक्कं (diaphragm), (Marrow) हृदयं (Heart), यकनं (Kindeny), किलोमकं (Liver), पिहकं (Spleen), पप्फासं, अन्तं, अन्तगुणं, करिसं (bile), पित्तं (Excrement), सेम्हं (phlegm), पुब्बो, लोहितं, सेदो, मेदो (lymph), अस्सु, वसा (Serum), खेलो (spittle), सिंघानिका, लसिका (oil of joint), मुत्तंमत्थकेमत्थलुङगति आदि बत्तीस शरीर से निर्मित प्रकाराकार है। यह तत्कालीन समाज के शरीरशास्त्र का परिचय था, जिसे परित्राण के माध्यम से लोगों में प्रचारित भी किया जाता था।

ग. **पच्चवेक्खानाः** यह पर्यवेक्षणा का अभ्यास है। भिक्षु लोग चीवर, भोजन, आश्रय और औषध के इस्तेमाल के समय ऐसा विचार करते हैं कि हम ठीक ढंग से जागरूक होकर इन सामग्रिओं का उपभोग करेंगे ताकि वे हमारे बंधन न बनकर हमें बंधनों के छुड़ाने में सहायक हों।

(1) **दसधम्म सुत्तः** इस सूत्र में बुद्ध ने भिक्षुओं को दस बातों का ध्यान रखने के लिए निर्देशित किया था, यथा 1. पब्बज्जितोम्हि–मैं प्रव्रज्जित हूं। 2. परजीवितोम्हि–मेरी जीविका दूसरों पर निर्भर है। 3. मेरा आचरण दूसरों से भिन्न है। 4. मेरा मन मुझे कोसता नहीं के प्रति मैं जागरूक रहूंगा। 5. मेरे धर्मबंधू मेरी निंदा तो नहीं कर रहे के प्रति मैं ध्यान दूंगा। 6. मुझे एक दिन सब प्रिय लोगों को छोड़ कर जाना ही है का मैं ध्यान रखूंगा। 7. मेरा उत्तराधिकार मेरे कर्म ही हैं, इसे मैं नहीं भूलूंगा। 8. मैं अपने दिन-रात कैसे गुजार रहा हूं पर विचार करूंगा। 9. क्या मुझे एकांत प्रिय है या नहीं की चिकित्सा करूंगा। और 10. क्या अंतिम सांस में शांति से मरने के लिए मैंने परम ज्ञान का साक्षात्कार कर लिया हुआ है के प्रति सजग रहूंगा।

(2) **मंगल सुत्तः** यह मंगल बातों के संग्रह का सूत्र है। उक्त मंगलों में निम्न 36 बातों को आचरण में लाना बुद्ध द्वारा अनुसंशित है : यथा 1. असेवना च बालानं–मूर्ख की असंगति, 2. पण्डितानञ्च सेवना–सत्पुरुष का संग, 3. पूजा च पूजनीयानं–पूजनीय की पूजा, 4. पतिरूप देश वासी च–अनुकूल देश में वास करना, 6. अत्त सम्मापनिधि च–अपने आप को सीधे मार्ग पर लगाना, 7. बाहुसच्चञ्च सिप्पञ्च–बहुश्रुत बनना और 8. शिल्प सीखना, 9. विनयो च सुसिक्खितो–शीलवान बनना, 10. सुभाषिता च या वाचा–मधुरभाषी होना, 11. मातापितु उपट्ठानं–माता पिता की सेवा करना, 12. पुत्त दारस्स संङगहो–पत्नी और पुत्रों का पालन करना, 13. अनाकुला च कम्मन्ता–अनुकूल व्यवसाय में लगे रहना, 14. दानञ्च–उदार बनना, 15. धम्मचरियाच–प्रज्ञाचारण करना, 16. ञातकानञ्च संङगहो–रिस्तेदारों की मदद करना, 17. अनवज्जानि कम्मानि–निर्दोष कार्य करना, 18. आरति विरति पापा–पापों से बाज आयें, 19. मज्जपाना च संयमो–मद्यपान से परहेज रखें, 20. अनवज्जानि

कम्मानि–कुशल कार्यों में व्यस्त रहें, 21. गारवो च–आदर करें, 22. निवातो च–विनम्र होवे, 23. संतुट्ठि च–संतुष्ट रहना, 24. कतञ्ञुता–कृतज्ञ होना,अ25. कालने धम्म सवनं–उचित समय पर धम्म का श्रवण करते रहना, 26. खन्ति च–क्षांति रखना, 27. सोवचस्सता–आज्ञाकारी होना, 28. समणानञ्च दस्सनं–सत्पुरुषों का दर्शन करना, 29. कालेन धम्म साकच्छा–उचित समय धर्मचर्चा करते रहना, 30. तपो च–संयमित रहना, 31. ब्रह्मचरियञ्च–ब्रह्मचर्य का पालन करना या चरित्र निर्माण करना, 32. अरियसच्चानदस्सनं–आर्यसत्यों का ज्ञान हासिल करना, 33. निब्बाण सच्चिकिरिया च–निर्वाण का साक्षात्कार करना, 34. फुट्ठस्स लोकधम्मेहि–जीवन के उतार चढ़ाव (हानि-लाभ, निंदा-प्रसंशा, यश-अपयश, सुख-दु:ख) में मन को संतुलित रखना, 35. चित्तं यस्स न कम्पति–चित्त को निराशा में भी अविचलित रखना, 36. असोकं विरजं खेमं एतं मंगलमुत्तमं–और शोकरहित निर्मल और 37. सुरक्षित अर्थात् परित्राण संपन्न मन को प्राप्त करना ये सैंतीस उत्तम मंगल हैं।

(3) **रतन सुत्तः** यह सूत्र वैशाली में पड़े अकाल, भय और महामारी के समय बुद्ध ने उच्चारा था और इसी सूत्र के उपचारण से लिच्छवियों की आपत्त्सि टल गई थी कि मान्यता भी है। इस सूत्र में बुद्ध ने भिक्षा पात्र में जल को रख कर उसे छिड़का दिया था और उससे विपत्ति टल कर जोरदार वर्षा हुई और वैशाली नगर सुरक्षित हुआ ऐसी मान्यता है। इस सूत्र में अनुपम बुद्ध, धम्म और संघ की प्रशस्ति कर सत्य क्रियाओं के संगायन से स्वसूचकता और परसूचकता से निर्भय मानसिकता की स्थिति पैदा की जाती है और उससे मनोरुग्णता का इलाज भी साधा गया है।

(4) **करणीय मेत्त सुत्तः** यह सूत्र बुद्ध द्वारा श्रावस्ती में भिक्षुओं को बताया गया था। इसमें भयभीत करने वाले स्थान पर निर्भयता से कैसे रहा जा सकता है कि विधि बतलाई गई है। उसके अनुसार प्रयोग कर्ता को एक निश्चित शील, शुद्धता और शांति की वृत्ति प्राप्त करके मैत्री को व्यवहार में परिणत करने की पद्धति का उपयोग करने के बारे में मार्गदर्शन किया गया है।

(5) **खन्ध परित्तः** इस सूत्र को चुल्लवग्ग में खन्ध परित्त और अंगुत्तर निकाय में 'अहिसुत्त' कहा गया है। यह सूत्र सर्प के दंश से रक्षण करने के लिए बुद्ध द्वारा जेतवन में उपदेशित सूत्र है। रूप स्कंध के रक्षणार्थ उच्चारित इस सूत्र का नाम खन्ध परित्त है।

(6) **मित्तानिसंस सुत्तः** उक्त सूत्र में रेंगने वाले सर्प के प्रति मैत्री भावना करने की देशना है तो इस सूत्र में मैत्री भावना करने के जो लाभ हैं, उसका विवेचन किया गया है।

(7) **मित्तानिसंसः** पालि में मेत्ता और मित्ता में भेद है। जो भेद मैत्री और मित्रता में है, वही भेद इन दोनों में है। मैत्री भावना प्रेम और करुणा भावना से युक्त

होता है और मित्रता बराबरी के लोगों के साथ भाईचारे की भावना का व्यवहार है। इसकी ऊहापोह तेमिय या मूगपक्ख जातक (538) में की गई है। इस सूत्र में मित्रता के गुणो की चर्चा की गई है[10]।

(8) **मोर परित्त:** यह सूत्र जातक क्रमांक 159 की गाथाओं के संग्रह से बना है। इसमें पुत्त और वुत्त का भेद जानना आवश्यक है। पुत्र के वरदान को पुत्तानं फलमस्नाति कहते हैं और वुत्त यानी बीज है। इस सूत्र में बताया गया है कि व्यक्ति जो बोता है उसी का फल भोगता है—वुत्तानं फलमस्नाति। साथ ही इसमें 'ब्राह्मण' शब्द का प्रयोग जातिवाचक नहीं बल्कि गुणवाचक है। अत: धम्मपद के ब्राह्मण वर्ग में इस शब्द का अभिप्राय अर्हत है तो यहां वह बुद्ध को अभिप्रेत करता है। बुद्ध भक्ति से सुरक्षा प्राप्त करने वाले मोरों के नाम पर इस सूत्र का नाम मोर परित्त पड़ा है।

(9) **चन्द परित्त:** इस सूत्र में 'चन्द' का अर्थ चन्द्र देवता है। जैसे वर्षा देवता और सूर्य देवता का भारतीय दंतकथाओं में उल्लेख है, वैसा ही उल्लेख इसमें चन्द्रदेवता का है। कहा जाता है कि चन्द्र ग्रह ने बुद्ध से परित्राण देशना की प्रार्थना की थी। परंतु इस संबंध में बुद्ध की कोई टिप्पणी नहीं मिलती है।

(10) **सुरिय परित्त:** यह सूर्य देवता द्वारा परित्राण देशना के लिए की गई प्रार्थना है। इसमें चन्द्र देवता की भांति सूर्य देवता की भी सुरक्षा बुद्ध द्वारा की जाने की धारणा है।

(11) **धजग्ग परित्त:** इस सूत्र में बुद्ध ने बताया है कि शक्र सेना और राहु सेना के बीच जब युद्ध छिड़ गया था तो शक्र ने अपनी सेना को सूचित किया था कि यदि वह भय, आतंक और थरकांप से ग्रसी हों तो वह शक्र, प्रजापति, वरुण और इंसान देवराजाओं के ध्वज चिन्हों पर अपनी नजर टिकायें ताकि कंपकंपि थम जाये। बुद्ध कहते हैं, "भिक्षुओं! शक्रादि देवगण रागादि से मुक्त नहीं होते। इसलिए जो उसके बताये हुए ध्वज निशानों की तरफ देखेंगे तो उनका थरकांप थमने या न थमने की बात नहीं है। परंतु मैं तुम्हें कहता हूं कि यदि तुम किसी एकान्त में कांप जाओ तो बुद्ध का, बुद्ध का नहीं तो धम्म का, धम्म का नहीं तो संघ का स्मरण करोगे तो तुम्हारा थरकांप भाग जाएगा। क्योंकि वैसे ही है यह बुद्ध, सुदेशित धम्म और सुचरित संघ।

(12) **महाकस्सप थेर बोज्झंग:** इस सूत्र का संगायन बुद्ध ने महाकाश्यप भिक्षु के बीमारी के निवारण के लिए राजगृह के समीप **पिप्फलह** गुहा में किया था। इसमें श्रामणेर प्रश्न में उल्लेखित सप्त बोध्यांगों की ऊहापोह है। उसे सुन कर महाकाश्यप हेट्रोसजेश्चन की विधि से रोग मुक्त होते हैं।

(13) **महामोग्गल्लान थेर बोज्झंग:** ऊपर दिए हुए सूत्र के पारायण से महामौद्गल्यायण स्थविर भिक्षु भी बीमारी से ठीक हो जाते हैं। अत: इसका नामकरण

उनके नाम पर ही हुआ है। यह सूत्र राजागृह के समीप ग्रिधकूट के शीर्ष पर उद्बोधित किया गया था।

(14) **महाचुन्द थेर बोज्झंग:** यह भी सप्त बोध्यांगों के पठन का सूत्र है। उसे अब सारिपुत्र स्थविर के कनिष्ठ बंधू चून्द स्थविर की बिगड़ी हुई सेहत को दुरुस्त करने के लिए वेलुवन में स्वयं चुन्द स्थविर नियुक्त किये जाते हैं और बुद्ध सम्मत उनके पारायण से वह रोग मुक्त होते हैं।

(15) **गिरिमानन्दसुत्त:** इस सूत्र में गिरिमानन्द स्थवरि की रोग से मुक्ति कराने के लिए बुद्धोपदिष्ट दस अनुस्मृतियों का पारायण जेतवन विहार में आन्नद स्थविर द्वारा किया जाने का उल्लेख है। दस अनुस्मृतियां हैं : 1. अनित्य, 2. अनात्म, 3. विकृति, 4. खतरा, 5. त्याग, 6. वैराग्य, 7. निरोध, 8. अस्वाद, 9. संस्कृत धर्मों का विनाश और 10. आनापानस्मृति।

(16) **इसिगिली सुत्त:** इस सूत्र का नाम इसिगिलि पर्वत के संदर्भ में इसिगिलि सुत्त पड़ा है। इस शब्द का अर्थ गटक लेना होता है। जो भी स्थविर भिक्षु उस पर्वत में प्रविष्ट होते थे, वे गटक लिए जाने के समान दिखाई नहीं पड़ते थे। अतः इसका नाम वैसा पड़ा है। उस जगह जाने वाले और वहां जाकर बुद्ध बनने वाले ध्यानियों का नामोल्लेख कर बुद्ध ने भिक्षुओं को उनके प्रति अपना आदरभाव इस सूत्र में व्यक्त किया है।

(17) **धम्मचक्क पवत्तन सुत्त:** यह सूत्र बुद्ध का प्रथम उपदेश सूत्र है। इसे उन्होंने सारनाथ के मृगदायवन में दिया था। तब उसे ऋषिपतन के नाम से जाना जाता था। पञ्चवर्गीय भिक्षुओं को बुद्ध ने अपने धम्म का उद्बोधन करते हुए कहा था, "भिक्षुओं! दो अन्तों अर्थात् भोग और योग को छोड़ो। और मध्य मार्ग का ग्रहण करो।" बुद्ध के 281 वर्ष के बाद अशोक ने उस जगह पर धम्म चक्र धारण करने वाले चार सिंह मुद्राओं से अंकित स्तंभ को गाड़ दिया था। वही धम्मधर चार सिंहशीर्ष वाला निशान आज भारतीय शासन, ध्वज, चलन तथा लोकसभाध्यक्ष के आसन का कीर्ति चिन्ह है।

(18) **महासमयसुत्त:** इस सूत्र में कई प्रकार के देवता गण विकारमुक्त अर्हतों के दर्शन के लिए बड़ी संख्या में उपस्थित होते हैं। इसका पारायण कपिलवस्तु के समीप शाक्य प्रदेश में स्वयं बुद्ध ने किया था और उसमें उन्होंने विकारमुक्तों की महान देव सभा द्वारा किया गया सम्मान और मार सेना द्वारा उनका बाल भी न बिगाड़ सकने का जिक्र किया है। इसलिए इसे महासमयसुत्त कहा गया है।

(19) **आलवक सुत्त:** इस सूत्र में आलवी के यक्ष और बुद्ध के बीच प्रश्नोत्तर का संवाद है। आलवक बुद्ध को उठा कर समुद्र में पटकाने की धमकी देता है। बुद्ध

उसे प्रत्युत्तर देते हैं कि मुझे ऐसा उठा कर पटकने वाला कोई माई का लाल पैदा नहीं हुआ है, फिर भी तू जो पूछना चाहता है, पूछ। उसका मैं उत्तर दूंगा। जब आलवक ने पूछा: सबसे उत्तम धन क्या है? सब स्वादों में उत्तम स्वाद क्या है? मित्रता कैसे प्राप्त की जाती है? इत्यादि तो बुद्ध ने कहा, श्रद्धा उत्तम धन है। सत्य उत्तम स्वाद है और दान से मित्रता की प्राप्ति होती है, इत्यादि।

(20) **कसिभारद्वाज सुत्तः** इस सूत्र में खेति के किसान कसि भारद्वाज ब्राह्मण और बुद्ध का संवाद है। भिक्षाटन पर निकले बुद्ध ब्राह्मण के सामने खड़े हैं। तब मगध के एकनाल गांव का कहता है: 'श्रमण! मैं हल जोत कर, बोने के बाद, खाना प्राप्त करता हूँ। तुम भी क्यों नहीं हल जोतते, बोते और फिर खाते? बुद्ध कहते हैं : 'मैं भी तो हल जोतता हूं, बोता हूं और फिर खाता हूं। ब्राह्मण : कहां हैं तुम्हारा जूं, हल, फारा, ढोसणी और बैल?' बुद्ध : प्रज्ञा मेरा जूं और हल है, जागरूकता फारा और ढोसणी है, और प्रयत्न मेरे बैल हैं। बुद्ध के इस सूत्र के पारायण पर ब्राह्मण उन्हें खुशी खुशी भोजन अर्पण करता है। परंतु बुद्ध उसका स्वीकार नहीं करते। क्योंकि देशना के बदले भोजन पाने की बुद्ध परंपरा नहीं है। अंत में ब्राह्मण अपनी खीर को जहां जंतु नहीं थे ऐसे जल में फेंक देता है तब उस में से तप्त लोह पर जल छिड़कने पर जैसी ध्वनि उठती है, वैसी ही आवाज कड़की। ब्राह्मण ने प्रव्रज्या और उपसम्पदा प्राप्त कर भिक्षु की चर्या स्वीकार की और अर्हत पद प्राप्त किया।

(21) **पराभव सुत्तः** इस सूत्र में बुद्ध ने मनुष्य को पतन की ओर ले जाने वाली बातों का जिक्र किया है। उनकी गिनती बारह है, जैसे–1. धम्मद्वेष, 2. विकार प्रेम, 3. निद्रा, 4. कृतघ्नता, 5. ठगी, 6. स्वार्थ, दंभ, 8. स्त्री लोलुपता, 9. वेश्यागमन, 10. बालपत्निइर्षा, 11. कुस्त्रीशासन और 12. महत्वाकांक्षा।

(22) **वसल सुत्तः** इस सूत्र में जात्याभिमानी अग्गिक भारद्वाज ब्राह्मण और बुद्ध के बीच हुआ 'नीच जात कौन' विषय पर संलाप है। बुद्ध के शांत और मधुर उपदेश से ब्राह्मण कायल हुआ और बुद्ध का जीवन भर के लिए अनुशासित गृहस्थ उपासक बना।

(23) **सच्च विभङ्ग सुत्तः** इस सूत्र में बुद्ध ने बनारस के समीपस्थ ऋषिपतन मृगदाय वन में भिक्षुओं को संबोधित कर चार सत्यों का बारीक विश्लेषण किया है।

बुद्ध कहते हैं कि धम्मचक्र या चार सत्य की स्थापणा जो कोई न कर सका वह मैंने की। दुःख, दुःख-समुदाय, दुःख-निरोध और दुःख-निरोध गामिणी मार्ग ये चार सत्य हैं। भिक्षु के धम्म माता जैसे सारिपुत्र बुद्ध के चार सत्यों की भिक्षुओं के लिए देशना करते हैं। वे आगे कहते हैं कि जन्म, जरा, मरण, शोक (grief), परिदेव (lamentation), दुःख (bodily pain), दोमनस्स (mental pain), उपायास (despair), यम्पिच्छं न लभति तम्पि दुक्खं (जो इच्छा करे वह न मिलना) और संखित्तेन पञ्चुपादानक्खंधा दुक्खा (और संक्षेप में पांच उपादान स्कंध–(grasping groups of existence) ही दुःख सत्य है।

जीव प्रकार में पैदा होना, गर्भ में जाना, पिंड का बाहर आना, ज्ञानेन्द्रियों को प्राप्त करना जन्म है।

किसी जीव प्रकार का उम्र में ढलना, कमजोर होना, दांत गिरना, बाल पकना, झुर्रियां पड़ना, आयूक्षय होना, मरना, जीवन का अन्त होना, स्कंधों का नष्ट हो जाना, और शरीर का धराशायी होना मरण है।

चिंता करना, सोच में पड़ना, आंतरिक चिंता, आंतरिक तीव्र चिंता जो किसी विपत्ति या बाधा के डंक मारने से होती हो, शोक है।

क्रन्दन करना, रोना, जार जार रोना, बार बार रोना किसी विपत्ति या बीमारी से डंक मारे जाने पर चिल्लानेवाली मनस्थिति परिदेव है।

यह जो शरीर का दुःखना है, शारीरिक असुविधा है, शरीर के संपर्क से होने वाले कष्ट और पीड़ा की अनुभूति है, दुख (suffering) है।

यह जो मानसिक दुःख है, मन के कारण पैदा होने वाली असुविधानजक, बुरी, प्रतिकूल भावना है, इसे दौर्मनस्य (misery) कहते हैं।

यह जो निराशा है, निरुत्साहित मन की स्थिति है, जो किसी विपत्ति या दुःख के डंक मारने से पैदा हुई है, उसे उपायास (despair) कहते हैं।

जन्म से बंधे लोगों की ऐसी इच्छा होती है कि हाय! वे पैदा न होते, लेकिन इच्छा मात्र से वैसा नहीं होता। गत-यौवनजनों की ऐसी इच्छा होती है कि हाय! वे बूढ़े न हों, लेकिन इच्छा मात्र से ऐसा नहीं होता। रोगियों की इच्छा होती है कि हाय! वे रोग से ग्रस्त न हों, लेकिन इच्छा मात्र से ऐसा नहीं होता। मरनेवालों की इच्छा होती है कि उनको मृत्यु न ग्रस ले लेकिन इच्छामात्र से ऐसा नहीं हो सकता। शोक, परिदेव, दुःख, दौर्मनस्य और उपायास से पछाड़े गये प्राणियों की इच्छा होती है कि काश! वे उनसे मुक्त रहतें, लेकिन इच्छा मात्र से वैसा नहीं हो सकता है। इसीलिए जो इच्छा करे वह न फलना भी दुःख है–यम्पिच्छं न लभति तम्पि दुक्खं।

संक्षेप में पञ्चूपादान स्कंध ही दुःख है का अभिप्राय यह है कि दृश्य पदार्थों के पीछे दौड़ना, वेदनाओं के पीछे पड़ना, संज्ञा के पीछे लगना, संस्कार के पीछे लग जाना और मन के पीछे भागना पांच आसक्ति युक्त स्कंध में पड़ना है। यही दुःख सत्य है।

यह तो तृष्णा (craving) है, जो पुनः पुनः भव (rebecoming, rebirth) को जन्म देती है, जो तीव्र राग से युक्त (नंदिराग) होती है, जो जहां-तहां रमण करती

रहती है, यथा कामतृष्णा (sense plesaure), भवतृष्णा (craving for existence) और विभवतृष्णा (selfannihilation) होती है को दु:ख समुदाय सत्य कहते हैं।

यह जो तृष्णा है उसका पूर्णत: थम जाना, उसका पूर्णत: निष्कासन, फेंक देना, अपने को उससे मुक्त करना, स्वयं को उससे अलग करना दु:ख निरोध सत्य है।

दुक्ख निरोध गामिनी प्रतिपदा है यह आर्य अष्टागिक मार्ग यथा सम्मा दिट्ठि, सम्मा संकप्पो, सम्मा वाचा, सम्मा कम्मन्तो, सम्मा आजीवो, सम्मा वायामो, सम्मा सति और सम्मा समाधि।

सम्यक दृष्टि दु:ख, दु:ख के कारणों, दु:ख का अन्त और दु:खान्त के मार्ग का ज्ञान है।

सम्यक संकल्प नैष्क्रम्य (renunciation), अव्यापाद (goodwill) और अविहिंसा (non-harming) के विचार हैं।

सम्यक वाचा मृषावाद (falsehood), पिशुणावाक् (tale-bearing), फरुषवाक् (harsh speech) और सम्फप्पलाप (gossip) से विरत रहना है।

सम्यक कर्मान्त प्राणियों का पात, चोरी और व्यभिचारादि से विरत रहना है।

सम्यक आजीविका है गलत जीविका को छोड़कर अच्छि जीविका से जीवन यापन करना।

सम्यक व्यायाम बुरे अनुत्पन्न विचारों को उत्पन्न होने से रोकना, उत्पन्न बुरे विचारों को निष्कासित करना, अनुत्पन्न अच्छे विचारों को उत्पन्न होने देना और उत्पन्न अच्छे विचारों को विकसित करने के प्रयत्नों को कहते हैं।

सम्यक सति काय, वेदना, चित्त और धम्म से संबंधित अभिज्ञा (knowledge) और दौर्मनस्य (dejection) पर विजय पाकर कायद्रष्टा, वेदनाद्रष्टा, चित्तद्रष्टा और धम्मद्रष्टा के रूप में साफ साफ समझकर जागरूकता से अभ्यास करना है।

सम्यक समाधि कहते हैं कामेच्छा, अकुशल धर्मों (thoughts) से अलग होकर वितर्क, विचार प्रीति और सुख के 0प्रथम ध्यान में विवेक के साथ विचरण करने, वितर्क (sustained thought) और विचार (applied thought) के उपशमन हो जाने पर आन्तरिक सम्प्रसादन (inner tranquility) और चित्त के एकात्मभाव के द्वितीय ध्यान (absorption) में समाधिजन्य वितर्क विचार विहीन प्रीति और सुख के साथ विचरण करने, प्रीति (joy) से विरक्त हो, उपेक्षावान, जागरूक, साफ जानकार होकर शरीर में सुख की अनुभूति में विचरण करने, जिसे आर्य जन उपेक्षा, स्मृति और सुख विहारी का तृतीय ध्यान कहते हैं, और सुख और दु:ख का प्रहाण कर, पहिले के सौमनस्य (joy) और दौर्मनस्य (sorrow) का अतिक्रमण कर, अदु:ख, असुख, उपेक्षा और होश से परिशुद्ध चतुर्थ ध्यान में विचरण करने को।

सारिपुत्र ने इसी आर्य अष्टांगिक मार्ग को, जो दु:ख का शमन करने के लिए उन्मुख है, भिक्षुओं को बताकर उन्हें प्रमुदित किया।

और

(24) **आटानाटिय सुत्त:** यह पिरित पोत नामक पुस्तक का अंतिम सूत्र है। इसमें बुद्ध ने असंतुष्टों को संतोष दिलाने के लिए और भिक्षु, भिक्षुणी, उपासक, उपासिकाओं के लिए कल्याण की कामना करते हुए परित्राण देशना में इस सूत्र का पारायण करने का निर्देश दिया।

संदर्भ

1. भिक्षु शासनरश्मि, बौद्ध जीवन पद्धति, मृगदायवन महाविार समिति, पृ. 29
2. बोधानन्द महास्थविर बौद्ध चर्या पद्धति, 1947, पृ. 1-180
3. (अ) रूप स्कंध: पृथ्वी, आप, तेज और वायु ये चार भूत तथा उनके कार्य। वेदना स्कंध: सुख-दुख आदि के अनुभव। संज्ञा स्कंध: हरा, पीला, लाल, छोटा-बड़ा इत्यादि पृथकरण ज्ञान। संस्कार स्कंध: पाप-पुण्य, बुरा-भला, स्वर्ग-नर्क की धारणायें। विज्ञान स्कंध: सम्पूर्ण विषयों को जानना और समझना। (ब) रूप का विस्तृत खेल अखिल विश्व ब्रह्मांड है और इस से परे निर्वाण है। (स) अनिरोधम् अनुत्पादम् अनुच्छेदम् अशाश्वतम्। अनेकार्थम् अनानार्थम् अन्आगमम् अनिर्गमम। य: प्रतीत्यसमुत्पादं प्रपञ्चोपशमं शिवम्। देशयामास सम्बुद्धस्स (सम्बुद्ध ने उपदेश दिया।) ऐसे बुद्ध को आचार्य नागार्जुन प्रणाम करते हैं: तं वन्दे वदतां वरम् (उन प्रवचनकर्ताओं में श्रेष्ठ सम्यक सम्बुद्ध को प्रणाम)।
4. काम, तृष्णा, व्यापाद, थीन-मिद्ध, औद्धत्य-कौकृत्य, विचिकित्सा का आगे न बढ़ना और उसका नाश संपूर्णत: होना। शमथ विपश्यना भावना से वितर्क विचार प्रीति सुख एकाग्रता के चार ध्यान समाधि में प्राप्त हो कर अनित्य दु:ख अनात्म का ज्ञान लौकिक या काम, रूप, अरूप लोक धातु का अतिक्रमण कर क्लेश निर्वाण की प्राप्ति होती है। स्रोतापन्न सकृदागामी अनागामी अर्हत मार्ग में पड़ कर लोकोत्तर एकाग्रता से संपूर्ण क्लेश का नाश होता है। परंतु अनात्मा की प्रज्ञा से ही आत्मा के अज्ञान का समूल नाश होता है।
5. बोधानन्द महास्थविर, बौद्ध चर्या पद्धति, 1947, पृ. 158
6. भिक्षु शासनरश्मि, बौद्ध जीवन पद्धति, वाराणसी, पृ. 29
7. आल्डस हक्सलि, एण्डस् एण्ड मीन्स्, लंदन, 1946, पृ. 259
8. शिला ओस्ट्रेंडर एण्ड लिन शोडर, सायकिक् डिस्कवरिज बिहाइण्ड द आयर्न कर्टन्स,बान्तम बुक्स, यूएसए, पृ. 224, 293
9. मिलिंद प्रश्न, भाग 1, पृ. 216
10. तेमिय जातक/मूगपक्ख जातक:

18
सती से बेहतर सावित्री

माता लक्ष्मी पाटिल और पिताजी खंडोजी पाटिल की कन्या साक्त्रिी को डॉ. मा. गो. माळी ने ज्योति संज्ञा से संबोधित किया था। उसका जन्म 3 जनवरी, 1831 में सतारा जिले के खंडाळा तहसील के नायगांव में हुआ था। उसका विवाह नौ वर्ष की आयु में सन् 1840 में 13 वर्षीय बालक जोतिराव के साथ हुआ।

भारतीय स्त्री के लिये आदर्श नारी का चरित्र कौन सा है? सावित्री सति अथवा सावित्री ज्योति? और क्यों? किसी भी चरित्र को नारी के जीवन में उतारने के लिये आदर्श स्त्री चरित्र का अधिक से अधिक धरातल की कठिन सच्चाईपरक होना साक्ष्यभूतिकरण के लिये उपयुक्त होता है और इसके विपरीत यदि वह चरित्र तथ्यात्मक जीवन से जितना अधिक दूर कल्पना विलास का भाग होता है उतना ही वह आचरण की कसौटी से अति दूर हो जाता है।

सावित्री और सशक्तीकरण

प्रति वर्ष 8 मार्च का दिन महिला समाख्या अथवा सशक्तिकरण हेतु अंकित है। आज की आवश्यकता यह है कि महिला नेतृत्व भारतीय समाज में बल्कि विश्व समुदाय के भी आचरण योग्य होना चाहिये। सावित्री ज्योति को क्रांतियुग का आरंभ कहते हुये नलिनी लढके ने मीनाक्षी मून द्वारा संपादित ''फुले-आंबेडकरी स्त्री चळवळ'' (नागपूर: 14.10.2002:31) में लिखा है:-

"सावित्री का जीवन सिद्धान्त यह था कि दूसरों को जिलायेंगे तो स्वयं जियेंगे। अर्थात् सर्वप्रथम दूसरों के सुख का विचार करने के बाद ही आपको सुख से जीना है। इसे ही बौद्ध परंपरा में बोधिसत्व चर्या कहते हैं।"

इस सामाजिक क्रांतिकारी विचार का आरंभ सावित्री ने अपनी कृति से किया। इसलिये डॉ. मा. गो. माळी ने उन्हें क्रांतिज्योति के सार्थक विशेषण से इंगित किया था। दूसरों को प्रकाश देने के लिये खुद के असितत्व को क्षण क्षण नष्ट करने वाली ज्योति की भांति उन्होंने कार्य किया। भारत में उनके जन्म से क्रांतिकारी युग का आरंभ हुआ।

विद्यार्थी जिस वातावरण व परिस्थितियों से आते हैं उनका उसकी गुणवत्ता व प्रगति पर परिणाम होता है का सिद्धान्त उन्होंने दिया।

एक बिल्कुल अभिनव कल्पना यानी अनाथ बालकों का पालकत्व स्वीकार कर उस काल में ऐसी सेवा की दिशा दी और मानव सेवा और मानवता धर्म ही सर्वश्रेष्ठ मूल्य है की कल्पना को कृति से समर्थन दिलाया। महिला संगठन से उपरोक्त कार्यों की दिशा दर्शाई। उन्होंने संदेश दिया कि "पति को अमरत्व प्राप्त कर देने हेतु वट वृक्ष की पूजा करने की अपेक्षा उसके कल्याणकारी कार्यों में सहभागी होकर उसके कार्य को यशस्वी करने का व्रत लो। कृति के रूप में उसे अमर करो।"

सावित्री को संतान न थी, इसलिये वह दुखी होकर बैठी न रही। पत्थर, ढेल के भगवान और आराधना व मन्नतों में समय बर्बाद नहीं किया। उसने मातृप्रेम से वंचित बालकों को अपने पुत्र माना। अनाथ बालकों का मातृत्व स्वीकार किया और मातृत्व को भी अमरत्व प्रदान किया। स्वयं के लिये स्वर्ग सुख प्राप्त करने की अपेक्षा समाज का दुख कम कर पृथ्वी पर स्वर्गमय सुख निर्माण करने हेतु जीना यही मानव धर्म है के तत्व का उन्होंने अंगीकार किया। समाज सेवा को धर्म और सेवा व्रत को ही कर्म माना। और उस आदर्श के लिये वह स्वयं लड़ीं, और अंत में प्लेग से ग्रस्त रोगियों की सेवा करते हुये मृत्यु के स्वाधीन हो गईं।

समाज सुधार के कार्य करने के कारण किसी को उसका पिता घर से निकल जाने को कहे और ऐसी विपत्ति में उसकी पत्नी स्वेच्छा से अपने पति के साथ गृह त्याग करें तो ऐसी मिसाल बिरली ही होगी। इ.स. 1849 में ऐसी ही घटना जोतिबा और सावित्री के साथ घटित हुई थी। परंतु इस दम्पति ने हिम्मत नहीं हारी और परिणामस्वरूप जोतिबा को सन् 1888 में यानी उनके अंतिम समय के दो वर्ष पूर्व मुंबई में आम जनता द्वारा उन्हें ''महात्मा'' की उपाधि से सम्मानित किया गया। ऐसे समाज सुधारकों के प्रयासों के फलस्वरूप अंग्रेज सरकार ने सन् 1856 में विधवा विवाह कानून बनाया था। 1863 में जोतिबा ने बाल हत्या प्रतिबधक गृह खोला और इसी गृह में सन् 1874 में काशीबाई ने यशवन्त को जन्म दिया।

घर से बाहर निकलते ही महिला को उसका सशक्तीकरण अपनी बाहें फैलाकर उसके स्वागत के लिये खड़ा रहता है की तर्ज पर जोतिबा ने सावित्री को घर से बाहर निकाल कर कन्याशाला में पढ़ाने की प्रेरणा दी, जिससे और भी महिलायें घर से बाहर निकल कर काम करने के लिये प्रेरित हुई थीं।

जोतिबा बहुपत्नी विवाह प्रथा के निषेधार्थ पिता और ससुर की अनुमति और पत्नी की सहमति होकर भी आजीवन एक पत्नी व्रत में रहे और अनाथ को गोद लेकर सगे पुत्र की भांति उसे अपना वैध उत्तराधिकारी बना कर रखा था। अपने पिता के गुजरने पर जोतिबा ने श्राद्ध और पिण्डदान की जगह गरीब छात्रों को उनकी पढ़ाई में

सहायता पहुंचाई और असहायों को खाना खिलाया। 1868 में अपने मकान में स्थित पानी के कुएं से अछुतों को पानी भरने की आजादी देकर कट्टरपंथियों से लड़ाई मोल ली। 1873 में सत्य शोधक समाज की स्थापना की। कृषि एवं ग्राम विकास के क्षेत्र में 200 एकड़ जमीन खरीद कर उसमें आधुनिक यंत्रों का उपयोग कर खेती की अर्थात् संतरे, आलू और गन्नों को नहरों के माध्यम से सींच कर कृषि का आदर्श नमूना पेश किया। 1885 में खेतीहर अछूतों को लूटनेवाली पुरोहितशाही का पर्दाफाश करने वाला अस्पृश्यों की कैफियत नामक पॅम्पलेट निकाला। उन्होंने अंग्रेजों की ट्रिकल डाउन या फिल्टर डाउन अथार्त उर्ध्व स्तर से अधोस्तर में विद्या का प्रसरण सिद्धान्त पर आधारित शिक्षा नीति को भारतीय संदर्भ में पूर्णतया गलत बताया। उनके लेटर पैड पर सत्यमेव जयते का ब्रीद वाक्य अंकित रहता था। उनका ऐतिहासिक विश्लेषण रहा कि ब्राह्मण ही मुस्लिम शासकों के और मराठा शासन में सलाहकार व प्रबंधक व मंत्री जैसे ऊंचे पदों पर रहे। तब वर्ण और जाति व्यवस्था कठोर थी। परंतु अंग्रेजों के शासन काल में शिक्षा के प्रसार तथा सार्वजनिक जीवन में लौकिकीकरण व आधुनिकीकरण को तरजीह दिये जाने के कारण वर्ण एवं जाति व्यवस्थायें कमजोर होनी शुरू हुईं। जोतिबा ने अपने वसीयतनामें में लिखा था, ''मैं और मेरी पत्नी के मरने के बाद हम दोनों का अंतिम संस्कार और तमाम कार्य सत्य शोधक समाज पद्धति के अनुसार करने के लिये केवल चिरंजीव यशवन्त को ही अधिकार है। हमारे मृत शरीर को हमारे परंपरागत रिवाज के अनुसार यथा सामर्थ्य नमक डालकर दफन करना चाहिये। आर्यभट्ट ब्राह्मणों की नकल कर हमारे मृत शरीर को अग्नि को समर्पित नहीं करना चाहिये। शूद्रातिशूद्रों को गुलामों के गुलाम मानने वाले आर्य-भट्ट ब्राह्मण जाति के लोगों से और उनके अनुयायिओं को भी मेरे मृत शरीर को छूने नहीं देना चाहिये या उस से संबंधित सभी संस्कार विधि पर उनकी छांव को भी छूने नहीं देना चाहिये''[2]।

सावित्री ने एक सदी के पूर्व ही बता दिया था कि आमूल क्रांति के लिये वैज्ञानिक श्रद्धा और सूझ की जरूरत होती है। सावित्री ने अपना समाज शिक्षा का कार्य प्रतिगामी व्यक्तियों के प्रतिकार के चलते भी जारी रखा। उसके लिये उन्होंने पत्थर, गोबर, जूठे और गन्धे पानी के प्रहार को फूलों की वर्षा मान कर सहन किया और विरोधक अच्छे कार्य के लिये उस कृति द्वारा उत्तेजिन देते हैं की प्रतिक्रिया उन्होंने उसके प्रति व्यक्त की।

सावित्री स्वयं सीख कर मुफ्त में सिखानेवाली शिक्षिका बन उन्होंने समाज को शिक्षित किया। उनके द्वारा प्रशिक्षित प्राथमिक स्कूल की छात्रायें शिक्षा क्या है और किसलिये है के प्रश्न का उत्तर अपने जीवन के अनुभव को शिक्षा की जोड़ मिलते ही इस कदर देते थे कि उनमें एक एक छात्रा के निबंध की बानगी विचारणीय है।

उस में प्रश्न उठाया गया है कि जो धर्म ग्रंथ हमें पढ़ने और सुनने की इजाजत नहीं देते उनमें उल्लेखित धर्म का पालन हमें क्यों करना चाहिये?" इस प्रकार फुले दम्पति ने उपेक्षित समाज घटकों को वेदनाओं की चेतना देकर उन्हें प्रकट करने का सामर्थ्य अपनी शिक्षा द्वारा प्रदान किया।

लड़कियों को शिक्षा ग्रहण करने पर प्रतिबंध था तो भी विवाह के बाद सावित्री ने अपने पति जोतिबा के पास धरती को पाटी और काष्ठ की कलम बना कर विद्यार्जन किया। आज के संदर्भ में कहा जाये तो प्रौढ़ शिक्षा का पढ़ो और बढ़ो के मन्त्र का प्रारंभ सावित्री ने स्वयं से किया था। सावित्री ने लोकमत प्रवाह के विरुद्ध दिशा में पर्दापण कर समाज धारणा का प्रतिगामी प्रवाह बदला और कल्याणकारी, मानवतावादी, विज्ञाननिष्ठ विचार प्रवाह के निर्माण में अत्यन्त समर्पक चेष्ट की।

पेशवाई और मनुस्मृति के प्रचलित फरमान कि "स्त्री को स्वतन्त्र न होने दो। स्त्री को शिक्षा देने यानी सात पीढ़ियों तक नरक भोगने का महापाप करना है, मूक रह कर अन्याय सहते-सहते मरने वाली सीता और पति की मृत शैया पर सती होने वाली सावित्री या ध्रुव बालक की माता का आदर्श स्त्री के सामने रखना" आदि प्रचलन के बावजूद उसी समय में जन्मी सावित्री ने अपना जीवन अलग से जिया और स्त्री जीवन को एक नई दिशा दिखलाई।

डॉ. सुधा गोडघाटे ने (वही पृ. 130) अपने आलेख में सावित्री के आदर्श समाज सुधार की चर्चा पर प्रकाश डालते हुये निम्न प्रकार अंकित किया है:-

सावित्री जोतिबा फुले की सहधर्मचारिणी, पुरोगामी विचार शैली की प्रथम भारतीय शिक्षिका, प्रतिभावंत कवयित्री तथा थोर समाज सेविका थी। वह जोतिबा में एकरस होकर पद्यात्मक पंक्तियों में अपने भावों को इस प्रकार व्यक्त करती थी:-

मेरे जीवन में जोतिबा स्वानन्द। माझ्या जीवनात जोतिबा स्वानन्द।

जैसे हो कलियों में मकरन्द। जैसा मकरन्द कळीतला।।

अर्थात् मेरे जीवन का अपना आनन्द मेरा पति जोतिबा है। मेरा पति ऐसा ही है जैसे कलियों में मकरन्द होता है।

सावित्री ने विवाह के बाद खेत के पेड़ की छाया में बैठकर अक्षर ज्ञान कराया। जोतिबा ने उन्हें घर में लेखन, वाचन, योग, वजा, भूगोल, इतिहास जैसे विषय पढ़ाया था। मिसेस मिचेल नामक एक क्रिश्चन शिक्षिका ने सावित्री को शिक्षिका का कोर्स पूरा करने की सिफारिश की थी और सावित्री ने अपने ससुर श्री गोविन्दरांव के तीव्र विरोध के आगे समर्पित न होकर उस कोर्स को पूरा किया और अपनी आयु के 17वें वर्ष में पारंगत शिक्षिका बन कर वह कार्य करने लगी।

जोतिबा फुले, राजा राम मोहन राय, महर्षि अन्नासाहेब कर्वे, लोकहितवादी आगरकर, महादेव गोविन्द रानडे व डॉ. बाबासाहेब आम्बेडकर आदि समाज सुधारकों

ने अपने यत्नों की पराकाष्ठा न की होती तो भारतीय स्त्री किस नरक यातना को भोग रही होती कहना मुश्किल है।

बाल विवाह, सती प्रथा, वैधव्य, पुनर्विवाह निषेध, स्त्री एक अविश्वसनीय, दुष्ट, चंचल, अविचारी, विद्याधिकारविहीन, स्त्री शिक्षा देना यानी सामाजिक भ्रष्टाचार को आमंत्रित करना है, उनको पैर में जूती पहनने देना यानी वैधव्य को आमंत्रित करना है, इत्यादि रूढ़ियों के चलते फुले ने स्त्री की सही पहचान की कि स्त्री एक मनुष्य है और उसे मनुष्यत्व के अधिकार की जाणीव करने हेतु शिक्षा के समान दूसरा कोई हथियार नहीं है। और उन्होंने आगे कहा :-

विद्या विना मति गई, मति विना नीति गई

नीति विना गति गई, गति विना वित्त गया

वित्त विना शूद्र गिरा, इतना अनर्थ एक अविद्या ने करा।

फुले के हाथ को सावित्री का साथ निम्न प्रकार रहा:-

1 जनवरी, 1848 में पूणा के बुधवार पेठ के भिड़े के वाड़े में लड़कियों की पहली पाठशाला फुले ने शुरू की तो उसका प्रवर्तन सावित्री ने किया। कन्या पाठशाला में छात्राओं की संख्या बढ़ते ही सावित्री की शिक्षिका के पद पर नियुक्ति हुई। सार्वजनिक कार्यों में सक्रिय भागीदारी करने वाली वह प्रथम भारतीय स्त्री थी। फुले ने भोकरवाड़ी में दलित छात्राओं के लिये एक स्वतन्त्र पाठशाला भी शुरू की। दूसरी कन्या पाठशाला बुधवार पेठ के चिपळूणकर के वाड़े में दिनांक 3 जुलाई 1851 में शुरू की गई। तीसरी कन्या शाला रास्तापेठ में 17 सितम्बर, 1851 में और चौथी शाला वेताळपेठ में 15 मार्च, 1852 में प्रारम्भ हुई। इस प्रकार कुल बीस कन्या पाठशालायें स्थापित हुईं, टिकी और बढ़ीं। शैक्षणिक प्रसार व प्रचार का कार्य बड़े पैमाने पर सावित्री ने किया। उनके कार्य के बारे में शासकीय प्रतिवेदन का अभिप्राय इस प्रकार था :-

"सावित्रीबाई, द स्कूल मिस्ट्रेस, हैज नोबली वालुन्टियर्ड टू डिवोट हरसेल्फ टु इम्प्रूव्हमेन्ट ऑफ फिमेल एज्युकेशन विदाउट एनि रेम्युनरेशन।"

जब अंग्रेज सरकार ने जोतिबा फुले के गौरवार्थ विश्रामवाड़ा, पूणा में एक सभा बुलाई थी तो उन्होंने भी सावित्री के मुताल्लिक कहा था, "यह गौरव सावित्री का है। मैं पाठशालाओं की स्थापना के लिये कारणीभूत था। परन्तु संकटों का सामना कर सावित्री ने उन पाठशालाओं को सफल बनाया।" उसी प्रकार पूणा महाहविद्यालय के तत्कालीन प्राचार्य मेजर कैंडी ने दिनांक 12 फरवरी, 1853 को आयोजित एक समारोह में सम्बोधित करते हुये सावित्री के कार्यों की सराहना की थी।

शिक्षा प्रवीण और समाज सेविका सावित्रीबाई ने अपने शिक्षा विषयक विचारों को निम्न काव्य पंक्तियों में प्रकट किया :-

परंपरा के टूटे दरवाजे	दूर फेकूनी रूढ़ी द्या रे।
दूर फेंक दो रुढ़ी रे	परंपरेची मोड़की दारे
लिखना पढ़ना सीख लो रे।।	लिहिणे वाचणे शिकुनि घ्यारे।।

उन्होंने आगे और कहा:–

नष्ट हुये पशु विद्या विना।	विद्येविना गेले वाया पशु।
स्वस्थ मत बैठो, विद्या लेना।।	स्वस्थ नका बसु, विद्या घेणे।

भाषा और जातिभेद का संबंध बताते हुए उन्होंने अगली पंक्ति में निम्न प्रकार संबोधित किया :–

अवसर आया अंग्रेजी सीखने को।	इंग्रजी शिकाया, संधी आली।
सीख कर अंग्रेजी जाति भेद तोड़ो।।	इंग्रजी शिकूण जातिभेद तोड़ा
भटजी भारुड़ा को (माध्यम) फेंक दो।।	भटजी भारुड़ा फेकूनी द्या।।

सावित्री का सामाजिक कार्य निम्न सफलताओं में से झलकता है। यथा अस्पृश्यों के लिये पानी का हौद खुला करवाना, महिला संगठन हेतु महिला मण्डल की स्थापना करना और उसके मार्फत 14 जनवरी, 1852 को तिलगुड (मकर संक्रान्ति) समारंभ को आयोजित करना, सभी जाति और धर्म की महिलाओं के एक ही समान मानने का संदेश देने वाली पत्रिका चलाना, महिलाओं की बहुआयामी विकास हेतु विधवाश्रम, बाल विवाह निषेध, अनाथालय, अत्याचार व पीड़ाग्रस्त महिलाओं की मदद करना, काशीबाई नामक विधवा ब्राह्मण महिला की संतान को गोद लेना, अकाल पीड़ित गरीबों के बच्चों को रोज एक हजार चपातियों का अन्नदान देना, प्लेग ग्रस्त रोगियों की सहायता करना, गरीब छात्रों को पुस्तकें भेंट देना इत्यादि कार्य उन्होंने फुले (1827–1890) के पश्चात भली भांति पूर्ण किया था।

उनके कार्य की महत्ता पंढ़रीनाथ सीताराम पाटिल द्वारा जोतिबा पर लिखित एक पुस्तक में निम्न प्रकार उद्धृत की गई है:–

"संपूर्ण आयुष्य में इस महामना फुले को संसार ने कई बार छला, दूर किया, परंतु जगत के एक जीव मात्र ने उन्हें आरंभ से अन्त तक साथ दिया। उनके द्वारा सहन किये गये अपमान और बेहाल का भार खुद अपने सिर पर रख कर उसने समय समय पर सुख, आनन्द, प्रीति और औदार्य का हाथ दिया। जगत में उनका एकमेव मित्र और उन्हें अन्त तक साथ देने वाला वह जीव वह व्यक्ति और विभूति और कोई नहीं बल्कि उनकी पत्नी सावित्री ही है। उनके जन्म की साथी उनके पास थी। वह वीर पत्नी थी, सत्यवती थी। जोतिबा का सारा तेज, सारा धैर्य और कृतत्व इस साध्वी के तप से सचमुच चमक गया। जोतिबा को इस महिला ने एक शब्द से भी कभी

नहीं दुखाया और उन्हें बार-बार प्रत्येक कार्य में मदद की। जोतिबा के संसार का भार सावित्री पर था। अतिथि सत्कार, जोतिबा द्वारा संचालित अनाथालय के बच्चों का संगोपण, अकाल में स्थापित अन्न, छत्रावास के कर्त्तव्य का भार इत्यादि उन पर था। सावित्री संतान विहीन थी परंतु उसके कारण उन्हें कभी दुख की स्मृति विचलित न कर पाई। ये बच्चे ही उनकी वास्तविक संतानें थीं।

समाज सेविकाओं के लिये वह आज भी आदर्श चरित्र हैं।

गल महिला अंतर्राष्ट्रीय दिवस पर अभिनेत्री दीप्ति नवल ने कहा था, "मुझे अप्रसन्नता होती थी क्योंकि मुझे अन्य लोगों की सफलता के मापदण्ड से नहीं जीना था और यदि दूसरों के लिये कुछ कहते हुए मुझे आनन्द मिल रहा है तो वह भी ऐसी सफलता का मापदण्ड है, जिससे कुछ करते समय स्वयं को भी आनन्द मिलता है।"

आज सती भी हैं और जलती वधुयें भी हैं। दूसरे प्रकार की महिलायें अधिक से अधिक संख्या में भारतीय समाज में दृष्टिगोचर हो रही है। सहयोग जैसा कोई राजस्थानी स्थानीय संगठन उनकी मदद करें तो स्थिति में कायापलट परिवर्तन आ सकता है।

आज की महिलायें ज्यादातर अभिनेत्रियों की नकल करना चाहती हैं। इसमें कुछ भी बुरा नहीं है। आखिर महिलायें वास्तविक जीवन में आम स्त्री की तरह ही होती हैं और उनका जमीनी मानवीय चरित्र अन्य व्यक्तियों को भी प्रभावित कर प्रेरणादायी हो सकता है। एक अन्य अभिनेत्री पीया राज चौधरी को जब पूछा गया कि आपको किन-किन पुस्तकों ने सबसे ज्यादा प्रभावित किया है तो उसका उत्तर अनुकरणीय और निम्नासुर था :-

"मुझे हर्मन हेस लिखित सिद्धार्थ और श्री शुद्धानन्द ब्रह्मचारी की युवर माइण्ड युवर बेस्ट फ्रेंड ने सबसे अधिक प्रभावित किया है।"

राजमहिला और बी.जे.पी. संघ शासन की मंत्री सुमित्रा महाजन और इन्दौर जनपद पंचायत की अध्यक्षा सुलोचना पटेल का मानना है कि महिलायें बेहतर नेतृत्व करती हैं।

सावित्री जैसे समाज सुधारक के प्रयासों से क्या प्रतिफल निष्पन्न हुआ? उनकी जीवित अवधि में भले ही ना सही परंतु उनकी अगली पीढ़ी को उसका जरूर लाभ मिला है। 1923 का भारतीय खान अधिनियम का संशोधन विधेयक 1946 में डॉ॰ आंबेडकर ने प्रस्तुत कर स्त्री-पुरुष श्रमिकों के लिये पृथक-पृथक शावर सुविधायुक्त स्नान घर बनाने का प्रावधान कराया ताकि श्रमिक नहा धोकर साफ कपड़ों में अपने घर जाये। 29 मार्च, 1945 में खान प्रसूति लाभ संशोधन विधेयक पारित कर प्रतिबन्धित अवधि छब्बीस सप्ताह अनिवार्य और दस सप्ताह आंशिक रखी

गई, प्रसूति लाभ छ: रुपये प्रति सप्ताह तय किया गया और यह सारा समय अधिकृत अवकाश माना गया ताकि कोई नियोजक किसी महिला श्रमिक को काम पर से न हटा सके। केन्द्रीय विधानसभा में 13 मार्च, 1945 में 15,000 महिला श्रमिकों को कोयला खानों में काम करना जारी रखने की अनुमति प्राप्त हुई। फरवरी, 1944 में समान कार्य समान वेतन का महिलाओं को अधिकार मिला। महिला एवं पुरुष श्रमिकों के लिये खान श्रमिक कल्याण अध्यादेश 1944 में लागू हुआ। खान में काम करने वाली महिलाओं को चार सप्ताह के सवेतन प्रसूति अवकाश का पूर्ण लाभ संबंधित अधिनियम से कम पर अनुपस्थिति'' वाला शब्दांश हटा कर विधानसभा की स्वीकृति से मिला। इसी प्रकार प्रतिफल के रूप में हिन्दू दत्तक ग्रहण निर्वाह विधेयक 1956, हिन्दू विवाह विधेयक 1955, विशेष विवाह अधिनियम 1954 – जिसके अंतर्गत विवाह करने वाले हिन्दुओं को विभिन्न धर्मों को मानने वाले होने पर भी अपना धर्म त्यागने अथवा परिवर्तन करने की जरूरत नहीं थी। इसमें लड़के की आयु 21 वर्ष और लड़की की आयु 18 वर्ष होना अनिवार्य है। विवाह के समय कोई पति या पत्नी जीवित न हो, जोड़ा निषिद्ध सम्बन्धों से परे हो। ऐसे विवाहित हिन्दुओं का उत्तराधिकारी 1956 के विधेयक के अधीन नहीं बल्कि भारतीय उत्तराधिकार अधिनियम 1925 के अधीन प्राप्त होगा। उसके अनुसार एक विधवा को अपनी संतान और अन्य उत्तराधिकारियों के होते हुये भी सम्पत्ति का तीसरा भाग प्राप्त करने का अधिकार है। तलाक हिन्दू विशेष विधेयक 1956 में दर्ज आधारों पर ही पति-पत्नी की स्वीकृति से स्वीकार किया जायेगा और पति को अपनी पत्नी के लिए जीविका देने पर विवश नहीं किया जायेगा। इसके साथ साथ संविधान में कुछ प्रावधान कर महिलाओ के हितों का रक्षण किया गया। उसमें राज्य का दायित्व निश्चित कराया गया है कि वह काम की न्याय संगत और मानवाचित दशा और प्रसूति सहायता उपलब्ध करायेगा। अनुच्छेद 42 के अनुसार स्त्री को पुरुष नागरिकों के समान जीविका के पर्याप्त साधन प्राप्त करने का अधिकार प्राप्त है। तथा सामुदायिक भौतिक सम्पदा का स्वामित्व और नियंत्रण को सामूहिक हित को सर्वोत्तम बनाने के लिये वितरित करना, स्त्री को पुरुष की भांति समान कार्य के लिय समान वेतन, स्त्री कर्मकारों के स्वास्थ्य और शक्ति तथा बालकों की सुकुमार अवस्था और आर्थिक आवश्यकता का दुरुपयोग न हो पर निहित लाभ अनुच्छेद 39 में है। उसी प्रकार अनुच्छेद 14 के अनुसार राज्य स्त्री को विधि के समक्ष समता से या विधियों के समान संरक्षण से वंचित नहीं करेगा। अनुच्छेद 15 के अनुसार राज्य स्त्री से धर्म, वंश, लिंग या जन्म के स्थान के आधार पर विभेद नहीं करेगा। राज्य को स्त्रियों और बालकों के लिये कोई विशेष उपबन्ध करने से यह अनुच्छेद निवारित नहीं करेगा। स्त्री को किसी पद पर नियोजन या नियुक्ति के लिये अवसर की समानता होगी। अनुच्छेद 16 के अनुसार स्त्री को पद के सम्बन्ध में विभेद या अपात्र केवल धर्म, वंश, जाति, लिंग, उद्‌भव, जन्म स्थान, निवास में से किसी भी एक आधार पर नहीं किया जायेगा।

प्रेरक प्रसंग

कन्याओं को पढ़ाने के लिये सावित्री जिस रास्ते से होकर गुजरती थीं लोग उन पर कचरा, कीचड़, कंकड़, पत्थर, गोबर आदि फेंकते थे। उनके चरित्र पर लांछन लगाते थे किन्तु इससे सावित्री नहीं घबराईं। वे थोड़ी रूक कर स्वयं को साफ करके कहतीं –"मै अपना कर्त्तव्य कर रही हूं। तुम अपना कर्त्तव्य करो।"

कन्या पाठशाला का प्रारम्भ 8 छात्राओं से हुआ था परन्तु शीघ्र ही यह संख्या 48 तक पहुंच गई। 3 जुलाई, 1851, 7 सितम्बर, 1851 और 15 मार्च, 1852 को क्रमश: तीन बालिका विद्यालयों की स्थापना की गई। एक प्रबंध समिति की भी स्थापना हुई। तीसरे क्रमांक की पाठशाला बेताल पेठ में स्थापित हुई थी और सावित्री तब उनमें से एक की प्रधानाध्यापिका भी बन चुकी थी।

एक नई समस्या पैदा हुई। माता-पिता लड़कियों को लड़कों के साथ पढ़ाना पसंद नहीं करते थे। अत: जोतिबा ने तरुण लड़कियों के लिये अलग से विद्यालय खोला और उसमें निर्धन छात्राओं के लिये पुस्तकालय की स्थापना भी की।

जून 1852 में ब्रिटिश सरकार ने फुले को सम्मानित किया तब वे मात्र 25 वर्ष के थे। उन्हें स्त्री शिक्षा के सच्चे हिमायती के रूप में पहचाना जाने लगा। भारतीय नारी के मुक्तिदाता को 200 रुपये, दो शाल व पुष्प माला अर्पण कर सम्मानित किया गया था।

8 मार्च, 1890 को पुना के गोखले बाग में एक शेनवी ब्राह्मण युवती का उसी की जाति के एक विधुर के साथ विवाह करवा दिया। विधवाओं के अवैध संतानों के लिये ऐसा अनाथालय बनवाया जहां जाकर पूर्ण सुरक्षा व गुप्तता के साथ वे अपने बच्चों को जन्म देती थी। इस बाबत जोतिबा कहते थे, "जो लोग अपनी बहनों के जीवन की रक्षा नहीं कर सकते, अपनी माताओं को मानसिक यातनाओं से अथवा केश मुण्डन से बचा नहीं सकते, ऐसे लोग मेरी संस्था के सदस्य बनने योग्य नहीं हैं।"

जिस प्रकार स्वामी दयानन्द (1882-1883) आर्य समाज (1875), राम मोहन राय का ब्रह्मो समाज और महादेव गोविन्द रानाडे का प्रार्थना समाज था उसी प्रकार जोतिबा का सत्य शोधक समाज था, जिसकी सदस्यता उन्हीं लोगों के लिये थी, जो ब्राह्मण शास्त्रों की धार्मिक एवं मानसिक दासता से लोगों को मुक्त कराना, विवाह, अंतिम संस्कार, पिंडदान, गृह प्रवेश आदि के संस्कार कर्मों में पुरोहित द्वारा आम लोगों के शोषण को रोकना, बिना ब्राह्याण पुरोहित के कम खर्च पर संस्कार कर्म संपन्न करना, त्यौहार एवं उत्सव आदि अवसरों पर ब्राह्मणों को भोज देने एवं दक्षिणा देने की रीति को बंद करना, शूद्रातिशूद्रों एवं महिलाओं में शिक्षा का प्रसार करना, रात्रि पाठशालायें संचालित करना, ग्रामीण क्षेत्रों में स्कूल खोलना, निर्धन छात्रों को अध्ययन

के लिये आर्थिक सहायता एवं वजीफा प्रदान करना, गरीब छात्रों को मुफ्त शिक्ष दिलाने के लिए शासन से अनुरोध करना, विधवा पुनर्विवाह को प्रोत्साहित एवं विधवाओं का पुनर्विवाह संपन्न कराना स्वीकार करते थे और उसी प्रकार जो छुआछूत मिटाना एवं अछूतों के उद्धार के लिये काम करना, शूद्रों एवं अतिशूद्रों को धार्मिक व सामाजिक विषयों के बारे में सही-गलत व उचित-अनुचित के बारे में बताना; मौलिक सामाजिक विषयों पर प्रबुद्ध जनों का व्याख्यान कराना तथा लेख एवं वाद विवाद प्रतियोगिताओं का आयोजन करना; शूद्रातिशूद्र वर्गों के लोगों में पुस्तक लेखन को प्रोत्साहित करने के लिये उनके द्वारा लिखी अच्छी पुस्तकों के लेखकों को पुरस्कृत करना इत्यादि कार्य कृति में उतार ने की जो पात्रता रखते थे वे ही सत्यशोधक समाज के सदस्य बन सकते थे।

सावित्री अनाथालय के बच्चों को एक सच्ची मां का प्यार व ममता देती थी। 1873 में काशीबाई नामक विधवा ब्राह्मणी ने एक बच्चे को जन्म दिया। बारहवें दिन फुले दम्पति ने इस बच्चे का नामकरण संस्कार कर उसका नाम यशवन्त रखा और बड़े लाड़-प्यार के साथ उसका लालन-पालन कर विधिवत रूप से उसे अधिग्रहण किया। इसी वर्ष जोतिबा फुले का सबसे चर्चित एवं प्रमुख ग्रन्थ "गुलामगिरी" प्रकाशित हुआ था।

सावित्री नारी शिक्षा हेतु अपनी निःशुल्क सेवायें देती थीं एवं अपनी आजीविका हेतु खाली समय में मोटे गद्दे बनाकर बेचने का कार्य करती थी। जोतिबा एक सिलाई की दुकान चलाते थे। सावित्री के महान योगदान के सम्बन्ध में उन्होंने कहा है, "अपने जीवन में मैं जो कुछ भी कर पाया हूं, वह मेरी पत्नी सावित्री के सहयोग से ही हो सका है।"

उन्नीसवीं सदी में सार्वजनिक जीवन को अपनाने वाली प्रथम भारतीय महिला का गौरव भी उन्हें ही प्राप्त है। सावित्री फुले और उनके क्रांतिकारी आंदोलनों दोनों की ही अर्द्धांगिनी बन गई थीं।

सावित्री का जन्म सतारा जिले की खण्डाळा तहसील के नायगांव में 3 जनवरी, 1831 में जोतिबा के जन्म से 4 वर्ष के बाद हुआ था। उनके पिता खण्डोजी नेवसे पाटिल ने 9 वर्ष की आयु में (1940) उनका विवाह 13 वर्षीय जोतिराव के साथ करा दिया। उनकी शिक्षा की शुरुआत विवाह के बाद पतिगृह में पति द्वारा ही हुई थी। पूना के एक मिशनरी स्कूल में तीसरी कक्षा में पढ़ रही छात्रा सावित्री ने वही अध्यापन कार्य का प्रशिक्षण लिया और छात्रावस्था में ही उन्होंने निग्रो की दासता के विरुद्ध संघर्ष करने वाले क्रांतिकारी टामस क्लार्कसन की पुस्तकें भी पढ़ डाली थीं।

जनवरी, 1848 में स्थापित पूणा के प्रथम बालिका विद्यालय में सावित्री प्रथम शिक्षिका बनीं। इसीसे वह भारत की पहली अध्यापिका भी हुईं। बाद में इसी विद्यालय की प्रधानाध्यापिका भी बन गईं। उसी वर्ष पूणा शहर की अछूत बस्ती में दलित

छात्र-छात्राओं के लिये और एक पाठशाला खोली, जिसमें सगुणा नामक अध्यापिका ने आरम्भिक अध्यापन कार्य संभाला था और बाद में सावित्री भी वहां पढ़ाने लगीं। लगभग 18 विद्यालयों की स्थापना पूना और उसके आस पास के क्षेत्रों में हो गई। एक मुस्लिम महिला फातिमा शेख ने भी सावित्री के सुधारवादी एवं क्रांतिकारी आंदोलन में काफी योगदान दिया। वह उनके मित्र उस्मान शेख की बहिन थी, जिन्हें पिता द्वारा घर से निकाल देने के बाद घर में शरण दी थी। उन्नीसवीं सदी की प्रथम भारतीय मुस्लिम अध्यापिका होने का श्रेय इन्हीं फातिमा को जाता है।

जोतिबा के परम मित्र परमानन्द ने सावित्री के साहस की प्रशंसा निम्न शब्दों में की थी, "पुरानपंथियों के गढ़ में ऐसे विपरीत समय में एक शूद्र व्यक्ति अपनी पत्नी को सुशिक्षित बनाना और उसके द्वारा लड़कियों को शिक्षा देने का प्रयत्न करना मानो शेर को शेर की गुफा में ही जाकर पकड़ना था। सावित्री ने अपने पति को पूर्ण सहयोग दिया और उनके साथ रह कर सारे दु:ख-संकट एक साथ झेले। इस मामले में सावित्री भारत की प्रथम क्रांतिकारी नायिका और भारतीय नारी समाज की प्रथम सेविका थीं।"

सन् 1876-77 में महाराष्ट्र में अकाल पड़ा तो हजारों बच्चे निराश्रित हो गए थे। उनकी देखभाल सावित्री ने की। 1897 में हैजे की बीमारी ने हजारों लोगों की जानें ली, उनके इलाज एवं अनेक सहायता केंद्रों की स्थापना सत्य शोधक समाज ने की थी। इसकी बागडोर महात्मा फुले के निधन (1890) दिन से अगले 7 वर्ष (1891-1897) तक सावित्री ने संभाली। फुले के निकटतम सहयोगी महाघट पाटिल ने 1891 में प्रथम स्मृति दिवस के आधार पर प्रकाशित जोतिबा फुले के प्रथम जीवन चरित्र को इन शब्दों में सावित्री को सपर्पित किया था:

"इन सात वर्षों के कार्यकाल में सावित्री ने अनेक सभा सम्मेलनों में भाग लेकर कार्यकर्ताओं का मार्गदर्शन किया। उनको क्रांतिकारी विचार दिए। उन्हें सफल नेतृत्व दिया और सभी सम्बन्धित संस्थाओं का संचालन किया।"

सावित्री बुद्धिमान लेखिका और प्रतिभा सम्पन्न कवयित्री थीं। उनका 'काव्य फुले' नामक कविता संग्रह 1854 में प्रकाशित हुआ था।

1897 में महाराष्ट्र में जो हैजा फैला था, उसमें एक बालक की दशा बहुत खराब थी। सब लोग दूर से ही देख कर जा रहे थे। सावित्री ने उसे गले लगाया, कन्धे पर उठा कर अपने पुत्र यशवन्त के अस्पताल में लेकर गई। बालक से उन्हें भी हैजे की बीमारी ने पकड़ लिया और सावित्री ने इस दुनिया से प्रस्थान किया।

डॉ. श्रीमती कुसुम मेघवाल ने कहा है कि "वस्तुत: नारी उत्थान की प्रक्रिया ही विज्ञान की प्रगति के साथ आरम्भ हुई।"

विज्ञान की प्रगति ने मानव शरीर के बल के स्थान पर बुद्धि बल को तरजीह दी। अन्यथा ब्रिटिश काल में भारत की मुस्लिम नारी कुरान और हिन्दू नारी रामायण हाथ में लिए जीवन और समाज की अन्य सभी बातें भुला कर मात्र कठपुतली बन कर रह गई थी। मुगल काल में भारत लगभग आठ सौ वर्षों तक मुस्लिम आधिपत्य में रहा। राजस्थान में नारी की घुड़सवारी ने पालकी का स्थान ले लिया। रूपवती नारी वरदान नहीं अभिशाप मानी जाने लगी। हुमायूं से लेकर अन्तिम मुगल बादशाह बहादुर शाह जफर तक राजस्थानी राजाओं की कन्या–भेंट की रस्म जारी रही। नारी जाति के रक्षणार्थ बाल विवाह और सती प्रथा जैसी समाज व्यवस्था बना दी गई। मध्य युग में हर्षवर्धन के पश्चात् भारत भूमि पर बड़े साम्राज्य नहीं बन पाए। पुष्य मित्र शुंग, शंकराचार्य, पाणिनी आदि राजा और शास्त्रकारों मिल कर तीन चौथाई समाज-स्त्री व शूद्रों को स्थायी गुलाम बना कर रख दिया। हालांकि उसी काल में हर्षवर्धन की बहन राज्यश्री ने दिवाकर मित्र नामक बौद्ध पण्डित से धर्म की शिक्षा ग्रहण की थी। प्रसिद्ध ज्योतिष भास्कराचार्य (इ.स. 1200) ने अपनी पुत्री लीलावती को गणित का ज्ञान देने के लिये लीलावत नामक संस्कृत में अनुपम पुस्तिका लिखी थी। कवि राजशेखर की पत्नी अवन्ति मुन्दरी अच्छी विदुषी थी। और उसने प्राकृत भाषा में एक कोष का निर्माण किया था। उस युग में इन्दुलेख, विज्जिका, शीला, सुभद्रा, मदालसा आदि कवयित्रियां भी थीं।

तथापि विधवा विवाह को अब बुरा माने जाने लगा था और सती प्रथा का भी प्रारम्भ हो गया था। हर्ष की माता विधवा होने पर सती हो गई थीं और उसकी बहन राज्यश्री भी ऐसा ही करती यदि उसे हर्ष ने कर्तव्य ज्ञान नहीं कराया होता। मौर्य काल के –हास के बाद सातवाहन साम्राज्य का प्रारंभ हुआ, जिसका प्रथम राजा सिमुक और राणी गौतमी बालश्री और परिवार मातृसत्तात्मक होने के कारण उनके पुत्र का नाम गौतमी पुत्र सातकर्णी रखा गया। उसका विवाह महारठी के सरदार की दुहिता नायनिका या नागनिका से हुआ। बालश्री ने नासिक के त्रिरश्मि पर्वत पर एक गुहा दान किया था, जिसकी दीवार पर एक प्रशस्ति भी उत्कीर्ण है। सातकर्णी का पुत्र वासिष्ठीपुत्र श्री पुलुमाबि था। उसने पूर्व और दक्षिण में आंध्र तथा चोल देशों की विजय की। उसके सिक्के सुदूर दक्षिण में भी अनेक स्थानों पर उपलब्ध हुये।

मौर्य काल में बहुविवाह की प्रथा का प्रचलन था, इसे मेगस्थनीज के अभिलेखों से पता चलता है। परन्तु पुरुष और स्त्री दोनों को पुनर्विवाह का अधिकार था। तलाक की प्रथा विद्यमान थी। परिब्राजकाओं को समाज में सम्मानित स्थान प्राप्त था। कौटिल्य ने उन्हें कृत सत्कारा कहा है। ग्रीक इतिहासकार डायोडोरस ने लिखा है कि इ. पू. 316 में जब ईरान के एक युद्ध में एक भारतीय सेनापति की मृत्यु हो गई तो उसकी दोनों पत्नियों ने सती होने की इच्छा प्रकट की थी। बहुत सी स्त्रियां गणिका, वेश्या या रूपाजीवा के रूप में स्वतन्त्र रूप से जीवन यापन किया करती थी।

गणिकाओं को भरपूर वेतन दिया जाता था। वे गायन, पढ़ने, नृत्य, चित्रकारी, वीणा, वेणु और मृदंग बजाने, दूसरों की मनोभावनाओं को समझने, विविध प्रकार की सुगन्धियों का प्रयोग करने, मालायें बनाने, केस विन्यास से दूसरों को आकृष्ट करने और उसके मन को अपने में केन्द्रित करने की कलाओं में प्रवीण होती थी। मनोरंजन करती थी। इस काल में विपुल संस्कृत साहित्य की रचना हुई।

बौद्ध काल में शाक्य एक पत्नी व्रत होते थे। अपनी जाति के बाहर सम्बन्ध करना अनुचित समझते थे। लिच्छवी भी शाक्यों की तरह वंश की शुद्धता और कुलीनता को बहुत महत्व देते थे। वैश्य कन्या का विवाह ब्राह्मण-क्षत्रिय-वैश्य तीनों से किसी भी एक युवा के साथ हो सकता था। वे स्त्रियों का आदर करते थे। विवाह प्रजापत्य पद्धति से होता था जैसे पटाचारा ने अपने माता-पिता द्वारा निश्चित किये गये सम्बन्ध को ठुकरा कर अपनी इच्छा से विवाह किया था किन्तु स्वयंवर या गान्धर्व पद्धति से नहीं किया। बाल विवाह प्रचलित नहीं थे। महिलाओं पर कोई प्रतिबन्ध नहीं थे।

महाभारत काल में स्त्रियों का जीवन पराधीन था। गांधारी, कुंती, द्रौपदी, सुभद्रा सभी स्त्री पात्रों का एक ही हाल था। राजा सुबल की पुत्री गांधारी जन्मान्ध धृतराष्ट्र के दुखों को कम कर सकती थी परन्तु वह पति परमेश्वर मानने और पतिव्रता बनने की परम्परानुसार आजीवन अपनी आंखों पर पट्टी बांध कर जीने को विवश हुई थी। भीष्म ने व्यवस्था दी थी कि 30 वर्ष या 21 वर्ष का पुरुष क्रमश: 10 वर्ष या 7 वर्ष की बालिका के साथ विवाह कर सकता था। नियोग की भी प्रथा थी। रामायण काल में रामजी ने ताड़का वध किया था। रामचरित मानस में तुलसीदास ने लिखा ही है कि ढोल, गवार, शूद्र पुश नारी वे सब ताड़न के अधिकारी।

वैदिक काल में नारी की स्थिति एक सी नहीं रही। ऋग्वेद काल में नारी पुरुषों की भांति शस्त्र चलाना सीखती थी, उस समय द्रविड़ों की नारियां स्वयं रणक्षेत्र में जाती थी। अत: पराजित द्रविड़ महिलाओं को दासियों के रूप में रखा जाने लगा। लोपमुद्रा, अपालत्रयी आदि अनेक स्त्रियां वैदिक सूत्रों की ऋषियां हैं। गोधा, घोषा, विष्ववारा, अदिति, सरमा आदि ब्रह्मवादिनी स्त्रियां हैं। गार्गी, मैत्रेयी, आदि तत्वचिंतक स्त्रियों का जिक्र उपनिषद में भी आया है। उत्तर वैदिक काल में वर्ण व्यवस्था का विकास नहीं हुआ था। अनुलोम विवाह (निचले वर्ग की कन्या के साथ) होता था। सम्पन्न पुरुष शूद्र कन्याओं को रमणार्थ रखते थे। स्त्रियां भी पुरुषों के समान ब्रह्मचर्य का व्रत और विद्याध्ययन करती थीं। प्राचीन काल में संसार की प्राय: सभी सभ्यताओं में मातृ देवता की पूजा की प्रथा विद्यमान थी।

अनुसंशा

(1) ऐसे प्रथम महिला अध्यापिका, समाज सेविका, प्रणेता, प्रेरणादायी चरित्र के बारे में सचित्र जानकारी और गहन शोध करना भारतीय महिलाओं के लिए ही नहीं बल्कि विश्व महिला संगठनों के वांछित लक्ष्य पूर्ति के लिये भी अत्यंत

आवश्यक है। अतः इस विषय पर उपयुक्त ग्रंथ की रचना कर उन्हें प्रकाशित करना और ऐसे साहित्य को विभिन्न विश्वविद्यालयों व शोध संस्थानों के ग्रंथालयों में उपलब्ध कराना प्रत्येक जागरूक नागरिक और मनीषियों का आद्य कर्त्तव्य है।

(2) महिला संगठनों को चाहिए कि वे सावित्रीबाई फुले को अपना आदर्श चरित्र मानकर उनकी प्रतिभा को अपने कार्यालय में रखे और लोगों में उसका प्रचार करें।

(3) मुक्ति की कामना करने वालों को यह समझना चाहिए कि शिक्षा और विज्ञान ही प्रामाणिक हर पल संशोधनीय सुख व मुक्ति दिला सकते हैं। अतः सावित्रीबाई फुले का त्याग सबको स्मरण में रहना चाहिए। इस महान नायिका की सामयिकता अब और बट गई जब वर्ष 2006 की 18 फरवरी की दैनिक भास्कर, इंदौर की रिपोर्ट के अनुसार सिने-तारिकाओं का ऐसा बुरा हाल है कि एकाकी समय बिताने के बाद नादिरा चल बसी। मीनाकुमारी, परवीन बाबी, ललीता पवार, सुरैया भी दुखद अंत को प्राप्त हुई। सुलक्षणा पंडित अपने दीवाने संजीव कुमार को न पाने के कारण जीते जी नीरस जीवन जी रही। रीना रॉय पाकिस्तानी क्रिकेटर मोहसिन खान के साथ शादी करने के बाद अब मुबंई में निष्क्रियता और उदासी-भरा जीवन बिता रही है। 'कभी तन्हाइयों में हमारी याद आएगी'-फेम गायिका मुबारक बेगम सरकार द्वारा आबंटित फ्लैट का मेंटनेंस खर्च भी उठाने योग्य नही रही और अनु अग्रवाल गुमनाम हो गई है[5]।

(4) भारतीय विश्वविद्यालयों की स्थापना 1857 में हुई। अतः मुंबई, कलकत्ता और मद्रास में शिक्षा की शताब्दोत्तर स्वर्ण जयंतियां मनाना शासन की अच्छी पहल हो सकती है परन्तु भारत में उससे भी पहले एक ही कंधे के सहारे जिस फुले दम्पत्ति ने महिलाओं, अतिशूद्रों व शूद्रों के लिए सर्वप्रथम पाठशालायें खोलीं और मरे मनों को जीवित किया उनकी यादगार में समाज, सरकार व गैरसरकारी संगठन शैक्षिक योगदान में कुछ करते हैं तो यही उनकी बेहतर पहल और सच्ची भेंट होगी।

संदर्भः

(1) बानी, महू में दिनांक 8.03.04 पर आयोजित अंतर्राष्ट्रीय महिला दिवस पर आयोजित संगोष्ठी में पठित आलेख।

(2) मेश्राम एल. जी. महात्मा जोतिबा फुले रचनावली खण्ड।, संकलित व अनूदित, राधाकृष्ण प्रकाशन प्रा. लि. नई दिल्ली 1996, पृ. 279.280 और रा.गो सिहं महात्मा जोतिराव फुले, बानी, महू 2003, पृ. 75

(3) इ. डी. नाइट, फ्री प्रेस स्पेक्ट्रम, 7 मार्च 2004, पृ 1

(4) मेघावाल कुसुम, भारतीय नारी के उद्धारक डॉ. बी.आर. आंबेडकर, दलित साहित्य अकादमी, उदयपुर, राजस्थान 1994, पृ. 21

(5) दैनिक भास्कर इन्दौर, शनिवार 18 फरवरी 2006, नवरंग, पृ. 1-2

19
बिहार निर्माण क्यों?

बौद्ध परंपरा में "विहार" का मतितार्थ मंदिर अथवा देवालय बिल्कुल नहीं है। 23 मई, 1932 में बेलगांव जिले के एक निपाणी गांव में[1] आठ हजार जनसंख्यावाले समुदाय को संबोधित करते हुये बाबा साहेब डॉ. आंबेडकर ने कहा था, "आज तक हमें हिंदू देवताओं के दर्शान नहीं हुए इसलिये हम मरे नहीं अथवा आज तक हिंदुओ के देवालयों में जाते रहने वाले गधे, कुत्ते, बिल्लियां इत्यादि जानवार द्विपाद नहीं बने।"

उक्त उद्‌बोधन के बाद उसी वर्ष के 28 सितम्बर[2] को श्री देवराव नाईक की अध्यक्षता में बी. डी. डी. चाळ, वरली, मुंबई में आयोजित सभा के सम्मुख डॉ. आंबेडकर ने कहा था, "आज जिधर उधर आपके लिए देवालयों के द्वार खुलवाने का यत्न किया जा रहा है। परंतु देवालयों में प्रवेश मिलने से आपका उद्धार नहीं होता, यह बात आपको नहीं भूलनी चाहिए। देवालय की मूर्ति के चारों तरफ खिलनेवाली आध्यात्मिक भावना की अपेक्षा पेट की रिक्ति किस प्रकार भरेगी इसकी सावधानी आपको पहले लेनी चाहिए। खाने को पर्याप्त अन्न नहीं, बदन पर वस्त्र नहीं, शिक्षा की व्यवस्था नहीं, द्रव्य के अभाव में औषधोपचार कर नहीं सकते, ऐसी दैनावस्था से ग्रस्त अपना समाज है। ..... देवालय में प्रवेश के मार्ग खुल गये, अस्पृश्यता मात्र दूर हुई, इसलिए प्राप्त अधिकारों को गंवाना उचित नहीं होगा।"

विहार के बारे में देवता और मंदिर से हटकर एक शुद्ध समाजोपयोगी निर्माण की डॉ. आंबेडकर की कल्पना थी। वह उनके दिमाग में विकसित बहुजन हिताय बहुजन सुखाय का ध्येय तक्षशिला, विक्रमशिला, नालंदा, ओदंतपुरी, वल्ल्भी और जगद्‌दल इत्यादी बौद्ध वैश्विक शिक्षा केन्द्रों के साथ जुड़ी भावना को उजागर करती है।

जहां जहां विहारों का निर्माण हुआ वहां वहां विशिष्ट बौद्ध मत उस केन्द्र के मध्य में रहा है। ई. पू. 200 वर्ष से ई. स. 200 तक मथुरा से नगरहार और तक्षशिला से काश्मीर तक सर्वास्तिवाद बौद्ध संप्रदाय का बोलबाला रहा है। तक्षशिला विहार में रहे चीनी यात्री फाहियान ने लिखा था, ''धर्मयात्रिओं द्वारा दर्शनीय जितने पगोडा और

मंदिर है उनमें से एक भी तक्षशिला की भव्यता और प्रतिष्ठा के समीप नही है। विद्याकेन्द्र की हैसियत से तक्षशिला का सानी नही है। इसके इर्दगिर्द कई विहार थे, जिनका हूणों ने नाश किया था। विद्याकेन्द्र की हैसियत से तक्षशिला का नाम इतना विख्यात रहा कि तत्कालीन गांधार कला के चित्रकार अपनी कूची से वहां पर राजकुमार सिद्धार्थ को हाथ में स्लेट लिए वर्णमाला पढने में मग्न दिखाना नही भूले। वहां मिले कुछ बौद्ध अवशेष महाबोधि सभा द्वारा निर्मित सारनाथ के मूलगंधकूटी विहार में सुरक्षित रखे गये हैं। प्राचीन तक्षशिला का आधुनिक नाम तक्षिला है और वह आज के पश्चिम पाकिस्तान में स्थित है।

विहारों के बारे में यह भी सामान्य कथन है कि हर विख्यात विहार के साथ कई कई महान बौद्ध दार्शनिक अथवा मनीषी जुड़े रहे हैं। उदाहरणार्थ वसुबंधु के शिष्य दिन्नाग नालंदा विहार में थे और उन्होंने सुदुर्जय नामक ब्राह्मण पंडित को शास्त्रार्थ में हराया था। अपनी महाराष्ट्र और ओरिसा की यात्रा में भी वे विद्वानों से शास्त्रार्थ करते रहे। ईत्सिंग के अनुसार दिन्नाग के प्रमाण-समुच्चय आदि ग्रंथों को तर्कशास्त्र के पाठयपुस्तकों के रूप में पढाया जाता था। उन्होंने वात्सायन के न्याय-भाष्य में स्थापित सिद्धान्तों का खण्डन किया और बाद में उद्योतकर को अपने न्यायवार्तिक में वात्स्यायन के मतों के समर्थन में लिखना पड़ा। दिन्नाग के उत्तराधिकारी धर्मकीर्ति भारत के कांट कहलाते थे। उन्होंने सातवी शताब्दी में ईश्वरसेन के अधीन तर्कशास्त्र का अध्ययन किया। बाद में वे नालंदा गये और वहां महाविहार के संघ स्थविर तथा विज्ञानवाद के आचार्य धर्मपाल के शिष्य बने। उनके सबसे बड़े तार्कीक ग्रंथ प्रमाण-वार्तिक की खोज राहुल सांकृत्यायन ने तिब्बत में की थी और सन 1953 में पटना के जायसवाल शोध संस्थान ने प्रमाण-वार्तिक भाष्य अथवा वार्तिक-अलंकार नामक भाष्य को प्रकाशित किया। धर्मकीर्ति के प्रभाव से ही नौवीं शताब्दी में वाचस्पति मिश्र ने अपने सिद्धान्त के बचाव में न्यायवार्तिक-तात्पर्य-टीका लिखी थी।

नालंदा महाविहार राजगिर के समीप बरगांव में स्थापित था और ई.स. 500 से ई. स. 1200 तक वह फलता-फूलता रहा। इसी में चीनी यात्रा व्हेनसांग कुछ समय तक ठहरे थे। यहां 10,000 शोधार्थी थे और उसके संरक्षकों में हर्ष और उसके पूर्व के शासक रहे हैं। लगभग 200 गावों के राजस्व से नालंदा का व्यवस्थापण किया जाता रहा। उसके तत्कालीन आचार्यो में शीलभद्र, शांतरक्षित, और अतिश अथवा दीपंकर के नाम अधिक विख्यात रहे हैं।

उक्त दो महाविहारों के वर्णन से पाठक कल्पना कर सकता है कि विहार निर्माण का महत्व बौद्ध परंपरा में कितना गहरा और उच्च है। विहार से यहां अभिप्राय निम्नांकित दो बातों से है:

1. भिक्षु प्रशिक्षण केन्द्र तथा
2. विहार विश्वविद्यालय।

आरंभिक और आधुनिक बौद्ध शिक्षा के केन्द्रों में उपरोक्त दोनों का उल्लेख (ई. पू. 400-1200 ई. स.) अभिप्रेत है। भिक्षु को प्रशिक्षण देने की व्यवस्था से आरंभ होकर इस व्यवस्था ने अपने विस्तार और उद्देश्य की ऊंचाई से नई बौद्धिक रुचि व मानसिक क्षितिज हस्तगत किया और इस व्यवस्था का बंद ध्यान समुदाय से संस्कृति और शिक्षा के ज्ञानपीठ में कायाकल्प होने तक यह प्रक्रिया जारी रही और आगे भी इसका लाभ विश्व और विशेषत: भारत को मिलता परंतु बारहवी शताब्दी में बख्तियार खिलजी के बिहार और बंगाल पर विजय के साथ इन प्राचीन विहार विश्वविद्यालयों की गति में **अकस्मात** के निर्माण के साथ ही 800 वर्षो की टूटी कड़ी के बाद शिक्षा का मौन बौद्ध इतिहास वर्तमान से जुड गया।

डॉ. आंबेडकर विहार को देवालय का पर्याय बनाना नही चाहते थे। अत: उन्होंने 18 जून 1939 को परळ, मुंबई आर. एम. भट हायस्कूल हॉल में महार जाति की जनसभा को संबोधित करते हुए सार्वजनिक कार्य हेतु एक प्रशस्त भवन निर्माण के लिए निम्नांकित निर्देश दिये थे।

मुंबई जैसे स्थान में अपने सार्वजनिक कार्य के लिये पर्याप्त होनेवाला एक भवन का निर्माण कम से कम एक लाख रुपये लागत से हो सकेगा। निर्माण कार्य का आरंभ कीजिए। हर मोहल्ले के अपने लोगों में से चार पांच अथवा मोहल्ला बड़ा होने पर पांच-दस योग्य सदस्यों की कमिटी नियुक्त की जानी चाहिए। कमिटी के सभासदों के नाम एक-दो दिन के भीतर सूचित किये जाए। कार्यालय में उक्त जानकारी मिलने के बाद दान की राशि किस प्रकार एकत्रित करना है, इस का निर्देश भी आपको दिया जाना चाहिये। इस सत्कार्य के उद्देश्य से 30 रुपये प्रति माह के वेतनवालों ने कम से कम 2 रुपये और जिनका वेतन 50 रुपये तक है उन्हें 5 रुपये तथा उस से अधिक वेतनवालों को अपने एक महीने का वेतन इस कार्य हेतू देना चाहिए। उसी प्रकार शिक्षक, शिक्षिका व क्लर्क की नौकरी करनेवालों को एक महीने की तन्ख्वाह अदा करनी चाहिए[3]।

उसी प्रकार दिनांक 14 मई, 1945 को दामोदर हॉल के पीछे एक उद्यान में शेड्युल्ड कास्ट फेडरेशन, मुंबई शहर शाखा की ओर से आयोजित चाय पार्टी में अपना वक्तव्य देते हुए बाबा साहेब आंबेडकर ने एक भव्य हॉल निर्माण के बाबत् निम्न वचन बोले:

"आप सबको मालूम है कि हमें एक बड़ा हॉल बनाना है। उसके लिए 37 हजार रुपये का मूल्य अदा कर एक जगह खरीदी है। युद्ध के कारण उसका निर्माण स्थगित था परंतु युद्ध समाप्त होने के बाद उस कार्य को आरंभ किया जायेगा। युद्ध

लगभग समाप्त होने को है तो छह महीनों के बाद कार्य शुरू हो जायेगा कहने में कोई हर्ज नहीं। इस हॉल के लिये दो लाख रुपयों की लागत लगेगी यह कल्पना मैंने आपको पहले ही दे दी है। हम जो हॉल बनायेंगे वह इतना सुंदर होना चाहिए कि उसका सानी मुंबई में खोज कर भी नहीं मिलना चाहिए। कोई प्रतिष्ठित मेहमान यदि यहां आयें और वह सभी हॉलों को देखने का निर्णय ले व उस बाबत् वह अपनी राय व्यक्त करना चाहे तो सबसे उत्तम और श्रेष्ठ प्रकार का हॉल यदि किसी का है तो वह हम लोगों का ही है के उद्गार उसके मुंह से निकलने चाहिए। और इस हॉल के लिए अपना ही पैसा व्यय होना चाहिए यह बात आपको ध्यान में रखनी है। क्योंकि अपना हॉल हम स्वयं ही निर्मित करेंगे तो अपनी इज्जत बढ़ेगी।"

इस हेतु पहले ही विज्ञापित सूचना के अनुसार 18 वर्ष के ऊपर वाले प्रत्येक स्त्री-पुरुष ने एक रुपया अदा करना चाहिए। इस हेतु आज तक एकत्रित हुई राशि बैंक में रखकर उसका हिसाब श्री शा. अ. उपशाम के पास है। पैसा एकत्रित करने का काम वार्ड कमिटी के संगठन के माध्यम से करना अधिक सुलभ होगा।

यदि हम अपने में जो गरीब है उन पर निर्भर होंगे तो पर्याप्त राशि एकत्रित होगी इस बाबत मुझे गारंटी नहीं है। इसलिए मुझे लगता है कि जिन्हें यह संभव है उन्हें कम से कम पच्चीस रुपये अदा करना चाहिए। अपनी इमारत पूर्ण रूप से तैयार होने के बाद मैं इतिहास लिखने वाला हूं, जिसमें पच्चीस रुपये देने वाले की फोटो का अंतर्भाव किया जायेगा। उन लोगों के लिये यह अमूल्य अवसर है ऐसा मुझे लगता है।"

पैसे एकत्रित करने का कार्य अधिवेशन द्वारा स्वीकृत पद्धति के अनुसार ही होगा।[4]

विहार निर्माण से डॉ. आंबेडकर का अभिप्राय शैक्षिक हेतु सिद्धि की सीमेंट, ईंट, पत्थर की चहार-दीवारी ही था, जिसमें बुद्ध की मूर्ति की प्रतिष्ठापना, धम्म का प्रचार और जनता का सुशिक्षित व सुसंस्कृत होना निहित है, के बारे में दो राय नहीं हो सकती और इसे हम उनके व्याख्यानों के आधार पर स्पष्ट रेखांकित कर सकते हैं।

दिनांक 8 मई, 1954 को जनता के अंक में यह समाचार छपा था:

"पुणे जिले के ग्राम देहू रोड पर संत चोखोबाराय व बुद्ध ग्रंथालय मंदिर का निर्माण हुआ है। इस मंदिर हेतु आज तक कुल 1200 रुपये जमा हुये। इस राशि में मंदिर के ऊर्ध्वभाग का कार्य संपन्न हुआ और आधे से ज्यादा काम शेष है। इस मंदिर में मूर्ति की प्रतिष्ठापना हेतु डॉ० बाबासाहेब आंबेडकर लोणावळा में आये। उस समय मंदिर समिति के कुछ सदस्यों ने भी उनसे भेंट की।"

"किसी भी संत के जीवन का मूल्यांकन डॉ॰ आंबेडकर उनके समाज के लिये किये गये कार्य से करते थे और समाज हितैषी महापुरुष को ही याद रखने की सलाह देते थे। चोखोबा मंदिर समिति के सदस्यों को उन्होंने कहा था, "आपने चोखोबाराया का मंदिर बांधा है। जिस चोखोबा की मूर्ति आपके नजर के सामने नहीं अथवा देखी नहीं, शायद उस समय चोखोबा को अपने जीवन में कुछ करना सम्भव नहीं हुआ, उस चोखोबा के बारे में आप अपने जीवन में आस्था रखे यह हितावह नहीं, और इसीलिये हम अब जिस भावना से प्रेरित हुये हैं उस भावना को कम से कम इस काल में पैर के नीचे कुचलना असंभव है।

"मेरे कार्य का एक भाग यदि मैं इस विषय के लिये रखा होता तो इस बाबत जनता में आदर निर्माण हुआ होता और मेरे ध्येय के ताने-बाने निश्चित रूप से जगतभर फैले होते। परन्तु मेरे पीछे अनेक कार्यों का व्याप होने के कारण मुझे इस विषय हेतु थोड़ा भी समय देना मुमकीन नहीं हुआ।"

विहार में किस प्रकार का धर्म कार्य होना चाहिए इस बाबत बाबासाहेब कहते थे: "धर्म, प्रचलित रूढ़ि के शिकंजे में पड़ी दलित जनता अंधश्रद्धा से अधोगति में गई है। हिंदू धर्म के 33 करोड़ देवताओं की पूजा करते-करते हजारों बारिसें उन्होंने झेली। धर्म का अभिमान कर आज तक यह भोली जनता उसका अनुसरण कर रही है। परंतु सत्यता, अहिंसा, परोपकार के त्रिवेणी संगम के बहते हुए झरने को शंकराचार्य ने बांध दिया व आज वही नदी समुद्र बनी, जिसमें कुछ अंध श्रद्धालु पूज्य भावना से स्नान कर पापों का क्षालन कर रहे हैं। जिस धर्म में इन्सानियत नहीं उस धर्म के देवताओं के बारे में अपनापन जताना इष्ट नहीं और इसलिए अब इसके आगे हमें अन्य भावना या हेतु से ही आगे के कार्यों की रूपरेखा बनानी चाहिए। अत: मैं आपको सलाह देना चाहूंगा कि आपके द्वारा निर्मित देवालय में बुद्ध के प्रतिमा की प्रतिष्ठापना होनी चाहिए।"

मंदिर समिति ने अंत में मूर्ति की प्रतिष्ठापना डॉ. बाबासाहेब के हाथों से ही करने की इच्छा व्यक्त की तो मूर्ति की स्थापना हेतु व्यक्तिगत रूप से उपस्थित रहने का आश्वासन देकर मित्रों के माध्यम से बुद्ध की मूर्ति भेंट करने की स्वीकृति डॉ. बाबासाहेब ने उन्हें दी।[5]

दिनांक 25 दिसम्बर, 1954 को देहू रोड के बुद्ध मंदिर में डॉ. बाबासाहेब आंबेडकर के हस्ते भगवान बुद्ध के मूर्ति की विधिवत संस्कार के बाद प्रतिष्ठापना की गई। इस मूर्ति की कीमत लगभग 2500 रुपये थी और उसे डॉ. बाबासाहेब आंबेडकर ने खास करके रंगून (ब्रह्मदेश) से मंगाई थी। इस समारोह में लगभग 40 हजार जनसमुदाय उपस्थित था।

उपस्थित जनसमुदाय को मार्गदर्शन करते हुए डॉ. बाबासाहेब आंबेडकर ने अपने भाषण में कहा:

"आज इस जगह इस छोटे से मंदिर में भगवान बुद्ध की मूर्ति की स्थापना की गई। यहां आज यह नया देवता लाकर स्थापित किया गया है। यह प्रसंग सब की दृष्टि से हमारे बीच नया है।"

"इस देश में नालंदा विश्वविद्यालय था। ज्ञान प्राप्ति करा देना यह इस धर्म का तत्व था। एक आचार्य और उसके दस लड़के इकट्ठा बैठते थे और ब्राह्मण शास्त्र पढ़ाते थे। ऐसी इस धर्म की स्थिति नहीं थी।"

"पहले विश्वविद्यालय बौद्ध धर्मीय लोगों ने स्थापित किये। नालंदा विश्वविद्यालय में तेरह हजार शोधार्थी और एक हजार अध्यापक थे। अपना महाराष्ट्र देश भी सौ फीसदी बौद्ध धर्मीय था। और उसकी साक्ष के रूप में महाराष्ट्र की पुरातन काल की उत्कीर्ण गुफाओं की मिसालों को दिया जा सकता है। भारत के दो हजार गुफाओं में से डेढ़ हजार गुफायें महाराष्ट्र में ही हैं। यह गुफा यानी बौद्ध भिक्षु का निवास स्थान था और यही उनका निवारा था। महाराष्ट्र में जो कुछ गुफायें हैं वे पांडवों की हैं ऐसा बताया जाता है। परंतु कहां विराट नगरी और कहां पांडवों का राज्य?"

"इस विहार में 25 भिक्षु रहते थे। 15 हजार विहारों में लगभग 35 हजार भिक्षु रहते थे। जनता से भिक्षा मांग कर वे अपनी उपजीविका चलाते थे। भिक्षा पर उनका कार्य चलता था। एक हजार दो सौ पचास वर्ष वे इस प्रांत में टीके रहे।"

"हम टूटा मकान्न फिर से बनाते हैं। उस पर नये पतरे डालते हैं। छत नई बनाते हैं। अर्थात् उस घर का जीर्णोद्धार करते हैं। अपने पूर्वजों से भगवान की पूजा हम करते आये हैं। वही देवता हमें फिर से स्थापित करना है। इस देश में धर्म के रूप में कुछ शेष नहीं बचा यह मेरा स्पष्ट मत है।"

"हिंदू लोगों की धर्म की परिभाषा बहुत निराली है। देवालय में जाना, घंटा बजाना, पूजा करना और पुरोहित को दो पैसे भेंट करना इतना ही इस धर्म का कार्य है, मानो पुरोहित के बाप का ऋण अदा करना है!"

"परंतु हमें यह कुछ न जमा। विष्णु की पूजा कर विष्णु प्रसन्न नहीं हुआ। शिव के देवालय मे जाकर शिव प्राप्त नहीं हुआ और मरीमां, म्हसोबा, खंडोबा का भी कोई लाभ नहीं हुआ।"

"व्यक्ति और समाज के जीवन के लिये आवश्यकता के रूप में धर्म जरूरी है। धर्म को नीति का बंधन जरूरी है। .....मतलबी लोग महाराष्ट्र की गुफाओं को पांडव की गुफायें बताते हैं। इधर 'पांडव' किसलिये आये थे? पांडव दिल्ली के बाहर 80 मीलों के पार नहीं गये। उन्होंने अलवार स्टेट में पन्द्रह सौ गुफायें केसे खोदी थी? उनके पास न कुदाल थी, न फावड़ा था।"

"भगवान बुद्ध ने बताया कि आओ और देखो। मैं बताता इसलिये आप इस धर्म को स्वीकार करो यह बात नहीं है। तेरी अविद्या नष्ट हुई तो ही तू इस धर्म का अंगीकार कर।"

"हमें एक बात बतानी बाकी है। यह जो देवालय निर्मित किया हुआ है वह अत्यंत छोटा है। यदि वह जिस स्थिति में है उसी में छोड़ देंगे तो हमें धिक्कार है। इस देवालय को एक सभागृह चाहिये। चंक्रमण के हेतु रिक्त जगह चाहिए। आप सबने दान इकट्ठा कर इस मंदिर को भव्य स्वरूप प्रदान करने का प्रयास करना चाहिए। परंतु भगवान के नाम पर एकत्रित किया हुआ निधि नहीं खाना चाहिए।"

"1200 वर्षों के बाद भगवान बुद्ध के मूर्ति की स्थापना करने का प्रथम मान हमें मिला है। इसका श्रेय आपको ही जाता है। इसलिये आपको धन्यता का एहसास करना चाहिए।"[6]

दिनांक 24 मई, 1956 को मुंबई के बुद्ध जयंति समारोह में बोलते हुए बाबासाहेब ने कहा था, "भगवान बुद्ध का जगत में सबसे भव्य और ऊँचा पुतला अफगानिस्तान में है। परंतु धर्मांध मुसलमानों ने सात हजार बौद्ध भिक्षुओं के सिर काटकर रास्ते पर उनके शवों का ढेर लगाया और इसलिए वहां से बाकी बचे बौद्ध भिक्षुओं ने पलायन किया।"

"अब बुद्ध धर्म की लहर आई तो वह कभी भी लौट कर नहीं जायेगी।"

"धर्म की स्थापना के लिये विहारों की अत्यंत आवश्यकता है। परंतु स्वकष्ट से मुझे एक ऐसा विहार निर्माण करना है कि जिसे आपने कभी देखा न होगा। परंतु उसके लिये मैं किसी धनी व्यक्ति के आगे लाचार होकर हाथ नहीं फैलाऊंगा। आप पैसा जमा कर देते होंगे तो निर्माण करूंगा। अपने स्वयं के मेहनत से निर्माण करूंगा, दूसरों की अंजलि से नहीं बनाऊंगा[7]।"

इस प्रकार विहार का निर्माण कर उसमें जीवन का ज्वलंत रूप बनाये रखना एक चुनौतीपूर्ण समस्या है। इस हेतु बौद्धों का आद्य कर्तव्य क्या है, इसे बताते हुये डॉ. आंबेडकर ने कहा[8], "मैं दिनांक 24 नवम्बर, 1956 को अपरान्ह 1 बजे काशी से सारनाथ पहुँचा। वहां भिक्षुओं को मिला। उनसे चर्चा करते हुए मैंने कहा–प्रत्येक बौद्ध व्यक्ति ने प्रत्येक रविवार को नियमित रूप से बुद्ध मंदिर में जाकर उपदेश ग्रहण करना चाहिए। उसी प्रकार उन्होंने प्रत्येक भाग में बुद्ध मंदिर का निर्माण कर उसमें सभा बुलाने हेतु पर्याप्त आसनोंवाला सभागृह भी होना चाहिए। इस दृष्टि से श्रीलंका, ब्रह्मदेश, तिब्बत, चीन आदि देशों के भिक्षुओं ने आगे आकर और पैसा संचित कर मदद करनी चाहिए।"

"नये बौद्धों का आद्य कर्तव्य है कि उन्होंने प्रति रविवार को बौद्ध मंदिर में जाना चाहिए। यदि ऐसा नहीं हुआ तो नये बौद्धों को धर्म का परिचय नहीं होगा। इस हेतु जगह-जगह बुद्ध मंदिरों का निर्माण होना आवश्यक है।"

अपनी नेपाल यात्रा का वृतान्त देते हुए डॉ. आंबेडकर ने आगे कहा कि "मुझे काठमांडू के पशुपतिनाथ मंदिर में नहीं जाने दिया गया का असत्य समाचार उस समय के दैनिक अखबारों से प्रसिद्ध होने बाबत मैंने सुना। मैं किसी भी हिंदू मंदिर में नहीं जाता। मुझे सौ बार भी प्रार्थना की होती तो भी मेरा उस देवालय में जाना असंभव था। मेरे निजी सचिव को नेपाल के महाराजा ने इसके पूर्व के दिन बुलाकर डॉ. साहेब को मंदिर में जाने न देने के बाबत् सूचना दी थी व कहा था कि बौद्धों को हिंदू मंदिर में जाने देने तक की आज की स्थिति नहीं। नेपाल, लंका व भारतीय भिक्षु मंदिर में जाते थे। उन्हें भी मनाई की गई। जो व्यक्ति देवता पर विश्वास नहीं करता उसने वैसा करना यानी स्वयं के मन को गफलत में डालना है और हिंदू के देवता का अपमान करना है। बौद्धों को कभी भी हिन्दू के मंदिर में नहीं जाना चाहिए। बौद्ध मंदिर में सभी समान है। किसी को वहां मनाही नहीं करनी चाहिए।

जो अस्पृश्य हिंदू धर्म में रह कर मंदिर में प्रवेश करना चाहते हैं यह उनका मात्र दुराग्रह है। उन्हें अन्याय, अपमान और विडंबना करा लेनी है तो इस बाबत मुझे कुछ बोलना नहीं है। परंतु बौद्धों ने पचड़े में नहीं पड़ना चाहिए। अपनी रोज की वंदना में हम कहते हैं – नत्थि में सरणं अञञ् बुद्धों में सरणं वरं अर्थात् मैं बुद्ध के शिवाय अन्य किसी को भी शरण नहीं जाऊंगा। ऐसा कहने वालों ने हिंदू मंदिर में जाने का आग्रह क्यों करना चाहिए?"

"काशी में मंदिर प्रवेश एक राजनीतिक पैंतरा है। उससे दलितों को कुछ लाभ नहीं है। इसलिए बौद्ध धर्म का स्वीकार करके ही बंधुत्व और समता का दर्जा प्राप्त करना मात्र ही अपना मुख्य कर्तव्य है।"

उक्त भाषण के बाद भिन्न-भिन्न राष्ट्रों से आये लगभग 150 भिक्षुओं ने बाबासाहेब के वक्तव्य का अनुमोदन कर सभी प्रकार की मदद देने का आश्वासन दिया। सायं 4 बजे डॉ. आंबेडकर ने सारनाथ कि भग्न अवशेषों का अवलोकन किया। धम्मेक स्तूप के पास लगभग एक घंटा रूक कर तिब्बती लामाओं की पूजा का अवलोकन किया और कुछ सुझाव दिए, जिसका सबने दत्त चित्त से स्वागत किया। रात को 7 बजे बाबासाहेब ने मूलगंधकूटी में विधिवत ढंग से बहुत देर तक बुद्ध पूजा की। उसके बाद उन्होंने भिक्षुओं के परित्राण का श्रवण किया और आधा घंटा तिब्बती उपदेश विधि का अवलोकन किया।

अतः उपसंहार में कहा जा सकता है कि उपरोक्त विवेचन से यह निष्कर्ष निकलता है कि विहार निर्माण से मुख्यतः चार ध्येयों की प्राप्ती होती है:

1. विहार बौद्ध धर्म के प्रचार-प्रसार, नैतिक नेतृत्व और ऐतिहासिक धरोहर का आगर है।
2. विहार सार्वजनिक शिक्षा-दीक्षा का केन्द्र होता है।

3. विहार सामाजिक संगठन और संघर्ष का स्रोत है और
4. विहार समानता, स्वतंत्रता व बंधुत्व, रोजगार तथा प्रजातांत्रिक गणराज्य की सबसे प्राचीन और सबसे विशाल वह भारतीय यंत्रणा है जिसे विश्व ने आधुनिक युग में सर्वत्र अपनाया है।

संदर्भ

1. जनता, 25 जून 1932, डॉ. बाबासाहेब आंबेडकर रायटिंग्ज एण्ड स्पीचेज, वाल्युम 18, भाग 1, पृ. 302
2. जनता, 8 अक्टूबर 1932, डॉ. बाबासाहेब आंबेडकर रायटिंग्ज एण्ड स्पीचेज, वाल्युम 18, भाग 1. पृ. 372-73
3. वही, पृ. 270
4. वही, पृ. 536
5. वही, वाल्युम 18, भाग 3, पृ. 391
6. वही, पृ. 424
7. प्रबुद्ध भारत, 2 जून 1956, वाल्युम 18 भाग, पृ. 472
8. वाल्युम 18, भाग 3, पृ. 559-562 दिनांक 24 नवम्बर 1956; धमदूत दिसम्बर 1956 पृ. 244

20

शिक्षा संगोष्ठी

प्रस्तावना

डॉ. बाबासाहेब आंबेडकर राष्ट्रीय सामाजिक विज्ञान संस्थान, डॉ. आंबेडकर नगर, मध्य प्रदेश की स्थापना वर्ष 1988 में हुई। तब से अब तक के 17 वर्षों में संस्थान ने लगभग 225 एम. फिल. स्कालर्स और लगभग 62 पीएचडी स्कालर्स पैदा किये। उनमें 75 प्रतिशत उपाधियां कमाजेर वर्ग के छात्रों को बहाल की गईं। मध्य प्रदेश शासन ने अंतर्राष्ट्रीय शिष्यवृत्ति हेतु जिन 3 शोधार्थियों का चयन किया उसमें संस्थान के डॉ. आंबेडकर विचार व दर्शन विभाग के छात्र श्री नीलेश कुमार का भी समोवश है, जो उच्च शिक्षा के लिये रशिया में भेजा गया। संस्थान के कर्मचारी श्री सुरेन्द्र बागडे की पुत्री राज्य स्तरीय उत्कृष्ट शिक्षा प्रतिस्पर्धा में सुयश प्राप्त 52 छात्राओं में शामिल है, जिसे शासन के खर्च पर पब्लिक स्कूल में पढ़ाने हेतु भेजा गया।

भारत के लगभग 238 विश्वविद्यालयों में प्रतिवर्ष कितने डॉक्टरेट उपाधि धारक निष्पन्न हुये होंगे, इसकी कल्पना संस्थान के उच्च शिक्षा में प्राप्त योगदान से की जा सकती है। विश्व में उच्च शिक्षा के क्षेत्र में अमेरिका, जर्मनी, फ्रांस, ब्रिटेन, जापान आदि राष्ट्र सबसे अग्रणी गिने जाते हैं। इसके अलावा वर्ष 2004 में अकेले चीन ने अपने विश्वविद्यालयों से 30,000 डाक्टरेट उपाधि धारक तैयार किये।

जिस गति से उच्च शिक्षा के विद्वान् तैयार हो रहे हैं उस गति से विश्व में सरकारी और निजी क्षेत्रों में नौकरी और सेवायें उपलब्ध नहीं हो रही हैं। परिणामत: शैक्षणिक गुणवत्ता में गिरावट और उदासीनता सर्वत्र दिखाई पड़ रही है।

आज के वैश्वीकरण, उदारीकरण और निजीकरण के युग में उच्च शिक्षा और सामाजिक परिवर्तन में सबसे पिछड़े और आहत कमजोर वर्गों की सामाजिक, शैक्षणिक और आर्थिक स्थिति और ज्यादा चिंताजनक हो गई है। ऐसे मौके पर उच्च शिक्षा और सामजिक परिवर्तन के शासकीय और निजी नियंत्रण पर चिंतन करना समय की मांग है। इसी आवश्यकता को ध्यान में रखते हुये डॉ. आंबेडकर सामाजिक

विज्ञान संस्थान में सन 1993 से प्रतिष्ठित डॉ. आंबेडकर पीठ की छत्रछाया में पूर्व में आयोजित अनेक भिन्न-भिन्न विषयों के लगभग 06 (छह) राष्ट्रीय संगोष्ठियों के अनंतर इस वर्ष उपरोक्त विषय पर दो दिवसीय राष्ट्रीय संगोष्ठी दिनांक 29 और 30 मार्च 2005 को संस्थान में आयोजित की गई।

इस संगोष्ठी में देश के भिन्न-भिन्न भागों से लगभग 250 बुद्धिजीवियों ने भाग लिया और संगोष्ठी के 5 तकनीकी और 2 आरंभिक और समापण सत्रों में निम्न विषयों पर विद्वतापूर्ण आलेखों को पढ़ा गया।

क्र.	सत्र का क्रम व विषय	पढ़े गये आलेखों/संबोधनों की संख्या
1.	शुभारंभ सत्र	8
2.	प्रथम तकनीकी सत्र "दलितों की उच्च शिक्षा एवं उनका सामाजिक स्तर"	8
3.	द्वितीय तकनीकी सत्र "राजनीति एवं नौकरशाही में दलितों की स्थिति"	6
4.	तृतीय तकनीकी सत्र "कमजोर वर्ग की शिक्षा एवं आर्थिक स्थिति"	6
5.	चतुर्थ तकनीकी सत्र "दलित महिला शिक्षा एवं उनकी सार्वजनिक जीवन में भूमिका"	6
6.	पंचम तकनीकी सत्र दलित रचनात्मकता एवं समाज परिवर्तन	7
7.	समापण सत्र	5

राष्ट्रीय संगोष्ठी के संयोजक डॉ. सी.डी. नाईक, प्रोफेसर व विभागाध्यक्ष, बानी, डॉ. आंबेडकर नगर थे। दिनांक 29 मार्च, 2005 को संपन्न शुभारंभ सत्र के अध्यक्ष, कार्यवाहक कुलपति, डॉ. सुधाकर भारती जी दे.अ.वि.वि., इंदौर, मुख्य अतिथिः डॉ. इन्द्रेश गजभिये, सदस्य, अल्पसंख्यांक आयोग, मध्य प्रदेश शासन, भोपाल और मुख्य वक्ता, डॉ. यु.एस. चौधरी, पूर्व कुलपति, दे.अ.वि.वि, इंदौर थे। तकनीकी सत्रों में प्रो.

पोटन, प्रो. तरोडी, प्रो. मौर्य और प्रो. शारदा भिन्न-भिनन तकनीकी सत्र के चेअर पर्सन रहें। डॉ. बंसल, डॉ. सोहरत, श्री रत्नेश कुमार और भावना हम्मड़ रिपोर्टियर थे।

दिनांक 29 मार्च, 2005 के शुभारंभ सत्र में राष्ट्रीय संगोष्ठी के की-नोट स्पीकर डॉ. उमराव सिंह चौधरी, पूर्व कुलपति, देवी अहिल्या विश्वविद्यालय, इंदौर ने अपने की-नोट संबोधन में उच्च शिक्षा, सामाजिक परिवर्तन, कमजोर वर्ग और डॉ. आंबेडकर के बारे में सारगर्भित निम्न बातें कहीं।

डॉ. आंबेडकर असाधारण संशोधक के रूप में भारतीय बौद्धिक परंपरा के सही प्रतिनिधि थे। अपने चिंतन और सामाजिक समस्याओं को सुलझाने के तरीकों के बारे में डॉ. आंबेडकर जॉन डीवी तथा बर्ट्रांड रसेल से अत्यंत प्रभावित थे। उनके अनुसंधान का विषय सामाजिक यथार्थ था। उनके जीवन का मिशन अस्पृश्यता को खत्म कर लोगों को सम्मान और प्रतिष्ठा बहाल करना था। उन्होंने अपने क्रांतिकारी विचार अपनी प्रमुख दो रचनायें अर्थात् *जातिभेद निर्मूलन तथा कांग्रेस* और *गांधी ने अछूतों के लिये क्या किया* में दर्ज किये हैं।

जीवन भूतकाल को पीछे छोड़ने में निहित है के जॉन डीवी के विचारानुसार "स्थायित्व के अनुकूल विश्वासों, आदतों और प्रवृत्तियों को बदलने और अनिश्चित काल के उपयुक्त बनाने हेतु सामाजिक विज्ञान संस्थाओं को चाहिए कि वे अनुसंधान करें।"

उन्होंने कहा कि डॉ. आंबेडकर ने यह दृष्टि दी कि उच्च शिक्षा की ऊर्जा सामाजिक परिवर्तन और कमजोर वर्ग को उचित तरीके से मजबूत बनाने वाला एक शक्तिशाली साधन है। उन्होंने कमजोर वर्गों को ऊपर उठाने के लिये सीखो, संगठित बनो और संघर्ष करो" की शिक्षा की रणनीति दी। अशिक्षितों को जागृत करने हेतु उन्होंने स्वयं कई संगठन, संस्थायें, दल, शैक्षणिक स्थापत्य चलाये। पद दलित लोगों के उत्थान का मार्ग उच्च शिक्षा, उच्च पद और उच्च जीवन स्तर में ही निहित है।

उनके अनुसार मानवीय जीवन के दो ध्येय हैं: (1) व्यक्ति को ज्ञान और शील से संपन्न करना, (2) भौतिक साधन संपन्न बनकर नाम और कीर्ति कमाना। इन दो में से दूसरे ध्येय को ही ज्यादातर लोग अपनाते हैं। जो ज्ञान उच्च शिक्षा के संस्थान इच्छुकों को प्रदान करते हैं उससे आर्थिक न्यूनता की स्थिति विपुलता में तब्दील करने की क्षमता होनी चाहिए। जाति, धर्म और भाषाई भेद पर आधारित वर्तमान शिक्षा ने युवकों में ऊर्ध्व गतिशीलता के बारे में आक्रोश पैदा किया है। प्लानिंग आयोग के पूर्व सदस्य पर दिवंगत श्री जे. डी. राठी ने सही कहा था कि "देश अत्यंत दरिद्र है परंतु इस पिरामिड प्रणाली के शीर्ष पर अत्यंत विशेषाधिकार संपन्न अल्पसंख्यक सदस्य बसे हैं, जो शिक्षा के अधिकांश लाभों को उच्च और शिक्षित वर्गों के लिए दोहन कर रहे हैं।

डॉ. चौधरी ने कहा कि उच्च शिक्षा को सामाजिक परिवर्तन का प्रभावी अभिकरण बनाने हेतु हमें "व्याख्यान कक्ष में, जहां भारत की मंजिल आकार ले रही है, मुक्त अनुसंधान, लडाऊ रवैया और रचनात्मक असहमति को बढ़ावा देना चाहिए। भारत के प्रधानमंत्री डॉ. मनमोहन सिंह का अवलोकन है कि "हम उच्च शिक्षा को नौकरशाही अथवा किसी वाद में बंदी नहीं बना सकते। उसे पेशेगत गुणवत्ता और बौद्धिक एकात्मकता की नींव पर विकसित होना होगा।"

अपने संबोधन के अंत में श्री चौधरी ने मुंबई विश्वविद्यालय के पूर्व कुलपति प्रो. टी. के. टोपे के 1981 के वक्तव्य को उद्धृत करते हुये बताया कि "बौद्धिक चिकित्सक के रूप में डॉ. आंबेडकर अमर रहेंगे।"

मुख्य अतिथि डॉ. इन्द्रेश गजभिये, सदस्य, अल्पसंख्यांक आयोग, मध्य प्रदेश शासन, भोपाल ने अपने संबोधन में कहा:

"हर गांव में पहले स्कूल हो और बाद में मंदिर। बाबा साहेब के शिक्षा विषयक अधूरे स्वप्न को भोपाल और सांची के बीच बौद्ध विश्वविद्यालय की स्थापना कर साकार करने की सैद्धांतिक बाजू निपट गई है। अब उसे व्यावहारिक रूप से साकार करने की गतिविधियां जारी हैं। संसार के सर्वश्रेष्ठ लोकशिक्षक बुद्ध थे। उन्हीं को बाबा साहेब ने आदर्श माना।"

जब मातोश्री रमाबाई आंबेडकर ने अपने पति को पंढरपुर के विठोबा भगवान के दर्शन करने हेतु अपनी उत्कट मनोभावना जाहिर की थी तब बाबा साहेब ने उन्हें शिक्षा के भगवान को मंदिर में ले जाने का वादा किया था। उनकी मंशा थी कि किसी भी गांव में तब धार्मिक स्थान बनना चाहिए जब उस गांव में पहले स्कूल बने। यह व्यवस्था देश में होनी चाहिए। उनका सबसे महान मंदिर पिपुल्स एज्युकेशन सोसायटी द्वारा स्थापित सिद्धार्थ महाविद्यालय था।

डॉ. इन्द्रेश जी ने बताया कि जिस प्रकार मुसलमानों के लिए अलीगढ़ मुस्लिम विश्वविद्यालय है, हिंदुओं के लिए बनारस विश्वविद्यालय है, उसी प्रकार अल्पसंख्यांक बौद्ध समुदाय के लिए मध्य प्रदेश में बौद्ध विश्वविद्यालय होना लाजमी है। शिक्षा आंदोलन का कार्य आगे बढ़ाने के लिए अंतर्राष्ट्रीय बौद्ध विश्वविद्यालय के अधिनियम और उद्दिष्टों को बनाने में स्वयं ''मैं'' प्रो. नन्दू राम, प्रो. तुलसी राम, प्रो. निगम और प्रो. मुगेकर के साथ तदर्थ कमिटी के कार्य में जुड़ा रहा। इस हेतु प्रथम दौर में भोपाल और सांची के बीच 100 एकड़ जमीन और 100 करोड़ रुपयों की मदद राशि की शासन की तरफ से व्यवस्था होगी।

उन्होंने वर्तमान शिक्षा की दयनीय स्थिति का जिक्र करते हुये कहा कि शिक्षित बनो का तात्पर्य बड़ी-बड़ी डिग्रियां तो नहीं है। पीएच.डी. डिग्री धारी मासिक दो हजार रुपये वेतन पर क्लर्की कर रहे हैं। इससे काम नहीं चलेगा। जन-कल्याण सेवा

के प्रति कटिबद्धता होनी चाहिए। एक ही कार्य को करने के लिए मंत्रालय में चक्कर काटते-काटते चप्पल घिस जायेगी व सिर का पसीना पैर में आ जायेगा, इस बात का मुझे एहसास है।

बाबासाहेब के जद्दोजहद से हमारे बीच कई प्रशासनिक अधिकारी आज उपलब्ध है, परंतु वे अपने कक्ष में बाबासाहेब का फोटो लगाने में शर्माते हैं और अपनी जाति छुपाये रहते हैं। उन्होंने शिक्षा ग्रहण की तो उनकी कलम में इतनी ताकत होनी चाहिए कि वे किसी-किसी फाईल में अपने हस्ताक्षर कर किसी गरीब, विधवा, बेसहारा या पीड़ित का भला करें। उनकी दशा और आँसुओं से पसीज कर वे अपनी कलम चलाये। मैं जब लालबत्ती की गाड़ी से गरीब बस्ती में जाता हूं तो बताता हूं कि मैं भी आपमें से ही निकला हुआ आप लोगों का हमदर्दी हूं तो गरीब समुदाय के लोगों की छाती गर्व से फूल जाती है। और अत्याचार के प्रति न्याय की उम्मीद उनमें जग जाती है। मैंने अपने बेबाक वक्तव्य से आरक्षण पर प्रतिकूल प्रतिक्रिया करने वाले महामहीम को नहीं बख्शा है।

हमारे लिये महू अयोध्या की भांति एक तीर्थ-स्थलि है। उसमें बाबासाहेब के पवित्र स्मारक का काम रूक जाये हम सहन नहीं कर सकते। जिस बाबासाहेब ने देश के 90 प्रतिशत लोगों के हितार्थ और पूरे समाज के कल्याणार्थ अपना जीवन समर्पित कर दिया, उनके नाम के उल्लेख मात्र से प्रतिक्रियावादी लोग कांप उठते और उनके सिपाही के बारे में भयभीत होते है। संविधान समीक्षा समिति के आयोग के अध्यक्ष दिवंगत श्री बी.पी. मौर्य, जो कानून के प्रोफेसर रह चुके थे, के नाम का जिक्र तत्कालीन प्रधानमंत्री श्री वाजपेयी के समक्ष हो रहा था तो किसी सदस्य ने उनके बारे में अपनी राय देते हुये बोला था, "वैसे मौर्य जी ठीक है, पार्टी के लिए भी उपयुक्त है, परंतु वे बाबासाहेब से ज्यादा खतरनाक है।"

कमजोर वर्ग की सामाजिक परिवर्तन की लड़ाई जारी है। अंतर्राष्ट्रीय बौद्धों के सबसे पावन तीर्थ स्थान बोधगया का विहार, जिसमें बुद्ध को बुद्धत्व लाभ हुआ था, में बिहार सरकार का ऐसा अधिनियम कार्यान्वित है कि उसके प्रबंधन में हिन्दु सदस्य बहुमत में और बौद्ध सदस्य अल्पमत में हैं। मंदिर व्यवस्थापन का यह एक ऐसा अजुबा उदाहरण है कि उसका सानी आप को कहीं भी नहीं मिलेगा। ऐसे अधिनियम को रद्द कर बौद्ध विहार का प्रबंधन बौद्ध सदस्यों को सौंप कर उपासना का कार्य कराने बाबत यह संघर्ष भंते सुरई ससाई के नेतृत्व में उचित न्याय प्राप्त होने तक चलता रहेगा। उसी प्रकार निजी क्षेत्र में आरक्षण बाबत आंदोलन श्री उदित राज चला रहे हैं।

ऐसे आंदोलनों से सामाजिक परिवर्तन आयेगा। बाबासाहेब की वजह से अल्पसंख्यक समुदाय के प्रतिनिधि सर मनमोहन सिंह देश के प्रधानमंत्री है। दलितों के प्रतिनिधि महामहिम के. आर. नारायणन राष्ट्रपति बन चुके हैं। मा. बालयोगी और

मा. चरणजीत सिंह जी लोकसभा के मा. अध्यक्ष बन चुके हैं। एक स्कूल की अध्यापिका सुश्री मायावती तीन-तीन बार मुख्यमंत्री पद पर रह चुकी हैं। ऐसे परिवर्तन आ रहे हैं।

तथापि मध्य प्रदेश के एक ग्राम बामाटोला में दलित वर्ग के युवक और अन्य वर्ग की युवती के बीच प्रेम हुआ और परिणामस्वरूप वे घर से भाग गये तो पुलिस थाने में गुमशुदा तलाश की रपट श्रमण जाति के लोगों ने लिखवाई। पूरे गांव वालों ने पंचायत बुलाई और निर्णय लिया कि श्रमण समुदाय की लड़की शाम तक अपने घर वापिस न आयेगी तो दलित समाज की तीन महिलाओं के साथ भरी सभा में सामूहिक बलात्कार किया जायेगा। डी. एम. और जिलाधीश की चेतावनी के बावजूद गांव के तीन दलित महिलाओं को जबरदस्ती उनके घर से बाहर खींचकर और ग्रामदेवी के मेंदिर के सामने ले जाकर तीन समुदायों ने उनके साथ सामूहिक बलात्कार किया। उस घटना के 62 मुल्जिम जेल में हैं। प्रश्न है क्या मुल्जिमों को मा. उच्च न्यायालय जमानत देगा और क्या शासन उन पर सामूहिक जुर्माना लगायेगा?

जब मा. श्री मोतिलाल जी वोरा मध्य प्रदेश शासन के मुख्यमंत्री थे तब महू की जन्म स्थलि पर सुबेदार व अन्य अधिकारी द्वारा बुलडोजर चलाया गया था। जहां गृहमंत्री, मुख्यमंत्री के निजी सचिव तक लिप्त हुये हों ऐसी रोंगटे खड़े कर देने वाली एक जेल की घटना है। उसमें दलित पक्ष के साथ अन्य कैदियों ने ऐसा सलूक किया कि उनकी जीभ से जेल के शौचालय चटवाकर सफाई कार्य किया गया। इतना ही नहीं अन्य कैदियों ने उनके साथ मुख मैथुन भी किया। इस घटना का बयान सुनते हुए गृहमंत्री और मुख्य मंत्री के हाथ थरथराते रहे।

"इस प्रकार आंदोलन जारी है। दलितों के बदौलत बाबासाहेब इतिहास में जीवित हैं। दलित आंदोलन स्वार्थ और विभाजित हितों के कारण अपने लक्ष्य से भटक गया है। सेमिनार जैसे आयोजन के माध्यम से शिक्षा में उपलब्धि हासिल कर भविष्य में मंजिल तय करने में उन्हें प्रोत्साहन मिलेगा।"

शुभारंभ सत्र के अध्यक्ष, कार्यवाहक कुलपति, डॉ. सुधाकर भारती जी दे.अ. वि.वि. इंदौर ने कहा कि कोई भी नीति निर्देशक तत्व अपरिवर्तनीय नहीं होते। 50 वर्ष पूर्व जो दिशा निर्देश थे वे अब संगत नहीं हो सकते। उन्हें समय और स्थिति के साथ बदलना पड़ता है। उनके मूलभूत तत्व स्थायी हो सकते हैं। पर अब मूल प्रश्न यह है कि उनका क्रियान्वयन केसे हो?

इस संगोष्ठी के चर्चोपरांत जो निष्कर्ष निकलेंगे उन्हें दूर अंचलों में बसे अनुसूचित जाति व जनजाति के लोगों तक पहुंचाना जरूरी है। इस हेतु समय-समय पर विस्तार कार्य करना आवश्यक है। प्रेरणा, सुविधायें और चिंतन के जरिये सामाजिक उत्थान और समानता स्थापना हेतु समय-समय पर बौद्धिक मंथन और परिचर्चा आयोजित होते रहे तो उनका लाभ वंचितों को भी मिलना ही चाहिए।

विशेष अतिथि श्री शुक्ला जी ने मंचासीन मुख्य अतिथि के सामने संस्थान में पिछले डेढ़ वर्षों से महानिदेशक नहीं होने से उत्पन्न गंभीर प्रश्न पर प्रकाश डाला और उस बाबत व्यवस्था कराये जाने की अपील पेश की। मुख्य अतिथि के स्वागत में संस्थान के पूर्व प्राध्यापक मो. शम्सि तेहरानी ने अभिनंदन नामक अपनी कविता सुनाई। सत्र का संचालन प्रो. आर. डी. गडकर और धन्यवाद ज्ञापण प्रो. आर. डी. मौर्य ने किया।

संगोष्ठी के प्रथम तकनीकी सत्र में अपना आलेख वाचन करते हुए प्रो. तेहरानी ने कहा कि अन्य समाज सुधारकों ने सामान्य वर्गों की शिक्षा के बारे में कार्य किया परंतु डॉ. आंबेडकर ने कमजोर वर्ग को शिक्षा में उन्नत करने हेतु अपना योगदान दिया। उन्होंने डॉ. आंबेडकर द्वारा स्थापित बहिष्कृत हितकारिणी सभा, पिपुल्स एज्युकेशन सोसायटी, संवैधानिक प्रावधान और महात्मा फुले के शैक्षणिक योगदान की चर्चा की। उन्होंने कहा कि डॉ. आंबेडकर महात्मा फुले के सामाजिक और शैक्षणिक धरोहर के उत्तराधिकारी थे।

प्रो. रश्मि श्रीवास्तव ने अपने प्राथमिक सर्वेक्षण अध्ययन पर आधारित आलेख को पढ़कर इस उपकल्पना पर प्रकाश डाला कि शिक्षा से सामाजिक संबंध अच्छे और सामान्य होते हैं।

मा. श्री नारायण सिंह केसरी, राज्यसभा सांसद सदस्य, नई दिल्ली, जो बाबासाहेब के समकालीन सामाजिक और राजनीतिक नेता थे, ने कहा कि 1952 में डॉ. आंबेडकर शोध संस्थान की भूमि बंजर भूमि थी। उन्होंने कहा कि भारत के कोने-कोने में डॉ. आंबेडकर की प्रतिमायें सर्वाधिक हैं, अत: डॉ. आंबेडकर सब से अधिक लोकप्रिय हैं।

इंदौर संभाग में शंकर मदने, जयराम बंसोड़े और रोकड़े सुपरवाईजर डॉ. आंबेडकर द्वारा स्थापित शेडयुल्ड कास्ट फेडरेशन के कार्यकर्ता थे। कमजोर वर्ग के जो लोग आज बड़े-बड़े ओहदे पर हैं, यदि बाबासाहेब द्वारा प्रदत्त प्रावधान नहीं होते तो वे आज 75 रुपये रोज के हम्माल होते।

डॉ. आंबेडकर ने मुसलमानों और इसाईयों की तादात न बढ़े इस हेतु से बौद्ध धर्म ग्रहण किया था। इस संदेश को स्वर्ण लोग नहीं समझे और आज भी गवली पलासिया में दलितों और सवर्णों के दो श्मशान है परंतु शासन की हिम्मत नहीं कि वे एक गांव में एक ही श्मशान हो इस बात को लागू करें। राजस्थान में बेरवा जाति के दूल्हे की घोड़े पर बारात निकाली गई तो वहां पूरा गांव घोर विरोध करने लगा।

श्री केसरी जी ने कहा कि आज शिक्षा में बहुत से लोग बड़ी-बड़ी डिग्रियां लेकर घूमते हैं। परन्तु किसी भी डिग्री में यह नहीं लिखा होता कि उपाधि भ्रष्टाचार मुक्त आचरण का प्रमाणपत्र है। इस धरती पर कई महापुरुष हुये परंतु किसी ने हम

दलितों को मुट्ठी पर आटा नहीं दिलाया। देश में कई महात्मा और कई संत हुये। सुधांशु, आसाराम, मुरारी को सुनने जाने वाले चार-चार घंटे का निरंतर सत्संग करते हैं परन्तु उन श्रोताओं और संतों को बासी रोटी खाने का अनुभव नहीं होता। वहां भगवान के घर जाने का दिशा-निर्देश तो मिलता है, परंतु अरबों की संपत्ति गांव में ले जाने और वहां स्कूल और अस्पताल खोले जाने बाबत कोई निर्देश नहीं होता।

संसद में कोई आदमी अपने को छोटा नहीं मानता परंतु सचमुच में पूछा जाय तो वहां डॉ. आंबेडकर की तोड़ी का कोई प्रतिनिधि नहीं होता। वहां अब 122 दलित प्रतिनिधि हैं। जिस बाबासाहेब द्वारा लगाये गये फलदार पेड़ के फल हम खा रहे हैं, हम ही उनके प्रति अपने कर्तव्य को नहीं निभा रहे हैं। डॉ. आंबेडकर ने 1952 में मुंबई, दादर, भंडारा आदि द्वोत्र से संसदीय सीट का निर्वाचन लड़ा था परंतु अपने ही लोग उनके खिलाफ उम्मीदवार बन कर खड़े हुए औन उनको चुनाव में हरा दिया। 1953 के बाद बाबासाहेब ने डंडे का सहारा लिया और 1956 में वे चल बसे।

श्री कांशीराम जब देश की राजनीतिक अंचल में उभरे तो उन्होंने एक दशक के अंदर कौम को हिला कर रख दिया और उन्हें राजनीतिक सिंहासन पर बिठा दिया। आज उनकी क्या हालत है? उनकी सगी मां और भाई उनके दर्शन की भीख मांग रहे हैं और बीमारी के इलाज के नाम पर स्वयं काशी राम चहार दीवारी में बंद हैं।?

श्री रत्नाकर मेश्राम ने दलितों की उच्च शिक्षा और सामाजिक स्तर विषय पर अपना आलेख पढ़ा और बताया कि 1990 में विशेष भर्ती अभियान के तहत आरक्षित पदों पर 1,16,000 जो पद भरे गये उनमें 96,000 लोग उच्च जाति के थे। अत: इस समस्या के प्रति दलितों में चेतना और न्याय के लिए आंदोलन जारी रखना आवश्यक है।

डॉ. सुषमा व्यास ने उच्च शिक्षा और दलित पुनरोत्थान पर अपने आलेख का वाचन करते हुये बताया कि उच्च पदों पर पदस्थ व्यक्तियों में 9 प्रतिशत सवर्ण, 25 प्रतिशत पिछड़ा और 8 प्रतिशत अनुसूचित जाति के वर्ग के सदस्य है। उन्होंने कहा कि आजादी के 57 वर्ष के बाद भी सामाजिक बदलाव नहीं आया। अत: सामाजिक कुप्रथा को खत्म करने के लिए शासन के आर्थिक सहयोग की अत्यंत आवश्यकता पर बल दिया।

मिसेज सिमा और वेरोनिका डेविड ने उच्च शिक्षा और दलित जाति-जनजाति में अर्धचेतना पर अपना आलेख पढ़ते हुये अनुसूचित जाति-जनजाति तथा महिला के उच्च शिक्षा हेतु एक आयोग की नियुक्ति, अंग्रेजी विषय का विशेष कोर्स, निजी क्षेत्र में आरक्षण और जारी चेतना की आवश्यकता पर जोर दिया।

श्री आनंद कांबले ने दलितों की उच्च शिक्षा और सामाजिक स्थिति पर अपना आलेख पढ़ा और कमजोर वर्गों की उच्च शिक्षा हेतु एक शिक्षा नीति, शिक्षा का

राष्ट्रीयकरण, राष्ट्र की एक शिक्षा प्रणाली और आत्म साक्षात्कार कराने वाली शिक्षा का पुरजोर समर्थन किया।

शासकीय स्नातकोत्तर महाविद्यालय प्रतापगढ़ से आये हुये डॉ. कोठारी ने उच्च शिक्षा और सामाजिक गतिशीलता विषय पर अपने आलेख वाचन में वर्ष 2001 में भारत के 238 विश्वविद्यालयों में 3.31 लाख अध्यापक और 70 लाख विद्यार्थी की क्षमता बताकर विश्व में शिक्षा के क्षेत्र में चीन के साथ-साथ भारत प्रथम दर्जे पर होने की बात पर जोर दिया। उन्होंने जहां उच्च शिक्षा को सामाजिक गतिशीलता का कारक माना वहां शिक्षा के स्तर में पुरुषों की अपेक्षा महिलाओं की धीमी शैक्षणिक गति पर सदन का ध्यान आकर्षित किया। उन्होंने दलित वर्गों में ऊर्ध्वगामी गतिशीलता बढ़ाने की आवश्यकता को रेखांकित किया।

कु. सेवंलि पटेल ने अपने आलेख में बालिका शिक्षा के प्रति उनके अभिभावकों के सकारात्मक और नकारात्मक दृष्टिकोण शिक्षा सापेक्ष है पर प्रकाश डाला।

प्रो. पोटन ने अपने शोध सर्वेक्षण के आधार पर बताया कि अनुसूचित जाति और जनजाति के छात्र अच्छी सुविधा के वातावरण में शिक्षा के प्रति भी अच्छा प्रतिसाद देते हैं।

प्रथम सत्र के अंत में सत्र में पढ़े गये 7 आलेखों पर गहन चर्चा हुई।

संगोष्ठी के द्वितीय तकनीकी सत्र में ''राजनीति और नौकरशाही में दलित'' विषय पर कई आलेख पढ़े गये। प्रो. श्रीमती शारदा त्रिवेदी ने राष्ट्रीय एकता, गुणवत्ता और सर्वांगीण विकास के उद्‌दिष्टों से प्रेरित नवोदय विद्यालयों की उपलब्धियों पर अपना शोधपत्र पढ़ा। श्री मुंघाटे ने अपने शोध पत्र में 1999 के आंकड़ों के आधार पर बताया कि राष्ट्रपति के सचिवालय में 49 महत्वपूर्ण पदों में से केवल 4 पदों पर अनुसूचित जाति के सदस्य हैं और 45 पदों पर सवर्ण सदस्य हैं। प्रधानमंत्री कार्यालय में कुल 35 पदों में से 33 पर सवर्ण सदस्य हैं और 2 पदों पर अ.जा. के प्रतिनिधि हैं। उपराष्ट्रपति के सचिवालय में कुल सभी 7 पदों पर सवर्ण ही हैं। केन्द्रीय सचिवालय में कुल 20 पदों में से 19 पदों पर सवर्ण और एक जगह दलित प्रतिनिधि हैं। रसायन मंत्रालय में कुल 121 पदों में से 111 पदों पर सवर्ण और 9 पदों पर अ. जा. और अ.ज.जा. के लोग हैं। उपरोक्त सचिवालयों में एक भी पद पर अनुसूचित जनजाति के सदस्य नहीं हैं। श्री राधेश्याम मीणा ने अपने शोध आलेख में डॉ. आंबेडकर के सामाजिक विकास दर्शन पर प्रकाश डालते हुए कहा कि समाज में एक छोर से दूसरे छोर तक विकास की घटना का प्रतिबिंब परिलक्षित होना चाहिए। श्री आनंद खोब्रागडे ने भारतीय लोकतंत्र में दलितों की स्थिति पर अपने शोध आलेख में दलितों की स्थिति का वर्णन अंधे, बहरे, गुंगे की दशा के समान कहा। कु. प्रतिभा

राज ने उच्च शिक्षा में महिलाओं की भागीदारी के बारे में असंतोष की स्थिति का वर्णन किया और कहा कि दलित बालिका ने अपने ब्राह्मण शिक्षक को नमस्ते कहा इसलिये दलित बालिका को उस शिक्षक ने इसलिए दंडित किया क्योंकि दलित बालिका के प्रणाम को शिक्षक अपवित्र मानता था। मिसेज संतोष धुर्वे ने अपने शोध पत्र में उच्च शिक्षा हेतु संसाधन की आवश्यकता पर बल दिया।

तृतीय तकनीकी सत्र के प्रथम शोध पत्र के वाचक कोल्हापुर विश्वविद्यालय के प्रो. तरोडी ने शिक्षा, आर्थिक विकास और कमजोर वर्ग पर प्रकाश डाला और शोध अध्ययन में सर्वसमावेशक दृष्टिकोण का समर्थन किया। सागर के प्रो. दिवाकर शर्मा ने दलित आदिवासी छात्र कल्याण, परिक्षापूर्व प्रशिक्षण केन्द्र का विश्लेषण विषय पर अपना शोध पत्र पढ़ा और संबंधित केन्द्र की ध्येय पूर्ति में असफलता की कारण मीमांसा की। डॉ. आनंद प्रसाद सिंह ने दलित महिलाओं का मुक्ति संघर्ष नामक अपना शोध पत्र पढ़ा और कहा कि प्रगति का पैमाना महिला स्वीकार करने पर भी निरक्षरता, जाति, वर्ग-लिंगभेद के आघात के कारण महिलायें आज भी हासिये पर हैं। कु. सुनिता ने शिक्षा और कमजोर वर्ग में असमानता विषय पर लिखे गये अपने आलेख का वाचन करते हुए कहा कि शोषण के प्रति सचेत करने की किमिया शिक्षा में है। इस सत्र के अंत में प्रस्तुत शोध पत्रों पर गहन चर्चा हुई।

चतुर्थ तकनीकी सत्र में ए.ए. कुरैशी ने दलितों की शैक्षणिक गतिशीलता-नवाचार में डॉ. आंबेडकर का योगदान विषय पर अपना शोध पत्र पढ़ते हुए कहा कि आरक्षण सामाजिक परिवर्तन का कारगर हथियार है लेकिन केवल राजनीतिक अधिकारों पर निर्भर रहना कदापि उचित नहीं। गतिशीलता नवाचार का आधार है। डॉ. आंबेडकर लोक शिक्षा के हिमायती थे और उनका ब्रीद वाक्य सब पढ़े सब बढ़े था। उन्होंने ताज भोपाली के शेर को पढ़ा: निजामे कौम बदल डालूं। मगर यह बात फकत मेरे बस की बात नहीं, उठो बढ़ो ऐ! दुनियावालों, यह दो चार दस की बात नहीं।

श्री अरविंद कुमार ने अपने शोध पत्र में कहा कि बिना प्राथमिक शिक्षा के हम उच्च शिक्षा की बात नहीं कर सकते। श्री अमित कुमार ने देश के कमजोर वर्ग की शैक्षणिक स्थिति में मुख्य समस्याओं का जिक्र किया। कु. ममता भवेल ने अपने आलेख में शिक्षा में महिलाओं को दया नहीं बल्कि पुरुषों के बराबर दर्जा चाहिए कहा। श्री मानिक भगत ने ब्रेन पोलियो और प्रेम पोलियो की संकल्पना रखते हुए बोला कि जिआलोजिकल सर्वे आफ इंडिया के श्री अरूण सोनी ने 5 दिसंबर 1982 को नर्मदा नदी के किनारे स्थित हथनोरा (हाथी का मस्तक) ग्राम में 5 लाख वर्ष पुराना पहला मानव फॉसिल महिला का पाया। भारत में 500 करोड़ साल पहले जीवाश्म मिले थे।

उन्होंने कहा हिंदू धर्मशास्त्रों में पंचमहापातक की चर्चा है। उनमें चोरी और व्याभिचार दो महापातक हैं। उनकी व्याख्या है कि चोरी तभी होती है जब वह ब्राह्मण

के घर में की जाए और व्याभिचार तभी होता है जब वह गुरुपत्नी से किया जाए। ऐसे विकृत विचारों को उन्होंने ब्रेन पोलियो और प्रेम पोलियो (एड्स) कहा। और अपने वक्तव्य के समर्थन में उन्होंने मूल स्वरूप का 250 लाख वर्ष पुराना डायनासोर का अंडा, 5 लाख वर्ष पुराने हाथी के खाने के दांत और 5 लाख वर्ष पुराना मानव खोपड़ी (हिरणखेडी का नर्मदा नर) का प्रतिरूप प्रदर्श के तौर पर श्रोताओं के सामने प्रस्तुत किया। उन्होंने कहा कि सभी धर्म कहते हैं कि झूठ बोलना पाप है। परंतु धर्मों का यह कथन कि ईश्वर ने सृष्टि बनाई, मानव और विभिन्न जीव निर्मित किए और वह सर्वशक्तिमान है यही सबसे बड़ा झूठ है। 500 करोड़ साल पहले सूर्य से पृथ्वी की निर्मिति हुई। 499.6 करोड़ वर्षों तक मानव का इस पृथ्वी पर अस्तित्व ही नहीं था। 40 लाख वर्षों से मनुष्य का अस्तित्व इस सृष्टि पर आया। 11000 साल तक हम पूर्ण विकसित हुये। इस बीच ईश्वर की कल्पना कहां से आई?

श्री भगत ने कहा कि आज से 2500 वर्ष पहले और 2500 वर्ष के बाद में मानव जाति में उत्पन्न दो महापुरुष गौतम बुद्ध और डॉ. आंबेडकर ने ऐसे ब्रेन पोलियो और प्रेम पोलियो का अपने पंचशील नीति और बाईस प्रतिज्ञाओं से निदान किया है। परिणामतः आज कोई भी इन्द्र देवता उन महापुरुषों के सूर्यपुत्रों से कवच और कुंडल की याचना तो करेगा परंतु बुद्धि की भीख मांगने की हिमाकत नहीं कर सकता। यही शिक्षा है। 1994 में मिले नर्मदा नर ने ईश्वर पर प्रश्न चिह्न लगाया।

मिसेज पोटन ने अपनी प्रस्तुति में बुदानिया ग्राम के सर्वे का शोध अध्ययन निष्कर्ष में बताया और कहा कि गरीबी और शिक्षा परस्परावलंबी कारक है। डॉ. मनीषा सक्सेना ने अनुसूचित जाति, अनुसूचित जनजाति निवारण अधिनियम 1989 इंदौर जिले की ग्रामीण महिलाओं का अध्ययन में बताया कि स्वायत्तता, सम्मान और सशक्तीकरण में महिलायें आगे आये और उसमें शिक्षा मात्र एक पहलू हो सकता है। कु. आशा मेश्राम और श्री तोमर द्वारा प्रस्तुत दलित महिलायें–दशा एवं दिशा में बताया कि सामान्य महिलाओं की अपेक्षा दलित महिलाओं का शैक्षिक दर न्यून है और सभी महिलाओं को शिक्षा का समान अवसर अपेक्षित है।

श्री बनकर ने दलित महिलाओं की शिक्षा और सार्वजनिक जीवन में उनकी भूमिका पर प्रकाश डाला। उन्होंने बताया कि बौद्ध धर्म ग्रहण करने के बाद बौद्धों में शिक्षा का अनुपात बढ़ रहा है। शिक्षा के क्षेत्र में डॉ. आंबेडकर जैसे नीतिमान शिक्षक की अत्यंत आवश्यकता है। कु. शुभ्रा सिंह तोमर ने अपने शोध पत्र में ग्रामीण क्षेत्रों में स्त्री शिक्षा के समक्ष चुनौतियों का जिक्र कर कहा है कि बाल-विवाह समाप्त कर शिक्षा में मात्रात्मक और गुणात्मक मूल्यों का समन्वय स्थापित होना चाहिए। श्री राकेश चौहान ने निजीकरण के दौर में शिक्षा और दलित समाज पर अपना निबंध पढ़ा और शिक्षा को रोज उदय और अस्त होने वाले सूरज की तुलना में कभी न अस्त होने वाला

सूरज कहा और निजीकरण के प्रतिस्पर्धात्मक वक्त में दलितों को आवाहन किया कि अब हवायें ही करायेंगी रोशनी का फैसला, जिस दीये में जान होगी वही जलता रहेगा।

सत्र के बाद पठित आलेखों पर सहभागीयों द्वारा गहन चर्चा की गई।

उक्त राष्ट्रीय संगोष्ठी का समापन सत्र अंतिम सत्र था और उसमें अध्यक्षः प्रो. पी.एन. मिश्रा, निदेशक, प्रबंधन अध्ययन संस्थान, दे.अ.वि.वि., इंदौर, मुख्य अतिथि, मा. श्री. सूरजभान जी, अध्यक्ष, अ.जा. राष्ट्रीय आयोग, भारत शासन, नई दिल्ली, विशेष अतिथिः डॉ. इन्द्रेश गजभिये, सदस्य, अल्पसंख्यांक आयोग, मध्य प्रदेश शासन, भोपाल एवं माननीय श्री फुलचंद वर्मा, सदस्य, अ.जा. राष्ट्रीय आयोग, भारत शासन, नई दिल्ली थे।

सर्व प्रथम संस्थान के कुल सचिव श्री एस एल सोलंकी जी, कर्मचारी संघ के अध्यक्ष श्री रवि नागर, श्री एस एल यादव और डॉ. आंबेडकर पीठ के डिलिंग कर्मचारी श्री भानपुरकर ने पुष्पहारों से मा. मुख्य अतिथि का स्वागत किया। कु. शुभ्रा सिंह, श्री अशोक कुमार ने मा. डॉ. इन्द्रेश जी का स्वागत किया और श्री रत्नेश कुमार, श्री रविशंकर शर्मा ने मा. श्री फुलचंद वर्मा जी का स्वागत किया। श्री सुनील धावने ने मा. प्रो. पी. एन मिश्रा जी का स्वागत किया और संगोष्ठी के सयोजक प्रो. सी. डी. नाईक ने प्रास्ताविक उद्‌बोधन दिया।

राष्ट्रीय संगोष्ठी के पांचवें सत्र में संकाय सदस्य डॉ. डी. के. वर्मा और डॉ. अंजु सोहरत ने अपने शोत्र पत्र में शिक्षा, सस्टेनेबल विकास, संगोपण और सामाजिक परिवर्तन पर प्रकाश डाला। उन्होंने कहा कि संस्थान में किये गये शोध और परियोजना से निष्पन्न निष्कर्ष केन्द्रीय और राज्य की नीति और कार्यक्रमों में शामिल किये जाते हैं। आर्थिक और राजनीतिक सशक्तिकरण सामाजिक विकास की ओर नहीं ले जा रही है। विकास के प्रयत्न सामाजिक विकास पर अपना परिणाम अंकित नहीं कर पा रहे हैं। महिला शिक्षा और परिवार के वातावरण से संगोपन की प्रक्रिया को परिणामकारी बनाया जा सकता है। स्थायी विकास से अभिप्राय यह है कि वर्तमान पीढ़ी की समस्यांओं का समाधान करना चाहिए। प्रसिद्ध अर्थशास्त्री डॉ. अमर्त्य सेन का जिक्र करते हुये संकाय सदस्य ने कहा कि डॉ. आंबेडकर का एक व्यक्ति एक मूल्य का सिद्धांत समग्र, संपूर्ण और समयोचित है।

डॉ. के.आर. मून ने सामाजिक परिवर्तन में डॉ. आंबेडकर का योगदान विषय पर अपना शोध पत्र पढ़ते हुये कहा कि डॉ. आंबेडकर ने दलितों में क्रांतिकारी परिवर्तन लाये, उनमें आत्मसम्मान जगाया, जाति निर्मूलन किया, धम्मक्रांति की और देश को संविधान देकर वैज्ञानिक समाजवाद और लोकतांत्रिक जीवन पद्धति की नई रचना को साकार किया।

इस सत्र के विशेष अतिथि माननीय श्री फुलचंद वर्मा, सदस्य, अ.जा. राष्ट्रीय आयोग, भारत शासन, नई दिल्ली ने कहा कि पिछले दो दिनों से अखबारों से सेमिनार की जानकारी मिली है। शोध अध्ययन से समाज में जागृति आयेगी। उत्थान का मार्ग प्रशस्त होगा। विचार संकलन होना चाहिये और संगोष्ठी का निचोड़ नीचे तबके तक पहुंचना चाहिए।

उन्होंने बताया कि बाबासाहेब की तपस्या से सभी स्थान पर अपने प्रतिनिधि हैं। चतुष्कोणी वर्ण व्यवस्था वाले समाज में हम रीढ़ की हड्डी हैं। बाबासाहेब जब बड़ौदा नरेश के सैनिक सचिव थे तब सवर्ण नौकर उनकी टेबल पर दूर से ही फाईलें रखते थे ताकि वे अस्पृश्य अधिकारी को छूकर अपवित्र न हो जायें। ऐसे अपमान से डॉ. आंबेडकर निकले और उन्होंने मरणोपरांत भारत रत्न का सबसे बड़ा राष्ट्रीय सम्मान पाया।

उन्होंने बताया कि बाबासाहेब की स्मृति में निर्मित नागपुर का भव्य स्मारक देखकर हमारा माथा गर्व का अनुभव करता है और यहां उनकी जन्मस्थलि का स्मारक पूरा नहीं होने से पीड़ा होती है। आरक्षण सामाजिक मर्ज रहने तक जारी रहेगा और संगोष्ठी के विचार जन-जन तक पहुंचाये जाने चाहिए।

इस सत्र के विशेष अतिथि: डॉ. इन्द्रेश गजभिये, सदस्य अल्पसंख्यांक आयोग, मध्य प्रदेश शासन, भोपाल ने अपने वक्तव्य में इस देश पर बाबासाहेब के कई एहसानों को गिनाकर उनके योगदानों को स्पष्ट किया। उन्होंने बताया कि डॉ. आंबेडकर ने मो. अलि जिन्ना की तरह पाकिस्तान की तर्ज पर दलितस्तान की मांग नहीं की, क्योंकि वे विभाजन को गंवारा नहीं समझते थे। बाबासाहेब ने इस्लाम और इसाईयत को कबूल किया होता तो हम लोग भी उन्हीं में शामिल हो जाते। परंतु बाबासाहेब ने विदेशी संस्कृति को ग्रहण करने के बजाय भारतीय संस्कृति के बौद्ध धर्म को सबके लिए अख्तियार किया था।

डॉ. इन्द्रेश ने आरक्षण पर शंकराचार्य द्वारा की गई टिप्पणी पर मा. डॉ. सूरजभान जी की तत्कालीन प्रधानमंत्री श्रीमती इंदिरा गांधी से कैसे झड़प हुई पर प्रकाश डाल कर मुख्य अतिथि का परिचय दिया और कहा कि जब वे बोलते हैं तो डॉ. आंबेडकर की परछाई लगते हैं। उन्होंने दलितों के योगदान की स्पष्ट झलक दिखाते हुए यह शेर बोला: हम हिले तो गिर पड़ोगे, ऐ! गगनचुंबी कलश, नींव के पत्थर है हम, किसी राह के पत्थर नहीं।

डॉ. गजभिये ने प्रतिवेदन के अंत में उल्लेखित संगोष्ठी की अनुशंसाओं को ध्वनिमत से पारित किया।

मुख्य अतिथि का स्वागत संकाय सदस्य डॉ. सी.डी. नाईक द्वारा लिखित अंग्रेजी गीत को शोधार्थी छात्रायें कु. के. टी. अंजू और कु. प्रतिभा राज ने गाकर किया।

मुख्य अतिथि मा. श्री सूरजभान जी, अध्यक्ष, अ.जा. राष्ट्रीय आयोग, भारत शासन, नई दिल्ली ने अपने संबोधन में संगोष्ठी में शामिल आयोजकों के स्वागत में प्यार की खुशबू का एहसास किया। उन्होंने कहा कि जब वे पहली बार सन् 1967 में संसद में थे तो देखा कि सेन्ट्रल हाल में संविधान निर्माता का फोटो नहीं है और उस बाबत संबंधितों से पूछताछ की तो पता चला कि संविधान निर्माता का स्टेच्यु संसद के बाहर प्रांगण में है इसलिए हाल के अंदर उनकी फोटो लगाना जरूरी नहीं समझा गया। उस पर डॉ. सूरजभान जी की प्रतिक्रिया थी कि संसद के बाहर तो पंडित मोतीलाल नेहरू जी की स्टेच्यु है तब भी उनकी प्रतिमा सेन्ट्रल हाल में है, तो इसका क्या जवाब है?

श्री सूरजभान जी ने डॉ. आंबेडकर, महर्षि वाल्मिकी और गुरु रविदास जयंति की छुट्टियां मांगी तो तत्कालीन प्रधानमंत्री ने ''धार्मिक त्योहारों की पहले से ही भरमार है, उसमें ये तीन छुट्टियां और जोड़ना ठीक नहीं''। इस पर डॉ. साहब ने कहा कि यदि छुट्टियों को बढ़ा नहीं सकते तो उन्हें घटा तो सकते हैं?

मुख्य अतिथि ने बताया कि संविधान की धारा 17 ने जब अस्पृश्यता खत्म की उस समय वे विद्यार्थी थे। परन्तु छुआछूत आज भी खत्म नहीं हुई और इस धारा से डॉ. आंबेडकर की संतुष्टि केसे हुई की उन्हें जिज्ञासा हुई। अत: उन्होंने कांस्टीट्यूशन डिबेट पढ़ी तो उसमें लिखा था कि धारा 17 पर कोई बहस नहीं हुई। उनकी जिज्ञासा कम नहीं हुई तो उन्होंने कई सांसदों से पूछा, संसद के ग्रंथालय के निदेशक से जानकारी ली। उन्हें ग्रंथालय में श्री बोस द्वारा लिखित कुछ बड़ी-बड़ी 12 कामेन्ट्रीज के वाल्युम मिले। उसमें डॉ. आंबेडकर द्वारा लिखित ड्राफ्ट मिला, जिसमें लिखा था, "आज के बाद कोई आदमी जन्म के आधार पर न कोई लाभ हासिल करेगा और न कोई हानि।" इस प्रकार डॉ. आंबेडकर ने जाति का नाम लिए बगैर जांत-पांत का खात्मा किया था।

संविधान की धारा 330, 331 और 332 क्रमश: लोकसभा, विधानसभा में दलितों का आरक्षण और एंग्लो इंडियन के आरक्षण से संबंधित हैं। धारा 335 दलितों के नौकरी में आरक्षण पर संबद्ध है। उन दिनों शासक दल एक दिन पहले ही इन धाराओं पर संसद के बाहर चर्चा करता था। महापुरुष डॉ. आंबेडकर ऐसे रवैये पर आपत्ति उठाते थे। उन्होंने यह बात महात्मा गांधी जी के नोटिस में डाली ली और श्री जगजीवन राम के जरिये संदेश पहुंचाया। उस समय गांधी जी के पास सरोजिनी नायडू भी बैठी थीं। डॉ. आंबेडकर ने पूछा, क्या आजादी के बाद पूना एक्ट को ही पहला बलि का बकरा बनाया जायेगा? गांधी जी ने डॉ. आंबेडकर को बुलाकर कहा, "आरक्षण की व्यवस्था तो दुनिया में कहीं नहीं है फिर ये भारत में क्यों लागू करें?" डॉ. आंबेडकर ने प्रत्युत्तर में कहा, अस्पृश्यता भी दुनिया में कहीं नहीं है। यह भारत

में ही है। अत: इसे भारत में ही लागू करना पड़ेगा।" अत: 10 साल के लिए आरक्षण की व्यवस्था लागू करने पर सहमति हुई और उन्हें हर दस साल में रिव्यूव करने की शर्त लगाई गई। अगले दिन सर्विसेस में आरक्षण की धारा पर चर्चा हुई परंतु उस दिन डॉ. आंबेडकर शाम को हुई सांसद की बैठक में दिल्ली में उपस्थित नहीं रह सके।

धारा 375 जम्मू-कश्मीर की स्वायत्तता से संवंध है। जब शेख अब्दुल्ला इस बाबत सहमति हेतु डॉ. आंबेडकर के पास गये तो उन्होंने कहा कि जम्मू-कश्मीर बार्डर स्टेट है, अल्पसंख्यांक स्टेट है अत: उसे स्वायत्तता का दर्जा मिलना चाहिए। डॉ. आंबेडकर ने कहा कि ये बातें कई और स्टेट के साथ भी लागू होती है, फिर स्वायत्तता उन्हें भी बहाल करना पड़ेगी। डॉ. आंबेडकर कंविंश (convinced) नहीं हुये तो अब्दुल्ला ने कहा, "मेरे प्रेस्टीज का सवाल है कि आप जम्मू-काश्मीर को स्वायत्तता प्रदान करने पर राजी हो जाये। डॉ. आंबेडकर ने कहा, "मैं व्यक्ति के लिए नहीं हूं, मैं देश के लिए हूं।" उसके बाद जब एक सांसद मौलाना हसरत मोहानी ने धारा 375 के बारे में कहा कि मुसलमानों को बदनाम करने के लिए यह धारा लाई गई और इसका जवाब डॉ. आंबेडकर से तलब किया तो डॉ. आंबेडकर ने श्री आयंगर की तरफ देखा। परंतु संसद की प्रोसिडिंग में जो बोला जाता, वहीं लिखा जाता। यह नहीं लिखा जाता कि किसने किसकी तरफ देखा। असल में धारा 375 श्री के.एम. मुंशी की है और धारा 17 श्री आयंगर जी की है।

श्री मोहानी ने संविधान मसौदा समिति के सदस्यों पर टिप्पणी करते हुए कहा था कि समिति ड्राफ्टिंग समिति न होकर ड्रिफटिंग समिति है और समिति के सदस्यों को उन्होंने ''आधे पागल है'' कहा था। इस पर डॉ. आंबेडकर ने अच्छा जवाब दिया था। उन्होंने कहा कि संविधान सभा में मौलाना मोहानी को इस लायक नहीं समझा कि वे मसौदा समिति के सदस्य बने और जब समुद्र में कोई जहाज तूफान में फंसता है तो उसका कप्तान उसे सही दिशा में मोड़ (drifting) देता है। यही काम मसौदा समिति ने किया और मंझधार में फंसे राष्ट्रीय जहाज को तूफान से हटा (drifting) कर सही दिशा में मोड़ दिया।

शिक्षा के बारे में बोलते हुए डॉ. सूरजभान जी ने कहा कि उच्च शिक्षा का मतलब समाज से कट जाना नहीं है। समाज उनसे उम्मीद करता है। आय ई एस, आई पी एस बनकर समाज को कुछ भी न समझे तो उससे क्या लाभ है? शिक्षा का संस्थान ठीक होना चाहिए और उसमें शिक्षा भी ठीक होनी चाहिए। हर राज्य में सरकारी और निजी स्कूल हैं। सरकारी स्कूल में जो अध्यापक पढ़ाते हैं उनके बच्चे निजी स्कूल में पढ़ रहे हैं। 15-20 साल बाद सरकारी स्कूलों में केवल अनुसूचित जाति और अनुसूचित जाति के ही बच्चे पढ़ते हुए दिखाई देंगे और उनका मुकाबला निजी स्कूल में पढ़ने वाले बच्चों से होगा।

निजी स्कूल में भी आरक्षण होना चाहिए। अनुसूचित जाति के बच्चे निजी स्कूल में पढ़े तो उनकी शिक्षा शुल्क शासन अदा करे। यदि डॉ. आंबेडकर को बडौदा नरेश सयाजीराव गायकवाड जी से छात्रवृत्ति नहीं मिली होती तो क्या वे उच्च शिक्षा के बिना संविधान की रचना कर सकते थे? आरक्षण तब तक जारी रहना चाहिए जब तक दवाईयों की एक बीमार को जरूरत होती है। हिन्दुस्तान की नौकरशाही ने लोगों की प्रतिक्रियाओं का अनुमान लगाने हेतु आरक्षण बिल के बारे में यह गुब्बारा छोड़ दिया कि उसे राज्यसभा में प्रस्तावित किया गया। उस पर एक अधिनियम बनेगा। सन् 1978-80 के दौरान निजी विधेयक प्रस्तावित था, उसे रद्द कर दिया गया। हिंदुस्तान का कोई भी एक्ट पेनल्टी क्लॉज के बिना नहीं होता। अधिनियम में नियमों के उल्लंघन पर कितनी सजा मिलेगी यह निश्चित होता है। परंतु आरक्षण अधिनियम ऐसा अनोखा अधिनियम है कि उसमें सजा का कोई क्लॉज ही नहीं है। डॉ. आंबेडकर ने धारा 300 में जो लिखा उसे विकृत ढंग से पेश किया जा रहा है। जो आदमी आरक्षण के नियमों का अमल नहीं करता उसे जुर्माना या सजा होना लाजमी है। लोकसभा में मनी बिल जैसे महत्वपूर्ण विधेयकों की चर्चा होती है। लेकिन उपरोक्त बिल राज्यसभा में प्रस्तावित किया गया। जब किसी विधेयक पर वाद होता है तो उसे तय करने के लिए राज्य सभा और लोकसभा के सदस्यों से बनी सिलेक्ट कमिटी को सौंपा जाता है। लोकसभा में शिडयुल्ड कास्ट के 120 सदस्य हैं। सिलेक्ट कमिटी में 31 अन्य सदस्यों के बीच 5 दलित सदस्य क्या कर सकते हैं? जब निजी बिल लोकसभा में चर्चित होने के पहले सिलेक्ट समिति के सुपुर्द किया गया और आपकी इसके प्रति जागरूकता भी नहीं है तो निजी सेक्टर में आरक्षण के विधेयक का क्या हाल होगा?

एक दलित मुलाजिम को कोई जातिवाचक नाम से अपमानित करता है तो अपनी अपील सुनने के लिए उसे रिटायरमेंट के बाद का समय मिलता है तो क्या न्याय मिलेगा? संविधान की नौवी सूची में ऐसे अधिनियम लाए जाये और उच्चतम न्यायालय में केस का निपटारा हो तो न्याय की अपेक्षा की जा सकती है।

डॉ. आंबेडकर पर अक्सर अंग्रेजों के पिट्ठू, आजादी के दुश्मन और खुशामदी के लांछन लगाये गये थे। सन् 1930 में गोलमेज परिषद में डॉ. आंबेडकर सहभागी हुए, हालांकि कांग्रेस पार्टी ने उसका बहिष्कार किया था। उसमें हिंदुस्तान के राजे, महाराजे भी निमंत्रित थे। वहां वाईसराय के कान में आवाज गूंज रही थी कि डॉ. आंबेडकर अनुसूचित जाति और अनुसूचित जनजाति का प्रतिनिधि नहीं है। पहले दिन बात नहीं हुई। दूसरे दिन डॉ. आंबेडकर को बोलने के लिए निमंत्रित किया गया तो डॉ. आंबेडकर ने कहा, "वे दिन बीत गये जब ब्रिटिश सरकार अपनी मर्जी से देते थे, अब हिन्दुस्तानी जो चाहते हैं वह आपको देना पड़ेगा। हिन्दुस्तान को पूर्ण आजादी चाहिए।" जब कहा गया कि हिन्दुस्तान को पूर्ण आजादी मिलेगी तो अनुसूचित जाति

और अनुसूचित जनजाति के भविष्य का क्या होगा? इस पर डॉ. आंबेडकर ने कहा, "आपके आने के पहले हिन्दुस्तान में छुआछूत थी, क्या उसे आपने दूर किया? आपके आने के पहले यहां अछूतों को पुलिस और फौज में भर्ती की मनाही थी, क्या आपने उसे दूर किया? इसका उत्तर आपके पास नकारात्मक है। आप हिन्दुस्तान को संपूर्ण आजादी दो, हम अपनी समस्या से आगे निपट लेंगे।" उस सभा में महाराजा गायकवाड भी थे। वे इंग्लैंड के शाही होटल में रूके थे। उनके चेहरे की खुशी देखकर महारानी ने उनसे पूछा, "आप आज बड़े खुश नजर आ रहे हैं, क्या बात है? महाराजा ने कहा, "हम महाराज गवर्नर जनरल के सामने अपनी बात खुलकर नहीं कह सकते। डॉ. आंबेडकर ने बेबाक होकर हिन्दुस्तान के लिए संपूर्ण आजादी की मांग परिषद में रखी। मैंने जो कुछ खर्च किया, उससे कई गुना अधिक में डॉ. आंबेडकर ने हमें लौटा दिया।" अगले दिन डॉ. आंबेडकर का अभिभाषण इंग्लैंड के सभी मुख्य अखबारों में छपा। महात्मा गांधी ने अपने टेलिग्राम में लिखा, "डॉ. आंबेडकर आप चकाचौंध करने वाले देशभक्त हो।"

परन्तु डॉ. आंबेडकर को अंग्रेजों का पिट्ठू, हिन्दुस्तान की आजादी का दुश्मन और टोडी बच्चा कहा जाता था। इस बाबत एक तर्क यह दिया जाता था कि अगर आंबेडकर अंग्रेजों के पिट्ठू नहीं होते तो उन्हें वाईसराय की कार्यकारिणी सभा का सदस्यत्व बहाल नहीं होता। कहा जा सकता है कि उस सभा में सर तेज बहादुर सप्रू और पंडित मोतिलाल नेहरू जैसे भी लोग थे। तो क्या वे भी अंग्रेजों के पिट्ठू थे?

दलितों के साथ हजारों साल से ज्यादती हो रही है। उन्हें मालूम ही नहीं कि उनकी खता क्या है? रामानंद सागर की रामायण में बताया गया है कि रावण शक्तिशाली होने पर भी बिना किसी राजा-महाराजाओं की मदद से राम ने उस पर फतेह पाई। राम को वानर सेना की मदद मिली। ये वानर और कोई नहीं बल्कि वन-नर थे। आज किसी भी स्नातक और स्नातकोत्तर प्रशिक्षणार्थी को कम से कम एक वर्ष बाद हथियार चलाना आता है। वानर को हथियार चलाने के लिए कितना समय लगेगा? दलित-आदिवासी वन-नरों ने ही श्रीराम की मदद की और उन्हें फतेह दिला दी। इसका प्रमाण स्वयं रामानंद सागर की रामायण है, जिसमें बाली और सुग्रीव की रानियों को पूछ नहीं लगाई गई है। दलित ऋषि वाल्मीकि ने रामायण लिखी है। हमने हिन्दुस्तान को दिया है, लिया नहीं। आज अस्पृश्यता खत्म करो और आरक्षण का झुनझुना वापस लो।

यह राष्ट्रीय संगोष्ठी आम सार्वजनिक सभा नहीं है। यहां बुद्धिजीवी लोग बैठे हैं। आप में से 80 फीसदी लोग इस बात को समझे कि बाबासाहेब अकेले थे और इतना कुछ कर गये और हम इतने हैं तो उनके अधूरे सपनों को पूरा करें तो मैं समझूंगा कि मेरा वक्तव्य सफल हुआ।

इस संगोष्ठी के अध्यक्ष प्रो. पी.एन. मिश्रा, निदेशक, प्रबंधन अध्ययन संस्थान, दे.अ.वि.वि. इंदौर, ने अपने उद्‌बोधन में कहा कि डॉ. आंबेडकर किसी जाति वर्ग विशेष के नेता नहीं बल्कि वे राष्ट्रनायक थे। मानवता के पक्ष में लड़ने वाले वे चिंतक यौद्धा थे। उनकी चिंता राष्ट्र के लिए रही है। राष्ट्र का अंग-प्रत्यंग मजबूत बने तो राष्ट्र मजबूत बनेगा ऐसी उनकी धारणा थी।

शिक्षा नीति मैकाले ने प्रस्तावित की थी। उस समय ब्रिटिश विद्‌वान उनकी नीति की भर्त्सना कर कहते थे कि उसमें कोई दम नहीं है। परंतु मैकाले ने अपनी नीति पर ब्रिटिशों को विश्वास दिलाया कि उनकी शिक्षा नीति का प्रभाव दो सौ वर्ष बाद दिखाई देगा, जब भारतीय लोग रूपरंग में भारतीय तो दिखाई देंगे पर वे अपने चिंतन द्वारा ब्रिटिश हुकूमत को ही प्रतिपोषित करते रहेंगे।

शिक्षा में समाज को बदलने की ताकत है। निजी स्कूल में गैर अनुसूचित जाति वर्ग के ही लोग पढ़ेंगे यह घोर यथार्थ है। इस हालत में जो निवासी जिस क्षेत्र का हो उसे उसी क्षेत्र में अपने बच्चों को पढ़ाना अनिवार्य कर देना चाहिए। महान कवि वाल्मीकि संस्कृत के ही नहीं बल्कि विश्व भाषा के प्रथम कवि थे। आज तक कोई भी कवि वाल्मीकि के निकट नहीं पहुंच पाया। उन्होंने बेहद कठिन परिस्थिति में लेखन कार्य किया है। संगोष्ठी के चिंतन और विचार जन जन तक पहुंचाय जाय।

दो दिवसीय राष्ट्रीय संगोष्ठी के सत्र चर्चा के उपरांत विद्ववान परिषद्‌ द्वारा निम्नलिखित अनुसंशायें सार्वनुमति से स्वीकृत किये गये, जिसे ध्वनि मत से अल्पसंयक आयोग के मा. सदस्य डॉ. इन्द्रेश गजभिये द्वारा पारित कर कार्यान्वयन हेतु आश्वस्त किया गया।

1. मध्य प्रदेश शासन राष्ट्रीय स्तर के डॉ. बाबासाहेब आंबेडकर राष्ट्रीय सामाजिक विज्ञान संस्थान, डॉ. आंबेडकर नगर (म.प्र.) को केन्द्रीय विश्वविद्यालय का दर्जा प्रदान करने हेतु पहल करें और प्रदेश में बौद्ध विश्वविद्यालय को साकार करें।

2. विश्व स्तर पर डॉ. बाबासाहेब आंबेडकर विश्वविद्यालय के स्थापनार्थ भारत सरकार संयुक्त राष्ट्र संघ को सिफारिश करें।

3. कमजोर वर्ग के छात्र-छात्राओं को उच्च शिक्षा के लिए विदेशों में भेजने हेतु उपयुक्त शिष्यवृत्ति व सेवायें प्रदान कर भारतीय समाज में शिक्षा और शोध की समाजाभिमुख योजनाओं को व्यापक स्तर पर कार्यान्वित करें।

4. निजी कम्पनियों, वाणिज्य, व्यवसाय, व्यापार और व्यक्तिगत संगठनों में कमजोर वर्गों को जनसंख्या के अनुपात में भागीदारी और उनकी नियुक्ति में अनिवार्य रूप से आरक्षण प्रदान करने का विधेयक सांसद में पारित किया जाये और इसी शर्त पर भारत सरकार उनकी सहायता करें।

5. महिलाओं का सामाजिक, शैक्षणिक, आर्थिक और राजनैतिक पिछड़ापन खत्म कर उन्हें पुरुषों के बराबर अधिकार व न्याय का दर्जा दिलाने हेतु शैक्षणिक संस्थानों की इस दिशा में की जाने वाली पहल को शासन और समाज प्रोत्साहित करें। इस हेतु प्रवृत्ति में बदलाव, कौटुम्बिक प्रणाली में सुधार, भूमि का राष्ट्रीयकरण, उत्पीड़ितों की चेतना, सामाजिक कल्याण योजनायें, महिला उत्थान और धर्म निरपेक्ष शिक्षा को बढ़ावा देना अनुसंशनीय है।

6. राष्ट्रीय संगोष्ठी की विद्वत परिषद सिफारिश करती हैं कि भारत के विश्वविद्यालयों में शैक्षणिक गुणवत्ता को बढ़ाने हेतु और उनमें दलितों के हितों की रक्षा करने हेतु नई शिक्षा पद्धति की शुरुआत और पुरानी शिक्षा पद्धति में सुधार किया जाये।

7. डॉ. बाबासाहेब आंबेडकर की पावन जन्मस्थली पर निर्माणाधीन महास्तूप को पूर्ण कर उसे डॉ. आंबेडकर की पवित्र स्मृति में लोकार्पित करना कमजोर वर्ग की सामाजिक अस्मिता को भारतीय समाज में स्थापित करने का अधूरा कार्य कोई भी वर्तमान शासन पूरा कर पुण्यार्जन कर सकता है। अतः यह संगोष्ठी परिषद मध्य प्रदेश शासन को उसके यथाशीघ्र कार्यान्वयन हेतु अपील करती है।

21
आवाम के हितैषी: डॉ. आंबेडकर

कमजोर वर्ग

ईसा पूर्व 600 ई.सा. मे सिद्धार्थ गौतम की जन्म स्थली, लुम्बिनी और बुद्धत्व का स्थल बोधगया दोनों जम्बुद्वीप यानी भारत की धरोहर थे, परन्तु बाद में लुबिनी वन ही नहीं, बल्कि उस वन के दो साल वृक्ष जिसके बीच उनका जन्म हुआ था, उनकी माता महारानी महामाया की कुटी और राजा शुद्धोदन की राजधानी कपिलवस्तु नगर (अब पिपरहवा), और उस घटना के तीन सदियों बाद सम्राट अशोक का वहां पर स्थित विशाल स्तंभ, जिसके ऊपर खरोष्ठी लिपि में "इधो तथागतो जातो" अर्थात् तथागत का जन्म यही हुआ" उत्कीर्ण किया हुआ है और संबंधित सारे पुरातात्विक सबूत भी नेपाल की धरोहर बने है। उसी प्रकार डॉ. आंबेडकर की जन्मस्थली अब मप्र की धरोहर है और उनकी दीक्षा स्थली महाराष्ट्र की। हालांकि वे स्थल भोपाल राजधानी वाले आज के मध्य प्रदेश के जन्म (1.11.1956) के पहले नागपुर राजधानी वाले मध्य प्रांत व बेरार (सी.पी. एण्ड बेरार) के थे। परंतु भूख मरी और प्लेग जैसी नैसर्गिक आपदा में कुछ मराठी जन, विशेषत: महार लोग महाराष्ट्र से स्थलांतरित होकर मध्य प्रदेश के इंदौर, खंडवा, उज्जैन आदि जिलों में जाकर बस गये थे।

भारत का इतिहास गैर भारतीय आर्य, ग्रीक, ईरानी, कुशान, शक, हूण, मुस्लिम और अंग्रेज आदि के आक्रमणों और भारतीय जाति, उपजाति और जमातिओं में सामाजिक दुराव, आपसी वैरत्व और द्वेष का रहा है। गाने के लिए हम गाते हैं कि धर्म नहीं सिखाता आपस में बैर रखना परंतु प्राचीन भारतीय पराधीनता का बीज धार्मिक दुराव में ही छिपा था इससे इन्कार नहीं किया जा सकता। डॉ. आंबेडकर ने सन् 1946 में स्वरचित शोध ग्रंथ "शूद्र पहले कौन थे" में इस प्रकार वर्णित किया है:

"आर्यो से भी ज्यादा पराक्रमी दास या दस्यु लोग थे। वे जंगली आदि-मानव नहीं थे। वे आर्यों की भांति सभ्य और उनसे भी अधिक बहादुर थे। श्री अयंगर ने लिखा है कि ऋग्वेद संहिता के अनुसार दस्यु लोग नगरों में रहते थे और कईओं के

नाम राजाओं की सूची में आते थे। इन्द्र ने अपने भक्त दिवोदास के लिये दस्युओं के शत शत शीलाओं से बने महलों पर अतिक्रमण किया था। अग्निदेवता ने आर्यों के खातिर अग्निपूजा के वैरी दस्युओं के नगर तोड़ कर उन्हें अग्नि में स्वाहा कर दिया था। जिन शीला-कारागृहों में आर्यों से छिनी हुई गौवें सुरक्षित रखी जाती थी, उन्हें ही बृहस्पति ने नष्ट कर दिया था। दस्यु लोगों के अपने रथ और आयुध थे, जिनका प्रयोग वे आर्यों की तरह युद्ध में करते थे[1]।

आर्यों के साथ दस्युओं का विवाद नस्ल का नहीं बल्कि धर्म पर आधारित था। उपरोल्लेखित वही लेखक बताते हैं कि दस्यु अव्रत थे यानी वे आर्य के संस्कार से नहीं चलते थे। वे अपवगत और विभिन्न प्रकार के अन्य व्रत के संस्कार वाले थे। वे अनगनित्र, अग्निविहीन, अयज्यु, अयज्वन या बलिकर्म के विरोधी थे। वे अब्रह्म, वैदिक और अर्चक को न मानने वाले, अनरिछ: या रिक्विहीन, ब्रह्मद्वेष या ब्रह्मण अर्चना के द्वेष्टा, अनिन्द्र या इन्द्र के शत्रु थे। वे न क्षीर का तर्पण करते थे न किसी ब्राह्मण को चढ़ावा चढ़ाते थे।[2]

स्वाधीनता से वंचित जाति, महार और उनके राष्ट्र, महाराष्ट्र का इतिहास डॉ. आंबेडकर के जीवन-चरित्र को समझने के लिए आवश्यक है। महाराष्ट्र की उत्पत्ति का एक विचारणीय तर्क यह है कि पूर्व समय में वर्तमान महाराष्ट्र में एक महारट्ठ नामक बौद्ध भिक्षु को प्रचारार्थ भेजा गया था। उसने वहां के लोगों को बौद्ध धर्म में धर्मांतरित किया था। इस प्रकार बौद्ध धर्म अपनाने वालों को उनके गुरु महारट्ठ के नाम से पहचाना जाने लगा। सबसे अधिक महारट्ठ जिस प्रदेश में निवास कर रहे थे, उस प्रदेश का नाम कालांतर में महाराष्ट्र पड़ा। महारट्ठ स्थविर द्वारा नाग लोगों को बौद्ध धर्म की दीक्षा देने का जिक्र श्रीलंका के प्राचीन इतिहास का ग्रंथ "महावंस" में भी मिलता है।[3]

एक दूसरा सिद्धांत है जिसकी मान्यता है कि नाग शब्द नाईक की पर्यायावाची संज्ञा है।[4] इस जाति के लोगों ने समानता की लड़ाई लड़ने के लिये काफी कुर्बानियां दी थीं।

महार यानी भूमिपुत्र, नाग या नाईक। वह एक लड़ाऊ जाति थी और उनका राज्य महाराष्ट्र था जिसकी राजधानी नागपुर थी। उनका धर्म बौद्ध था। वे आज भी महाराष्ट्र और उसके इर्द-गिर्द के प्रदेशों में विद्यमान है। ऐतिहासिक काल में उन्हें अपना अस्तित्व कायम रखने के लिये कई दर्दम्य युद्धों का सामना करना पड़ा था। जब उनका सर्वस्व नष्ट हुआ तो उनका सामाजिक-आर्थिक दर्जा भी घटा और उन पर कई सख्त और हानिकारक पाबंदियां लाद दी गईं। हालांकि उनके पास उपजाऊ जोतें, सैनिकी और नागरी प्रशासनिक पद और बस्तीवालों से सभी प्रकार के फसलों का सोलहवां हिस्सा वसूल करने के आय के साधन आदि बावन अधिकार थे।

कालान्तर में वे ही अधिकार अहितकर हो गये और वे उनके पैर की बेड़ियां बन गये, जिसे तुड़वाने के लिये वे लड़ते रहे और अन्त में सन् 1956 में बौद्ध धर्म अपना कर सफल हुये।

प्राचीन समय में महार लोग बुद्ध के अनुयायी थे। अस्सी प्रतिशत भारतीय बौद्धों की उत्खनन की सामग्री महाराष्ट्र में और विशेषतः महार बस्तियों के क्षेत्र में पाई गई हैं। बौद्ध गुफाओं में भी महार नाम उत्कीर्ण किया हुआ प्राप्त हुआ है। परंतु गुप्त काल के दौरान, विशेषतः मुगल काल में महारों ने बौद्ध धर्म के संस्कारों का पालन करना छोड़ दिया प्रतीत होता है।

यद्यपि महारों ने मुस्लिम, मराठा, पेशवा, ब्रिटिश और भारतीय सेना में सेवायें प्रदान की थीं और उन्होंने वारकरी, महानुभाव, कबीर और लिंगायत जैसे हिन्दू संप्रदायों, मुस्लिम और क्रिश्चन मजहबों को अपनाया था तथापि उनकी सामाजिक प्रगति और प्रतिष्ठा, आर्थिक बढ़ोतरी तथा सांस्कृतिक हिस्सेदारी बौद्ध धर्म अपनाने के बाद भी और आज भी निरन्तर प्रश्न चिन्ह बनी हुई है।

ईस्ट इंडिया कंपनी के प्रत्येक टुकड़ी के लिये स्वतंत्र स्कूल और योग्य शिक्षक की व्यवस्था थी। पूणा में नार्मल स्कूल अध्यापक प्रशिक्षण केन्द्र था। रामजी सकपाल ने इसी नार्मल स्कूल में मास्टर का डिप्लोमा प्राप्त किया था। वे 14 वर्षों तक सैनिक स्कूल में हेडमास्टर रहे और बाद में तरक्की करते हुये सूबेदार मेजर बने थे। सेना में 25 वर्षों की सेवा पूर्ण होने के उपरान्त वे सेवानिवृत्त हुये थे।

उसके एक वर्ष बाद श्री गोपाल विट्ठल वलंगकर (मृत्यु इ.स. 1940) को कंपनी शासन ने महाड़ के लोकल बोर्ड में नियुक्त किया था। उनका जन्म महाड़ जिले के रावदक गांव में हुआ था। वे श्री रामजी मालोजी सकपाल के समकालीन और ब्रिटिश सेना मे नौकरी और समाज सेवा करने वाले पहले महार थे। वे महात्मा ज्योतिबा फुले के सानिध्य में लेखन कार्य करते थे। उन्होंने सन् 1886 में सैनिकी सेवा से सेवामुक्त होकर "विटाळ विध्वंसक" नामक ग्रंथ लिखा था। उसके चार वर्ष पश्चात उन्होंने ''अनार्य दोष परिहार मंडल'' की स्थापना की। जब अंग्रेजों ने सन् 1892 में महारों को सेना में भर्ती करना बंद कर दिया तो उन्होंने इसके विरुद्ध प्रतिकार किया था। श्री वलंगकर की तरह श्री रामजी भी वारकरी पंथ, कबीर पंथ और ज्योतिराव फुले के भक्त रहे।

दूसरे महार समाज सुधारक श्री शिवराम जानबा कांबळे थे। उनका जन्म पूना में सन् 1875 में हुआ था। सन् 1904 में उन्होंने "सोमवंशीय हितचिंतक मित्र समाज" नामक संस्था की स्थापना की थी। उन्हीं का समाचार पत्र ''सोमवंशीय मित्र'' के प्रेरणास्पद वचनों से प्रभावित होकर श्री गणपतराव हनमंत गायकवाड ने उस समय प्रचलित धार्मिक वेश्या रिवाज में पली जागतीनी, मुरली आदि देवदासिओं में से एक शिबूबाई के साथ विवाह कर लिया था।

सन् 1901 में ''सन्मार्ग निराश्रित समाज'' नामक एक सामाजिक संस्था की भी स्थापना और 1910 से 1918 के दरम्यान ''निराश्रित हिन्द नागरिक'', ''विटाळ विध्वंसक'' और ''मजदूर पत्रिका'' नामक समाचार पत्र चलाने वाले श्री किसन फागू बन्सोडे पाटील पहली महार समाज कार्यकर्ती महिला थी। सन् 1906 में तीसरे महार श्री विठोबा राव मून उर्फ संत पंडे ने अत्यंज समाज कमिटी की स्थापना की थी। इस प्रकार उपरोक्त संस्था और उनके नेताओं ने डॉ. आंबेडकर के सामाजिक सुधार कार्य हेतु एक खास पृष्ठभूमि तैयार कर रखी थी।

उसके अनंतर डॉ. आंबेडकर भारत के सामाजिक क्षितिज पर उतरे तो उन्होंने दलितों के राजनीतिक पृथक अधिकार हेतु साउथबरो मताधिकार कमिटी के सम्मुख 1919 में अपनी लिखित साक्ष्य दी थी और बाद में बहिष्कृत हितकारिणी सभा (20.7.1924) "समता सैनिक दल (मार्च 1927)", स्वतंत्र मजदूर दल (15.8.1936), अखिल भारतीय शिडयूल्ड कास्ट फेडरेशन (19.7.192) और रिपब्लिकन पार्टी ऑफ इंडिया (3.10.1957) जैसी देश सुधारक संस्थाओं की स्थापना की थी।

अपने इंदौर आगमन के दौरान वे अपनी जन्म स्थलि महू भी आये थे और यहां आपने अपने कार्यकर्ताओं के साथ यादगार के रूप में एक सामूहिक फोटो भी खिंचवाई थी, जो डॉ. बाबासाहेब आंबेडकर राष्ट्रीय सामाजिक विज्ञान शोध संस्थान के कलेक्शन में भी सुरक्षित है।

आर्य, मुगल और ब्रिटिश आक्रामकों से पराजित और अपनी स्वाधीनता के लिये आक्रामकों के साथ अधिक से अधिक समझौता और आत्मीय लोगों से ज्यादा से ज्यादाा नफरत करते हुए अपना वैशिष्ट्य कायम रखने वाले भारतीय समाज की अपनी एक अलग चर्या रही है।

डॉ. आंबेडकर के अनुसार भारतीय इतिहास यानी ब्राह्मणवाद और बौद्धवाद के बीच विद्यमान संहारक संघर्ष है। भारतीय इतिहास के तीन काल खंड अर्थात् ब्राह्मणी भारत, बौद्ध भारत व हिंदू भारत है। ब्राह्मणी भारत की जो समाज रचना थी वह बौद्ध धर्म ने बदल डाली। वह एक विशाल क्रांति थी क्योंकि उस क्रांति से धार्मिक, सामाजिक और राजनीतिक संरचना में परिवर्तन हुआ है। परंतु हिंदू भारत ने समानताधिष्ठित समाज रचना को क्रमिक असमान जातियों में बदल डाला।

डॉ. आंबेडकर के अनुसार क्रांति के लिये वर्गों में सत्ता संघर्ष होता है जैसा कि वह भारतीय इतिहास में ब्राह्मण और क्षत्रिय वर्गों में रहा है और पराजित क्षत्रिय जाति ही शूद्रों में परिणत हुई है। इसके लिये मूल्य संघर्ष भी आवश्यक है। बदलते समाज में मूल्य में भी निरंतर बदल होते रहना जरूरी है। यदि मनुष्य की कृति का मूल्यांकन करने वाले मापदण्ड है तो उसमें भी पुन:सुधारना करने की तैयारी उसे रखना चाहिए। चिरस्थायी मूल्यों के निर्देशन में उसे कालस्थायी मूल्यों में परिवर्तन करना चाहिये।

क्रांति के लिये महापुरुष और बुद्धिजीवी वर्ग की भी जरूरत होती है। डॉ. आंबेडकर के अनुसार जब समाज संकटावस्था में होता है तो उसे उससे बाहर निकलने के लिए पथ प्रदर्शन का कार्य मानवी बुद्धि करती है। महापुरुष इतिहास का निर्माता है इस बात को मानने या न मानने के बावजूद भी यह बात अमान्य नहीं की जा सकती है कि प्रत्येक समाज में बुद्धिजीवी वर्ग होता है और वह सत्ताधारी न होने पर भी अधिक प्रभावशाली होता है।

भीम

सन् 1904 में रामजी मुंबई में आये। वहां वे परेल की एक श्रमिक कालोनी में रहते थे। भीम ने मुंबई में एलफिन्स्टोन हाईस्कूल में दाखिला लिया था और वहीं से उसने सन् 1907 में मैट्रिक की परीक्षा उत्कीर्ण की। सन् 1908 में भीम 17 वर्ष के हुये तो उन्होंने 9 वर्षीय रमा के साथ विवाह किया। सन् 1912 में एलफिन्स्टोन कॉलेज से अंग्रेजी और पर्शियन आदि विषयों को लेकर और बड़ौदा महाराज सयाजी राव की वित्तीय सहायता से पढ़ाई कर वे ग्रेज्युएट परीक्षा में उत्तीर्ण हुये। उसके पश्चात भीम राव की बड़ौदा सैनिक दल में लेफ्टीनेंट के पद पर नियुक्ति हुई। कुछ दिनों के पश्चात उनके पिताजी का देहांत हुआ।

तथापि सन् 1913 में बड़ौदा नरेश सयाजीराव गायकवाड द्वारा पिछड़े वर्ग के लिए संस्थापित छात्रवृत्ति के हासिल होने पर भीमराव कोलंबिया विश्वविद्यालय, अमेरिका गये और वहां से ''ईस्ट इंडिया कंपनी का प्रशासन और वित्त'' विषय पर शोधग्रंथ प्रस्तुत कर एम. ए. हो गये। उन्होंने फिर ''नेशनल *डिविडंड: ए हिस्टारिकल एण्ड अनालिटिकल स्टडी''* अर्थात् ''राष्ट्रीय लाभ: एक ऐतिहासिक तथा विश्लेषणात्मक अध्ययन'' पर पीएच.डी की उपाधि हासिल की। वहीं उनका संपर्क जॉन डिवि, एडविन सेलिग्मन और ए.ए. गोल्डनवेजर जैसे सुविख्यात दार्शनिक और प्रोफेसरों के साथ आया। उन्होंने वहीं पर ''भारत में जातियां: उनकी सरंचना, व्युत्पत्ति और विकास'' नामक एक शोध पत्र भी लिखा था।

सन् 1916 में डॉ. आंबेडकर ने लंदन स्कूल ऑफ एकानामिक्स एण्ड पोलिटिकल सायंस में प्रवेश प्राप्त किया। वहां पर उनका संपर्क श्री सिडनी वेब, बेट्रिस वेब, एडविन केनन, जे.ए. हाबसन, एल.टी, हाबहाउस प्रभूति विद्वान दार्शनिकों से आया। डॉ. आंबेडकर बार-एट-लॉ की उपाधि हेतु ग्रेज इन नामक विधि संस्थान में भी प्रविष्ट हुये थे। परंतु शिष्यवृति की शर्तों के अनुसार छात्रवृत्ति का नियुक्त समय बीत जाने के पश्चात् उन्हें अब अपनी सेवा बड़ौदा राज्य को अर्पित करना लाजमी हो गया था। अत: डॉ. आंबेडकर अपनी पढ़ाई बीच में ही छोड़कर सन् 1917 में भारत वापस आ गये। और बड़ौदा में अकाउंटन्ट जनरल के आफिस में प्रोबेशनर की हैसियत

से काम करने लगे। परंतु दफ्तर के अन्दर और बाहर भी तत्कालीन दकियानूसी समाज ने डॉ. आंबेडकर को इतना पढ़ा-लिखा होने पर भी एक अछूत ही मान कर वैसा ही उनके साथ सलूक भी किया, फलतः उन्हें वह स्थान जल्दी ही छोड़ कर वापिस बंबई जाना पड़ा।

बंबई लौट कर कुछ दिन डॉ. आंबेडकर को बेरोजगारी में ही काटने पड़े। बाद में वे सिडेहेम कॉलेज में राजनीति-अर्थशास्त्र के प्रोफेसर पद पर नियुक्त हुये।

सन् 1919 में जब मान्टेग्यू-चेम्सफोर्ड सुधार चल रहा था तो मताधिकार के विषय पर डॉ. आंबेडकर ने अपना अभिमत साउथबरो कमिटी के समक्ष रखा था। उनका मत था कि जब 1916 से ही मुसलमानों को पृथक मताधिकार सरकार द्वारा मान्य हो गया था तो सबसे अधिक पिछड़े दलित वर्ग के लिये पृथक मताधिकार क्यों न बहाल किया जाये?

31 जनवरी 1920 को उन्होंने मूकनायक नामक एक मराठी पाक्षिक आरंभ किया। प्रथम अंक में उन्होंने ऐसे मुख पत्र की आवश्यकता को बयान करते हुये कहा था कि वह अन्याय के खिलाफ मंथन और समीक्षण वाला मुखपत्र है। सन् 1920 में उन्होंने कोल्हापुर के छत्रपति शाहू महाराज की छत्रछाया में प्रथम अखिल भारतीय दलित वर्ग संस्था का नागपुर में सम्मेलन कराया और वहां यह ऐलान किया कि दलित वर्गों की मुक्ति उनके अपने प्रयासों से ही संभव है।

सितंबर 1920 में उन्होंने अपने लंदन विश्वविद्यालय की पढ़ाई फिर से आरंभ की। अगले ही वर्ष उन्होंने एम. एस. सी. की उपाधि प्राप्त की, जो डॉक्टरल शोध के लिये अनिवार्य शर्त थी। उसके बाद उन्होंने उस समय के सर्वश्रेष्ठ अर्थशास्त्र के विद्वान सर एडविन केनन के मार्गदर्शन में "रुपये की समस्या" पर एक बृहद् शोध प्रबंध लिखा, जिसे बाद में लंदन के ही पब्लिशर, पी एस किंग एण्ड सन्स ने सन् 1923 में "रुपये की समस्या, उसकी उत्पत्ति और उसका उपचार" प्रकाशित किया और उसी प्रकाशक ने अमेरिका के कोलंबिया विश्वविद्यालय से स्वीकृत उनका पहले से ही तैयार "ब्रिटिश भारत मे प्रांतीय वित्त" नामक पीएच.डी की उपाधि का शोध प्रबंध सन् 1925 में प्रकाशित किया। सन् 1922 में डॉ. आंबेडकर ने बर्लिन में उच्चतर शोधाध्ययन के लिये तीन माह खर्च किये। उसी वर्ष ग्रेज इन के बार का उन्हें बुलावा आया।

अगले वर्ष वे भारत लौट आये और वहां मुंबई उच्च न्यायालय में वकालत की। इंदौर के तत्कालीन महाराज सवाई तुकोजी राव होल्कर के अपने राज घराने के बाहर की महिला अमेरिकन मिस मिलर के साथ वैवाहिक संबंध स्थापित किये जाने के कारण उपजे विवाद में महाराजा की वकालत करने, और एक अन्य मामले में इंदौर के राजवाडा समीप के शिव मंदिर के पास की जमीन के मुकद्मे में पैरवी करने

के सिलसिले में डॉ. आंबेडकर इंदौर आये थे। इंदौर के इन दोनों मामले में उनकी वकालत ने संबंधित पक्षों को राहत दिलाई थी। डॉ. आंबेडकर और श्री बोळे ने बारामती (महाराष्ट्र) मार्च 1928 में आयोजित सम्मेलन में शोम बाहय विवाह के समर्थन में लुकोजी राव महाराज लृठीय (1903-1926) के पक्ष में अभिमत दिया था।

जून 1925 से मार्च 1928 तक उन्होंने वहां के अकाउन्टंसी की बाटलीबोई प्रशिक्षण संस्थान में अंशकालीन प्राध्यापक की सेवायें प्रदान कीं। जून 1928 से मार्च 1929 तक वे मुंबई के शासकीय विधि महाविद्यालय के प्राध्यापक रहे।

सन् 1924 में उन्होंने बहिष्कृत हितकारणी सभा की स्थापना की। उसके तहत उन्होंने सोलापुर में दलित वर्ग छात्रावास खोला। सन् 1927 में उन्होंने महाड सत्याग्रह चलाया और अहिंसा के मार्ग से आम लोगों की तरह अछूतों के अधिकार को भी कुओं, तालाबों आदि पर प्रस्थापित किया। उससे दलितों का हिंदुओं के साथ सीधा संघर्ष छिड़ गया। इतना ही नहीं, बल्कि 25 दिसंबर 1927 के दिन मनुस्मृति का सामूहिक रूप से दहन कर उन्होंने सिद्ध कर दिया कि अब वे हिंदुओं की गुलामी में नहीं रहेंगे।

सन् 3 अप्रैल 1927 से डॉ. आंबेडकर ने बहिष्कृत भारत नामक पाक्षिक चलाया। उनके संघर्ष का यह एक पायदान था। इसी दौरान डॉ. आंबेडकर ने समाज सुधार और राष्ट्र निर्माण की कटिबद्धता स्वीकार की था। अत: उन्होंने मुंबई विधान मंडल में सन् 1927 से सन् 1937 तक कुल 10 वर्ष के कार्यकाल में एक सक्रिय सदस्य की भूमिका निभाई। मुंबई विधान मंडल में उन्होंने गरीबों पर लादे जाने वाले बजट के संबंध में प्रशासन की लापरवाही पर कठोर प्रहार किया।

उनका वक्तव्य अनोखा रहता था। उन्होंने 29 मई और अक्टूबर 1928 में सायमन कमिशन में मुंबई विधान मंडल कमिटी से हटकर उसके एक सदस्य की हैसियत से अपना अलग वक्तव्य दिया कि भारत के संवैधानिक प्रजातंत्र में दलित वर्गों का दृष्टिकोण ध्यान में रखा जाना चाहिये। वहां उन्होंने मुंबई पैतृक व्यवसाय अधिनियम 1874 के संशोधन का विधेयक प्रस्तुत किया।

समाज में एकता स्थापित करने के लिये उन्होंने क्रमश: समाज समता संघ और समता सैनिक दल की स्थापना सितंबर और दिसंबर को सन् 1927 में की।

उन्होंने बहिष्कृत हितकारणी सभा की ओर से शिक्षा में दलित वर्गों की स्थिति पर प्रकाश डालते हुये वक्तव्य दिया था कि प्रशासन की स्थापना की ओर उसके माध्यम से उच्च विद्यालय के दलित छात्रों के लिये पनवेल, ठाने, नासिक, पुणे और धारवाड में छात्रावास खोले।

सन् 1930 में नासिक में ही कालाराम मंदिर प्रवेश सत्याग्रह में उन्होंने दलित वर्ग के धार्मिक हितों की रक्षा के लिये अहम भूमिका निभाई और उसी वर्ष नागपुर में आयोजित अखिल भारतीय दलित वर्ग कांग्रेस की अध्यक्षता की। उन्होंने ब्रिटिश प्रशासन के प्रतिकूल रवैये, भारतीय उच्च जातियों का रूढ़ीवाद तथा गांधी और कांग्रेस की सनातनी नीतियों पर अपनी आलोचना से प्रहार किया और दूसरी गोलमेज परिषद पैक्ट पर इतना प्रभाव था कि उनके सुझावों का समावेश 1932 के जातीय समझौता तथा 1935 के भारत अधिनियम में भी है, हालांकि गांधी के आमरण अनशन से दलितों को पृथक प्रतिनिधित्व के स्थान पर संयुक्त प्रतिनिधित्व और आरक्षण से संतोष करना पड़ा।

उन्होंने 2 नवंबर 1930 को जो जनता नामक पाक्षिक चलाया था वह एक वर्ष बाद साप्ताहिक के रूप में चलता रहा, और 4 फरवरी, 1956 से प्रबुद्ध भारत के नाम से प्रकाशित होता रहा।

भारतीय मताधिकार कमिटी अथवा लोथीयन कमिटी के एक सदस्य की हैसियत से डॉ. आंबेडकर ने दलितों की प्रतिनिधि और मताधिकार की स्थिति का जायजा लेने हेतु पूरे भारत का दौरा कर उसका परीक्षण किया।

पूना पैक्ट के बाद एंटी-अनूटचेबिलिटी लीग की स्थापना भी हुई। परंतु डॉ. आंबेडकर ने पाया कि अछूतों पर हिंदू दमन बरकरार रखने वाली बलात् अवस्था में हुये पूना पैक्ट और हरिजन सेवक संघ यानी एन्टी अनूटचेबिलिटी लीग के द्वारा अछूतों का आत्म सम्मान दांव पर लगा देख कर डॉ. आंबेडकर ने सन् 1933 में संघ से अपना इस्तीफा दे दिया।

उन्होंने 17 नवंबर 1932 से 2 दिसंबर 1932 तक के दौरान आयोजित गोलमेज परिषद में हिस्सा लिया था।

मुंबई के शासकीय महाविद्यालय में जून 1934 में प्रथम अंशकालीन प्रोफेसर के पद पर कार्य किया और 1 वर्ष पश्चात वहां के प्राचार्य पद को संभाला।

27 मई, 1935 में उनकी धर्मपरायणा पत्नी रमाबाई का देहांत हुआ। रमाबाई ने स्वयं 3 पुत्र और 1 पुत्री के निधन का दुख सह कर और डॉ. आंबेडकर के विदेश में अध्ययन करने के दौरान अपना जीवन एकांत और दरिद्रता में बिताकर अब संसार से विदा ली थी।

13 अक्टूबर 1935 को डॉ. आंबेडकर ने नासिक में येवला की दलित वर्ग की सभा में हिंदू धर्म छोड़ने की बात कही थी। मई 1936 में उन्होंने इस प्रश्न को सुलझाने के लिये एक महार परिषद भी बुलाई। अगले 21 वर्ष तक उन्होंने धर्मों का तुलनात्मक अध्ययन किया।

1936 का उनका अत्यंत प्रखर भाषण जात पात तोडक मंडल, लाहौर की सभा के लिये तैयार किया गया था। उसमें व्यक्त विचारों में धर्म पर की गई समीक्षा पर मंडल के संगठक श्री संत राम व अन्य प्रमुख नेताओं को एतराज होने से वह सभा ही रद्द कर दी गई। अत: उस भाषण को बाद में जातिभेद निर्मूलन शीर्षक से एक पुस्तिका की शक्ल में छाप दिया गया। डॉ. आंबेडकर की यह पुस्तिका भारत के मजलुमों के लिये वही कार्य कर रही है, जो कार्ल मार्क्स और एंगल्स के कम्युनिस्ट घोषणा पत्र ने विश्व के सर्वहाराओं के लिये किया था। डॉ. आंबेडकर की हिंदू धर्म की समीक्षा पर गांधी जी भी खफा हो गये थे, क्योंकि उनके लिये वर्ण व्यवस्था में कोई बुराई नहीं थी।

उसी वर्ष डॉ. आंबेडकर ने खेतीहर श्रमिकों की अल्प जोतों से संबंधित खेती पद्धति को मिटाने का विधेयक मुंबई विधान परिषद में प्रस्तावित किया।

इतना ही नहीं बल्कि 15 अगस्त 1936 में ही उन्होंने स्वतंत्र मजदूर दल की स्थापना कर 1937 के निर्वाचन में 17 सीटों में से 15 सीटों पर निर्वाचन में जीत हासिल की और 1938 में श्रमिकों के हितैषी के नाते श्रमिक आंदोलन को नियंत्रित करने वाले औद्योगिक श्रम विवाद विधेयक का विरोध भी किया। शासन की युद्ध नीति पर भी उनका एक विशेष दृष्टिकोण रहा, जिसके आधार पर उन्होंने शासकीय प्रयासों को सराहा था।

गांधी और कांग्रेस के सामाजिक सुधार के प्रति उदासीन रहने के फलस्वरूप मुस्लिम लीग ने लाहौर में अपने अलग राष्ट्र पाकिस्तान की मांग की। सन् 1940 में डॉ. आंबेडकर ने पाकिस्तान अथवा भारत का विभाजन और सन् 1943 में अपने भाषण-ग्रंथ रानडे, गांधी और जिन्ना के माध्यम से इस खतरे की ओर इशारा किया था। बार-बार चेतावनी देने पर भी सनातनी समाज के कान में जूं तक नहीं रेंगी। डॉ. आंबेडकर ने भांप लिया कि यहां का समाज राजनीतिक कम और जातिगत अधिक है। अत: जुलाई 1942 में, जब क्रिप्स मिशन की चर्चा चल रही थी, उन्होंने शिडयुल्ड कास्ट फेडरेशन की स्थापना की। भारत के संवैधानिक की भूमिका ऐसी ही अपेक्षित थी जैसी दो बड़े धड़ों के बीच एक संतुलन शक्ति की होती है।

27 जुलाई, 1942 में महाराज्यपाल की कार्यकारिणी में पांच साल के लिये श्रम मंत्री के पद पर नियुक्त हो जाने के पश्चात् दिसंबर 1942 में ही आंबेडकर ने पेसिफिक रिलेशन्स कमिटी द्वारा क्युबेक में आयोजित सम्मेलन के लिये गांधी और अछूतों की मुक्ति नामक एक शोध पत्र लिखा। इसी समय के दौरान डॉ. आंबेडकर ने दलितों का नौकरी में आरक्षण, श्रम विधियां व श्रम कल्याण तथा श्रमिक-उद्योगपति-सरकार की परस्परावलंबी त्रिसूत्रीय योजना, बहुउद्देशीय विकास योजना अर्थात् दामोदर घाटी तथा महानदी परियोजना की व्यापक नीतियां बना ली थी।

संक्षेप में उन्होंने एक कल्याणकारी शासन की नींव रखी हालांकि सन् 1951 में पंचवर्षीय योजना विभाग मंत्रालय श्री नेहरू ने उन्हें सौंपने से इंकार किया था।

अवाम के आंबेडकर ने सार्वजनिक जीवन में अपना सर्वस्व समर्पित कर दिया था। 24 अप्रैल 1942 में मुंबई प्रांत के राज्यपाल श्री लुमली ने वायसराय श्री लिनलिथगो को लिखा था कि डॉ. आंबेडकर सार्वजनिक कार्य में अरुचि रखते हैं, यह वक्तव्य डॉ. आंबेडकर की चर्या से असिद्ध हुआ है। भले ही अनुसूचित जाति परिषद दल सन 1945 के अंत में हुये चुनाव में अयशस्वी रहा, सवैंधानिक सभा के लिये भले ही उन्हें बंगाल से निर्वाचित होना पड़ा और जब केबिनेट मिशन मार्च 1946 में भारत आया और उसके सदस्य प्रतिनिधियों अर्थात् लार्ड पेथिक लॉरेन्स और ए वी अलेक्जेंडर और उस समय के ब्रिटेन के प्रधानमंत्री श्री ॲटली ने एससीएफ की पराजय को इंगित कर अनुकूल सलूक नहीं किया, तथापि डॉ. आंबेडकर ने जून 1946 में दलितों की भावी समय में भूमिका के लिये चलाये गये संघर्ष का नेतृत्व किया, सन् 1945 में गांधी और कांग्रेस ने दलितों के लिये क्या किया नामक एक बड़ा ग्रंथ रचा, सन् 1946 में हिंदू धर्म के विभाजन और ब्राह्मणवाद के परिणाम को दर्शानेवाला ग्रंथ ''शूद्र पहले कौन थे'' लिखा, और 1948 में अस्पृश्यों का मूल बौद्ध बतानेवाला ग्रंथ ''अछूत'' का निर्माण किया।

बंगाल का विभाजन होने के पश्चात वहां से संविधान सभा के लिये डॉ. आंबेडकर द्वारा जीती गई सीट भी निरस्त हुई, अत: कांग्रेस ने मुंबई से उन्हे जिताया। उसके कारण कांग्रेस को उनकी सेवाओं को चुकाने का एक अच्छा अवसर मिला और उसका उसने भरपूर फायदा भी उठाया। 3 अगस्त 1947 में डॉ. आंबेडकर से श्री नेहरू की केबिनेट में कानून मंत्री के पद की सेवायें ली गईं। 19 अगस्त 1947 में उन्हें मसौदा समिति का सभापति बनाकर उनसे संविधान रा गया, हालांकि उनकी सेहत सन् 1940 से ही खराब चल रही थी और उस वजह से उन्होंने डॉ. शारदा कबीर से अंतर्जातीय विवाह भी कर लिया था। परन्तु जब डॉ. आंबेडकर ने हिंदु परिवार तथा समाज की सीढी-दर-सीढी विभाजक स्तरों को मिटाने के लिये हिंदु कोड बिल की संहिता संविधान सभा में पारित करने की अपेक्षा शासन से की तो कांग्रेस का सनातनी हिंदुत्व आड़े आया। सन् 1951 में सितंबर माह में डॉ. आंबेडकर ने अपने पद से प्रधानमंत्री को इस्तीफा सौंप दिया।

भले ही 1952 के आम चुनाव में अस्पृश्य जाति परिषद लोकसभा के निर्वाचन और सन् 1954 में भंडारा निर्वाचन क्षेत्र से लोकसभा के उपचुनाव में हार गई थी और भारत के राजनीतिक जीवन में नया प्राण फूंकने वाली रिपब्लिकन पार्टी ऑफ इंडिया की उनकी योजना अधूरी रह गई थी तथापि शिक्षा और बौद्ध वैचारिकी के क्षेत्र में उनके द्वारा विश्व नव निर्माण का बुना हुआ सपना वास्तव में अब साक्षीभूत हो गया और उसकी पूर्णता का अभियान चल रहा है।

उन्होंने 8 जुलाई, 1945 में पिपुल्स एज्युकेशन सोसायटी की स्थापना कर उसके माध्यम से सिद्धार्थ कॉलेज ऑफ आर्टस् एण्ड साइंस, 1946; सिद्धार्थ नाइट स्कूल 1947; मिलिंद महाविद्यालय, 1950; सिद्धार्थ कॉलेज आफ कामर्स एण्ड एकॉनामिक्स, 1953; मिलिंद मल्टिपरपज हाई स्कूल, 1955; और सिद्धार्थ कॉलेज ऑफ लॉ, 1956 इन शैक्षणिक संस्थाओं को खड़ा कर अपने अभियान को फलीफूत किया है। उन्होंने हिंदू धर्म का पर्याय ही नहीं बल्कि विश्व का बेहतर मानवतावादी धर्म को 21 वर्ष अध्ययन के परिक्षण के बाद परख कर उसे भारत के लिये अनुसंशित किया। सन् 1949 में उन्होंने काठमांडू में विश्व बौद्ध परिषद में ''मार्क्सवाद और बौद्ध धर्म'' पर संबोधन दिया, ''बुद्ध और उनके धर्म का भविष्य'' नामक आलेख महाबोधि जनरल में छपवाया, उन्होंने सन् 1950, 1954 और 1956 में श्रीलंका, रंगून और नेपाल में जाकर वहां आयोजित विश्व बौद्ध सम्मेलन में उद्‌बोधन ही नहीं दिया बल्कि व्यवहार में जीवित बौद्ध संस्कारों का अवलोकन भी किया। 1 अक्टूबर 1956 में उन्होंने नागपुर में लाखों जनता के साथ बौद्ध जीवन पद्धति को अपनाया। उनकी अंतिम रचना ''बुद्ध और उनका धम्म'' थी।

5 जुलाई, 1952 में कोलंबिया विश्वविद्यालय ने उन्हें एलएलडी की मानद उपाधि प्रदान की और एक वर्ष पश्चात उस्मानिया विश्वविद्यालय ने उन्हें डी.लिट की उपाधि से विभूषित किया। परंतु डॉ. आंबेडकर ने 6 दिसंबर 1956 को महाप्रयाण किया और विश्व के भावी जीवन की खुशहाली के लिये वे हमारे पास अपने द्वारा प्रदत्त शिक्षा, संस्कार और प्रेरणा ही छोड़ गये, जो हमें कदम-कदम पर मार्गदर्शन करते रहेंगे।

अस्पृश्यता

अब रामजी कोरेगांव में एक निजी कंपनी में केशियर के पद पर काम कर रहे थे। कोरेगांव में घटित उनके बालपण की मुख्य घटना को डॉ. आंबेडकर ने स्वयं की लेखनी से इस प्रकार बयान किया है। उन्होंने लिखा है:

"हमारा परिवार मूलत: मुंबई प्रेजीडेंसी के रत्नागिरी जिले के दापोली तहसील (अंबावडे ग्राम) से आया था। ईस्ट इण्डिया कंपनी के बिल्कुल आरंभ से मेरे पूर्वजों ने अपना पैतृक व्यवसाय त्याग दिया था और कंपनी की सैनिक सेवा में भर्ती हो गये थे। मेरे पिताजी ने भी परिवार की इस परंपरा का अनुकरण किया और सैनिकी सेवा में भर्ती हुये। अपने कैरियर में वे अधिकारी की श्रेणी तक पहुंचे और मेजर सूबेदार के पद पर (महू से) सेवा निवृत्त हुये। अपने सेवानिवृत्ति होने के पश्चात स्थायी रूप से बसने के इरादे से मेरे पिता अपने कुटुंब को लेकर दापोली आये। लेकिन कुछ कारणों से मेरे पिताजी ने अपना मन बदला। अत: वे दापोली छोड़कर सतारा आये और वहां हम सन् 1904 तक रहे।

पहला प्रसंग जो मैं लिपिबद्ध कर रहा हूं और जिसे मैं याद कर सकता हूं वह सतारा में ही लगभग सन् 1901 में घटित हुआ था। मेरी मां (जिसमें बय कहता था) शांत हो गई थी। मेरे पिताजी कोरेगांव में केशियर का काम करते थे। यह गांव सतारा जिले के खाटव तहसील में था। यहीं पर मुंबई सरकार ने हजारों की तादाद में भूख से मर रहे लोगों को आजीविका देने के उद्देश्य से तालाब की खुदाई का उपक्रम शुरू किया था। जब मेरे पिताजी कोरेगांव गये तो उन्होंने हम दो भाईयों और हमारे दो भानजों को मेरी बुआ और कुछ दयालु पड़ोसियों की निगरानी में छोड़ दिया था।

..... केशियर होने के कारण मेरे पिता अवकाश लेकर हमें देखने के लिए सतारा नहीं आ सकते थे। अत: उन्होंने लिख भेजा था कि हम आगामी ग्रीष्म की छुट्टियां उनके पास गोरेगांव में ही बितायें। हम बच्चे इस सुभअवसर को पाकर फूले न समायें, विशेषत: इसलिये क्योंकि हम में से किसी ने भी अभी तक रेलगाड़ी नहीं देखी थी।

बड़ी तैयारियां की गईं। अंग्रेजी बनावट के नये शर्ट, चमकीली रत्नजडित टोपियां, नये जूतें, रेशम की जरी की किनारेवाली नई धोतियां यात्रा के लिये मंगाई गई।

..... रेलवे स्टेशन हमारे घर से 10 मील की दूरी पर था। रेलगाड़ी से गोरेगांव जाने के लिये सबसे नजदीक मसूर स्टेशन पड़ता है। वहां पर हम शाम को 5 बजे पहुंचे। सभी यात्री जा चुके थे। हम चार बच्चे प्लेटफार्म पर पिताजी अथवा उनके नौकर, जिसे वे भेजनेवाले थे, का इंतजार कर रहे थे। काफी समय बित गया पर कोई नहीं आया। हमारे सुंदर परिधान देखकर स्टेशन मास्टर को लगा कि हम ब्राह्मण लड़के होंगे। अत: उन्होंने पूछा कि हम कौन हैं। मैंने महार कह दिया। बंबई प्रेजीडेंसी में महार एक अस्पृश्य जाती होती है। यह बात तांगेवालों तक फैल गई। हमें ले जाने के लिये एक तांगेवाला बड़ी मुश्किल से तैयार हुआ। वह भी इस शर्त पर कि हम उसे दुगुना भाडा देंगे और तांगा हम खुद चलायेंगे और स्वयं तांगेवाला गाड़ी के पीछे-पीछे पैदल चलेगा।

शाम के लगभग साढ़े छह बज चुके थे जब हम लोगों ने स्टेशन छोड़ा। तांगे वाला कह रहा था कि कोरेगांव पहुंचने के लिये तीन घंटे से अधिक समय नहीं लगेगा। आगे एक नदी थी। तांगे वाला ने सुझाया कि हम वहीं पर अपना भोजन कर लें क्योंकि आगे पानी नहीं मिल पायेगा। वह स्वयं खाने के लिये पास के किसी गांव में गया जिसके लिये हमने किराये का कुछ भाड़ा रुपये में अदा कर दिया था। हमने भी अपने खाने के डिब्बों की टोकरी खोली और उसमें से खाना निकाल कर खाने लगे। हम में से एक पानी लेने नदी में उतर गया परंतु खाली हाथ लौट आया क्योंकि वहां का पानी कीचड़ और गंदगी से बदबूदार हो चुका था। हम ने अपना खाना लेपट कर टिफिन में बंद कर दिया और गाड़ीवाले का इंतजार करते रहे। वह काफी विलंब

से आया। जब आया तो यात्रा फिर जारी की गई लेकिन रात के दस भी बज चुके थे पर कोरेगांव नहीं आया।

मध्य रात्रि भी बीत गई जब मात्र चुंगी नाके तक पहुंचे थे। नाके वाला हिंदू था, उसे पानी मांगा तो उसने साफ इंकार कर दिया। हम वहां भूखे-प्यासे ही सोये। दूसरे दिन सुबह 8 बजे फिर बैलगाड़ी में यात्रा जारी रखी तो कोरेगांव सुबह 11 बजे पहुंचे। हमें देखकर पिताजी को आश्चर्य हुआ। हमने कहा सूचना भेजने पर भी हमें लेने स्टेशन पर क्यों नहीं आये तो उन्होंने पता लगाया कि उन्हें इसकी सूचना मिली ही नहीं थी, जो उनके नौकर की भूल थी।

खैर, इस घटना का मेरे जीवन में खास महत्व है। जब वह घटना हुई तो में 9 साल का बालक था। लेकिन उसने मेरे मन पर अमिट छाप छोड़ी है। इस प्रसंग के पूर्व में जानता था कि मैं एक अछूत बालक हूं और सभी अस्पृश्य कुछ अप्रतिष्ठा और भेद-भाव के शिकार हैं। मिसाल के तौर पर मैं जानता था कि स्कूल में मैं अपने क्रम के अनुसार अपने वर्ग-सहपाठियों के बीच में नही बैठ सकता था और मुझे एक कोने में अकेले ही बैठना पड़ता था। मैं जानता था कि स्कूल में एक बोरी की चटाई पर अपनी कक्षा से अलग हट कर बैठना पड़ता था और जो फरीश स्कूल की सफाई करता था वह भी मेरे द्वारा इस्तेमाल की गई बोरी की चटाई को नहीं छूता था। बोरी की चटाई भी मैं प्रतिदिन घर से अपने साथ लेकर स्कूल में जाया करता था। स्कूल में अन्य बच्चे प्यास लगने पर अध्यापक की अनुमति से पानी के नल के पास जाते, उसे खोलते और अपनी प्यास बुझाते थे। पर मैं पानी का नल छू नहीं सकता था और जब तक कोई दूसरा स्पृश्य प्राणी मेरे लिये उसे खोल नहीं देता तब तक मैं प्यासा का प्यासा ही रहा जाता। अध्यापक ऐसे काम के लिये स्कूल के चपरासी को भेजने पर जब वह उपलब्ध नहीं होता तो मैं बिना पानी के ही रह जाता था। क्योंकि चपरासी नहीं तो पानी नहीं ऐसा नियम बन गया था। मैं जानता था कि घर में कपड़े धोने का काम मेरी बहनें करती थीं, इसलिये नहीं कि सतारा में धोबी नहीं थे, अथवा हम धुलाई का खर्चा देने योग्य नहीं थे, बल्कि इसलिये कि हम अछूत थे और कोई भी धोबी अछूत के कपड़े नहीं धोता था। दाढ़ी बनाने और बाल कटवाने का काम मेरी बड़ी बहन करती थी क्योंकि सतारा का कोई नाई अछूत की दाढ़ी और बाल नहीं बनाता था। ये सब मैं जानता था। परंतु इस घटना ने तो मेरे दिल को ऐसी चोट पहुंचाई जिसे मैंने पहले कभी अनुभव नहीं किया था। और उस घटना ने मुझे उस अछूतेपन के बारे में सोचने के लिए मजबूर कर दिया जो इस प्रसंग के पूर्व मेरे और अन्य कई स्पृश्य और अस्पृश्यों के लिये एक आम बात थी और आज भी है।[5]

डॉ. आंबेडकर के लिये यह घटना मानो सिद्धार्थ द्वारा दु:ख दर्शन के सत्य को पाने के समान थी जब वे अपनी आयु के 29वे वर्ष में चार दृश्य अर्थात् बुढ़ापा,

बीमारी, मृत्यु और संसार त्याग की मानवीय घटनाओं से मजबूरन लाईलाज गुजरते हुये मनुष्यों को देखकर सर्व दु:ख मुक्ति यानी निर्वाण की खोज में घर से बाहर एकान्त में निकल पड़े थे। अथवा न्यूटन के उस अनुभव के समान थी जब किसी खास अवसर पर सेब को दरख्त से जमीन पर गिरते हुये देख कर उन्होंने गुरुत्वाकर्षण सिद्धान्त का आविष्कार किया था। हालांकि उन्होंने पहले भी कई बार सेब को गिरते हुये देखा होगा। इसी के अनुरुप डॉ. आंबेडकर को अस्पृश्यता के बारे में नई दृष्टि और नया एहसास उक्त मौके पर हुआ हालांकि उन्होंने अस्पृश्यता का अनुभव इस घटना के पूर्व भी कई बार किया था।

उनके लेखन में अस्पृश्यता का उल्लेख कई बार हुआ है। अस्पृश्यता का अर्थ है ऐसे सामाजिक संबंध जो एक मनुष्य को दूसरे मनुष्य से तोड़ने वाले हों। अर्थात् मनुष्यों में स्वाभाविक रूप से एक साथ बैठने, एक साथ विचार करने, एक साथ निर्णय लेने, एक साथ खान-पान करने, एक दूसरे के गोत्र में शादी-विवाह करने जैसी बातों में कृत्रिम दूरियां पैदा करना अस्पृश्यता है। अथवा सार्वजनिक तालाबों, कुओं, नदियां, पनघटों, स्कूलों, संस्थाओं, धर्मशालाओं अथवा अन्य किसी भी सामूहिक उपभोग की जगहों को किसी वर्ग के लिए प्रतिबंधित कर देना, अथवा जाति-जाति में अंतर्विवाह करने न देना, समाज के समस्त स्त्री-पुरुष सदस्यों में बराबरी की भावना न रखना और समानता, स्वतंत्रता और भाईचारा के सिद्धांत से सार्वजनिक सार्वभौमिक प्रजातंत्रीय जीवन व्यवस्था को व्यवहार में न अपनाना इत्यादि अस्पृश्यता है।

जिस समाज की दैनंदिन की चर्या अस्पृश्यता के संबंध से निश्चित होती है वह समाज अनगिनत वर्गों और संवर्गों में लिंग, रंग, वर्ण, भाषा, प्रांत, परंपरा, धर्म आदि के आधार पर विभक्त होता चला जाता है। ऐसे समाज की सरंचना पिरामिड की भांति होती है। सबसे ऊपर मुट्ठी भर लोग, और सब से नीचे आम परिश्रमी लोग। सीढ़ी-दर-सीढ़ी के क्रम से कई श्रेणियों में विभक्त क्षत्रिय, वैश्य और शूद्र जातियों की साहसिक, सांपत्तिक और शारीरिक कमाई पर ऐश करने वाले सर्वोपरि अधिकारी ब्राह्मण होते हैं यद्यपि वे भी कई श्रेणियों में विभक्त होते हैं। इतना ही नहीं बल्कि हिन्दू धर्म शास्त्रोक्त कानून के तहत एक ब्राह्मण मनुष्य कम से कम ब्राह्मणी, क्षत्राणी, वैश्याणी तथा शूद्राणी इन चार-चार महिलाओं के साथ वैधता से यौन संबंध रख सकता है। इस आधार पर हम कह सकते हैं कि भले ही कोई अस्पृश्य व्यक्ति हो लेकिन वह भी ब्राह्मण का उपभोग्य पदार्थ होता है।

नीचे के सभी वर्ण, वर्ग या जातियां ऊपर की तथाकथित सर्वश्रेष्ठ जाति की तरह आपस में विभक्त तो हैं परन्तु उन्हीं की तरह एक होकर कभी अपना संगठित समाज नहीं बना पाने के कारण पराधीन है।

वर्ण–जाति और लिंग के आधार पर बटे समाज की चौखट से परे एक धर्म या नैतिकता की वरिष्ठता पर आधारित लड़ाई की भी परंपरा है, जिससे आहत वर्ग एक साथ विद्यमान राजनैतिक सत्ता, आर्थिक संपन्नता, शैक्षणिक विकास, सामाजिक प्रतिष्ठा और सांस्कृतिक गुणात्मकता के बराबरी के हिस्सेदार नहीं हैं और न उनके धर्म एक हैं।

समाज

अवाम से अभिप्राय ऐसे बहुसंख्यक श्रमिक, शिल्पकार, बुद्धिजीवी, कृषक और उत्पादक सामाजिक वर्ग से है, जो अपने श्रमाधिक्य से संपूर्ण सामाजिक विलासिता के भार को सहन करते हुये अपने परिश्रम का न्यायोचित लाभ उठाने की प्रतीक्षा में निरंतर संघर्षरत है।

अवाम को उनकी इस भयानक लड़ाई में आगे की विकास सीढ़ी पर पहुंचाने के लिये रहबर की भूमिका में योगदान देने वाली विभूति के रूप में डॉ. आंबेडकर धन्य है। और महान है उनका जीवन और कृतित्व जिसने उनके संपर्क में आने वाले हर व्यक्ति को उज्वल भविष्य की धरोहर का स्वामित्व प्रदान किया और कर रहा है।

अवाम का भावी विकास डॉ. आंबेडकर के विचार और दर्शन को सही भावार्थ में लेने पर ही निर्भर है। उनके अभियान को निम्न पंक्तियों में अभिव्यक्त किया जा सकता है:

शब्द का इंसान लेकर आ गया मैं, अर्थ का ईमान लेकर आ गया मैं
वक्त की परछाईयों को मोड देने क्रांति का अभियान लेकर आ गया मैं।

अवाम की उपलब्धि इसी बात में है कि वे लंबे अर्से के बाद अपने में से किसी एक को रहबर के गुणों से अभिभूत कर अगली सामाजिक विकास सीढ़ी लांघे और जब वे ऐसी शख्सियत पैदा करें तो वह भी लंबे अर्से तक अपनी ऊर्जा का लाभ उन्हें भेंट करता रहें।

अवाम के आंबेडकर जीवन के प्रति उत्साहित करने वाले दर्शन के समर्थक रहे। उन्होंने अपने शैक्षणिक विचारों से अवाम के सुप्त क्रियाशील भीतरी श्रोतों को अभिव्यक्त कर उन्हें उपयुक्त ऊर्जा में परिवर्तित किया था।

उन्होंने बताया कि सामाजिक, आर्थिक और राजनीतिक क्रांति का मूलाधार शिक्षा है। डॉ. आंबेडकर के सभी शैक्षणिक विचारों का सार, "सीखो, संगठित हो और संघर्ष करो के तत्व मे निहित है। शैक्सपीयर को उद्धृत करते हुये डॉ. आंबेडकर कहते थे, "हर मनुष्य के आयुष्य में जब अवसर की लहर आती है तो उसका युक्त प्रकार

से उपयोग करने के बाद उसे वैभव प्राप्त होता है।" वे कहते थे, "माता-पिता संतान को जन्म ही नहीं बल्कि कर्म भी देते हैं। वे अपनी संतान के जीवन में दिशा दे सकते हैं। इस बात को ध्यान में रख कर हम सभी को बालकों की शिक्षा के साथ-साथ बालिकाओं की शिक्षा के लिये भी प्रयास करना चाहिये ताकि समाज की प्रगति द्रुत गति से हो सके।

सन् 1986 में भारत सरकार ने नई शिक्षा नीति की घोषणा की थी। उसके अनुसार भारतीय लोगों में साक्षरता का अंतर लिंग भेद और जाति के उच्च और निम्न वर्ग के क्रम में असमान प्रतीत होता था। सवर्ण पुरुष सबसे ज्यादा साक्षर, महिला पुरुष से कम साक्षर, अनुसूचित जाति महिलाओं से कम साक्षर और अनुसूचित जमात सबसे कम साक्षर अर्थात् उनकी साक्षरता का प्रति शत क्रमशः 36, 24, 22 और 16.1 था। डॉ. आंबेडकर सामुदायिक शिक्षा के प्रणेता थे। वे समझते थे कि लोगों की प्रभु सत्ता पर संचालित प्रजातन्त्र में अमीर वर्ग के बच्चों के लिये शाही विद्यालय की व्यवस्था होना और गरीब बच्चों के लिये कोई स्कूल ही न होना असह्य दुर्व्यवस्था है।

बुद्ध ने अविद्या में ही सभी मानवीय प्रश्नों के मूल को तलाशा था। फुले ने तो यहां तक कह दिया था कि "विद्याविना मति नहीं, मतिविना नीति नहीं,, नीतिविना गति नहीं, गतिविना वित्त नहीं, वित्त विना शूद्र गिरा, इतना अनर्थ एक अविद्या ने करा!" लोक शिक्षक गाडगे महाराज और लोक शिक्षिका सावित्रीबाई फुले के शैक्षणिक विचार उक्त कथन से एकदम मिलते-जुलते हैं। गोडगे जी कहते थे कि शिक्षाविहीन मानव पत्थर है। और सावित्रीबाई का वचन था: ''शूद्रों को बताने योग्य एक ही मार्ग यही कि शिक्षा से है मनुष्यत्व, पशुत्व नहीं''।

डॉ. आंबेडकर के अनुसार शिक्षा के परिणामस्वरूप स्वाभिमान, स्वावलंबन और आत्मोद्धार से क्रमशः बंधुत्व, समानता और स्वतंत्रता के मूल्य प्राप्त होना चाहिये। शिक्षा यानी परिवर्तन यह उनके शैक्षणिक विचारों का मुख्य सूत्र रहा है। 13 जून, 1953 को रावळी कॅम्प, मुंबई की सभा में संबोधित करते हुये डॉ. आंबेडकर ने कहा था, "हम लोग शिक्षित हुये यानी सब कुछ हो गया ऐसी बात नहीं है। शिक्षा के साथ-साथ मनुष्य का शील भी सुधारना चाहिये। उसके बिना शिक्षा का मूल्य शून्य है। ज्ञान तलवार की भांति है। यदि किसी आदमी के पास तलवार है तो उसका सदुपयोग अथवा दुरुपयोग करना उसके सदाचार पर निर्भर करेगा। वह उस से किसी की भी जान लेगा या किसी की जान बचा भी लेगा। ज्ञान भी ऐसा ही है। इसके अतिरिक्त उन्होंने कहा कि इससे काम नहीं चलेगा कि शिक्षित मनुष्य केवल अपने उदर भरण में ही लगा रहे। जिन्हें स्वार्थ के अलावा कुछ दूसरा दिखता ही नहीं है वे किंचित भी परार्थ नहीं कर सकते। ऐसा व्यक्ति मात्र शिक्षित जोने से क्या लाभ? समाज का वर्णों में विभाजन व्यवसाय के उद्देश्य से हुआ है। परंतु ज्ञान रोजगार का

प्रश्न हो ही नहीं सकता। ज्ञान जीवन के लिये अत्यंत आवश्यक है। उसके बिना हमारा नुकसान होता है।[6] इस मापदण्ड से वर्तमान भारतीय शिक्षा पद्धति का पीठ किस प्रकार मानवीय चूंचे निर्माण करने का केन्द्र बन गया इसकी हम कल्पना कर सकते हैं।

अर्थव्यवस्था

डॉ. आंबेडकर ने एमए, पीएचडी, एमएससी और डीएससी की शैक्षणिक उपाधियां प्राप्त करने हेतु ईस्ट इंडिया कंपनी का प्रशासन और वित्त (1913), ब्रिटिश भारत में प्रांतीय वित्त का विकास (1915), ब्रिटिश भारत में साम्राज्यीय वित्त का प्रांतीय विकेन्द्रीकरण (1917), और रुपये की समस्या, उत्पत्ति तथा विकास (1923) नामक शोध ग्रंथों को लिखा और प्रकाशित किया।

पहले ग्रंथ में आर्थिक इतिहास बताया गया कि ईस्ट इंडिया कंपनी ने अपने 66 वर्षों के राज में प्रशासन और वित्त व्यवस्थापन किस प्रकार किया। उसे सन् 1814 में ब्रिटिश सरकार ने प्रशासन और वित्त व्यवस्थापन में पृथकता बरतने का आदेश दे दिया था और 24 वर्ष बाद ब्रिटिश शासन ने उसका व्यापार में विद्यमान एकाधिकार भी बंद करवाया। 1858 में कंपनी को बर्खास्त कर ब्रिटिश सरकार ने स्वयं शासन और व्यापार का संचालन भारत में करना आरंभ कर दिया। ब्रिटिश सरकार के कार्यों का मूल्यांकन करते हुए डॉ आंबेडकर ने लिखा था कि "भारत ने इंग्लैंड के लिये आर्थिक रूप से जो प्रचंड योगदान किया वह जितना आश्चर्यचकित करने वाला है, उतना इंग्लैंड ने भारत के लिये जो नगण्य आर्थिक योगदान किया वह विस्मयकारक है।" अर्थात् ब्रिटिश सरकार द्वारा कानून और शिक्षा द्वारा प्रस्थापित पाशविक शांति का आर्थिक रूप से यतीम किये गये भारतीयों के लिये कोई उपयोग नहीं था। डॉ. आंबेडकर को मरघट की पाशविक शांति नहीं बल्कि सामाजिक शांति की चाह थी जो आर्थिक गुलामी में अस्तित्वहीन हो जाती है।

उपरोक्त दूसरे ग्रंथ में उन्होंने कहा था कि केन्द्रीय, प्रांतीय और स्थानीय शासकों में 1833 से 1921 की कालावधि में आर्थिक संबंध का विकास क्रम-क्रम से होता गया। 1871 तक वित्त व्यवस्था केन्द्रीभूत रही। उसके बाद केन्द्र और राज्य का स्वतंत्र बजट बनाने की पद्धति आरंभ हुई। 1872 से 1877 में कुछ विशिष्ट केन्द्रीय सरकार के विभागों के प्रशासन का भार राज्य सरकार को सौंपा गया। 1878 से 1882 के दरम्यान राजस्व पर आधारित बजट प्रस्तुत करने की पद्धति अपनाई गई। राजस्व के हिस्से के वितरण पर आधारित संतुलनात्मक पद्धति सबसे बेहतर सिद्ध हुई। अत: वह 1883 से 1921 तक प्रचलित रही। हालांकि इसी बीच 1919 के कानून सुधार द्वारा जबावदार सरकार निर्माण करने के ध्येय से स्वयं शासित संस्थाओं को सुरक्षित रखने का सिद्धान्त मान्य हुआ था। इस ग्रंथ का मूल्यांकन करते हुये डॉ. आंबेडकर के मार्ग

दर्शक प्रो. सेलिग्मन ने कहा था, "मेरी जानकारी में अब तक कहीं भी भारतीय केन्द्र सरकार और घटक राज्य के बीच आर्थिक संबंध की इतनी विस्तृत और गहरी मीमांसा नहीं की गई।"

तीसरे ग्रंथ में भारतीय रुपया अपने चलन में 1800 से 1893 तक किस प्रकार परिमाण और मूल्य का कार्य संपादन करता रहा इसका इतिहास है। पहले भारत में सुवर्ण तथा चांदी का परिमाण के रूप में प्रचलन रहा। 1833 में ब्रिटिश सरकार ने संपूर्ण भारत में अपना आधिपत्य जमाया। 1842 तक भारत के निर्यात पर 50 से 500 प्रतिशत कर लादा जाता था। जब इस प्रकार के कर को घटाया गया तब भारत का निर्यात फिर से बढ़ गया। लेकिन 1853 के कानून द्वारा स्वर्ण का प्रचलन बंद कर दिया गया। और एकमात्र चांदी का रुपया प्रचलन में चलने दिया गया। 1864 में भारतीय निर्यात में वृद्धि होने के कारण चांदी के रुपये चलन में अपर्याप्त होने लगे। तब चांदी के रुपयों की कमी दूर करने के लिए पुरवणी के रूप में कागज के रुपयों को प्रचलित किया गया। 1873 तक भारतीय रुपया और ब्रिटिश पौंड के बीच विनिमय का दर 1 रुपया बराबर 1 शिलिंग, 10/.5 पेन्स के स्तर पर स्थिर था। यानी चांदी का 15/.5 औंस का रुपया सोने के 1 औंस सिक्के के बराबर था। परंतु बाद के समय में सोना और चांदी के दरम्यान यह दर स्थिर रखना कठिन हो गया। 70 वर्ष के पश्चात् आज भी इस ग्रंथ की प्रासंगिकता है। 1926 में रिर्जव बैंक के स्थापनार्थ जो हिल्टन यंग कमिशन नियुक्त हुआ था उसके सामने अपनी साक्ष्य देते हुए डॉ. आंबेडकर ने कहा था ''चलन निर्माण करने वाली संस्था की चलन उत्पादन क्षमता पर परिणाम कारक प्रतिबंध होना आवश्यक है। अनिर्बंध चलन पूर्ति और बेहिसाब मूल्य वृद्धि के कारण आर्थिक स्थिरता खतरे में आ सकती है।[7]

''बौद्ध धर्म तथा मार्क्सवाद'' नामक शोध आलेख में डॉ. आंबेडकर ने रयत का शोषण केवल वर्ग कलह से होता है इस मार्क्स के सिद्धान्त को नकारते हुये सामाजिक और धार्मिक शोषण भी आर्थिक शोषण के समान ही घातक होता है के अभिमत को प्रतिपादित किया है। ''गांधी और कांग्रेस ने अछूतों के लिये क्या किया'' इस ग्रंथ में डॉ. आंबेडकर ने कहा कि "अस्पृश्यता केवल धार्मिक रचना न होकर वह गुलामगिरी से भी भयानक आर्थिक रचना है। उसी प्रकार जातिभेद निर्मूलन में उन्होने बताया कि जातिभेद में बताई गई व्यवस्था श्रम विभाजन की नहीं बल्कि श्रमिकों के विभाजन की व्यवस्था थी।[8]

छोटी जातों की चकबंदी करने हेतु डॉ. आंबेडकर ने फ्रांस और इटली में विद्यमान सामूहिक खोति पद्धति और राष्ट्रीयकरण की प्रक्रिया को अनुकरणीय बताया था। उत्पादन साधनों को सामूहिक स्वामित्व में करने के बाद भी जब तक समाज में जातिभेद की निम्न श्रेणियों और अस्पृश्यता है तब तक सामूहिक स्वामित्व अर्थशून्य

रहेगा। खेति पद्धति (उत्तर भारत की जमींदारी प्रथा की भांति) के कारण छोटे-छोटे धारक या कुलजन जमींदारी यानी खेतों के अधीन गुलाम होते जा रहे थे और वतन पद्धति (बेगार प्रथा की भांति) के कारण महार लोग स्वाभिमान और स्वावलंब से वंचित हो रहे थे, इसलिये उन्होंने उन दोनों पद्धतियों को समाप्त करने वाले दो विधेयक मुंबई विधानसभा में प्रस्तुत किये थे। खेती पद्धति रयत पद्धति से इस बात से भिन्न थी कि दूसरी में स्वयं भूधारक प्रत्यक्ष रूप से शासन को भू-शुल्क देता था परन्तु पहली पद्धति में शासन द्वारा वरिष्ठ खोत भू-शुल्क अदा करने हेतु नियुक्त किये गये थे, जो शासन को निश्चित राजस्व की रकम अदा कर देने के पश्चात कनिष्ठ भूधारकों पर आर्थिक जुल्म ढाते थे। अतः डॉ. आंबेडकर ने खातों की समाप्ति हेतु एक विधेयक दिनांक 15 सितम्बर, 1937 को मुंबई विधानसभा में प्रस्तावित किया। इससे पहले सन् 1927 में श्री एफ.जी.एच. एण्डरसन ने मुंबई विधानसभा में अल्पभूधारक मदद विधेयक प्रस्तुत किया था। परंतु उसका अभिप्राय जमीन का शासकीय स्वामित्व स्थापित करना नहीं था। अतः इससे जमींदारों की प्रगल्भता और छोटे जातिवालों की दरिद्रता बेहिसाब बढ़ने वाली थी। इस विधेयक में एक निश्चित आकार से कम जमीन धारणा पर प्रतिबंध और दण्ड की व्यवस्था थी। छोटे किसानों को छोटी जातों से वंचित कर भूमिहीन मजदूर बनने से मुक्ति दिलाने हेतु उन्होंने सामूहिक कृषि की अनुशंसा की यानी एक से अधिक छोटे किसान मिल कर निश्चित आकार खेत बनाये रखना और इस प्रकार सामूहिक कृषि कायम करना संभवनीय था।

अर्थशास्त्र के सुप्रसिद्ध विद्वान रॅगनर नर्क्स के प्रछन्न बेरोजगारी और डॉ. आंबेडकर की अतिरिक्त श्रमिक की संकल्पना में अत्यधिक समानता है।

ब्रिटिश भारत में प्रांतीय वित्त का विकास बयान करते समय डॉ. आंबेडकर ने शासन की नीतियों में जो सप्ताह-सप्ताह में सुधार होता गया उस बाबत टिप्पणी की थी, "संयुक्त कुटुंब पद्धति में कुटुम्ब प्रमुख जिस प्रकार प्रत्येक सदस्य के नाम से बैंक में खाता खोलता है, उसी प्रकार सरकार की व्यवस्था थी।[9]

आर्थिक जोत से उनका अभिप्राय ऐसे उत्पादक खेत से था जिसकी निवेशित व्यय की पूर्ति हो जाने के बाद शेष उत्पादन की राशि पर एक परिवार अपना खर्च चला सकें।[10]

परंतु भारत में डॉ. आंबेडकर द्वारा लिखित ''छोटी जातें और उनके उपाय'' नामक शोध आलेख 1918 में प्रकाशित होने के 86 वर्षों के बाद भी भारत में औसतन बोने योग्य जोत का आकार 1.67 हेक्टर, सीमांत जोत का प्रतिशत 56.00, जोत के औसतन टुकड़े 4.04 हेक्टर और प्रत्येक टुकड़े का औसत आकार 0.41 हेक्टर रहा है। इतना ही नहीं बल्कि प्रत्येक राज्य में हर दशक में जोत का औसतन घट रहा है। भारत में यह आकार वर्ष 1961, 1971 और 1981 के क्रमशः 2.6, 2.20 और 1.

67 हेक्टर तक कम होता गया। तथापि सन् 1950 से भूसुधार कानून को भारत के हर राज्य में लागू करना आर्थिक क्षेत्र में एक बहुत बड़ा परिवर्तन था।

उनका शासकीय समाजवाद शोषितों को न्याय देने के हेतु से आर्थिक, सामाजिक व राजनीतिक जीवन को जोड़ने दर्शन था। वह सहकारी कृषि, औद्योगीकरण तथा सामुदायिक कृषि से संलग्न रहा। आर्थिक समानता के बिना राजनीतिक स्वाधीनता को अर्थ नहीं था। इसलिये डॉ. आंबेडकर ने संवैधानिक स्टेट सोशलिज्म के एक पहलू के रूप में सामुदायिक कृषि की अनुशंसा की थी। उन्होंने विखंडित और छोटी जातों के लिय उपाय के रूप में सहकारी कृषि की सिफारिश की थी। उन्होंने भारतीय कृषि सुधार के लिये अर्थात् कृषि पर अतिरिक्त मनुष्य बल के भार को गैर कृषि क्षेत्र में स्थानांतरित करने हेतु औद्योगिकरण का जो उपाय बताया गया था वह सामाजिक न्याय की दृष्टि से भी उचित था और है, क्योंकि ग्रामीण क्षेत्र में जाति व्यवस्था और अस्पृश्यता थी, है और रहेगी परन्तु शहरों में उनकी तीव्रता कम हो रही है।

सन् 1946 में डॉ. आंबेडकर ने अखिल भारतीय अनुसूचित जाति परिषद की ओर से संविधान समिति को एक मसौदा प्रस्तुत किया था, ''जो राज्य और अल्पसंख्यक'' नामक ग्रंथ के रूप में प्रकाशित हुआ था। उसमें उन्होंने कृषि जमीन को बीमा और मूलभूत उद्योगों की तरह शासन के स्वामित्व में रखने की बात कही थी। इसी मसौदे में उन्होंने निजी मालिकों की हुकूमशाही से समाज और शासन पर पड़ने वाले कुप्रभाव का भी जिक्र किया है। उन्होंने शासन के हस्तक्षेप से मुक्ति को स्वतंत्रता नहीं माना है। बल्कि वे शासन द्वारा सामाजिक और आर्थिक मामलों में न्याय के हित में हस्तक्षेप चाहते थे। उनका मानना था कि यदि शासन ने सामाजिक व आर्थिक क्रियाकलापों का नियमन नहीं किया तो वह निजी मालिकों को करना पड़ेगा और ऐसा करते समय वे अपनी आजादी का उपयोग दूसरों पर अधिसत्ता स्थापित करन के लिये भी करेंगे। उस परिस्थिति में जमींदार भी कुलों पर जबरदस्त जमीन भाड़ा थोपेंगे और पूंजीपति भी कामगारों के काम करने के घंटे बढ़ायेंगे और उनके वेतन कम करेंगे। अर्थात् इससे राजनीतिक प्रजातन्त्र के मूलभूत सिद्धान्त यानी स्वयंभू व्यक्ति, अविछिन्न मूलभूत अधिकार, संवैधानिक अधिकार का बिन शर्त लाभ और शासन संस्था द्वारा दूसरों पर लादने योग्य सत्ता का निजी व्यक्ति के हाथों में अहस्तांतरण को ही क्षति पहुंचेगी।

रखोतों ने अपनी स्वाधीनता का उपयोग छोटे भूधारकों का शोषण करने में किया था और उससे मुंबई प्रांत में अशांति फैल चुकी थी। अत: रखोतों का अन्त करना उस समय की भूमि सुधार की मांग थी, जिसे बाबासाहेब ने पूरी करने की चेष्टा की थी।[11]

डॉ. आंबेडकर का समाजवाद व्यक्ति के निम्न भौतिक अधिकारों पर आधारित है:

1. व्यक्ति उद्देश्य है।
2. व्यक्ति के कुछ अधिकार अहस्तांतरणीय है। इसकी गारंटी संविधान को देनी चाहिये।
3. किसी भी व्यक्ति पर अपनी सुख-सुविधा का उपयोग करते हुये अपने संवैधानिक अधिकार को तिलांजलि देने का अवसर नहीं आना चाहिये और
4. शासन ने किसी भी निजी व्यक्ति को अन्य व्यक्तियों पर आधिपत्य करने का अधिकार नहीं देना चाहिये।

इस समाजवाद में सामाजिक संघर्ष के कारकों में धन की तरह धर्म पर भी बल दिया गया है। इस बात में डॉ. आंबेडकर का समाजवादी सिद्धांत औरों से विशेष और अनोखा है।

1917 में रशिया में राज्यक्रांति हुई और उसके 8 वर्ष के बाद भारत में भारतीय कम्युनिस्ट पार्टी की स्थापना की गई। 1926 में स्थापित "लाहौर नौजवान सभा" और 1928 में प्रस्थापित "नौजवान भारत सभा" जैसे स्वतन्त्र संगठनों के माध्यम से कम्युनिस्ट विचारों का अमल भी किया जा रहा था। तत्कालीन कम्युनिस्ट विचारों के नेता कॉमरेड एम. एन. राय थे। 1934 में आचार्य नरेन्द्र देव और जय प्रकाश नारायण प्रभृति मार्क्सवादी, श्री अशोक मेहता जैसे फेबियन समाजवादी, डॉ. राममनोहर लोहिया जैसे गांधीवादी, युसुफ मेहेर अली और संपूर्णानन्द जैसे राष्ट्रवादी और मिनू मसानी जैसे ट्राट्स्कीवादियों ने अपनी वैचारिक भिन्नता को कायम रख कर समाजवादी आंदोलन को वैश्विक, आर्थिक और राजनीतिक संदर्भ में चलाया था।

कॉ. श्रीपाद अमृत डांगे, बी.टी. रणदिवे, नंबुद्रिपाद, कॉ. श्रीनिवास, कॉ. सरदेसाई प्रभृति विद्ववानों के नेतृत्व में अंतर्राष्ट्रीय कम्युनिस्ट आंदोलन ने 1943 तक भारतीय कम्युनिस्ट पार्टी का पथ प्रदर्शन किया।

जनता नामक पाक्षिक में दिनांक 7 नवंबर 1938 को प्रकाशित अपने एक साक्षात्कार में डॉ. आंबेडकर ने कहा था कि वे एक मुक्त समाजवादी हैं। जातिभेद निर्मूलन को चाहनेवाले समाजवदी डॉ. आंबेडकर ने लिखा था कि "भारतीय समाजवादी यूरोप के समाजवादियों के कदमों पर कदम रखकर भारतीय परिस्थिति पर भी आर्थिक सिद्धांत लागू करने की चेष्टा करते हैं। धर्म भी एक बहुत बड़ी प्रेरक शक्ति है, इसके प्रति समाजवादियों की उपेक्षा दृष्टि रही है।

डॉ. आंबेडकर को प्रजातन्त्र में दो बातें अभिप्रेत थी। पहली बात मानवीय वृत्ति की है। यह वृत्ति समाज के अन्य सदस्यों के प्रति समानता और आदर से देखने की होनी चाहिये। दूसरी बात यह है कि समाज की संरचना में सख्त बंधन नहीं होने चाहिये। अन्यथा प्रजातन्त्र अधूरा रहेगा। अलगाववाद और एकाकीपन प्रजातन्त्र व्यवस्था

के विसंगत गुण है। क्योंकि उनकी परिणति विशेषाधिकार संपन्न अल्प और अधिकार विपन्न बहुसंख्यक वर्गों में होती है। यही उनके राजनीतिक समाजशास्त्र का प्राण है।

आरक्षण

सदियों से समाज का एक वर्ग सामाजिक प्रतिष्ठा, दण्डविहीन अपराध, शासन में एक वर्ग केन्द्रित सत्ता, शिक्षा में एकाधिकार आदि का भोक्ता रहा है। परन्तु उसे बर्दाश्त करते हुये जिन जातियों ने अपना खून पसीना बहा दिया उनके प्रति शासक और शोषक वर्ग की हृदय-शून्यता अब तक अवाक रही है। जब से भारतीय संविधान ने जीवन में सबसे अधिक दलित और पीड़ित जनों के लिये आरक्षण की व्यवस्था बहाल की तब से ही आरक्षण के विरुद्ध आंदोलन ने विकराल रूप धारण कर लिया है। आरक्षण विरोधियों की दृष्टि आरक्षितों के प्रति समाज के एक ऋग्ण वर्ग को स्वस्थ बनाने की नहीं बल्कि उन्हें अधिक से अधिक वंचित रख कर बेमौत मारने की है ऐसा प्रतीत होता है।

जब बिहार के श्री कर्पूरी ठाकुर के नेतृत्व में जनता दल की सरकार ने मुंगेरीलाल आयोग की सिफारिशों के अनुसार शासकीय नौकरियों में अन्य पिछड़ा वर्ग 8 प्रतिशत, अति पिछड़ा वर्ग 12 प्रतिशत, अनुसूचित जाति 14 प्रतिशत, अनुसूचित जमाति 10 प्रतिशत, महिला 3 प्रतिशत, आर्थिक रूप से पिछड़ों के लिये 3 प्रतिशत आरक्षण की घोषणा की थी। उसके 3 वर्ष के बाद गुजरात में वैद्यकीय छात्रों ने अनुसूचित जाति-जमातियों के छात्रों को पदव्युत्तर वैद्यकीय अभ्यासक्रम में प्रवेशार्थ प्राप्त आरक्षित सीटों के विरुद्ध हिंसक आंदोलन शुरू किया। 1989 में केन्द्र में भूतपूर्व प्रधानमंत्री श्री विश्वनाथ प्रताप सिंह के नेतृत्व में राष्ट्रीय फ्रंट की सरकार ने मंडल आयोग के प्रतिवेदन की कुछ सिफारिशों को कार्यान्वित करने के लिये अधिसूचना निकाली थी कि सामाजिक और आर्थिक रूप से पिछड़े हुये वर्गों (एसईबीसी) के लिये सरकारी नौकरी में 27 प्रतिशत आरक्षित सीटें हैं। इस दौर में नौकरियों में आरक्षित सीटों के विरुद्ध तर्क दिया जाता था कि इस आरक्षण के कारण सभी दलितों को फटाफट नौकरियां मिल जाती हैं और उससे अन्य जातियों में बेरोजगारी पैदा होती है। शैक्षणिक आरक्षण पर यह एतराज था कि वैद्यकीय और अभियांत्रिकी शाखाओं में दलितों को कम गुणों पर ही प्रवेश मिलता है और उन्हें कम गुणों से ही पास किया जाता है। उससे अधिक गुणवाले और मैरिट के छात्रों की उपेक्षा होती है और उससे समाज में और व्यावसायिक गुणवत्ता में कोताई आ जाती है। उसी प्रकार राजनीतिक आरक्षण के कारण आरक्षित निर्वाचन क्षेत्र के सवर्ण मतदाताओं को अपने समाज का प्रतिनिधि लड़ाने का अवसर नहीं मिलता। आरक्षित उम्मीदवार लाद दिया जाता है और निर्वाचन क्षेत्र का विकास रूक जाता है।

1990 के पूर्व और बाद का आरक्षण विरोधी आंदोलन दलितों के विरुद्ध हिंदी भाषाई राज्यों में हुआ था। परंतु इतिहास में आरक्षण के निर्माता सामाजिक असमानता के पुजारी रहे और आज भी हैं।

ऐसे ही एक असमानता के राज, पेशवाई का अन्त 1818 में भले ही हुआ परंतु उसके अवशेष ब्रिटिश-राज में भी विद्यमान थे। 1774 में जिस प्रकार ईस्ट इंडिया कंपनी का प्रशासन ब्रिटिश संसद ने अपने हाथ में कर लिया था, परंतु उसी संसद ने अगले सौ वर्षों से भी अधिक समय तक कंपनी को नये नये कानून के अंतर्गत नई-नई सनद देते रहना जारी रखा था। उसी प्रकार भारत में ब्रिटिश शासन ने ब्राह्मणों का एकाधिकार खत्म तो किया था परंतु अपने प्रशासन में सुशिक्षित व्यक्तियों को उच्च पदों पर बिठाने हेतु उन्होंने जो उपक्रम चलाया उससे परिणामत: ब्राह्मणवाद के अवशेष ही नये शासन में ज्यों के त्यों कायम रहे। भारत की दलित और शोषित जनता अपने शासकों से यह उम्मीद बांधे हुई थी कि विद्यमान सामाजिक ढांचे में बदलाव के लिये हस्तक्षेप किया जायेगा। हस्तक्षेप तो हुआ परंतु स्थिति को जैसी है वैसी ही रखने में। अत: उस बाबत डॉ. आंबेडकर ने एक चीनी दर्जी की मिसाल देते हुये अपनी टिप्पणी में कहा था कि "एक चीनी दर्जी ने अपने एक ग्राहक का नया कोट सिलाते वक्त उसके एक पुराने कोट का उपयोग कोट को सुंदर तरीके से सिलने के लिये ही नहीं बल्कि उस कोट के पुराने पैबंद भी नये कोट पर ज्यों के त्यों उतार देने में किया था।" उसी प्रकार भारत के नये-नये शासकों ने अपने-अपने शासन में सदियों से विद्यमान जाति-पांति के पुराने पैबंद को नये सामाजिक ढांचे में ज्यों के त्यों बरकरार रखने में किया है।

श्री तिलक राजनीतिक में क्रांतिकारी और समाज सुधार में सनातनी थे। 1895 में अंग्रेजों ने एक अस्पृश्य श्री नारायणराव लोखण्डे और एक चितपावन ब्राह्मण श्री विश्वनाथ केशव जोगळेकर को "रावबहादुर की उपाधियां बहाल की थी। इस बाबत केसरी में छापा गया था कि "श्री जोगळेकर ऑनरेरी मेजिस्ट्रेट थे। उनको बहाल किया गया सम्मान उचित है परंतु श्री लोखंडे को रावबहादुर की उपाधि बहाल करने में उनकी योग्यता की अपेक्षा उनकी जाति ही विशेष कारक प्रतीत होती है।[12]

अत: 1882 से 1904 के दरम्यान भारतीय सिविल सेवा में यशस्वी हुये 16 भारतीयों में 15 ब्राह्मणों का होना कोई आश्चर्य जनक नहीं था। हालांकि ज्योतिराव फुले ने इस समय के दौरान ब्राह्मणवाद पर तीखा प्रहार करने वाली ग्रंथ संपदा प्रकाशित की थी और 19 अक्टूबर 1882 को हंटर शिक्षा आयोग के समक्ष सादर प्रस्तुत निवेदन में बयान किया था कि उच्च शिक्षा पद्धति में स्पष्ट झलकने वाली प्रवृत्ति यह है कि उसमें वरिष्ठ अधिकारी के पद केवल ब्राह्मणों की बपौती हो चुके हैं। यदि शासन को रयत के कल्याण की वास्तविक चिंता है तो उसका प्रथम कर्तव्य

है कि वह इस पद्धति के कई प्रकार के दुरुपयोग को प्रतिबंधित कर, शासकीय नौकरियों में धीरे-धीरे अन्य जातियों के लोगों को प्रवेश के अवसर दिला कर उसी अनुपात में ब्राह्मणशाही का नियमन करें। उन्होंने शासन से यह भी सिफारिश की कि वे कनिष्ठ जातियों के बच्चों की शिक्षा हेतु स्वतन्त्र विद्यालय की व्यवस्था करे।

फुले के समाज सुधार आंदोलन के कार्यकर्ता श्री भालेकर ने पूना अधिवेशन ने सवर्ण बहुल कांग्रेस के रुख के विरुद्ध निदर्शन किया था। श्री वलंगकर ने भी श्री रानडे की मदद से सेना में महारों की भर्ती को प्रतिबंधित करने के आदेश के विरुद्ध ब्रिटिश सरकार से अपील की थी। श्री कांबले ने भी सेना और पुलिस में अस्पृश्यों की भर्ती हेतु मांग रखी थी। वर्तमान के मध्य प्रदेश और तत्कालीन मध्य प्रांत और बेरार के समाज कार्यकर्ता गण श्री बन्सोडे, श्री गवई और श्री नंदागवली ने दलित जागरण का अभियान चलाया था। उसी प्रकार श्री शिंदे की भारतीय निराश्रित सहायक मंडल (डिप्रेस्ड क्लासेस मिशन सोसायटी ऑफ इंडिया) के तत्वाधान में अस्पृश्यों के हितों के प्रति संवेदनशीलता को बढ़ाया गया।

उक्त समयावधि के दौरान कोल्हापुर के शाहू महाराज ने भी जब देखा कि शासकीय नौकरियों में उच्च पदों पर ब्राह्मणों का प्रतिनिधित्व अतिरेकी है तो उन्होंने अपने रियासत में 26 जुलाई, 1902 को घोषणा की थी कि उनकी संस्थान के प्रशासनिक सेवाओं में पिछड़ी जातियों को 50 प्रतिशत आरक्षण बहाल किया जावेगा। इससे लगभग 17 वर्ष पूर्व राष्ट्रीय कांग्रेस की स्थापना हो चुकी थी। लेकिन वह फुले व रानडे के संगठन की तरह सामाजिक आंदोलन न होकर एक शुद्ध राजनीतिक संगठन था। इसके साथ बाद में हिंदु महासभा (1915) और राष्ट्रीय स्वयंसेवक संघ (1925) नामक ब्राह्मणवादी संगठनों की स्थापना हुई। और इसी समय विदेशों के प्रख्यात विश्वविद्यालयों से शिक्षा की उच्चतम डाक्टरेट उपाधि से विभूषित होकर प्रतिक्रांतिकारी ताकतों के विरुद्ध अकेले ही लड़ने के लिये डॉ. आंबेडकर स्वदेश लौटे थे।

राजनीति

प्रथम महायुद्ध के बाद ब्रिटेन की संसद ने हिन्दुस्तान को जिम्मेदार शासन प्रदान करने हेतु मॉटेग्यू नीति को लागू कराने की घोषणा की थी और कांग्रेस ने अपने कलकता के अधिवेशन में अस्पृश्यता को मिटाने की घोषणा की थी।

मॉटेग्यू योजना का मकसद भारत में प्रजातन्त्र राज पद्धति को बहाल कर ब्रिटिश सत्ता को शिक्षित उच्च जातियों के हाथों में हस्तांतरित करना था। इस योजना का विरोध कोल्हापुर के शाहू महाराज (1910), पूना के सत्याशोधक समाज, मद्रास के साउथ इडियन लिबरल फेडरेशन और जस्टीस पार्टी तथा महाराष्ट्र के डेक्कन रयत समाज ने दर्शाया था।

श्री तिलक के बाद कांग्रेस का नेतृत्व गांधी जी ने सम्भाला। फरवरी 1922 में बारडोली में कांग्रेस वर्किंग कमिटी ने दलित वर्ग की शैक्षणिक दशा को सुधारने का नया कार्यक्रम अमल में लाने का निर्णय लिया। उधर डॉ. आंबेडकर ने मुंबई में मूकनायक नामक पाक्षिक पत्रिका चलाई और नागपुर में अखिल भारतीय बहिष्कृत समाज की स्थापना की। मुंबई में सिडेनहेम शासकीय महाविद्यालय में प्रोफेसर होते हुये भी डॉ. आंबेडकर ने दिनांक 27 जनवरी, 1919 के दिन साउथबरों कमिटी के समक्ष दलितों के लिये पृथक निर्वाचन अधिकार की मांग के पक्ष में अपनी साक्ष्य दी थी। सन् 1928 में उन्होंने उक्त मांग को संयुक्त निर्वाचन और आरक्षण अधिकार के रूप में सायमन कमिशन के सम्मुख प्रस्तुत किया था।

1928 से 1930 तक उन्होंने महाड और नासिक के सार्वजनिक तालाब और मंदिर पर क्रमशः पानी और पूजा के संबंध में समानता का अधिकार स्थापित करने हेतु अपने नेतृत्व में सफल आंदोलन चलाया था।

परंतु 1930-32 के दौरान चले बर्तानिया के गोलमेज परिषद ने भारतीय राजनीति की दिशा ही मोड़ दी। इस गोलमेज परिषद के अधिवेशन में जब गांधी जी मुसलमान, क्रिश्चन, सिख, ईसाई, पारसी, ॲग्लो-इंडियन आदि के स्वतंत्र राजनीतिक अस्तित्व को मान्य कर रहे थे तब वे अस्पृश्य के ऐसे स्वतंत्र राजनीतिक अस्तित्व को मानने से इंकार क्यों कर रहे थे यह समझ में नहीं आ रहा था। आखिर गांधी जी भी श्री तिलक के नक्खे-कदम पर ही चल रहे थे।

ब्रिटेन के प्रधानमंत्री श्री मेक्डोनल्ड द्वारा दलितों को बहाल किया गया स्वतन्त्र निर्वाचन अधिकार निरस्त करने हेतु सन् 1932 में गांधी जी ने पूना के येरवडा कारागृह में आमरण अनशन आरंभ किया था।

सन् 1935 में नासिक के येवला में डॉ. आंबेडकर ने घोषणा की थी कि वे हिन्दू धर्म में पैदा हुये लेकिन वे हिंदू के रूप में नहीं मरेंगे।

सन् 1936 में डॉ. आंबेडकर का "जातिभेद निर्मूलन'' नामक भाषण उसके आयोजकों को इतना क्रांतिकारी लगा कि लाहौर के जात-पांत-ताडक-मंडल ने डॉ. आबेंडकर की अध्यक्षता में होने वाली उस सभा को ही भंग कर दिया। आखिर उस भाषण को समाज हित में एक लघु ग्रंथ की शक्ल में प्रकाशित करने के पश्चात ही लोगों तक पहुंचाया गया। उस पर गांधी जी की टिप्पणी यह थी कि हिंदू धर्म के प्रति अपनी नफरत दर्शानेवालों में अकेले आंबेडकर ही नहीं है, बल्कि उन लोगों में वह सब से अधिक दृढ़ और योग्यतम व्यक्ति है।"

द्वितीय महायुद्ध की पृष्ठभूमि में भारतीय राजनीति के घटनाक्रमों में प्रचंड उलट-पुलट हो रही थी। उनमें भारत छोड़ो आंदोलन, क्रिप्स-व्हेवल योजना, केबिनेट मिशन इत्यादि के साथ-साथ धर्म और जातियों का उभार अधिक विस्फोटक रहा

कहना अतिशयोक्ति नहीं होगा। इसी बदलाव के कारण डा. आंबेडकर ने 1936 में एक व्यापक नींव पर स्थापित स्वतन्त्र मजदूर दल नामक राजनीतिक पक्ष के उत्थान पर चार वर्ष के बाद मात्र अनुसूचित जातियों पर केन्द्रित शिडयुल्ड कास्ट फेडरेशन नामक पार्टी की स्थापना की। उन्होंने मनमाड की दलित वर्गीय रेलवे मजदूर परिषद को उद्‌बोधन दिया था कि वे मनुष्यत्व को गिराने वाले पूंजीवाद से सावधान रहें।

1942 में नागपुर के दलित जाति परिषद के सम्मेलन में दलितों के अधिकारों को भारत के भावी संविधान में अंतर्भूत करने का निर्णय सर्व सम्मति से पारित किया गया।

1945 में पीपुल्स एज्युकेशन सोसायटी के तत्वाधान में मुंबई और औरंगाबाद में उच्च शिक्षा के प्रचार और प्रसार हेतु बुद्ध और मिलिंद नामक दो बौद्ध ऐतिहासिक महापुरुषों के नाम पर दो महाविद्यालय शुरू किये गये। डॉ. आंबेडकर ने भिन्न-भिन्न जाति और धर्मों को अविभाजित भारत की राजनीति में युक्त प्रतिनिधित्व प्रदान करते हेतु "*जातीय गुत्थी और उसे सुलझाने का उपाय*" नामक योजना एक लिखित पुस्तक की शक्ल में प्रस्तुत की थी। परंतु विभाजित भारत की बदलती परिस्थिति को देखते हुये उन्होंने *राज्य और अल्पसंयक* नामक योजना को भी एक पुस्तिका के रूप में ही देशवासियों के विचारार्थ रखा।

श्रम मंत्री के पद पर 5 वर्ष तक उन्होंने महाराज्यपाल की कार्यकारिणी में श्रमिक कल्याण और प्लानिंग का कार्यभार संभाला था। 1947 से उन्होंने श्री नेहरू की केबिनेट में कानून मंत्री का भार वहन कर संविधान का मसौदा तैयार करने और राष्ट्रीय जीवन में स्वाधीनता के संविधान को मूर्त बनाने के लिये स्वयं को खपाया। 26 जनवरी 1950 के अपने संबोधन में उन्होंने भारतीय राजनीतिक जीवन और सामाजिक-आर्थिक लोक चर्या में विद्यमान विसंगति की तरफ इशारा करते हुये उसे मिटाने का देशवासियों को आवाहन किया।

इस विसंगति को मिटाने का एक उपाय आरक्षण पद्धति भी है। परंतु जब तक भारत में मनुष्य और मनुष्य के बीच संबंध जातिव्यवस्था से निश्चित करने वाली ब्राह्मणी परंपरा चालू रहेगी तब तक सामाजिक, सांस्कृतिक और आर्थिक जीवन में पिछड़े हुये वर्गों के लिये "समान अवसर के लिये विशेष अवसर" के सिद्धान्त पर निर्भर आरक्षण की सीटें रखनी ही पड़ेगी क्योंकि समान मनुष्यों में ही समानता हो सकती है और असमान लोगों को समान मानना यानी असमानता को कायम रखना है।

पूंजीवाद और ब्राह्मणवाद की ताकतों और उभरती साम्यवादी शक्तियों के बीच का निरंतर सत्ता संघर्ष विश्व के देशों को दो प्रतिस्पर्धी वर्गों में विभक्त कर रहा है।

जो राष्ट्र अभी तक प्रजातन्त्र शासन के अधीन स्थापित नहीं हुए वे उक्त दोनों शक्तियों में से किसी भी एक में शामिल हो सकते हैं। नेपाल में अब तक लोकतन्त्र

शासन की स्थापना नहीं हो सकी है तो उस दशा का उपयोग ब्रिटेन व अमेरिका, भारत तथा कम्युनिस्ट चीन सुगमता के साथ कर सकते हैं।[13]

हालांकि नेपाल, तिब्बत, चीन और भारत के सांस्कृतिक संबंध बौद्ध धर्मीय थे क्योंकि नेपाल नरेश अंशुवर्मा की बेटी भृकुटी ने तिब्बत के तत्कालीन शक्तिशाली राजा स्रोंङ-त्सान-गैम्पो से विवाह किया था। अंशुवर्मा के समकालीन भारतीय राजा हर्षवर्धन और चीनी सम्राट ताओ-त्सुंग थे। उस सम्राट की राजकुमारी ने भी स्रोंङ-त्सान-गैम्पो से विवाह किया था।[14]

समाज परिवर्तन

समाज परिवर्तन के दो मुख्य साधन हैं – कानून और शिक्षा।

भारतीय संविधान ने शासन को 14 वर्ष तक की उम्र के बालक-बालिका को मुफ्त और सख्ती से शिक्षा प्रदान करने का आदेश दिया है और अस्पृश्यता जैसी सामाजिक कुरीतियों के व्यवहार को दण्डनीय अपराध करार दिया है।

कानून की दृष्टि से भारतीय प्रजातन्त्र में दो त्रुटियां हैं। एक, उसमें ब्रिटिश संसदीय प्रणाली की प्रभावशीलता नहीं है और उसमें अमेरिका की न्यायापालिका की निर्णायकता का अभाव है। उदाहरणार्थ 1896 में प्लेसी बनाम फर्ग्युसन नामक मशहूर मामले में अमेरिका के सर्वोच्च न्यायालय ने काले वर्ग के लोगों के लिये पृथक सुविधाओं की व्यवस्था पर अपना फैसला सुनाते समय कहा था कि ऐसे विशेष वर्ग की विशेष सुविधा की व्यवस्था से समानता के तत्व का उल्लंघन नहीं होता है। परंतु 67 वर्ष के बाद भारत में बालाजी बनाम मैसूर के मामले में सर्वोच्च न्यायालय ने व्यवस्था दी थी कि आरक्षण व्यवस्था के रहते समानता के तत्व का अमल तभी होगा जब दो शर्तों अर्थात् 1. आरक्षण का मापदण्ड जात न हो तथा 2. आधे से अधिक पदों का आरक्षण न हो का पालन किया जायेगा।

कानून समाज परिवर्तन के साधनों में से एक साधन है। परंतु हिंदू कानून इसका अपवाद है। ई.स. 1772 से पूर्व और 1772 के बाद के हिन्दु कानून को मिताक्षर तथा दायभाग इन दो परंपराओं में वर्गीकृत किया जा सकता है।

ईस्ट इंडिया कंपनी ने अपने प्रशासन में रेग्युलेशन अधिनियम के ठीक एक सदी बाद तलाक की व्यवस्था देने वाला पंजीयन विवाह अथवा विशेष विवाह अधिनियम और 1856 में हिन्दू विधवा पुनर्विवाह अधिनियम सम्मत कर लिया था। 1929 में बाल विवाह निरोध अथवा शारदा अधिनियम के अंतर्गत वधू और वर की विवाह योग्य आयु क्रमशः 14 और 18 वर्ष निश्चित की गई थी। परंतु इस अधिनियम का बड़े-बड़े नेताओं ने विरोध किया।

1935 में आर्य विवाह विधिग्राह्यता अधिनियम से आंतर्जातीय और आंतर्धर्मीय विवाहों का प्रचलन आसान हो गया था। सन 1942 मे तत्कालीन कानून मंत्री सर सुल्तान अहमद ने सूचित किया था कि बिना मृत्यु पत्र उत्तराधिकार और विवाह के संबंध के दो विधेयकों को एक मसौदा समिति ने तैयार किया और उन्हें लोकमत का समर्थन प्राप्त करने हेतु राजपत्र में प्रकाशित किया गया है। 1946 में एक ही गोत्र के व्यक्तियों के विवाह को वैध बनाने वाला कानून और 1949 में हिंदू विवाह नि:समर्थता निर्मूलन अधिनियम के सम्मत हो जाने से हिन्दू धर्म की भिन्न-भिन्न जाति-उपजातियों को ऐसे विवाह करने का परवाना मिल गया। 9 अप्रैल 1948 में हिन्दू संहिता विधेयक को संविधान समिति के सम्मुख डॉ. आंबेडकर ने प्रस्तुत किया था। परिणामस्वरूप 1955 में हिंदु विवाह अधिनियम, हिन्दु उत्तराधिकार अधिनियम, भरणपोषण और दत्तक ग्रहण अधिनियम सम्मत किये गये।

सामाजिक परिवर्तन का दूसरा साधन शिक्षा में डॉ. आंबेडकर का काफी योगदान रहा है। उन्होंने दलितों के प्राथमिक व माध्यमिक शिक्षा के प्रचलनार्थ बहिष्कृत हितकारणी सभा और दलित वर्ग शिक्षा समाज को क्रमश: 1924 और 1928 में स्थापित कर दलित छात्रों के लिये छात्रावास, खेल क्लब, ग्रंथालय, बोर्डिंग आदि की व्यवस्था की थी और दलितों की उच्च शिक्षा हेतु उन्होंने पीपुल्स एज्युकेशन सोसायटी (8 जुलाई, 1945), को संस्थापित कर उसकी छत्रछाया में सन् 1946 में मुंबई में सिद्धार्थ कला, विज्ञान व विधि महाविद्यालय और 1953 में सिद्धार्थ वाणिज्य और अर्थशास्त्र महाविद्यालय तथा 1950 में औरंगाबाद में मिलिंद कला व विज्ञान महाविद्यालय की शैक्षणिक सेवायें उपलब्ध कराईं।

डॉ. आंबेडकर का राजनीतिक विचार दर्शन उनके समकालीन चिंतक आचार्य नरेन्द्र देव और एम एन राय के वैज्ञानिक तथा नैतिक समाजवाद से काफी नजदीक रहा है, अपितु उनका मानना था कि मार्क्स और बकत्व ने इतिहास के निर्माण में मनुष्य की भूमिका शून्य बताकर भारी भूल की है। उन्होंने कहा कि बुद्ध द्वारा लाये गये धार्मिक और सामजिक सुधार के बाद चंद्रगुप्त ने राजकीय क्रांति की। महाराष्ट्र में संतों द्वारा किये गये धार्मिक और सामाजिक सुधारणा के पश्चाात् ही शिवाजी ने राज्य क्रांति की थी। सिक्खों के राजनीतिक परिवर्तन के पूर्व गुरु नानक द्वारा धार्मिक-सामाजिक क्रांति की गई थी।

श्री रसेल ने कहा है कि शिक्षा का झुकाव समाज की स्थितिशीलता कायम रखने के लिये होता है, तथापि स्वभाव और मत निर्माण करने की उसकी क्षमता बहुत होती है। डॉ. आंबेडकर के अनुसार क्रांति के तीन घटक (1) समाज के दोष का संज्ञान, (2) उस दोष से पीड़ित वर्ग की उपस्थिति का एहसास और (3) शस्थार्थ हैं। उनमें से पहले दो घटक शिक्षा पर निर्भर है। इस प्रकार शिक्षित वर्ग ही संगठित

होकर संघर्ष की बुनियाद बनाता है। डॉ. आंबेडकर के अनुसार बुद्ध द्वारा बताई गई सबसे बड़ी बात यह थी कि मनुष्य और जगत में सुधार किये बगैर संसार में सुधार नहीं किया जा सकता। परंतु इसका भावार्थ यह नहीं है कि मनुष्य के मन में बदल होने के साथ ही समाज में अपने आप परिवर्तन हो जाता है। उदाहरणार्थ पूंजीपति और गरीब वर्ग पहले वर्ग के लोभ-लालच के कारण नहीं पैदा होते। अत: उनका खात्मा पहले वर्ग के संपत्ति त्याग से नहीं होगा। बल्कि उनका नियमन किसी भी व्यक्तिगत इच्छा के बाहर की बात है।

डॉ. आंबेडकर ने कहा है कि किस समाज में किसने जन्म लेना चाहिये और उसको किस ढंग से रखना चाहिये यह मनुष्य के काबू में नहीं है। परंतु एक बार किसी मनुष्य का अस्पृश्य के रूप में किसी हिंदु समाज में जन्म हुआ तो उसके भीतर विद्यमान जातियों के संबंध और उसके ऊपर सामाजिक नियम नियत हो जाते हैं। उसके अनुसार आचरण करना उसकी मजबूरी हो जाती है। इस परिस्थिति में यदि ब्राह्मणों ने अस्पृश्यों को समानता के नाते से सलूक करने के मत को परिवर्तित किया तो उस से अधिक से अधिक व्यक्तिगत रूप में अस्पृश्य की अन्याय से मुक्ति हो सकती है, परंतु सामाजिक रूप में कदापि नहीं हो सकती। उसके लिये उन वर्गों मे विद्यमान सामाजिक संबंध को बदलना जरूरी होता है। यह संबंध यदि धर्म संस्था नियंत्रित करती है तो धर्म संस्था में परिवर्तन करना पड़ेगा, यदि वह धार्मिक, सामाजिक, आर्थिक और राजनीतिक संरचना से जुड़ी समस्या है तो उस प्रकार से परिर्तन करना लाजमी हो जायेगा।

आज विश्व में भारत के सपूत डॉ. भीमराव आंबेडकर के विचार-दर्शन ने समानता-स्वतंत्रता-बंधुत्व पर आधारित अवाम की जीवन पद्धति के प्रजातंत्र की ऐसी पहचान बनाई कि कई विभूतियों की वैचारिकियां विस्मृत हो चुकी हैं। डॉ. आंबेडकर द्वारा रोपित यह पहचान आज उनके आलोचकों के सिर पर चढ़कर बोल रही है। श्री अरुण शौरी ने कहा है कि "गत पचास वर्षों का शुद्ध परिणाम यह है कि फिर एक बार भारत में आज वही क्रम शुरू हुआ है। स्वामी लोकमान्य विस्मृत से हो गये। नारायन गुरु को केरला के बाहर कोई नहीं जानता है। स्वामी दयानन्द, रामकृष्ण परमहंस, श्री औरोबिंदो, रमन महर्षि, कांची के परमाचार्य इत्यादिओं ने हमें अपने पैरों पर खड़ा करने के लिये क्या किया इसे भक्तों के एक संकुचित दायरे के सिवाय और कोई नहीं जानता। स्वामी विवेकानन्द को धूल झाड कर कुछ अवसर पर बाहर निकाला जाता है और उनको ठीक ऐसे संप्रदाय-निरपेक्ष के पहनावे में दर्शाया जाता है, जिससे वे स्वयं तीव्र रूप से फटकार देते। गांधीजी की तो प्रतिदिन छंटनी हो रही है—एक दिन पहले से चली आ रही विकास की प्रतिक्रिया के कारण तो दूसरे दिन मुसलमान नेताओं को पाकिस्तान का आग्रह धरने में प्रवृत्त कराने के कारण यह छंटनी की जा रही है और आंबेडकर जैसे व्यक्तियों की देवता की भांति पूजा हो रही है।[6]

क्या डॉ. आंबेडकर देवता थे? नहीं वे एक साधारण आम आदमी की तरह थे। तथापि उन्होंने अपने व्यक्तित्व को इतना ऊपर उठाया, उसे इतना निखारा और जनता की सेवा में उसे इतना समर्पित किया कि लोग उन्हें कृतज्ञतावश सचमुच अपने भगवान मानने लगे। सैम्युअल जानसन ने भी कहा है कि "कृतज्ञता महान उद्यम का फल है, जाहिल लोगों में आप इसे नहीं पाते।"

संविधान

''आंबेडकर ने क्या किया'' ग्रंथ के लेखक और मध्य प्रदेश शासन द्वारा वर्ष 2002-03 में डॉ. बाबासाहेब आंबेडकर स्मृति पुरस्कार के विजेता श्री बाली ने बताया है, "1927 में लार्ड बर्कन हैड ने भारतीयों को चुनौती दी थी कि वे अपना संविधान बनाकर दिखायें। एक संविधान बनाया गया जिसे नेहरू-संविधान कहा गया। चूंकि संविधान निर्माण समिति के अध्यक्ष पंडित मोतीलाल नेहरू थे इसलिये उसे यह नाम दिया गया। किन्तु उसको भारतीयों ने नकारा समझ रद्दी की टोकरी में डाल दिया। 1930 में गोलमेज सम्मेलन द्वारा संविधान बनाने का यत्न किया गया किन्तु भारतीय लोग इसमे विफल रहे। सप्रू कमेटी द्वारा संविधान बनाने का तीसरी बार यत्न किया गया, मगर कोई सफलता नही मिली। दिसंबर 1946 में गठित संविधान सभा में सर तेज बहादुर सप्रू, के एम मुंशी, ठाकुरदास भार्गव, सरदार पटेल आदि कितने ही वकील थे। उनमें से किसी को संविधान के निर्माण का काम नहीं सौंपा गया। यह काम डॉ. आंबेडकर ही के जिम्मे सौंपा गया। यह इसलिये कि वह संविधानिक-कानून में कुशल व निपुण थे और एक सच्चे देश प्रेमी थे।[17]

डॉ. आंबेडकर कैसे देशप्रेमी थे? मुंबई से सन् 1943 में प्रकाशित ग्रंथ, रानडे, गांधी और जिन्नाह की भूमिका में उसके लेखक स्वयं डॉ. आंबेडकर ने कहा है:

"यदि मैं श्री गांधी तथा श्री जिन्नाह से घृणा करता हूं, मैं उनसे घृणा नहीं करता। मैं उन्हें नापसंद करता हूं, तो उसका कारण यह है कि मैं भारत से अधिक प्रेम करता हूं। यह एक राष्ट्रवादी की सच्ची निष्ठा है। मुझे आशा है कि मेरे देशवासी किसी न किसी दिन यह सीख लेंगे कि देश व्यक्ति से कही महान होता है। श्री गांधी या श्री जिन्नाह की पूजा और भारत की सेवा में आकाश-पाताल का अन्तर है और वह परस्पर विरोधी भी हो सकती है।"

डॉ. आंबेडकर अवाम का एक ऐसा राष्ट, एक ऐसा आदर्श समाज और एक ऐसा कारगर प्रजातंत्र बनाना चाहते थे कि जिसमें ऐसे जीवन भवन के चारों स्तंभ-विधिपालिका, कार्यपालिका, न्यायापालिका और मीडिया अपनी योग्यता की वेश्यावृत्ति न करें। डॉ. आंबेडकर "कमीनगी को अत्याचार से बदतर" मानते थे।[18] सन् 1942 में उन्होंने कहा था:

"विश्व युद्ध संसार के क्षेत्रों यानी प्रदेशों के बंटवारे के लिए नहीं है बल्कि वे एक ऐसी क्रांति है जो इंसान व इन्सान और राष्ट्र व राष्ट्र के मध्य मेल मिलाप में मूल-परिवर्तनों का तकाजा करता है। ये क्रांति सहचारी जीवन को रद्द करके, समाज के पुन: गठन के लिये है। मजदूरों को इसलिए नाजिवाद पर विजय पाने हेतु लड़ना चाहिए क्योंकि ये जीत गया तो ऐसी नाजी व्यवस्था स्थापित हो जायेगी जिससे स्वतन्त्रता का दमन हो जायेगा, समता से इन्कार होगा और भातृत्वभाव को घातक सिद्धान्त कह कर मिटा दिया जायेगा। नाजीवाद पर विजय के फल होंगे: आजादी और नई सामाजिक व्यवस्था। केवल स्वतंत्रता काफी नहीं, स्वतंत्रता की उपयुक्तता तो इस बात में है कि उससे किस प्रकार की सरकार गठित होती है। और कैसे समाज का निर्माण होता है। इसलिए कामकरों को क्विट इण्डिया के बजाय न्यू इण्डिया पर ज्यादा बल देना चाहिए। हिंसा की शक्तियों के सामने घुटने टेक कर प्राप्त की गई शान्ति, अमन नहीं हुआ करता। ये तो एक घातक कृति होगी और अच्छे मानवीय जीवन को बनाए रखने के लिए जो कुछ भी उत्तम व अनिवार्य है, उसे बेहोशी व बर्बर शक्तियों के सामने कुर्बान कर देने जैसा होगा। जब हमला किया गया हो तो युद्ध करने से इन्कार कर युद्ध को समाप्त नहीं किया जायेगा। युद्ध की समाप्ति के लिये आपको जंग जीतना होगा और स्थायी अमन स्थापित करना होगा।[19]

डॉ. आंबेडकर ऐसा न्यायी अमन चाहते थे कि शांति के समय अवाम में ऐसी बातें या घटनायें अपनी पुनरावृत्ति न कर पायें। संविधान सभा द्वारा गठित अल्पसंख्यक कमिटी को अपने स्मरण पत्र में डॉ. आंबेडकर ने बताया था:

"भारत में प्रशासन पूर्णत: हिंदुओं के हाथों में है। प्रशासन पर उनकी इजारादारी है। ऊपर से नीचे तक उनका नियंत्रण है। कोई विभाग ऐसा नहीं जिस पर उनका प्रभुत्व न हो! पुलिस पर उनका प्रभुत्व है। मैजिस्ट्रेसी व राजस्व सेवाओं पर उनका प्रभुत्व है। वास्तव में प्रशासन की हरेक शाखा पर उन्हीं का प्रभुत्व है। अगली बात याद रखने की है कि प्रशासन में हिंदुओं का अछूत के प्रति समाज-विरोधी व शत्रुआना रुख उसी प्रकार का स्पष्ट व्यवहार है जौ कि प्रशासन से बाहर के हिंदुओं का बर्ताव है। उनका एक ही मकसद है और वह है अछूतों के विरुद्ध पक्षपात व भेदभाव करना। नतीजा यह होता है कि अछूत हिन्दू आबादी और हिन्दू प्रभुत्व वाले प्रशासन के बीच स्थान पाते हैं। हिन्दू अछूतों पर जुल्म जबर ढाता है और प्रशासन उत्पीड़ितों की सहायता करने के बजाय अत्याचारी ही की सुरक्षा करता है।"[20]

राष्ट्रीयता और राष्ट्रवाद

राष्ट्रीयता के बारे में अलबर्ट आइन्स्टाइन और डॉ. आंबेडकर के विचार एक समान ही नहीं अपितु वैज्ञानिक दूरदृष्टि से भी ओतप्रोत है। आइन्स्टाइन ने कहा था, "राष्ट्रीयता एक भयानक रूप से संक्रामक बीमारी के समान है।[21]

डॉ. आंबेडकर ने भारत में सन् 1940 में जिस राष्ट्रीयता के दावानल में हिंदु और मुसलमान जल रहे थे उस संक्रामक बीमारी के प्रति देश को सजग करते हेतु उन्होंने अपना राजनीतिक विज्ञान का ग्रंथ, "पाकिस्तान अथवा भारत भारत विभाजन"[22] लिखा था। उसमें उन्होंने दो विदेशी शासनों का उदाहरण देकर उनसे सीख लेने की भारतीयों को विनम्र अपील की थी। उन्होंने कहा था कि इ.स. 1230-1240 के बीच मंगोलों ने तुर्कों को अपने निवास स्थान मध्य एशिया से बाहर खदेड़ दिया था। परिणामत: वे उत्तर-पश्चिम के अनातोलिया में जाकर बस गये। तुर्की साम्राज्य बनाने का उनका कार्य सन् 1326 में ब्रूसा की विजय के साथ ही आरंभ हुआ। एजियन से काला समुद्र तक फैले थ्रेस के साथ-साथ बिजन्टाइन शासक, बल्गेरिया, मेसेडोनिया, कान्स्टनटिनोपल, सर्विया, सलोनिया, ट्रेबिझोण्ड, कुरामान, काफा और टाना, मोसुल, सिरिया, इजिप्त, हियाज और यमन, बेलग्रेड, हंगरी और बगदाद ने इ. स. 1360 से इ.स. 1639 तक उस्मान तुर्कों का आधिपत्य स्वीकार कर लिया। यदि वियना को भी परास्त करने से तुर्क सफल हो जाते तो उनका साम्राज्य विस्तार यूरोप की सीमाओं को भी लांघ जाता। तथापि सन् 1789 के फ्रेंच क्रांति के समय तक तुर्की साम्राज्य की सीम के भीतर बाल्कन, दक्षिण का दानुब, एशिया मायनर, लेवन्त और सायप्रस आदि उनके पड़ोसी द्वीप समूह, सिरिया, पॅलेस्टाइन, इजिप्त और मोरोक्को तक के उत्तर आफ्रिकन देश आते थे। परन्तु इतना विशाल तुर्की साम्राज्य धीरे-धीरे खण्ड-खण्ड हो गया क्योंकि वहां के नागरिकजनों में राष्ट्रीयता की भावना इतनी घर कर गई थी कि एक तरफ क्रिश्चन यवन, सर्व; बल्गेरियन अथवा बाल्कन टर्की से अलग हुये तो दूसरी तरफ स्वयं अरब मुसलमान भी टर्की के अपने सहधर्मियों के साथ न रह कर अपना पृथक अरब राष्ट्र बनाने पर अडिग रहे। क्योंकि उन्हें तुर्की प्रजा बने रहने की अपेक्षा अरब राष्ट्र बनाना अधिक पसंद था। अरब राष्ट्रीयता ने इस्लाम के बंधन को तोड़ा और अपने साथी मुस्लिम तुर्क के विरुद्ध अपनी स्वाधीनता के लिये लड़ाई लड़ी। उसकी विजय हुई परंतु टर्की का पूर्णत: विभाजन हुआ।

चेकोस्लोवाकिया ने भी चेकों और स्लोवाक दोनों एक ही जन हैं की स्वीकृति से शुरुआत की थी। कुछ वर्षों के भीतर ही स्लोवाकों ने पृथक राष्ट्र का दावा किया। वे यहां तक स्वीकार करते थे कि वे चेकों के एक वंश की शाखा है। उनकी राष्ट्रीयता ने चेकों को यह तथ्य स्वीकार करने पर मजबूर किया कि वे एक अलग प्रकार के जन थे। चेकों ने स्लोवाकों की राष्ट्रीयता को शांत करने के लिये एक हायफन (-) चिन्ह को दो नामों के बीच रख कर उनकी भिन्नता को मान्यता दी और एक संयुक्त संज्ञा चेकोस्लोवाकिया की जगह चेको-स्लोवाकिया नामाभिधान को स्वीकृति दे दी। परन्तु इस पृथकता की परिचायक हायफन के बावजूद स्लोवाकी

राष्ट्रीयता असंतुष्ट रही। क्योंकि हायफन के चिन्ह की स्वायत्तता की कृति दो बातों की सूचक थी—चेको से अलगांव तथा चेको से मिलाप। अलगांव सूचक हायफन का स्लोवाकियों ने स्वागत किया परन्तु मिलाप सूचक हायफन से वे बेचैन थे। उन्हे उसके स्थान पर (/) चिन्ह चाहिये था। अत: जैसे ही हायफन को प्रस्तुत किया गया तो चेक और स्लोवाकों के बीच बार स्थापित करने की लड़ाई आरंभ हुई। इस हेतु किस प्रकार के साधनों का प्रयोग हो इसके प्रति वे चिंतित थे। उनकी राष्ट्रीयता इतनी बेकाबू और तीव्र हो गई थी कि जब उनका विभाजन का प्रयत्न असफल हुआ तो उन्होंने अपने ध्येय की पूर्ति हेतु जर्मनी की मदद मांगने से भी परहेज नहीं किया।

स्लोवाकियों को संवैधानिक सुरक्षा, आनुपातिक प्रतिनिधित्व, संसद में विटो पावर और प्रशासन और सेवाओं में पृथक प्रतिनिधित्व की बहाली इतनी दी गई थी कि कोई भी यह कल्पना आसानी से कर सकता था कि भविष्य में चेक और स्लाव दोनों एक दूसरे में इतने घुल-मिल जायेंगे कि उनको एक ही जाति-प्रजाति के लोग हैं ऐसा माना जा सकेगा। परंतु नहीं इतिहास को ऐसा विलयन मंजूर न था और स्लावों को अपनी राष्ट्रीयता में झुलसकर अपना पृथक देश बनाना अधिक पसंद था। अत: उसका हश्र वही होना था जो 1947 में हिंदु-मुसलमान कौमों का भारतवर्ष में हुआ।

इस प्रकार टर्की और चेकोस्लोवाकिया के गहन अध्ययन से ज्ञात होता है कि एक बार राष्ट्रीयता की शक्ति गतिशील हो जाये तो न स्थानीय स्वायत्तता और न ही धार्मिक बाध्यता उसका सामना करने में सक्षम होती है।

अखण्ड भारत के हिंदु और मुसलमानों में कई सदियों की सामाजिक व सांस्कृतिक एकता होने के बावजूद भी सन् 1947 में भारत के विभाजन को कोई ताकत रोक न सकी। आज भी नूतन वर्ष की पावन बेला दिनांक 4 जनवरी,, 2004 पर इस्लामाबाद में दक्षिण एशिया के देशों की शिखर बैठक संपन्न होने के बावजूद भारत देश के उत्तर में पाकिस्तान, उत्तर-पश्चिम में खालिस्तान, भूटान में उल्फादि संगठन और श्रीलंका में दक्षिण के लिट्टे (एलटीटीए) आतंकवाद से विभाजन का इतिहास दोहराना चाहते हैं।

उक्त तथ्यों के प्रकाश में भारतीय हिंदुओं ने अपने आपसे यह प्रश्न पूछना चाहिये कि यदि ग्रीक, बाल्कन तथा अरब राष्ट्रीयवाद ने तुर्की राज्य को ध्वस्त कर दिया और यदि स्लोवाक के राष्ट्रीयवाद ने चेकोस्लोवाकिया को विभक्त कर दिया है परंतु बाद का टर्की और चेकोस्लोवाकिया आंतरिक रूप से एक हो गया और इतना ही नहीं बल्कि चेकोस्लोवाकिया के राज्य प्रमुख श्री हॉवेल को भारत सरकार ने गांधी शांति पुरस्कार से भी इसी माह में नवाजा है, तो फिर मुस्लिम राष्ट्रीयवाद से विभक्त भारत को आंतरिक रूप से एक होने में अब क्या अड़चन है? क्या भारत अपरिवर्तनशील जाति के समान शरीर और कुटस्थ आत्मा की भांति चेतना तो नहीं बन गया? क्योंकि ये दोनों असाध्य रोग के लक्षण हैं।

डॉ. आंबेडकर जानते थे कि देश में संगठन की चेतना सभी जाति-वर्गों में एक जैसी नहीं रहती और भारतीय समाज में संकुचित मानसिकता उनका एक राष्ट्र बनने में बाधक थी। जिस प्रकार विकास के दौर में प्राचीन समाज उपयोगितावाद से उभर कर आधुनिक समय के दौरान वह न्याय तत्व के आधार पर संगठित हुआ। फलस्वरूप विकासशील देश अपने हितों के प्रति इतने सजग हो गये कि वे अब पहले की तरह विकसित देशों की हां में हां मिलाकर चलनेवाले नहीं हैं, जिसकी प्रतीति कानकुन के विश्व शिखर सम्मेलन में चीन और भारत आदि देशों द्वारा सम्मेलन के विकसित राष्ट्र के प्रस्ताव के विरुद्ध अपना पृथक अभिमत रखने में सिद्ध होने से आई है।

दूसरी बाह यह है कि यूरोपीय संघ अपना आर्थिक और यूरो मुद्रा को कायम करने में फिलहाल जितना सक्षम है उतना आगे भी होगा या नहीं यह समय ही बतायेगा। पश्चिम एशिया में संबंधित देशों का आर्थिक संगठन खड़ा कर उसे टिकाना उस प्रदेश के युद्ध और अशांति की परिस्थितियों पर निर्भर है, जो उसका इतिहास रहा है। परंतु जी-21 नाम से परिभाषित देश अपना आसियन नामक संगठन खड़ा कर आर्थिक विकास में पश्चिमी संगठन की बराबरी और प्रतियोगिता करेगा इस उम्मीद में जान लग रही है क्योंकि उनका अतीत और वर्तमान ऐतिहासिक रक्तपात और वैरत्व का न होकर अमन, चैन और बौद्ध संस्कृति की मैत्री से अभिभूत रहा है।

आज विश्व का धर्म राज्य किसी एक जाति, भाषा, रंग, पेशा, लिंग, वंश और नस्ल के ऊपर निर्भर नहीं है। तथापि भौतिक शक्ति और हथियार लैस भयभीत मनोवृत्ति से कुछ ऐसी ही चेष्टा विश्व मंच से की जा रही हैं। अमेरिका प्रधान क्रिश्चन संस्कृति के वैश्विक धर्मराज्य का टर्की प्रमुख अरब शक्तियां इस्लाम के धर्मराज्य का झंडा हाथ में थामे किसी भी तरीके से प्रतिकार कर रहा है। जी-21 की ताकतें जापान, चीन और भारत के नेतृत्व में बौद्ध संस्कृति के ध्वज में एकत्रित होकर शायद जो भी रूप और आकार वे विश्व को देंगे वह डॉ. आंबेडकर के स्वप्न का प्रारूप होगा ऐसा लग रहा है।[22]

वैसे कहा जाता है कि विश्व में ब्रिटेन का शासन वहां तक फैला था जहां कभी सूर्य नहीं डूबता। परन्तु ऐसा होने पर भी जो ब्रिटेन का साम्राज्य फैला उसका उद्देश्य राजनीतिक और आर्थिक तो रहा पर सामाजिक न्याय और विश्व कल्याण कदापि नहीं था। आंबेडकर पूर्व काल के राजनीतिक साम्राज्य और आंबेडकरोत्तर आर्थिक साम्राज्य में यही फर्क है कि पहले यूरोपीयन व्यापार कंपनियां अपने राजनीतिक शासकों से मिलकर अलग-अलग होकर व्यवसाय करते थे और आज बहुराष्ट्रीय कंपनियां एकजुट होकर अपने अधिशासक राजनीतिक बलबूते पर सहकारी और सामुहिक पद्धति से विकासशील देशों में अपनी वस्तुओं के लिये बाजार खोल रहे हैं और जिधर

वरिष्ठ शक्तिमान राष्ट्र उधर अधिकतर आर्थिक लाभ का सिद्धांत साकार हो रहा है। वाणिज्य, राजनीति, बाजार और वस्तुयें धर्म और संस्कृति पर भी अपना असर डालती है। इस मायने में डॉ. आंबेडकर का यह कथन कि ''संस्कृति व्यापार की पिछल्लगू होती ह'' बड़ा मार्मिक है। इससे निष्कर्ष में यही कहा जा सकता है कि बलिष्ठ राष्ट्र अपने बाजार में वस्तुओं के साथ अपने धर्म और संस्कारों का भी जाने-अनजाने आदान प्रदान करते हैं।

क्या आजाद भारत में क्रूरता, दासता, गरीबी और असभ्य जीवन आज भी विद्यमान है? क्या यहां आज भी स्कूलों में दलित बालक-बालिकाओं को घड़े में से पानी पाने के लिए अपनी आंख फुटवानी पड़ती है और दलित स्त्री-पुरुषों को अपने सिर पर मैला ढोना, बंधक मजदूरी करना, घरेलू नौकरी व सफाई करना, पत्थर तोड़नाा, खेतों व खदानों में सेवारत रहना इत्यादि की मजबूरी विद्यमान है? अर्थात् क्या फैज अहमद फैज के निम्नांकित पंक्तियों द्वारा वर्णित किया जा सकने वाला संवर्ग हमारे बीच मौजूद है?

अर्थात "जा-ब-जा बिकते हुए कूच-ओ-बाजार में जिस्म
खाक में लिथड़े हुए खून में नहलाये हुए,
जिस्म निकले हुए अमराज के तन्नूरों से
पीब बहती हुई गलते हुए नासूरों से।" यदि हां तो ऐसी परिस्थितियों में अवाम को क्या करना चाहिये? क्या उन्हें चुप रहना चाहिये?

नैतिकता खतरे में पड़ने पर भी यदि कोई व्यक्ति मौन धारण करता है तो उसे मानवी जीवन पद्धति के अध:पतन की निशानी माना जाना चाहिये। मजलूमों के दु:खों पर अवाम की एक बड़ी जमात चुप्पी साधे तो यह शर्म की बात है और स्वयं मजलूम भी कुछ न करे तो यह कौम की मौत की निशानी है। डॉ. आंबेडकर ने ऐसी घड़ी में आम लोगों और विशेषत: शोषित व पददलित वर्गों का जो नेतृत्व किया उसे साहिर लुधियानवी के शब्दों में निम्न प्रकार बताया जा सकता है:

सितम के दौर में हम अहल-ए-दिल ही काम आए
जबां पे नाज था जिनको वो बेजबां निकले।

प्रजातन्त्र का चौथा स्तंभ मीडिया है, उस बाबत डॉ. आंबेडकर का कथन है "पत्रकारिता भारत में एक समय व्यवसाय था। अब यह व्यापार बन गया है। इसमें साबून तैयार करने से अधिक नैतिक कार्य नहीं है। यह अपने आपको जनता का एक जिम्मेदार सलाहकार नहीं समझती। भारत में पत्रकारिता इसे अपनी सर्वप्रथम और महत्वूपर्ण दायित्व नहीं समझती कि जो समाचार वह दे उनमें सच्चाई की रंगत हो। सरकारी नीति के किसी दृष्टिकोण को इस ढंग से प्रस्तुत करे जिसे वह जन कल्याण

के हित में बगैर किसी भय के अच्छा समझती है। वह सब को दुरुस्त और ठीक करे, जो गलत और निष्फल रास्ते पर पड़े हो चाहे ऐसे आदमी बड़े हो या छोटे। इस व्यवस्था के अधीन समाचारो का स्थान सनसनीदार बातों ने, विवेकात्मक विचारों का बेतुकी उत्कंठा ने, जिम्मेदार लोगों के अन्तकरण: छुने का गैर-जिम्मेवार लोगों की भावनाओं को भड़काने ने लिया है।"

अवाम

अवाम के डॉ. आंबेडकर ने अवाम की आदर्श जीवन पद्धति को प्रजातन्त्र का नामाभिधान देकर उसके खतरों से भी सावधान कराया। उन्होंने कहा, प्रजातन्त्र के मुख्य दो शत्रु है। पहला–हुकुमशाही या तानाशाही और दूसरा मानवभेद नीति अर्थात् मानव मानव में भेदभाव रखने वाली नीति। हुक्मशाही से उत्पन्न सामाजिक संगठन हमेशा कायम नहीं रह सकते क्योंकि उसका आधार मजबूत नहीं होता। हुक्मशाही की प्रेरणा स्थिर नहीं है और यह प्रेरणा निकल जाने के पश्चात उससे प्राप्त संगठन शिथिल हो जाता है। यही कारण है कि कम्युनिस्ट शासन की नींव कमजोर है। उसी तरह मनुष्य में भेदभाव रखने वाली नीति, सामाजिक, आर्थिक भेद-बुद्धि को प्रेरणा देने वाली संस्कृति इन दोनों से प्रजातन्त्र को बहुत जबरदस्त खतरा है।

ऐसे खतरों से निजात पाने के लिये ही उन्होने अवाम को अपनी स्वतन्त्रता के प्रति समर्पित कर्तव्य का एहसास दिलाने हेतु कहा था, यदि लोग अपने-अपने पंथ और पक्ष को अपने देश की अपेक्षा अधिक महत्व देने लगे तो उससे अपने भारत की स्वतन्त्रता समूल नष्ट हो जायेगी। इस प्रकार का समय न आये इसके लिए हम सब अत्यधिक सजग रहें। अपनी स्वतन्त्रता की रक्षा हेतु अपने शरीर के अंतिम रक्त की बूंद के बहने तक तैयार रहना चाहिये। इतना ही नहीं बल्कि समाज का ऐसा संगठन हो कि यदि इसके चालक नेता चले गये तो भी समाज कार्य निरन्तर चालू रहते हुए चिरकाल तक टिका रहे। इस प्रकार कार्य योजना होने पर ही समाज विश्व में वैभवशाली हो सकता है।

प्रजातन्त्र और धर्म का संबंध बताते हुये डॉ. आंबेडकर ने कहा था–"मानव समाज को धर्म की दो प्रकार की देन प्राप्त है। प्रथम मानव जीवन में एकता प्राप्त करा देने वाली मानसिक प्रेरणा का निर्माण करना। धर्म के ही कारण एक विशिष्ट प्रकार का मानसिक वातावरण निर्माण होता है, जो मनुष्य की एकता पोषक है। दूसरा, मानव समाज में समानता का निर्माण करना। धर्म से ही मानव समाज में समानता का संचार होता है। इन्हीं दो महत्वपूर्ण बातों के कारण आज की स्थिति में प्रजातन्त्र को बनाये रखा जा सकता है और प्रजातन्त्र को बनाये रखना है तो धर्म निहायत जरूरी है।

धर्म की ऐसी आवश्यकता होने पर भी लक्ष्य धर्म नहीं है बल्कि मनुष्य है और धर्म एक साधन है। साधन एक समान नहीं होते, न ही वे समान रूप से अच्छे होते हैं। अतः जरूरी है कि धर्मरूपी साधन को मनुष्यत्व पाने के उद्देश्य से अपनाते समय ऐसी सावधानी बरतें कि जो धर्म अपनाया जाय वह समाजद्रोही न हो, पाखण्डी न हो, विडम्बना या सजा न हो, रोग या पागलपन न हो बल्कि वह मानवता, संगठन, सामर्थ्य, समता, स्वतन्त्रता और संसार को इसी जीवन में सुखी बनाने वाला धर्म होना चाहिये।

जिस प्रकार रत्नों में अच्छे रत्न की परख के लिये परखी की जरूरत होती है उसी प्रकार प्रजातन्त्र, धर्म और देश के परस्पर सम्बन्धों को समझने के लिये भी प्रज्ञादृष्टि की आवश्यकता होती है। इस बात को डॉ. आंबेडकर ने मणी भवन मुंबई में दिनांक 14 अगस्त, 1931 के दिन महात्मा गांधी जी के साथ वार्तालाप में स्पष्ट रूप से बताया था। जब गांधी जी ने तारीफ करते हुये डॉ. आंबेडकर से कहा कि "विदेश में तुम्हारे कार्यों की जो मुझे जानकारी प्राप्त हुई उससे मालूम होता है कि तुम एक महान देशभक्त भी हो" तो बाबासाहेब ने बताया "गांधी जी! मेरी कोई मातृभूमि नहीं है। जिस धर्म और देश में हम कुत्ते और बिल्ली से भी नीच माने जाते है, जहां हमें सार्वजनिक स्थानों में पानी भी पीने नहीं दिया जाता, उस देश को मैं अपना देश, उस धर्म को मैं अपना धर्म कैसे कहूं?"

"आपके कथनानुसार यदि मेरे द्वारा कोई देश सेवा हुई है तो वह देश सेवा की जानकारी होने के कारण नहीं, बल्कि मेरी सद्विवेक बुद्धि के कारण हुई है। इस देश को घातक ऐसा कोई भी कृत्य मेरे हाथ से नहीं हुआ यह मेरी सद्विवेक बुद्धि का फल है।"

डॉ. आंबेडकर कहते थे, जिस प्रकार पुरुषों को शिक्षा की आवश्यकता होती है वैसे ही स्त्रियों को भी होती है। यदि तुम्हें लिखना-पढ़ना आ गया तो तुम्हारी उन्नती होगी। जैसे तुम वैसी तुम्हारी संतान भी होगी।"

स्त्री-पुरुष समानता

मनुस्मृति के श्लोक "स्त्री हमेशा पराधीन रहे और बचपन में अपनी सुरक्षा पिता के अधीन, जवानी में पति, और बुढ़ापे में पुत्र के अधीन रहकर करें" और रामचरित मानस की चौपाई "ढोर, गंवार, शूद्र, पशु, नारी ये सब ताड़न के अधिकारी" को जब हम पढ़ाते हैं तो लगता है कि भारत में नारी शर्म की बात बन गई है। परन्तु डॉ. आंबेडकर द्वारा प्रस्तुत स्त्री स्वतन्त्रता का बौद्ध स्त्री का आदर्श चरित्र और पुरुष के बराबर समान अधिकार के लिये उन्हें विवाह, तलाक, गोद लेना, संपत्ति, अधिकार आदि में सशक्त बनाने की हिंदू कोड़ बिल की योजना को देखते हैं तो लगता है कि

भले ही उसे कार्यान्वित करने की दृढ़ शक्ति तत्कालीन राजनीतिक संगठन में नहीं थी और न समाज उतना वैचारिक रूप से प्रगल्भ था, परन्तु डॉ. आंबेडकर ने स्त्री स्वतंत्रता, सम्मान और मुक्ति के प्रश्न पर प्रतिकारी ताकतों से समझौता न कर प्रधानमंत्री श्री जवाहरलाल नेहरू जी को अपने कानून मंत्री के पद से इस्तीफे का पत्र प्रस्तुत किया और तब से लेकर अपनी आयु के अन्तिम क्षण तक विपक्ष में रह कर वे समानता की लड़ाई के लिये संघर्ष करते रहे। फलतः उनके इस संघर्ष के पचास वर्ष बाद ऐसा लग रहा है कि जो स्त्री पहले भारत की शर्म थी, वह आज उसकी शान बन गई है।

प्रथम महिला प्रधानमंत्री श्रीमती इंदिरा गांधी, प्रथम महिला आईपीएस आफिसर किरण बेदी, प्रथम मिस यूनीवर्स सुष्मिता सेन, प्रथम अंतरिक्ष यात्री कल्पना चावला इत्यादि के उदाहरण हम विश्व के सामने बड़े गर्व से प्रकट कर सकते हैं जो स्वर्णिम बौद्ध अतीत और वर्तमान एशियन युग के उज्जवल भविष्य की याद दिलाता है।

भारतीय इतिहास में तथागत गौतम बुद्ध ही ऐसे पहले व्यक्ति थे, जिन्होंने शूद्र-अतिशूद्रों और दलित महिलाओं को अपनी धर्मशक्ति का हिस्सेदार ही नहीं, बल्कि अधिकारी भी बनाया था। विद्यमान विश्व व्यवस्था को बदलने के लिये आंबेडकर ने एक हाथ में शिक्षा, संघर्ष और संगठन सूत्र तो दूसरे हाथ में स्वतन्त्रता और बंधुत्व के त्रयी सिद्धान्त का हथियार अवाम के लिये बहाल किया।

संतति नियमन

सन् 1936 में भारत में जन्म दर प्रति हजार 35 थी, जो विदेशी राष्ट्र इटली, जर्मनी और इंग्लैंड के जन्म दर से अधिक थी। सन् 1938 में डॉ. आंबेडकर ने मुंबई विधानसभा में संततिनियमन विषयक विधेयक प्रस्तुत किया था। परन्तु उस का अवलंब सन् 1951 में प्रथम पंचवार्षिक योजना में 70 लाख रुपयों की शासकीय सहायता प्रदान कर किया गया। सातवीं पंचवार्षिक योजना में कुटुंब कल्याण की योजना को अमल में लाने हेतु राशि रु. 3,256 करोड़ का इंतजाम था।

इससे पूर्व जब स्वतंत्र मजदूर दल के विधानसभा के सदस्यों की ओर से श्री पी जे रोहम ने दिनांक 10 नवंबर, 1932 को संतति नियमन और जनसंख्या नियंत्रण से संबंधित प्रस्ताव को मुंबई प्रांत विधान परिषद में रखा था, जिसे कभी अन्य सदस्यों का समर्थन नहीं मिलने से निरस्त किया गया था।

उन्नीसवीं सदी के आरंभ में ब्रिटिश अर्थशास्त्र माल्थस का जनसंख्या वृद्धि का सिद्धान्त यह था कि कृषि उत्पादन मंद गति से बढ़ता है परन्तु जनसंख्या द्रुत गति से बढ़ती है। इसका प्रमाण अन्य देशों की अपेक्षा भारत में अधिक प्रतीत हो रहा था।

सन् 1871 से जनगणना के आंकड़ों का अवलोकन भी इस कथन की पुष्टि कर रहा था। 1921 से भारत की जनसंख्या अति शीघ्र गति से बढ़ रही थी। प्रा.र.धे.कर्वे, अमेरिकन बर्थ कंट्रोल लीग, मार्गारेट सॅंगर और महात्मा गांधी के संतति नियमन और जनसंख्या वृद्धि के नियंत्रण पर प्रचार कार्य चलाये जाने के बावजूद भी परिवार नियोजन भारत में असफल रहा था और इस देश के दो मुख्य कारण थे : (1) लोगों में धार्मिक भावना का दृढ़ होना और (2) आधुनिक उपायों के प्रति आम असहमति।

प्रजातन्त्र

प्रजातन्त्र में जनता की संप्रभुता के बारे में डॉ. आंबेडकर की यह सोच रही कि "प्रजातन्त्र के मूल को सामाजिक संबंधों में खोजना पड़ता है। प्रजातन्त्र सहजीवन की एक पद्धति है, जो लोग उस समाज का गठन करते हैं, उनके सहजीवन के संदर्भ में उस पद्धति के मूल को खोजना पड़ता है।

ऊपर वर्णित व्यक्ति प्राधान्यता को संवैधानिक कर्त्तव्य परायणता से निम्न चार प्रकारों से जोड़ा गया। (1) व्यक्ति की स्वतन्त्रता कानून व सुव्यवस्था, नैतिकता और स्वारथ के संदर्भ में निष्पन्न कल्पनाओं से सुसंगत होगी। (2) यह स्वतन्त्रता इस ढंग से अमल में लाई जाये कि उससे अन्य मूलभूत अधिकारों का संकुचन न हो। (3) लौकिक बातों से संलग्न धार्मिक आचरण को नियंत्रित करने का अधिकार शासन के अधीन होगा और (4) धर्म विषयक स्वतन्त्रता कानून अथवा जाति के कारण हिंदु मंदिर में प्रवेश निषेध न होने हेतु किये गये विधान से सुसंगत होना चाहिये।

बिरले ही पुरुष युग प्रवर्तक होते हैं, जो लोग गरीबी और गुलामी में पैदा होकर गरीबी और गुलामी की जंजीर तोड़ देते हैं वे धन्य हो जाते हैं। बीसवी सदी के आरंभ और मध्य में जो राजनैतिक पराधीनता थी उससे मुक्त होने मात्र से सामाजिक स्वाधीनता के ख्वाब पूर्ण नहीं हुये हैं।

विश्व में आज आर्थिक विषमता के साथ-साथ मुक्त बाजार व्यवस्था के जरिये विकसित देशों के द्वारा अविकसित देशों के हित-साधरन को बढ़ाने की अपेक्षा उनके शोषण और दमन को और अधिक उग्र किया जा रहा है। नब्बे के दशक में नई आर्थिक नीतियां भारतीय समाज में कार्यान्वित की गई और उसी के अनुसार बहुराष्ट्रीय निजी कंपनियों ने यहां के उपभोक्ताओं को प्रभावित, यहां के उत्पादकों को प्रताड़ित और यहां के शासन कर्ताओं को दिग्भ्रमित करना आरंभ किया।

परन्तु अगतिक हुई विश्व व्यवस्था को सार्वभौमिक हिताय और सार्वभौमिक सुखाय के उद्देश्य से नई जीवन व्यवस्था में परिवर्तित करने के लिये जिस नैतिक, मानव केन्द्रित वैचारिकी और युग प्रवर्तक की जरूरत है और जिसकी कमी सबको खल रही है, उस पूर्ति हेतु डॉ. आंबेडकर जैसे कर्मठ रहबर और सम्यक युगद्रष्टा के

दर्शन-ज्ञान को आत्मसात् करना होगा क्योंकि विश्व के हर देश की भांति भारत में भी इस दृष्टा के युग प्रवर्तक वैचारिकी से सबसे खतरनाक मानवता मारक मानसिक अस्पृश्यता की बीमारी खत्म होने जा रही है।

अत: एक आवाज से ऐसी प्रार्थना करना चाहिये जिससे लोगों के उद्धार की भावना जागृत हो और ऐसा दृढ़ निश्चय करना चाहिये कि जिन लोगों में अपना जन्म हुआ है उनका उद्धार करना अपना कर्तव्य है, यह जिन्हें मालूम है वे धन्य हैं। परतन्त्रता पर आक्रमण करने के लिये जो अपना तन, मन, धन और यौवन कुर्बाण कर देते हैं। वे धन्य हैं। मनुष्य को अपनी मानवता पूर्ण रूप से मिलने तक जो अच्छाई-बुराई सुख-दु:ख, संकट-संघर्ष, मान-अपमान इत्यादि की परवाह न कर सतत संघर्ष करते रहे हैं वे धन्य हैं।"

अमर संदेश

अपने पचासवें जन्मदिवस समारोह पर अवाम को संदेश देते हुये डॉ. आंबेडकर ने कहा था, "मैं प्रजातन्त्र का कट्टर अनुयायी हूं। व्यक्तिगत पूजा प्रजातन्त्र की विरोधी है। अपने इस भारत में राष्ट्रीय नेता को अवतारी पुरुषों के जैसा आदर का स्थान दिया जाता है। भारत के बाहर अन्य देशों में केवल महापुरुषों की ही जयंतियां मनाई जाती हैं। अगर नेता योग्य हुआ तो उसकी प्रशंसा, प्रेम और आदर करना कोई हरकत नहीं और उतने ही से उस नेता एवं उसके अनुयायियों का समाधान होना चाहिए। परंतु नेता की देव स्वरूप पूजा करना मुझे कतई पसंद नहीं है। इससे नेता के साथ-साथ उसके अनुयायियों का भी अध:पात होता है। मेरा व्यक्तिगत जन्मदिन मनाया जाना मुझे बिल्कुल पसंद नहीं।"

"परन्तु यहां यह सब बताने से कोई लाभ नहीं। संदेश की बजाय मेरे भाईयों को ग्रीक पुराण में लिखित स्रोत की एक कहानी बताऊंगा, जो ग्रीक देवता पर है, जिसे होमर ने लिखा है। प्रसंग इस प्रकार है–

"ग्रीक में एक डिमेटर नाम की देवी थी। वह अपनी पुत्री के खोज में घूमते-घूमते केलिओस के राज्य में पहुंची। उसने दाई का वेष धारण किया था। इसलिए उसे कोई पहचान न सका। रानी मेटोनेरा ने अपने छोटे बच्चे डेमोफून की देखभाल के लिए उसको अपने घर रख लिया। डिमेटर देवी प्रति दिन रात के समय राज महल में सबके सो जाने पर द्वार बन्द करके उस बच्चे को झूले से धीरे-धीरे बाहर निकालती और उसे वस्त्र विहीन कर जलते अंगारों पर रखती थी। शायद श्रोताओं को यह कृत्य क्रूर सा लगेगा। परन्तु यह वास्तव में वैसा नहीं था। बड़े प्रेम से वह देवी उसे देवता बनाने में लगी थी। क्रमश: उस बालक में जलते अंगारों की ज्वाला सहन करने की शक्ति एवं सामर्थ्य उत्पन्न हो गई। उसका बल बढ़ने लगा।

उसमें कुछ तेज, दिव्यत्व एवं असाधारणतया के अंश विकसित होने लगे। परन्तु एक रात उस बालक की माँ अचानक उस कमरे में पहुंच गई और अपने पुत्र को देवता बनाने का वह प्रयोग देखते ही डिमेटर देवी को धकेल अंगारों में से बालक को शीघ्र उठा लिया। उसका पुत्र उसे मिल तो गया परन्तु साधारण मनुष्य-बालक को असाधारण रूप में न पा सकी।"

यह कहानी बताती है कि अपना भविष्य उज्जवल करने हेतु मनुष्य को वर्तमान सुख एवं आवश्यकताओं का भी त्याग करना चाहिये। ऐसा क्यों होता है कि जीवन की दौड़ में भाग लेने का आमंत्रण सबको आता है परन्तु बहुत थोड़े लोग सफल होते हैं? इसका कारण यह है कि भविष्य की आवश्यकता की पूर्ति हेतु वर्तमान की विलासिताओं का त्याग करने में लगने वाला धैर्य या निर्धार मनुष्य के पास नहीं रहता। इसलिये जीवन की दौड़ में इन्हें बड़प्पन नहीं मिलता।"[24]

1. दु:खियों के आंसू पोंछने के लिये तुम्हारे नयन तरसने चाहिये। दीन-दु:खियों की सेवा के लिये तुम्हारा हृदय पसीजना चाहिये। संकट ग्रस्त लोगों की रक्षा के लिये तुम्हारी भुजायें फड़कना चाहिये।
2. नीचे सिर झुकाकर चलने वाले हजारों भेड़ों के विशाल समूह की अपेक्षा वीरता की वृत्ति रखने वाला सिंह का समूह बेहतर होता है।
3. निष्प्रभ सुशिक्षितों के झुण्डों की अपेक्षा सुसंस्कृत मन से व्यवहार करनेवालों का मेला ही नि:संशय उपकारक होता है।
4. सदाचार का सत्व साथ में रख जीवन में मंगलत्व निर्माण करो।
5. पुस्तकों के सहवास में शांत जीवन बिताने जैसा दूसरा आनंद कहीं नहीं है।
6. मानव जीवन का तत्वज्ञान हमें आज अधिक प्रभावी ढंग से समझ में आ रहा है।
7. जिस गांव में अभिमानशून्य जीवन व्यतीत करना पड़ता है वह गांव किस काम का।
8. यद्यपि मैं हिन्दू धर्म में जन्मा हूं, फिर भी मैं हिन्दू धर्म में रहकर मरूंगा नहीं।
9. देश का संविधान कितना भी अच्छा क्यों न हो लेकिन उसको उपयोग में लाने वाले मनुष्य यदि अच्छे नहीं तो संविधान निश्चित ही बुरा सिद्ध होगा।
10. केवल मेरा नाम लेकर जय जयकार करने की अपेक्षा जो चीज मेरी दृष्टि में अनमोल है उसे करने के लिये प्राणपण से जूझो।
11. देश के राजनैतिक दलों ने यदि देश हित की अपेक्षा अपने दिल हित को अधिक प्राधान्य दिया तो देश फिर एक बार संकट में गये बिना नहीं रहेगा और तब फिर अपना सर्वस्व हमेशा के लिये नष्ट हो जायेगा।

संदर्भ

1. श्री अयंगर, "मन्त्र युग के प्राचीन भारत में जीवन" पृ. 13 और ऋ. वे. 1. 53. 8, 103.3, ऋ. वे. 4. 30. 20, ऋ., वे. 7. 5. 3 ऋ.. वे. 4. 67. 3., ऋ वे. 8. 24. 27, 30.5, 5.11.4, आं: 110; डॉ. बी. आर. आंबेडकर, हू वेअर द शूद्राज, ठक्कर, मुंबई 1946, पुमु 1947, 1970, पृ. 110.
2. ऋ. वे. 1. 51.8, 9; 1.1.32 4; 4.41.2; 5.14.3
3. मुंशी एन. एल. खोब्रागडे, मध्य प्रांत में दलित आंदोलन का इतिहास, मध्य प्रदेश दलित साहित्य अकादमी, बालाघाट, 1999 पृ. 40-41.
4. एम. डी. कांबले, डिप्राइव्ड कास्ट्स् एण्ड देअर स्ट्रगल फॉर इक्वालिटी, आशीष पब्लिशिंग हाउस, नई दिल्ली 1983, मुख पृष्ठ।
5. डॉ. आंबेडकर, वीसा की प्रतिक्षा में, 1942-46, पृ. इस शीर्षक से अपने श्रम मंत्रीत्व के कार्यकाल के दौरान विदेशी पाठकों के सूचनार्थ आत्म-चरित्र की विधा में डॉ. आंबेडकर का लेखन।
6. डॉ. बी. आर आंबेडकर, लेखन व भाषण, खण्ड।, मुबंई 1979, पृ. 227
7. डॉ. नरेन्द्र जाधव, डॉ. आंबेडकरांचे अर्थशास्त्रीय लेखन, डॉ. बाबासाहेब आंबेडकर गौरव ग्रंथ, महाराष्ट्र राज्य साहित्य आणि संस्कृति मंडळ, मुंबई 1993, पृ. 362-372.
8. डॉ. नरेन्द्र जाधव, वही, पृ. 362-391.
9. श्री गोविंद तळवलकर, डॉ. आंबेडकर यांचे आर्थिक विचार, डॉ. बाबासाहेब आंबेडकर गौरव ग्रंथ, मुंबई 1993, पुनर्मुद्रण 1999, पृ. 399-400.
10. डॉ. एस. डी. तुपे, डॉ. बाबासाहेब आंबेडकर आणि जमीनधारणा, वही पृ. 400-401.
11. डॉ. भालचंद्र लक्ष्मण मुणगेकर, डॉ. आंबेडकर यांचे भारतीय शेतीविषयक विचार, डॉ. बाबासाहेब आंबेडकर गौरव ग्रंथ, मुंबई 1993, पुनर्मुद्रण 1999, पृ. 393-394.
12. विसाव्या शतकातील महाराष्ट्र 1910-1914 खंड 1, पृ. 214 और शांताराम पंदेरे, डॉ. आंबेडकर आणि राखीव जागांचा प्रश्न, डॉ. बाबासाहेब आंबेडकर गौरव ग्रंथ, मुंबई 1993 पुनर्मुद्रण 1999, पृ. 307.
13. सत्यकेतु विद्यालंकार, एशिया का आधुनिक इतिहास, सरस्वती सदन, मसूरी, उ. प्र. 1964 तृतीय संस्करण, पृ. 896.

14. सत्यकेतु विद्यालंकार, वही
15. डॉ. बी. आर. आंबेडकर, रानडे, गांधी और जिन्नाह, मुबई 1943 भूमिका से।
16. श्री अरुण शौरी, वर्शिपिंग फाल्स गॉड, ए.एस.ए. प्रकाशन, नई दिल्ली 1997, पृ. 10.
17. एल. आर. बाला, शौरा का शोर, सम्यक साहित्य, नई दिल्ली 1997, पृ. 15.
18. डॉ. बी. आर. आंबेडकर, रायटिंग्स एण्ड स्पीचेस, खण्ड 1 मुंबई 1979 पृ. 54.
19. डॉ. बी. आर. आंबेडकर, आकाशवाणी मुंबई का भाषण दिनांक 13.11.1942
20. डॉ. बी. आर. आंबेडकर, स्मरण पत्र, साप्ताहिक मेनस्ट्रीम, नई दिल्ली, वार्षिक नवंबर 1993, पृ. 45
21. दैनिक भास्कर दिनांक 2 दिसंबर 2003, सुविचार में संपादकीय पृष्ठ।
22. सी.डी. नाईक, थाटस एण्ड फिलासफी, ऑफ डॉ. बी.आर. आंबेडकर, सरुप एण्ड सन्स, नई दिल्ली 2003, बुद्धिस्ट डेवलपमेन्ट इन इस्ट एण्ड वेस्ट नामक अध्याय।
23. एल. आर. बाली. वही।
24. प्रो. एन. जी. मेश्राम, डॉ. आंबेडकर का दिव्य संदेश, मुंबई (प्रथम आवृत्ति 1968), (दूसरी आवृत्ति 1995) पृ. 1-70.

22

मुंबई विद्यापीठ

मुंबई विद्यापीठ पुर्नरचना समिति के समक्ष 15 अगस्त 1924 में डॉ. बाबासाहेब आंबेडकर ने अपनी साक्ष निम्न प्रकार अंकित की।

शिक्षा के ध्येय

विद्यापीठ शिक्षण ध्येय के विषय में मैं निरीक्षक शिक्षण मंडल, इंग्लैड मत से सहमत हूं। विद्यापीठ में ही जाने वाली शिक्षा समाजाभिमुख होनी चाहिए। वह विज्ञाननिष्ठ और पक्षपातरहित होनी चाहिए। किसी भी विशिष्ट समाज घटकों के हित सापेक्ष न हो। शिक्षा का उद्देश्य वस्तुस्थिति पूरक जानकारी दिलाना या कुछ सिद्धांत सीखाना नही होना चाहिए। बल्कि विद्यार्थियों का व्यक्तित्व विकसित हो, उनकी मानसिक, बौद्धिक क्षमताओं की वृद्धि हो, प्रस्थापित अधिकारी विद्वानों के विचारों का आलोचनात्मक परीक्षण करने के लिए वे समर्थ हो, प्रथम सूत्रों का शोध लेकर वे आवश्यक जानकारी प्राप्त करने का प्रयत्न करें, उनके मन में किसी भी वस्तु के विषय में जिज्ञासा निर्माण होकर उसके माध्यम से गहरे अध्ययनों की प्रवृत्ति विकसित हो। उसी प्रकार सत्य का शोध कितना भी कठीन है क्यों न हो तो भी उस मार्ग पर जाना कितना जरूरी है यह उन्हें समझ में आयेगा। किसी ने व्यक्त किया हुआ मत और वस्तु स्थिति क्या अंतर है को असर वे जान सकें। समस्याओं को समझकर हरेक समस्या की अचूकता उनके ध्यान में आये, प्रत्येक समस्या का निदान करते हुए अपने पसंद के सिद्धांत का मोह उन्होंने छोडना चाहिए। किसी के मल का तीव्र विरोध भी अगर करने का हो तो भी उस व्यक्ति पर अन्याय नही होगा का ध्यान रखा जाना चाहिए। सूचित किये हुये विचारों, संकल्पनाओं की सत्यासत्यता जांचने की दृष्टी उसे प्राप्त होनी चाहिये। इस विश्लेषण से क्या निष्कर्ष निकलता है का वे विचार करें। किसी विचार का या संकल्पणा का स्वीकार या अस्वीकार करने के पहले वह विवेकनिष्ठ विचार करें। मोलिक स्वरूप का शोध कार्य करनेवाला विद्यार्थी बनने के बजाय मौलिक संशोधन किस प्रकार से किया जाता है को जान लेना अधिक महत्वपूर्ण है की जाणीव उन्हें होनी चाहिए। वे उपलब्ध सबूतों का योग्य मूल्यमापन करें, तर्कों का आधार दें। उस पर आलोचना करें। उसी प्रकार अधिकारी विद्वानों के

मतों पर भाष्य किया जाना चाहिए। इन सब के लिए विद्यार्थियों की क्षमता विकसित करना ही विद्यापीठ शिक्षा का उदिष्ट होना चाहिए। इस के अलावा बंबई प्रांत के विद्यापीठ शिक्षा के कुछ अलग ध्येय और कार्य हो सकते हैं ऐसा मुझे नहीं लगता। फिलहाल में जिस प्रकार के विद्यार्थी विद्यापीठ से शिक्षा ग्रहण करके निकलते हैं उनका मूल्यांकन किया जाय तो विद्यापीठ शिक्षा ध्येयपूर्ति और कार्यप्रवणता की दृष्टि से संपूर्णतः अयशस्वी हुई है ऐसा लगता है।

शिक्षा संस्थान कैसे हो

विद्यापीठ शिक्षा की इस अपयशिता के लिए कुछ मात्रा में शिक्षा पद्धति और अध्यापकों की प्रवृत्ति जबाबदार है। उसी प्रकार विद्यापीठ में दाखिल होने वाले विद्यार्थी और उनकी प्रवृत्तियां भी इस के लिए उत्तरदायी हैं। उसी के साथ विद्यापीठ में दाखिल होने के पहले विद्यार्थियों को मिलने वाली शिक्षा का दर्जा और स्थिति भी इस के लिए उत्तरदायी हैं। तब भी मेरे मतानुसार हल अपयश का मूल शिक्षा और व्यवस्थापन की यंत्रणा में ही है। विद्यापीठ अपनी ध्येयपूर्ति के लिए और स्वीकृत कार्यक्रम को यशस्विता से कार्यान्वित करने के लिए प्रयत्न करने की चाह रखती हो तो विद्यापीठ की शिक्षा की यंत्रणा शिक्षाभिमुख होना आवश्यक है। शिक्षाभिमुख यंत्रणा का अभिप्राय ऐसी यंत्रणा से है जिसमें विद्वानों का समूह ज्ञानविकास और प्रचार-प्रसार के लिए कार्यशील है और मनुष्य निर्माण के लिए प्रयत्नशील हैं। इस विधान के प्रकाश में बंबई विद्यापीठ विद्यापीठ है ही नही यह दिख पड़ता है। न यह विद्यापीठ विद्वानों का समूह ही है। यहां मनुष्य निर्माण की प्रक्रिया शुरु नहीं हुई है और इसमें किसी को भी ज्ञान के विकास और प्रचार-प्रसार में रूचि नही है। ऐसी यह संस्था है। दूसरे शब्दों में कहें तो विद्यापीठ की शिक्षा और प्रशासन की यंत्रणा कैसी नहीं होनी चाहिए इसका उत्तम नमूना यह बंबई का विद्यापीठ है। यह प्रशासकीय कर्मचारियों की टोली बना हई है। इम्तहान लेना ही इस का काम है। और ज्ञान संवर्धन, विकास, प्रचार, प्रसार इन बातों को विद्यापीठ ने अपने कार्य क्षेत्र से बेदखल किया हुआ है ऐसा दिखाई देता है।

शिक्षा या परीक्षय

यह कहा जा सकेगा कि विविध सामाजिक घटकों में परस्पर हित संवर्धन और सामंजस्य का वातावरण निर्माण करने के लिए समाज को अपना इतिहास और संस्कृति का बोध रखना जरूरी है। यह बोध निर्माण करने के लिए विद्यापीठ को चाहिए कि वह सहेतुक प्रयत्न करें। परंतु बंबई विद्यापीठ ने इस बारे में कुछ भी नही किया है। ज्ञान ग्रहण करने की प्रक्रिया से पूर्णतः संबंध विच्छेद कर केवल परीक्षा लेने का काम करनेवाला विद्यापीठ वह लक्ष्य सध ही नहीं सकता। और यह लक्ष्य सिद्ध कराने के

लिए एकमेव मार्ग यानी यही है कि परीक्षाभिमुख विद्यापीठ को शिक्षाभिमुख विद्यापीठ में रुपांतरित होना पड़ेगा।

पाठशाला व कॉलेज के छात्र

में इन प्रश्नों का समाधाना कारक उत्तर दे सकूंगा या नही इस संबंध में मुझे संदेह है। तब भी, चूंकि उच्च माध्यमिक पाठशाला से विद्यार्थी विद्यापीठ में आते हैं अत: उन पर विद्यापीठ का यश-अपयश बहुत अधिक मात्रा में निर्भर करता है, यह मुझे मंजूर है। योग्यतावाले विद्यार्थी कैसे प्राप्त करे की बड़ी समस्या प्रत्येक विद्यापीठ के सामने है। इसलिए योग्य प्रकार के विद्यार्थी पाठशालाओं की तरफ से निष्पन्न होने चाहिए इसके लिए उन पर दबाव डालने के हेतु से उन का नियंत्रण अपने पास रखने के लिए विद्यापीठ का उत्सुक होना मेरी समझ से परे है। किसी भी विद्यापीठ ने इस प्रकार की जिम्मेवारी स्वीकार की है इसकी मुझे तो भी जानकारी नही है। स्वयं अपनी प्रवेश परीक्षा में पात्र विद्यार्थी का चुनाव करना प्रत्येक विद्यापीठ को जरूर आयेगा। इससे अधिक कुल विद्यापीठ को करना चाहिए इसके लिए कोई भी संयुक्तिक कारण नहीं दिखता। विद्यापीठ की कार्यप्रणालि के सम्बन्ध में यह कहा जा सकेगा।

विद्यापीठ का कार्य

बंबई विद्यापीठ को शिक्षाभिमुख विद्यापीठ कहकर परिवर्तित होना है तो उसे पहले दो समस्याओं का सामना करना पड़ेगा। एक उसे शिक्षाभिमुख विद्यापीठ में कैसे रूपांतरित करें यह समस्या है तो शिक्षा भिमुख विद्यापीठ के रूप में कार्य करते समय शिक्षण कार्य का संयोजन कैसे किया जाए यह दूसरी समस्या है। पहिली समस्या का विचार प्रश्न क्रमांक 36 से 40 तक के उत्तरों को देते वक्त कर सकेंगे। यहां सिर्फ दूसरी समस्या के बारे में मुझे अपने विचार व्यक्त करना हैं। 1857 के विद्यापीठ कानून के तहत विद्यापीठ ने शिक्षा देने का कार्य करना चाहिए इस विषय में कुछ भी प्रावधान नहीं है। 1904 के विद्यापीठ कानून के तहत तो विद्यापीठ ने अन्य कार्यों के साथ साथ शिक्षा प्रदान करने का भी कार्य करना चाहिए ऐसा उल्लेख है। यह प्रावधान विद्यापीठों ने उपधि-पूर्व शिक्षा प्रदान करना चाहिए के अभिप्राय से होगा प्रतीत होता है। परंतु इस संदर्भ में सभी प्रस्थापित विद्यापीठों ने विद्यापीठ आयोग की सिफारिशों का ही अवलंब करने का निर्धार किया है ऐसा दिखता है। आयोग की सिफारिस में ऐसा कहा गया है कि शिक्षा संस्थान के रूप में विद्यापीठों ने अपना अस्तित्व सिद्ध करना हो तो उन्होंने अध्ययन अध्यापन के लिए प्रगत अभ्यासक्रम का आरंभ करना चहिए। इस का परिणाम यह हुआ कि, पदव्युत्तर अभ्यासक्रम को पदवी पूर्व अभ्यास क्रम से विभक्त कर दिया गया। परिणामत: पदवीपूर्व शिक्षा की जिम्मेवारी महाविद्यालयों के पास तो पदव्युत्तर शिक्षा की जिम्मेवारी विद्यापीठ के पास ऐसी इस समय की स्थिति है।

पदवीपूर्व और पदव्युत्तर शिक्षा के ऐसे कृत्रिम विभाजन को मेरा तीव्र विरोध है। इस विरोध के निम्न कारण हैं:

(1) पदवीपूर्व शिक्षा को पदव्युत्तर शिक्षा से विभक्त करना यानी शिक्षा और संशोधन इन्हें एक दूसरे से विभक्त करना है। और यह स्वयंसिद्ध है कि जब संशोधन को शिक्षा से अलग किया जाता है तब संशोधन कार्य की अपरिमित हानि होती है। 1911 में स्थापित हुये लंदन शिक्षा आयोग के सदस्यों को इस बात का प्रकर्ष के साथ एहसास हुआ है।

69 पदवीपूर्व अभ्यासक्रम में अध्ययन को और पदव्युत्तर अभ्यासक्रम में संशोधन को प्राधान्य रहेगा यह बात स्रोत में ही आ जाती है। लेकिन विद्यापीठ के हित की दृष्टि से प्रथित यश के लिए प्राध्यापकों द्वारा पदवीपूर्व विद्यार्थिओं को सिखाना आवश्यक है। पदवीपूर्व विद्यार्थियों के शैक्षणिक जीवन के आरंभ में ही प्राध्यापकों द्वारा विद्यापीठ शिक्षा क्षेत्र में प्रवेश प्राप्ति चाहने वाले विद्यार्थी वर्ग के साथ संबंध प्रस्थपित किया जाये, तो विषय की संकल्पना ठीक तरह से समझी जाने के लिए ऐसे विद्यार्थिओं की मानसिक और बौद्धिक तैयारी सहजता से की जा सकेगी। प्राध्यापक ऐसे विद्यार्थिओं को अपनी पद्धति से प्रशिक्षित कर सकेंगे। इस प्रणाली का द्विविध लाभ प्राध्यापकों को प्राप्त होंगे। एक लाभ यह है कि उन्हें संशोधन कार्य के योग्य विद्यार्थियों में सर्वोत्तम विद्यार्थियों का चयन कर उनके द्वारा उत्कृष्ट कार्य किया जा सकेगा। यहां यह बात ध्यान में रखना आवश्यक है कि, प्राध्यापकों के व्यक्तित्व के प्रभाव से ही संशोधन कार्य के लिए योग्य विद्यार्थी मिल सकेंगे। प्राध्यापकों का व्यक्तित्व विद्यार्थी में जिज्ञासा, प्रेरणा और विश्वास निर्माण करने के लिए समर्थ होता है। कुछ प्राध्यापक का व्यक्तित्व ही योग्य चयन के पीछे की सुप्त शक्ति है। प्राध्यापकों का व्यक्तित्व ही सहकारियों में कार्य की प्रेरणा निर्माण कर उन्हें कृतीप्रवण करने में कारक सिद्ध होता है। स्वतंत्र प्रज्ञा और मौलिक विचार क्षमता संपन्न विद्वान प्राध्यपकों का सहवास सभी प्रामाणिक विद्यार्थियों को प्राप्त होना आवश्यक है। हेस्महोस्टझ कहता है कि, एक बार भी कोई व्यक्ति श्रेष्ठ व्यक्तित्व संपन्न व्यक्ति के संपर्क में आ गई तो उस व्यक्ति की संपूर्ण मानसिक प्रवृति ही बदल गई होने की प्रतीति होती है। व्याख्यानों ने अपनी उपयोगिता अभी भी गंवाई नहीं है। और मुद्रित अक्षर कभी भी मौखिक शब्दों की जगह नहीं ले सकता। सतत संपर्क में रहकर प्रयोगशाला और चर्चासत्र के माध्यम से जो प्रशिक्षण और प्रबोधन होता है वह पुस्तकें पढ़कर होना संभव ही नहीं। प्रबोधन और प्रशिक्षण की यह प्रक्रिया विद्यापीठ शिक्षण के अंतर्गत सहज संभव है। इस प्रक्रिया से विद्यार्थी सीखते हैं। पुस्तकों द्वारा प्राप्त होने वाले निष्कर्ष और सहायक जानकारी तो उन्हें इन्हीं माध्यम से उपलब्ध तो होती है लेकिन इसके व्यतिरिक्त इस विचार विकास की प्रक्रिया के साथ उन का परिचय

हो जाता है। उनकी बुद्धि और मन का विकास होता है। मूलगामी विचार करने की उनकी क्षमता भी बढ़ती है।

अत: में डॉ. आंबेडकर के निम्नांकित वचन दलितोत्थान का प्राण है:

''जिन लोगों में हमारा जन्म हुआ उनका उद्धार करना हमारा कर्त्तव्य है कि चेतना जिनमें हैं वे धन्य हैं। गुलामी को खत्म करने के लिए जो लोग अपना तन, मन, धन और यौवन कुर्बान करते हैं वे धन्य हैं। तथा अछूतों को अपनी मनुष्यता पूर्ण रूप से प्राप्त होने तक जो भले-बुरे की, सुख-दुख की, संकट-विपदा की, मान-अपमान की परवाह न कर निरंतर संघर्षशील रहेंगे वे धन्य है।''

संदर्भः

1. दलितांचे शिक्षण, डॉ. बाबासाहेब आंबेडकर, समता सैनिक दल, नवानकाशा, लस्करीबाग, नागपूर से 10 अक्टूबर 1989 में प्रकाशित मोनोग्राफ के पृष्ठ क्रमांक 39 से 42 तक का लेखक द्वारा अनुवाद।

23

हिंदी राष्ट्र की प्राण प्रतिष्ठा

हिंदुस्तान के राज्यसूत्र ईस्ट इंडिया कंपनी के हाथों में होते हुये यहां के लोगों की उन्नति के बारे में ब्रिटिश कूटनितिज्ञों और राजनैतिक पुरुषों की नीति बहुत उदारता की थी यह कहा जाता है। इस का कारण ईस्ट इंडिया कंपनी के यहां के सेवक अपरिमित संपत्ति प्राप्त कर स्वदेश जाते थे और वहां नवाब जैसे ऐशोअराम में रहते थे और इस लिये बहुतों को ईर्षा हुआ करती थी। उसी प्रकार कंपनी के अनेक हिस्सेदार और निदेशक धनी होकर प्रबल हो गये थे। पैसों के जोर पर पार्लमेंट में भी उनका दबाव बढ रहा था जिससे वह कंपनी को अनेक सहूलियतें दिला दे रही थी। इन सभी कारणों से कई अंग्रेज कूटनीतिज्ञों को कंपनी की उर्ध्वस्थिति के बारे में इर्षा हो रही थी। इसलिए कंपनी के कार्यसेवा की पूछताछ करने के लिए एक संसद–समिति नियुक्त की गई। उस ने हिंदुस्तान की कंपनी के शासकीय नीति में जो बदलाब लाया उसमें हिंदुस्तान के लोगों को अंग्रेजी भाषा के माध्यम से और अंग्रेजी कल्पनाओं का सर्वत्र प्रचार, उसी प्रकार राजप्रशासन में स्थानीय लोगों का अंतर्भाव व स्थानीय लोगों के मार्ग में स्थित सभी अडचनें दूर की इनका अंतर्भाव है।

इस व्यावस्था के अनुसार हिंदुस्तान के लोगों की उन्नति के लिए अमल में लाई गई पहली सुधार नीति यानी यहां के लोगों को अंग्रेजी भाषा के माध्यम से विद्यादान देना है। इस शिक्षा की शेरणी के दुग्धामृत का प्राशन किये जाने के बाद यहां के लोगों में नया उत्साह, नया तेज व नई स्फूर्ति पैदा हुई।

अंग्रेजी विद्या के अध्ययन और पाश्चिचात्य देशों की संस्थाओं के इतिहास के परिशीलन से हिंदुस्तान के युवक को राजा और प्रजा के अधिकार समझ में आते हैं। इस से अनियंत्रित राजसत्ता की कमियां उनकी नजर में आई। स्वतंत्रता की कल्पनायें स्पष्ट रूप से समझ में आने लगी। स्वतंत्रता के लिए ब्रिटिश जनता द्वारा किये और चताये गये संघर्ष उनके निदर्शन में आये। व्यक्ति स्वतंत्रता का दृदयत सुलझता गया। देश की अधोगति का चित्र दृश्य पटल पर प्रतिबिंबित हुआ। कर्तव्य की अंत: स्फूर्ति पैदा हुई। उन्नति की महत्वाकांक्षा पैदा होने लगी; स्वाभिमान की नई हवायें उनमें संचार करने लगी। और उन्हीं का यह प्रत्यंतर है कि दादाभाई नौरोजी ने कलकत्ता के अपने भाषण में राजसत्ता का स्वरूप किस प्रकार होना चाहिए और राजशासन के तत्त्व

क्या होने चाहिए के संबंध में ऊहापोह कर देश में उच्च मनोवृत्ति जगाने, लोगों की महत्वाकांक्षा को सही दिशा देने और अंतिम ध्येय की कल्याण निश्चित करने के आद्य कर्तव्य राष्ट्रीय सभा के है ऐसा बतलाया। राज्य व्यवस्था का निरीक्षण कर भिन्न भिन्न विभागों से दिखाई देने वाले सुधार और आवश्यकताएं सरकार के सामने रखे जाए; अन्याय, असमानता या प्रजा के हिताधिकारों को कूचल दिये जाने पर वह सरकार के नजर में लाकर देना, सरकार ने दिये आश्वासन के अनुसार प्रजा के अधिकारों का समर्थन करना चाहिए; राजव्यवस्था की नीति अपमान, जुल्म, कष्ट की हुई हो तो उसका निषेध किया जाना चाहिए; सहकारिता से व्यवहार कर राज्य का कारोबार लोकहित का होगा ऐसी सूचनायें समय समय पर की जानी चाहिए के दादाभाई नौराजी के उपदेशों से प्रेरित लोगों ने उसी कलकत्ता से सरकार के साथ असहकारिता का बिगुल बजाया था।

राष्ट्रीय उपनाम के नेताओं को पंजाब प्रकरण या खिलाफत ये दोनों ही शल्य के समान चुभते होंगे या ऊपरी तौर पर वैसा ढोंग करने की उनकी अदा हो, के संबंध में विचार करना बिल्कुल आवश्यक है।

अंग्रेज सरकार का राजकारोबार यानी ईश्वरीय प्रेरणा मनानेवाले लोगों ने समस्त देशभर में नृत्य कर अपनी अपनी कटोरी भर कर आज वे ही सरकार के प्रशासन में अडचणों की वजह क्या होनी चाहिये की जांच करें तो ज्यादा कठिन नहीं होगा। डेढ सौ वर्षों के जिस अंग्रेजी शिक्षा के माध्यम से उनमें स्वतंत्रता की भावना और स्वाभिमान की ज्योति प्रकाशित हुई, उसी शिक्षा से अपनी ही मातृभूमि की संताने और अपने ही धर्म के भाईयों के सामाजिक और धार्मिक दासता की कल्पना की जा सकती थी और की गई होगी; लेकिन वह दूर करने के लिए स्वजाति के वर्चस्व की लोलुपता ही उनके रास्ते में आड आई होगी।

'स्वयं मरे बगैर स्वर्ग नहीं दिखता' की कहावत उन्हें पंजाब प्रकरण से याद आई। वही कहावत उन्हें तब तक समझ में नही आयेगी जब तक वे लोगों के लिए अपने मन में खुलेपण से अपनत्व का भाव नही लाते और जब तक वे इन हीन-दीन लोगों की तकरीरों (कैफियत) उपेक्षा करते रहेंगे। ऐसी स्थिति में उन्होंने स्वराज्य का कितना भी ढिंडोरा पिटा हो तो भी इस से सही स्वराज्य का सुख मिलना नामुमकीन है।

विकासशील कहे जाने वाले वर्ग पिछडे या बहिष्कृत वर्ग की उन्नति के प्रति उदासीन रहेंगे तो उनके पैरों की गुलामी की बेडियां भी वैसी ही चिपकी रहेगी। इसलिये अपने ही अंगों पर स्वयं हमने ही लादी हुई सामाजिक और धार्मिक बेड़ियां पहले तोड कर, सभी अंग समग्रता से एक प्राण होकर राष्ट्र सेवा के लिए प्रयत्नशील हो जायेंगे, तो ही अपनी इस भारत भूमि का उद्धार जलद गति से होगा; नहीं तो यह

छः करोड़ जनसंख्या वाला समाज खींचातानी तो युद्ध में ऐसा ही पीछे खेंचता रहेगा यह भी उन्होंने पक्के तौर से ध्यान में रखना चाहिए।

जिस प्रकार– अज्ञ मनुष्य को सुज्ञ बनाना, उस के मन में अव्यक्त शक्ति का उदय कराना, उन्हें दृढ करना बढ़ाना और उचित दिशा में ढालना अध्यापक का पवित्र कर्तव्य है, उसी प्रकार पुराणे ग्रंथकारों ने गुरु को बाप का दर्जा देकर, जन्म देने वाला बाप जैसे मनुष्य को पूज्य होता है, वैसे ही विद्या दान से पुनर्जन्म देने वाला गुरु भी पूज्य है। परंतु यह योग्यता प्राप्त करने के लिये उस गुरु को, जिस प्रकार बहुत श्रम करना पड़ता है, उसी प्रकार हमारे धर्मगुरु अथवा राजकीय गुरु एक राष्ट्रीयता में अज्ञान, जातिबंधन और धार्मिक गुलामी की कीड नष्ट कर सब में अपनात्व को प्रदीप्त किए बिना गुरु या और धर्म श्रेष्ठत्व का सम्मान उन्हें प्राप्त होना मुमकीन नही। और अगर उन्होंने उसके बिना भी उस सम्मान के शौक को पूरा कर लेने की इच्छा रखी तो भी वह बगैर गुण के कारण बेकार है।

अपनी धार्मिक कल्पना के अनुसार हम में से कोई मनुष्य थोडा सा कहीं शुभ कार्य करने के लिए निकलता है तो वह कालसमय देखकर अपने पीछे किसी का अमंङगल कर्कश आवाज वगैरा है या नही, को देखकर ही आगे कदम बढ़ाता है। फिर अपने कहे जाने वाल राजनेता जब अपने पीछे छः करोड़ प्रजा का सामाजिक अन्याय का छल और उससे निकली हुई चीत्कार को सुनकर उन्हें आगे बढेंगे तो क्या भी यश प्राप्त होगा? नहीं, कभी नही। ऐसा कोई भी समतोल बुद्धि वाला आदमी कहेगा मात्र फिर सौ डेढ सौ वर्षों की गुलामी से ही तंग हुए हमारे धर्म-बंधू, देश बंधूओं के पाषाण हृदय में सहस्त्र वर्षो से नीचे दबा गर्दन पर थै थै नृत्य से रोंधे गये कंठो से निकली दयनीय चित्कार से अपने पाषाण दृश्य को कुछ भी आर्द्रता क्या नही फुटनी चाहिए? केवल सामाजिक और धार्मिक दबाव के कारण ही इस हतभागी समाज का शौर्य-धैर्य तुम्हारे काम नहीं आ रहा है न? परंतु जिन्होंने उनका स्वीकार किया, उनको उन्होंने स्वयं जल पीकर भात दिया और उनके कंधे से कंधा मिलाकर अकटि कोरेगांव जैसे धमासान युद्धों में दिग्विजय प्राप्त करा दी और गैरों को इस देश में हमेशा के लिए सत्तासीन कराया का स्मरण तुम्हें नही है? क्या यही तुम्हारे काम न आये होते? लेकिन उनका सहवास, उनकी सहकारिता प्राप्त करने के लिये तुम्हारी ही खुदगर्जी आड आई और उसी के कारण आज तुम्हारी दुर्दशा हुई है इसके लिये तुम खुद जिम्मेदार हो। यह इस नवयुग में कम से कम तुम अपना फजूल स्वार्थ छोडो और इस पीडित और वंचित मातृभूमि के संतानों को नजदीक करो। उसे सामाजिक, धार्मिक स्वतांत्रतामृत को पीने की आजादी देकर अपने साथ-साथ राजशासन का रथ खींचने में समर्थ बनाओ। इसी में तुम्हारे समस्त भविष्यता की गुरु कुंजी है। उसे शीघ्र अपनी बनाओ। नहीं तो अत्यंत निकृष्टावस्था में गरीब और सीधे लोग भी आप को दबाने वाले का प्रतिकार करने के मार्ग से कैसे लगते हैं इसका विचार करो। किसी

किडे या चिंटी पर कोई कदम डालें तो वह भी कुचला जाती है और अपने को कुचलने वाले के पैर में डंक मारे बिना नहीं रहता; फिर यह बहिष्कृत वर्ग तो सुख दुख समझने वाला मानव प्राणी है। वह भी अपने ऊपर के दुष्टता के अन्याय को कितने दिन सहता रहेगा?

ऐ जवामंद बहिस्कृत भारत, तू कब जागृत होगा? इस धार्मिक और सामाजिक बंधनों की मरण यातनाओं को कितने दिन सहता रहेगा? तू मानव ही है न? तेरे शरीर में शौर्य है न? तेरे ही पुरखों ने अकटि, कोरेगांव के जय स्तंभ के नीचे अपनी स्वामी सेवा के लिए अपने सिरकमल न्योष्ठावर किये तेरी ही मां ने तेरे दूध की परवा न कर अपने अंग्रेज भाईयों को दूध पिला कर बढ़ा किया था। वही दूध तुमने भी पिया हुआ है। ब्रिटिश साम्राज्य के संरक्षण के लिए, इजिप्त, पैलेस्टाइन, मेसोपाटेमिया वगैरे रणभूमिओं पर तेरे ही खून की छिंटे व्याप्त है। तब इस तेरे स्वार्थ त्याग के प्रति अपने दयालु ब्रिटिश प्रभू ने तूझे क्या इनाम दिया है और वे तेरे हाथ में कितनी मात्रा में आया है इस की तरफ नजर फेंक और देख, तेरे श्रम का मुशाहिरा किस को मिला? इसकी चीख सरकार के कान पर डाल और अपना उचित अधिकार हासिल। कर नहीं तो तू ऐसे ही हमेशा के लिये कुचला जायेगा। इस नाशिक पंढरपूर की सभा की कार्यवाही की, तरफ ठीक से निहार कर देख, फिर तेरे ध्यान में आयेगा। अपने नैसर्गिक और लाजमी अधिकारों के लिए लडने में किसी को डरा मत या न दब जा। जैसे मनुष्य के नैसर्गिक विकास में जिस प्रकार बिमारी, आपत्ति, महामारी की अडचणें सहन करनी पडती हैं, वैसे ही अपने और समाज की उन्नति के मार्ग में दुःख को भोगना पडेगा। परंतु उसे घबरा कर हतधैर्य होने या हिम्मत हारने में सही पुरुषार्थ भी नहीं होती। इसलिये जवांमर्दो हम जिस कुटुंब में पैदा हुय हैं, उस कुटुब या कुल का अभिमान रखकर उस की कीर्ति का झंडा फहराने के लिए, जिस समाज में हम छोटे से बड़े हुये उस समाज के हित के लिए, जिस देश में पैदा हुये और बढ़े उसे मातृभूमि के उद्धारार्थ और उसके ऋण से आंशिक रूप से ही: भी मुक्त होने के लिए अपनी यह नश्वर काया झीजने दो, और अपनी कीर्ति अमर करो नर करणी करेगा तो नारायण बन जायेगा की कहावत हमेशा मन में रखकर, सामर्थ्य है आंदोलन का, जो जो करेगा उसका, इस समर्थ के उपदेश के अनुसार व्यवहार करो, और अपने आगे के भाईयों को लज्जित करो।

स्त्रोत: मूक नायक, शनिवार दि. 23 अक्तूबर 1920

टीप: इस लेख में पुराणे ढर्रे की मराठी दृष्टि गोचर होती है।

संदर्भ:

दलितांचे शिक्षण (डॉ. बाबासाहेब आंबेडकरांच्या शिक्षण विषयक लेखनाचे समग्र संकलन), समता प्रकाशन, नागपुर, 10 मार्च 1994, पृ. 19-21

24
दलित उपनिषद

खैर सभी उपनिषद बुद्ध पूर्व काल के नहीं है। इस के साथ यह भी कहना रास्त होगा कि सभी ब्राहमण साहित्य प्राचीन भारतीय बुद्धिजीवियों अर्थात ब्राहमणों द्वारा ही निर्मित नही है। मिसाल के तौर पर ऐतरेय ब्राहमण को ही लीजिए। ऐतरेय ब्राहमण वेद की कुंजी है और उसके रचयिता दलित ऋषि थे। उनकी माता इतरा नामक सुंदर, सुशील व विदुषी शुद्राणी थी। उस पर मोहित होकर शाल्विन ब्राहमण ने उससे विवाह किया था। परंतु जाति के घमण्ड के कारण वह शूद्र इतरा पुत्र को अपनी यज्ञशाला में देवार्चना के मलीन होने के भय से अन्दर घुसने नही देता था। मां ने कहा, ''पुत्र धैर्य रख, जो ऋषि तुम्हें पाठशाला में प्रवेश नहीं करने देता वह तुम्हें ज्ञान दीक्षा भी क्या देगा। इसलिए हे पुत्र! तू स्वयं ज्ञान को पा अपने आपको ही गुरु मान और वह कर दिखा, जो ऋषि दर्प को चूर कर दे। जा, तुम्हारी मां का आशीर्वाद तुम्हारे साथ है।''

जब कुमार ने ऐतरेय ब्राहमण की रचना में सफलता पाई तो शाल्विन ऋषि गद्-गद् हो बेटे को सप्रेम गले लगाना चाहा। तब पुत्र ने अपने बाप को जबाव दिया, ''धिक्कार हो ऐसे ऋषि का जो व्यक्ति के अस्तित्व को सम्मान न दे वर्ण तथा जाति को महत्व देता है, वह ऋषि नहीं और उसे मैं पिता मानने से इन्कार करता हूं।''

जब ब्राहमण ही अब्राह्मणज हैं तो वेद और उपनिषद के बारे में अपौरुषेय कहना साशंक है। खैर, उन पर एक छोटी-सी ऊहापोह अगली पंक्तिओं में अंकित है।

अशांति, असुरक्षा और दुःख के प्रति निजी शांति, सुरक्षा और सुख के कवच से आदमी कल्पित मूल में स्वयं को खो देता है। उसी को परमतत्व में आत्मा का खो जाना या सायुज्ज होना कहते हैं। इसे ही भक्ति कह सकते हैं।

मन समाज, प्रकृति और अपने पर्यावरण के अनुकूल प्रतिकूल बिंबों का दर्पण है। उसी दर्पण को पढ़कर हम विद्यमान वास्तविक परिस्थितियों का ज्ञान कर सकते हैं।

जीवन में निरसता या यांत्रिकता का दौर चल रहा हो तो उस समय के मानस चित्रण तथा शब्द रंगों में कर्मकांड प्रधान क्रम की तस्वीरें ही उभरेगीं।

वेद क्या है? क्या वे ज्ञान की बाते हैं? क्या वे तत्कालीन विद्यमान परिस्थिति की ही तस्वीरे शब्दोकित नहीं करती?

वेद मंत्र है।

प्राकृतिक मानव जब अपने अज्ञान एवं भय का कारण ढूंढने लगा तो वह देवताओं तक पहुंचा। जब उसने उनका सहारा ढूंडना चाहा तो वह धर्म तक आया। जब उसकी बुद्धि और विकसित हुई तो दर्शन तक पहुंचा।

मनुष्य की सहज बुद्धि प्रकृति के साथ-साथ रहना ज्यादा पसंद करती है। अन्यथा अपनी यात्रा में प्राकृतिक मानव को धर्म तक पहुंचने में जो लाखों वर्ष लगे वे नहीं लगने चाहिए थे। मानव समाज का अपने स्वार्थों के कारण वर्गों में विभक्त होना भी उसके बौद्धिक प्रगति का लक्षण है।

वर्ग स्वार्थ या निजी स्वार्थ को परिवर्तन का हमेशा खतरा रहता है। उनका प्रयत्न परिवर्तित होते जगत में अपने को अक्षुण्ण बनाये रखने का होता है।

पुरुषप्रधान समाज ने अपनी अक्षुण्णता के लिए धर्म की स्थायी बुनियाद रक्खी। उसने प्राकृतिक शक्तियों को निजी देवताओं में परिणत किया तथा प्राणियों के आतंक को व्यक्तिगत भूतों में बदल डाला।

शोषक वर्ग जैसे जैसे बलशाली होता गया वैसे-वैसे उसने समाज की परंपरा के अनुसार देवताओं की व्यवस्था बनाई।

विकास और बुद्धि का अटूट संबंध है। स्वतंत्र बुद्धि को वर्ग स्वार्थ के लिए धर्म या दर्शन के आड़ में या अच्छि नियत से कितना भी रोकने का प्रयास करें तो वह इतिहास में असफल ही हुआ है।

यह भी उतना ही सत्य है कि असभ्यता की सभ्यता पर हमेशा जीत होती रही है। इस पूर्व 1800 में सिन्धु उपत्य का (मोहनजोदडो हड़प्पा) में असीरिया (मेसोपोतामिया)असुर तथा काल्डी की सभ्य जाती जैसी एक सामन्त शाही नागरिकों की सभ्यता थी। वह आर्यों के पितृसत्ताक जमात के अफगानिस्तान से होते हुए यहां आते ही परास्त हो गई। (सर जान मार्शल)

इ. स. 400 में रामनों का सभ्य सु-संस्कृत साम्राज्य इसी प्रकार असभ्य लडाकू जर्मनों से पराजित हो गया। इसी प्रकार हिन्दी योरोपीय जाति की शाखा यूनानियों ने भूमध्य जातीय निवासियों को हराकर यूनान पर अपना कब्जा किया था। यूनानियों और हिन्दी शाखाओं की बौद्धिक उन्नतावस्था समांतर रूप से हुई। हिन्दीयों की प्रगति रूकी। क्योंकि यहां का सुशिक्षित भारतीय भी आज की विचार धारा पहिले से वेद और उपनिषद में सोचकर रखी हुई मानता है। यूरोप में अफलातू और अरस्तू के महत्व को वर्तमान विचारधारा की तुलना में आरंभिक ही माना जाता है।

उक्त सिंधू सभ्यता में कृषि, शिल्प, वाणिज्य, तथा धर्म के रूप तो मिलते हैं किन्तु उसके आगे का बौद्धिक विकास उस में दृष्टिगोचर नही ही होता। इसीलिए बौद्धिक उड़ान का आरंभिक प्रयास आर्यों द्वारा होता दिखाई देता है।

आर्यों का प्राचीन सहित्य वेद है। वेद यानी मंत्र और यह हम पहले बता चुके है। जैमिनि (इ. स. 300) के अनुसार वेद के मंत्र और ब्राह्मण दो भाग है। संहिता मंत्रों के संग्रह का नाम है। ऋग, यजु:, साम, अथर्व ये मंत्र संहितायें हैं। उनकी एक से अधिक शाखायें हैं। इन्हें ब्राहमणों द्वारा कंठस्थ करके रखा जाता था। इसीलिए मानवीय क्षमता में भूल होती ही है और यजु: की माध्यन्दिन तथा काण्व शाखा के मंत्रों में पाठभेद मिलता है। शुक्ल और कृष्ण ऐसे दो भाग, छंद, व्याकरण, उच्चारण और स्वर ऐसे चार प्रकार तथा मंत्र, ब्राहमण, आरण्यक ऐसे तीन विभाग वेदों में माने जाते हैं। कर्मकाण्डी ब्राहमणों के भी आपसी मतभेद थे। उसी को संप्रदाय या शाखा कहते है।

कृष्ण अयुर्वेद की तैत्रिरीय शाखा को तैत्तिरीय संहिता, तैत्तिरीय ब्राह्मण और तैत्तिरीय आरण्यक इन तीन में इसीलिए विभक्त किया जाता है।

चारों वेदों में सबसे पुराणा मंत्र ऋग्वेद है। इसके मंत्रकर्ता हैं विश्वामित्र, वशिष्ठ, भारद्वाज, गोतम (दीर्घतमा), अत्रि आदि। भारद्वाज (इ. पू. 1500) बृहस्पति (1520 इ. पू.) के पुत्र तथा अंगिरा के पौत्र थे जो ई० पू. 1500 में हुए। वह उत्तर पंचाल (रूहेलखंड) के राजा दिवोदास् के पुरोहित थे। दक्षिण पंचाल (आगरा) में विश्वामित्र थे। कुरु (मेरठ और अम्बाला) में वशिष्ठ थे। एक ऋग्वेद की रचना में ऋषियों की छः सात पीढ़ियां लगती थी। अंगिरा से गौरवीति सांकृत्यायनों के प्रवर पुरुष) तक छ: पीढ़िया में इ. पू. 1420 में ऋग्वेद पूर्ण हुआ। इसके अनंतर ब्राहमणों तथा आरण्यक का रचना काल इ. पू. 700-600 तक पीछे जाता है।

आठ उपनिषदों में ईशोपनिषद शुक्ल युजुर्वेद का अन्तिम चालिसवें अध्याय का भाग है तथा शेष ब्राह्मण और आरण्यक के भाग हैं।

ऋग्वेद पश्चिमी युक्त प्रांत (यमुना-गंगा-रामगंगा की मैदानी उर्वर उपत्यकाओं, में बना जहां आर्यों का भारत में तीसरा बसेरा हुआ जब कि पहले दो बसेरे अनुक्रम से अफगानिस्तान (मंजिल काबुल तथा स्वात नदियों की उपत्यका) और पंजाब (सप्त-सिन्धु) में हुये। प्रयाग और सरस्वती (घाघर) के बीच के प्रदेश को पीछे आर्यावर्त कहा जाने लगा। इसी में आर्यों के सामन्तवादी कुरु, पांचाल जैसे प्रभुताशाली राज्य भी कायम हो चुके थे। गोपालन से वे अपने कृषि, मांस, दूध, हल चलाने के काम करते थे। ऊनी वस्त्र बनाते और व्यापार करते थे। उनके सामाजिक जीवन में वर्ण या जातिया अभी तरल अवस्था में थी। उस समय वर्ण व्यवस्था कर्म पर निर्भर थी। विश्वामित्र (दक्षिण पांचाल) शुद्ध आर्य राजपुत्र (क्षत्रिय) शुद्ध रखवाले आर्य

ब्राहमण के समान ही थे। उस समय के आर्य ब्राहमण की अगली संताने क्षत्रिय और शासक थीं। जैसे कि भरद्वाज ब्राहमण के प्रपौत्र संकृति का पुत्र रन्तिदेव तथा उसका पौत्र सुहोत्र और शुनहोत्र की अगली सारी संताने कुरु (मेरठ, अंबाला) और पांचाल (आगरा, रुहेलखंड) में क्षत्रिय शासक थी। ऐसी ही सामाजिक वर्णों की तरलता पूर्व के मल्ल तथा वज्जियों के प्रजातंत्रीय व्यवस्था में रही। तथापि क्षत्रिय के आनुंवशिक यौद्धा और शासक तथा पुस्तैनी ब्राह्मण पुरोहित बनने का वर्गीय स्वार्थ का दौर शुरू हो गया था। आर्यावर्त के ब्राहमण अफगानिस्तान और पंजाब के आर्यों को रक्त शुद्धि में अपने से अधिक शुद्ध होने पर भी उन्हें पतित या व्रात्य कहते थे क्योंकि वे ब्राहमणशाही के अधीन थे। मांस, मनोरंजन और भोग उनके प्रिय खाद्य विषय और पेय थे। रन्तिदेव प्रतिदिन दो हजार से अधिक गायों को मरवाता था। (महाभारत द्रोण शांति दर्व) जैसे जैसे व्यवस्था विकसित होती है वैसे वैसे ब्राहमणादि भेद मानने से इंकार किया जाता है।

उस समय के ताम्रकार (लोहार), बढई (रथकार) कुम्हार, ऊनी सूत कातने वाले, चमड़े की पोशाक बनाने वाले आदि का सामाजिक दर्जा आर्यों में क्या था इसकी स्पष्ट जानकारी नहीं मिलती। आर्यों को सिन्धूवासी लोगों की लिंगपूजा से घृणा थी। उनके देवता इन्द्र, वरुण, सोम, पर्जन्य आदि प्राकृतिक शक्तियों के रूप में माने जाते तथा मिस्र तथा मेसोपोतोमिया के व्यक्तिगत देवताओं की प्रतिमां की भांति उनकी भक्ति भी होती थी। ऋग्वेद (10-168-3,4) में वायु की स्तुति करते हुये एक ऋषि कहता है कि "वासुदेव इच्छापूर्वक सर्वत्र घूम सकता है परंतु उसके चलने की आवाज को हम सुन सकते हैं किन्तु उसके रूप को देख नही सकते।

ऋग्वेद के अंतिम मंत्रों में बहुदेववाद से एक देववाद की ओर प्रगति देखते है। सभी जातियों के देवलोक में उनके अपने समाज का प्रतिबिंब होता है। पितृसताक समाज में उसके नेता पितरों की भांति देवता भी छोटे-बड़े शासक थे। नियंत्रित सामन्त या राजाधिष्ठित समाज में उनके देवता भी नियंत्रित राजा या सामन्त बनाये गये। निरंकुश राज में निरंकुश देवता बनाये गये। निरंकुश देवता अन्य देवताओं के सम्बन्ध तक ही निरंकुश बनाया गया। उसे धार्मिक सामाजिक नियमों से निरंकुश बनाना ब्राहमण तथा प्रभु वर्ग को पसंद कैसे हो सकता था। जब इ. पू. 600-500 के समय प्रजा के अधिकार बहुत कम, तथा राजा सर्वेसर्वा बना तो देवता भी सर्वेसर्वा बनाया गया।

ईश्वर: ऋग्वेद 1.164.46 में एक ही देवता को अग्नि, यम, सूर्य कहा गया है (एक सद्विप्रा बहुधा वदन्ति अग्निं यमं मातरिश्वानमाहु:)। सर्वेसर्वा देवता पीछे बना और वह था प्रजापति वरुण। व्यापार-प्रधान काल के उपनिषदों में ब्रहम को नुपुंसक लिंग के रूप में एक अव्दितीय निराकर शक्ति बनाया जाता है।

किंतु वही ब्रहम ऋग्वेद में पुल्लिंग के रुप में एक साधारण देवता था और नपुंसक ब्रहम का अर्थ था भोजन, भोजनदान, सामगीत, अद्‌भुत शक्तिवाला मंत्र, यज्ञपूर्ति, दान-दक्षिणा, होता या पुरोहित का मंत्रपाठ, महान् आदि। ऋग्वेद के अंतिम काल में प्रजापति महान् एकदेवता सर्वेश्वर बन जाता है। ऋग्वेद के दशम मंडल में प्रजापति को पहिले प्रजा का स्वामी और बाद में भूतल के शक्तिशाली सामन्त राजा का एक पूरा प्रतीक वरुण नामक प्रजापति देवता हुआ है जो पहिले सुनहरे गर्भवाला (हिरण्य-गर्भ) कहलाता था।

आत्मा: वैदिक ऋषि मानते थे कि आत्मा (मन) शरीर से अलग भी है। ऋग्वेद 10. 58 में एक मंत्र में आत्मा को वृक्ष, वनस्पति, आन्तरिक्ष सूर्य आदि से अपने पास आती है ऐसा कहा गया है। आत्मा की भांति इस लोक से परे एक दूसरा लोक भी वे मानते थे। सुकर्मा के लिए परलोक है तथा अधर्मी के लिए पाताल का नरक लोक मानते थे। मन, आत्मा, असु ये जीव के पर्यायवाची शब्द थे। आत्मा का एक अर्थ प्राणवायु या शरीर भी है। पुनर्जन्म नही था। सामाजिक विषमता थी। गरीबी-अमीरी, दासता स्वामिता के सामाजिक अन्याय थे। परंतु उसके समालोचक नहीं थे। जब उसके प्रतिवादी हुये तो वह उपनिषद का युग था और पुनर्जन्म की स्थापना का भी आरंभ हुआ। विषमता का समाधान धार्मिक नेताओं ने इस प्रकार किया। परलोक से आत्मायें आकर भूतल के विषम परिस्थितियों को अपने किये कर्मों को भोगती रहती हैं।

ऋग्वेद, सामवेद तथा यजुर्वेद भी इस तरकीब के हामी थे। साम मंत्र ऋग्वेद से ही लिए गये गाने के मंत्र थे। उसमे 75 मंत्र साम के अपने थे। शेष ऋग्वेद के थे। शुक्ल यजुर्वेद में भी ऋग्वेद के ही मंत्र थे। यजुर्वेद यज्ञ या कर्मकांड के मंत्रों की संहिता थी। बुद्ध के वक्त तक (563-483 इ. पू.) सुपठित पंडित ब्राहमण को "तीनों वेदों का पारंगत" (तिन्न वेदानं पारगू) कहा जाता था। क्योंकि अथर्व वेद सबसे पीछे का मारन-मोहन उच्चाटन जैसे मंत्र तंत्र का वेद है।

दर्शन: ऋग्वेद के नासदीय सूक्त (10.129) तथा युजुर्वेद के अन्तिम अध्याय 40 (ईश-उपनिषद) में धुंधला दर्शन इतना ही है कि "ऋषियों ने अपने हृदय में असत् में सत् के योजक संबंध को खोज पाया"। तथा उच्चतम द्यौलोक से शासन करने वाला सर्वदर्शी स्वामी ही जानता है कि यह विश्व कैसे उत्पन्न हुआ।"

इसमें दर्शनिक प्रश्न थे (1) विश्व पहिले क्या था? सत् (सदा से ऐसा ही मौजूद) या असत् (सृष्टि पहिले कुछ नही था)। या न सत्, न असत्? यह जल ही

पहिले था "आप एव इदमग्र आसु:" बृहदाख्यक उपनिषद 5.5.1 बाद में कहता है। यूनान का थेल भी प्रकृति में जल को मूल मानता था। यहां का ऋषि कभी प्रकृति के तट को छोड शून्य में भी छलांग लगाता प्रतीत होता है। क्योंकि वह शून्य में एक सृहयमयी शक्ति की कल्पना करता है। रहस्य को गूढ बनाकर विश्व के "क्या" प्रश्न का भार सर्वेसर्वा ईश्वर पर सौंपता है।

बुद्धपूर्व उपनिषदे: ई. पू. 700 की उपनिषदों में बुद्धपूर्व उपनिषदों को मान सकते हैं। वे तीन है यथा (1) ईश, (2) छांदोग्य और (3) बृहदारण्यक। बुद्धकालीन उपनिषदें हैं, (1) ऐतरेय, (2) तैत्तिरीय, (3) प्रश्न, (4) केन, (5) कठ, (6) मुंडक और (7) मांडूक्य (600-400 ई. पू.) तथा बुद्धोत्तर कालीन उपनिषदों में ऊपर की कुछ उपनिषदें और (1) कौषीतकि (2) मैत्री तथा (3) श्वेताश्वतर हैं। हिन्दू धार्मिक संप्रदायों ने अपने को वेदोक्त साबित करने के लिए उपनिषदों की संख्या 112 तक बढ़ाई है।

वेद का प्राचीन भाग मंत्र तथा मंत्रों की व्याख्या करने वाला भाग ब्राहमण है यह जैमिनि ने कहा इसे हम ऊपर बता चुके हैं। ब्राहमणों के परिशिष्ट आरण्यक हैं जैसे कि शुक्ल अयुर्वेद के शतपथ (सौ रास्तों वाले) ब्राहमण का अन्तिम परिशिष्ट बृहदारण्यक उपनिषद एक बहुत ही महत्वपूर्ण तथा बुद्धपूर्व काल का उपनिषद है।

उपनिषद् का अर्थ है गुरु के पास बैठकर रहस्य सीखना। बाद में उपनिषद का अर्थ हुआ वेदान्त (वेद का अन्तिम भाग) क्योंकि ईश-उपनिषद यजुर्वेद संहिता या मंत्रों के अन्त में आती है, दूसरी उपनिषदें ब्राहमण या आरण्यक के अन्त में आती हैं, ब्राहमण भी वेद के अन्त में आते हैं, आरण्यक भी ब्राहमण के अन्त में आते है। क्या व्याख्या होने से ब्राहमण तथा उपनिषद गद्य में है? ईश पद्य में हैं। छोदोग्य तथा बृहदारण्यक गद्य में है। तथा पीछे की उपनिषदें केवल पद्य या गद्यमिश्रित पद्य में हैं।

अद्वैती विज्ञानवाद, व्दैत वाद, तथा शरीर के रूप में ब्रह्ममण और जगत की अव्दैतता उपनिषद के विषय है। प्रत्येक के ब्राहमण को अपनी शाखा के मंत्र, ब्राहमण, आरण्यक, उपनिषद (कल्प व्याकरण) का पढ़ना (स्वाध्याय) करना आवश्यक था। लोक, ब्रहम्, आत्मा (जीव) पुनर्जन्म, मुक्ति पर वे अपने विचार प्रकट करते हैं।

700 ई. पू. ईश-उपनिषद-यह यजुर्वेद-संहिता का अन्तिम या चालीसवां अध्याय है। इस में 18 पद्यों का संग्रह है। इसका प्रथम पद्य या मंत्र "ईशावास्य" से शुरु होता है। इसके विषय है ईश्वर कार्य, व्यवहार ज्ञान (अविद्या), परमार्थ ज्ञान (ब्रह्म विद्या) ज्ञान और कर्म।

ईश्वर ईश से जगत व्याप्त है। त्याग के साथ भोग करो।

दूसरे के धन का लोभ मत करो

समाज वैयक्तिक सम्पति का ख्याल पवित्र और दृढ हो गया था।

धनी-गरीब, कमकर कामचोर की विषमता थी।

ईश्वर ईश सब जगह बना हुआ है। बुरे काम मत करो।

भोग वैराग्य उतना अधिक प्रस्थापित नहीं था।

भोग सामग्री अभी हेय नही समझी गई थी।

त्याग निर्धन वर्ग भोग न कर त्याग करे।

दूसरे धन का लोभ मत करो वैयक्तिक सम्पत्ति की रक्षा के लिए यह कथन है। राजदंड असमर्थ है। ईश भय पर्याप्त है। समाज शोषक-शोषित निठल्ले कमकर वर्गों से युक्त है। वर्ग स्वार्थ था। शोषण और वैयक्तिक संपत्ति साथ साथ चलती है। दास-दासियां थी। उन्हें बेचा खरीदा जाता था। वे काम करते-करते मरते रहते फिर भी खाने कपड़े को को मुहताज थे। मंत्रकर्ता अपनी शिक्षाओं से राजतंत्र (राजा) के हाथ मजबूत करना चाहता था। उसे कहना चाहिए था कि जगती में जो कुछ हैं, वह ईश की देन, सब लिए समान है, इसलिए मिलकर भोग करो ईश के उस धन में लोभ मत करो। अर्थात् ईशदत्तं इदं सर्व यत् किंच जगत्यां जगत्। तेन समाना भुंजीथा मा गृधः तस्य तद्धनम्।)

शासक पुरोहित आर्यों के ऊपरी वर्ग भोग विलास करते थे। शोषकों में अपने अपने लोभ की पूर्ति के लिए निरन्तर पारस्परिक कलह थे। शोषक धनिक को बेचैन करते थे। उत्पीड़ित वर्ग का मूक रोष था। समाज की भीतरी विषमता अन्दर-अन्दर कुढ़ती थी। हर जगह शंका और भय उठ रहे थे। उसके कारण निराशा और अकर्मण्यता फैली थी।

शासक पुरोहित राज कर रहे थे। उनकी अकर्मण्यता को हटाने के लिए दूसरे मंत्र भी थे। उपनिषद् की प्रतिक्रिया से कर्मकांड के त्याग की जो हवा उठी, उसके कारण नेतृवर्ग कहीं हाथ पैर ढीला कर मैदान न छोड भागे, इसीलिए कर्म करते हुए सौ वर्ष तक जीते रहने की इच्छा करने का उपदेश दिया गया।

700 इ. पू. छान्दोग्य उपनिषद् आकार में बड़ा काल में प्राचीन प्रयास में महत्वपूर्ण छान्दोग्य उपनिषद वृहदारण्यक उपनिषद जैसा है। उसके प्रधान दार्शनिक उछालक आरुणि (गौतम) उपनिषद के सुक्रात है तथा उनके शिष्य याज्ञवल्क्य वाजसेनय उपनिषद का अफलातूं है।

कर्मकांड की प्रशंसा अब भी करनेवाला यह संधिकालीन उपनिषद है। इसके प्रथम और द्वितीय अध्यायों में सामगान और ओम की महिमा इसमें की गई है। उसमें दालरोटी के लिए ''हावु'' ''हावु'' सामगान का अलाप करने वाले पुरोहितों का मजाक किया गया है। तृतीया अध्याय में आदित्य (सूर्य) को देवमधु बतलाया गया

है। चौथे अध्याय में रैक्व, सत्यकाम जाबाल और उसके शिष्य उपकोसल के उपदेश है। पांचवे अध्याय में जैविल और अश्वपति कैकय राजा के परिचय है। छठे अध्याय में उपनिषद के प्रधान ऋषि आरुणि की शिक्षा है। वह याज्ञवतव्य के गुरु थे (सतपथ) सातवें अध्याय में नारद के सनत्कुमार से ब्रह्मज्ञान सीखने की बात है। आठवें अध्याय में आत्मा की बाते हैं।

ज्ञान–जो प्राण के लिए स्वाहा, व्यान, अपान, समान, उदान के लिए स्वाहा के ज्ञान से अग्नि होम करता है वह ज्ञानवाला वैश्वानर आत्मा (ब्रह्म) में आहुति देता है चाहे वह चांडाल को जूठ ही क्यों न दे।

यह उपनिषद कर्मकांड को ज्ञानकांड से पुष्ट करना चाहता है। इस उपनिषद के अनुसार कर्म को विद्या के साथ श्रद्धा और उपनिषद् के साथ करे तो वह अधिक मजबूत व होता है। तथापि मनुष्य की प्रतिभा एक नये क्षेत्र में उड़ रही थी, इस आश्चर्य को लोगों में बनाये रखने के लिए कहा गया "इस ब्रहम को पिता या तो ज्येष्ठ पुत्र को उपदेश करे या प्रिय शिष्य को किसी दूसरे को नहीं, चाहे वह पृथ्वी को ही क्यों न दे देवे।

धर्माचार थे चोरी (सोने की) न करना, शराब न पीना, व्यभिचार (गुरु पत्नी के साथ) न करना, बह्महत्या न करना ये सदाचार तथा यज्ञ, अध्ययन (वेदपाठ) और दान।

ब्रह्मम् के ज्ञानमय चिन्हों की उपासना करना। ब्रहम के सावमय चिन्ह है आकाश, आदित्य, प्राण, वैश्वानरआत्मा, सेतु, ज्योति आदि दहृदय के दहर (क्षुद्र) आकाश में ब्रहम की उपासना करना। ब्रहमपुर (शरीर) में दहर पुंडरीक (कमल) गृह है। इसमें भीतर हक दहर आकाश है। उसके भीतर जो है, उसका अन्वेषण करना चाहिए जितना यह बाहरी आकाश है, उतना यह हृदय से भीतर का आकाश है। द्यु (नक्षत्र) लोक और पृथ्वी, अग्नि और वायु, सूर्य और चन्द्रमा बिजली–तारे और विश्व इस में एकत्रित हैं।

भूमा (भारी) सुख की सामना करो। सुख के लिए ही प्रयत्न होता है। असुख के लिए नहीं।

ब्रहम में न दूसरे को देखता, सुनता, जानता वह भूमा है। भूमा ब्रहम नीचे ऊपर पश्चिम पूरब दक्षिण उत्तर सब में है। आत्मा के साथ आत्मानंद करने वाला स्वराड् (अपना राजा) होता है।

उपनिषदकार विश्व के पीछे अद्भूत शक्ति (सृष्टि) मानता है। सत् से सत् सत्कार्यवाद है। ईक्षण (इच्छा) से अग्नि को सिरजां तेज मूलतत्व है। वह भौतिक तत्वों में आदिम है मन भौतिक है। वह खाये जाले अन्न का सूक्ष्म अंश है जैसे दही को

मथने पर सूक्ष्म अंश उपर उठ सर्पि: (मक्खन) बनता है। स्थूल धातु (सत्व) पुरीष (पायखाना) बनता है। बिचला मांस बनता है। गाढ़ निद्रा, स्वप्न रहस्य है। सुषुप्त (गाढ़ निद्रा) में पुरुष महसूस नहीं करता। हृदय से पुरीतत (चक्र) की ओर 72 हजार हिता नामक नाड़ियां है। उससे पुरुष पुरीतत में जाकर सोता है। मन का बंधन प्राण है। सुषुप्ति में आदमी स्वप्न भी नही देखता। इस अवस्था को आरुणि ब्रहम के साथ समागम मानते है। जब पुरुष स्वापिति (सोता) होता है तब वह सत् (बहम) के साथ मिला रहता है इसीलिए उसे स्वं अपीति (अपने को मिला) स्वपिति कहते है। प्रजा (प्राणी) रोज रोज ब्रहमलोक जाकर भी उसे नहीं पाती क्योंकि वह अनृत (असत्य अज्ञान) से ढकी है।

दलित उपनिषद से तात्पर्य है 'स्थापित मत के विरूध्द प्रगतिशील सामाजिक विचार-वचन।''

उपनिषदों के दलित रचयिता में निम्नांकित नाम उल्लेखनीय है:

1. कबश ऐतुष ने ऋग्वेद संहिताएं रची थी, जो शूद्र था।
2. दिवोदास (सुदास का पिता)भारत वंश का एक सदस्य था।
3. सुदास (ऋचाओं का रचयिता)का अभिषेक ऋषि वशिष्ठ ने किया था।
4. विश्वामित्र (सुदास का पुरोहित) वशिष्ठ का प्रतिद्वंदी ऋषि था।
5. प्रवाहण जैवलि (700-650 ई.पू.) क्षत्रिय था। डॉ. आंबेडकर ने सिद्ध किया कि शूद्र क्षत्रिय थे।
6. सत्यकाम जाबाल (वेश्या-पुत्र) माता जाबाली का अज्ञात पिता का पुत्र था।
7. जानश्रुति पौलायण (शूद्र) रैक्व ऋषि को अपनी कन्या भेंट कर ज्ञान लेता है।
8. सयुग्वा रैक्व (भौतिकवादी) यूनान के दियोजेन (Diogenes 4.12.322 ई. पू.) की भांति फक्कड़ दार्शनिक था।
9. उपनिषद भिन्न-भिन्न मतों के ऋषि-मुनियों की दैनंदिनी के समान है, जिनमें मध्यकालीन अल्लोपनिषद और वर्णव्यवस्था-उच्छेदक ''**वज्रन्छेदिका**'' उपनिषद भी निहित है।

संदर्भ:

1. अ. पं. राहुल संकृत्यायन, दर्शन दिग्दर्शन इलाहाबाद, 1978
2. रमेश सिदू बौद्धधर्म प्रचारक फरवरी, 2006 हिन्दी मासिक तह: आनन्दगढ (मैहलांवाली) पृ. 26
3. सी. डी. नहिक बौद्ध वचन तथा अंबेडकर विचार, कल्याज़ पब्लिकेशन नई दिल्ली 2006

4. सी. डी. नहिक, हैड देअर बिन नो आंबेडकर, इस्टर्न बुक हाउस नई दिल्ली 2006

5. सी. डी. नदिक आंबेडकर्स पर्सपेक्टीव ऑन बुद्धिज्म एण्ड अदर रिलिजन्स कल्याज़ पब्लिकेशन, नई दिल्ली, 2005

6. सी. डी. नाईक, थोटस्, एण्ड पिलासफी ऑफ डॉ. बी. आर. आंबेडकर, सरूप एण्ड सन्स प्रकाशन, नई दिल्ली, 2004

25

डॉ. आंबेडकर महू के संदर्भ में

महू नगर महामानव आंबेडकर की जन्मस्थली के रूप में अमर रहेगा। भीमराम आंबेउकर के पिता सूबेदार रामजी छावनी की काली पलटन में फौजी स्कूल के मुख्याध्यापक रहे। भीमाबाई आंबेडकर ने कालीपलटन के अपने निवास, जो रामजी को आर्मी अफसर के नाते मिला था, में सन् 1891 के एप्रिल माह की तिथि 14 को एक पुत्र रत्न को जन्म दिया। उसका नाम भीम रखा गया। संयोग से वे अपनी मां-बाप की चौदहवीं संतान थे और इसी से उन्हे कभी-कभी विनोद से चौदहवां रत्न कहकर भी संबोधित किया जाता था।

आज उस पुराने निवास स्थान पर नया भिक्खू निवास स्थित है और शेष भूमि पर स्तूप का निर्माण कार्य दिख रहा है। बाम्बे-आगरा नेशनल हाई वे नं. 3 महापथ से लगकर इन्दौर के निकट महू छावनी स्थित इस भूखण्ड में डॉ. आंबेडकर की मूर्ति प्रतिष्ठित है, जहां प्रतिवर्ष जयंति मेला लगता है। यही पवित्र जन्म स्थली है, जिसने आंबेडकर के प्रताप से महू नगर को विश्वविख्यात बनाया है।

डॉ. आंबेडकर ने महू के माध्यम से मध्यप्रदेश और महाराष्ट्र की सांस्कृतिक बौद्धिक धरोहर को वर्तमान पीढ़ी के लिए छोड दिया। वैसे उनका बालपन महाराष्ट्र के रत्नगिरि जिले में बिता और उनकी स्नातक उपाधि तक की शिक्षा बंबई महानगरी में हुई तथापि उनके कार्यक्षेत्र में इन्दौर जिला भी रहा है। उनके द्वारा चलाये गये मराठी पाक्षिक "मूक नायक", "बहिष्कृत भारत", "समता", "जनता" और "प्रबुद्ध भारत"। (1920-1956) के पाठक इन्दौर-महू में भी विद्यमान थे। डॉ. आंबेडकर अपने समय के सबसे महान शिक्षित दलित थे। उनके पास कोलंबिया विद्यापीठ, अमेरिका; लंदन स्कूल ऑफ एकानामिक्स एण्ड पोलिटिकल साईंस और ग्रेज इन, यू. के.; बॉन यूर्निवर्सिटी, जर्मनी और उस्मानिया विश्वविद्यालय आन्ध्र प्रदेश की पीएच. डी. , एम. एस. सी., डी. एस. सी., डी. लिट्., बार-एट-लॉ, और एल. एल. डी. की उपाधियां और प्रशासनिक तथा वित्तीय क्षेत्र के अपने शोध प्रबंधों का खजाना था। वर्ग, जाति, कुटुंब संस्थाओं की कुरीतियों के विनाश के लिए उनके क्रांतिकारी शोध -आलेख और भारत को राजनैतिक, आर्थिक व सामाजिक स्वतंत्रता बहाल करने

वाला उनका संवैधानिक मसौदा तथा विश्व को समानता का संदेश देने वाला उनका अंतिम ग्रंथ "**बुद्ध और उनका धर्म**" डॉ. आंबेडकर की यशोगाथा वर्तमान में भी गा रहे हैं। उनके अथक प्रयासों से उपेक्षित दलितों के मानवीय अधिकारों को साउथबरों कमेटी, सायमन, कमिशन, गोलमेज परिषद इत्यादि में मान्यता मिली। उन्होंने शैक्षणिक संस्थाओं को स्थापित कर पद्‌दलितों को अन्याय के विरुद्ध लड़ने का आयुध प्रदान किया। महिला वर्ग के हित में हिन्दू कोड बिल संसद में पारित करने की अदम्य कोशिश की और सवर्ण लोगों के अनुदार रवैये के कारण उसे पास होता न देख सन् 1951 में स्वतंत्र भारत के प्रधानमंत्री श्री नेहरू के केबिनेट में अपने कानून मंत्री के पद से पद त्याग किया।

वे वाइसराय की एक्जीक्यूटिव कौंसिल में सन् 1942-46 में लेबर मेंबर भी रहे थे और सन् 1927-1939 में वे लेजिस्लेटिव कौंसिल में सदस्य बनाये गये थे। उस दौरान उन्होंने बंबई हाईकोर्ट में वकालत करना भी शुरू कर दी थी। अपने बहुविध सामर्थ्य से तब उन्होंने सामाजिक उत्थान के लिए महाड तालाब सत्याग्रह और नासिक के कालाराम मंदिर प्रवेश के आंदोलन चलाये। सन् 1956 में दिसंबर माह की 6 तारीख को उनका परिनिर्वाण हुआ। उसके तीन सप्ताह पूर्व उन्होंने बौद्ध जीवन पद्धति को लाखों लोगों के साथ अंगीकार किया था।

पंडित जमीन और कटे जंगलों को दलितों में वितरित किये जाने की योजना डॉ. आंबेडकर ने इन्दौर के महाराजा होलकर को बताई थी। बारामति में डॉ. आंबेडकर ने तुकोजीराव महाराज और मिस मिलर नामक अमेरिकन लेडी के विवाह के बारे में उस समय चल रहे विवादास्पद पहलू पर सकारात्मक राय दी थी। स्वयं होलकर महाराज धनगर जाति के थे और दलितों के उत्थान में रुचि रखते थे। होलकर महाराज के साथ डॉ. आंबेडकर के सौहार्दपूर्ण संबंध रहे। उन्होंने महाराजा तुकोजीराव होलकर इन्दौर; साहू छत्रपति, कोल्हापुर; मैसूर के निजाम तथा बड़ौदा नरेश संयाजी राव गायकवाड की सहायता से दलित और आदिवासी जनता के कल्याणार्थ भूमि, श्रम, शिक्षा और सांस्कृतिक योजनाओं को क्रियान्वित किया था।

आज उनकी यादगार और धरोहर स्वरूप भारत का एकमेव डॉ. बाबा साहेब आंबेडकर राष्ट्रीय सामाजिक विज्ञान संस्थन, पिछले दो दशक से महू में ही कार्यरत हैं। भविष्य में दिल्ली के उनके सरकारी निवास स्थान, 22 पृथ्वीराज रोड पर डॉ. आंबेडकर की स्मृति में भव्य स्मारक बनाने की योजना साकार होते ही समस्त राष्ट्र गर्व से अपना माथा ऊँचा उठायेगा।

वर्तमान में डॉ. आंबेडकर का संग्रहालय नागपुर से नातिदूर फेटरी की भूमि में बना है, जहां आम लोग उनकी अस्थियां और अवशेष के दर्शन कर सकते हैं। चैत्य भूमि, दादर में उनका अंतिम संस्कार संपन्न हुआ था। उनके पार्थिव शरीर को साक्षी

मानकर लाखों लोगों ने बौद्ध धर्म स्वीकार किया था। दीक्षा भूमि, नागपुर में इसकी यादगार में एक विशाल स्तूप बना है जो सन् 1956 में 14 अक्टूबर के दिन डॉ. आंबेडकर और उनके लाखों अनुयायी समेत ग्रहण की गई बौद्ध धर्म स्वीकार करने की घटना को उजागर करता है। प्रतिवर्ष 14 अप्रैल को जन्म स्थलि महू में विराट जनसमुदाय अपने मुक्तिदाता बाबा साहेब आंबेडकर की पावन जयंति पर्व पर गौरव से अपनी श्रद्धांजलि भेंट करता है।